HISTOIRE

DU COMMERCE

DE TOUTES LES NATIONS

DEPUIS LES TEMPS ANCIENS JUSQU'A NOS JOURS

II

A LA MÊME LIBRAIRIE

CORBEIL, imprimerie de CRÉTÉ.

HISTOIRE
DU COMMERCE

DE TOUTES LES NATIONS,

DEPUIS LES TEMPS ANCIENS JUSQU'A NOS JOURS;

PAR H. SCHERER,

TRADUIT DE L'ALLEMAND, AVEC L'AUTORISATION DE L'AUTEUR,

PAR MM.

HENRI RICHELOT, | **CHARLES VOGEL,**

CHEF DE BUREAU AU MINISTÈRE DU COMMERCE; | RÉDACTEUR AU MÊME MINISTÈRE.

AVEC DES NOTES PAR LES TRADUCTEURS

Et une **PRÉFACE** par M. Henri **RICHELOT.**

TOME SECOND,

TEMPS MODERNES.

PARIS,

CAPELLE, LIBRAIRE-ÉDITEUR,

Rue Soufflot, 18, près le Panthéon.

—

1857.

AVIS DE L'ÉDITEUR

La reproduction de cette traduction, complète ou partielle, est interdite, conformément aux lois, décrets et traités internationaux.

L'Éditeur a pris les mesures nécessaires à l'effet de poursuivre la CONTREFAÇON étrangère partout où il aura droit.

HISTOIRE DU COMMERCE

DE

TOUTES LES NATIONS

DEPUIS LES TEMPS ANCIENS JUSQU'A NOS JOURS.

COMMERCE DES TEMPS MODERNES

DE LA DÉCOUVERTE DE L'AMÉRIQUE EN 1492 A LA PAIX DE VERSAILLES
EN 1783.

Aperçu général.

I

Le pressentiment de tant de siècles était réalisé enfin et le grand secret dévoilé ; la sphéricité de la terre, jusque-là simple affirmation de la science, était un fait démontré ; et dans l'hémisphère occidental une terre avait été découverte, qu'un mûr examen reconnut pour une nouvelle partie du monde s'étendant de 80° de latitude N. à 56° de latitude S. L'unique ambition de Colomb était d'atteindre l'Inde en naviguant vers l'ouest, il crut avoir abordé aux côtes orientales de cette contrée, et ses contemporains perpétuèrent son erreur en imaginant les dénominations d'Indes orientales et d'Indes occidentales. Même après la découverte de la presqu'île de Yucatan en 1507, et de la Floride en 1512, la vérité était encore ignorée ; elle n'éclata qu'en 1513, quand Nunez de Balboa eut franchi l'isthme de Panama et, du haut des Cordillères, aperçu l'immensité de l'océan Pacifique.

Depuis lors, le nouveau continent fut chaque jour mieux connu ; d'Améric Vespuce, qui le premier en offrit une description à l'Europe étonnée, il reçut le nom d'Amérique. Cabot, commandant une expédition anglaise, l'avait reconnu au nord, dès 1497 ; mais on était peu tenté de suivre ses traces dans une région déserte et sous un climat rigoureux, lorsque, dans le midi, une végétation luxuriante, un beau ciel et des masses d'or et d'argent excitaient puissamment l'imagination et la cupidité. Ce fut avec ces passions que se continua l'œuvre, commencée par l'âme enthousiaste de Colomb avec les pensées les plus hautes et les plus pures. On se signala à la fois par des découvertes, par des conquêtes et par des rapines, et l'avénement au grand jour de l'histoire de vastes contrées telles que le Mexique en 1521, le Pérou et le Chili de 1529 à 1535, est accompagné du renversement des dynasties indigènes et de l'asservissement politique des habitants.

Vers le milieu du seizième siècle, les côtes de l'Amérique méridionale étaient connues à peu près dans toute leur étendue. Dès 1500, le Portugais Cabral, dans un voyage aux Indes orientales, ayant été entraîné vers l'ouest par la tempête, avait touché au Brésil. En 1515, cette contrée fut visitée de nouveau et l'exploration de la côte poursuivie jusqu'au fleuve de la Plata. En 1520, Magellan trouva, à la pointe méridionale du continent américain, le détroit qui porte son nom ; il le franchit ; puis, traversant l'océan Pacifique et faisant en chemin la découverte des îles Mariannes et des Larrons et celle des Philippines, il effectua le premier voyage autour du monde, et le trajet si ardemment désiré de l'Europe à l'Inde par l'ouest.

Pendant que les Espagnols faisaient découverte sur découverte et conquête sur conquête en Amérique, les Portugais, de leur côté, ne demeuraient pas oisifs en Orient. Partageant au commencement l'erreur générale, que l'Amérique était la côte orientale de l'Inde, ils jugèrent à propos de continuer, en faisant le tour de l'Afrique, à visiter la côte occidentale, où se trouvaient en abondance toutes sortes de richesses, qu'ils n'avaient que la peine de saisir. Là était l'entrepôt séculaire et animé des articles depuis longtemps connus et recherchés de l'Europe ; il ne s'agissait que d'y continuer un monopole qui avait enrichi tous ses possesseurs, depuis la Phénicie jusqu'à Venise. Plus tard encore, lorsque l'erreur eut été reconnue, les Portugais s'attachèrent de préférence au commerce de l'est. L'Amérique n'était en majeure partie qu'un désert, et il fallait du temps et des soins pour tirer partie du sol et du climat les plus favorables. Quant aux mines d'or et d'argent, elles ne donnèrent pas, au commencement, d'assez riches produits pour faire dédaigner les profits plus réels et non moins considérables du commerce des Indes orientales. Jusqu'à la fin du seizième siècle, on ne pouvait prévoir la concurrence que ferait le Nouveau-Monde pour les denrées coloniales.

Ainsi les Portugais étendirent de plus en plus vers l'est leurs explorations dans les mers de l'Inde, et rejoignirent les expéditions dirigées vers l'ouest. Ils doublèrent le cap Comorin, visitèrent Ceylan en 1506, longèrent la côte de Coromandel, et, franchissant le golfe de Bengale, atteignirent l'Inde au delà du Gange, Malacca en 1509, les îles de la Sonde en 1512, les Moluques en 1513, la Chine en 1516, enfin le Japon en 1542. D'un autre côté, traversant l'océan Indien vers l'ouest, et passant de l'Inde en deçà du Gange en Afrique, ils abordèrent à Zanguebar en 1500, à Madagascar en 1502, à Mozambique et à Sofala en 1503 (1). Ces contrées ne furent pas à proprement parler découvertes par les Portugais ; les Arabes les avaient connues avant eux, et les possédaient même encore en partie ; mais ce fut depuis lors qu'elles participèrent au commerce universel dont l'Europe était l'âme.

L'Espagne et le Portugal, usant du droit du plus fort, prirent possession de toutes leurs découvertes, et les conservèrent à ce titre, autant qu'ils le purent. Cependant, afin d'éviter entre eux des conflits, les deux Etats prirent l'Eglise pour arbitre. Celle-ci, qui, dans son infaillibilité, avait jadis réprouvé comme hérétique la doctrine de la sphéricité de la terre, fut obligée de s'incliner devant l'évidence. En 1494,

---

(1) Notons cependant que Vasco de Gama avait touché aux principaux points de la côte orientale du continent africain, à Mozambique, à Mombaze et à Mélinde, dès les premiers mois de 1498, avant d'aborder à Calicut.   C. V.

le pape Alexandre VI, partageant la terre en deux moitiés à un méridien pris à cent milles à l'ouest des Açores, attribua aux Espagnols tous les pays à découvrir à l'ouest de cette ligne de démarcation, aux Portugais, tous les pays à découvrir à l'est. En conséquence de ce partage, ces derniers s'emparèrent du Brésil, découvert par Cabral, et ce fut leur seul établissement en Amérique.

L'ouverture des routes de l'Océan et la certitude du but où elles conduisaient, attirèrent aussi les peuples de l'Ouest et du Nord sur ce nouveau théâtre. La Hollande et l'Angleterre surtout y jetèrent promptement de l'éclat. L'énergie et la persévérance unies au calme, à la méthode, aux qualités solides en un mot, distinguèrent avantageusement leurs entreprises, directement et puissamment soutenues, d'ailleurs, par le gouvernement, des expéditions aventureuses et souvent extravagantes des Espagnols. Les navigateurs de ces deux pays dirigèrent leurs explorations plus vers le nord-ouest, et l'idée d'ouvrir un passage vers l'Inde par les régions polaires ne date point d'hier; elle occupait déjà les esprits il y a trois siècles, et elle provoqua des tentatives qui, sans avoir, à beaucoup près, atteint leur but, ont du moins enrichi la géographie sous d'autres rapports. Les Anglais, ayant pris d'abord la route du nord-est, doublèrent le cap Nord, découvrirent l'océan Glacial jusqu'au détroit de Vaïgatsch, en 1556, ainsi que la mer Blanche, abordèrent à la Nouvelle-Zemble en 1553, et établirent des relations directes par mer avec Archangel. Les Hollandais les suivirent et, en 1595, Barentz pénétra jusqu'au Spitzberg, où, longtemps retenu par les glaces, il fut à même de recueillir les observations les plus précieuses sur la région polaire et sur l'intérêt qu'elle offre au commerce, à la navigation et à la science. Plus tard on se tourna vers le nord-ouest. En 1577, Frobisher découvrit les côtes sud-ouest du Groënland, et, dix ans après lui, Davis trouva le détroit qui porte son nom, avec les contrées adjacentes, le pays des Esquimaux, le Labrador et Terre-Neuve. Les brillants résultats de la pêche dans ces parages y attirèrent la spéculation, et déterminèrent de nouvelles entreprises. Hudson fit ses voyages, de 1607 à 1610, aux frais des négociants d'Amsterdam, et ses découvertes jetèrent de grandes lumières sur le nord de l'Amérique. Le détroit, la baie et l'immense territoire environnant, compris entre 50° et 60° de latitude N., portent son nom jusqu'à ce jour. Les Anglais se prirent d'une belle émulation. De 1612 à 1616, le commerce de Londres envoya de nouvelles expéditions, qui pénétrèrent encore plus avant dans les terres arctiques, et dont la plus remarquable découverte fut celle de la baie de Baffin. Les Danois aussi prirent une part honorable aux voyages dans les contrées boréales; la colonisation du Groënland est leur ouvrage. L'accomplissement du trajet d'Europe en Amérique par le nord-est, est dû aux Russes. La Sibérie ayant été peu à peu explorée, ses grands fleuves parcourus jusqu'à leur embouchure dans la mer Glaciale, le Kamtschatka découvert et occupé en 1696, Pierre le Grand confia à une expédition la mission de reconnaître si l'Asie touchait à l'Amérique. Behring trouva en 1728 le détroit qui sépare les deux parties du monde, ainsi que les îles Aleutiennes, et depuis lors on connut plus exactement les contours du continent américain.

On atteignit également, par le sud, le nord-ouest de ce continent. François Drake, après Magellan, le second grand navigateur qui ait fait le tour du monde, doubla la Terre de Feu, puis, suivant les côtes de l'Amérique, découvrit la haute Californie et le territoire de l'Orégon, auquel il donna le nom de Nouvelle-Albion. En général les Anglais se dirigèrent de préférence vers la partie septentrionale du Nouveau-Monde. La découverte et la colonisation de la Virginie par Walter Raleigh en 1584 et plus tard celles de la Nouvelle-Angleterre par les puritains réfugiés, préparèrent les Etats-Unis. Mais la connaissance du Canada est due aux Français, en 1534.

Au dix-septième siècle, la Nouvelle-Hollande et l'archipel australien commencèrent à être explorés, par les Hollandais surtout; les groupes d'îles de l'océan Pacifique sortirent aussi de l'obscurité. La circumnavigation de Drake trouva chez différentes nations de zélés imitateurs. Cavendish, Van Noort, Schouten, le Maire, Spielberger, Dampier, Carreri, Clipperton, Rogers, Bougainville, Anson, Byron, surtout Cook et Forster, tels furent les hommes qui achevèrent, quelques-uns au prix de leur vie, le grand œuvre de l'exploration du monde en tous sens. Dans ces derniers temps, on a examiné de plus près et rectifié les détails, on a même fait quelques conquêtes vers le pôle sud ; mais la découverte des contrées et des îles principales appartient à la présente période, à la fin de laquelle les connaissances géographiques se sont trouvées deux fois plus étendues au moins qu'au commencement. Ce simple fait, que la terre est aujourd'hui le double de ce qu'elle était dans l'antiquité, marque dans l'histoire du commerce une révolution capitale.

Ce développement si rapide de la géographie dut nécessairement être accompagné de progrès analogues dans toutes les sciences qui s'y rattachent. L'art nautique entra dans une phase toute nouvelle. Il s'agissait alors de s'éloigner des côtes, de tenir la haute mer, de s'abandonner aux éléments, des semaines, des mois entiers, de construire des navires plus solides en harmonie avec les nouveaux besoins, de se diriger sûrement et de ne pas s'égarer sur la vaste étendue de l'Océan. Le dernier siècle de la période précédente avait déjà, il est vrai, frayé la voie par diverses inventions très-méritoires, telles que celles de l'astrolabe, du météoroscope, des tables de déclinaison, etc., qui aidèrent les Portugais à effectuer leurs premiers voyages, et dont Colomb se servit. Mais ces instruments étaient si imparfaits et si insuffisants pour les voyages transatlantiques qu'on est tenté d'attribuer le succès de ces voyages à une faveur de la Providence, qui, ne voulant pas frustrer plus longtemps le monde de l'objet de ses désirs, aida des navigateurs enthousiastes et intrépides à surmonter heureusement des périls inconnus. Avec des navires tels qu'étaient ceux de Colomb, quand il quitta le port de Palos pour découvrir le Nouveau-Monde, on oserait à peine aujourd'hui passer d'Espagne aux Canaries. Jusqu'au milieu du dix-septième

siècle, l'art nautique ne marcha que lentement; un voyage
en Amérique ou dans l'Inde n'avait pas cessé d'être une pé-
rilleuse entreprise; ce ne fut que lorsque le commerce transatlantique se fut régularisé, après la fondation de colonies,
que la construction navale commença à devenir une science,
exigeant, au lieu d'un savoir routinier et d'une pratique traditionnelle, de fortes connaissances en mathématiques et en
mécanique. La navigation donna naissance à une branche
spéciale de l'architecture; on dut s'y préparer par des études
appropriées, et longtemps les chantiers de la Hollande eurent
à cet égard une telle renommée, qu'un empereur de Russie y
alla faire son apprentissage. On ne construisit plus désormais
de bâtiment d'un certain tonnage que d'après un plan où le
port, le tirant d'eau, le chargement, la mâture et le gréement,
où enfin toutes les dispositions extérieures et intérieures étaient
exactement déterminées par le calcul et basées sur des principes fixes, dont on ne s'écartait pas arbitrairement. L'ancien
système de rames des galères vénitiennes tomba en désuétude;
la voile prévalut comme moteur. On classa les navires en
diverses catégories, selon leur structure, leur grandeur et
leur tirant d'eau; on donna des soins particuliers à la construction des bâtiments de guerre, dorénavant affectés exclusivement à ce service, tandis qu'autrefois les navires marchands étaient, au besoin, employés dans les combats. De cette
époque datent la marine militaire et l'armement de grandes
flottes permanentes; depuis lors seulement l'influence prépondérante des forces navales se fait sentir dans le système
politique du monde.

La science nautique appliquée comprend, outre la construction et l'armement des navires, l'équipement et l'approvisionnement, ainsi que la manœuvre et le pilotage. Ces dernières branches surtout réclament un savoir supérieur; car la
boussole, quoique indispensable, ne suffit pas pour de
voyages de long cours. Abstraction faite de ses déviations, elle
ne sert qu'à marquer au navire sa direction, elle n'indique ni
le point où il se trouve en mer, ni les distances. Il fallait donc

de nouveaux instruments, surtout pour observer les astres et pour mesurer les pôles. On vit surgir alors, avec un merveilleux à-propos, les grands maîtres de l'astronomie, de la physique et des mathématiques, les Mercator, les Copernic, les Galilée, les Tycho-Brahé, les Kepler, les Newton, les Halley, les Delisle. On établit la projection de la terre sur un plan ; on dressa des cartes marines ; on inventa des instruments d'optique, d'astronomie et de physique, tels que les octants, les cadrans, les sextants, le télescope, le chronomètre et les réflecteurs, pour la mesure du temps, des longitudes, des latitudes et des hauteurs ; de progrès en progrès on arriva à naviguer sur les mers les plus lointaines avec une sûreté et une célérité accrues encore dans les derniers temps par l'emploi de la vapeur.

Rien n'aida plus aux progrès de la géographie que les applications de la science astronomique. Les nombreux défauts et les grossières erreurs du système de Ptolémée se révélèrent. L'ignorance et l'orthodoxie luttèrent encore assez longtemps contre l'opinion éclairée, qui plaçait le soleil au centre de notre système, et faisait tourner autour de lui les planètes, y compris la terre. Les nouveaux prophètes furent persécutés, ils subirent des châtiments temporels et spirituels. Vains efforts ! il n'était pas possible d'étouffer la conviction, et, dans la rétractation même arrachée à Galilée, éclata le triomphe de la vérité.

Ce fut alors seulement qu'on put dresser une mappemonde exacte et satisfaisante. A cet effet, les nouvelles découvertes n'eussent pas suffi, sans les progrès simultanés des mathématiques et de l'astronomie. En même temps s'ouvrit aux sciences naturelles un champ nouveau d'exploration ; la géographie physique prit naissance, et les observations concernant les divers règnes de la nature ainsi que les races humaines, acquièrent une véritable importance. La vie et la science se pénétrèrent alors l'une l'autre, beaucoup plus que dans l'antiquité, où les écoles philosophiques, faute de données pratiques, n'avaient pu que bâtir des systèmes. On explora les mers, et on dressa des cartes indiquant les bas-fonds et les écueils, les courants et les vents alizés. L'intérieur des anciennes parties du monde fut mieux connu, grâce à des voyages de terre : par exemple, l'Asie septentrionale sous la domination russe ; l'Inde, la Chine et l'archipel Indien par les soins des Anglais et des Hollandais. Cependant on se préoccupait avant tout de l'Amérique, et les voyages maritimes avaient la préférence. L'Asie, l'île de Madagascar et l'Afrique méridionale furent soigneusement explorées et décrites par des Français. Bruce remonta vers les sources du Nil. En Amérique, à mesure que s'accroissait la population, les colons pénétrèrent plus avant dans l'intérieur ; les missions des Jésuites, enfin, contribuèrent pour leur part à faire connaître les pays lointains.

Sans doute, la période contemporaine, pourvue de moyens plus puissants, a, en géographie mathématique et physique, en astronomie nautique, en géologie et en ethnographie, dans toutes les sciences naturelles en un mot, obtenu des résultats infiniment plus grands et plus positifs. Mais la période dont nous traitons ici a du moins le mérite de l'initiative ; elle a ouvert à la civilisation de nouvelles voies ; tout en dégageant les intérêts matériels des entraves locales, elle a aussi, par le grand fait de la réformation, affranchi l'intelligence et la foi.

II

Ni l'histoire politique ni l'histoire religieuse n'admettent une division aussi tranchée que l'histoire du commerce. Après un événement qui double la surface de la terre, les anciens matériaux ne suffisent plus, il s'agit de reconstruire tout l'édifice ; et la nouvelle création qui s'offre à nous, provoque une nouvelle activité. L'enchaînement continu des grandes idées ne doit pas être négligé par l'observateur intelligent, car l'avenir est toujours contenu en germe dans le passé ; mais, depuis le grand déluge qui transforma notre globe, aucune révolution politique n'a influé, n'influe encore plus puissamment sur la condition et sur la destinée du genre

humain, que la découverte de l'Amérique et l'ouverture de
l'Océan.

Pour ne mentionner que les résultats qui se rapportent à
notre objet, quel accroissement colossal de la production et
de la consommation, ces deux pôles autour desquels gravite
le commerce ! La cargaison d'un seul navire en produits des
Indes dans le port de Lisbonne ou dans celui d'Amsterdam,
surpasse en valeur et en quantité les apports de la plus grande
caravane d'Asie. Le Nouveau-Monde, il est vrai, est encore
inculte et désert; mais, lorsque c'est aux peuples les plus civilisés de l'Europe qu'échoit la mission de le défricher, lorsque
la population qui s'y établit, qui s'y propage et y devient dominante, est pleine d'intelligence et de vigueur, et qu'en conséquence l'histoire de l'Amérique présente, dès son début, un
certain développement de civilisation, ce sont là des circonstances dont se ressent déjà le commerce de la présente période,
bien que notre génération en soit bien plus affectée encore,
et que les résultats définitifs soient réservés aux siècles futurs.

Deux des principaux obstacles au commerce dans l'antiquité, la grandeur des distances et la longueur des voyages,
se trouvent alors en grande partie écartés. L'emploi de la vapeur, sans doute, sera le privilége incontesté de la période
contemporaine. Mais depuis que la navigation s'éloigne des
côtes qu'elle suivait jusque-là si timidement, affronte la haute
mer et parcourt à toutes voiles l'élément qui établit les communications les plus rapides et les plus faciles entre les points
les plus éloignés; il existe véritablement un commerce international, et le commerce a pris un caractère universel.

Deux traits caractéristiques distinguent le commerce ancien
d'avec le commerce moderne. Dans le premier dominent le
cabotage et les transports par terre; dans le second, la navigation au long cours et les transports maritimes. Après la découverte d'un nouvel hémisphère, les voyages sur l'Océan eurent
un but, et la communication directe par mer avec les Indes
orientales mit à la portée de tous les peuples navigateurs une
contrée, objet de tant de convoitises, dont le commerce avait

été jusque-là à la merci d'intermédiaires. La puissance navale d'un petit Etat eut dès lors autant de poids dans le commerce ou dans la politique que les forces de terre d'un grand. L'accroissement énorme de l'importation des denrées tropicales en fit descendre la consommation dans les classes inférieures, changea à beaucoup d'égards la manière de vivre, et fit un besoin de ce qui était un luxe. L'augmentation ne porta pas seulement sur les quantités importées, mais sur le nombre des articles. A mesure qu'on connut mieux les Indes, on y trouva une multitude de productions jusque-là inutilisées ou même toutes nouvelles, bien faites pour accroître un commerce, qu'avaient alimenté presque exclusivement les épices et épiceries, des pierres précieuses, des perles, quelques matières tinctoriales et des étoffes d'une grande finesse. On connaissait le sucre, le riz et le sagou ; les Italiens en avaient de temps en temps fait venir de petites quantités ; mais ces articles étaient si encombrants et d'une si faible valeur relative qu'ils ne couvraient pas les frais d'un long transport par terre et par eau et de nombreux transbordements ; quant au sucre que les Maures récoltaient en Espagne et en Sicile, il ne s'exportait pas. On continuait à se servir généralement du miel pour adoucir les aliments. Mais après l'établissement d'une navigation continue, le transport de ces produits en Europe fut reconnu avantageux ; la capacité des navires fut de plus en plus augmentée sous l'action d'une concurrence chaque jour plus vive. Le prix du fret baissa, et le sucre en particulier, après que l'art du raffinage se fut répandu et perfectionné, fournit à la navigation transatlantique un de ses principaux aliments, dans la seconde moitié du dix-septième siècle surtout, lorsque la culture de la canne, transplantée dans les colonies d'Amérique, y eut pris un si vaste développement. Depuis lors on peut considérer le sucre comme une denrée alimentaire indispensable aux peuples européens. Le thé est un article tout moderne ; à peine, au moyen âge, les Arabes en offrent-ils quelque trace. On acquit en même temps la connaissance de beaucoup d'autres produits, tels que des drogue-

ries, des substances médicinales, des matières tinctoriales et
des bois, ou du moins on put alors les faire venir directement
des lieux de production sans recourir, comme autrefois, à de
nombreux intermédiaires. La production alla toujours en croissant, du jour où la culture d'un grand nombre de plantes ori-
ginaires de l'Ancien Monde eut été introduite dans les colonies
d'Amérique, pour être exploitée principalement au point de
vue commercial. Aussi ces articles prirent-ils le nom de denrées coloniales. Dans la production du sucre et du café à destination de l'Europe, l'Amérique avait dépassé l'Asie dès la fin
de la présente période; divers produits, d'ailleurs, tels que le
cacao, le tabac, la vanille et certains bois de teinture, appartenaient à son sol.

Un pareil développement de la production n'eût pas été
possible sans une augmentation proportionnelle de la consommation. Malheureusement on manque de données statistiques sur les importations de l'Inde opérées par les Italiens, et
l'on est également dépourvu de chiffres authentiques et satisfaisants sur le commerce des Portugais, durant la période de
leur domination. Nous savons seulement que, vers le milieu
du seizième siècle, l'importation des marchandises de l'Inde à
Anvers, doit s'être élevée à plus du double du chiffre que, d'a-
près le témoignage de Philippe de Comines, elle avait atteint à
Bruges, au temps de sa plus grande prospérité. Or, à cette époque, il n'est pour ainsi dire pas question du sucre, du café, du
thé, du cacao, du tabac, ni du coton, tous ces articles n'étant
devenus d'un usage général que vers la fin du dix-septième
siècle. Ici encore la statistique laisse beaucoup à désirer; cependant des auteurs anglais nous fournissent sur la consommation du sucre, du coton et du thé en Angleterre, de 1700
à 1785, des données qui peuvent en même temps servir
de mesure pour les autres articles, au moins dans l'ouest de
l'Europe, et que nous croyons en conséquence bonnes à reproduire :

ANNÉES.	SUCRE.	COTON.	THÉ.
		(Quantités en livres (1).	
1700	22,000,000	»	»
1710	31,369,000	1,171,000	1,707,000
1734	94,080,000	»	»
1754	119,320,000	»	»
1775	162,500,000	4,765,000	10,000,000
1785	181,500,000	18,400,000	17,000,000

Cet exemple suffira pour constater les progrès accomplis par le commerce du monde au point de vue tant de son importance matérielle et politique que de son influence sur la civilisation. Dorénavant, il embrasse dans son action toute l'étendue du globe, et l'on peut affirmer qu'une histoire du genre humain ne se conçoit plus sans une histoire du commerce. Un tel rôle était loin de lui appartenir dans les périodes antérieures; il apparaît comme un brillant épisode dans quelques contrées, et avec une influence tout à fait secondaire. Qu'on se rappelle la Hanse, les Pays-Bas et les républiques italiennes. Ces Etats marchands firent d'aussi grandes choses que les circonstances le permirent, et méritèrent ainsi pleinement la gloire qui fut leur partage. Mais, connaissant à peine une moitié du globe, ils portèrent nécessairement le cachet de la médiocrité, et leur mission ne put s'accomplir que dans une étroite sphère. L'époque contemporaine, qu'ouvre l'indépendance des Etats-Unis, a, surtout par de merveilleuses inventions dans le domaine des sciences appliquées, agrandi dans des proportions plus étonnantes encore le commerce de l'univers; mais elle repose sur les mêmes bases que celle qui l'a précédée; elle se lie étroitement à cette dernière, et n'en est pas, à beaucoup près, séparée par un changement radical tel que celui qui résulte de la découverte de l'Amérique.

Un plus grand nombre de pays et de villes prirent part au commerce, et les rivalités se multiplièrent. Un centre semblable à celui de Bruges, où le commerce européen se donnait rendez-vous de tous les points cardinaux, cessa d'être possible, bien que les Pays-Bas dussent conserver quelque

(1) La livre anglaise = 0 kil. 4535.

temps encore les avantages de leur situation comme marché intermédiaire. Depuis que l'on put aller chercher directement la marchandise dans le pays de production, on préféra de plus en plus les routes naturelles aux voies artificielles de l'importation indirecte, et le fait seul de la fondation de colonies par presque toutes les puissances maritimes ne put manquer de développer le commerce propre et la navigation nationale. En même temps les opérations diverses du commerce se séparèrent plus nettement ; on distingua, comme autant de spécialités, l'importation et l'exportation, la banque et la commission, les armements maritimes, les assurances, le trafic des marchandises et celui du numéraire. Elles furent réglées par des lois et par des usages. Dans les temps antérieurs, l'incertitude du droit, l'arbitraire et l'absence de crédit rendant très-difficile, sinon absolument impossible, l'emploi de tout auxiliaire, le commerçant était obligé de tout entreprendre lui-même à ses risques et périls, souvent même d'accompagner les marchandises qu'il envoyait à l'étranger. On ne connaissait pas le grand principe de la division du travail, âme de toute l'organisation économique des temps modernes, ce principe qui est devenu pour nous une seconde nature, à ce point que nous avons peine à croire qu'il n'ait pas toujours prévalu.

Une différence profonde et digne de remarque entre les deux grandes époques est celle du théâtre sur lequel se déploya le commerce international. Le Nouveau-Monde était situé à l'ouest ; c'était des côtes occidentales de l'Europe qu'on l'avait découvert, et tout voyage transatlantique trouva sur ces côtes son point de départ et son point d'arrivée. Jusque-là le sud-est avait été en possession de la domination, commerciale aussi bien que politique ; depuis la Phénicie jusqu'à Venise, la Méditerranée, y compris ses baies nombreuses et les mers qui s'y rattachent, avait formé, avec les routes de terre qui la joignent aux golfes Arabique et Persique, l'étroit espace où s'était circonscrit le commerce international du monde ancien. La civilisation y avait pris racine depuis des milliers d'années, le genre humain y avait, dans

la mesure de ses ressources, accompli des merveilles, que
notre histoire a en partie retracées ; l'Asie surtout avait exercé
une influence qu'elle n'a pas retrouvée depuis. A la fin de la
présente période, dans le court espace de trois siècles, comme
la scène change ! L'Asie, à la seule exception de l'Inde, est
plongée dans la léthargie la plus profonde, et sa participation,
jadis si active, au commerce de l'univers a presque entièrement cessé ; la barbarie a envahi jusqu'à l'extrémité sud-est
de l'Europe, et, sur ces confins de trois parties du monde où la
plus grande prospérité commerciale avait régné et semblait devoir régner toujours, elle a remplacé la richesse, les lumières,
l'énergie et la liberté, par la pauvreté et par l'ignorance, par
la paresse et par l'esclavage. Sans avoir été subjuguée comme
la Grèce, l'Italie perdit aussi sa puissance et sa prospérité,
lorsque se tarirent subitement les principales sources où elle
les avait puisées, et que des causes internes de décadence
furent aggravées pour elle par la fatalité des circonstances.
La Méditerranée descendit promptement au rang d'un simple
lac ; son commerce ne dépassa pas son bassin et ne s'y trouva
pas même à l'abri de la rapine et de la violence ; on déserta
ses ports, et bientôt les plus brillants météores de sa grande
époque, Venise et Gênes, ne furent plus que des souvenirs.
Avec le commerce s'enfuirent les autres éléments de la civilisation.

Au contraire, quelle scène, quelle activité créatrice déploie
l'Europe occidentale, quel développement inattendu de puissance et de richesse atteignent l'une après l'autre toutes ses
contrées maritimes ! Tant que l'Océan sans bornes qui s'étendait devant elles ne leur avait offert qu'une surface déserte,
effrayante, que l'imagination seule franchissait, leur commerce manquait d'un but propre et ne pouvait qu'être subordonné à celui des nations qui dominaient dans l'est. Mais les
rôles furent tout à coup intervertis, quand Colomb eut découvert un nouveau monde au delà de l'Atlantique, et que
Vasco de Gama eut trouvé la route maritime de l'Inde. La
première de ces découvertes doublait le globe ; la seconde

ouvrait à un commerce séculaire une route infiniment plus facile, plus commode et plus large. L'ouest de l'Europe devint le centre où aboutissaient et d'où partaient tous les courants de la vie nouvelle, et sa situation sur les bords mêmes de la vaste mer qui rapprochait alors les pays autant qu'elle les avait autrefois séparés, lui assura promptement un avantage si décidé sur l'est, que cette dernière région tomba intellectuellement et matériellement dans cet état d'infériorité où elle est restée plus ou moins jusqu'à nos jours. C'est à l'Occident qu'appartiennent les temps modernes ; c'est là qu'ont pris naissance et mûri presque tous leurs progrès en civilisation ; le génie de l'humanité suit le soleil couchant.

Toutefois des causes géographiques ne suffisent pas à expliquer un changement si radical ; des influences politiques et sociales ont dû concourir avec elles. Ces influences se trouvent visiblement dans la forte constitution de grands États sur la base de la nationalité, avec le pouvoir absolu et une administration centralisée dans les mains d'un monarque. Le régime municipal et bourgeois avait fait son temps ; la vie s'en était retirée. Des formes pétrifiées résistaient à toute amélioration ; la liberté n'était guère autre chose qu'un privilége ; esclaves de la coutume et des traditions, confinées dans l'étroit horizon d'une banlieue, les villes ne comprenaient pas le monde nouveau qui venait de surgir, ou, quand elles le comprenaient, manquaient des ressources nécessaires pour une tâche inaccoutumée. Qu'on nous permette de nous référer ici aux observations de notre tome premier sur les causes du déclin de la ligue anséatique et des républiques italiennes. Le moyen âge avait bien son système d'États ; mais il n'avait ni politique nationale, ni droit international, dans le sens que nous attachons à ces mots. Le sentiment de l'unité collective manquait aux populations ; les nombreuses guerres des princes tendaient à fonder la puissance des dynasties plutôt que celle des nations ; même la longue lutte entre le pouvoir temporel et le pouvoir spirituel avait au fond le même objet ; le droit de l'individu et de la classe prévalait sur le droit de la communauté. L'unité que pouvait présenter le gouvernement était purement mécanique; ce n'était pas celle d'un organisme vivant. Prince, noblesse, clergé, bourgeoisie, se considéraient comme autant de puissances coexistantes; la soumission au chef de l'État n'était le plus souvent que nominale et se bornait à peu près au service militaire et à l'acquittement d'un petit nombre d'impôts. Toutes les autres fonctions, tous les autres travaux pour atteindre ce que nous considérons aujourd'hui comme le but de la société politique, par conséquent, pour ne pas sortir de notre sujet, tout le domaine des intérêts matériels, du commerce et de l'industrie, demeuraient abandonnés au libre arbitre des individus. Des nécessités communes provoquèrent souvent des ligues, des associations qui, en réunissant leurs ressources, exécutèrent de grandes et belles choses, dignes de la reconnaissance et de l'admiration de la postérité. Toutes ces associations, néanmoins, portent plus ou moins le cachet de leur époque, qui est *la prédominance des individualités.*

Sous ce régime d'individualisme et de fractionnement, le système commercial avait été essentiellement cosmopolite. A aucune autre époque on ne pratiqua plus exactement la maxime d'acheter à bon marché et de vendre cher. A part les violences, à part les exactions au moyen des barrières et des péages, on laissait le commerce suivre sa voie et choisir ses moyens de fortune en toute liberté. Le gouvernement ne songeait pas à lui prescrire des règles à cet égard, ni à l'enfermer dans le cercle d'un système officiel. Si l'on objectait ici l'exemple de Venise, on pourrait répondre que, dans cette république, l'État lui-même était commerçant et que, dans l'étroite enceinte d'une ville, il pouvait plus aisément soumettre les particuliers à des règlements tyranniques. Dans les grandes monarchies de l'Europe, l'idée de faire du commerce une affaire de gouvernement fut ignorée durant tout le moyen âge, ou du moins ne se produisit que par quelques faibles essais. On laissa toute liberté à certaines villes ou confédérations de villes; souvent même on leur sacrifia, pour prix de redevances, le commerce et la production du pays, dont les princes, faute de lumières, de bon vouloir et d'énergie, ne surent pas se servir comme d'un levier pour le développement de la puissance et de la richesse nationales. Tout l'art financier consistait à obtenir le plus d'argent possible pour l'entretien de la cour et pour les dépenses de la guerre. On ne songeait pas à augmenter les facultés contributives des peuples par l'accroissement de leurs ressources. La féodalité, telle qu'elle florissait au moyen âge, était l'obstacle le plus insurmontable à l'établissement d'une véritable économie nationale ; elle était opposée non-seulement à l'égalité des droits, mais encore à celle des intérêts, qui seule, cependant, peut constituer en un faisceau national, vis-à-vis de l'étranger, les différentes classes d'une société politique. Hors d'état d'empêcher l'essor des villes, elle les combattit néanmoins, et loin de les rattacher au centre commun de l'État, elle chercha, avec l'aide du clergé, à les en séparer, à les tenir éloignées du gouvernement et de toute alliance avec le souverain.

Nous n'avons pas ici à nous étendre davantage sur l'anarchie féodale, qui, ayant présidé, principalement du treizième siècle jusqu'au quinzième, à l'administration de la plupart des États européens, ne permit pas au commerce, ou du moins ne lui permit que dans une très-faible mesure, de remplir sa mission nationale. Evidemment il ne lui fut possible de la remplir que du jour où, après des luttes longues et opiniâtres, le pouvoir des monarques l'emporta sur celui des grands vassaux, où l'unité et la centralisation du gouvernement minèrent peu à peu le régime des ordres et des corporations, et où la poursuite de buts tout personnels fit place au sentiment de la solidarité nationale et aux devoirs qu'elle impose. Le seizième siècle est l'époque de cette grande transformation politique. Dans plusieurs pays, on ne peut le méconnaître, la réformation y eut sa part d'influence, en délivrant la monarchie du joug sacerdotal, en mobilisant les biens de mainmorte, en augmentant la puissance productive, en obligeant le peuple à de plus grands efforts, par la fermeture des couvents, par l'abolition du célibat des prêtres, de fêtes sans nombre et de l'encouragement donné par l'aumône à la pauvreté. La religion catholique, en Europe, cessa d'être universelle, et la diversité des confessions contribua à constituer les nationalités et à séparer politiquement les États les uns des autres. L'intérêt collectif, dans lequel s'étaient fondus à l'intérieur les intérêts de classe, chercha alors à se produire au dehors, et partout où on ne lui opposait pas une telle organisation solidaire, la résistance était impossible. Voilà pourquoi tombèrent les républiques italiennes, la ligue anséatique, et tous les États qui avaient perdu le levier puissant de la nationalité, ou qui n'avaient pas su l'acquérir. C'est une question de savoir si la formation de ces vastes États unitaires, où la toute-puissance était remise à une seule main, n'a pas porté une trop grande atteinte aux droits inaliénables de la personnalité humaine, si ce que l'unité a gagné, la liberté ne l'a pas perdu. Et l'on ne peut contester que le nivellement de toutes les forces vivaces et indépendantes du moyen âge sous le joug inflexible et uniforme du pouvoir monarchique, n'ait préparé sur notre continent, à la fin de la présente période, une nouvelle catastrophe et une révolution profonde. Mais ces résultats appartiennent à l'histoire contemporaine ; quant à l'époque qui en ce moment nous occupe, son caractère distinctif, par opposition à l'individualisme antérieur, est toujours *la prédominance des nationalités.*

Il est digne de remarque que ce fut précisément dans l'Europe occidentale que se formèrent les plus grandes et les plus puissantes nationalités : l'Espagne, depuis la réunion de la Castille à l'Aragon ; la France, depuis le règne de Louis XI, et l'Angleterre, depuis l'avénement de la maison de Tudor. Plus tard apparurent la république de Hollande, les royaumes scandinaves et la Russie. Des États puissants et centralisés pouvaient seuls entrer avec succès dans la carrière nouvelle des découvertes et des opérations d'outre-mer, et suffire aux exigences extraordinaires d'un horizon immen-

sément élargi. Du jour où la nation se reconnut un intérêt collectif, où les intérêts des diverses classes s'unirent
vis-à-vis de l'étranger, le commerce ne put manquer de devenir une affaire nationale; son importance économique ne fut
plus envisagée seulement au point de vue de l'individu, mais
surtout au point de vue du pays, et la société dut établir sa balance commerciale comme l'avaient fait jusque-là les particuliers. La vraie liberté cosmopolite, qui laissait le négociant à
lui-même, disparut alors, le gouvernement intervint, comme
régulateur, par des lois et par des institutions, et la politique nationale fit naître des systèmes de commerce nationaux, systèmes originairement tout pratiques, dont on fit peu
à peu la théorie, et qui ont été vantés jusqu'à nos jours comme
les fondements de la prospérité des peuples.

La séparation bien tranchée des nations européennes et
la formation de grands États, puissants sur terre, et plus
encore sur mer, provoquèrent entre ces États des rivalités
plus vives sur les questions d'intérêt matériel que celles qui
auparavant s'étaient élevées entre de simples villes et des
confédérations de villes. Ce qui, jusque-là, n'avait occupé
qu'une classe ou une corporation, occupa alors l'État, et
l'individu se considéra comme un membre d'un grand corps.
Chaque nation se crut la nation appelée, et travailla à sa
grandeur et à sa prospérité. L'antagonisme était inévitable;
la jalousie commerciale, éveillée à toutes les époques, acquit
toute l'énergie d'une haine nationale; les États cherchèrent
par des monopoles à se paralyser et à se tenir en échec; on
se frappa d'interdits commerciaux; et de là des guerres. Les
droits de douane servirent d'armes offensives et défensives, et
fournirent à l'art de la guerre de nouveaux moyens.

Le commerce étant ainsi devenu pour chaque peuple un
intérêt national, toutes les mesures que prirent les cabinets
pour le protéger à l'intérieur et à l'extérieur, portèrent le
cachet de la nationalité et du patriotisme. On s'appliqua particulièrement à créer, autant que possible, un négoce propre
et direct, ce qui à la longue devait écarter l'entremise cosmo-

polite des Anséates et des Italiens, fondée sur l'exploitation des
marchés différents. Ce trafic intermédiaire, fait pour enrichir
des individus, était hors d'état de diriger les efforts individuels
vers un but collectif, et il dut succomber, dès que les gouvernements comprirent le rôle du commerce, de l'industrie et de
la navigation dans l'économie nationale, et y virent le moyen le
plus efficace d'accroître leur puissance et leurs revenus. Ces
dernières considérations furent, à vrai dire, celles qui les
touchèrent le plus. Les princes accordèrent à l'industrie et
au commerce du pays des mesures de protection, avec l'espoir
de trouver dans le développement des facultés contributives
de leurs sujets des ressources plus considérables et mieux
assurées, qu'en continuant de vendre ces mêmes sujets à
la concurrence écrasante des étrangers. Ce fut ainsi que
l'Angleterre et les royaumes du Nord s'émancipèrent du
joug de la Hanse, émancipation dont les résultats ne se firent
pas longtemps attendre.

Si la présente période de l'histoire du commerce diffère essentiellement de la précédente par sa politique nationale, elle
offre un autre caractère, qui ne la distingue pas moins profondément de la période contemporaine. Ce caractère, c'est le
système des monopoles. Le gouvernement s'attribue le droit
de régler tout le mouvement commercial et industriel du pays
par des monopoles, qu'il vend ou afferme à des compagnies
pour des sommes considérables, en s'y réservant assez souvent
à lui-même une part de profit. L'administration des finances
est tout entière organisée sur cette base ; l'industrie est plus
que jamais resserrée dans les liens des corporations, et le
commerce extérieur ne peut plus être exploité qu'à la faveur
d'un privilége. Chaque objet de consommation, chaque
pays de provenance, est livré au monopole exclusif d'une
compagnie marchande ; chaque industrie est de même réservée à une corporation close. Un pays suit l'exemple de l'autre,
l'esprit de l'époque les subjugue tous, et ce n'est que vers le
milieu du dix-huitième siècle que l'idée de la libre concurrence commence à se produire en France, jusqu'à ce que

la grande révolution de 1789 proclame le droit de tous les citoyens au libre exercice de l'industrie et du commerce, et fasse de ce principe le mot d'ordre de notre temps. Elle abolit la féodalité, même dans le commerce et dans l'industrie, en détruisant les monopoles des corporations industrielles et des compagnies de commerce; elle confère à chaque membre de la société politique la pleine liberté du travail, le droit de concurrence illimité dans toutes les branches sur la base de la nationalité. Depuis lors il existe une économie nationale dans la véritable acception de ce mot. La nation, qui n'avait été représentée jusque-là que par des privilégiés, apparaît, sous le régime de l'égalité, dans toute sa variété féconde; et la liberté pénètre la vie sociale tout entière.

La concession de priviléges à de grandes compagnies pour l'exploitation du commerce d'outre-mer, avait sa raison d'être à une époque où ce commerce était encore trop nouveau, trop hasardeux, trop difficile, trop dispendieux enfin, pour ne pas excéder les ressources de simples particuliers. Il fallait dans des pays lointains des établissements considérables, un nombreux personnel et même une force armée pour affermir les premiers pas du négoce. Tout cela exigeait de puissants capitaux, qui, soumis à beaucoup de risques, ne devaient pas, dans l'hypothèse la plus favorable, rapporter des profits immédiats. L'association seule pouvait suffire à la tâche, et elle n'était pas possible sans la concession de grands priviléges. A moins donc que le gouvernement ne voulût, comme en Portugal, prendre l'initiative et exploiter à ses risques et périls le nouveau domaine commercial, il était obligé de l'abandonner à des compagnies, en leur conférant des immunités plus ou moins étendues. Naturellement il ne négligeait pas son propre intérêt, soit qu'il s'associât à l'entreprise, soit qu'il stipulât en sa faveur une part des bénéfices, soit qu'il exigeât une taxe élevée pour prix du privilége. En outre, il se réservait constamment un droit de haute surveillance, de manière à assurer l'inviolable

fidélité des compagnies à leur mission nationale. On compte
plus de soixante et dix compagnies de commerce établies dans
les divers pays de l'Europe depuis la fin du seizième siècle.
Il sera question des plus importantes dans les chapitres consacrés aux différents peuples.

De même que toutes les institutions qui satisfont à un besoin réel de leur époque, les compagnies rendirent des services, et donnèrent de la solidité au commerce international.
Elles ne commencèrent à être nuisibles que du jour où les
besoins changèrent et demandèrent d'autres satisfactions.
Après avoir été un instrument de progrès, elles furent alors
une entrave ; en possession d'un monopole lucratif, elles écar-
taient opiniâtrément la concurrence active et vigilante des particuliers, qui étaient devenus assez forts et assez riches pour
pratiquer le commerce extérieur à leurs risques et périls.
Elles songeaient, non à vendre beaucoup et à bon marché,
mais à vendre peu et cher ; leur privilége exclusif leur permettait d'élever arbitrairement le prix de la marchandise et
de restreindre les consommations. A la fin du dix-huitième
siècle, elles étaient généralement en décadence ; beaucoup
même avaient succombé auparavant par suite des désordres
de leur administration et d'opérations extravagantes ; les compagnies, en très-petit nombre, qui ont subsisté jusqu'à nos
jours, sont d'une espèce à part, et leurs monopoles, d'ailleurs,
leur ont été successivement retirés, de sorte qu'elles ne forment pas un sérieux obstacle à la libre concurrence.

Au moment où le commerce de l'univers tend de plus en
plus à se séparer sous différents systèmes nationaux, commence l'histoire des douanes. Non qu'elles fussent restées jusque-là inconnues ; mais, si ce n'est peut-être à Venise, leur
caractère était beaucoup plus fiscal qu'économique ; c'est ce
qui explique pourquoi elles portaient sur l'exportation plutôt
que sur l'importation. On imposait les produits bruts et l'on
exemptait les produits manufacturés, témoin l'Angleterre jusqu'au règne d'Elisabeth. Mais lorsque le commerce, dépouillé
de son caractère cosmopolite, fut devenu l'un des objets de la

politique nationale, on imagina un grand nombre d'institutions artificielles pour obtenir le monopole de l'industrie, de l'agriculture, de la navigation et du commerce, et pour l'étendre le plus possible, de manière à arrêter les autres nations dans leur développement, et à les réduire à un rôle subalterne et dépendant. Telles furent les prohibitions d'entrée, les droits d'entrée, les primes de sortie, les droits différentiels, etc. ; leur ensemble prit le nom de système des douanes. Sous ce système, les sociétés qu'on appelle civilisées, se déclarèrent les unes vis-à-vis des autres dans un état de blocus ou de guerre permanent ; et, quelque avantage que telle ou telle nation ait pu en retirer, le genre humain, pris collectivement, n'a pas eu trop à s'applaudir de l'économie politique des derniers siècles. Heureusement la force des choses fut plus puissante que les gouvernements ; et, si le commerce de l'univers, en définitive, a fait des progrès, ce n'est certainement pas à cause, c'est au contraire en dépit du système des douanes (1).

Les grandes nationalités, aidées par le principe de la monarchie héréditaire et par la centralisation administrative,

(1) Cette affirmation que les progrès du commerce général dans les derniers siècles auraient été empêchés par le système des douanes, est loin d'être prouvée par l'histoire. L'histoire des derniers siècles retrace sous ce régime des progrès constants qui ne doivent pas, sans doute, lui être exclusivement attribués, mais auxquels il serait difficile de lui refuser toute part. L'histoire, de l'aveu de l'auteur, nous apprend que le système des douanes a été avantageux à plusieurs nations, aux principales ; comment ne l'aurait-il pas été au genre humain, qui n'est que l'ensemble des nations? On en a abusé, comme de toutes choses ; et par conséquent il a dû produire, en effet, beaucoup de maux ; mais il ne faut pas le dénaturer, le calomnier, en le représentant comme un instrument de domination et d'envahissement. On s'en est servi avant tout pour se défendre ; on s'en est servi pour faire des conquêtes, mais des conquêtes toutes pacifiques, pour acquérir de nouveaux moyens de travail et de richesse, beaucoup moins pour placer les autres dans sa dépendance, que pour se rendre indépendant des autres, pour développer, en un mot, ses éléments de grandeur, de civilisation, ce qui, certes, est fort légitime. Si ce puissant auxiliaire de la nationalité a offert trop souvent le caractère exclusif que la nationalité elle-même avait revêtu, qu'étaient ses entraves en comparaison de celles des péages sans nombre du morcellement féodal? L'ensemble des échanges n'a pu manquer de s'accroître sous un régime qui tendait à multiplier les centres de la production.   H. R.

absorbèrent le commerce et la navigation avec l'indépendance des villes libres du moyen âge ; elles en attirèrent chez
elles les forces productives, et soumirent l'ensemble du mouvement économique à des règlements, à des institutions fixes.
Ces institutions étaient la conséquence naturelle des nouvelles
tendances de l'époque et se fondaient sur des faits, non sur
des théories. Les gouvernements commençaient à comprendre
que, lorsque le pays s'enrichissait par le commerce, par les
fabriques et par les colonies, ils s'enrichissaient eux-mêmes
en dernière analyse. Dans l'économie nationale, comme dans
toutes les autres branches de l'activité publique, la pratique
devança les systèmes, et les hommes d'État du dix-septième
siècle avaient depuis longtemps réglé le commerce et l'industrie de leurs pays respectifs, conformément aux idées de leur
temps, quand les théoriciens du dix-huitième siècle vinrent
systématiser leurs mesures et déduire des principes abstraits.
En Angleterre, dès le règne d'Élisabeth, un système national de commerce et d'économie publique, secondé par la
situation du pays et par ses institutions, qui donnaient à la monarchie du pouvoir, de l'influence et de l'unité, mais non,
comme sur le continent, aux dépens de la liberté civile, était
devenu une maxime de gouvernement. Emancipées par la
réformation, les intelligences s'occupèrent de bonne heure, en
Angleterre, de l'examen des questions de finances et d'économie politique. S'il est vrai que le système *mercantile* reçut son
application la plus conséquente en France sous l'administration de Colbert, longtemps auparavant il avait été pratiqué
dans d'autres pays, notamment en Angleterre, par Cromwell,
et avant lui, en Espagne, par Philippe II ; la politique commerciale des gouvernements consistait à attirer dans le pays
le plus d'argent possible, et à l'y retenir. C'était de ce point
de vue qu'ils protégeaient la production nationale ; afin d'augmenter la masse du numéraire, ils recoururent souvent aux
moyens les plus violents, forcèrent à beaucoup d'égards la
nature des choses, confondirent l'indépendance politique avec
l'indépendance commerciale, et crurent trouver l'expression

de la prospérité nationale dans les chiffres trompeurs de la balance du commerce (1).

C'est à l'histoire de l'économie politique qu'il appartient d'exposer avec détail et d'apprécier ce système avec d'autres ; il nous suffira de signaler l'influence effective qu'il a exercée sur la marche du commerce ; et ce sera le lieu de le faire en traitant des différents pays en particulier. Du reste, le système mercantile domina incontestablement la pratique, il satisfit pour un temps aux besoins de quelques peuples, et ce n'est que tout récemment que ses principes ont été réfutés par l'expérience et en grande partie renversés. La science, cependant, l'avait déjà attaqué, et elle avait proclamé de nouveaux systèmes, par exemple celui des physiocrates Quesnay et Gournay, qui, bien que partis de points différents, se rencontrèrent sur le terrain de la libre concurrence du travail, et principalement le système industriel d'Adam Smith, qui apparaît dans les dernières années de la présente période pour servir de programme à une nouvelle ère commerciale (2).

L'économie politique devenant une des branches de l'art du gouvernement et influant chaque jour davantage sur la puissance et la richesse des nations, on dut éprouver de plus en plus le besoin de relever avec exactitude les fondements matériels de l'État, les éléments de son existence physique et politique, ou, pour employer une expression moderne, d'en établir la statistique. Cette science pratique était à peu près inconnue de l'antiquité ; elle fut très-défectueuse au moyen âge, où elle se borna à recueillir quelques données locales.

---

(1) Bien que de très-bons esprits aient partagé l'erreur vulgaire qui exagérait l'importance des métaux précieux, c'était l'augmentation de la richesse publique en général, et non pas celle de la quantité de l'or et de l'argent en circulation, qui était le but essentiel des mesures des gouvernements, et notamment des hommes d'État cités par l'auteur.   H. R.

(2) Les erreurs de la *Balance du Commerce* sont effectivement démontrées ; mais l'expérience, comme la théorie, n'a fait qu'établir avec plus de force, dans notre siècle, les avantages de la protection appliquée avec discernement. Quelque terrain que la liberté du commerce ait déjà gagné ou doive gagner encore, le système d'Adam Smith ne servira de programme à la nouvelle ère que considérablement amendé.   H. R.

C'était fort naturel dans des temps où le travail matériel et la production des richesses étaient considérés comme une œuvre d'esclaves, ou du moins comme une affaire d'intérêt privé, ne concernant nullement la communauté. Mais il dut en être autrement, quand les parties jusque-là séparées se rapprochèrent dans une nationalité, et y formèrent un ensemble solidaire. Alors le pouvoir central dirigeant eut besoin d'un inventaire exact et complet des choses dans le domaine de la production matérielle, et la mission de le fournir avec régularité fut dévolue à la science nouvelle de la statistique. On ne saurait assigner à cette science une date précise ; en cette matière aussi la pratique prit les devants ; les Italiens notamment, et parmi eux les Vénitiens, comme le témoigne le rapport commercial du doge Mocénigo, reproduit dans notre premier volume au chapitre des Italiens, dressèrent de bonne heure un tableau de leur situation commerciale. Toutefois, la statistique, ou, comme on l'appela d'abord, l'arithmétique politique, n'eut pas de publicité ni d'application étendue aux questions d'économie politique ou de politique commerciale avant le dix-huitième siècle, où elle reçut d'Achenwall, en Allemagne, son principal développement. Elle se borna longtemps à grouper des chiffres morts ; c'est notre époque qui l'a vivifiée par des comparaisons et qui l'a rendue véritablement utile.

Réveillée par la réformation, la philosophie avait rejeté la foi aveugle aux dogmes traditionnels et revendiqué le droit de libre examen sur le terrain de la politique et des intérêts matériels, aussi bien que sur celui de la morale et de la religion. On cessa dès lors de considérer le commerce comme une profession isolée, comme un simple moyen de fortune pour les individus ; on le rangea au nombre des intérêts publics de l'ordre le plus élevé. La richesse matérielle, abandonnée jusque-là à une pratique routinière, devint un des objets de la spéculation scientifique, et la philosophie moderne se rattacha ainsi plus étroitement à la vie réelle que la philosophie ancienne, qui avait toujours vécu dans un monde idéal. Aucun siècle ne fut intellectuellement plus agité que le dix-hui-

tième, dans lequel se préparèrent les grandes commotions
qui ont renouvelé tout l'édifice social, politique et économique de l'Europe. Les questions économiques y occupèrent
une place considérable : les finances et les impôts, le crédit
public, les dettes des États, le système monétaire, les monopoles industriels et commerciaux, tels étaient les sujets de prédilection qui se discutaient de vive voix ou par écrit. Nous
venons de parler des théories générales qui sortirent de ces
discussions ; une nouvelle et vive lumière éclaira aussi les
questions spéciales, et rendit saisissable et intéressant pour
tous ce qui jusque-là n'avait été qu'à la portée du petit
nombre. Dans l'ordre chronologique, les Italiens furent les
premiers qui traitèrent les matières économiques et commerciales. Les nombreuses falsifications de monnaie que se permettaient les petits princes de la Péninsule, ayant eu les
conséquences les plus fâcheuses , excitèrent les réclamations de généreux patriotes ; ils expliquèrent la nature et les
propriétés de la monnaie, et signalèrent de meilleures sources
de richesse pour l'Etat. De ce nombre fut le Napolitain Serra,
dont l'ouvrage, publié vers 1613, peut être considéré comme
le premier traité d'économie politique. En Angleterre aussi,
l'étude des sciences politiques appliquées commença de bonne
heure, et, grâce au système représentatif, grâce à la liberté et
à la publicité, exerça de l'influence sur la législation. C'est le
lieu de citer Davenant, Petty et les noms illustres de Bacon et
de Locke. En Allemagne, la nouvelle doctrine ne put pas
échapper au génie universel d'un Leibnitz. D'Angleterre, les
principes d'économie politique passèrent en France, où, à partir de la minorité de Louis XV, par les nombreux écrits de
Montesquieu, de d'Alembert, de Diderot, de Raynal, de Rous-
seau, de Voltaire (1), ils se propagèrent en tous sens et prirent un développement immense jusqu'à la fatale catastrophe,
qui n'atteignit guère moins le commerce que le reste. Nous
avons encore à nommer Hume et Franklin, pour clore la

1) M. Scherer a, sans doute par inadvertance, omis le nom de Turgot.
                                                             H. R.

liste des hommes éminents dont l'intelligence et l'énergie préparèrent la crise marquée dans la présente histoire par l'émancipation de l'Amérique du Nord et par la révolution française de 1789.

III

Par suite de la découverte du Nouveau Monde et du développement de la navigation, le commerce extérieur prit un nouvel essor, et c'est lui qui fut le principal élément de la grandeur et de la prospérité des Hollandais, qui dominèrent dans la présente période. Vers la fin, il est vrai, la suprématie commerciale a déjà passé aux Anglais, et les Français aussi se placent en première ligne, tandis que l'Espagne et le Portugal sont éclipsés, que le rôle de l'Italie demeure subalterne, que l'Allemagne se développe avec lenteur, et que le nord-est de l'Europe seul manifeste une nouvelle vie. Si de fausses maximes n'avaient aveuglé la plupart des gouvernements, de plus grands progrès se fussent accomplis sans doute, et surtout le commerce extérieur eût exercé plus d'influence sur le mouvement du commerce intérieur. La doctrine chimérique de la balance du commerce et l'opinion que les profits recueillis par une nation dans le commerce extérieur constituent des pertes pour une autre, firent beaucoup de mal. Qu'est-ce donc que le commerce international, sinon l'application du principe de la division du travail à tout le genre humain ? Un pays s'enrichit par le négoce qui s'y fait d'une province à l'autre ; le travail, ainsi divisé à l'infini, y devient plus productif, et les échanges entre des provinces qui se fournissent réciproquement ce qui leur manque, augmentent le bien-être de toutes ; or, on voit se reproduire les mêmes phénomènes dans le commerce international. Il procure à chaque nation l'occasion et le moyen de s'approvisionner des articles dont elle a besoin, et cela au plus bas prix, dans les pays où la production de ces articles est le plus facile. Le commerce n'est pas directement productif, et ses résultats immédiats ne sauraient

fournir la mesure de son utilité. Ce que les peuples commerçants donnent est l'équivalent de ce qu'ils reçoivent ; et le bénéfice de l'un n'est pas une perte pour l'autre. Ils satisfont par
l'échange à leurs besoins mutuels, et les avantages qu'ils en
retirent, à moins d'une perturbation, sont toujours égaux,
c'est-à-dire en rapport avec la nature des choses. Car, en
économie nationale, il est indifférent qu'un pays s'enrichisse
par la vente de produits naturels ou de produits fabriqués. Le
commerce extérieur procure à chacun ce qui lui manque, et
établit entre les divers peuples de la terre les mêmes relations
que le commerce intérieur établit entre les diverses provinces
d'un même État (1).

C'est une question oiseuse, quoiqu'elle ait été longtemps
agitée et qu'elle le soit encore quelquefois, que celle de savoir
lequel, du commerce extérieur ou du commerce intérieur,
contribue le plus à la richesse d'un pays et mérite en conséquence le plus de faveur. A l'époque où de grands États se
formèrent sur la base de la nationalité, elle perdit toute l'importance qu'elle pouvait avoir antérieurement, lorsque le

(1) M. Scherer expose ici la doctrine du libre-échange, doctrine qui, cependant, ne devrait pas être celle d'un historien. Que le commerce soit fait
pour rapprocher les nations, c'est une thèse que tout le monde admet aisément; on admet aussi volontiers qu'il est destiné à préparer une vaste division internationale du travail. Mais, ce qui sera peut-être l'œuvre de
l'avenir, a-t-il dû être celle du passé? Les relations entre des nations différentes doivent-elles être nécessairement les mêmes que celles des provinces
d'un même État, associées sous le même gouvernement, sous les mêmes
lois? L'histoire constate entre les nations des inégalités d'avancement; peut-il
leur être avantageux d'importer indifféremment toute espèce de marchandises,
au risque de renverser chez elles de grandes industries, florissantes et en voie
de progrès, c'est-à-dire de détruire le résultat de leurs efforts pour atteindre
des rivales qui les ont devancées? Les restrictions qui leur viennent en aide
dans ces efforts, servent, en définitive, à développer les forces productives
de toutes les contrées de l'univers, et à créer cette harmonie industrielle,
sans laquelle la liberté illimitée du commerce international ne serait que la
conservation à perpétuité des inégalités existantes. Quant à la question de
savoir s'il y a plus ou moins d'avantage à exporter des produits naturels
ou des produits fabriqués, tout dépend de la situation particulière du pays
qui exporte ; mais il est évident que la prédominance des produits fabriqués
dans ses envois est l'indice d'un plus haut degré de développement.

                                                              H. R.

commerce n'était pratiqué que par des villes et des corporations, exploitant l'une de ses deux branches aux dépens de l'autre. Du moment où se révéla un intérêt collectif, on ne put tarder à reconnaître qu'il existait une solidarité organique entre le commerce extérieur et le commerce intérieur, et qu'aucun des deux ne pouvait, sans l'autre, prospérer utilement pour le pays. Le rôle du commerce intérieur ne se borne pas à distribuer, parmi les habitants d'une même contrée, les produits de son sol et de ses fabriques ; il lui appartient aussi de livrer au commerce extérieur une partie notable de ces produits, et d'autre part d'en recevoir en échange les marchandises étrangères, propres à la consommation de ces mêmes habitants. Le commerce extérieur, de son côté, expédie au dehors les marchandises qui lui ont été confiées, et s'y procure des retours, dont il espère trouver le débouché au dedans. La corrélation est parfaite, et, bien que la science ait distingué les deux commerces, en réalité ils se rattachent étroitement l'un à l'autre, même lorsque, par l'effet de la division du travail, il ont chacun leurs représentants particuliers. L'exportateur et l'importateur, le commissionnaire et le commettant, l'expéditeur et l'armateur, l'agent et le courtier concourent aux opérations du commerce extérieur comme à celles du commerce intérieur, et ne sauraient être renfermés exclusivement dans les unes ou dans les autres.

On ne peut faire honneur à la politique commerciale de la présente période d'avoir exactement compris la corrélation et la solidarité du commerce extérieur et du commerce intérieur. Ses mesures étaient généralement exclusives, et l'exemple tout à fait à part de la Hollande porta inconsidérément à favoriser de préférence le commerce extérieur. On fut ébloui par la rapidité des gains réalisés dans le commerce colonial, et l'on crut que les recettes de l'État y gagneraient. Le système mercantile comprit, il est vrai, l'importance du commerce intérieur et de la production nationale ; il chercha à les consolider et à les encourager par des prohibitions et par des droits protecteurs. Sans faire l'éloge de ce système, on reconnaît volontiers que, pour l'époque et eu égard à la situation où se trouvaient, les uns vis-à-vis des autres, les États européens, il a eu des résultats considérables. Cependant la liberté manquait au commerce intérieur, la liberté, condition essentielle de sa prospérité. Elle ne pouvait être que fort incomplète sous le régime des barrières qui séparaient les provinces, des routes et des entrepôts obligatoires, des péages des fleuves, des priviléges des corporations, des monopoles ; ajoutez à tout cela le mauvais état des voies de communication et une défectueuse organisation des postes. De nombreux monopoles de l'État dérobaient une multitude d'objets à l'industrie particulière. A quelles restrictions absurdes une des branches les plus importantes du négoce intérieur, le commerce des grains, n'était-il point soumis ? L'Angleterre et jusqu'à un certain point la Hollande laissèrent seules au commerce intérieur plus ou moins de latitude ; quant aux autres États, ce n'est que tout récemment qu'ils ont reconnu et mis en vigueur sur leur territoire la liberté des transactions.

Des communications multipliées, commodes, économiques et rapides peuvent être regardées comme un des plus puissants leviers du commerce intérieur ; elles ne prirent un vaste développement que vers la fin de la présente période. On négligea le commerce de terre pour le commerce maritime ; dans l'ardeur avec laquelle on se portait sur l'élément nouveau, on construisit navires sur navires, et la marine fit des progrès signalés. Ces perfectionnements de la navigation furent pour le commerce extérieur une nouvelle cause de prépondérance. Les communications intérieures, au contraire, étaient, dans la plupart des pays, en très-mauvais état ; les cours d'eau étaient grevés de péages élevés et d'autres servitudes onéreuses ; c'était pis qu'au moyen âge, où les confédérations de villes obtenaient par la force des exemptions de droits. L'indépendance de la bourgeoisie était comprimée par la monarchie absolue, et, tout en favorisant le commerce, la monarchie avait en vue, dans sa politique, le dehors plutôt que le dedans ; craignant de voir son autorité compromise, elle ne tolérait pas volontiers dans le pays cette activité libre, cette libre association des forces particulières, ce droit pour l'individu de se faire sa propre destinée, que dans ces derniers temps on a reconnu comme le moyen le plus énergique de la prospérité générale et sans lequel le commerce intérieur ne serait jamais devenu ce qu'il est. L'Angleterre et la Hollande, où les institutions politiques assurèrent constamment au peuple le droit de se gouverner lui-même, sont les seules contrées où l'économie publique offre dans toutes ses parties les preuves de cette féconde influence. En France, les progrès extraordinaires dus au génie d'un grand homme ne laissèrent pas de trace, parce qu'ils trouvaient un obstacle dans les institutions publiques, et que le fanatisme et le despotisme détruisirent promptement l'œuvre commencée. L'histoire moderne enseigne à chaque page que le système politique et le système commercial ne sauraient être arbitrairement séparés ; et, quelques lumières que notre temps doive à la doctrine de la liberté commerciale, l'allégation que la richesse publique est indépendante de la forme du gouvernement, et qu'il suffit que le pays soit bien administré, est abondamment réfutée par l'expérience.

Parmi les communications intérieures de la présente période, les canaux tiennent le premier rang, dans les Pays-Bas surtout, qui, grâce à leurs richesses hydrauliques, grâce aux bras nombreux par lesquels leurs fleuves se jettent dans la mer, excellaient depuis longtemps à les construire. L'Italie et l'Espagne des Maures possédaient antérieurement des canaux, mais ils servaient à l'irrigation et aux besoins de l'agriculture plus qu'à la navigation et au commerce. Une fois affranchie du joug de l'Espagne, la Hollande fit les plus grands efforts pour compléter un système de canalisation unissant toutes les villes importantes entre elles et avec la mer, de telle sorte que le commerce et la navigation, pénétrant partout, pussent mettre en œuvre et utiliser toutes les ressources du pays. Le commerce extérieur et le commerce intérieur se rattachèrent harmonieusement l'un à l'autre ; et nulle part en Europe la population ne fut plus nombreuse ni plus aisée, le transport des produits plus rapide ni moins coûteux, les entreprises plus profitables. La situation de la France entre trois mers, avec de grands fleuves aboutissant à chacune d'elles, comportait également des travaux de canalisation ; sous ce rapport aussi, le siècle de Louis XIV fit paraître sa grandeur ; car il vit se construire l'admirable canal de Languedoc, qui joint l'océan Atlantique à la Méditerranée. D'autres canaux, entre la Loire et la Seine, entre la Loire et la Saône et entre des cours d'eau de moindre étendue, donnèrent à la navigation intérieure de la France un certain développement et une certaine vie.

Par cela seul qu'elle était une île, la Grande-Bretagne ne songea à construire de canaux que fort tard, lorsqu'au milieu du dix-huitième siècle, de grands foyers industriels se furent formés dans son intérieur, et qu'on eut éprouvé le besoin de diminuer, autant que possible, les frais de transport des matières brutes et des matériaux de construction. Jusquelà, elle s'était contentée de creuser et d'élargir ses fleuves, dont le lit est étroit et le cours borné. Ce fut le duc de Bridgewater qui le premier, en 1758, fit ouvrir pour son compte un canal, de Liverpool à Manchester. Cette entreprise, dont les résultats furent des plus brillants, trouva des imitateurs empressés, et bientôt le Royaume-Uni se couvrit de canaux dans tous les sens. L'Allemagne, comme nous l'avons vu à propos des Anséates, eut de bonne heure un canal navigable, qui joignait l'Elbe à la Trave, et par conséquent la mer du Nord à la Baltique ; dans la présente période, on atteignit le même but par une voie plus courte, au moyen du canal de Schleswig-Holstein. Frédéric le Grand, jaloux de développer la prospérité de son nouveau royaume, ne négligea pas le commerce intérieur. C'est à lui qu'est due la création des canaux qui mettent en communication l'Elbe, l'Oder et la Vistule. La Russie eut des obligations analogues à Pierre le Grand ; il fit construire le canal de Ladoga, qui rattache la

Néva au Volga, c'est-à-dire la Baltique à la mer Caspienne, et ouvrit ainsi aux produits de son empire des débouchés vers le nord et vers le sud. La Suède essaya d'affranchir en partie son commerce des péages danois du Sund, à l'aide du canal de Trolhaetta, qui n'a été, toutefois, que récemment achevé; en Hongrie, le gouvernement autrichien relia, par un canal, le Danube et la Theiss.

On n'eut pas, à beaucoup près, pour les routes, la même sollicitude que pour les canaux. L'établissement de bonnes routes embrassant toute une contrée dans leur réseau, ne date que de notre époque. L'Italie et les autres pays où les anciennes voies romaines s'étaient plus ou moins conservées, offraient encore les communications par terre les moins imparfaites; encore l'entretien y laissait-il beaucoup à désirer. Le besoin obligeait le commerce intérieur de se servir des communications existantes, dans quelque état qu'elles fussent, et il y en eut de très-fréquentées, telles que la traversée des Alpes par le Saint-Gothard, par le Brenner et par le mont Cenis, les routes entre Vienne, Francfort, Bruxelles et Paris, celles qui de cette capitale rayonnaient sur les divers points de la France, puis celles de Cologne à Hambourg et à Leipsick, se prolongeant vers l'est, à travers la Silésie, par Breslau et Cracovie, jusqu'en Pologne et en Hongrie: telles étaient les voies qui servaient au commerce intérieur et au transit de l'Europe continentale. Quelques villes, situées au point de jonction de plusieurs routes ou sur un cours d'eau navigable, devinrent les entrepôts du commerce intérieur, et à une époque où les communications étaient difficiles et coûteuses, leurs grandes foires rendaient d'incontestables services. On se donnait rendez-vous à la moitié du chemin, et l'arrivage des marchandises de divers pays à une certaine époque, dans un même lieu, y attirant des acheteurs et des vendeurs, les difficultés qu'un système défectueux de transports opposait aux voyages sur les lieux mêmes de production, se trouvèrent en partie levées. Il a été déjà fait mention des foires dans l'histoire du moyen âge; elles subsistèrent dans la période qui nous occupe; vers la fin de celle-ci, néanmoins, un grand nombre d'entre elles avaient perdu beaucoup de leur ancienne importance et ne présentaient plus qu'un intérêt local. Les foires qui restèrent internationales furent celles de Beaucaire, de Sinigaglia, de Francfort et de Leipsick, puis les foires russes de Nijni-Novogorod et de Kiakhta, ainsi que diverses places en Asie où les habitudes commerciales n'ont pas changé depuis des milliers d'années, et où la caravane suit encore aujourd'hui les mêmes routes, celles que la nature elle-même a tracées.

L'insuffisance des communications se faisait sentir dans le système postal. Les postes furent, il est vrai, soumises alors à une organisation régulière, sous la direction d'une administration spéciale, et mises à la disposition des particuliers, tandis que jusque-là il n'avait existé que des services isolés, principalement à l'usage des gouvernements; mais elles étaient loin de remplir dans l'économie nationale le rôle qui leur appartient. Louis XI, en France, assure-t-on, fit le premier des postes, en 1464, une institution publique. Il est certain que depuis le seizième siècle elles furent reconnues comme un monopole de l'Etat, exploité dans un but en partie fiscal, et qu'auparavant les villes, les corporations, les particuliers même se servaient de messagers pour le transport de leur correspondance. En Allemagne, les postes furent conférées comme un fief impérial à la famille de la Tour et Taxis, sous l'obligation de payer annuellement une redevance féodale tant à l'Empereur qu'à ceux des princes de l'Empire qui n'avaient pas jugé à propos d'établir une poste distincte sur leur territoire, et, en outre, de desservir avec régularité certaines lignes principales. L'organisation des postes d'Allemagne semble avoir servi de modèle à plusieurs Etats. Au commencement du dix-huitième siècle, le transport des lettres par la poste était devenu à peu près général en Europe. Le service des voyageurs ne s'organisa que plus tard. Si l'on considère que la poste de Vienne à Paris ne partait qu'une fois la semaine, qu'une lettre était vingt jours en route et coûtait environ un florin de convention (2 francs 60 centimes), que, faute de chemins de traverse, toutes les localités non situées sur la grande route étaient exclues du bénéfice des communications postales, si l'on songe à l'imperfection de tout le système et aux nombreuses interruptions qui avaient lieu en temps de guerre, on ne saurait estimer trop haut les progrès accomplis depuis lors.

Ces progrès extraordinaires appartiennent à l'époque où nous vivons, à cette époque où une révolution complète dans tous les moyens de communication, tant matériels qu'intellectuels, a rendu le transport des marchandises aussi rapide que la transmission des idées, et où une série d'inventions merveilleuses abrégeant le temps et les distances, a imprimé au commerce en général un élan inouï, et assuré en particulier au commerce intérieur la plénitude de son développement.

IV

Après que l'ouverture de l'Océan eut donné un libre cours à la grande navigation et que le commerce de l'univers fut devenu ainsi avant tout un commerce maritime, il s'ensuivit un mouvement considérable, une complication infinie dans les affaires, il surgit des institutions nouvelles, et l'on reconnut la nécessité d'une législation spéciale pour la marine marchande. Les temps antérieurs, il est vrai, offraient de précieux recueils; depuis les lois rhodiennes jusqu'au Consulat de la mer, ces recueils fournissaient d'excellents matériaux, et on ne les dédaigna nullement; mais il fallait que l'édifice fût rebâti dans des proportions plus larges. Les précédentes lois maritimes étaient généralement des œuvres toutes locales; elles émanaient de quelque puissante place maritime, et devenaient peu à peu le droit coutumier des autres ; mais lorsque les communes eurent perdu leur indépendance et que, comme il a été dit plus haut, la politique commerciale, attribut du gouvernement, fut confiée à une administration

spéciale, la marine dut être l'objet d'une législation positive.
Presque tous les Etats policés promulguèrent durant la présente période des codes maritimes, où naturellement il fut tenu compte des us et coutumes de chaque pays, et auxquels les anciens statuts servirent évidemment de base. Le meilleur de ces codes est l'ordonnance sur la marine de Louis XIV, publiée en 1681, ordonnance qui régit toujours la France sous une autre dénomination, celle de Code de commerce, et dans laquelle les autres peuples ont beaucoup puisé. L'Angleterre ne possède pas de code maritime proprement dit (1). Une multitude d'actes du parlement et de décisions juridiques, avec les usages du commerce, y constituent le droit, et comme, loin d'être définitivement arrêté, ce droit se modifie constamment sous l'influence de la pratique, il satisfait parfaitement aux intérêts.

Indépendamment de ces codes particuliers à chaque Etat, qui règlent les intérêts privés en matière de navigation et de commerce maritime, les relations maritimes internationales avaient besoin d'être régies par des principes applicables en temps de guerre comme en temps de paix. Les questions relatives à la neutralité des pavillons, à la franchise des chargements à bord de navires ennemis, aux prises, aux bris et naufrages, aux armements en course, et en général à la liberté des mers, durent sortir du vague et de l'arbitraire au moyen de solutions précises. Il n'existe pas encore cependant en matière maritime de droit des gens écrit; les traités conclus ne lient que les parties contractantes, et jusqu'à ces derniers temps, l'Angleterre s'est trouvée en désaccord avec les puissances continentales, en adoptant un droit maritime à part (2). Cependant certains principes ont été proclamés, et tous les Etats policés les ont tacitement reconnus. Du reste les codes particuliers des différents pays se ressemblent dans les points

(1) En 1853, toutes les dispositions relatives à la marine marchande ont été réunies dans un seul et même acte; cet acte n'est pas, du reste, un code de commerce, dans le sens plus étendu que nous attachons à ce mot.　H. R.

(2) On sait que, depuis la guerre d'Orient, l'Angleterre a cessé, sous ce rapport, de s'isoler des autres nations.　H. R.

principaux, et l'activité croissante de la navigation ne peut manquer de conduire graduellement à une communauté internationale.

Le droit commercial proprement dit, c'est-à-dire l'ensemble des dispositions légales sur les diverses opérations du commerce, ne prit aussi qu'à cette époque une importance véritable ; ce fut depuis lors seulement qu'il fut l'objet d'une exposition systématique et d'une élaboration savante. La législation des lettres de change, notamment, fut arrêtée, et servit d'appui essentiel au crédit commercial. Les affaires de commerce obtinrent de bonne heure le privilége d'une procédure plus simple et plus rapide, devant des tribunaux spéciaux en partie composés de commerçants. Le droit romain, qui s'était peu occupé du commerce et qui n'en avait pas compris la portée, fut reconnu insuffisant à son égard. Le commerce n'eut qu'à s'en féliciter, car, au lieu de se renouveler sans cesse, sous l'influence de la vie réelle, le droit qui le régit se fût pétrifié comme la majeure partie de notre droit civil tire des Pandectes. Le moyen âge fournit beaucoup de bons matériaux, dus aux villes de l'Italie, des Pays-Bas et de la Hanse, mais il était réservé aux temps modernes de les coordonner et d'en former un ensemble. Ce n'est pas le lieu d'approfondir ces matières ; mais il était nécessaire de les effleurer en passant, pour ne pas laisser de lacune dans l'exposé des résultats les plus importants de l'intervention du gouvernement et de la législation dans les transactions du commerce.

L'institution si bienfaisante des assurances doit également à la présente période son développement, sinon son origine. Les assurances maritimes ont naturellement précédé les assurances contre l'incendie et les assurances pour la vie. On prétend en retrouver la trace chez les Romains, plusieurs empereurs ayant, pour encourager l'importation des grains, promis des indemnités aux importateurs pour le cas de naufrage et d'accidents de mer. Mais cette promesse ne constitue point une assurance, qui ne peut résulter que d'un contrat ; elle n'est autre chose que la garantie donnée par l'empereur,

en sa qualité d'acheteur des céréales, à ceux qui les lui fournissaient, de prendre à son compte les risques de mer. Peut-
être retrouverait-on plus sûrement l'origine des assurances
maritimes au quatorzième siècle, époque où Barcelone se
distinguait non-seulement par une navigation florissante,
mais encore par une sage législation commerciale : témoin le
Consulat de la mer, qui est son œuvre. Des faits très-concluants
signalent la capitale de la Catalogne comme le berceau des
assurances. De cette ville elles passèrent en Italie et dans les
Pays-Bas. Les Anséates, au temps de leur splendeur, semblent
ne pas les avoir connues, ou du moins ne pas en avoir fait
usage, bien que l'histoire d'Angleterre les mentionne comme
assez habituelles dans cette contrée, dès le commencement du
seizième siècle, par le fait des Lombards établis à Londres.
Cette institution prit un développement rapide et vaste, quand
la navigation aborda les océans, et que les transports de marchandises sur mer devinrent de plus en plus considérables.
Sans elle, on peut le dire, il n'aurait jamais existé de commerce transatlantique. Sans son assistance, peu de particuliers eussent été disposés à livrer leur propriété aux risques
de longues et hardies navigations. L'assurance change l'incertitude en sécurité ; par elle le capital du négociant, flottant
sur la haute mer et menacé de la tempête, est tout aussi
protégé, peut-être plus même que celui de l'agriculteur. Le
négociant peut concevoir des projets et préparer des opérations sans se préoccuper des obstacles que les éléments lui
opposent ; il peut faire abstraction dans ses calculs des naufrages et des avaries ; affranchi, par le paiement de la prime,
des suites de pareils accidents, il vaque à ses affaires avec
une confiance et une énergie qu'il n'aurait pas sans cette garantie. Pour lui la mer a perdu ses terreurs, et les échanges
entre les cinq parties du monde sont à l'abri de toutes pertes.

Les assurances contre l'incendie et les assurances pour la
vie, nous le répétons, ne vinrent que plus tard (1).

_____

(1) Une espèce de banque à rentes viagères fut établie en 1653 à Paris par

Comme peu de particuliers possédaient les capitaux considérables que réclamaient de semblables établissements, et qu'ils n'en auraient pas volontiers couru seuls tous les risques, les assurances furent généralement entreprises par des compagnies. Elles fournirent un aliment à cet esprit d'association que vit s'éveiller l'époque dont il s'agit. Ce fut en Angleterre qu'elles prirent le plus d'extension ; cependant, à la fin de la période, il y avait peu de places maritimes de quelque importance en Europe, qui ne possédassent des chambres d'assurance. A part certains principes de droit, la législation dut y laisser la plus grande marge à la pratique. La matière est extrêmement difficile, et dans l'évaluation du dommage comme dans le calcul de l'indemnité il y a toujours à prendre en considération les circonstances particulières de chaque espèce.

Le crédit et les banques, ou du moins leur organisation régulière et leur extension à toutes les contrées quelque peu civilisées, même aux contrées purement agricoles, telles que l'Inde et les colonies d'Australie, datent aussi de la présente période, et ne révèlent pas moins les prodigieux effets de l'association des forces, des intérêts et des capitaux. L'augmentation du nombre des articles d'échange, celle de leur valeur par suite d'une demande toujours croissante, celle des distances enfin, ne permettaient plus de régler toutes les opérations de commerce avec de l'argent comptant. On fut obligé d'aviser à restreindre l'emploi des métaux précieux par un autre moyen de circulation plus commode. A cet effet on avait imaginé le doit et avoir des comptes courants, ainsi que les lettres de change, déjà usitées au moyen âge, et qui avaient donné naissance à une industrie particulière. Mais tout cela ne suffisait plus, lorsque le commerce de l'univers commençait à se constituer, lorsqu'une nouvelle économie publique se dessinait et que les échanges internationaux prenaient des proportions inattendues. Il fallut des établissements dans lesquels l'argent fût déposé sûrement,

l'Italien Tonti ; de là le nom de *Tontine*. La première compagnie d'assurance contre l'incendie fut celle de Berlin, fondée en 1705.

pour être disponible à tout moment, qui prêtassent sur de
bons gages, dont le crédit collectif pût venir en aide au
crédit des particuliers, et qui eussent ainsi la mission de
régler, de faciliter et d'entretenir dans une activité constante,
pour le plus grand bien du pays, la circulation de l'argent.
Les premières banques et les plus simples, dites de dépôt ou
de virement, furent fondées en Italie ; il en a été question à
propos de Gênes et de Venise. La banque d'Amsterdam ne
date que de 1609, et celle de Hambourg de 1619. Cette dernière est restée jusqu'à ce jour fidèle à ses statuts primitifs.
Ces banques étaient surtout destinées à satisfaire des besoins
locaux ; chaque négociant pouvait y verser une somme en
espèces, et, au moyen de simples écritures, y faire acquitter ses
dettes et recouvrer ses créances. On évitait ainsi beaucoup de
pertes de temps, et toutes les peines, tous les risques du transport
ou de la conservation à domicile de fortes sommes d'argent ;
en même temps, les comptes de banque faisant foi, on préve-
nait nombre de contestations et de procès. Les banques avaient
encore pour but d'empêcher la détérioration des espèces monétaires, en ne recevant les métaux précieux qu'en barres, ou
du moins en ne les recevant monnayés que d'après leur valeur
propre. Les métaux restant intacts dans les caves ne pouvaient
pas perdre par l'usure. Toutes les affaires se traitaient en
argent de banque et se trouvaient ainsi à l'abri des fluctuations que de fréquentes altérations, surtout au moyen âge,
avaient apportées dans le cours des monnaies en circulation,
au grand préjudice du commerce. Il s'ensuivit que les effets
payables en monnaie de banque se négocièrent beaucoup plus
facilement et que le cours s'en établit à l'avantage de certaines
places, ce qui ne fut pas une des moindres causes de leur
prospérité. La monnaie de banque gagnait sur la monnaie
courante une différence nommée *agio* ; de là le nom d'agiotage qui désigna plus tard un genre particulier d'opérations
intervenant dans toutes les branches de commerce et ayant
pour objet, avec le jeu de bourse, de donner à l'argent une valeur artificielle et de spéculer sur la hausse ou la baisse, sans

tenir compte de la valeur réelle de la marchandise et de la main-d'œuvre.

Toutefois le simple dépôt, la conservation de l'argent, des paiements facilement et promptement effectués dans une seule place, ne suffisaient plus aux besoins et aux intérêts nouveaux. On désirait quelque chose de plus, l'accroissement du numéraire, le crédit, des avances, des sommes considérables toujours disponibles. Pour rendre de tels services, il fallait d'autres banques que celles de virement, qui ne procuraient de crédit qu'aux négociants, mais non aux banquiers, aux industriels ni aux gouvernements. On imagina, en conséquence, les banques d'escompte ou de circulation, dont la première, la banque d'Angleterre, fut fondée à Londres en 1694, par le négociant William Patterson. Ces banques, en prêtant de l'argent sur des garanties convenables, en escomptant notamment les effets de commerce avant l'échéance, en substituant de plus à la circulation difficile et dispendieuse des espèces monnayées, un papier au porteur, accepté par la confiance publique, payable en tout temps, ont exercé sur le mouvement des échanges du globe et sur la production industrielle, une influence considérable; elles ont totalement changé la face du commerce ; elles ont produit dans l'industrie une révolution des plus profondes, en mettant les ressources du présent à la disposition de l'avenir. Ce n'est pas ici le lieu de traiter avec détail de ces établissements et du système de crédit auquel elles servaient de base; mais il eût été impardonnable de n'en pas faire mention dans une histoire générale du commerce. Supposez qu'ils disparaissent tout à coup ; la stagnation, l'anéantissement même de toutes les transactions, vous donnerait la mesure de leur importance.

C'est de nos jours seulement que les banques ont atteint leur plein développement, et qu'il s'est formé notamment un grand nombre de banques particulières. La période qui nous occupe offre presque exclusivement des banques nationales, dans lesquelles le gouvernement intervient plus ou moins. Celle que l'Écossais Law établit en France en 1716, était une entreprise privée; mais au bout de peu d'années elle devint un établissement public. Le Danemarck autorisa la création d'une banque en 1736, la Prusse en 1765, la Russie en 1769, l'Espagne en 1782. On ne saurait nier que cette institution n'ait donné lieu à de nombreux abus, à des extravagances, qu'elle n'ait provoqué de terribles crises commerciales, qu'elle n'ait entraîné des spéculateurs à multiplier le numéraire bien au delà des valeurs effectives, bien au delà des besoins de la circulation; elle n'est pas moins une des inventions les plus bienfaisantes et les plus indispensables. Son influence s'est étendue jusque sur la politique, et l'on verra, au chapitre de la France, à quel point les opérations de Law contribuèrent à préparer la révolution de 1789, moins toutefois par la banqueroute qui en fut la suite que par la puissance qu'elles donnèrent au tiers état, en opposant l'argent à la noblesse féodale, en aidant la richesse mobilière du commerce et de l'industrie à l'emporter sur la richesse immobilière de la propriété territoriale; alors commence à poindre le germe d'où est sorti l'arbre colossal et envahissant de notre époque, l'aristocratie d'argent.

L'accumulation des capitaux donna plus d'extension au commerce de l'argent, et le nombre des banquiers s'accrut dans les grandes villes; on remarquait encore parmi eux beaucoup d'Italiens ou de Lombards, mais principalement des Juifs, surtout en Hollande et en Allemagne; il y en avait fort peu en Angleterre. Ce commerce ne se borna plus à la négociation des lettres de change, au soutien de solides opérations commerciales ou industrielles, aux prêts à des particuliers; il acquit une importance considérable par suite d'un nouveau système financier qui se produisit à cette époque et qui depuis lors remplit un grand rôle, trop souvent un rôle tristement fameux. Ce système est celui des dettes publiques, qui grève des charges les plus lourdes, au profit de la génération vivante, tout l'avenir d'une nation. A l'Angleterre revient l'honneur d'avoir fait des emprunts de l'État un véritable système d'économie publique. Tous les autres États s'étant empressés de l'imiter, le crédit public est devenu un élément si essentiel de notre civilisation moderne, qu'il ne saurait désormais périr qu'avec celle-ci.

Les grandes guerres de rivalité qui divisèrent constamment les principales puissances de l'Europe durant la présente période, ayant généralement pour théâtre la mer et la terre à la fois et s'étendant jusqu'aux colonies dans les autres parties du monde, occasionnèrent des dépenses auxquelles ne pouvaient faire face les revenus ordinaires, malgré leur sensible accroissement. Il était difficile d'augmenter les impôts à une époque où l'agriculture et l'industrie languissaient. De faibles sommes, d'ailleurs, n'auraient été d'aucun secours ; elles ne pouvaient servir qu'à payer des intérêts; pour se procurer des capitaux, il n'existait pas d'autre moyen que l'emprunt. L'énorme richesse métallique que le commerce avait peu à peu accumulée en Hollande, offrait une précieuse ressource. Cette république n'avait pas politiquement grandi dans la même proportion, et ne pouvait pas, à elle seule, donner un emploi à toute cette richesse. L'Angleterre et la France, au contraire, depuis le commencement du dix-huitième siècle, avaient fortement entamé la suprématie commerciale de la Hollande, et la première de ces puissances lui avait déjà arraché le sceptre des mers. Elles allaient bientôt attirer à elles ses capitaux. Les capitaux hollandais, en effet, dont l'offre surpassait la demande qu'en faisaient le commerce et l'industrie du pays, durent, pour ne pas rester improductifs, chercher un placement, et ils le trouvèrent dans des prêts soit au gouvernement de la Hollande même, soit à l'Angleterre et à la France. On évalue le montant de ces prêts à 73 millions de livres sterling (1 milliard 825 millions de francs) ; les obligations émises à cette occasion formèrent l'objet d'un trafic qui donna lieu aux spéculations les plus téméraires, dégénéra souvent en un jeu funeste, et est devenu, dans notre économie publique, un mal qui, pour être nécessaire, n'en est pas moins regrettable. Bien que la politique ait très-souvent été, en cette matière, en désaccord avec l'intérêt commercial, les emprunts, on doit le reconnaître, ont eu d'utiles effets. Ainsi les capitaux hollandais vinrent en aide, non-seulement au crédit public, mais à diverses entreprises commerciales de l'Angleterre, et, d'un autre côté, les gouvernements étrangers, ayant besoin de revenus plus considérables pour acquitter leurs dettes, ou du moins pour en servir régulièrement les intérêts, durent s'appliquer à accroître les facultés contributives de la nation, en favorisant par tous les moyens le développement de ses ressources, c'est-à-dire du commerce et de la navigation, de l'agriculture et de l'industrie. Aussi peut-on dire, avec quelque vérité, que, sans sa dette nationale, l'Angleterre ne fût pas devenue la première puissance commerçante de l'univers (1).

La variété infinie des opérations du négoce conduisit à des réunions régulières des divers intéressés d'une ville de commerce dans un local déterminé, pour y conclure promptement et commodément leurs affaires, apprécier l'offre et la demande, régler les cours, et, en général, pour centraliser les transactions. De là les bourses, dont l'origine remonte, il est vrai, à la période précédente, mais qui ne furent que dans celle-ci solidement et uniformément organisées, d'après des statuts que les gouvernements approuvaient, et dont ils surveillaient l'exécution. Le nom de bourses est originaire des Pays-Bas, berceau de cette institution. Quelques auteurs le font venir d'une famille Van der Beurse, de Bruges, dans la maison de laquelle se réunissaient les négociants ; d'autres, de trois bourses sculptées au-dessus de la porte de la maison qui avait cette destination à Amsterdam. La bourse ne tarda pas à devenir le grand atelier dans lequel se développa et entra en activité tout le mécanisme du commerce. Le principe de la division du travail pénétra aussi dans le commerce, dont les spécialités se séparèrent plus nettement les unes des autres. On distingua désormais l'exportateur et l'importateur, le com-

(1) Les dettes publiques, en offrant un placement assuré aux épargnes des particuliers, particulièrement aux petites épargnes, qui, sans elles, eussent été souvent gaspillées, ont contribué puissamment au développement de l'aisance en Europe.   H. R.

missionnaire et l'expéditeur, l'armateur et l'affréteur, les courtiers enfin, qui leur servirent à tous d'intermédiaires. Les détails à ce sujet rentrent dans la science du comptoir, mais il appartenait à l'histoire de mentionner une institution destinée à exercer sur la pratique commerciale une décisive influence.

V

Le commerce de l'Inde ayant de tout temps passé pour avantageux et l'ayant été en effet, on a lieu de s'étonner que les Portugais aient pu, pendant près d'un siècle, en conserver paisiblement le monopole. Si, dans la période précédente, Alexandrie, profitant de sa situation privilégiée, ne permit à aucune rivale de subsister longtemps à côté d'elle, néanmoins, ainsi que nous l'avons vu, diverses tentatives avaient été faites pour participer à ses magnifiques profits ; de plus, si l'on considère l'élan de l'esprit commercial au seizième siècle, ainsi que les luttes passionnées que s'étaient livrées les républiques italiennes pour le marché de l'Inde, on est d'autant plus surpris de voir les Portugais si longtemps en état d'écarter toute concurrence.

La situation politique du monde à cette époque explique ce fait en grande partie. Pendant que, sous des princes justes et sages, le Portugal était prospère et pouvait, dans toute la plénitude de ses ressources, exploiter sans distraction le champ qui lui était ouvert, les contrées européennes dont il pouvait craindre la rivalité, n'étaient pas en mesure de paraître avec le même avantage sur ce théâtre éloigné et inconnu. Depuis l'avénement de Charles-Quint, l'Espagne fut beaucoup trop occupée, d'un côté, par les entreprises ambitieuses de ce monarque et de Philippe II, son fils, en Europe, de l'autre, par les découvertes et par les conquêtes qu'elle avait faites dans le Nouveau Monde. Aussi, lorsque ses flottes, grâce à l'audace de Magellan, atteignaient le but si longtemps désiré, le trajet dans l'Inde par l'ouest, laissa-t-elle échapper la plus belle occasion d'entrer au moins en partage avec les

Portugais. En 1580, ayant acquis le Portugal, au lieu d'être pour une lui rivale, elle se trouva propriétaire de son commerce et de tous ses monopoles. En ce qui concerne la France, elle fut tellement épuisée durant le seizième siècle par ses campagnes stériles en Italie, par sa lutte inégale avec le puissant et habile Charles-Quint, enfin par de sanglantes et interminables guerres civiles, qu'elle ne pouvait avoir de pensée pour le commerce, ni concevoir de lointaines entreprises. L'Italie, atteinte dans ses organes vitaux, était incapable de se relever. Quant à l'Angleterre, affaiblie par les querelles des deux maisons de York et de Lancaster, elle ne se remettait que lentement, et elle fut empêchée de prendre une part active au commerce de l'Inde, d'abord par la politique française, puis, dans la seconde moitié du siècle, par sa propre intervention dans les guerres continentales. Le pays, destiné à acquérir, dans la période contemporaine, la domination la plus absolue, la plus vaste qu'aucun peuple étranger ait possédée dans l'Inde, n'avait pas alors le moindre pressentiment de ce glorieux avenir, et ce ne fut que dans les dernières années du règne d'Élisabeth que sa politique commerciale se dirigea vers l'Orient.

Tandis que les grands États de l'Europe étaient ainsi obligés de laisser, spectateurs oisifs, se développer lentement dans l'Inde la domination portugaise, les sept provinces néerlandaises, réunies à peine en un État chétif dont l'existence n'était même pas encore assurée, osèrent entrer en concurrence avec elle sur les mers et sur le sol de l'Inde. Elles se préoccupèrent peu du bref pontifical qui consacrait les prétentions du Portugal à la possession exclusive des nouvelles contrées ; Hugues Grotius proclama le principe de la liberté des mers ; invincibles par cette confiance en elles-mêmes, qui leur avait assuré la victoire dans leur lutte terrible avec l'Espagne, les Provinces-Unies, aussi opiniâtres qu'entreprenantes, envoyèrent leurs navires dans les mers les plus lointaines et détruisirent le monopole du commerce de l'Inde. L'Angleterre suivit bientôt leurs traces, puis la France, et l'on vit ces nations avancer à l'envi dans cette nouvelle carrière, d'abord par l'audace de quelques aventuriers, puis par les efforts puissants de compagnies de commerce que protégea le gouvernement. L'édifice de la domination portugaise, trop étendu et trop pesant pour la base sur laquelle il reposait, s'écroula aussi vite et aussi facilement qu'il s'était élevé.

La simultanéité des découvertes faites par les Espagnols à l'ouest, et par les Portugais à l'est, tout accidentelle qu'elle paraisse, mérite cependant d'être signalée dans cette rénovation du commerce de l'univers. Elle servit à l'établissement et au maintien de l'équilibre commercial entre les différentes parties du monde. A toutes les époques, l'or et l'argent ont été les principaux, sinon les seuls moyens d'échange pour les produits de l'Inde. Tandis que la civilisation marchait de l'Orient vers l'Occident, les métaux précieux, au contraire, ont toujours été attirés vers ses anciens foyers, du côté où se lève le soleil. Une grande partie des métaux précieux de l'Espagne y avait été portée par les Phéniciens; c'est avec l'or de l'intérieur de l'Afrique que les Arabes avaient soldé leurs comptes avec l'Inde, et les mines de l'Allemagne, jadis si productives, avaient également alimenté le sud-est, par Venise, Alexandrie et Constantinople. Aucune contrée n'était aussi peu dépendante de l'étranger que l'Inde, pour les produits du sol comme pour ceux de l'industrie, pour les nécessités comme pour les objets de luxe. Climat délicieux, sol riche en productions de toute espèce ; population nombreuse, ce qui implique abondance de bras et bas prix du travail; enfin habileté dans les arts, innée, traditionnelle; tout cela procurait une satisfaction complète aux besoins d'un pays dont l'état social n'éprouvait aucun changement : aussi le commerce avec l'Inde et la Chine dut-il être très-uniforme. On n'y recherchait parmi les articles d'Europe que les métaux précieux, l'argent surtout, dont la nature avait été très-avare pour ces contrées. Il n'y circule, toutefois, qu'une quantité relativement minime de monnaies d'argent; la Chine, par exemple, se sert principalement de monnaies de cuivre. C'est pourquoi l'argent s'y plaçait comme matière destinée à être travaillée plutôt que comme monnaie. Il s'en accumulait aussi beaucoup dans les trésors des princes et des prêtres. Dans un pays, du reste, où les masses n'ont pour ainsi dire aucun besoin, et produisent elles-mêmes à peu près tout ce qui leur est nécessaire, la monnaie d'argent ne pouvait avoir dans les échanges le même emploi qu'en Europe.

Lorsque, après la découverte de la route maritime, la demande des marchandises de l'Orient s'accrut en Europe au delà de toute mesure, il eût été tout à fait impossible d'y satisfaire, ou du moins on n'y eût satisfait qu'au prix des plus grands sacrifices. Si l'or et l'argent n'eussent afflué de sources plus abondantes que ne l'étaient les mines insuffisantes et presque épuisées de l'Europe elle-même, par suite d'un écoulement continu, la quantité de ces métaux précieux n'eût pas manqué de se réduire, et leur valeur de s'accroître à tel point qu'ils n'auraient pu servir davantage comme moyen d'échange avec l'Orient. Mais avant que cet épuisement ne se fût réalisé, l'Amérique ouvrit ses trésors souterrains et en inonda l'Europe. Ces richesses, que l'Espagne retira du sein de la terre, mais qu'elle dissipa au lieu de les faire fructifier, se répandirent, malgré des précautions jalouses, parmi les nations ennemies, dont le commerce et l'industrie fournissaient en grande partie à ses besoins et à son luxe. Durant toute la période, ce fut surtout avec l'argent du Mexique et du Pérou que la Hollande, la France et l'Angleterre soldèrent les produits de l'Inde et de la Chine. Non-seulement la fécondité soutenue des mines américaines alimenta pendant deux siècles cette prodigieuse exportation d'argent en Asie, mais elle augmenta sensiblement la quantité du métal en circulation. Sa valeur moyenne dans les échanges entre l'Europe et l'Inde a d'ailleurs si peu varié que les principales importations de l'Inde s'évaluent et se payent encore aujourd'hui sur le même pied.

Dans cette absorption considérable de métaux précieux par le commerce de l'Inde, des théoriciens ont vu un appauvrissement de l'Europe et un notable amoindrissement des heu-

reux résultats de la découverte de l'Amérique pour la partie
du monde que nous habitons. C'est là méconnaître la nature
et l'emploi des métaux précieux, qui, surtout depuis la découverte de l'Amérique, doivent être envisagés sous deux points
de vue distincts, soit comme des signes, dont les peuples civilisés se servent pour évaluer le travail et les diverses marchandises, pour faciliter la rétribution du travail et le trans-
fert de la propriété des marchandises, soit comme des objets
de commerce dont l'équivalent doit être fourni par ceux qui
désirent les acquérir ; c'est uniquement de ce point de vue
que doit être appréciée l'exportation des métaux précieux en
Orient. La nation qui les exportait les ayant achetés avec le
produit de son travail, le commerce de l'Inde donnait toujours une impulsion à l'industrie européenne, quoique d'une
manière moins apparente et moins directe que celui de l'Amérique. Quand, par exemple, l'Angleterre, pour prix de
l'argent du Pérou ou du Mexique, dont elle avait besoin
dans ses échanges avec les Indes orientales, avait à fournir une
certaine quantité de lainages, de cotonnades ou d'ouvrages
en métaux, il en résultait immédiatement l'emploi dans les
fabriques du nombre de bras nécessaire, et une production
pour laquelle il n'y aurait jamais eu sans cela de demande.
La nation recueillait le fruit de cette nouvelle activité manufacturière. Avec l'or et l'argent qui payaient ses produits fabriqués en Occident, elle était en mesure de trafiquer en
Orient, et l'exportation dans l'Inde de ces trésors improductifs enrichissait l'Angleterre au lieu de l'appauvrir. Au surplus, l'accroissement de la monnaie d'or et d'argent en
Europe suivit une progression plus lente que le mouvement général du commerce. De 1713 à 1783 l'exportation des marchandises s'accrut à peu près dans le rapport de 1 à 4,34 en
France et dans celui de 1 à 2,64 en Angleterre. Or la circulation des espèces métalliques en Europe n'augmenta, pendant le dix-huitième siècle, que de 1 à 1,8 environ.

Après que la curiosité infatigable de l'esprit humain avait
enfin découvert le Nouveau Monde, des appâts matériels

étaient nécessaires pour donner la vie et un intérêt universel
à cette nouvelle possession. Sans l'éclat éblouissant des mines
de Potosi et de Zacatecas, le commerce, par les voies ordinaires, aurait mis à civiliser et à coloniser l'Amérique trois fois
plus de temps, sinon davantage, qu'il n'en fallut à la cupidité
et à la soif de l'or pour y attirer des centaines de mille et des
millions d'hommes. Un champ fécond de considérations pleines d'intérêt s'offre ici à l'historien philosophe, et un fait tout
récent, que nous aurons à mentionner dans l'histoire contemporaine, nous fournit une vivante analogie. En tout temps la
découverte de riches mines de métaux précieux paraît avoir
coïncidé avec un nouvel essor des grandes entreprises commerciales et industrielles, qui nécessitait un accroissement de
ces moyens de circulation, ou l'avoir immédiatement précédé.

L'énorme importation des métaux précieux de l'Amérique,
importation dont il serait d'ailleurs difficile de déterminer
avec précision le total (1), affecta dans l'Ancien Monde le prix de
presque tous les objets, et cette influence n'a pas cessé de se
faire sentir jusqu'à nos jours. Elle eut pour premier effet une
dépréciation des métaux précieux, ou, ce qui revient au
même, une augmentation de la valeur de toutes les autres
marchandises relativement à ces métaux. Le rapport des
deux métaux changea aussi peu à peu, et l'argent éprouva
vis-à-vis de l'or une baisse de près de 4 p. 100. En France,
sous Philippe le Bel, un marc d'or équivalait à dix marcs
d'argent. Dans les Pays-Bas le rapport était, au milieu du
quinzième siècle, de 1 à 10 et demi ; en 1589, il n'était encore
que de 1 à 11 trois quarts. Mais, au commencement du dix-
septième siècle, l'argent afflua tellement que le rapport

(1) M. de Humboldt calcule l'importation de l'or d'Amérique en Europe,
depuis la découverte de ce continent jusqu'à la révolution mexicaine, à une
valeur totale de 32 milliards de francs environ, dont 5/8 en argent et 3/8 en
or. En poids, l'or ne représenterait qu'environ le quarante-septième de l'argent. M. Léon Faucher a évalué la circulation des monnaies en Europe,
au moment où éclata la guerre de l'indépendance mexicaine, à 8 milliards
de francs, dont 2 en or, 6 en argent. Tous ces chiffres ne peuvent être qu'hy-
pothétiques ; car quel moyen a-t-on de les contrôler ?

admis en Espagne fut celui de 1 à 14 ; en France, de 1 à 13 ; en Hollande, de 1 à 12 et demi, et que la moyenne, à la fin de la présente période, fut de 1 à 15. On voit combien de temps ces variations employèrent ; mais si l'on considère que l'extraction de l'argent était deux fois plus active que celle de l'or, on a lieu de s'étonner que le premier de ces deux métaux n'ait pas été plus fortement déprécié ; c'est qu'une plus grande utilité industrielle et par suite une demande plus considérable conservèrent à l'argent une valeur relative supérieure à sa valeur absolue.

En cherchant à s'orienter au milieu de ces variations monétaires, on ne tarde pas à reconnaître que la valeur de l'or s'éloigne de celle de l'argent en raison directe des progrès de la civilisation et de l'industrie. L'histoire nous apprend que la découverte et l'exploitation des gisements d'or ont précédé celles des mines d'argent. L'or se trouve presque toujours à l'état naturel, pur ou mêlé d'argent ; en fouillant les sables des rivières et les terrains d'alluvion, on l'obtient par un simple lavage. Un pareil travail est à la portée même des peuples barbares ; en distribuant cette richesse sur la surface du globe, la nature semble l'avoir jetée sous les pieds du premier occupant. L'argent, au contraire, disséminé dans la roche primitive, ne se trouve le plus souvent qu'à une grande profondeur et ne peut être extrait qu'à l'aide de toutes les ressources de la mécanique et de la chimie, ce qui suppose une civilisation déjà avancée. Presque tous les peuples de l'antiquité connurent l'usage de l'or, mais non celui de l'argent, surtout comme monnaie ; l'argent ne fut employé à ce titre que plus tard et ne se rencontre pas chez les peuples conquérants, mais seulement chez les peuples industrieux et commerçants, tels que les Phéniciens, les Grecs et les Carthaginois. Dans l'antiquité aussi le rapport entre les métaux précieux éprouva de grandes fluctuations. Au commencement, l'argent valut autant que l'or, mais il baissa considérablement après la découverte des mines de l'Espagne. Les grandes déprédations militaires, en inondant tout à coup le monde,

occasionnaient fréquemment des baisses ou des hausses rapides. Rien alors de semblable à cet apport lent, [mais suivi et
régulier des métaux précieux, qui s'organisa dans la présente période. Après le sac de Syracuse et de Carthage, dont
les trésors consistaient principalement en argent, ce métal
baissa; il haussa, au contraire, quand César livra aux armées
le trésor de la république romaine, où l'or prédominait.

Entré plus tard que l'or dans la circulation monétaire, l'argent s'y est maintenu, en revanche, avec beaucoup plus de
suite et de régularité. Les mines dont on le retire plongeant,
avec de nombreuses ramifications, dans les entrailles de la
terre, sont en quelque sorte inépuisables. Les gisements d'or,
au contraire, placés le plus souvent à la surface du sol, s'é-
puisent vite, et l'extraction de l'argent continue, là où celle
de l'or a depuis longtemps cessé. L'Ancien Monde en fournit
des exemples, et c'est ce qui explique les grandes variations
qui ont eu lieu dans le rapport de valeur entre les métaux
précieux. Il en a été de même dans le Nouveau Monde. Les
mines d'or du Brésil, Choco, Antioquia, Popayan, découvertes vers la fin du dix-septième siècle, furent bientôt épuisées, tandis que l'exploitation des mines d'argent du Mexique
fut de plus en plus féconde; la circulation reçut 56 fois
plus d'argent que d'or. Une différence de valeur de 1 à 15
est hors de toute proportion avec celle des quantités, et le
rapport eût été tout autre dans les siècles antérieurs. Mais on
doit considérer les métaux précieux non-seulement comme
monnaies, mais comme articles de commerce, et songer au
'développement extraordinaire que l'industrie a pris en Europe, en employant de plus en plus les métaux précieux, et
surtout l'argent. Tout ce que nous lisons de la magnificence,
du luxe et de la prodigalité de quelques-uns dans l'antiquité
et au moyen âge, n'est rien en comparaison de la vaste consommation que l'aisance générale provoque dans les temps
modernes; et il n'est pas douteux que le travail de l'or et de
l'argent n'ait considérablement ajouté à la somme des jouissances matérielles dont le monde est redevable à la découverte

de l'Amérique. L'usage des objets d'or et d'argent s'est répandu parmi les classes moyennes, et si, des 32 milliards de francs auxquels M. de Humboldt évalue l'importation des métaux précieux d'Amérique, on retranche 8 milliards pour la monnaie, l'industrie peut revendiquer près de la moitié de l'excédant. On calcule à 12 milliards les envois en Orient; le reste aurait été submergé ou détruit d'une manière quelconque.

Bien que la découverte d'un nouveau monde à l'occident n'ait pas, à un moindre degré que l'ouverture d'une route plus facile et plus directe vers les contrées lointaines de l'Orient, contribué à agrandir le domaine du commerce et à augmenter prodigieusement le nombre des marchandises en Europe, elle n'exerça son influence ni à la même époque, ni de la même manière.

Quand les Portugais partirent de leur premier établissement sur la côte de Malabar pour visiter tout le sud-est de l'Asie jusqu'au Japon, ils trouvèrent presque partout des peuples civilisés, industrieux, accoutumés au commerce, non étrangers aux besoins et aux jouissances d'un ordre élevé. Tout autre était le spectacle qui se présenta aux Espagnols lorsqu'ils mirent le pied sur le sol américain. Des sauvages nus habitaient les îles; ignorant les arts les plus simples et les plus nécessaires, ils subsistaient exclusivement des dons que leur offrait une nature libérale. Le continent ressemblait à une forêt vierge d'une immense étendue; le long de ses côtes vivaient disséminées quelques faibles tribus, très-peu supérieures aux insulaires en industrie et en civilisation. Même les deux grandes monarchies, qu'on a bien voulu qualifier d'États policés, n'avaient pas devancé le reste de l'Amérique au point de mériter une pareille distinction. Les habitants du Mexique et du Pérou ne savaient ni employer les métaux utiles, ni se servir des animaux domestiques comme auxiliaires dans leurs travaux, et en particulier dans ceux de l'agriculture, le premier des arts. Aussi la poignée d'Espagnols qui renversa ces empires si vantés, eut-elle plus de difficulté à trouver sa subsistance qu'à vaincre ses ennemis.

Le trafic avec deux régions d'une civilisation si différente fut, on le conçoit, entendu et conduit différemment. Les Portugais, sûrs de trouver en Orient les denrées tropicales si recherchées de l'Europe depuis des milliers d'années, ainsi que des objets fabriqués qu'elle n'admirait pas moins, n'eurent qu'à continuer un commerce traditionnel. Ajoutons que leurs monarques virent, dans l'encouragement de ce commerce, la première mission de leur règne, et appliquèrent à cet objet toute l'énergie et toutes les ressources de leur royaume, tandis que des succès d'une étonnante rapidité excitaient leurs sujets à redoubler d'efforts.

Les vives espérances qui avaient poussé les Espagnols à l'occident de découverte en découverte, ne s'étaient pas à beaucoup près réalisées si largement ni si vite. L'industrie des peuples sauvages qu'ils y avaient rencontrés ne leur offrait pas un seul article de commerce. Les produits du sol même y étaient de peu d'importance, avant d'avoir été améliorés et multipliés par l'intelligence et le bras de l'homme. La passion, plus que le succès, fit avancer dans la voie des explorations et des conquêtes, et, comme le gouvernement en retirait directement très-peu d'avantages, il laissa pleine carrière au génie farouche et hardi de l'époque. Ce fut ainsi que l'Espagne acquit ses plus précieuses possessions.

Tandis que des découvertes entreprises et dirigées par le gouvernement procuraient aux Portugais des bénéfices immédiats et extraordinaires, il s'écoula donc plus d'un demi-siècle avant que les Espagnols obtinssent un résultat signalé. Car ce qu'on extorqua de poudre d'or aux malheureux Indiens, et le pillage des temples et des palais du Mexique et du Pérou, purent bien enrichir les spoliateurs, mais la mère patrie n'en ressentit économiquement aucun effet. Elle ne commença à être affectée que par la découverte des mines d'argent de Potosi et de Zacatecas en 1545.

Le commerce des Espagnols en Amérique différa, par le mode d'exploitation non moins que par l'époque, de celui des Portugais dans l'Inde. A part l'ambition des Portugais d'établir leur domination dans l'Inde, les relations avec l'Orient restèrent des opérations de commerce pures et simples, bornées à l'achat des produits naturels, tels que les épices, les drogueries, les pierres précieuses, ou d'articles fabriqués, tels que les soieries, les cotonnades et la porcelaine. Il suffisait d'entretenir des agents habiles sur les places favorablement situées, de préparer des assortiments convenables de marchandises, et de fortifier, au besoin, certains points du littoral, de manière à protéger l'arrivage des navires, à les mettre à même de prendre chargement en toute sécurité, et à repousser toute attaque, même du côté de la terre. Il n'y avait point à fonder de colonies, ni à organiser une émigration européenne, pour la mise en culture du sol ou pour l'établissement de quelque industrie. La culture du sol et l'industrie restèrent, comme elles l'étaient depuis un temps immémorial, le partage des indigènes.

Aussitôt que l'ardeur aventurière, pour ne pas dire le fanatisme, avec lequel les Espagnols continuèrent l'œuvre du noble Colomb, vint à se calmer peu à peu, et que, cessant de parcourir le Nouveau Monde sous le mobile unique de la soif de l'or et semblables à des bêtes féroces, ils songèrent sérieusement à cultiver les pays conquis, à y introduire des bras intelligents et des capitaux, à les rendre enfin, pour l'avenir, productifs et féconds, ils ne tardèrent pas à reconnaître que tout était à faire sur cette terre vierge, et que, pour atteindre le but désiré, il était nécessaire d'y fonder des colonies sur une grande échelle. De simples colonies commerciales ne pouvaient suffire dans des pays jusque-là dépourvus de tous les objets propres à alimenter le commerce ; c'étaient des colonies productrices dans le sens propre du mot, c'est-à-dire des plantations ou des entreprises de mines qu'il s'agissait de créer et d'exploiter à l'aide d'émigrants. Telle fut aussi la conviction des autres peuples qui cherchèrent plus tard à s'établir aux îles des Indes occidentales et sur le continent de l'Amérique du Nord. Ainsi l'Europe, après avoir ravagé le Nouveau Monde, se mit à le repeupler, et, par suite d'un système colonial tout nouveau, la race blanche caucasienne est devenue la maîtresse de l'hémisphère occidental. Tous les articles de commerce depuis lors importés du Nouveau Monde dans l'Ancien, à la seule exception peut-être des peaux et des pelleteries fournies par les chasseurs indépendants du nord et du sud, sont dus à l'activité créatrice des colons européens. C'est par eux que la majeure partie des productions naturelles de l'Asie, telles que le sucre, le café, le riz, les épices, les drogueries, le coton, le tabac, ont été transplantées en Amérique, et que les mines d'or et d'argent y ont été soumises à une exploitation régulière. Aussi est-il permis de dire que l'Amérique a reçu de l'Europe toute son existence politique et économique ; si l'Afrique y a matériellement contribué par l'envoi de bras, l'idée et l'exécution ont été encore tout européennes. En même temps que l'Amérique servait à faciliter et à étendre les relations de l'Europe avec l'Asie, elle provoquait avec l'Afrique un négoce qui, très-restreint à son début, prit bientôt une extension considérable et rattacha étroitement ce continent au mouvement du commerce universel. L'Europe déploya avec éclat la supériorité de son génie commercial, sachant distinguer, comme elle le fit, les besoins et les ressources des trois autres parties du monde, en les reliant entre elles par la réciprocité des services, et en travaillant ainsi en définitive dans l'intérêt de sa puissance propre, ainsi que de sa richesse et de ses jouissances particulières.

Les deux sujets dont il s'agit, le système colonial et la traite des noirs, sont trop importants pour ne pas mériter un exposé spécial et détaillé.

VI

L'esprit commercial de la présente période trouve son expression la plus énergique dans le système colonial (1), qui peut être défini en deux mots, le monopole, au profit de la mère

---

(1) C'est le lieu de mentionner le livre récent et remarquable publié en Allemagne par M. Wilhelm Roscher, sous ce titre : *Les colonies, la politique coloniale et l'émigration.*   H. R.

patrie, de la production et de la consommation de ses possessions d'outre-mer.

Les colonies de l'antiquité, nous en avons déjà fait la remarque, peuvent être opposées aux colonies modernes, elles ne peuvent leur être comparées. Motifs, tendances, moyens, tout diffère essentiellement. Soit que la colonie grecque ou phénicienne eût été formée par des émigrants volontaires ou par des bannis politiques, soit que le gouvernement lui-même en eût dirigé l'établissement, nous ne retrouvons point de traces de l'assujettissement de leur activité économique à un monopole.

Les colonies étaient pour la plupart indépendantes ; et quand elles prenaient parti pour la métropole, c'était de leur part un dévouement spontané ; nous ne parlons pas des colonies romaines, qui étaient exclusivement militaires. Quant aux Carthaginois, qui, rattachant à leurs établissements des vues de conquête, avaient restreint leur indépendance politique, ils ne mirent du moins aucune entrave à leur liberté commerciale. Le commerce des anciens reposait sur un principe du droit naturel, la réciprocité ; l'intérêt, non la contrainte, rapprochait les unes des autres les villes de même origine, et entretenait leur union. Ce fut à leur profit, sans doute, que les Phéniciens et les Carthaginois exploitèrent les mines d'argent de l'Espagne, mais ils usèrent en cela du droit du plus fort ; propriétaires des mines, ils faisaient travailler pour eux, en qualité d'esclaves, les indigènes et non des colons. Il n'y a point là, par conséquent, d'analogie avec notre régime colonial. Au surplus, les colonies anciennes étaient généralement des villes entourées d'un petit territoire, qui ne pouvaient avoir d'autre vocation que le trafic intermédiaire. Si ce trafic n'avait pas été libre, elles n'auraient pas d'histoire commerciale.

On ne saurait comparer le système colonial des modernes avec celui des anciens, par la raison fort simple que les événements qui lui ont donné naissance, ne se sont produits que dans la présente période ; ces événements ne sont rien moins

que la découverte de l'Amérique, l'établissement de la grande
navigation, le nouveau système des États européens, et l'adoption par ces Etats d'une politique commerciale exclusive.
On ne qualifia plus de colonies que les territoires que possédait un Etat d'Europe dans une autre partie du monde et
qu'il tenait dans la plus étroite dépendance, économique aussi
bien que politique, de telle sorte que leur production et leur
consommation étaient pour la mère patrie l'objet d'un monopole absolu, sans que les colons eux-mêmes eussent rien à
statuer à cet égard. Les colons conservèrent le droit de propriété ainsi que le produit de leur travail, sous réserve de
quelques droits régaliens ; mais la législation leur ôta le libre
usage de leurs droits naturels. Elle leur interdit tout commerce extérieur, si ce n'est avec la métropole, et régla ces relations de manière à livrer à l'exploitation exclusive de la
mère patrie dans le marché colonial, ses exportations comme
ses importations par terre et par mer. L'ensemble des mesures et des institutions plus ou moins efficaces adoptées dans
ce but prit le nom de système colonial ; la politique coloniale,
ce fut leur application.

Bien que les nouvelles découvertes eussent été pour la plupart entreprises et accomplies par des aventuriers isolés,
ils avaient toujours pris possession du pays au nom du
monarque dont ils étaient les sujets. Nous avons vu comment
l'Église elle-même, en partageant le Nouveau Monde entre
l'Espagne et le Portugal, avait sanctionné cette prise de possession. Le principe monarchique était d'ailleurs, alors, à
son apogée, et personne ne mettait en doute le droit d'un
Cortez et d'un Pizarre à revendiquer l'empire de Montézuma
et celui des Incas pour Sa Majesté Très-Catholique, en y éri-
geant une croix, portant l'acte de la donation pontificale. Les
gouvernements européens, en occupant les contrées nouvelles,
ne se préoccupèrent que de leurs droits sur elles, et non de
leurs devoirs envers elles ; de là le système colonial, tel notamment que l'Espagne l'entendit et le pratiqua. La couronne
se considéra comme propriétaire de tous les pays tant décou-

verts qu'à découvrir dans la portion du globe qui lui avait
été attribuée. Quiconque s'établissait dans le Nouveau Monde
ne pouvait y acquérir de propriété territoriale qu'en vertu
d'une concession de la couronne, et tout bien-fonds qui perdait son maître ou qui lui était retiré, faisait retour à la couronne. Elle prélevait sur chaque colon, planteur, propriétaire
de mines, ou simple cultivateur, une sorte de redevance féodale, et ainsi les sujets se virent plus opprimés dans la colonie
que dans la métropole, où l'absolutisme monarchique rencontrait des limites dans les droits des ordres et dans des priviléges traditionnels. Les colonies espagnoles n'étaient guère
autre chose que des domaines de la couronne, et cette idée
d'un droit suprême de propriété que la couronne conservait
toujours sur elles, explique toutes les restrictions commerciales qui leur furent imposées.

La politique coloniale des autres États était gouvernée par le
même principe; elle n'était pas différente, pour être appliquée
avec quelques ménagements, comme elle le fut par l'Angleterre et par la Hollande (1), dont les colons obtinrent un riche
lot de droits et de libertés politiques. Ces ménagements ne
concernaient que les personnes ; la colonie elle-même n'était
pas moins réputée la propriété pleine et entière de la métropole, que celle-ci fût une monarchie absolue ou constitution-
nelle, ou une république. La nation, dans ce dernier cas, prenait la place de la couronne. Les colonies espagnoles furent,
sans doute, au-dessous de toutes les autres pour la civilisation, les lumières, la liberté politique et la prospérité matérielle. Mais la différence tenait à une administration plus ou
moins éclairée, au gouvernement libre ou despotique sous lequel vivait la métropole ; le joug du monopole commercial
ne pesait pas moins sur toutes les colonies ; leurs relations

(1) M. Roscher, dans l'ouvrage précédemment cité, fait l'observation, en
l'appuyant de preuves, que le système colonial de l'Espagne consistait avant
tout dans l'exploitation des colonies au profit du trésor, de l'administration
et du clergé, et ne plaçait qu'en seconde ligne les intérêts manufacturiers et
commerciaux de la métropole, tandis que c'était tout le contraire dans le système colonial de l'Angleterre et des autres États.   H. R.

extérieures, à toutes, étaient réglementées avec la même rigueur, et l'ensemble de leur économie subordonné aux intérêts et aux besoins de la mère patrie. Celle-ci, tant qu'elle en
eut la puissance, chercha par tous les moyens, même les plus
violents, à les maintenir dans sa dépendance, et ne leur fit de
concessions qu'avec une extrême difficulté.

On pourrait objecter contre cette manière d'envisager le
système colonial, qu'elle n'est applicable qu'aux colonies du
Nouveau Monde, et non à celles des Indes orientales, dont la
nombreuse population indigène, le développement politique,
la civilisation relativement avancée, interdisaient à la métropole de s'arroger un pareil droit de propriété. On pourrait al-
léguer que les Portugais y établirent leur domination coloniale sur de tout autres bases qu'au Brésil, en y recherchant
la prépondérance commerciale beaucoup plus que la possession
du sol, qui fut leur principal objet dans cette dernière région.
Il est facile de répondre à cette objection, et ainsi disparaîtra la
distinction habituelle entre les colonies de culture et celles de
commerce. Renvoyant pour les détails au chapitre des Portugais, nous ferons seulement ici la remarque que les Indes orientales, ce centre primitif du commerce des nations, offraient
un tout autre état de choses que l'Amérique, inculte et sauvage en majeure partie. Dans l'Inde, il ne s'agissait pas de
prendre purement et simplement possession, comme en Amérique, de territoires sans maîtres ou mal défendus ; il fallait
engager une lutte difficile, d'abord contre les habitants du
pays, puis contre des concurrents commerciaux : directement
contre les Arabes, indirectement contre les Italiens, lesquels
étaient établis depuis longtemps sur ce terrain, sans avoir jamais pressenti la rivalité qui leur surgirait de l'Occident.
Dans une telle situation, les Portugais durent se contenter,
au commencement, de n'occuper que des points fortifiés sur
la côte, de s'attacher les princes indigènes par des alliances
et d'écraser avant tout la concurrence des Arabes. Mais quel
était en cela leur but, sinon d'acquérir la possession exclusive
du commerce de l'Inde, et d'y exercer le même monopole co-

lonial dont les contrées du Nouveau Monde furent l'objet, quand elles produisirent les denrées propres à l'alimenter? Leur système de gouvernement et de guerre fut, il est vrai, tout différent ; les Indes orientales, avec leurs cent millions d'habitants, ne pouvaient pas être régies despotiquement et traitées en domaine de la couronne comme l'Amérique espagnole, avec sa population clair-semée et sans défense ; il n'était pas possible non plus, par des raisons faciles à concevoir, d'y provoquer une émigration européenne sur une aussi vaste échelle. Il fallait avancer pas à pas dans la conquête et essayer d'obtenir la soumission du peuple par des moyens moraux plutôt que matériels. La nécessité prescrivait cette marche, et quand la domination portugaise eut été renversée, les Hollandais et après eux les Anglais procédèrent de la même manière, les premiers par leur gouvernement, les seconds par une grande compagnie. Tous, en effet, poursuivaient-ils un autre but que celui auquel ils aspiraient en Amérique? savoir : s'emparer de tout le commerce du pays, gouverner ses échanges intérieurs et extérieurs, en un mot pratiquer ce même système colonial, que les cabinets européens de la période considéraient comme le couronnement de la grandeur et de la prospérité commerciale des nations. On employait, en Asie, d'autres moyens politiques que dans le Nouveau Monde ; mais le but commercial était absolument le même.

Toutefois le monopole que la mère patrie exerçait à l'égard de la colonie, aurait été dépourvu d'objet et d'intérêt, si les productions et les industries de l'une et de l'autre n'avaient pas été toutes différentes. Sans les denrées coloniales, il n'y aurait pas eu de système colonial. Chacun sait de nos jours quels produits désigne cette expression. L'antiquité ignorait tout cela; ses colonies appartenant généralement à la même zone que leur métropole, leurs productions ne pouvaient pas différer sensiblement. En fait de denrées dites aujourd'hui coloniales, on ne connaissait, on ne recherchait guère que les épices, que l'on se procurait par la voie du commerce intermédiaire.

L'histoire du commerce moderne ne comprend donc sous la dénomination de colonies que les possessions fournissant ces articles que l'on considère comme leurs productions principales, et qui figurent dans le commerce sous le terme général de coloniaux. Cette acception étendue embrasse, non-seulement le café, le thé, le cacao, le sucre et les épices, mais aussi le coton, les substances tinctoriales, certains bois, les drogueries et les substances médicinales ; tous produits bruts dont la culture ne saurait avoir lieu en Europe sur une grande échelle. La plupart ne viennent que dans les contrées tropicales ; aussi la plus grande partie des colonies appartiennent-elles également à la zone torride. Un autre caractère général, non essentiel toutefois des colonies, c'est qu'elles sont situées sur les bords de la mer, et non dans l'intérieur du continent, qu'elles sont ainsi accessibles à la navigation, et que le commerce colonial est en même temps un commerce maritime. La raison en est simple : des produits du sol aussi volumineux que la plupart des denrées coloniales, n'appartiennent pas au commerce de terre.

Pas plus que l'antiquité, le moyen âge ne fonda de colonies véritables. Les Arabes portèrent leur commerce aussi loin que leur foi ; mais quand leur vaste empire se disloqua, les différents pays dont il se composait, s'étant séparés les uns des autres, la chaîne du commerce international se trouva rompue. Ceux d'entre eux qui s'étaient établis dans l'Inde continuèrent bien d'exploiter le commerce extérieur de cette contrée, le plus souvent avec la participation d'indigènes qui avaient embrassé l'islamisme ; mais ils étaient soumis aux princes du pays et n'y exerçaient pas, plus que l'Arabie, d'où ils étaient venus, de domination politique. On serait encore moins fondé à qualifier de colonies les possessions des Italiens dans le Levant et sur les bords de la mer Noire. Elles ne furent pas créées par des émigrations de la métropole ; Venise et Gênes y envoyaient des gouverneurs et les forces nécessaires pour conserver des territoires dont la valeur commerciale consistait, non dans leurs productions, mais dans leur situation avantageuse comme entrepôt du trafic intermédiaire avec l'Orient. Caffa et Tana étaient de grandes factoreries. Toute idée de colonisation, c'est-à-dire d'un établissement permanent et d'une exploitation du sol, était étrangère à leur existence.

Une pareille vue caractérise essentiellement, au contraire, la présente période, dès que se fut un peu calmée l'ardente soif de l'or, qui avait poussé les premiers aventuriers dans le Nouveau Monde. Ces aventuriers, certes, n'avaient pas eu la moindre intention de mettre en culture ni de coloniser les contrées nouvellement découvertes. L'opinion qui faisait de l'or et de l'argent les sources uniques du bien-être, était généralement admise, et les immigrants, au lieu de déployer une activité industrieuse dont ils n'avaient pas l'idée, ne songeaient qu'à dépouiller des indigènes faibles et sans défense de métaux précieux, sur l'abondance desquels circulaient en Europe les bruits les plus absurdes. Abordait-on à une côte inconnue, on se bornait à demander si ce pays renfermait de l'or. Dans l'affirmative on séjournait quelque temps ; dans le cas contraire, on passait outre, sans se préoccuper des autres ressources naturelles. Telle fut la cause principale de la lenteur avec laquelle les colonies espagnoles se développèrent après la première découverte. Ce que les indigènes possédaient d'or et d'argent se trouva bientôt épuisé ; les immigrants qui vinrent ensuite se portèrent avec passion sur les richesses souterraines, et l'on ne connut plus d'autre occupation que celle de fouiller des mines de métaux précieux. Quelques fortunes considérables, promptement acquises, comme à une loterie, enflammèrent de plus en plus la cupidité publique, et donnèrent quelque crédit à des rapports extravagants. On a déjà mentionné les importantes conséquences de la découverte des mines d'Amérique pour le commerce en général, et les monographies des différents peuples fourniront l'occasion d'y revenir. Pour les chercheurs de trésors eux-mêmes et pour la civilisation du pays découvert, elles n'eurent que de fâcheux résultats, et ce fut seulement après que la fureur de s'enrichir promptement et sans effort se fut apaisée, et eut

II.   5

fait place aux conquêtes plus lentes, mais plus solides, de l'agriculture et du commerce, après que l'attention se fut dirigée sur l'inépuisable fécondité du sol, sur la munificence avec laquelle une nature méridionale, sous un ciel toujours serein, rémunérait le moindre travail, enfin sur la situation avantageuse de ces îles et de ces côtes où abondaient des ports excellents, où de puissants fleuves avaient leurs embouchures ; ce fut alors que les colonies d'Amérique entrèrent dans le domaine de l'histoire du commerce.

Des descriptions qui appartiennent à la poésie, plus qu'à l'histoire, ont attribué aux deux plus anciens États de l'Amérique, le Mexique et le Pérou, une civilisation qui, évidemment, ne fut jamais leur partage. On n'y connaissait ni l'usage du feu, ni l'emploi des animaux domestiques, et l'agriculture y était par conséquent dans l'enfance ; la plupart des produits tropicaux de l'Amérique, de ses denrées coloniales d'aujourd'hui, y ont été ou transportés de l'Ancien Monde par les Européens, ou trouvés par eux à l'état sauvage et régulièrement cultivés, de manière à pouvoir être introduits dans le commerce. Les Espagnols, déçus dans leur avide recherche de richesses improductives, comprirent les premiers que la culture des objets qui, grâce à une demande chaque jour croissante en Europe, avaient fait du commerce de l'Inde une mine inépuisable pour le Portugal, ne devait pas être moins avantageuse en Amérique, dans des conditions analogues de sol et de climat. Dès le milieu du quinzième siècle, les Espagnols et les Portugais avaient naturalisé la canne à sucre aux îles Canaries et à Madère. Les Espagnols, en 1508, la transportèrent de ces îles à Saint-Domingue, où elle réussit parfaitement sous le soleil du tropique, et d'où elle ne tarda pas à se répandre sur tout l'archipel des Indes occidentales ainsi que sur la terre ferme. Suivant une autre opinion, faiblement appuyée toutefois, la canne à sucre aurait déjà existé en Amérique à l'état sauvage, et les Espagnols auraient purement et simplement introduit son exploitation industrielle. L'importation du caféyer, en revanche, ne fait pas question. Jusqu'à la fin du dix-septième

siècle, l'Arabie était son unique patrie (1). L'importance que
commençait à prendre en Europe la consommation de la fève
qu'il produit, fit concevoir aux Hollandais l'idée de le naturaliser dans leurs colonies des Indes orientales. Le succès dépassa toutes les espérances ; l'Arabie elle-même dut céder le
terrain à cette concurrence. En 1709, un plant, offert par les
Hollandais, fut envoyé par Louis XIV à la Martinique. Ce
plant faillit périr dans une traversée longue et orageuse, il ne
fut conservé que grâce aux soins assidus du botaniste auquel
il avait été confié. Celui-ci, partageant chaque jour sa faible
ration d'eau douce avec l'arbuste, le conduisit sain et sauf
à la Martinique, le mit dans son jardin, et en surveilla atten-
tivement la croissance, jusqu'à ce que son élève portât des
fruits. Il en distribua alors la graine aux colons, et en peu de
temps l'île entière se couvrit de riches plantations de café. Le
caféyer se propagea de la Martinique dans les autres Antilles
et dans l'Amérique du Sud, à Surinam, à Cayenne et au
Brésil. En 1718, il fut également introduit dans l'île Bourbon par la compagnie française des Indes orientales ; on prétend, du reste, qu'il y était indigène. Le riz fut apporté comme
lest de Madagascar dans le Nouveau Monde, en 1680 ; mais
le cacao lui appartient en propre ; il servait d'aliment aux indigènes et il était déjà l'objet d'une certaine culture à l'arrivée
des Européens. Le cacaotier a été transplanté avec quelque
succès dans l'Ancien Monde, où il croît aujourd'hui aux Philippines, à l'île Maurice et aux Canaries. Quant aux épices,
les Indes orientales en sont toujours le premier pays de production, pour la quantité comme pour la qualité ; la plupart,
cependant, comme le poivre, la cannelle, la cassia-lignea, le
girofle, le gingembre et la muscade, ont été, au dix-huitième
siècle, naturalisées en Amérique, notamment dans la Guyane.
Le sagou appartient aux Indes orientales ; mais la vanille est un

---

(1) Voyez t. I, p. 230. — D'après un voyageur français, M. Rochet d'Hé-
ricourt, le café serait originaire et aurait reçu son nom du pays de Kaffa,
situé derrière l'Abyssinie, dans le voisinage des montagnes de la Lune.

C. V.

produit exclusivement américain, de même que le tabac, qui
est resté un des principaux articles du commerce colonial
américain, malgré la rapide extension de sa culture dans les
autres parties du monde.

L'existence de ce végétal, qui est pour notre civilisation
une nécessité, fut signalée à l'Europe en 1560, par Nicot, ambassadeur de France en Portugal, et l'usage en devint général dans le siècle suivant, après l'établissement de la colonie
anglaise de Virginie. Les gouvernements l'interdirent d'abord
avec sévérité; plus tard, ils jugèrent préférable de s'en faire
un beau revenu et frappèrent le commerce du tabac de droits
élevés, ou s'en réservèrent le monopole, comme c'est le cas
aujourd'hui dans un grand nombre d'États. Le cotonnier,
aussi, est une plante indigène du Nouveau Monde; les Mexicains savaient en filer et en tisser le duvet. Sa culture en
grand, pour le commerce, ne date cependant que de la présente période; et les États-Unis, qui sont aujourd'hui le principal pays producteur de coton, ne l'ont commencée que depuis
leur affranchissement.

Ces articles, avec quelques autres de moindre valeur, tels
que matières tinctoriales, drogueries et substances médicinales, constituent ce qu'on a coutume d'appeler le commerce
colonial. Afin d'en faire apprécier toute l'importance, nous
avons reproduit plus haut (II.) quelques données statistiques
sur l'accroissement de la consommation du sucre en Angleterre de 1700 à 1785. Un progrès analogue se produisit sur
les autres articles, dès que les denrées coloniales eurent été,
dans le Nouveau Monde, acclimatées sur une grande échelle,
et fournirent avec moins d'efforts et de frais des récoltes au
moins aussi riches que dans les Indes orientales, dont les envois s'atténuèrent. On se l'explique aisément en considérant
la longueur moindre du trajet par mer, le bas prix du sol, le
droit de propriété absolu de la métropole, l'immigration continuelle de colons blancs et, par suite, la propagation de la
civilisation européenne accompagnant le développement des
cultures, l'étroite dépendance où les possessions américaines

étaient de l'Europe et la rigoureuse observation à leur
égard du système colonial, enfin, par-dessus tout, le régime
particulier de travail résultant de l'esclavage des noirs. Dès le
commencement du dix-huitième siècle, la jeune Amérique,
dont les îles et les côtes seules cependant sont cultivées, apparaît comme la terre promise, et la civilisation suit à l'Occident le commerce du monde.

Nous avons vu comment la fiction d'un droit de propriété
consacré par l'Église était le titre sur lequel se fondait la domination de la métropole sur sa colonie. Le bénéfice de ce
droit de propriété consistait dans la production et dans le
commerce de la colonie ; pour en assurer la jouissance à la
métropole, dans ces temps d'isolement et d'hostilité des nations entre elles, le monopole parut le moyen le plus efficace.
Or, le monopole ne pouvant être combattu que par un autre
monopole, on vit tous les États européens qui acquirent des
possessions coloniales imiter la politique coloniale que l'Espagne avait la première érigée en système, et s'en servir les
uns contre les autres.

L'histoire du commerce de chacun de ces États donnera
des détails sur leurs colonies. Ici nous nous bornerons à
exposer les maximes professées et pratiquées, à de faibles
exceptions près, par toutes les puissances coloniales, jusqu'à
l'émancipation des États-Unis de l'Amérique du Nord. L'administration pouvait être meilleure dans telle colonie que
dans telle autre, et par suite le profit obtenu plus ou moins
considérable : le principe était toujours le même, et consistait
à interdire absolument à toutes les nations étrangères tout
trafic avec la colonie, le commerce de celle-ci devant être exclusivement réservé à la mère-patrie. Il s'ensuivait, d'une
part, que tous les produits coloniaux, tant ceux des mines que
ceux des cultures, ne pouvaient être exportés que pour la
métropole et sur des navires nationaux, de l'autre que tous
les articles nécessaires à la colonie ne pouvaient y être importés que par la métropole et sur des bâtiments nationaux
pareillement. La navigation avec les colonies était complète-

ment assimilée au cabotage. Afin d'assurer à la métropole les
envois les plus larges possibles, on interdit très-rigoureusement
à la colonie l'exercice de toute fabrication de quelque importance ; on ne lui permit que les petites industries et les métiers
les plus indispensables. Les colons devaient tout acheter de la
métropole et tout y vendre. Dans la règle, les colonies d'une
même puissance ne pouvaient pas même trafiquer entre elles,
pour ne pas ôter aux négociants et aux armateurs de la
métropole le bénéfice du commerce intermédiaire. On alla
même jusqu'à défendre de cultiver certains produits naturels,
tels que le lin, le chanvre, le vin et l'huile, afin de ne pas
restreindre les débouchés de l'Europe. En outre, la couronne
s'attribuait généralement le monopole du sel, du tabac, de la
poudre à tirer et d'autres articles moins importants, et gre-
vait, au profit du trésor, de droits de douane écrasants, l'importation et l'exportation de ces colonies, qui se trouvaient
ainsi à la fois financièrement et économiquement exploitées.

On doit reconnaître, du reste, que, dans l'application, ce
système offrit des différences. Si les relations commerciales
de Cuba ou du Mexique avec l'Espagne ne diffèrent pas de
celles de la Virginie ou de la Jamaïque avec l'Angleterre, ou
de celles de Surinam avec la Hollande, la situation morale et
matérielle de ces colonies est loin d'être la même. Tandis
que celles-là, plus vastes et mieux situées, végètent et produisent peu, celles-ci prospèrent et portent des fruits abondants.
C'est que, dans les premières, un gouvernement fanatique et
absolu paralyse toute activité, tandis que les secondes sont
animées par l'esprit actif et fécond d'une nation libre et
éclairée. Le seul fait que les émigrations de l'Espagne et
du Portugal avaient été en majeure partie provoquées par
l'amour des aventures et par le désir de faire rapidement fortune, lorsque celles de l'Angleterre et de la Hollande étaient
dues, soit à des motifs politiques et religieux, soit à de simples projets de commerce, imprimait aux colonies respectives
un caractère différent. Les unes, comme les autres, étaient
obligées de se soumettre au monopole commercial de la mère-

patrie; mais, pour tout le reste de leur organisation sociale, pour leurs lois civiles et religieuses, elles se ressemblaient aussi peu que la royauté absolue de Madrid à la grande charte de l'Angleterre ou à la constitution républicaine des Provinces-Unies. On comprend quelle influence de pareilles différences exercèrent sur la prospérité des colonies. La race romane a eu la gloire de découvrir et de conquérir le Nouveau Monde, mais c'est à la race anglo-germanique qu'était réservée la mission de le cultiver, de le civiliser, de préparer son indépendance. Dans la présente période se révèlent déjà clairement les symptômes d'un avenir aujourd'hui accompli pour tous. L'immigration anglaise est beaucoup plus considérable et suit une marche plus régulière que l'immigration espagnole. Elle porte avec elle des capitaux et des lumières, et les immigrants sont des citoyens libres, s'ils ne sont pas libres comme négociants. La conscience de leur droit et de leur force finit par briser cette dernière entrave; et ils s'émancipent commercialement non moins que politiquement.

Tout le grand commerce maritime de l'Europe, à cette époque, était, on peut le dire, un commerce colonial; car les principaux peuples commerçants, le Portugal, l'Espagne, l'Angleterre, la Hollande, la France, le Danemarck et la Suède, possédaient des colonies. L'Italie et l'Allemagne seules en étaient dépourvues, ce qui les obligea de recourir aux marchés étrangers pour leurs importations des pays d'outre-mer et pour leurs exportations à ces pays. Les essais de colonisation faits par la Prusse, en 1681, sur la côte de Guinée, et par l'Autriche, sous l'empereur Charles VI, à Sumatra et aux îles Nicobar, méritent à peine d'être mentionnés; ils échouèrent immédiatement. Le défaut d'unité nationale, dans un temps où de puissants États se constituaient en Europe, fit descendre rapidement l'Italie et l'Allemagne du rang élevé qu'elles avaient occupé dans l'histoire du commerce. Sans colonies leur marine était incapable de grandir; car, tous les ports d'outre-mer lui étant fermés, elle ne pouvait naviguer que dans les eaux d'Europe, où elle rencontrait encore de nombreuses restrictions. Cependant lorsque, par suite d'éternelles guerres maritimes, les puissances coloniales elles-mêmes eurent intérêt à reconnaître un pavillon neutre, les navires allemands, usant d'une permission précaire, commencèrent à paraître de temps en temps et par exception dans les ports des colonies.

La métropole était l'unique débouché permis aux productions de la colonie. Ainsi le Mexique était obligé d'envoyer tout son argent en Espagne, le Brésil tout son or en Portugal. Les sucres de Saint-Domingue et de la Martinique n'avaient d'autre marché que celui de la France; le tabac de la Virginie et du Maryland n'avait que celui de l'Angleterre; le café de Surinam et les épices des Moluques que le marché de la Hollande. Comme les diverses colonies produisaient souvent les mêmes articles, les métropoles se faisaient naturellement concurrence entre elles; elles s'appliquaient de tout leur pouvoir à se nuire et à s'exclure. Les Hollandais arrachèrent les arbres à épices des Moluques, et ne les laissèrent subsister que dans une seule île, pour être sûrs de n'être pas troublés dans la possession de leur monopole. L'importation des colonies dans la métropole n'était d'ailleurs rien moins que libre; elle était soumise à des droits assez élevés, qui, par suite de la demande croissante des denrées coloniales, fournirent une précieuse ressource financière. Elle n'était favorisée qu'en ce sens que l'importation des produits des colonies étrangères était grevée de droits plus élevés encore et pour ainsi dire prohibée. Tout pays qui ne possédait pas de colonies, ou dont les colonies n'offraient pas une production assez abondante ou assez variée, était obligé de faire ses achats sur le marché des grandes puissances coloniales. Dans les commencements la Hollande était le marché intermédiaire pour les épices, l'Angleterre pour le tabac, la France pour le café. Plus tard ces distinctions s'effacèrent, et il en résulta une consommation plus active, effet naturel de la concurrence.

Tandis que la métropole était le seul marché ouvert aux exportations de la colonie, la colonie était un marché exclusivement réservé aux importations de la métropole. Ces importations comprenaient tout ce que ne produisait pas le sol colonial, c'est-à-dire des objets fabriqués de toute sorte, des matériaux à construire, même des denrées alimentaires. On ne permettait aux colonies que les métiers indispensables, que l'industrie domestique la plus simple ; toute fabrication était le privilége de la métropole ; on leur interdit jusqu'au raffinage du sucre et à la distillation des spiritueux. Elles avaient, du reste, aussi des droits élevés à payer pour toutes les importations métropolitaines.

· Indépendamment du trésor, l'industrie nationale trouvait son compte dans la possession de ce marché réservé ; que ses produits fussent mauvais et chers, la colonie n'était pas moins obligée de les prendre. Cependant des pays sans colonies fournirent aussi leur contingent aux pays d'outre-mer ; l'Allemagne, par exemple, y envoyait ses tissus de lin, très-recherchés dans les établissements européens, mais que les métropoles trouvèrent longtemps plus d'intérêt à acheter à l'Allemagne qu'à fabriquer elles-mêmes. Car, il ne faut pas l'oublier, cette exportation des toiles allemandes ne s'opérait pas directement, mais par l'entremise des ports de France, d'Espagne ou d'Angleterre. Elle servait à payer, au moins en partie, la consommation de l'Allemagne en denrées coloniales.

· Ce système de clôture hermétique offrait de grandes tentations à la contrebande. Elle avait à y réaliser d'énormes profits, de nature à dédommager de pertes même très-considérables. Des pays avancés en industrie, comme la France, l'Angleterre et la Hollande, pouvaient sans doute satisfaire, avec leur production propre, à la plupart des besoins de leurs colonies ; eux-mêmes, toutefois, ne parvinrent jamais à écarter entièrement la contrebande. Ils l'autorisaient d'ailleurs par leur exemple, en la pratiquant sur la plus grande échelle, soit entre eux, soit surtout avec les colonies espagnoles, dont le vaste développement, insulaire et continental, offrait le champ le plus magnifique. L'Espagne, appauvrie et déchue malgré tous ses trésors, n'avait pas assez d'industrie pour approvisionner exclusivement ses possessions, et il n'y avait pas de produits plus mauvais, plus chers ni plus chargés de droits que les siens. De plus, ses guerres continuelles et généralement malheureuses avec les puissances maritimes exposèrent au plus haut degré ses établissements en Amérique. Ce furent les Hollandais, ces ennemis nés de l'Espagne, qui, les premiers, exploitèrent cette situation. Au commencement du dix-septième siècle, ils occupèrent, tout près de la côte du Vénézuéla, les deux îles de Saint-Eustache et de Curaçao, et en firent les centres fortifiés de leurs courses maritimes et de leur commerce interlope. C'était de là qu'ils donnaient la chasse aux galions de l'Espagne, de là qu'ils opéraient des importations en fraude sur la terre ferme, et ce ne fut pas une des moindres sources de leur richesse. Les Anglais et les Français ne tardèrent pas à entrer dans une voie si avantageuse, et leurs colonies des Indes occidentales devinrent aussi le foyer d'un commerce interlope organisé en grand (1). Ce commerce se fit souvent par la force ouverte et à main armée, sous les auspices de l'association des flibustiers et des boucaniers. Ces hommes, Français et Anglais pour la plupart, qui avaient quitté l'Europe au commencement du dix-septième siècle, pour échapper à des persécutions politiques et religieuses, ou au châtiment de leurs crimes, ou pour satisfaire une humeur aventureuse, s'étaient établis d'abord comme pâtres et comme chasseurs, puis comme pirates, dans la partie occidentale de Saint-Domingue et sur quelques-unes des petites Antilles, d'où ils se livraient à la contrebande et à toute sorte de brigandages. Avant, toutefois, de former une société de corsaires et de devenir la terreur des flottes et des côtes espagnoles, ils n'avaient pas entièrement dédaigné les occupations paisibles. A Saint-Domingue, notamment, et dans les îles voisines, ils chassaient le taureau sauvage, ce qui leur valut le nom de bouca-

_____

(1) Plus tard ce commerce s'établit également, à la faveur de la neutralité, dans la colonie danoise de Saint-Thomas.

niers. La persécution cruelle qu'ils y subirent de la part des
Espagnols et l'extermination des taureaux en 1670 les poussèrent à bout, et leurs courses jusque-là isolées furent dorénavant dirigées d'après un vaste plan d'ensemble. Ils se dési-
gnèrent eux-mêmes sous le nom de *flibustiers* ou mieux de
frères côtiers, car ils n'étaient pas tous corsaires : une partie
d'entre eux continua la vie de chasseur des boucaniers;
d'autres, qu'on appela les habitants, cultivèrent le sol. Ces
derniers étaient les alliés des flibustiers proprement dits,
ils leur venaient en aide et étaient protégés par eux dans
leur commerce et leur navigation. Primitivement ils étaient
tout à fait étrangers à leur ancienne patrie ; plus tard, ils
commencèrent à se séparer en sujets français et en sujets
anglais. On pourrait qualifier les flibustiers de pirates commerciaux, car leurs rapines servaient, indirectement du
moins, les intérêts du commerce ; par eux, une active circulation enrichit les Antilles, et leurs repaires devinrent de
grands entrepôts. Longtemps ils furent officiellement protégés par la France et tolérés par l'Angleterre, ainsi que par
la Hollande, qui employèrent dans un but commun leur haine
implacable contre l'Espagne. Mais quand ce but fut atteint et
que les flibustiers commencèrent à piller indistinctement
amis et ennemis, on les réduisit après une lutte opiniâtre, et
au commencement du dix-huitième siècle, il ne restait plus
de leur association que de romanesques souvenirs.

Le système colonial prospéra depuis le milieu du dix-septième siècle jusqu'à la fin de la présente période. Dans cet intervalle, la culture fit de grands progrès et la population
s'accrut sensiblement, surtout à Saint-Domingue, à la Jamaïque, à la Martinique, à la Guadeloupe, dans la Guyane, en
Virginie et dans les colonies de la Nouvelle-Angleterre. L'Espagne elle-même, dont les possessions dans le Nouveau-
Monde étaient les plus étendues, les soumit enfin à une administration plus équitable et plus éclairée, dont les bons
effets se firent sentir promptement, et le Portugal, privé de
son commerce des Indes orientales, s'occupa davantage du

Brésil, sans toutefois être beaucoup enrichi par les mines d'or et de diamants de cette contrée. Aux Indes orientales, le monopole de l'exportation subsistait toujours; quant à l'importation, l'industrie européenne n'avait encore rien ou que très-peu de chose à fournir à des pays accoutumés depuis un temps immémorial à se suffire à eux-mêmes, et parvenus à un haut degré de perfection dans les arts. La métropole recevait des produits fabriqués de l'Inde. D'un autre côté, on ne permettait pas le développement d'une industrie indigène dans les colonies qui, comme celles de la Hollande, notamment Java et Sumatra, étaient à un degré inférieur de civilisation, et l'on y maintenait avec jalousie le droit de la métropole. On ne doit pas, du reste, perdre de vue que l'Inde n'a pas reçu, à proprement parler, d'immigration, de colonisation européenne, et qu'elle ne saurait, par conséquent, sous ce rapport, être comparée au Nouveau Monde.

Si la liberté du commerce entre toutes les parties du monde apparaît aujourd'hui comme le mot d'ordre de l'avenir, et si le système colonial est condamné (1), une doctrine exclusive et ignorante des choses de la vie pourrait seule nier les résultats considérables que ce système a eus en son temps pour l'ensemble des échanges internationaux. L'histoire de ces échanges est en grande partie celle du commerce colonial. L'Amérique, au moment de sa découverte, n'était guère autre chose qu'un désert; elle doit son importance commerciale à la colonisation, par laquelle elle fut dotée des produits qui forment aujourd'hui sa principale richesse. Sans les colonies des Portugais, les relations de l'Inde avec l'Europe seraient restées bornées et précaires, malgré la route directe par mer. En se rendant maîtres du sol, ils purent en utiliser les richesses beaucoup mieux que si leur rôle y avait été celui de simples marchands. Sans le système colonial, la demande des produits tropicaux ne se serait ni aussi rapidement, ni aussi générale-

---

(1) Le système colonial n'est condamné qu'en tant qu'il consiste dans une exploitation injuste de la colonie au profit de la métropole, dans l'oubli des intérêts de la colonie elle-même.   H. R.

ment propagée en Europe, et c'est ce système qui a fondé la supériorité industrielle de cette partie du monde.

De même que la métropole pour les produits de la colonie, la colonie était un marché réservé pour les produits de la métropole. Or, quels articles autres que des objets manufacturés l'Europe pouvait-elle fournir en échange des denrées et des matières brutes importées des contrées tropicales ? La navigation, réservée au pavillon national, profita aussi beaucoup, tant pour le nombre des navires que pour les progrès de l'art. Alors un nouveau rôle et de nouvelles perspectives s'ouvrirent au commerce du monde ; jusque-là principalement indirect et passif, il devint de plus en plus direct et actif ; une division territoriale du travail, une division d'après le climat, s'établit entre les pays purement agricoles et les pays manufacturiers ; les articles de commerce augmentèrent énormément ; leur débit s'accéléra et s'accrut dans la même proportion ; et ces innovations, ces améliorations matérielles furent accompagnées d'une influence hautement civilisatrice. Cette influence du système colonial se révèle en premier lieu dans la culture physique et intellectuelle de l'Amérique, puis dans la diffusion du génie européen sur le monde entier. C'est justement par le commerce que ce génie de l'Europe se produit. En quelque lieu qu'aborde un navire anglais ou américain dans les plus lointains parages, n'est-ce pas la civilisation de notre époque qu'il y débarque avec ses marchandises ? chaque point où le négociant s'établit n'est-il pas une conquête au profit des progrès du genre humain ? Ainsi compris et pratiqué, le commerce n'a rien de mesquin, et si le marchand en particulier ne vise guère dans ses opérations qu'à gagner de l'argent, il appartient à l'historien philosophe de signaler le but commun, et à l'homme d'État éclairé de gouverner en conséquence. Le temps est venu, sans doute, où le système colonial ne sera plus nécessaire pour l'accomplissement d'une pareille tâche , où le commerce, avec la liberté d'action la plus étendue possible, trouvera en lui-même l'énergie et les ressources nécessaires pour franchir tout le domaine de la création. Mais il n'en était pas ainsi au commencement ni dans le cours de la présente période. Il fallait alors procéder systématiquement, sous la conduite du gouvernement et avec des restrictions sévères, pour réunir et pour fortifier ce qui était encore débile et incertain. Le monopole colonial était dans les tendances nationales exclusives qui dominaient la période, et dont toutes ses institutions politiques et économiques portent l'empreinte. Nul doute qu'il a donné lieu à de graves abus et à de déplorables excès, tels que la traite des noirs, le travail des esclaves, le commerce interlope, l'exploitation financière et l'asservissement politique des colonies ; nous ne chercherons nullement à les taire ni à les pallier ; mais nous ne devons pas moins reconnaître les services qui ont mérité au système colonial, dans l'histoire du commerce, une place tout à fait distinguée. Ce n'est pas sans intention que nous terminons la présente période à l'affranchissement des colonies anglaises de l'Amérique du Nord. Alors, en effet, le système colonial est arrivé au terme de sa mission ; son régime de monopole ne peut plus durer ; là même où il n'est pas aboli, des réformes essentielles deviennent inévitables, et, de nos jours, il ne subsiste plus nulle part dans sa conséquence et dans sa rigueur primitive.

VII

L'esclavage, c'est-à-dire la condition dans laquelle l'homme cesse d'être une personne légale et d'agir pour son propre compte, a existé dans tous les temps, chez tous les peuples et sous toutes les formes de gouvernement. L'homme y était une chose, et par conséquent un objet d'échange et de commerce, comme toute autre marchandise. L'antiquité fit la théorie de l'esclavage, et l'ordre social, chez les peuples les plus civilisés, reposait sur ce fondement. La conquête emportait la perte de la liberté, telle était la loi. L'esclave né dans la famille jouissait seul du droit de ne pouvoir être vendu comme une marchandise, et de rester chez son maître. On a vu dans notre récit quel rôle considérable les esclaves jouèrent chez les anciens, comment tous les arts non libéraux et le petit négoce leur étaient abandonnés, et comment leur achat et leur vente constituèrent une des opérations du commerce les plus anciennes.

Le christianisme adoucit le sort de ces infortunés ; mais il fallut plus de mille ans avant que l'institution même disparût des Etats chrétiens de l'Europe. Les guerres des Allemands avec les peuples slaves du nord-est avaient particulièrement contribué à la raffermir. Les premières relations avec Constantinople par le Danube avaient pour objet l'exportation des esclaves. La traite des blancs ne cessa qu'au treizième siècle ; le servage ôta du moins à l'esclave le caractère d'un objet mobilier en l'attachant à la glèbe. Dans l'Espagne seule, où la guerre se perpétuait avec les Maures, l'ancien usage subsista ; de part et d'autre les prisonniers de guerre furent réduits en esclavage ; les chrétiens ayant fini par remporter la victoire, une grande partie des mahométans subit le joug. De leur côté, les mahométans, surtout ceux de la côte septentrionale de l'Afrique, prirent amplement leur revanche. Jusqu'à l'époque contemporaine ils répandirent la terreur dans la Méditerranée et sur ses côtes, et les objets les plus précieux des marchés d'Alger, de Tunis, de Tripoli et du Maroc étaient les Européens enlevés par leurs corsaires. Ces diverses sortes d'esclavage avaient au moins un titre apparent, soit dans la fortune de la guerre, soit dans l'intolérance religieuse, soit dans quelque autre loi cruelle. Mais l'antiquité elle-même connaissait un autre esclavage, auquel ces causes n'avaient point ou avaient peu de part, qui se fondait plutôt sur l'idée généralement admise d'une destination naturelle. Tel est l'esclavage des hommes à la peau noire de l'intérieur de l'Afrique. Quels qu'aient été les efforts de notre époque, plus éclairée et plus généreuse, pour la réhabilitation de cette race, il est digne de remarque que l'idée de son infériorité naturelle et de la légitimité de son esclavage, fondée jusqu'à un certain point sur cette infériorité, se retrouve dans les temps historiques les plus reculés. Des esclaves noirs furent mis en vente par les

Phéniciens, les Égyptiens et les Carthaginois, des milliers
d'années avant que les Européens visitassent la côte occidentale d'Afrique. C'étaient de véritables objets de commerce ;
on, troquait des hommes contre des marchandises, et alors
comme aujourd'hui les nègres paraissent s'être vendus entre
eux. L'Ancien Monde nous offre partout des esclaves noirs
employés aux occupations les plus diverses ; chez les Arabes
ils servaient souvent comme soldats et ils formaient la garde
des sultans du nord-est de l'Afrique ; après que l'islamisme eut
pénétré jusqu'au Sénégal et au Niger, les marchands arabes y
établirent des marchés à esclaves. Des luttes s'étant de temps
en temps engagées avec les nègres, le vainqueur usait de son
droit en les réduisant en servitude. Des chasses aux nègres ou
gazzuas ont eu lieu jusqu'à ces derniers temps, par ordre du
vice-roi d'Egypte, Méhémet-Ali, dans les districts nubiens
limitrophes de cette contrée ; et l'usage des esclaves noirs est
encore général dans les Etats mahométans de l'Afrique.
Comme, toutefois, le Coran recommande la douceur et dé-
clare l'affranchissement une œuvre méritoire, leur condition
y est après tout supportable et rappelle la vie patriarcale. Ils
sont dans la maison comme des domestiques ; le joug politique
qui pèse sur tous, diminue la distance qui les sépare de leurs
maîtres ; l'esclavage est pour eux une fatalité et non une
tache ; ils continuent d'observer la religion, les mœurs, la
manière de vivre de leur patrie originaire.

La triste gloire d'avoir fait de la traite des esclaves noirs
un système commercial, un moyen d'exploiter une partie
du monde par l'autre, est et continue d'être le partage d'Etats
européens et chrétiens. La nouvelle phase de cette question
appartient à l'histoire contemporaine, elle nous offrira l'occasion d'examiner le pour et le contre, le pour, du moins, au
point de vue des intérêts matériels du commerce et de l'agriculture ; jusqu'à la fin de la présente période, l'institution de
l'esclavage subsiste entière et elle y atteint tout son développement.

Les Portugais furent les premiers qui firent le commerce

des noirs, en 1440. Au commencement ils les recevaient des marchands maures ; mais quand ils eurent poussé leurs découvertes jusqu'à la Guinée et à l'Equateur, ils formèrent des relations directes avec les populations noires de l'intérieur, et achetèrent de première main l'or et les esclaves. Vers l'an 1460 il se tenait régulièrement à Lisbonne un marché de nègres ; des compagnies de commerce obtinrent le privilége de les importer sous la condition de payer tant par tête à la couronne. Dans le Portugal même les nègres étaient le plus souvent appliqués à des travaux de fortification ; mais aux colonies fondées sur la côte occidentale d'Afrique, à Fernando-Po, à l'Ile du Prince, à Annobon, et particulièrement à San-Thomé, où beaucoup de Juifs cherchèrent un asile en 1492, on sut, dès la seconde moitié du quinzième siècle, les employer avec avantage à la culture dans les nouvelles plantations de sucre.

Cependant le système commercial, d'après lequel la traite des nègres fut régulièrement exploitée et une race d'hommes arbitrairement et violemment transplantée d'une partie du monde dans une autre, ne date que de la découverte de l'Amérique. L'Espagne, en vertu de la donation pontificale, considérait tous les pays nouvellement découverts à l'ouest comme lui appartenant en toute propriété. Le droit des indigènes sur leur sol natal et à la liberté fut comme non avenu ; ils furent dépouillés de l'un et de l'autre et restèrent à la merci de leurs nouveaux maîtres, qui les réduisirent complétement en servitude et les contraignirent à cultiver la terre et à travailler aux mines. Mais les Espagnols ne tardèrent pas à reconnaître que la faible constitution des Indiens, leur insurmontable indolence et leur force d'inertie, les rendaient incapables de pareils travaux. Il fallut donc chercher des bras mieux appropriés. Sachant les services que rendaient les nègres dans les colonies portugaises d'Afrique, on suivit promptement cet indice. Dans les premières années du seizième siècle, le premier convoi de nègres arriva aux Indes occidentales, et l'on reconnut immédiatement combien la race nègre était vigoureuse, avec quelle facilité, accoutu-

II.   .   6

mée aux ardeurs de la zone torride, elle supportait le même climat en Amérique, au milieu des plus rudes fatigues, et comment le travail d'un nègre équivalait à celui de quatre Indiens.

L'humanité mal entendue et plus mal employée encore d'une célébrité de l'époque, le prêtre Barthélemi de Las Casas, vint alors donner à une détestable institution la sanction religieuse et tout au moins l'autorisation officielle de l'État. Afin de délivrer de l'esclavage les habitants cuivrés du pays, il proposa d'y soumettre les noirs de l'Afrique ; il recommanda expressément de les introduire dans les contrées nouvellement découvertes, et tandis que, par des efforts infatigables, il faisait, en 1537, déclarer par le pape Paul III que les Indiens, quoique cannibales en grande partie, étaient des hommes, et par Charles-Quint qu'ils étaient des hommes libres, des tribus nègres beaucoup plus civilisées furent dépouillées pour des siècles de tous les droits de l'homme, et condamnées à devenir l'objet d'un commerce tel que l'histoire n'en offre pas de plus cruel ni de plus déshonorant pour la civilisation.

Les premiers essais avaient à peine réussi que la traite des nègres s'organisa complétement et sur une grande échelle. Le gouvernement espagnol y prit un intérêt particulier ; la prospérité de ses nouvelles colonies en dépendait. En 1511, le tribunal de commerce de Séville fixa à quatre mille le nombre des esclaves noirs réclamés chaque année par les îles de Saint-Domingue, de Cuba, de Porto-Rico et de la Jamaïque ; et, en 1517, Charles-Quint accorda pour huit ans le privilége de l'importation des noirs dans les colonies, à son favori La Bresa, qui s'empressa de le vendre à des Génois pour 25,000 ducats. Ce terme était à peine expiré que les Portugais, qui, par leurs établissements en Afrique, étaient les maîtres du marché, surent s'emparer de l'importation des noirs en Amérique, et restèrent, depuis lors jusqu'au milieu du dix-septième siècle, les principaux marchands d'esclaves. Les Espagnols renoncèrent entièrement à ce trafic ; jusqu'à la paix de Pardo, en 1778, ils conclurent avec d'autres nations des traités dits *asientos*, pour la fourniture des esclaves nécessaires à leurs colonies. Ces fournitures étaient mises aux enchères comme les fermes des douanes et des monopoles du gouvernement, et, jusqu'en 1640, les Portugais furent le plus souvent les adjudicataires. Il s'exportait annuellement, pour l'Amérique espagnole, quatre mille têtes en moyenne; en outre, une réserve de deux mille têtes devait être disponible dans les dépôts africains. Quand après 1640 le Portugal eut recouvré son indépendance, l'Espagne ferma ses ports d'Amérique aux négriers portugais, et passa avec une société italienne, les Grilli, un contrat pour sept ans, en vertu duquel ils s'engageaient à fournir trois mille cinq cents nègres, dont cinq cents, destinés pour les chantiers royaux, étaient admis en franchise, et le reste soumis à un droit de douane de 100 piastres par tête. Pour éviter un tel droit, on introduisit beaucoup d'esclaves en contrebande. En 1696, un traité de fourniture fut conclu entre les deux gouvernements espagnol et portugais; mais il fut résilié à l'avénement de la maison de Bourbon. Dans sa politique de famille, la nouvelle dynastie concéda, par l'asiento de Madrid, en 1701, le monopole de l'importation des noirs à la Compagnie française de la Guinée. Cette compagnie avait à fournir chaque année quatre mille huit cents nègres, sous une redevance de 33 1/3 piastres par tête. Dans l'île Sainte-Marguerite, à Cumana et à Maracaïbo, le prix d'un esclave ne pouvait pas dépasser 300 piastres; dans toutes les autres parties de la Nouvelle-Espagne, au Mexique, au Pérou, au Chili, etc., il pouvait être librement débattu. L'issue fâcheuse, pour l'Espagne et pour la France, de la guerre de la Succession amena, en 1713, l'annulation de ce traité au profit de l'Angleterre. Le monopole fut conféré pour trente ans à la Compagnie anglaise de la mer du Sud, avec la faveur toute particulière de ne payer que la moitié du droit, soit 16 2/3 piastres, pour les esclaves fournis au delà du chiffre convenu de 4,800. Elle obtint en même temps, pour toute la durée du contrat, le droit d'envoyer chaque année, dans les colonies espagnoles, un navire de 500 tonneaux chargé. On offrait ainsi de grandes facilités à

la contrebande, et les différends qui en résultèrent ne contribuèrent pas peu à la guerre qui éclata en 1739 entre les
deux puissances. A la paix d'Aix-la-Chapelle, en 1748, l'a-
siento fut laissé encore pour quatre ans à la Compagnie anglaise, mais la convention de Madrid de 1750 le lui retira en
accordant à la compagnie, pour le temps qui restait à courir,
une indemnité de 100,000 livres sterling et quelques avantages commerciaux. L'Espagne voulut se charger elle-même
de l'importation des esclaves, et elle y fut encouragée par la
paix de Pardo, en 1778, à laquelle le Portugal lui céda
deux des principaux marchés, les îles d'Annobon et de Fernando-Po, dans le golfe de Guinée. Charles IV assura à ceux
de ses sujets qui importeraient des esclaves par bâtiments
nationaux une prime de 4 piastres pour chaque nègre valide.
Néanmoins, l'Espagne ne put réussir dans ce trafic, auquel
d'autres peuples plus expérimentés continuèrent, après comme
avant, de prendre la part la plus considérable.

Après les Portugais, ce furent surtout les Anglais qui retirèrent de la traite les plus larges profits. A mesure qu'une
nouvelle terre était découverte et occupée en Amérique, la
demande des nègres allait toujours croissant. L'exemple des
Espagnols fut, hélas ! suivi par tous les peuples qui s'établirent dans les pays chauds de la nouvelle partie du monde et
qui y fondèrent des colonies. L'opinion du temps ne fut pas
le plus légèrement émue par ce trafic ; aucune voix ne réclama ; du moment qu'on épargnait les Indiens à la peau
rouge, l'humanité était satisfaite ; le caractère de l'homme ne
semblait pas pouvoir être attaché à la peau noire.

Ce fut surtout à l'époque du déclin de la puissance du
Portugal, lorsqu'il ne fut plus le seul à avoir des possessions
en Afrique, que d'autres peuples lui firent concurrence
dans le commerce des noirs. L'Angleterre, la Hollande, la
France, la Suède, le Danemarck et même la Prusse, prirent
pied sur les côtes de la Guinée, à partir du milieu du dix-septième siècle ; les factoreries, ainsi que les forts que ces États
y établirent, avaient pour objet principal l'exploitation et la

protection de la traite. Les gouvernements métropolitains firent tout pour l'encourager et pour l'étendre. Ils en concédaient le plus souvent le monopole à des compagnies ayant pour membres les premiers personnages de l'État; car il n'y avait pas de meilleur moyen de s'enrichir promptement. La Compagnie africaine, fondée en 1672 par Charles II, roi d'Angleterre, comptait parmi ses associés le duc d'York, qui fut depuis Jacques II, et jouissait de prérogatives énormes au détriment des autres citoyens. Les colons anglais aux Indes occidentales étaient astreints à lui acheter leurs esclaves, les payant peut-être deux fois plus cher qu'à l'époque où ils les faisaient venir eux-mêmes ou les achetaient du moins à leur gré. Par suite de vives réclamations à ce sujet, le parlement, en 1698, déclara la traite des noirs libre sous le paiement d'une taxe de 10 p. 100 de la valeur exportée, et prononça plus tard, en 1750, la dissolution de la Compagnie africaine. Une commission administrative de neuf personnes fut chargée d'une haute surveillance sur ce commerce, et une somme de 10 à 15,000 livr. sterling par an votée pour l'entretien des forts et des garnisons nécessaires. Pour trafiquer en Afrique, il fallait une permission qu'on obtenait en payant 2 livr. sterling au trésorier de Londres, de Liverpool ou de Bristol, à son choix. Ces trois villes partageaient entre elles le droit de désigner les membres de la commission ; depuis lors, associant leurs ressources, elles pratiquèrent la traite sur la plus grande échelle. Liverpool en devint le siége principal; elle n'y employa pas moins de 105 navires en 1771, tandis que Londres se borna à 58 et Bristol à 25. Ce chiffre se réduisit à 25, il est vrai, les années suivantes; cependant on peut admettre que, de 1750 à 1783, environ trente mille nègres en moyenne furent annuellement traînés en esclavage sous le pavillon anglais. Un acte du parlement, de 1727, autorisa la Compagnie de la mer du Sud à acheter des esclaves dans l'île de Madagascar. Les droits de l'humanité, foulés aux pieds, ne furent revendiqués qu'à la fin de la présente période, par la plume et par la parole de quelques hommes convaincus et dévoués ;

et, en 1772, les tribunaux britanniques proclamèrent le principe que tout esclave était libre, dès qu'il touchait le sol de l'Angleterre. Mais l'émancipation était réservée à la période suivante.

Les Hollandais prirent part à la traite des esclaves, depuis 1630, lorsqu'ils se furent emparés de divers établissements portugais dans la haute Guinée et sur la Côte d'Or, comprenant treize places fortes, avec Saint-George de la Mine pour chef-lieu. Ce fut d'abord un monopole pour la Compagnie des Indes occidentales ; plus tard, un commerce ouvert à tous, sous le paiement à la compagnie d'une redevance déterminée. Toutefois, les Hollandais n'exportèrent jamais beaucoup d'esclaves ; ils se bornaient généralement à approvisionner leurs colonies.

La France se livra à la traite sous Louis XIII, et fonda dans ce but le Fort français, sur la Côte d'Or, et Saint-Louis, au Sénégal. Réservée d'abord à des compagnies, la traite fut permise à tous les Français, après la paix d'Utrecht, en 1713. Elle fut le plus activement exploitée sous Louis XVI, qui alloua une prime de 40 francs par tonneau à chaque négrier, et une autre de 160 francs pour chaque esclave importé dans les Antilles françaises. L'État paya ainsi, dans l'espace de dix ans, près de 2 millions et demi de francs, en encouragements à un commerce qui employait une centaine de navires, la plupart de Nantes et du Havre. De plus, pendant la guerre de l'indépendance américaine, l'approvisionnement des colonies espagnoles avait passé, en grande partie, des Anglais aux Français.

Les Danois et les Suédois essayèrent d'importer directement des esclaves dans le petit nombre de colonies transatlantiques qu'ils possédaient. Ils avaient établi des postes fortifiés en Guinée : les premiers, Frédéricksbourg et Christiansbourg, en 1657 ; les seconds, le Cap Corse, en 1645, et conféré, selon l'usage, le privilége de ce commerce à des compagnies. Les Danois se maintinrent avec peine, après avoir, en 1754, déclaré la traite libre. Mais les Suédois perdirent bientôt leurs établissements. Il en fut de même des Prussiens, car, en 1681, l'électeur Frédéric-Guillaume, si jaloux de l'agrandissement et de la prospérité de son pays, avait cherché à lui faire prendre part au trafic lucratif de la traite des esclaves. Il fit bâtir, sur les limites de la Côte d'Or et de la Côte d'Ivoire, la forteresse de Grand-Frédéricksbourg, fit occuper encore d'autres points favorables dans les pays d'Acada et de Taca-rari, et rétablit, sur le cap Blanc, le fort d'Arguin, qui avait été enlevé aux Hollandais par les Français, puis démoli. Il réussit à conclure des traités avec plusieurs chefs de tribus nègres, qui le reconnurent pour suzerain et lui accordèrent le monopole du commerce. Tout allait à merveille ; une Com-pagnie africaine avait été créée, et des navires prussiens por-taient des cargaisons d'esclaves en Amérique, de la poudre d'or, de l'ivoire et d'autres produits africains en Prusse. Ces succès excitèrent la jalousie des Hollandais, qui capturèrent les navires de la Prusse et lui enlevèrent plusieurs postes. Faute de pouvoir résister sur mer à des adversaires si redoutables, l'entreprise avorta ; la Société africaine se disloqua, et, après des pertes considérables, le roi Frédéric-Guillaume Ier finit par vendre, pour une bagatelle, à la Compagnie hollandaise des Indes occidentales, ce qui lui restait de possessions en Guinée.

La traite des noirs destinés à l'Amérique a eu pour théâtre, depuis les premiers temps jusqu'à nos jours, la côte occi-dentale d'Afrique, de 15° de latitude N. à l'Équateur, ou du cap Vert au cap Lopez, ce qui comprend la Sénégambie, la haute et la basse Guinée. Ces contrées sont habitées par des idolâtres ; les États mahométans, situés dans l'intérieur du Soudan, sur les limites du Sahara, n'ont pas ou n'ont été que faiblement atteints par le fléau de la traite, le Coran défen-dant de réduire des coreligionnaires en esclavage. Les dépôts et les points de débarquement sont ou étaient, soit des îles voisines de la côte, telles que les Bissagos, Sherbro, Tamara, Fernando-Po, San-Thomé, soit des ports fortifiés aux em-bouchures du Sénégal, de la Gambie, du Gallinas, du Niger et de divers autres fleuves. La côte septentrionale du golfe de Benin est spécialement désignée sous le nom de Côte des Es-claves, parce qu'elle contient la plupart des postes, ou, pour mieux dire, des repaires où s'exerce ce brigandage. A l'intérieur, peu d'établissements européens ont pu se maintenir ; ils n'avaient généralement pour objet d'autre trafic que celui des hommes. La majeure partie des comptoirs et les plus anciens doivent leur origine aux Portugais, qui avaient découvert le pays. D'autres peuples, venus après eux, fondèrent de nouvelles colonies et leur enlevèrent peu à peu un grand nombre de leurs établissements, de sorte qu'à la fin de la présente période, les Anglais étaient les mieux pourvus, comme ils le sont encore aujourd'hui. Cependant il est resté aux Espagnols et aux Portugais des points peu nombreux, il est vrai, mais des mieux situés pour le commerce.

Ce sont des Européens qui achètent et qui exportent les esclaves noirs, mais ce sont les tribus nègres elles-mêmes qui, dans des guerres acharnées, se réduisent les unes les autres en servitude, puis se vendent comme des marchandises. Les hommes forment l'objet principal du commerce de l'Afrique intérieure avec le reste du monde, et, à part toute considération de morale et de justice, c'est ce qui explique l'état stationnaire de ce continent, et la faible part pour laquelle il figure dans le mouvement des échanges internationaux. De puissants fleuves arrosent le pays des nègres ; un sol fertile y développe de lui-même une végétation luxuriante ; toutes les productions des tropiques s'y trouvent réunies à profusion ; malgré une énorme déperdition d'hommes, la population y est nombreuse, elle habite un grand nombre de bourgs et de villes, et là où l'adoption de l'islamisme au temps de la domination des Arabes a constitué des sociétés régulières, elle témoigne de son éducabilité beaucoup plus clairement que les Indiens d'Amérique, qui répugnent absolument à la vie sociale, et sont restés jusqu'à ce jour à l'état grossier de peuples nomades et chasseurs. Le déplorable trafic des esclaves a fait négliger, que dis-je ? a totalement annihilé ces magnifiques éléments ; il a eu les plus tristes résultats, en livrant les indigènes à l'anarchie, à l'oppression et à la violence ; il a soulevé les tribus les unes contre les autres, déchiré tous les liens de famille, dévasté et dépeuplé d'immenses territoires. Chaque navire européen qui abordait à la côte y donnait le signal des guerres civiles ; les bourgades habitées par le parti le plus faible étaient incendiées, et les malheureux survivants, emmenés et vendus. Les produits du sol périssaient abandonnés, les récoltes pourrissaient sur pied, et ces nègres, qui en Amérique, sous un climat pareil, travaillaient dans les plantations de sucre, de coton et de café, et créaient ainsi, en majeure partie, le commerce du Nouveau Monde, l'idée ne vint à personne de les employer aux mêmes travaux dans leur propre pays. Sans doute, le mal date de loin, et la traite des hommes en Afrique, on en a déjà fait la remarque, est une des branches de commerce les plus anciennes ; mais c'est depuis la découverte de l'Amérique qu'elle a pris ce développement si effrayant et si funeste, au point de vue, non-seulement de la démoralisation qu'elle a causée, mais encore de ses désastres matériels, du coup qu'elle a porté à la puissance productrice de l'Afrique intérieure. On se préoccupa peu de l'or de l'Afrique, quand on eut découvert les gisements si riches de l'hémisphère occidental ; ce qu'elle exportait d'ivoire était insignifiant ; ses autres productions naturelles ne furent plus, jusqu'à ces derniers temps, ni cultivées, ni recherchées. Il ne pouvait se réaliser sur aucune des bénéfices aussi rapides ni aussi énormes que sur le trafic des hommes. Le plus sordide égoïsme est donc le vrai mobile de ce trafic, et les motifs d'humanité invoqués en faveur des Indiens, comme les considérations économiques alléguées dans l'intérêt de la colonisation de l'Amérique, sont, sinon des mensonges, au moins de tristes aberrations du cœur et de la raison.

Ce n'est point ici le lieu de tracer le tableau des abominations de la traite des nègres, abominations qui furent portées au comble dans la présente période, qui eurent lieu au grand jour et non en secret, qui formèrent la règle et non l'exception. On donnera seulement quelques renseignements sur l'achat et la vente des esclaves, sur les bénéfices qu'on en a retirés, sur le nombre des victimes et sur les résultats économiques de l'emploi de leurs bras dans le Nouveau Monde.

Le trafic dont il s'agit consiste à échanger des hommes contre des marchandises. On a développé chez les nègres un goût passionné pour certains produits de la civilisation, on a fait pour eux, de ces produits, un besoin, et, en paiement, on n'accepte que des esclaves noirs. Ainsi un amour effréné des jouissances sensuelles et la cupidité la plus basse ont allumé entre les hommes de la race noire une guerre atroce. Le père, inhumain et barbare, vend son enfant ; le souverain, ses sujets ; le voisin, son voisin ; en un mot, le plus fort vend le plus faible, s'il peut le terrasser et le saisir, afin de se procurer, par le seul trafic alors existant entre l'Europe et l'Afrique, des marchandises dont il lui serait difficile de se passer. De pauvres créatures furent prises alors dans une véritable chasse. Quelques tribus guerrières, comme les Ashantis sur la Côte d'Or, et les Fellatahs sur le Niger, ont dépeuplé des royaumes entiers, et l'enlèvement des hommes a de plus en plus pénétré dans l'intérieur, que les grands fleuves mettent en communication facile avec le littoral.

Les marchandises contre lesquelles s'échangent les hommes sont principalement les étoffes de soie et de coton, appelées pagnes, qui servent en partie à couvrir la nudité des nègres et des négresses, des grains de verre, des cauris, petits coquillages qui font office de monnaie, de la poudre à tirer, des armes à feu, des couteaux, de petits objets en fer et autres bagatelles, le tout de la plus mauvaise qualité et d'une faible valeur. Les Maures offraient aussi des chevaux ; on donnait de dix à quatorze hommes pour un bon cheval ; ce trafic existe encore, car, pour ne pas le perdre, on ne vend que des hongres, et jamais de juments. Mais c'est aux Européens qu'appartient la triste gloire d'avoir introduit l'article le plus recherché et le plus lucratif, l'eau-de-vie. Par cette boisson, les appétits d'un peuple au sang ardent furent puissamment excités et la chasse aux esclaves prit le plus grand essor. Un seul prince de la Côte d'Or livrait annuellement deux mille esclaves contre de l'eau-de-vie. Amère ironie de la destinée ! Les nègres eux-mêmes, employés aux plantations de sucre des Indes occidentales, forgeaient sans cesse, par la distillation du rhum, de nouvelles chaînes pour leurs compatriotes. Le seul port de Liverpool expédia en 1771, par 105 navires, douze mille cent quarante-quatre ancres de spiritueux au Sénégal et en Guinée.

... Le prix des nègres variait beaucoup. Au commencement, on achetait, dans l'intérieur de la Guinée surtout, un homme jeune, bien constitué, robuste, pour quelques aunes de drap commun ou pour une ancre d'eau-de-vie. Sur la côte, on les payait déjà plus cher; ils avaient en effet passé par les mains d'intermédiaires; le transport et les pertes qui en sont insé-parables avaient élevé les prix. On donnait cent trente pagnes, ou trois ancres d'eau-de-vie, ou cinq fusils par tête.

Mais quand la culture eut fait des progrès dans les colonies américaines et que l'on eut expérimenté le travail des noirs, quand, chaque métropole encourageant de toutes les manières l'importation de ces nouveaux travailleurs et cherchant à en recueillir le plus de profits possible, de nombreux établissements eurent été fondés sur la côte occidentale d'Afrique, alors, par suite de l'accroissement de la demande, le prix des esclaves augmenta considérablement. Une seule marchandise ne suffit plus, il fallut un assortiment complet réunissant tous les articles recherchés par les nègres (1). Car, lors même qu'on évaluait le prix en argent, le montant n'en était jamais

---

(1) Falconbridge, dans son *Exposé du trafic des esclaves* (*an Account of the slave-trade*), Londres 1788, reproduit plusieurs comptes d'achat de dif-férentes dates. Le suivant est de l'année 1749 ; il donne le prix d'un esclave à Frédéricksbourg (Côte d'Or) :

		l. st.	shil.
2 Fusils, évalués à...............	1	»
40 Livres de poudre...............	1	»
1 Ancre d'eau-de-vie............	1	»
4 Pièces de cotonnade...........	3	10
2 Barres de fer..................	»	10
1 Barre de cuivre...............	»	8
4 Pièces de toile de Silésie.......	1	2
Grains de verre................	»	5
Articles en étain...............	»	5
20 Livres de cauris...............	1	»
		10 l. st.	» shil.

payé en espèces, mais toujours en marchandises. Les prix
atteignirent leur maximum vers la fin de la période. Pour un
nègre sans défaut, n'ayant pas dépassé l'âge de vingt-quatre
ans, on donnait jusqu'à 10 livres ; pour une négresse de
moins de vingt ans, 7 livres. Ce n'était là toutefois que le
prix de terre compté aux marchands noirs par les courtiers
et les agents établis dans les forts, lesquels étaient pour la
plupart des nègres mahométans. Le prix de bord s'augmentait de 25 p. 100, commission habituelle des traitants. Les
capitaines n'étaient que rarement à même d'acheter directement et de s'affranchir d'une entremise onéreuse. Ajoutez
divers frais extraordinaires, pots-de-vin pour les courtiers,
cadeaux d'armes, de poudre et d'eau-de-vie pour les princes
nègres qu'on voulait se rendre favorables.

Le choix de la marchandise n'était pas toujours facile. Le
goût des noirs changeait souvent et il différait beaucoup,
selon qu'ils habitaient la côte ou l'intérieur ; l'eau-de-vie seule
trouvait accès partout. C'est pourquoi les Anglais établirent
dans leurs comptoirs de grands magasins bien assortis, dont
les uns étaient tenus par les agents, les autres par des négociants anglais, de telle sorte que le capitaine qui n'avait pas
cru devoir hasarder un chargement, était sûr de trouver à
son arrivée les articles du meilleur débit. Il trouvait aussi
quelquefois avantage à acheter aux intermédiaires des esclaves
à prix d'argent. On conçoit aisément qu'un trafic, immoral
dans son principe, devait être immoral aussi dans sa pratique
journalière. Dans la vente de leurs pauvres compatriotes, les
nègres n'étaient pas seulement mal payés, ils l'étaient malhon-
nêtement. Jamais il ne se commit de fraudes plus déhontées.
On étendait d'eau l'eau-de-vie, on la faisait mousser artificiellement avec du savon, on mettait de doubles fonds aux barils
de poudre, on ne donnait pas la mesure aux étoffes, on apportait les plus mauvaises marchandises que l'on pût trouver.
Les nègres cherchaient naturellement à rendre tromperie
pour tromperie ; mais cela leur était difficile, la visite la plus
minutieuse précédant la vente des esclaves. Chaque individu

était examiné de la tête aux pieds, souvent des heures entières ;
on lui faisait faire tous les mouvements et prendre toutes les
attitudes imaginables. Toute infirmité, tout défaut corporel
diminuait le prix et pouvait même motiver la résiliation du
marché. Dans ce dernier cas, ces malheureux étaient destinés
à recevoir le plus horrible traitement, souvent la mort, d'un
maître déçu dans sa cupidité. Pour augmenter la valeur des
femmes, on leur retirait leurs nourrissons avant la vente ; on
les leur rendait ensuite, et l'acheteur trompé les jetait le plus
souvent dans la mer ou sur la plage. Le marché conclu, les
esclaves étaient marqués ; on leur imprimait, avec un fer chaud,
sur la poitrine ou sur les bras, les marques et les chiffres de
la compagnie ou du capitaine.

On essaierait en vain de dresser une statistique exacte de la
traite des noirs, quelques calculs sagaces et intéressants auxquels cette matière ait récemment donné lieu. Les traités
d'asiento, plus haut mentionnés, offrent, il est vrai, des
bases en déterminant le chiffre des fournitures annuelles ; on
y trouve en général toutes les données livrées à la publicité
sur cette période de pleine liberté de la traite. Mais, outre que
ces données sont très-incomplètes, le chiffre considérable des
exportations du commerce interlope manque totalement. Il y
a lieu, de plus, de distinguer les époques. C'est dans la seconde
moitié du dix-huitième siècle que l'exportation a été le plus
forte. Si, pour le présent, où les traités l'ont abolie et où elle
ne se fait plus qu'en contrebande, M. Buxton (1) l'évalue à
cent cinquante mille têtes, ce chiffre doit certainement être
considéré comme très-modeste et plutôt au-dessous qu'au-

---

(1) Le Commerce des esclaves en Afrique (The african slave-trade), Londres, 1839. Les chiffres de M. Buxton ont, du reste, été attaqués comme un
peu trop élevés ; on exagère quelquefois même dans la meilleure cause. Par
exemple, M. Buxton estime que la traite des noirs coûterait encore annuellement un demi-million d'hommes à l'Afrique. Nous avons considérablement
réduit la plupart de ces chiffres, en nous fondant sur des ouvrages plus ré-
cents, et en particulier sur celui de Greg intitulé : Efforts passés et présents
pour l'abolition de l'esclavage (Past and present efforts for the abolition of
the slave-trade). Ils ne restent pas moins énormes.

dessus de la réalité pour la fin du dernier siècle. En adoptant, pour les deux cent soixante-quinze années révolues de 1508 à 1783, une moyenne de soixante et dix mille têtes, on obtient, pour l'ensemble de l'exportation dans les contrées transatlantiques, dix-huit millions deux cent cinquante mille, chiffre auquel il faut ajouter les envois qui avaient lieu, par terre à travers le désert et par mer, de la côte orientale, de Mozambique et de Zanguebar, surtout vers les États mahométans, soit un tiers en sus; ce qui fait un total de vingt-quatre millions.

Mais ce calcul est fort insuffisant lorsqu'il s'agit d'évaluer la perte totale que l'Afrique a éprouvée par suite de la traite des esclaves. Personne ne se place volontairement sous le joug; l'asservissement est précédé de luttes meurtrières, soumises aux chances du sort; souvent on y compte plus de morts que de captifs. Une multitude d'esclaves succombent à des traitements barbares dans le long trajet de l'intérieur à la côte, et de graves autorités assurent que, pour embarquer quatre nègres, on en sacrifie trois. Dans l'hypothèse de trois pour cinq, la perte d'hommes que la traite a fait essuyer à l'Afrique, s'élèverait encore à près de quarante millions. Comme on recherche les individus les plus robustes et les mieux portants, c'est la fleur de la population qui est dévorée, et l'on s'explique comment beaucoup de districts, très-peuplés il y a trois siècles, se trouvent aujourd'hui désolés et déserts, les maladies épidémiques qu'engendre la misère ayant augmenté le nombre des victimes. Heureusement une puissance supérieure a pourvu à ce que, malgré l'horrible destruction à laquelle la race blanche l'a livrée, la race noire ne fût point, à beaucoup près, exterminée, et fût infiniment plus difficile à épuiser que les tribus indiennes ménagées à ses dépens.

Sur les nègres embarqués en Afrique, vingt-cinq pour cent au moins périssent pendant la traversée, par suite de la capacité insuffisante des navires. La législation britannique tolérait cinq esclaves par trois tonneaux, tandis que dans le transport des troupes elle exigeait deux tonneaux pour trois hommes. Si les soldats se trouvaient à l'étroit, quelle était la situation des esclaves, qui, le plus souvent, n'obtenaient même pas la mesure légale ! Tels navires chargeaient jusqu'à sept nègres par trois tonneaux. Pressés les uns contre les autres à fond de cale, comme des ballots de marchandise, privés d'air sous un ciel tropical, épuisés par le manque d'aliments et d'eau pure, et de plus traités de la manière la plus brutale, d'affreuses maladies ne pouvaient manquer de fondre sur eux. Souvent ils se suicidaient de désespoir ; souvent, lors d'une tempête, on les jetait en masse à la mer pour alléger le navire. A leur arrivée en Amérique, il en mourait encore vingt pour cent de plus pendant la crise de l'acclimatation. Telle est la vivacité extraordinaire des impressions physiques et morales qu'ils éprouvent, qu'elle détermine des cas inouïs dans les annales de la médecine. En résumant tous ces détails, on arrive à ce résultat qu'à peine les trois huitièmes de la masse de nègres arrachés à leur patrie vivent encore au bout d'une année, et que le nombre des Africains sacrifiés inutilement est à celui des esclaves utilisés par les planteurs comme 5 est à 3.

A leur arrivée en Amérique, les esclaves sont ou vendus à bord, ou conduits au marché. Mais auparavant on a coutume de débarquer le rebut et les malades, et de les vendre à terre aux enchères publiques. Ce sont d'ordinaire des Juifs et des médecins qui, le plus souvent par spéculation, achètent ce rebut à raison de 5 à 6 dollars par tête. Quant aux esclaves bien portants, on les nettoie, on les baigne, on les pare le mieux possible. Ils sont vendus tantôt individuellement, par couples ou par douzaines, tantôt d'après un mode différent dit *à la gribouillette*, et consistant en ce qu'un même prix étant stipulé d'avance pour tous les esclaves, l'acheteur a le droit de garder tous ceux qu'il peut saisir. On ouvre les portes de la cour où les esclaves sont réunis ; les acheteurs s'y précipitent comme des bêtes sauvages, entourent de leurs bras deux, trois nègres ou davantage, ou les couvrent de filets et de lacets, de manière à en prendre le plus possible.

Le prix des nègres n'a pas moins varié dans le Nouveau

Monde qu'en Afrique, et il a augmenté avec la demande. Il s'est élevé à son maximum dans la seconde moitié du dix-huitième siècle, soit 40 livres sterling en moyenne pour un nègre de plantation bien portant et jeune. Mais il était beaucoup moins élevé quand on prenait en bloc un certain nombre d'hommes, de femmes et d'enfants. Les contrebandiers anglais étaient ceux qui vendaient le moins cher. Il était aussi d'usage d'acheter les esclaves au poids, à raison de 1, 2, jusqu'à 3 schellings la livre. Les Hollandais et plus tard les Anglais, au commencement de leur domination, possédaient, dans leur colonie du Cap de Bonne-Espérance, des nègres dont la condition était relativement meilleure. On les employait non-seulement à la culture du sol, mais à quelque métier. Quand on les vendait pour l'Amérique, ils valaient naturellement le double et continuaient d'ordinaire, dans leur nouveau séjour, leurs occupations accoutumées.

Le profit qui, abstraction faite de la mise en culture de l'Amérique par les nègres, était directement retiré de la traite elle-même par l'armateur et par le capitaine de navire, a été de tout temps des plus considérables, et il a perpétué cet infâme trafic jusqu'à nos jours, en dépit des défenses, des traités et des blocus, nul autre commerce n'enrichissant autant ni aussi vite. On pouvait, dans les circonstances les plus défavorables, compter sur un bénéfice de 30 p. 100; mais en moyenne il était de 60 à 70 p. 100; souvent il atteignit et dépassa même le capital employé (1). Ici encore, naturellement, il y a lieu de distinguer les époques. Ce furent les Anglais qui

---

(1) Un bâtiment de 300 tonneaux pouvait, d'après la loi, charger 500 esclaves.

Dépense.		Recette.
500 esclaves à 8 l. st...	4,000 l. st.	Vente de 375 esclaves (déduction
Salaires de l'équipage.	1,500	faite de 25 p. 100 perdus en route)
Vivres, munitions, as-		à 30 l. st......... 11,250 l. st.
surances, etc......	1,200	
	6,700 l. st.	

BÉNÉFICE NET........ 90 p. 100.

surent réaliser les plus grands profits : Liverpool et Bristol gagnèrent à la traite des sommes énormes.

L'esclavage des noirs s'est répandu sur tout le continent de l'Amérique et sur toutes les Antilles, entre 45° de latitude N. et 35° de latitude S. ; telle est encore à peu près l'étendue de son domaine. L'immense majorité des esclaves est occupée, dans les plantations, à la culture du sol, et cette culture a principalement, sinon exclusivement, pour objet le coton, le sucre, le café, l'indigo, le riz et le tabac, produits qui, pour la plupart, exigent un travail très-rude et très-pénible, soumis aux influences pernicieuses d'un climat brûlant. Dès le dix-septième siècle, les plantations avaient pris un tel développement et produisaient sur une si grande échelle que les Indes orientales leur cédèrent de plus en plus le terrain pour l'exportation du sucre, du café et du coton, et que ces produits devinrent, avec le tabac, les grands articles de l'Amérique. Le système colonial contribua sans doute à ce résultat ; toutefois ces progrès merveilleux supposent une culture extraordinairement productive par elle-même.

On a dit le prix des nègres à l'achat en Afrique et à la vente en Amérique. Il ne s'agit plus que de savoir quel était le profit net que l'esclave procurait annuellement à son maître, déduction faite du prix d'achat et des frais d'entretien. L'évaluation varie beaucoup selon les localités. On estime le bénéfice à 30 liv. st. dans les plantations de sucre et de café, à 25 dans celles de coton, à 20 dans les rizières, à 15 dans la culture du tabac et dans celle des céréales. D'ordinaire les deux premières années couvraient le prix d'acquisition de l'esclave ; de sorte que tout revenu ultérieur était du bénéfice (1).

On a fréquemment soutenu que l'Amérique n'aurait jamais pu être colonisée sans les bras des nègres, et qu'il eût été notamment impossible d'y naturaliser certains produits de l'An-

---

(1) Hüne, dans son écrit sur la traite des nègres (Gœttingue, 1820), établit ainsi le compte sommaire des frais et des bénéfices d'une plantation de sucre aux Indes occidentales, dans la dernière moitié du dix-huitième siècle :

Une plantation de sucre, terrain et bâtiments, avec 220 esclaves, femmes

cien Monde, comme le sucre, le café, les épices, le riz, de
manière à la mettre en état de rivaliser avec l'Inde. Cette
thèse a conservé des partisans même de nos jours, et tous les
Etats américains où l'esclavage subsiste encore, et qui ont
d'ailleurs renoncé à la traite, se sont placés sur ce terrain
pour combattre l'abolition. On cite l'Etat nègre d'Haïti, où
les plantations de sucre ont été abandonnées depuis son affranchissement, et l'on veut y lire sa propre destinée. Cependant nous pouvons opposer à cet exemple celui des Antilles
anglaises, où l'esclavage a été aboli et remplacé par le travail
libre, sans que la crainte que l'on avait conçue de la ruine des
cultures se soit réalisée (1).

Il appartient à la période contemporaine de décider, d'après
les résultats des expériences en fait d'émancipation, s'il
peut y avoir encore matière à une controverse. Pour la période qui nous occupe présentement, il ne saurait du moins, en
principe, exister de doute sur la réprobation que mérite l'esclavage. Les arguments tirés de la faible constitution des
naturels de l'Amérique, du défaut d'aptitude de la race
blanche pour la culture de la terre dans les pays chauds,
travail auquel la race noire serait spécialement et exclusivement appropriée, puis du droit historique sur lequel se fon-
derait l'esclavage des Africains, et de l'infériorité morale du
nègre ; ces arguments et les autres allégations de l'erreur ou

et enfants compris, était estimée à 35,000 liv. st. Elle fournissait annuellement :

Sucre, 500 barriques à 20 liv. st................	10,000 liv. st.
Rhum et mélasse...........................	800
Ensemble.............	10,800 liv. st.
A déduire :	
8 p. 100 d'intérêts du capital...................	2,800 liv. st.
Entretien des bâtiments et des esclaves..........	1,200
Achat de 12 nègres nouveaux.................	600
TOTAL à déduire........	4,600 liv. st.
Excédant pour le planteur.	6,200

(1) L'auteur paraît envisager sous un jour trop favorable l'état des Antilles anglaises, où la production a sensiblement décliné à la suite de l'abolition de l'esclavage.   H. R.

de l'ignorance, d'une conscience coupable ou de l'aveugle
sophisme de l'intérêt personnel, ne sauraient en aucune manière justifier l'attentat commis envers l'humanité. La thèse
que l'Amérique ne pouvait pas être colonisée sans l'importation des nègres, nie toute justice et toute sagesse supérieures;
car elle suppose que, pour peupler et mettre en culture une
partie du monde, il n'y avait pas d'autre moyen que d'en dé-
peupler et d'en ravager une autre. On a, sur l'autorité d'un
philanthrope très-exclusif, déclaré impropres au travail les
indigènes du Nouveau Monde, déclaration jusqu'ici dépourvue
d'une preuve que l'on s'est cru dispensé de fournir, après
l'introduction des esclaves noirs. Il y a aux Indes orientales
beaucoup de peuples d'une faible constitution physique; il y
en a à Java qui sont de plus tout à fait incultes; on ne les
emploie pas moins avec succès dans les plantations de sucre,
de café et de coton, à l'aide d'un régime de contrainte, il est
vrai, mais sans leur infliger cet esclavage que la race noire
est seule à subir.

Si toutefois, abstraction faite du principe, on envisage l'esclavage des noirs comme un fait accompli depuis des siècles,
et qu'on recherche les résultats économiques et commerciaux
de cette institution en Amérique, on reconnaît que ces résultats ont été considérables; on peut accorder même que, par
la voie du droit et de la morale, l'acclimatation et la culture
des produits coloniaux se seraient peut-être développées plus
lentement. La circonstance que ce furent les Espagnols qui
fondèrent en Amérique la plus vaste domination, c'est-à-dire des
hommes violents, intolérants, ennemis du travail, avides d'un
lucre facile, a puissamment aidé l'esclavage. Les autres nations qui les suivirent adoptèrent un usage déjà établi, et leur
génie commercial leur eut bientôt révélé les avantages qu'on
pouvait en retirer pour coloniser le Nouveau Monde et pour
produire, en concurrence avec l'Inde, les articles principaux
du commerce maritime. Il s'ensuivit une combinaison économique des aptitudes et des ressources des trois parties du monde.
L'Europe apporta son intelligence, l'Afrique ses bras, et

l'Amérique fut pour ces forces réunies le champ fécond d'une nouvelle et merveilleuse production (1).

VIII

L'établissement de relations directes entre l'Europe et l'Inde eut pour premier effet une baisse considérable dans les prix des articles de cette contrée. Jusque-là ils avaient passé par différentes mains, qui toutes voulaient se faire payer ; les Portugais purent alors les acheter au producteur lui-même. Dans un pays où la population était pressée, la vie simple et à bon marché et par suite les salaires à un taux minime, les produits du sol, comme ceux de l'industrie, achetés de première main, coûtaient fort peu de chose. Quelle que fût la longueur du trajet maritime jusqu'à Lisbonne, il était plus sûr, plus régulier, plus simple et beaucoup moins dispendieux que l'ancien voyage par le golfe Persique et le golfe Arabique, qui nécessitait des transbordements et des transports par terre. Les Portugais purent ainsi réduire sensiblement les prix, tout en réalisant les mêmes bénéfices. Venise se vit hors d'état de soutenir cette concurrence, et tout le courant des affaires, suivant sa direction naturelle, se porta vers le marché le moins cher.

On manque de données authentiques pour déterminer exactement dans quelle proportion les marchandises de l'Inde étaient moins chères à Lisbonne qu'à Venise. Cependant nous avons un tableau comparatif des prix courants d'Alep et de Londres, dressé par des négociants anglais du seizième siècle ; il en résulte que les articles d'Orient reçus directement de l'Inde coûtaient à Londres moitié moins. On peut admettre que les

(1) « L'effet de la découverte de l'Amérique fut de lier à l'Europe l'Asie et l'Afrique. L'Amérique fournit à l'Europe la matière de son commerce avec cette partie de l'Asie qu'on appela les Indes orientales. L'argent, ce métal si utile au commerce, comme signe, fut encore la base du plus grand commerce de l'univers, comme marchandise. Enfin la navigation d'Afrique devint nécessaire ; elle fournissait des hommes pour le travail des mines et des terres de l'Amérique. » (Montesquieu, *Esprit des Lois*, liv. XXI.)

Vénitiens les achetaient à Alexandrie à peu près aux mêmes prix que les Anglais à Alep (1), et si l'on ajoute leur bénéfice sur la vente en Europe, on est fondé à penser que les Portugais étaient en mesure de réduire les prix, non-seulement sans la moindre perte, mais encore avec un beau profit, et l'assertion de quelques auteurs que les Portugais auraient vendu plus cher que les Vénitiens, nous paraît sans fondement (2). La dépréciation que la valeur de l'argent subit relativement à celle des marchandises coloniales, quand l'affluence des métaux précieux de l'Amérique se fit sentir en Europe, ne modifia pas l'état des choses. D'abord cette influence ne s'exerça que très-lentement ; puis toutes les transactions, tous les salaires se réglèrent simultanément d'après la nouvelle mesure des valeurs ; enfin, quand l'Occident se mit à rivaliser avec l'Orient dans la production des denrées tropicales, les importations devinrent tellement énormes, et tant de peuples différents y prirent part, que les prix de la plupart de ces denrées ont suivi jusqu'à ces derniers temps une progression décroissante, qui n'est certainement pas arrivée à son terme. Toutefois l'accroissement extraordinaire de la production n'aurait pas suffi pour déter-

(1)

	Prix des marchandises aux Indes orientales. (La livre.)		Prix en Angleterre. Achats faits à Alep. (La livre.)	
Poivre.............	» schel.	2 1/2 pence.	0 schel.	8 pence.
Clous de girofle...	»	9	5	»
Noix muscades....	»	4	3	»
Macis.............	»	8	6	»
Indigo	1	2	5	»
Soie écrue........	2	»	20	»

(2) On ne saurait rien conclure de certains abus, de celui-ci, par exemple, que plusieurs fois les gros négociants d'Augsbourg achetèrent directement des épices aux agents de la couronne de Portugal à un prix plus élevé que le prix demandé par ces derniers, sous la condition que, dans le délai d'un ou deux ans, ces mêmes articles ne pourraient être vendus au-dessous d'un prix convenu encore plus élevé. On connaît les prix de la Compagnie hollandaise des Indes orientales pour différentes épices, depuis une époque assez reculée ; en 1620, par exemple, le poivre valait 5 5/8 stubers la livre, le cubèbe 28, les clous de girofle 6 1/4, la muscade 8 stubers. Mais cela n'est pas concluant pour les prix de l'Europe en général, par la raison que les Hollandais, ayant possédé longtemps le monopole des épices, pouvaient en fixer arbitrairement le prix.

miner une telle baisse, car il était compensé par un accroissement non moins extraordinaire de la consommation ; elle
s'explique principalement par ce fait que, sous le régime de
l'esclavage, les frais de production sont restés en Amérique à
peu près les mêmes qu'à Java, et que les salaires n'ont pas
haussé comme dans les pays de travail libre. Les réductions
de prix les plus sensibles se sont produites sur les matières
premières de l'industrie, comme le coton et les substances
tinctoriales. Elles commencent à peine, cependant, dans la
présente période, et n'atteignent leur plein développement
que dans la période contemporaine, où l'Europe joint la suprématie industrielle à la suprématie commerciale. Les fluctuations des prix, au surplus, sont de tous les temps, et il y en
eut de fréquentes au moyen âge, particulièrement pour les denrées alimentaires, selon que les articles étaient abondants ou
rares. Il n'existait pas encore de système de magasinage ; on
manquait de capitaux pour former de vastes approvisionnements. Les produits naturels, qui exigeaient le moins de
travail, étaient les moins chers. Ainsi la viande coûtait
beaucoup moins que le blé. En 1683, le quintal de bœuf
valait 18 1/2 sh. en Angleterre, et le quarter de froment 42.
A la fin du dix-huitième siècle, ce fut le contraire : la viande,
alors se paya 60 sh. et le froment 50. Par suite des progrès
de la population, beaucoup de pâturages avaient été convertis
en champs de blé, et le bétail avait été renchéri par la nourriture à l'étable. Du reste les prix variaient extrêmement selon
les pays. Généralement ils étaient, même avant l'importation
des métaux précieux de l'Amérique en Europe, plus élevés en
Angleterre que sur le continent. La vente de la laine et des
draps attirait des sommes considérables dans cette contrée
encore faiblement peuplée et qui, dans la simplicité de ses
mœurs, avait peu de chose à demander à l'étranger. Aucun
ennemi ne foulait son sol, il lui était plus facile de retenir
l'argent, qui y eut en conséquence une moindre valeur relative
que dans les autres États.

Ce fut à la fin du seizième siècle qu'eurent lieu les variations les plus sensibles du cours des marchandises par rapport aux métaux précieux. Elles affectèrent d'abord l'Europe occidentale, puis de proche en proche le reste du continent, et firent subir des modifications permanentes à toutes les valeurs. Les prix des produits agricoles surtout haussèrent. La *Taxe des grains Blasienne* contient un relevé des prix courants des céréales dans la ville de Brunswick depuis 1330 jusqu'au commencement de notre siècle.

Voici ce que coûtait l'himt des différentes espèces de grains (1).

	FROMENT.		SEIGLE.		ORGE.		AVOINE.	
1330.	1 gr.	3 pfen.	1 gr.	1 1/2 pfen.	1 gr. »	pfen.	» gr.	6 1/2 pfen.
1432.	2	»	1	2 1/2	1	6 1/2	1	1
1500.	4	»	3	»	2	»	2	»
1550.	7	»	6	»	6	»	4	4 1/2
1595.	18	»	13	4	11	4	8	5
1645.	20	»	13	»	10	»	9	»
1705.	22	»	17	6	12	1 1/2	8	7
1755.	26	3	23	»	20	1	14	5
1785.	33	»	24	»	20	»	12	»

Il est bien entendu qu'entre les années moyennes que nous donnons ici, de mauvaises récoltes et la guerre d'une part, de l'autre des récoltes d'une abondance exceptionnelle, déterminèrent diverses fluctuations. A la rigueur le relevé ci-dessus ne s'applique qu'à l'Allemagne septentrionale ; néanmoins on peut admettre que les prix se comportèrent à peu près de même dans les autres contrées. En Angleterre, jusqu'au milieu du dix-huitième siècle, le prix des grains, eu égard à la grande abondance des métaux précieux, s'éleva moins que sur le continent, par la seule raison sans doute que la culture du sol y fut de bonne heure mieux entendue, et n'y fut point retardée par la guerre. Il s'ensuivit une augmentation dans la valeur des biens-fonds et dans le taux des fermages. Les salaires aussi suivirent, quoique plus lentement, le mouvement de hausse des marchandises. Ils s'accrurent d'abord

---

(1) 40 himts = 24 scheffels de Prusse, ce qui porte le himt à près d'un tiers d'hectolitre.

pour les ouvriers auxquels on demandait une habileté particulière, c'est-à-dire dans le domaine de l'industrie, qui prenait
tous les jours plus de développement, dans les villes plus que
dans les campagnes, où ils restèrent longtemps à un taux inférieur. Quant aux autres parties du monde, il n'était pas
question de salaires là où le travail s'opérait par des esclaves. En Asie ils étaient si faibles qu'ils n'atteignaient pas le
sixième du taux de l'Europe ; ils n'étaient élevés que dans
les contrées où l'émigration européenne avait formé le fond
de la population, comme dans l'Amérique du Nord. Nous
ajournons les détails de cette matière à la période suivante,
où, pour l'appréciation des différences de prix, la statistique
offre généralement des données plus précises. A l'époque
dont nous traitons, la guerre, par l'influence qu'elle exerce
sur les prix des marchandises, présente un intérêt particulier
pour une histoire du commerce. Depuis longtemps elle exerçait cette influence, mais non au même degré que dans les
temps modernes où, prenant un développement beaucoup
plus considérable, elle embrassa la terre, la mer, les colonies,
et exigea d'immenses capitaux. On cessa de licencier les armées après la conclusion de la paix ; devenues permanentes,
elles constituèrent des institutions parfaitement stériles pour
le développement économique des nations. Un grand nombre
de bras vigoureux furent ainsi dérobés au travail productif.
D'ordinaire la guerre renchérissait presque tous les articles
de commerce; pour un petit nombre, ce qui importe peu, la
demande extraordinaire qu'elle occasionnait, provoquant une
production plus considérable, la grande quantité réduisait
les prix.

Il y a eu et il y a encore des écrivains qui représentent les
guerres, celles de la période notamment, comme favorables
au commerce, et qui allèguent à ce sujet divers exemples. Ils
citent habituellement les guerres de l'Angleterre et de la Hollande avec l'Espagne, guerres auxquelles les deux premières
contrées auraient dû leur prospérité maritime et commerciale, puis celles de l'Angleterre avec la France, dans les-

quelles celle-ci perdit un grand nombre de ses colonies, enfin
la guerre de l'indépendance américaine, qui ouvrit la navigation et le commerce maritime à l'Allemagne et aux petits États
neutres. Par une demande extraordinaire des produits du sol
et des fabriques, suivant eux, la guerre enrichirait un pays ;
l'habillement des troupes, les constructions navales, l'équipement des flottes et tant d'autres besoins militaires, animeraient
un grand nombre d'industries. Cette bienfaisante influence ne
se bornerait pas aux pays belligérants ; elle s'étendrait sur les
autres pays, particulièrement sur ceux dont les matières
brutes alimentent les manufactures des premiers ; ainsi, grâce
aux guerres de l'Angleterre, la Russie et tout le nord-est de
l'Europe auraient vu s'accroître leurs exportations de bois,
de fer, de chanvre, de goudron, etc.

Il est difficile de concevoir une thèse plus exclusive. On
pourrait y opposer un beaucoup plus grand nombre d'exemples, entre autres cette même Hollande, dont une politique de
guerre continue renversa l'édifice commercial, l'Allemagne
avec sa guerre de Trente ans, la Pologne, le Danemarck, etc.;
mais, à part les destructions que la guerre entraîne, comment
une des parties pourrait-elle s'enrichir sans que l'autre s'ap-
pauvrît? Ce que l'Angleterre et la Hollande ont gagné dans
leurs luttes avec l'Espagne, l'Espagne doit l'avoir perdu. Or,
la masse des richesses s'est-elle accrue dans le monde, parce
qu'on aura transporté quelque chose d'un des plateaux d'une
balance à l'autre? Ce ne sont là que des mutations violentes
qui constituent toujours une perte pour l'ensemble. Il serait
triste que la Russie et le nord-est de l'Europe, ainsi que les
petits États maritimes, n'eussent pas, pour l'écoulement de
leurs produits, pour le développement de leur navigation et
de leur commerce, d'autres garanties que les armements maritimes de l'Angleterre et la rivalité entre les grandes puissances. Et, quant à l'accroissement de la richesse dans le pays
vainqueur, les écrivains dont il s'agit ont entièrement oublié
l'énorme dette dont la guerre l'a grevé. Le commerce et l'industrie, diront-ils, lui fourniront les moyens de supporter ce

fardeau. Quelque grande que soit la misère des masses, on peut l'accorder pour le présent, lorsqu'il s'agit de faits accomplis; mais un prochain avenir n'est-il pas sérieusement menacé par cette plaie sans remède, dont les guerres des derniers siècles ont affligé l'économie intérieure des États européens? Nous n'avons pas ici à approfondir cette matière, d'autant moins que nous trouverons, dans l'histoire des différents peuples, plus d'une occasion d'y revenir. Lorsque, sans opinion préconçue, on envisage les faits tels qu'ils se sont passés, on ne peut méconnaître que les guerres, suivant qu'elles ont élevé ou abaissé politiquement les États, n'aient, par une conséquence naturelle, décidé aussi de leur supériorité ou de leur infériorité commerciale. Mais ce sont là des résultats locaux, temporaires et relatifs. Prétendre d'une manière absolue que la guerre a étendu et animé le commerce international, c'est soutenir plus qu'un paradoxe. Elle a eu par moments cet effet, mais aux dépens de l'ensemble et à l'encontre du véritable but de l'humanité.

L'histoire n'offre qu'une seule exception à invoquer en faveur d'une pareille thèse, les croisades. Le premier volume du présent ouvrage contient, à ce sujet, les explications nécessaires. Dans les temps modernes, les guerres n'ont absolument rien fait pour le commerce de l'univers, que la paix n'eût réalisé plus complétement, plus promptement, et sans d'odieuses destructions; si l'on peut attribuer quelque mérite à notre époque, c'est celui d'avoir reconnu à quel point la prospérité matérielle du genre humain dépendait du maintien de la paix du monde (1).

(1) On ne peut qu'approuver et partager ces sentiments généreux, et l'on aurait mauvaise grâce à plaider la cause de la guerre au moment où l'Europe vient d'en subir les calamités. Malheur à qui la provoque et la rend nécessaire! Mais, on est obligé de le reconnaître, et l'histoire l'enseigne à chaque page, de même que le bien naît souvent du mal, un grand nombre de guerres, malgré leurs désastres, ont eu des résultats utiles pour la civilisation et pour le commerce. Les croisades ne forment pas une exception; non-seulement les guerres des peuples civilisés contre les barbares ont généralement frayé la voie au commerce, mais celles des peuples civilisés entre eux ont quelquefois aussi agrandi son domaine. La guerre de l'indépendance

IX

Il nous reste à jeter un coup d'œil rapide sur les forces productives et sur les valeurs matérielles échangeables. La mission spéciale du commerce est, en effet, de mettre les premières en activité, et de faire circuler les secondes. L'agriculture et l'industrie forment la base sur laquelle il repose ; plus elles sont avancées et productives, plus il acquiert de développement et de consistance. On l'a déjà exposé avec détail : le temps n'est plus où des villes isolées ou confédérées entre elles pouvaient alimenter un commerce intermédiaire au moyen de l'agriculture et de l'industrie étrangères. Depuis que des États puissants et des nationalités distinctes ont apparu,

américaine a été citée avec raison ; les anciens colons de l'Angleterre ont été largement dédommagés, certes, par ses conséquences, des sacrifices qu'elle leur a coûtés ; or, ce que les États-Unis ont gagné, l'Angleterre l'a-t-elle perdu ? Non, sans doute ; et l'ouverture du continent américain au commerce de toutes les nations a été pour le monde en général un profit des plus clairs. Sous la rude pression de la guerre les nations ont déployé d'immenses ressources industrielles ; un article étranger faisait-il défaut, elles s'ingéniaient à le produire ou à le tirer d'un autre pays ; un débouché se fermait-il, elles s'en ouvraient un nouveau. Direz-vous que la paix eût rendu les mêmes services sans les faire payer si cher ? C'est possible, et c'eût été extrêmement désirable ; mais il s'agit ici de constater ce qui a eu lieu effectivement ; et jusqu'ici un développement paisible ne paraît pas avoir été donné au genre humain. Que de ruines n'ont pas accumulées les guerres de la Révolution et de l'Empire ! Mais en même temps, quel pas n'ont-elles pas fait faire à la civilisation ? Lorsque cette guerre d'Orient que les puissances occidentales n'ont pu se refuser à entreprendre a eu l'issue qu'on devait espérer, la barrière élevée contre l'ambition menaçante de la Russie, et la sécurité rendue à l'avenir, ne seront-elles pas un ample dédommagement de tant de pertes cruelles ? Je ne parle pas des relations commerciales avec le Levant qui ne peuvent manquer de lui devoir une activité nouvelle.

Quant aux armées permanentes, dont M. Scherer signale les inconvénients, c'est-à-dire les frais considérables d'entretien avec les bras qu'elles enlèvent à la production, il faudrait aussi mentionner leurs avantages ; c'est à elles que les États modernes doivent leur formation et leur conservation, et par suite que le travail et le commerce doivent la sûreté dont ils jouissent aujourd'hui sur de vastes domaines. Peut-être leur utilité n'a-t-elle jamais été mieux reconnue que dans ces derniers temps où elles ont sauvé plus d'un empire.

H. R.

toutes les forces productives de la nation, ses aptitudes industrielles, comme les richesses de son sol et ses capitaux matériels, tendent à se produire, autant que possible, sur un pied
d'égalité.

Dans la présente période, toutefois, beaucoup d'inégalités
subsistent encore. Ainsi, l'agriculture est généralement très-
arriérée, très-languissante, en comparaison du commerce et
même de l'industrie. L'asservissement du sol et du travail im-
pliqué dans le servage, les corvées et les innombrables servitudes dont cent fonds de terre étaient grevés au profit d'un seul,
étaient les plus grands obstacles au progrès de l'agriculture.
Le stimulant de l'intérêt personnel manquait au paysan, et le
travail auquel on le contraignait, était de peu de profit pour
le seigneur. On produisait juste de quoi suffire à sa propre
consommation, et cela dans les bonnes années seulement. De
vastes espaces restaient entièrement incultes. Les mauvaises
récoltes étaient fréquentes, les champs se ressentaient longtemps des ravages de la guerre, et les impôts les plus acca-
blants, avec l'obligation du service militaire et celle du loge-
ment des troupes, pesaient sur la population des campagnes,
dont tout le revenu, souvent, ne suffisait pas à l'acquittement
de nombreuses redevances envers le propriétaire et le prince.
L'excès de la misère provoqua en Allemagne la guerre des
paysans. Le sort des habitants des campagnes n'était pas
meilleur en France, où la culture du sol était tellement négligée, que chaque mauvaise récolte était suivie d'une disette.
Ce fut, on le sait, ce qui fit éclater la révolution de 1789.
La noblesse, exempte d'impôts, se bornait à chasser dans ses
domaines ; quant à les administrer économiquement et à
tirer parti de leurs produits, elle n'y songeait nullement et
n'était pas assez éclairée pour cela. Ainsi les paysans n'avaient
pas sous les yeux d'exemples de culture intelligente de la
part de ceux qui avaient sur eux autorité ; et l'on manquait de
capitaux pour acheter du bétail, de l'engrais et de bons instruments aratoires. Dans les pays qui avaient embrassé la
Réforme, l'abolition d'un grand nombre de fêtes eut pour

effet de développer sensiblement l'élève du bétail, et, par suite,
sur divers points, la culture du sol. La Pologne et les contrées de la Baltique, privilégiées pour l'agriculture, produisaient sans beaucoup d'effort les grains, qui, depuis les temps
de la domination de l'ordre Teutonique, étaient à peu près
leur seul article. La plus grande partie de l'Europe méridionale, jouissant d'un ciel constamment propice, obtenait, avec
un faible travail, à peu près tout ce que réclamait la simplicité de ses habitudes ; en Italie, les républiques, en grand nombre, avaient affranchi le sol de ses plus lourdes entraves. En
général, l'agriculture florissait principalement dans le voisinage des grandes villes qui faisaient une grande demande de
ses produits.

L'Angleterre et les Pays-Bas méritent ici d'être particulièrement distingués, et leur prospérité agricole date de très-loin.
Non-seulement la législation y adoucit le sort du paysan et lui
permit de jouir un peu plus des fruits de son labeur ; mais
la noblesse y prit de bonne heure intérêt et goût à l'agriculture, elle résida une grande partie de l'année sur ses terres,
employa des sommes considérables à leur amélioration, s'appliqua, pour accroître ses revenus, à augmenter le produit du
sol, et préféra cette vie indépendante au service des princes.
De plus, l'industrie manufacturière agit puissamment sur l'a-
griculture. Sans la grande exportation de laines, sans la consommation que firent de cet article les fabriques du pays, l'élève
des moutons n'aurait pas atteint une si haute perfection en
Angleterre. On peut en dire autant, pour les Pays-Bas, de la
culture du lin, qui se propagea dans les pays allemands limitrophes. D'un autre côté, des plantes tinctoriales, jusque-là
produites en abondance dans certaines parties de l'Allemagne,
comme le pastel, le kermès, etc., non pas toutefois la garance,
disparurent presque entièrement du commerce devant les matières analogues de l'Inde et de l'Amérique. La fabrication du
cuir, article dont les guerres accroissaient la consommation,
augmenta au point que le bétail indigène ne suffit plus ; il
fallut que le commerce cherchât un supplément d'approvi-

sionnement, d'abord dans le nord de l'Europe, puis dans l'Amérique du Sud.

En Grèce, en Italie et en Espagne, la soie, les fruits du midi et l'huile, en France, les vins, étaient des articles particuliers au sol de ces contrées, qui depuis longtemps figuraient dans le commerce, dont la production était facile, et qui alors purent aisément suffire à une demande croissante. Mais l'agriculture reçut en Angleterre et dans les Pays-Bas une impulsion particulière de l'élève du bétail et de la grande consommation de viande qui, de tout temps, s'était faite dans ces contrées. Il s'ensuivit que les engrais furent plus abondants, qu'on mit en culture un grand nombre de pâturages et qu'on nourrit le bétail à l'étable. Plus la population de l'Europe augmentait par suite de l'activité industrieuse qui s'éveillait de toutes parts et de ressources chaque jour plus considérables, plus il importait de rechercher les moyens de rendre la subsistance quotidienne aussi assurée et aussi peu coûteuse que possible. Souvent le commerce, l'industrie et la navigation avaient réuni des masses d'hommes sur des points où le sol n'était pas assez productif pour satisfaire à leurs premiers et plus pressants besoins. Il fallait donc recourir à des contrées éloignées, et le commerce des grains commença à prendre les grandes proportions qui en ont fait une des principales branches des échanges internationaux.

Nous l'avons déjà rencontré dans l'antiquité ; l'approvisionnement de grandes métropoles, telles qu'Athènes, Rome, Constantinople, était un des premiers objets de la politique commerciale. L'Egypte et l'Afrique septentrionale, la Sicile et la Sardaigne étaient appelées les greniers de Rome. Après la chute de cette ville, le commerce des grains s'amoindrit beaucoup au moyen âge. Il n'existait plus de villes dans ces proportions colossales ; la population, faible et disséminée, produisait ordinairement le peu qui lui était nécessaire. Les importations et les exportations de grains n'avaient lieu que dans les années de disette ; on ne connaît du moins d'exportation régulière qu'à destination des pays scandinaves, exportation très-restreinte, qu'effectuaient les Anséates. Du reste, même en temps de disette, les envois n'étaient jamais considérables, par la raison qu'on n'avait pas les moyens de faire de grands achats, et qu'un pays faisait rarement d'assez belles récoltes pour disposer d'un large excédant. Le mauvais état des voies de communication était un autre empêchement. Il fallait donc se tirer d'affaire comme on pouvait ; et de là les fréquentes mentions de famines à cette époque. L'Angleterre exportait parfois de fortes quantités de grains ; vers la fin du moyen âge, cependant, la Pologne et les contrées de la Baltique commencèrent à devenir les greniers de l'Europe occidentale.

Le commerce des grains ne fut régulièrement exploité que vers le milieu de la présente période, et il n'atteignit même son plein développement que dans la période suivante. Pour lui aussi la découverte de l'Amérique fut le plus grand levier. Les capitaux et les objets d'échange se multiplièrent ; la population, de plus en plus nombreuse et aisée, surtout dans les capitales, réclama une satisfaction convenable de ses besoins. Les guerres ne purent plus s'entreprendre sans de vastes approvisionnements. Les Pays-Bas, la France et l'Espagne étaient les contrées qui importaient le plus de grains ; l'Angleterre ne s'ajouta à cette liste que plus tard. C'était la Hollande qui faisait les affaires les plus considérables de ce genre ; Amsterdam en était le principal entrepôt. Dans tous les temps la législation a soumis le commerce des grains à une surveillance et à un contrôle particuliers. Les gouvernements cherchèrent à assurer, autant que possible, aux populations le bon marché des subsistances, tantôt en interdisant complétement l'exportation des grains, tantôt en ne la permettant que sous certaines conditions. Au commencement, lorsque les relations internationales étaient bornées, ce moyen, à défaut d'une grande efficacité, n'avait rien pourtant de nuisible ; mais à mesure que les relations s'étendirent, il se trouva de plus en plus défectueux. Car, d'une part, le cultivateur cessait d'être intéressé à accroître le plus possible sa production, de l'autre, à cause des grands frais qu'occasionne le transport d'un article si encombrant, l'exportation n'était possible qu'autant que les prix du pays étaient sensiblement plus bas que ceux de l'extérieur. L'Angleterre seule suivit de bonne heure un autre système et permit l'exportation des grains. Une agriculture florissante fut le résultat de cette sage législation. Mais, lorsque l'accroissement rapide de la population et l'essor de l'industrie manufacturière, depuis le milieu du dix-huitième siècle, absorbèrent la totalité des grains du pays, et que par suite les prix haussèrent, l'Angleterre se jeta dans un système opposé ; elle repoussa, soit par des prohibitions formelles, soit par des droits prohibitifs, les grains de l'étranger, tant que les prix n'atteignaient pas un certain taux très-élevé. Plusieurs États européens suivirent l'exemple donné par l'Angleterre et déterminèrent ainsi un mouvement d'affaires des plus intéressants. Nous aurons à traiter ce sujet dans la période contemporaine, où les céréales des provinces russes de la mer Noire et des pays du bas Danube apparaîtront sur le marché du monde.

Il reste, en matière d'agriculture, à mentionner un don précieux de l'Ancien Monde au Nouveau, la pomme de terre. On fait honneur à plusieurs de son introduction en Europe ; toujours est-il qu'on la doit à un Anglais, que ce soit John Hawkins en 1545, Francis Drake en 1573, ou Walter Raleigh en 1586. Longtemps ce tubercule fut considéré comme une friandise, et cultivé seulement dans les jardins. Il ne devint un aliment populaire qu'à partir du milieu du dix-huitième siècle, où sa culture eut lieu principalement en Irlande et en Écosse. De là il se répandit sur le continent (1), et il a même été naturalisé avec succès, du moins à une certaine élévation, dans les Indes orientales, à Java et en Chine. La pomme de terre, comme denrée qui remplace le blé, forme un objet considérable du commerce intérieur; convertie en spiritueux par la distillation, elle n'est pas sans importance non plus pour le commerce extérieur.

(1) N'oublions pas le nom de Parmentier qui l'a introduit en France.

H. R.

D'autres produits bruts dont l'importance est toujours croissante dans le commerce international, ce sont les bois à construire et le fer. Ils permirent au nord-est de l'Europe de prendre part aux richesses de l'Amérique que l'ouest puisait à la source. Car l'ouest manquait des matériaux de construction indispensables pour la navigation transatlantique, base de sa nouvelle puissance. Vers l'an 1740, l'Angleterre tirait encore de Suède les deux tiers du fer nécessaire à sa consommation. Pour le cuivre aussi, dont aujourd'hui elle abonde, l'Angleterre dépendait de l'étranger. Elle ne régnait sur les marchés étrangers que pour l'étain, sa plus ancienne richesse métallique. La houille était, depuis une époque fort reculée, employée en Angleterre comme combustible, mais la consommation en était bornée aux lieux de production, et une extraction restreinte était loin de faire pressentir les proportions colossales que l'exploitation des houillères a prises de nos jours. Le sel demeura une branche importante du commerce international, principalement par la voie de mer, malgré le monopole dont il était l'objet dans la plupart des Etats. Le mercure était envoyé d'Europe en Amérique, où les mines du Mexique en faisaient usage.

Quelque incontestables qu'aient été les progrès de l'industrie dans la présente période sous le rapport des quantités produites, elle n'y atteignit pas cependant, à beaucoup près, un assez haut degré pour qu'il puisse être déjà question de la suprématie industrielle de l'Europe, comme de sa suprématie commerciale. Elle était généralement comprimée sous le régime uniforme de corporations qui ne pouvaient ni ne devaient rien produire en dehors de leur étroite sphère. Ce n'est que vers le milieu du dernier siècle qu'on aperçoit les symptômes de la crise qui doit complétement transformer l'industrie par l'établissement du système manufacturier, par l'abolition des entraves locales, et en faire une véritable puissance. Déjà sur divers points quelques tentatives avaient eu lieu dans ce but, notamment sous l'administration de Colbert en France ; mais des résultats durables et satisfaisants dépen-

II.　　　　　　　　　　　　　　　　　　　　8

daient de tout autres conditions que le génie d'un homme d'Etat en avant de son époque. Le vaste domaine des inventions mécaniques, physiques et chimiques devait auparavant s'ouvrir ; la broche d'Arkwright, le métier à tisser de Jacquard et la machine à vapeur de Watt devaient fournir d'abord des moyens de production d'une nature et d'une puissance inconnues.

Nous ne voulons pas anticiper ici sur des faits qui doivent être retracés plus tard et former la base de l'histoire contemporaine. Il n'est pas non plus dans notre mission, qui autrement n'aurait point de bornes, de donner à l'industrie manufacturière plus d'attention que n'en comportent ses rapports directs avec le commerce. Quelques données générales suffiront ici d'autant mieux qu'à l'occasion des différents peuples les détails seront accusés, s'il y a lieu.

Au moment où s'ouvrit la présente période, les Pays-Bas étaient sans contredit, de toutes les contrées de l'Europe, celle qui exerçait l'industrie sur la plus grande échelle. Cette industrie travaillait en quelque sorte pour l'étranger plus que pour le pays, et fournissait un produit dont la demande était également forte dans tous les pays civilisés et dans toutes les classes de la population. Les Pays-Bas occupaient ainsi le premier rang par leurs tissus de laine, puis venaient l'Italie pour ses étoffes de soie, ses verreries et ses articles de luxe, et l'Allemagne pour ses toiles, pour sa mercerie et sa quincaillerie. Tels étaient les principaux objets fabriqués qui figuraient dans le commerce international au moyen âge. Il va sans dire que les industries les plus diverses concouraient à la satisfaction des besoins locaux. L'industrie était domestique comme le tissage de la toile, ou organisée en jurandes et corporations, soit que les corporations comptassent des milliers de membres, comme en Flandre et en Italie, ou seulement une douzaine, comme dans telle petite ville d'Allemagne. Le travail était manuel. Des priviléges exclusifs interdisaient toute combinaison industrielle qui ne rentrait pas expressément dans le droit de la corporation ; la division du travail ne pouvait se développer que très-imparfaitement, et il était difficile de produire à la fois beaucoup et à bon marché. Aussi la vente était-elle relativement peu considérable, et l'Europe ne pouvait-elle songer nullement à solder avec les produits de son industrie ses achats aux autres parties du monde, et à l'Inde particulièrement. En effet, ce que les Italiens vendaient aux Mamelouks était insignifiant, et, à part le drap, consistait surtout en produits du sol.

En considérant l'état de l'industrie européenne dans la présente période, on reconnaît que son importance dans les échanges internationaux n'était pas en rapport avec les progrès du commerce et de la navigation. Sans la découverte des métaux précieux en Amérique, le commerce de l'Inde, immensément accru, aurait, plus que jamais, offert une balance défavorable à l'Europe, qui importait alors de cette contrée des masses de produits fabriqués. N'oublions pas que l'industrie ne nous intéresse ici qu'en tant qu'elle joue un rôle dans les relations internationales, dans le commerce de l'univers. Car qui pourrait mettre en question son vigoureux développement dans certains pays, au point de vue de la consommation intérieure? Qui pourrait nier que, par suite des encouragements donnés à l'intérêt personnel et des avantages assurés à la fortune mobilière, la classe industrielle sut se créer, à côté de la propriété foncière, une importance sociale toujours croissante? Tel fut le résultat naturel de la politique des grands États, de leur système de monopole national et de protection du travail indigène, excluant, autant que possible, toute concurrence étrangère. Il s'agissait avant tout d'assurer, par des droits prohibitifs, le marché intérieur aux manufactures du pays. On imagina, à cet effet, tout un système dont il a déjà été question (section II du présent chapitre), système qui, en définitive, donna une industrie à des contrées qui auparavant en étaient tout à fait ou à peu près dépourvues, par exemple, à l'Angleterre et à la France. On conçoit, du reste, que le système prohibitif n'y aurait pas suffi, si les événements n'avaient pas élevé politiquement ces contrées aux dépens de celles qui les avaient précédées dans la même voie, c'est-à-dire de l'Italie, de l'Allemagne et des Pays-Bas. Nous n'avons pas mission ici d'apprécier si le système prohibitif a eu pour la prospérité générale de bons ou de mauvais résultats, d'autant moins que l'histoire contemporaine nous offrira une meilleure occasion d'aborder ce sujet. Nous devons néanmoins signaler ce fait que, sous l'influence de ce système, le commerce a été relativement moins actif dans la présente période qu'à l'époque où il jouissait d'une entière liberté sur les marchés de la Flandre et du Brabant et pouvait opérer les échanges entre le Nord et le Midi, entre l'Orient et l'Occident, sans recourir à la contrebande. Chaque pays excluait les produits fabriqués des autres. L'Angleterre voulant fabriquer des étoffes de soie comme l'Italie et des toiles comme l'Allemagne, la France des draps et des ouvrages en métaux comme les Pays-Bas, on suppléait au défaut de vocation naturelle par les moyens artificiels de la législation (1). •

Toutefois, cette éducation de l'industrie nationale n'avança que très-lentement. On avait quelque peine à approvisionner le marché intérieur, y compris les colonies auxquelles était destinée la majeure partie de l'exportation. On ne voit plus sur les marchés étrangers que des articles pour lesquels certains pays particulièrement doués ou produisant la matière première, possédaient une habileté et une expérience traditionnelles ; tels étaient les lainages d'Angleterre, les soieries et les objets de luxe de France. Les Hollandais, fidèles au principe de la liberté commerciale, abandonnèrent à elles-mêmes leurs manufactures, qui continuèrent à fleurir tant que la république conserva sa prépondérance dans le commerce et la navigation. On peut opposer cet exemple à ceux

---

(1) Ainsi, suivant l'auteur, l'industrie des draps pour la France, et celle des toiles pour l'Angleterre, seraient des industries factices. Quel paradoxe! pour de telles fabrications, certes, la législation, loin de forcer les vocations de ces pays, ne faisait que les aider à développer leurs aptitudes naturelles

H. R.

qui cherchent l'origine de la suprématie industrielle de l'Angleterre dans le système prohibitif et dans l'acte de navigation (1).

L'industrie européenne, dans la présente période, se servait principalement de matières brutes indigènes, au premier rang desquelles se plaçait la laine ; parmi les produits coloniaux, elle n'employa dès le commencement que les substances tinctoriales. Les Arabes avaient déjà naturalisé le coton en Espagne, et, plus tard, les Italiens en avaient importé d'Egypte. On le mettait en œuvre à Séville et à Barcelone, à Milan et à Venise, et même à Gand et à Bruges. Toutefois, la cherté de cette matière faisait obstacle à un accroissement sensible de sa fabrication ; les étoffes de coton satisfaisaient le luxe des riches plutôt que les besoins des classes inférieures. Elles baissèrent de prix, il est vrai, après l'ouverture de la route maritime de l'Inde ; mais ce fut au profit, non de l'industrie européenne, mais du commerce, qui importa de l'Inde, en grandes quantités, des mousselines, des nankins et d'autres tissus. On commença depuis lors à s'habituer aux vêtements en coton, ce qui suggéra à l'Angleterre, la première, l'idée d'importer et de fabriquer cette matière pour sa consommation ; elle continua, du reste, à vendre à l'étranger les cotonnades de l'Inde. Cette idée contenait en germe la suprématie manufacturière de l'empire britannique. Les progrès de la nouvelle industrie furent, il est vrai, très-lents jusqu'à la fin de la période ; mais elle prit un essor gigantesque lorsque la culture du coton fut introduite dans les États méridionaux de l'Union américaine et que les quantités produites s'accrurent en même temps que les prix diminuaient.

L'industrie européenne ne pouvait alors figurer que pour

(1) Cet exemple ne prouve rien, ou du moins il prouve tout simplement que par la liberté commerciale on peut conserver, dans des conditions d'ailleurs favorables, une supériorité manufacturière depuis longtemps acquise. M. Scherer vient de dire tout à l'heure que c'est le système protecteur qui a créé l'industrie anglaise ; entre les préjugés d'une théorie incomplète et la rectitude naturelle de son sens historique, il tombe plus d'une fois dans des contradictions regrettables.   H. R.

une part secondaire dans le commerce de l'univers par une
autre raison, c'est qu'elle ne produisait ni à bon marché, ni
abondamment. L'Asie vendait à l'Europe plus de produits fabriqués que l'Europe à l'Asie, et les débouchés que l'Europe
s'était ouverts par la traite des noirs en Afrique, et par la loi
de contrainte dans ses colonies transatlantiques, ne sauraient se
comparer au contingent énorme des manufactures européennes dans le commerce international d'aujourd'hui. Existait-il
d'ailleurs, même en Angleterre, jusqu'au milieu du dix-huitième siècle, une manufacture dans le sens que nous attachons
à ce mot ? Le système des jurandes paralysait encore cette séparation, et par suite aussi cette multiplication des forces productives, qui est le ressort de l'industrie moderne. Le travail
manuel, dans lequel l'Européen ne pouvait lutter avec l'In-
dou, ni avec le Chinois, pour l'adresse ou pour le bon marché,
était toujours prédominant. Les machines seules ont donné à
l'industrie européenne son incontestable supériorité ; ce n'est
que par leur assistance qu'elle règne aujourd'hui sur tous les
marchés du globe. Bien que quelques phénomènes de la révolution industrielle se soient produits dans la présente période, c'est la suivante qui offre le plein développement de
ses résultats extraordinaires, et nous devons, par conséquent,
en réserver le tableau pour l'histoire de cette dernière.

X

Si les découvertes faites dans les régions glacées du Nord
n'atteignirent pas leur véritable but, qui était l'ouverture
d'une route vers l'Inde, elles ne restèrent pas, néanmoins, stériles pour le commerce. La grande pêche leur doit son développement et sa prospérité ; c'est par elles que la pêche de la
baleine est devenue une industrie considérable et lucrative.
Il n'est pas douteux qu'à une époque fort reculée les Normands firent la chasse à cet énorme cétacé, dont les peuples
septentrionaux connurent de tout temps les propriétés utiles,
comme on le voit par le comptoir anséatique de Bergen. On

sait aussi que les Basques exploitaient régulièrement la pêche de la baleine dans un but commercial. Les traces s'en retrouvent jusqu'au treizième siècle, et un tarif de douane du règne d'Édouard III d'Angleterre, en 1388, mentionne expressément l'importation de l'huile de baleine. La pêche était alors très-facile ; les baleines, poursuivant les harengs, pénétraient jusqu'aux côtes du nord de l'Espagne, et les Basques, d'ailleurs excellents marins, n'avaient à affronter, pour les prendre, ni fatigues ni dangers extraordinaires. Elles étaient, du reste, petites et médiocrement riches en huile. Leur chair servait de nourriture ; mais on recherchait surtout leurs fanons, qui étaient employés à divers usages. Plus tard, les Français des environs de la Rochelle participèrent à cette pêche avec les Basques. Mais, vers la fin du quatorzième siècle, elle avait beaucoup perdu de son importance, parce que les baleines, instruites du danger qui les menaçait, ne quittaient plus le Nord, et que, dans l'état où se trouvait alors la navigation, peu de marins osaient les y aller chercher.

La baleine était ainsi devenue très-rare comme article de commerce, quand les Hollandais et les Anglais en approvisionnèrent de nouveau les marchés. L'avis que Barentz avait rencontré un nombre prodigieux de ces poissons, lorsqu'il fit en 1596 la découverte du Spitzberg, ne fut pas négligé par le commerce entreprenant de cette époque ; des flottilles furent équipées, et comme matelots, surtout comme harponniers, on engagea en grande partie des Basques, toujours en possession, à ce qu'il paraît, de leur ancienne renommée. Les Hollandais et les Anglais, cherchant à s'exclure les uns les autres, ne tardèrent pas à en venir à des contestations et même à des conflits sanglants. Après avoir reconnu qu'il y avait place pour deux, on se réconcilia, on admit même tous les concurrents ; seulement, afin de prévenir des empiétements, on partagea le Spitzberg et la mer voisine en plusieurs districts, qui furent répartis entre les Anglais, les Hollandais, les Français, les Danois, etc.

Les Hollandais l'emportèrent sur tous leurs rivaux dans

la pêche, comme dans la plupart des industries. Ils fondèrent
à cet effet dans l'île de Spitzberg, à onze degrés du pôle
nord, un établissement appelé Schmerenberg. C'était le lieu
de rendez-vous des baleiniers et des chasseurs de phoques ;
on y trouvait les appareils nécessaires pour fondre la graisse,
pour préparer les fanons et la peau, ainsi que des magasins
largement approvisionnés en tout genre. La colonie offrait
l'aspect d'un grand village ; les maisons y arrivaient toutes
faites d'Amsterdam, il n'y avait qu'à en joindre les pièces.
Durant la saison de la pêche, ce district boréal était animé
comme une foire. La pêche avait d'abord été attribuée à une
compagnie, dont le privilége date de 1614 ; mais bientôt, en
1642, par une politique plus sage, on l'abandonna à l'industrie privée, et elle prit alors un magnifique développement.
Vers l'an 1680, elle n'occupait pas moins de 200 navires avec
14,000 matelots, et l'huile était si abondante qu'il fallait
faire venir sur lest de la Hollande des navires supplémentaires
pour la transporter. La plus stricte économie présidait aux
armements, et l'équipage, ainsi que le capitaine, avait droit
à une part du bénéfice. C'était le seul moyen d'assurer le
succès de ces périlleuses et rudes entreprises.

L'importance reconnue de la grande pêche, non-seulement
pour le commerce, mais plus encore peut-être pour la navigation et pour la formation de marins, décida les autres
peuples maritimes à y prendre part ; mais, généralement dépourvus de l'expérience et surtout de l'économie des Hollandais, ils n'y recueillirent que peu ou point de profit, et les
gouvernements se virent obligés d'encourager la pêche par
des primes. Ainsi l'Angleterre accorda, en 1732, 20 schellings par tonneau pour chaque bâtiment de plus de 200 tonneaux, et éleva plus tard cette prime à 30 schellings, de sorte
que de 1750 à 1788 elle n'aurait pas payé moins de 1,577,935
livres sterling, sans obtenir de résultats en rapport avec cette
dépense. La France et d'autres Etats adoptèrent ce système
de primes qu'ils ont en partie continué jusqu'à nos jours. Ce
système était dans l'esprit d'une époque qui aimait l'interven-

tion directe du gouvernement dans le commerce, et fit surgir ainsi beaucoup de créations factices dont nous supportons encore les inconvénients. L'intérêt que présente la pêche comme école de marins est loin même de justifier de si grands sacrifices (1). On ne put pas, quoi qu'on ait dit, enlever aux Hollandais leur supériorité. Les établissements du Spitzberg dépérirent, il est vrai, et les baleines, de plus en plus inquiétées, se retirèrent dans les glaces du Groënland. Mais les intrépides baleiniers les poursuivirent dans ces parages, et la grandeur commerciale des Hollandais était depuis longtemps éclipsée que leur pêche continuait de fleurir. Elle ne fut ruinée que par suite des guerres de la Révolution française, pendant lesquelles l'Angleterre saisit une occasion favorable d'attirer à elle les pêcheurs avec leur capital et leur expérience.

Des tentatives récentes de la Hollande pour reprendre cette ancienne industrie nationale n'ont pas été couronnées de succès. Indépendamment de l'Angleterre, les seuls pays qui se livrent en grand à la pêche de la baleine sont la France, à la faveur de primes élevées, les villes anséatiques et les États-Unis (2). Les Américains se distinguaient déjà par l'étendue et la hardiesse de leurs voyages quand ils n'étaient que des colons anglais. L'État de Massachusetts à lui seul arma, en 1775, plus de 250 navires jaugeant 25,000 tonneaux, et le génie maritime de la jeune nation a dû pour une bonne part à la pêche son prodigieux développement.

D'autres pêches que celles de la baleine offraient de très-brillants profits dans les mers du nord de l'Amérique. Les détroits et les baies de la mer d'Hudson, l'embouchure du Saint-Laurent, les côtes du Nouveau-Brunswick, de la Nouvelle-Écosse, et de l'île de Terre-Neuve, furent reconnus, dès l'époque de leur découverte, extrêmement riches en maquereaux, en morues et en phoques, et assidûment visités par les

(1) Nous faisons, bien entendu, nos réserves sur cette opinion de l'auteur.
                                                                    H. R.
(2) Les Etats-Unis aussi, jusqu'à présent, avec des primes.   H. R.

Espagnols, par les Anglais et par les Français. De bonne
heure les colonies de la Nouvelle-Angleterre prirent à la
pêche de ces parages la part la plus active. Le commerce en
retira des profits plus considérables et plus sûrs que de la
pêche de la baleine, et la navigation ne s'en trouva pas moins
bien. Les pêcheries d'Amérique furent la grande école maritime, et les matelots qu'elles avaient formés menèrent de victoire en victoire les flottes de la Hollande et de l'Angleterre. Si
l'on considère, en outre, la pêche faite dans les eaux de l'Europe, notamment celle du hareng, du thon, des sardines, de
l'anguille, et que l'on calcule le nombre des navires employés,
leur tonnage, leurs équipages, et les valeurs énormes que le
tout représente, on verra dans la pêche une industrie nationale,
qui le cède à peine, pour l'importance, à l'agriculture et à
l'industrie manufacturière, et qui mérite pleinement la sollicitude et la faveur extraordinaires dont elle a toujours été
l'objet de la part des gouvernements éclairés. La découverte
du Nouveau Monde en ayant fait une affaire internationale
de locale qu'elle était auparavant, il y avait lieu de la mentionner avec quelque étendue dans le présent *Aperçu général.*

XI

Nous avons vu comment, au milieu de l'anarchie du
moyen âge, le commerce avait eu à lutter pour son existence
et pour sa sûreté, comment les ligues rhénane et souabe, et la
Hanse elle-même, n'avaient pas eu dans l'origine d'autre
objet qu'une défense en commun contre la violence et l'oppression. Le marchand était obligé de voyager l'épée à la
main, et souvent le navire de commerce dut se métamor-
phoser en un bâtiment de guerre. C'était dans le commerce
extérieur surtout que régnait l'arbitraire le plus révoltant; la
personne et les biens de l'étranger étaient considérés comme
une proie légitime, aucun traité ne réglant les relations paci-

fiques de deux peuples entre eux. La Hanse, toutefois, améliora sensiblement cet état de choses, surtout en matière de navigation et de commerce maritime, moins du reste par des traités que par l'ascendant de sa supériorité maritime, et, au besoin, même par la force des armes.

Lorsque de grands royaumes se formèrent, que la séparation des classes eut cessé et que les cent têtes de la féodalité furent obligées de se courber sous la volonté absolue d'un monarque, lorsque par suite, on l'a déjà établi avec détail, le commerce fut devenu un intérêt de l'Etat et que son importance dans l'économie nationale eut été reconnue, alors seulement les échanges internationaux purent être placés sur la base solide du droit (1). On conclut des traités, dans lesquels la protection et la sûreté du commerce, de la personne et des biens des sujets respectifs trafiquant dans l'un et dans l'autre pays, étaient expressément stipulées. Cependant l'abolition d'injustices et d'abus séculaires ne s'opéra que lentement. Le droit d'aubaine, qui refusait à l'étranger décédant en France la faculté de tester, et attribuait toute sa fortune au roi, subsista jusqu'à la fin du dix-huitième siècle. Après la chute de la Hanse, en Angleterre, on recommença à rendre les étrangers responsables des dettes contractées par leurs compatriotes et à leur imposer, tant à l'exportation qu'à l'importation, des droits plus élevés qu'aux nationaux. Les naufrages, encore au siècle dernier, donnaient lieu à de véritables brigandages. Enfin les droits de transit, par terre et par eau, étaient soumis à l'arbitraire de la cupidité.

En dernière analyse, cependant, on peut dire qu'à la fin de la période le commerce international jouissait dans les pays civilisés, sauf le cas de guerre, d'une sûreté réciproquement garantie d'après des maximes de droit uniformes. Aujourd'hui que tous les gouvernements sont d'accord pour considérer la sûreté des propriétés et des personnes comme le fondement de la société civile, ce n'est guère qu'avec des pays barbares qu'il

---

(1) Voir sect. IV du présent *Aperçu*.

pourrait être nécessaire de conclure des traités à l'effet de la garantir.

Mais, indépendamment de ces traités alors indispensables et avantageux, l'esprit d'exclusion et de monopole qui inspirait la politique commerciale de cette époque en provoqua d'autres qu'on ne saurait qualifier d'indispensables, ni surtout d'avantageux. On chercha dans les traités des moyens de faire prospérer le négoce d'un pays aux dépens de celui de l'autre, et depuis le dix-septième siècle jusqu'à nos jours les diplomates commerciaux ont rivalisé de ruse ou de violence pour atteindre un pareil but. L'Angleterre surtout se distingua à cet égard. Aussi les traités sont-ils remplis de droits différentiels à l'importation et à l'exportation, ainsi que de priviléges pour les navires appartenant à tel ou tel pays. L'art du négociateur consistait à trouver les combinaisons les plus avantageuses. Il fallait qu'il réussît à établir le tarif de telle sorte que les industries dans lesquelles son pays était en arrière, fussent favorisées et soutenues, et celles où l'autre partie l'emportait, grevées et amoindries. On ne songeait nullement à établir une équitable réciprocité. Mieux le diplomate avait réussi à échapper à cette réciprocité, à léser l'autre partie, à extorquer des priviléges à sa faiblesse ou à son ignorance, plus on appréciait son talent ; aussi, pour lui faire honneur, attachait-on quelquefois son nom au traité qu'il avait conclu ; le traité de Méthuen est à cet égard l'exemple le plus fameux. Ces sortes de traités ont souvent donné au commerce une direction artificielle, ils lui ont retiré ou diminué ce qui fait sa vie, la liberté, et ils ont occasionné des contestations, des représailles et jusqu'à des guerres, sans procurer d'avantage durable à aucune des parties contractantes, pas même à celle qui en apparence était favorisée (1). C'est ce que plusieurs nous fourniront l'occasion de prouver.

---

(1) Pour quelques traités qui méritent le blâme de l'auteur, il y en a eu un grand nombre, surtout, il est vrai, dans notre siècle, dont les stipulations spéciales ont été avantageuses aux deux parties, et ont utilement abaissé des barrières.   H. R.

Comme sur le métier à tisser les fils de la chaîne circulent d'un bout à l'autre du dessin le plus riche, comme, sans être toujours apparents, ils ne manquent néanmoins nulle part et soutiennent tout le tissu, de même, dans les monographies ci-après des peuples qui vont figurer sur la scène de l'histoire du commerce, les vues générales de cet *Aperçu* offriront au lecteur, pour toutes les époques et pour tous les pays, un support toujours présent, et résumeront la pensée de tout l'ouvrage.

PRINCIPAUX PEUPLES COMMERÇANTS.

I. — Les Portugais.

I

Le nom de ce peuple rayonne avec d'autant plus d'éclat, que l'obscurité dont il sortit tout à coup avait été plus profonde. Le peu que l'on sait de son commerce antérieur a trouvé place dans l'*Aperçu* qui sert d'introduction au moyen âge. La situation du Portugal le destinait surtout à la navigation ; à l'extrémité de l'Europe occidentale, il avait pour mission naturelle d'accomplir ce que le monde pressentait depuis des siècles, et ce que la science avait peu à peu démontré. Ce sera pour lui une gloire immortelle d'avoir compris cette mission et d'avoir consommé ce grand œuvre avec autant de persévérance que d'enthousiasme. S'il n'en a lui-même recueilli que des avantages temporaires, et si sa décadence a suivi de près son élévation, ses découvertes ont, du moins, profité au genre humain, et elles ont déterminé dans le monde une révolution dont les suites sont incalculables. Un peuple à qui l'on doit un événement de cette portée universelle, a sa place d'honneur marquée dans quelque histoire que ce soit.

Le Portugal eut, à cette époque, le bonheur d'être gouverné par une suite de princes qui se trouvèrent à la hauteur de la grande tâche à remplir, et qui s'y vouèrent tout entiers. Ce fut, comme on l'a appelé avec raison, l'âge d'or du Portugal. Il commença avec Jean Ier en 1412 et finit avec don Sébastien en 1580. Un prince tel que Henri le Navigateur n'est pas au-dessous de Colomb ; il a même l'avantage d'avoir frayé la voie ; sans lui l'homme qui découvrit la quatrième partie du monde ne serait pas venu sitôt. On ne s'étonnera pas du caractère aventureux et romanesque des premiers voyages de découverte entrepris par les Portugais et par les Espagnols ; on se gardera de les comparer aux expéditions régulières des temps postérieurs. Alors qu'on n'avait pas encore de but à atteindre dans l'ouest par delà les mers, ces sortes d'entreprises ne pouvaient être, pour la plupart des esprits, rien de plus que des aventures. Pour courir ces aventures, il fallait une imagination excitée, cet élan chevaleresque et cette foi vive que la lutte avec les Maures avait développés dans la Péninsule à un plus haut degré que partout ailleurs. L'élément roman catholique était destiné à conquérir, l'élément germanique protestant à organiser la conquête.

Nous commençons ici l'histoire du commerce des Portugais à l'avénement d'Emmanuel le Grand, en 1495. Il mérita ce surnom, moins par de grandes guerres et par des victoires, que par la conviction inébranlable avec laquelle, dominant les préjugés que les expéditions maritimes et les voyages de découverte rencontraient autour de lui, il poursuivit ce qui était à ses yeux l'intérêt de son royaume, par le rare discernement avec lequel il sut découvrir les hommes propres à l'exécution de ses desseins. Toute crainte de conflit avec l'Espagne, qui poursuivait des plans analogues, avait été dissipée par la décision pontificale, qui partageait entre les deux États, d'après des bases géographiques, les pays à découvrir. Dès les premières années de son règne, Emmanuel atteignit le but dont son prédécesseur s'était peu à peu rapproché. Vasco de Gama effectua le trajet maritime de l'Inde et aborda, le 18 mai 1498, à la côte de Malabar.

Le roi Emmanuel reconnut aussitôt toute la portée de l'événement, et il l'exprima dans le nouveau titre qu'il prit, de *maître de la navigation et du commerce de l'Afrique, de l'Ara-*

bie, de la Perse et de l'Inde. Tous les doutes, tous les scrupules, tous les préjugés qui subsistaient s'inclinèrent devant
le fait accompli; le pays tout entier se précipita avec la passion méridionale dans la voie nouvelle, où chacun espérait
recueillir gloire et richesse. Une noblesse nombreuse regarda
comme une honte de ne pas avoir gagné ses éperons en
Afrique ou dans l'Inde. Sur un signe du roi elle était prête
aux derniers sacrifices. Les anoblissements, les ordres de
chevalerie, les brillantes récompenses conférées par le prince,
enflammèrent l'ambition, en même temps que l'amour du
gain. L'Église apporta son concours : elle voyait dans la lutte
avec les infidèles une œuvre sainte, et promettait la bénédic-
tion du ciel. Comment s'étonner qu'au milieu de tant d'ex-
citations ce petit pays fut saisi d'un enthousiasme qui, dans
son premier élan, renversa tout devant lui, en se laissant aller
malheureusement à une exagération funeste?

L'histoire du commerce des Portugais pendant le seizième
siècle, se borne, en conséquence, à peu près à leurs possessions de l'Inde et au marché de Lisbonne, d'où les produits
de l'Inde s'écoulent dans le reste de l'Europe. Il est presque
exclusivement extérieur; du commerce intérieur il n'y a rien,
ou peu de chose à dire.

Dans l'*Aperçu général* on a mentionné, section I, les principales découvertes des Portugais en Afrique et en Asie; puis,
section V, les causes politiques qui, par suite de la situation
des États européens à cette époque, leur ont laissé si longtemps le monopole du commerce de l'Inde. Quelque favorables que fussent les circonstances, elles n'auraient pas suffi
sans la valeur intrinsèque des hommes. La domination
coloniale des Portugais dure peu et elle finit tristement; mais,
tant qu'elle est florissante, des hommes éminents jettent sur
elle un vif éclat.

La plus grande partie de la côte de Malabar, à laquelle
aborda le premier navire européen, était gouvernée par un des
puissants princes de l'Inde, qui portait le nom de Zamorin.
Il n'y avait pas plus de 160 hommes sur les quatre petits

bâtiments qui composaient la flottille de Gama. Avec ce peu de forces, il n'était pas possible de conquérir des empires dans l'Inde, d'autant moins qu'on avait affaire non-seulement aux indigènes, mais aux Mahométans, fixés dans le pays depuis le temps des Arabes, lesquels, en possession du commerce extérieur, reconnurent aussitôt des rivaux et des ennemis naturels dans ces arrivants de l'ouest, dont la visite était inattendue. Les Portugais, se servant de l'entremise d'un Maure de Tunis, nommé Mouzaïde, furent d'abord accueillis très-amicalement par le Zamorin ; il se montra même disposé à conclure avec leur grand monarque un traité de commerce et d'alliance. Naturellement les Mahométans intriguèrent, et leur influence depuis longtemps établie décida le Zamorin à rompre toute relation avec les Portugais, comme avec des gens suspects de piraterie, et même à les persécuter. Gama fut obligé de retourner à Lisbonne, sans avoir pris pied dans le pays. Dans l'enthousiasme pour l'Inde, qui animait toutes les classes, il fut facile, dès l'année suivante, en 1500, de faire partir une expédition plus considérable. Elle se composait de treize navires montés par 1,500 hommes, sous le commandement d'Alvarez Cabral. Cabral reçut la mission expresse de fonder pacifiquement, ou si ce n'était pas possible, par la force des armes, un établissement à Calicut. Bien qu'il eût perdu par la tempête et par divers accidents la moitié de sa flotte, il réussit à conclure avec le Zamorin un traité qui permit aux Portugais de trafiquer librement dans toute l'étendue de son royaume et d'y établir des magasins. Il leur fut de plus concédé un vaste bâtiment à Calicut, pour servir d'habitation à leur facteur.

Mais la bonne intelligence ne fut pas de longue durée. Les Mahométans semèrent la défiance ; le facteur portugais Correa se permit des actes de violence, que le Zamorin, appuyé par les Arabes, ne laissa pas impunis. La factorerie portugaise fut attaquée, et Correa égorgé avec cinquante des siens. Cabral, de son côté, se vengea en pillant et brûlant des navires arabes dans le port, en faisant de nombreux prisonniers, et en bombardant Calicut. Il fit voile ensuite pour Cochin, à trente milles au-dessus de cette place. Ce fut pour Cabral une heureuse circonstance que le prince qui régnait dans cette ville était ennemi du Zamorin ; il reçut de lui un bon accueil, et forma avec lui une alliance offensive et défensive, à laquelle deux autres princes de l'Inde, ceux de Culan et de Cananor, ne tardèrent pas à accéder. Cabral fut de retour à Lisbonne dans l'été de 1501, avec un chargement complet des produits les plus précieux. Ce fut dès lors à Cochin et à Cananor que les Portugais établirent leurs factoreries. Les princes de l'Inde furent religieusement fidèles à l'alliance qu'ils avaient contractée avec eux, et celui de Cochin leur permit même, en 1503, d'élever le fort Saint-Jacques, le premier que les Portugais construisirent sur le sol de l'Inde. Ce fort leur fut très-utile dans leurs luttes nouvelles avec le Zamorin. Ce dernier, tout entier aux Arabes, semblait avoir juré l'expulsion complète des étrangers. Il attaqua par terre et par mer, avec des forces supérieures, et battit les princes indigènes. La garnison portugaise n'était que de quelques centaines d'hommes et n'avait qu'un faible espoir d'être secourue par la métropole. Mais l'héroïsme suppléa chez elle au nombre. Pacheco défendit, durant toute une année, non-seulement le fort, mais le territoire de son allié, le prince de Cochin, et il obligea le Zamorin à se retirer avec de grandes pertes. Ses forces allaient s'épuiser, quand il reçut enfin du secours. Une flotte portugaise considérable parut, dans l'automne de 1504, devant Cochin, d'où elle fit voile pour Calicut, afin d'aller châtier le Zamorin dans sa capitale.

Le nom des Portugais se répandit alors dans un plus vaste rayon. La terreur de leurs armes invincibles remplit toute la côte occidentale de l'Indoustan ; les petits princes se soumirent volontairement ; les grands restèrent tranquilles et n'osèrent tenter aucune attaque. On saisit avec habileté, sur les bords du Tage, une occasion favorable. Les expéditions antérieures, livrées au hasard et dépourvues de plan, n'avaient guère été que des essais heureux. Elles n'avaient eu pour le commerce aucun résultat sérieux. Les produits de l'Inde apportés à Lisbonne n'étaient que le butin obtenu par quelques particuliers ou un tribut destiné à la cour. Heureusement l'esprit éclairé du roi Emmanuel comprit toute la portée du grand événement; d'après ces heureuses tentatives, il arrêta un plan et se proposa un but commercial, celui de faire prendre au trafic de l'Europe avec l'Inde, effectué jusque-là par l'entremise de l'Égypte et de l'Italie, la route directe par mer, et d'en assurer le monopole au Portugal. L'obstacle principal à l'accomplissement de ce dessein résidait, on l'avait reconnu, dans la jalousie et dans l'hostilité des Mahométans, qui, depuis le temps des Arabes, avaient en quelque sorte accaparé le commerce extérieur de l'Inde. A leur instigation, les indigènes avaient pris les armes et s'étaient opposés à l'établissement des Portugais. Mais ceux des mêmes indigènes qui n'étaient pas soumis à leur influence montraient de bonnes dispositions pour les Européens et ne mettaient aucune entrave à leur négoce. En présence d'un tel état de choses, il était évident que la domination commerciale des Portugais dans l'Inde ne pouvait se fonder que sur les débris de celle des Arabes. Les Arabes n'étaient plus, sans doute, animés de l'esprit guerrier de l'époque des califes et ils n'avaient pas dans l'Inde d'empire à eux; ils étaient les sujets des princes du pays. Cependant, comme on l'a vu dans la période antérieure, ils étaient depuis des siècles initiés au commerce de l'Inde, et en avaient entre les mains presque tous les débouchés. Ils faisaient la navigation depuis les golfes Arabique et Persique jusqu'à Malacca, le centre des échanges entre l'Asie orientale et l'Asie occidentale. Sur ces golfes s'élevaient Aden et Ormus, deux places importantes en relation avec l'Égypte, la Syrie et l'Asie Mineure, où ils donnaient les mains aux Italiens.

Pour s'emparer de ces places et de quelques autres, et soutenir une lutte facile à prévoir, le Portugal avait besoin de déployer de puissantes ressources et des forces militaires considérables. Heureusement tous les habitants partageaient la conviction du roi; leur dévouement et leur énergie se mirent à sa disposition pour l'exécution de ses plans, et ce fut ainsi qu'il put poser la première assise d'un empire colonial. Il fit partir en 1505 François Almeida avec une flotte de vingt-deux voiles, la plus grande qui eût été équipée jusque-là, et avec une cour brillante, comme vice-roi de l'Inde, chargé de détruire le commerce des Arabes, de faire des conquêtes et de gouverner comme un autre lui-même.

Depuis ce moment se déroule le magnifique tableau d'une histoire commerciale qui ressemble à un roman, car les faits d'armes les plus brillants et le prosélytisme religieux s'y mêlent aux spéculations mercantiles. Les succès si rapides, si extraordinaires du Portugal furent dus en grande partie aux facultés supérieures des premiers vice-rois. Almeida et Albuquerque sont deux héros, dont le nom ne périra pas. Almeida, après avoir pris possession, au nom de son pays, de la ville et du territoire de Quiloa, sur la côte orientale d'Afrique, aborda vers la fin de l'année 1505 à Cananor, exigea l'hommage du prince, et y fit bâtir une forteresse. Il se conduisit de même avec plusieurs autres petits princes de la côte de Malabar. En 1506 les Portugais s'avancèrent jusqu'à Ceylan, et obtinrent du souverain de l'île un traité, par lequel il s'obligea à leur remettre annuellement 250,000 livres de cannelle pour prix de leur protection. Ce qu'ils entendaient par ce mot, on pouvait le lire sur une colonne aux armes de leur pays, qu'ils érigèrent avec cette inscription : « Qu'ils en prenaient possession pour la couronne de Portugal. »

La soif de conquêtes que les Portugais révélèrent alors, l'insolence et la dureté qu'ils commencèrent à faire paraître, ouvrirent peu à peu les yeux aux indigènes sur le sort qui les attendait. Des révoltes éclatèrent sur différents points, et le Zamorin rassembla ce qui lui restait de forces, pour anéantir ces hardis étrangers. Mais c'était lui qui devait être anéanti; les Portugais furent partout vainqueurs, et les secours nécessaires leur arrivèrent en temps utile. Emmanuel avait créé pour l'empire indien une flotte de guerre spéciale. On ne tarda pas à en avoir besoin contre un ennemi plus puissant que ne l'avait été le Zamorin, car les Mahométans, voyant qu'il n'y avait rien à espérer pour la conservation de leur négoce des efforts de ce dernier, s'étaient adressés à l'Égypte, où on leur prêta volontiers l'oreille; les sultans mamelouks n'étaient guère moins menacés dans leurs intérêts par la diminution des droits de transit sur les marchandises de l'Inde, qu'eux-mêmes ne l'étaient par l'intrusion récente des Portugais.

Les infidèles eurent pour alliée contre le gouvernement catholique du Portugal, la république très-chrétienne de Venise. La jalousie commerciale et l'intérêt firent taire tous les scrupules religieux de Saint-Marc. Ses envoyés à Alexandrie promirent de larges subsides en argent et en bois pour la construction et l'armement de la flotte égyptienne. Au commencement de l'année 1508, cette flotte sortit du port de Suez et se dirigea sans retard vers les côtes de l'Indoustan où l'attendait Laurent, fils d'Almeida. Un combat s'engagea; les Portugais firent des prodiges, mais ils durent à la fin céder au nombre. Laurent lui-même perdit la vie; et la domination naissante du Portugal fut à la veille de périr. La nouvelle de la victoire des Egyptiens se répandit dans toute l'Inde avec la rapidité de la foudre. Le fils du vice-roi avait succombé, les invincibles Portugais avaient fui. On crut l'heure de la délivrance arrivée, partout éclatèrent des transports de joie, partout on se hâta de secouer le joug d'étrangers haïs. Pour comble de malheur, la discorde régnait parmi ces derniers. Mais il fallait une crise aussi terrible pour faire ressortir toute la vigueur du caractère d'Almeida. Il supporta la mort de son fils avec le calme antique d'un Romain, l'estimant heureux d'être mort pour son pays. Il n'eût d'autre pensée que celle de rétablir, de consolider par un acte décisif l'autorité du nom portugais; il se proposa d'arracher aux Musulmans la domination dans les mers de l'Inde et le commerce extérieur sur la terre ferme. C'était venger son fils en même temps que servir son roi. Pour un tel résultat il fut pendant quelque temps injuste, il usa même de violence envers le grand Albuquerque; mais il termina la querelle, réunit toutes les forces dispo-

nibles, et alla, en 1509, chercher la flotte ennemie, qui était à
l'ancre près de Diu. Il remporta la victoire la plus complète ; la flotte égyptienne fut dispersée, et, ce qui était le
principal, la foi dans la puissance irrésistible des Portugais
fut raffermie. Malheureusement il ne sut pas se réconcilier
avec Albuquerque ; le roi Emmanuel ayant donné raison à
celui-ci et l'ayant élevé au poste de capitaine général des
troupes de l'Inde, Almeida se démit de la dignité de vice-roi
et s'embarqua pour l'Europe. Une destinée cruelle le frappa
en chemin. Sur la côte d'Afrique où il avait pris terre, ses
gens se disputèrent avec des Cafres ; il intervint dans la querelle et fut massacré avec onze de ses compagnons.

Almeida avait ouvert la voie, Albuquerque la poursuivit
avec des succès plus éclatants encore, et l'affermissement,
ainsi que l'organisation de la puissance portugaise dans
l'Inde, fut spécialement son ouvrage. Cette puissance était
trop morcelée, elle manquait de centre et d'unité. De plus,
la cour de Lisbonne, dans son esprit ombrageux, s'alarmant
de voir un seul homme exercer l'autorité suprême sur un immense territoire, avait l'intention de former plusieurs gouvernements indépendants les uns des autres. Albuquerque
reconnut bientôt que, par suite des conflits qui s'élevaient
entre les divers commandants en chef, cette séparation ne
ferait qu'affaiblir la puissance déjà relativement faible des
Portugais, et ôterait à sa politique toute vigueur et tout ensemble. Pleinement convaincu à cet égard, fort d'ailleurs de
la pureté de ses intentions, il continua hardiment, en dépit de
la cour, à exercer la toute-puissance, et le succès ne tarda pas
à justifier la sagesse de sa résolution.

Au nord de la côte de Malabar, sur l'île de Ticuarin, séparée
du continent seulement par le grand fleuve de Mandova, et munie d'un port magnifique, s'élevait Goa, vantée pour la fertilité
de ses environs et pour la salubrité de son climat. Elle appartenait au roi du Décan et elle était réputée, avec Calicut, la
première place de toute la côte. Le fleuve qui la mettait en
communication facile avec le cœur du pays, la rendait même

comparativement préférable à Calicut. Albuquerque comprit
les avantages de çette situation, et son plan fut exécuté aussitôt
que conçu. Après un siége long et difficile, les Portugais prirent
la ville d'assaut le 25 novembre 1510. Devenue la résidence
du vice-roi, et en possession, à ce titre, de priviléges particuliers, offrant de plus au commerce et à la navigation les
facilités désirables, et par suite plus de sûreté que les autres
ports, Goa atteignit promptement une prospérité et une
splendeur extraordinaires. De simples marchands tolérés, les
Portugais étaient devenus des maîtres. Le système que suivit
depuis lors Albuquerque différait en un point de celui de son
prédécesseur. Almeida, exclusivement préoccupé de la domination maritime, n'avait pas cru qu'il fût possible de conserver des possessions continentales étendues. C'était vrai, sans
doute, pour les premiers temps ; mais, dans le nouvel état
des choses, Albuquerque avait raison de penser que, sans de
fortes positions sur le littoral, le commerce serait précaire et
l'empire de la mer chancelant. En conséquence, il s'occupa
avec activité de construire des forts et de soumettre de vastes
territoires, d'abord sur la côte de l'Indoustan, puis, les explorations et les expéditions commerciales s'étendant chaque jour
plus avant vers l'est, dans les contrées lointaines de l'autre
côté du golfe de Bengale, où il rencontra partout les traces
des Arabes.

La plus importante de ces expéditions fut dirigée sur Malacca, entrepôt du commerce maritime du sud-est de l'Asie,
où les navires du Japon, de la Chine, des Philippines, des
Moluques et des îles de la Sonde se rencontraient, comme de
nos jours à Singapore, avec ceux de l'Indoustan, de la Perse
et de l'Arabie. Albuquerque emporta la ville d'assaut, y fit
un immense butin, y bâtit une citadelle et soumit le territoire
environnant, en 1511. De là il fit occuper les Moluques par
un de ses lieutenants. La nouvelle de ces brillants succès se
répandit promptement parmi les princes du voisinage. De
tous côtés et même de la part des rois de Siam et de Pégu,
des ambassadeurs vinrent présenter des félicitations et pro-

poser des alliances politiques et commerciales. Le Zamorin de
Calicut lui-même demanda la paix et l'obtint, mais à de dures
conditions. Quelques révoltes, provoquées par les Musulmans,
furent étouffées dans leur germe et réprimées avec la dernière rigueur. Le nom portugais était généralement redouté.

Albuquerque avait à peu près réussi à enlever aux Musulmans leur monopole commercial et à le donner à ses compatriotes. Mais il voulut encore, pour assurer ce monopole, interdire totalement la mer aux Arabes, c'est-à-dire les attaquer
dans leur propre pays, fermer la mer Rouge et le golfe Persique, d'où partaient leurs navires, leur couper ainsi toute
communication avec l'Inde et les rendre eux-mêmes dépendants du commerce portugais. A cet effet, il était nécessaire
de prendre position à l'entrée de l'une et de l'autre mer. La
citadelle que, dès 1507, étant encore sous les ordres d'Almeida, il avait fait bâtir dans l'île de Socotora, près du détroit
de Bab-el-Mandeb, était insuffisante, et une autre expédition,
tentée l'année suivante contre Ormus, avait échoué. Le moment semblait arrivé de se remettre avec plus de succès en
campagne. On se dirigea contre Aden, entrepôt séculaire du
sud-ouest de l'Arabie, et l'on visait même à la conquête de la
Mecque. Mais, réunis par le danger, les Arabes opposèrent
une énergique résistance, et, en 1513, Albuquerque fut obligé
de lever le siége d'Aden. Il fut plus heureux avec Ormus.
Cette place capitula en 1515 ; il reçut le serment de fidélité
et un tribut du sultan du pays, jusque-là vassal du schah de
Perse, mit garnison dans les forts existants, en construisit de
nouveaux, agrandit la ville et fonda une factorerie qui s'empara de tout le commerce de la Perse et de l'Asie occidentale.
Ce fut le dernier de ses hauts faits. Il mourut la même année
et éprouva, avant de fermer les yeux, l'ingratitude de son souverain, qui, cédant aux basses suggestions de l'envie, l'avait
révoqué de son poste.

Les Portugais, à cette époque, étaient dans l'Inde à l'apogée
de leur puissance. Quel court espace de temps pour tant de
merveilles ! Tout le littoral, d'Ormus à Ceylan, reconnaissait

l'autorité du Portugal, qui régnait encore par delà le cap Comorin jusqu'aux Moluques, ou du moins y était partout respecté. Almeida avait posé les bases du superbe édifice qu'Albuquerque avait consolidé et achevé. On ne connut bien le mérite de ces hommes qu'après les avoir perdus. Le nom qui resplendit le plus est celui d'Albuquerque ; ce ne fut pas seulement un conquérant et un soldat, un organisateur et un administrateur habile, ce fut encore, chose rare dans l'histoire coloniale de l'Espagne et du Portugal, un homme honnête et désintéressé. Il ne se vit point l'objet de l'exécration que la population de l'Inde voua plus tard aux Portugais, et qui fut si utile aux Hollandais. Bien au contraire, les habitants de Goa, opprimés par les gouverneurs qui vinrent après lui, allaient au tombeau de cet homme généreux, prier ses mânes de les protéger contre tant d'injustice. La domination portugaise disposa ensuite de plus grandes forces, en particulier sur mer, et elle s'étendit jusqu'à la Chine et au Japon, mais elle n'ajouta certainement rien à sa renommée. Les vice-rois, faibles et incapables pour la plupart, qui se succédèrent rapidement, après une courte administration, n'inspirèrent plus l'admiration par leurs qualités personnelles, ni par la hardiesse de leurs entreprises. Les vertus héroïques qui seules avaient soutenu ce colossal édifice, commencèrent à s'obscurcir. Les exactions, les rapines et, depuis l'introduction des Jésuites et de l'inquisition en 1512, un fanatisme intolérant et des persécutions cruelles, remplacèrent le noble enthousiasme pour la patrie, l'honneur et la religion, et minèrent une domination dont les bases étaient beaucoup plus morales que matérielles. Pour des possessions si vastes et si éloignées les unes des autres, les ressources matérielles mêmes ne pouvaient pas suffire à la longue. La mère patrie n'était pas assez peuplée pour alimenter indéfiniment l'immigration. Beaucoup de colons succombaient au climat, et les Portugais nés dans l'Inde étaient pour la plupart des hommes débiles et impropres à la guerre. Naturellement, la chute ne fut pas soudaine ; la crainte demeura longtemps chez les tribus de l'Inde plus forte que la haine ; divisées par d'éternelles inimitiés, elles furent alors, comme aujourd'hui, incapables de s'unir. C'est ce qui, avec la vigoureuse défense du gouverneur Atéida, fit échouer, en 1571, un complot qui avait pour but l'expulsion et l'extermination des Portugais. La réunion du Portugal à l'Espagne contribua à accélérer la décadence. Bien que les Indes orientales fussent pour l'Espagne un accroissement de puissance extraordinaire, le cabinet de Madrid était beaucoup trop occupé de l'or et de l'argent de l'Amérique, pour apprécier tous les avantages du commerce de l'Inde; de plus, la politique lui conseilla de ne pas donner trop de soins à des possessions dont le souvenir ne pouvait qu'entretenir l'orgueil de ses ennemis et les pousser à des révoltes pour recouvrer leur indépendance. Ce fut la domination espagnole qui attira les Hollandais dans l'Inde, devenue ainsi l'un des théâtres de leur grande lutte pour la défense de leur liberté. Ce choc du dehors fit éclater une catastrophe depuis longtemps préparée. L'Espagne perdit en Asie plus encore qu'en Europe, et le Portugal, reconstitué en État distinct, ne sauva de son ancienne grandeur que de misérables débris.

II

L'empire des Portugais dans les mers de l'Inde, à l'époque où il échut à l'Espagne, comprenait les possessions suivantes : sur la côte sud-est d'Afrique, Sofala, le Monomotapa, Mozambique, Quiloa, Mélinde, avec l'île de Socotora ; à l'entrée du golfe Persique, l'île et la ville d'Ormus, à cinq milles environ de la terre ferme, où les Portugais possédaient une citadelle et une factorerie, et avaient le sultan pour vassal. Les îles de Bahreïn, situées dans le même golfe, obéissaient aussi au vice-roi de Goa, ainsi que Mascate avec un excellent port, dans l'Arabie Heureuse ; la côte de l'Indoustan, depuis le golfe de Cambaye jusqu'au cap Comorin, appartenait en toute propriété aux Portugais, ou reconnaissait leur autorité. Ils n'avaient pu se maintenir que peu de temps aux Maldives ; mais à

Ceylan ils possédaient une ligne de forteresses qui tenait en échec les belliqueux habitants de cette île. Sur la côte de Coromandel ils occupaient Négapatam et Méliapour. Quelle que fût leur influence dans la presqu'île au delà du Gange, particulièrement à Pégu et à Siam, ils ne purent cependant s'établir qu'à Malacca ; c'était, après Goa et Ormus, leur place de commerce la plus importante. Dans les îles de la Sonde ils n'avaient que quelques factoreries, mais aux Moluques ils régnaient en maîtres absolus. En Chine, ils s'étaient fait céder l'île de Macao avec la ville du même nom ; quant au Japon, il n'est pas certain, et il n'est pas non plus probable qu'ils aient pu y former des établissements. Les habitants de ces diverses possessions se partageaient en deux classes, les Portugais et les indigènes. Ceux-ci étaient ou des habitants primitifs ou des immigrants, pour la plupart Mahométans d'origine arabe, avec un petit nombre de Chinois qui s'y étaient fixés pour faire le commerce. Entre les Portugais eux-mêmes, il existait des distinctions : ceux qui étaient venus du Portugal formaient la première classe ; ceux qui étaient nés de parents portugais dans l'Inde (Castiri), la seconde ; la dernière comprenait les métis et les mulâtres, les premiers, issus d'un mélange des Portugais avec les indigènes, les seconds, d'un mélange avec les nègres. Le nombre de ces métis et de ces mulâtres était très-considérable, et il est digne de remarque que, chez aucune des nations européennes qui ont succédé aux Portugais dans la domination de l'Inde, le fait ne s'est reproduit. Ce n'est pas sans raison que l'on explique par cette circonstance la dégénération morale des Portugais, et la décadence rapide de leur empire.

La courte esquisse historique et géographique qui précède était nécessaire pour faciliter l'intelligence de l'histoire commerciale des Portugais dans l'Inde. Elle permettra de se faire une idée nette du commerce international des Indes orientales, avec ses ramifications, ses marchandises diverses, la protection dont il fut l'objet, et ses moyens de transport. Avant d'aborder les détails, nous signalerons un trait qui distingue essentiellement le commerce colonial des Portugais de celui de la plupart des autres nations, dans la présente période. La différence porte, non pas sur le principe qui consistait, comme partout, dans le monopole de la mère patrie, mais bien sur son mode d'application. En effet, tandis que les Hollandais, les Anglais, les Français et les Danois concédaient à des sociétés privilégiées le commerce des Indes orientales, il était ouvert par le Portugal à tous les nationaux, mais à eux seuls ; tout autre peuple, sans excepter les Espagnols, même après la réunion des deux couronnes, en était exclu. Cette liberté commerciale des Portugais était, du reste, singulièrement restreinte par nombre de réserves, d'exceptions et de règlements des plus vexatoires. A vrai dire, le commerce de l'Inde était entre les mains du gouvernement. Lui seul avait eu l'initiative des voyages de découverte; durant un demi-siècle il en avait couru tous les risques et supporté tous les frais ; quoi de plus naturel pour lui, le but une fois atteint, que de poursuivre les mêmes errements, de chercher à recueillir le fruit de ses efforts? Reportons-nous à cette époque : même après la découverte de la route maritime, combien de temps encore le trajet direct de Lisbonne à Goa ne continua-t-il pas d'être une entreprise hasardeuse ! Où aurait-on trouvé un négociant ou même une société de négociants disposés à la tenter? Quand les Hollandais parurent sur la scène, un siècle s'était déjà écoulé; on était accoutumé aux voyages d'outre-mer, et la navigation avait fait d'immenses progrès. Mais alors on était au début, la spéculation commerciale reculait devant des dangers nouveaux et inconnus; il fallait que le marchand fût soldat, et quelque puissant que soit le mobile de l'intérêt, il n'y avait dans l'Inde rien à accomplir, rien à gagner sans la bravoure et sans l'amour de la gloire.

Ainsi s'explique la forme que le commerce de l'Inde affecta dès l'origine en Portugal, et qu'il conserva depuis. Il s'effectuait au moyen de flottes plus ou moins nombreuses ; ces flottes appartenaient au gouvernement et avaient une double destination, militaire et marchande, sous les noms de galions et de caravelles. Plus tard on employa des bâtiments de transport d'une capacité supérieure, jaugeant jusqu'à 2,000 tonneaux, et appelés caraques. D'ordinaire une flotte marchande de trois ou quatre caraques, protégée par une escorte, car il existait aussi une flotte de guerre proprement dite, partait annuellement en février ou en mars, de Lisbonne pour l'Inde, c'est-à-dire pour Goa. Elle revenait en décembre, souvent même en janvier seulement. L'aller et le retour duraient habituellement dix-huit mois. Il était permis aux négociants de charger des marchandises sur les navires du gouvernement, en payant une taxe de 30 p. 100 de la valeur. Leurs opérations pouvaient embrasser généralement tous les produits, excepté le poivre, dont la couronne s'était attribué le monopole. De temps en temps aussi elle se réserva d'autres épices. A cet effet chaque caraque était obligée de mettre 500 tonneaux à sa disposition. Tant que le Portugal conserva son indépendance, les importations de poivre se firent pour le compte du gouvernement ; après sa réunion avec l'Espagne, elles furent le plus souvent affermées. La route que prenaient les Portugais dans leurs voyages de l'Inde, suivait d'assez près la côte d'Afrique. Le cap de Bonne-Espérance, qui garda toujours pour eux son ancien nom de cap des Tempêtes, était fort négligé par leurs navigateurs ; n'y trouvant pas de mouillages sûrs pour leurs gros bâtiments, ils aimaient mieux le doubler. Après avoir heureusement tourné ce cap, ils reprenaient à l'est le littoral africain jusqu'à la Terre de Natal. De là ils avaient le choix entre deux routes, soit par Mozambique, où ils faisaient plusieurs jours de relâche, soit, quand la saison était trop avancée, directement à l'est de Madagascar, de manière à atteindre les moussons, qui les portaient avec facilité et promptitude dans les ports de l'Indoustan. Le retour s'opérait par les mêmes routes, sauf qu'ils abordaient d'ordinaire, pour faire de l'eau, à l'île Sainte-Hélène, découverte en 1501, d'où ils revenaient par les Açores. L'habitude, le défaut de connaissances nautiques, puis aussi la possession d'établissements sur l'une et sur l'autre côte d'Afrique, leur avaient fait adopter ce long et dangereux itinéraire. Il ne se passait presque pas de voyage sans qu'un navire se perdît dans les bas-fonds et sur les écueils de la côte, notamment dans le canal de Mozambique.

Quand les Portugais arrivèrent dans l'Inde, ils trouvèrent, on l'a vu, le commerce de cette contrée, surtout le commerce maritime, en majeure partie dans les mains des Mahométans. Ces Mahométans, que les Portugais, suivant l'usage de l'époque, désignaient sous le nom de Maures, étaient, nous le répétons, les descendants de ces Arabes qui, venus dans le pays à l'époque de la vaste domination des califes, s'étaient de préférence établis sur les côtes. On pourrait remonter plus haut. Jusque dans la plus haute antiquité (1) on retrouve les Arabes prenant au commerce de l'Inde une part prépondérante, et c'est un intéressant sujet, un sujet encore imparfaitement étudié que le point de savoir pourquoi la colonisation européenne a, jusqu'à présent, atteint l'influence commerciale de l'islamisme en Asie beaucoup plus que son influence religieuse. Quel était l'objet de la lutte engagée par les Portugais, quel était le but des Almeida et des Albuquerque, sinon l'asservissement, ou plutôt la destruction du commerce des Arabes? Les Arabes comprirent sur-le-champ le danger qui les menaçait de la part de ces hardis étrangers. Nous avons vu comment, de leur côté, ils employèrent la force ouverte et la ruse pour un but semblable d'asservissement et de destruction. Le destin se déclara contre eux; du moins le commerce maritime des Arabes disparut-il presque entièrement de l'Inde, et ne fit-il plus de concurrence sérieuse aux nations européennes; ils ne conservèrent que les échanges intérieurs et le commerce de terre.

Dans les parties de l'Inde où les Portugais n'exerçaient qu'une autorité indirecte, comme suzerains des princes indigènes, ils avaient ordinairement lié ces derniers par des traités de commerce. Voici quelles étaient les conditions ha-

---

(1) Voir à ce sujet, dans le premier volume, le chapitre concernant les Indous et les Arabes.

bituelles de ces traités : les princes promettaient de ne vendre qu'aux Portugais certaines marchandises, de ne point accueillir chez eux d'ennemis de cette nation, et en général de ne point trafiquer avec les étrangers sans son consentement. De leur côté les Portugais s'engageaient à acheter aux princes les marchandises à des prix réglés d'un commun accord, et à fournir aux mêmes conditions les marchandises dont les princes avaient besoin. En outre, ils s'obligeaient à purger la mer des pirates mahométans, et se chargeaient de la défense maritime du pays. Afin de mieux assurer encore leur domination navale et leur monopole, les Portugais stipulaient habituellement dans les mêmes traités que les Indous ne navigueraient point sur mer sans une permission expresse. Ces permis n'étaient délivrés par les Portugais que pour un an, et indiquaient le port de départ du navire, les lieux où il lui était permis de se rendre, et ce qu'il pouvait avoir à bord d'hommes d'équipage ainsi que d'armes. Le trafic du poivre, des armes et des munitions de guerre fut une fois pour toutes interdit à quiconque n'était point Portugais. Tout navire indien qui transportait de ces marchandises, ou qui avait à bord un excédant d'hommes d'équipage et d'armes, était regardé comme de bonne prise.

Tandis que le commerce direct avec la métropole était, en principe, libre pour tous les Portugais, le commerce intermédiaire dans l'Inde même était, au contraire, en grande partie réservé à la couronne. Tel était en particulier celui qui se faisait avec la Chine, le Japon, Malacca, Mozambique et Ormus. Par intervalles seulement le roi permettait à de hauts fonctionnaires, en récompense d'éclatants services, une opération commerciale avec un ou deux navires, dans l'une ou l'autre des contrées qu'on vient de nommer. Sur ces navires s'embarquaient des marchands qui payaient les frais d'armement ainsi que le prix de transport de leurs marchandises, et supportaient tous les droits de douane.

Goa, chef-lieu politique des Portugais, était aussi le centre de leur négoce avec la métropole. Goa était le lieu de destina-

tion obligé des navires partis de Lisbonne, et Lisbonne, des
navires partis de Goa. Les autres places étaient ouvertes au
commerce intermédiaire.

On ne doit pas omettre parmi ces places celles de la côte
sud-est de l'Afrique ni celles du golfe Persique ; la haute importance des premières avait été reconnue par les Portugais
dès leurs premiers voyages dans l'Inde. En abordant à Mozambique, ils y avaient trouvé le gouvernement entre les
mains des Arabes, qui avaient fondé de petits États sur tout le
littoral. Le commerce y consistait dans le troc de l'or du pays
contre des marchandises de l'Inde. Les Portugais s'y établirent, et en 1508 ils s'étaient rendus maîtres de la plupart
des États arabes. Mozambique devint le point de départ
d'une flotte qui, chaque année, en août ou en septembre, se
rendait à Goa, pour s'en retourner, à l'aide des moussons, du
mois de janvier au mois d'avril. On envoyait de Mozambique
à Goa des esclaves noirs, du bois d'ébène, de l'ivoire et surtout de l'or, recueilli soit dans les environs de Sofala, soit
dans les fleuves qui descendent des montagnes du Monomotapa. Les indigènes apportaient cet or de très-loin ; les relations commerciales signalent un pays appelé Sabia, d'où le
trajet jusqu'aux factoreries portugaises était de trois mois.
Des voyageurs modernes estiment à un million et demi de
liv. st. le produit annuel des mines d'or que les Portugais
possédaient à cette époque. Le gouvernement de Mozambique
était réputé le plus riche ; il rapportait en trois ans trois cent
mille cruzades (1), déduction faite des frais d'administration, et
non compris le tiers que la couronne prélevait sur l'or retiré
des mines. Goa expédiait à Mozambique du vin, de l'huile,
de la soie, de la toile, des étoffes de coton, des grains de verre
et des coquillages. Ces derniers articles pénétraient fort avant
dans l'intérieur de l'Afrique, en remontant le fleuve de Sena
ou Zambèze. L'île de Socotora, vis-à-vis du cap Guardafui,
était un poste important, au point de vue de la stratégie, en
permettant de surveiller de près les Arabes et en commandant

_____
(1) La cruzade, 4 fr. 50 c.

l'entrée et la sortie de la mer Rouge; elle l'était aussi au point de vue du commerce, ses habitants apportant des dattes, des parfums, surtout de l'aloès, et des nattes à Goa (1). Ces relations avec l'Afrique étaient précieuses pour le commerce de l'Inde, car c'est avec l'or que les Portugais tiraient de ce continent, qu'ils achetaient en partie les produits indiens. A cette époque, comme de toute antiquité, les Européens n'avaient guère autre chose à offrir à l'Inde que des métaux précieux. L'argent formait le chargement ordinaire des navires qui appareillaient de Lisbonne. Habituellement chaque caraque emportait, pour le compte du roi, de 40 à 50,000 écus d'Espagne destinés à l'achat de poivres. Bien que l'argent américain affluât sur le marché de Lisbonne, le Portugal, néanmoins, ne possédait pas de mines à lui dans le Nouveau Monde; aussi l'or de l'Afrique était-il pour lui un heureux dédommagement et une utile ressource. Longtemps il n'y eut en circulation dans l'Inde que des monnaies d'or portugaises, toutes frappées à Goa avec de l'or africain.

Le golfe Persique avait été, depuis la domination arabe, une route animée du commerce de l'Inde. La ville de Bassora, fondée en 636 par le calife Omar, au confluent de l'Euphrate et du Tigre, était destinée à être l'entrepôt de ce commerce. Quand, après la chute du califat, les Turcs furent devenus les maîtres de l'Asie occidentale, et que la route vers la mer Noire, décrite avec détail dans le tome premier, au chapitre des Byzantins, eut été, par suite, abandonnée, Bassora avait rapidement déchu. Le commerce avec l'Europe et l'Asie Mineure ayant repris alors l'ancien chemin de la mer Rouge, Alexandrie redevint sa principale étape; tandis que, pour les relations avec la Perse, la Mésopotamie et

(1) Les Portugais avaient dès le commencement noué des relations avec l'Abyssinie, où le christianisme s'était propagé dès les temps les plus reculés, et était même professé par la dynastie régnante. Ils secoururent cette dynastie par terre et par mer dans sa lutte contre les Turcs, et exercèrent dans le pays une grande influence. Toutefois, par suite du peu de besoins et de l'état peu avancé des habitants, ces relations n'eurent que de faibles résultats pour le commerce.

II.   10

l'Arménie, le port d'Ormus, que les Arabes avaient aussi connu et visité, acquit une telle importance que, comme nous l'avons vu, il attira les regards et excita la convoitise des Portugais. Ayant réussi à s'y établir, ils firent tout pour maintenir et pour accroître sa prospérité. L'île elle-même, aride rocher de sel, n'était susceptible d'aucune culture ; mais ils agrandirent la ville et l'ornèrent de si magnifiques édifices, qu'elle ne le cédait qu'à Goa et qu'on la citait comme une des perles de l'Orient. Après la conquête de l'Égypte par les Turcs, Alexandrie déclina de nouveau, et les marchandises de l'Inde qui, en raison de leur prix élevé et de leur faible poids, pouvaient être transportées par terre jusqu'à Constantinople et dans le sud-est de l'Europe, furent alors expédiées par Ormus.

Outre son commerce maritime, Ormus faisait un commerce de terre non moins considérable. Deux fois par an, en avril et en septembre, des caravanes y venaient, les unes d'Alep, par Birs, Feloukhia, Bagdad et Bassora, les autres de la Perse et du Khorassan. On peut juger par là de l'animation qui y régnait au temps des Portugais. Les objets principaux de son négoce étaient : comme marchandises persanes, des tapis, de la soie brute et ouvrée, des chevaux et des espèces en argent appelées larins ; comme marchandises arabes, des drogues médicinales, des épiceries et de plus des chevaux. L'île de Bahreïn, où résidait un facteur portugais, envoyait des perles ; l'île d'Ormus donnait du sel ; le littoral voisin, dont les Arabes avaient fait un jardin, aujourd'hui dévasté, des dattes, des raisins secs, d'autres fruits du midi, de l'eau de rose, etc. La majeure partie de ces produits était dirigée sur Goa, d'où Ormus recevait en échange, ainsi que de Malacca, les étoffes et les pierres précieuses de l'Inde. Le poste de gouverneur d'Ormus était le plus avantageux après ceux de Goa et de Mozambique. On évaluait ses profits, pour une période de trois ans, à 200,000 écus d'Espagne, produits en partie par le monopole, attribué au gouverneur, de l'importation des chevaux dans l'Inde, en partie par le droit qu'il s'arrogeait d'interdire toute vente de marchandises tant que les navires affrétés par lui n'avaient point écoulé leurs cargaisons. Cette magnifique ville d'Ormus, avec tout le pays environnant, n'est plus aujourd'hui qu'un désert, et on a peine à y reconnaître les vestiges du grand entrepôt de l'Orient. Le Portugal se vit enlever cette place en 1622 par le schah de Perse Abbas, qui, avec le secours des Anglais, s'en empara après une assez longue résistance, et la livra au pillage. Sous sa domination elle dépérit complétement; le commerce se porta à Bender Abbassi, située dans l'intérieur du golfe, ainsi qu'à Bassora ressuscitée, et les Hollandais avaient l'habitude de lester leurs navires avec les débris des palais d'Ormus.

Les Portugais se dédommagèrent quelque temps de la perte d'Ormus, à Mascate, le port principal de l'Arabie Heureuse. Mais en 1648 Mascate leur fut également enlevée, et elle resta depuis lors au pouvoir d'un sultan arabe.

Au sud du golfe Persique, le premier établissement des Portugais dans l'Inde était Diu, sur la côte de Cambaye. Diu joignait à un excellent port une heureuse position stratégique; dernier avant-poste du côté du nord, il commandait les routes entre l'Arabie, la Perse et l'Indoustan. Ce fut dans le golfe de Cambaye que se livrèrent les principaux combats avec les Mahométans. La liberté des cultes, incomparablement plus grande à Diu qu'à Goa, où la religion chrétienne était seule tolérée, contribua beaucoup à faire préférer la première de ces places par les marchands de l'Inde ou Banians. C'était à Diu qu'on délivrait le plus de permis aux navires de l'Inde; il arrivait de l'intérieur des convois considérables d'indigo, de fer, de cuivre, d'alun, d'huile, de sucre, de cire, d'opium, de blé, d'étoffes de soie et de coton et de divers petits objets élégants et ingénieux, dans la fabrication desquels excellaient les habitants.

Plus au sud, le long de la côte de Cambaye, on doit mentionner Damaun, pour son vaste commerce de riz, Bacaïm pour ses bois et autres matériaux de construction, et Khaoul pour ses soies, qui étaient les meilleures.

La côte de Malabar, nom sous lequel les Portugais comprenaient, dans l'acception la plus large, tout le littoral depuis Goa jusqu'au cap Comorin, mais, dans un sens plus étroit, seulement la côte de Mangalore, était le siége principal de leur domination dans l'Inde et le centre de leur commerce. Goa, résidence du vice-roi, de l'archevêque primat et de tous les hauts fonctionnaires de l'Inde, forteresse, place d'armes, entrepôt de tout le négoce avec la métropole, importations et exportations, était au seizième siècle, pour les Européens, la première ville de l'Inde. Elle a conservé jusqu'à nos jours quelques monuments de son ancienne grandeur, et nulle part, en Asie du moins, la religion catholique ne s'est vu ériger de plus magnifiques édifices. Le commerce direct de Goa avait surtout pour théâtre la côte de Malabar, où les établissements portugais les plus importants étaient Onor, Cananor, Calicut, Coanganor, Cochin et Culan. La richesse principale de cette côte était le poivre, et souvent la flotte qui, chaque année, effectuait les transports entre Cochin et Goa, comptait plus de 150 voiles.

Les exportations de Ceylan donnaient de grands bénéfices. Elles consistaient en coton, soie, tabac, ivoire, salpêtre, soufre, métaux, mais surtout en cannelle, en pierres précieuses et en perles. Les perles étaient la propriété des indigènes qui les pêchaient, mais les Portugais, étant les seuls acheteurs, les obtenaient à des prix fort modiques. Ils percevaient en outre un impôt sur chaque barque, pour prix de la protection qu'ils donnaient aux pêcheurs contre les pirates.

Sur la côte de Coromandel les Portugais possédaient, on l'a dit plus haut, Négapatam et Méliapour. De Négapatam, misérable village, ils firent une ville florissante; quant à Méliapour, l'ancienne reine de la côte, qu'ils trouvèrent en ruine, ils la reconstruisirent en 1546, sous le nom de San-Thomé; ces deux places offraient de l'importance pour le commerce du golfe de Bengale. L'opium et les toiles peintes, pour la fabrication desquelles elles avaient du renom, étaient recherchés à Pégu et à Siam. Toutefois les comptoirs de la côte de Coromandel étaient considérés comme accessoires.

L'entrepôt principal du commerce de l'Inde au delà du Gange, en y comprenant la Chine, le Japon et les Moluques, était Malacca. La nature elle-même, non moins que l'histoire, lui avait assigné ce rôle. Nul doute, en effet, que, du jour où le commerce et la navigation animèrent ces parages, cette pointe avancée du continent indien, qui pénètre dans un grand archipel, fut un centre d'échanges internationaux. L'histoire ancienne fournit à cet égard de remarquables indices, et nous avons des informations positives de l'époque de la domination arabe. Tous les ans un navire partait de Malacca pour la Cochinchine et un autre pour Siam, afin d'y chercher des bois d'aloès et des bois de teinture, et les relations avec Martaban, port du Pégu, étaient fort actives ; on y portait du poivre, du bois de sandal, de la porcelaine, du camphre, et l'on prenait en retour de l'or, de l'étain, du plomb, du cuivre, du musc, des saphirs et des rubis. A Sumatra, à Java et à Bornéo, les Portugais avaient fondé des factoreries, mais ils ne possédaient aucun territoire ; également sans forteresses et sans forces militaires, leur influence toute diplomatique y était basée sur des traités conclus avec les princes indigènes, ordinairement en guerre les uns avec les autres. C'est ce qui explique le peu de résistance qu'y rencontrèrent les premières attaques des Hollandais. Dans les îles de la Sonde, de plus, les Mahométans étaient en possession des côtes et du négoce. Les Portugais établirent sur un pied plus solide leur trafic à Célèbes, en y convertissant au christianisme une partie des habitants. Ils s'assujettirent les Moluques, où ils établirent des forts, s'érigèrent en protecteurs des princes indigènes et choisirent l'île de Ternate pour résidence de leur gouverneur. Les épices que produisaient ces îles, les noix muscades et les clous de girofle, figuraient depuis un temps immémorial parmi les envois les plus précieux de l'Inde, et on se fait aisément une idée de l'énormité des bénéfices que les Portugais retiraient du débit de ces articles achetés de première main. Nulle opération n'excitait plus leur cupidité ; pour la satisfaire, ils se livrèrent aux exactions et aux cruautés les plus odieuses. Les habitants des Moluques, poussés au désespoir, détruisirent eux-mêmes une partie des arbres à épices, cause de leurs souffrances ; et quand plus tard les Hollandais se présentèrent, ils les accueillirent comme des libérateurs et les aidèrent puissamment à vaincre les Portugais détestés.

La première tentative dans le but de nouer des relations commerciales avec la Chine, eut lieu en 1517 ; un ambassadeur fut envoyé de Goa, avec une escadre, auprès de l'empereur. Il parvint jusqu'à Pékin, et tout promettait le succès, quand des violences exercées par les équipages portugais soulevèrent les Chinois et amenèrent une rupture. Ce ne fut que longtemps après, à une époque très-difficile à préciser, que les Portugais se réconcilièrent avec les Chinois et entreprirent de nouveau des opérations importantes dans ces parages. On ne leur permit d'abord rien de plus que d'envoyer quelques navires dans l'île de Sanchon, et d'y faire un court séjour, dont la durée était déterminée. Un heureux hasard leur procura une possession territoriale. Un pirate, du nom de Tschang-si-lao, inquiétait les côtes de la Chine, s'était emparé de la petite île de Macao, et bloquait même le port de Canton. Les Portugais, dont les mandarins avaient demandé l'assistance, délivrèrent Canton, défirent et tuèrent le pirate. Pour récompense de leurs services, ils obtinrent, en 1533, cette même île de Macao, à titre d'établissement permanent. Bien qu'elle fût stérile et dépendante de la terre ferme pour sa subsistance, les Portugais y bâtirent une ville bien fortifiée, et elle fut très-utile, d'abord pour leurs relations avec la Chine, puis pour celles que, de ce point, ils formèrent avec le Japon.

Le commerce avec la Chine se faisait directement de Goa par Malacca. On y envoyait principalement de l'argent, soit 800,000 cruzades en monnaies persanes, dites larins, dont il a été fait mention à propos d'Ormus, et une grande partie de l'argent d'Europe ou plutôt d'Amérique. Les navires portugais portaient de plus en Chine quelques marchandises européennes, des draps, en écarlate surtout, du verre et des

cristaux, des montres et des vins ; à quoi le commerce intermédiaire ajoutait divers produits de l'Inde. Ils partaient de Goa
au commencement d'octobre, et abordaient d'abord à Cochin,
pour y prendre des pierres précieuses et des épices. De là ils
allaient à Malacca, où le gouverneur de la place leur délivrait
le passe-port nécessaire, et où ils chargeaient en même temps
des produits des îles de la Sonde, en échange de divers articles
de l'Inde et de l'Europe, et surtout de tissus de coton. De Malacca ils poursuivaient, sans interruption, leur voyage jusqu'à
Macao, où ils faisaient un assez long séjour. Leur retour s'effectuait de la même manière ; ils s'arrêtaient encore à Malacca,
pour y opérer des échanges. Les cargaisons de la Chine se
composaient des objets suivants : or en lingots et en poudre,
ouvrages en bois fins, dorés et laqués, étoffes de soie, soie
brute, musc, civette, *calin*, composition métallique, fort employée en Asie à la fabrication de la petite monnaie et de divers
ustensiles ; puis porcelaine, ouvrages en ivoire, en écaille et en
noix de coco, en un mot, chinoiseries de toute espèce.

De tous les Européens, les Portugais furent ceux qui, dans
la présente période, firent le commerce de beaucoup le plus considérable avec le Céleste Empire. Dans la ruine de leur empire
de l'Inde ils surent conserver ce commerce mieux que tout autre, et les Hollandais, malgré de grands efforts, ne purent y porter qu'une faible atteinte. Mais au Japon ils perdirent, par leur
propre faute, une situation également excellente. Poussés en
1542, par la tempête, sur l'île de Ximo, ils y trouvèrent
l'accueil le plus amical chez les indigènes, dont beaucoup, et
des plus notables, embrassèrent le christianisme. Cette circonstance aida beaucoup l'établissement de relations commerciales. La navigation entre Macao et le Japon s'effectuait aisément, à la faveur des moussons. Les cargaisons
consistaient habituellement en produits de la Chine, surtout en étoffes de soie, puis en marchandises d'Europe et
de l'Inde, qui n'avaient pas trouvé en Chine de débouché. La
substance colorante désignée sous le nom de blanc d'Espagne,
était au Japon l'objet d'une forte demande. De ce pays on ap-

portait principalement de l'argent, qui y était à très-bas prix, ainsi que du cuivre.; à Macao l'on échangeait ce métal contre des produits chinois, et l'on retournait ainsi dans l'Inde avec des cargaisons rapportant un double profit. Les Portugais étaient depuis près d'un siècle en possession de ce négoce avantageux, quand ils le perdirent, en 1639. Leur conduite arrogante et tyrannique et leur avidité indignèrent à la fois les chrétiens nouvellement convertis et les païens; non-seulement leur propagande fut arrêtée, mais le christianisme fut considéré comme la cause des maux qui affligeaient un pays jusque-là si heureux. Un édit impérial ordonna d'exterminer tous ses sectateurs dans les îles japonaises, et en bannit les Portugais à perpétuité. Il y a tout lieu de présumer que la jalousie des Hollandais eut quelque part à cette dernière mesure. Le commerce portugais, dont ils attirèrent à eux une partie, ne se releva plus; quelques entreprises tentées pour le rétablir échouèrent complétement.

Le trafic intermédiaire des Portugais dans l'Inde et dans tout le sud-est de l'Asie présente, on le voit, une véritable importance. Les autres nations européennes qui leur succédèrent dans la domination de ces contrées, cherchèrent comme eux, autant que possible, à posséder exclusivement ce trafic, et nous n'aurons, en ce qui les touche, qu'à renvoyer au tableau détaillé que nous venons de tracer ici. Stationnaire comme la civilisation de l'Asie, les changements qu'il a éprouvés appartiennent surtout à l'époque où nous vivons.

Il n'existe pas de statistique authentique et générale des quantités et des valeurs importées de l'Inde sur le marché de Lisbonne. On peut cependant s'en faire une idée approximative, en se rappelant les bénéfices réalisés par les villes italiennes, et en songeant au chiffre énorme des opérations d'Anvers, ainsi qu'à l'accroissement de la consommation des produits de l'Inde en Europe, depuis la découverte de la route maritime. Supposons chaque année, dans le Tage, l'arrivée de quatre caraques seulement, jaugeant ensemble 7,000 tonneaux, et chargées d'épices, d'épiceries, de matières tinctoriales, de cotonnades fines, de soieries, de pierres précieuses et d'objets de luxe de la Chine (1), car les articles encombrants, comme le sucre et le riz, ne figuraient alors dans le commerce que pour de faibles quantités ; on admettra sans doute que, par la voie de terre, les caravanes n'auraient pas transporté la moitié de ces marchandises à Alexandrie ou à Alep. Lisbonne surpassa Venise dans le commerce de l'Inde, tout autant qu'elle fut plus tard surpassée elle-même par Amsterdam.

Durant tout le seizième siècle, elle approvisionna, à elle seule, de marchandises de l'Inde, tous les marchés européens, sans excepter ceux d'Italie. Ces marchandises ne pouvaient être importées qu'à Lisbonne ni réexportées que de cette place. A Lisbonne, la *Casa da India* (2) était chargée de surveiller tout ce qui concernait le commerce de l'Inde. La réunion avec l'Espagne ne changea rien à cet état de choses ; en s'emparant du gouvernement du Portugal, Philippe II lui laissa expressément le monopole de ce commerce. Dans des circonstances si favorables on ne s'étonne pas de voir augmenter la population, la richesse et la splendeur de Lisbonne ; on s'étonne seulement que l'augmentation n'ait pas été plus considérable et qu'il soit resté si peu de débris d'une fortune qui s'en alla aussi rapidement qu'elle était venue. Nous aurons plus bas occasion de reprendre ce sujet avec détail.

On ne possède que des informations insuffisantes sur le gouvernement des colonies portugaises dans l'Inde ; les sources indigènes manquent absolument. Le cabinet de Lisbonne, ombrageux à l'égard des nations étrangères, évitait de rien publier sur la situation et sur le régime de ces colonies ; il aimait à les envelopper d'une obscurité mystérieuse. A la tête du gouvernement était placé un vice-roi, qui réunissait la suprême autorité civile et militaire. Ses attributions, dans les

(1) Relativement aux perles, aux pierres précieuses et aux étoffes, on ne doit pas omettre la contrebande, qui se faisait par les équipages des navires de guerre.

(2) En français, la Maison de l'Inde.

premiers temps, étaient à peu près illimitées ; ce qui s'explique, quand on songe aux faibles racines de la puissance des Portugais dans ces contrées lointaines, et au besoin de la plus grande unité, de la plus grande promptitude dans l'exécution, pour maintenir une domination si étendue. Naturellement, à son retour en Europe, le vice-roi avait à rendre des comptes détaillés. Mais on s'écarta trop tôt de ce louable système, et de là date la décadence. Au sein de la métropole, le roi se préoccupa des dangers et des séductions du pouvoir confié à ses lieutenants dans une région éloignée. Il fut résolu de le limiter plus étroitement. La première mesure importante à cet effet fut prise après la mort d'Albuquerque et resta depuis en vigueur ; elle consista à changer les vice-rois tous les trois ans. Entre les nombreux inconvénients qui en résultèrent, le pire fut un régime de cupidité et d'oppression. On considérait ce poste élevé comme un bénéfice triennal, dans lequel il s'agissait de s'enrichir par tous les moyens possibles. L'expérience n'avait que trop enseigné que tout vice-roi qui revenait riche de l'Inde, pouvait au besoin compter, dans la métropole, sur des juges indulgents. Le changement des vice-rois entraînait d'ordinaire celui des fonctionnaires inférieurs. Le nouveau venu dépouillait les amis de son prédécesseur et partageait leurs places entre ses clients ; de là souvent une perturbation dans la marche des affaires ; les travaux commencés restaient inachevés, et les travaux achevés étaient détruits ou profondément altérés.

Outre la courte durée de la fonction, on rechercha d'autres garanties contre la puissance des vice-rois. Telle fut l'institution d'un conseil d'Etat, sans l'assentiment duquel ils ne devaient prendre aucune résolution importante ; tel fut encore le partage de l'empire colonial entre plusieurs gouvernements indépendants les uns des autres, système qui ne put prévaloir à la longue contre la force des choses, mais qui, néanmoins, excita des jalousies et fut une cause de faiblesse. On crut, à Lisbonne, diminuer seulement le pouvoir des gouverneurs, et l'on reconnut trop tard qu'avec de pareilles mesures on minaît et on affaiblissait la domination portugaise elle-même.

L'administration de l'Inde comprenait plusieurs départements distincts. La justice temporelle était rendue par des tribunaux indépendants du gouverneur, indépendants en ce sens qu'il n'y avait pas droit de voter, bien qu'il en eût la présidence. D'un autre côté, la nomination des juges, qui lui appartenait, lui assurait une influence considérable. Un intendant général était préposé aux finances ; c'était le second personnage de l'Inde pour le rang, le premier pour les profits qu'il retirait de son poste. Il surveillait la partie matérielle de l'administration, présidait aux approvisionnements militaires ainsi qu'au chargement, pour le compte de l'État, des flottes à destination de l'Europe. Dans les principales places résidaient des intendants remplissant les mêmes fonctions sur une petite échelle. La majeure partie des revenus était fournie par les douanes, par le monopole des épices et par les tributs des princes soumis. Le produit en varia beaucoup suivant les époques. En 1584, déduction faite de toutes les dépenses et sans compter les tributs, il laissait encore un excédant de 247,861,762 réis ou 154,915 liv. sterl. Sous la domination espagnole non-seulement cet excédant disparut, mais il fit place à un déficit, que la métropole était obligée de couvrir par des envois d'espèces. Ainsi que l'exigeait la nature même de ces possessions, la marine prédominait sur l'armée de terre. Toutes les forces navales étaient placées sous les ordres d'un amiral, qui relevait du vice-roi. Chaque année deux flottes partaient de Goa, l'une pour le nord jusqu'à Ormus, l'autre pour le sud jusqu'au cap Comorin, avec la double mission de porter, s'il y avait lieu, secours aux villes portugaises, et de nettoyer la mer des pirates. Outre ces deux flottes, de quatre à cinq galères et de cinquante à soixante galiotes, des escadres plus faibles stationnaient à Malacca, aux îles de la Sonde et à Mozambique. Elles suivaient ordinairement les côtes, visitaient les ports amis et chargeaient des vivres, ainsi que les articles réservés à la couronne. Il était permis aux soldats, pour compléter une solde minime, de faire un petit commerce. Par motif de sûreté, les navires marchands se joignaient à la flotte militaire. Pour le commerce d'Inde en Inde, les particuliers pouvaient, avec une permission spéciale, posséder et affréter des navires, mais tous étaient placés sous le commandement de l'amiral.

La hiérarchie ecclésiastique avait pris dans l'Inde un vaste développement; son chef était un archevêque, portant le titre de primat des Indes, et ayant sous lui six évêques. Presque tous les ordres religieux y étaient représentés, et particulièrement celui des Jésuites. A Goa, l'inquisition trônait avec toutes ses terreurs, et le grand inquisiteur était revêtu d'un pouvoir sans limites, qui s'étendait jusque sur le vice-roi.

On retrouve dans cette organisation une grande partie des causes internes qui amenèrent la rapide décadence de la domination des Portugais dans l'Inde et la perte de leur commerce. L'histoire a rarement offert un contraste aussi frappant que celui des vertus héroïques de la première génération jusqu'à Albuquerque, avec la dégradation physique et morale dans laquelle sa postérité tombe un demi-siècle après, dégradation qui rend odieux le nom des Portugais, et livre leur vaste empire, comme une proie facile, à un faible adversaire. Des factions et des révoltes, l'absence de toute discipline, les moyens de défense négligés, un honteux système de rapine, des fortunes colossales acquises par quelques-uns aux dépens de l'État, l'oisiveté et la mollesse, l'intolérance et les persécutions religieuses, tout cela semblait hâter à l'envi la catastrophe. L'Église en particulier, avec son inquisition, y contribua pour sa bonne part. Les tribunaux religieux et les auto-da-fé de Goa ne le cédaient pas à ceux de la mère patrie; ils rentrent dans le domaine de la présente histoire, comme ayant trouvé le plus grand nombre de leurs victimes dans les Juifs, qui, violemment convertis au christianisme, avaient quitté le Portugal pour les colonies, et, s'y étant bientôt placés, suivant le génie de leur race, à la tête des entreprises commerciales, étaient peu à peu revenus à leur ancienne foi.

La corruption à laquelle l'Inde portugaise était en proie,

fut aggravée par des événements qui ont été mentionnés au commencement du chapitre. Soumis à la domination espagnole, les colons perdirent le sentiment de l'honneur national; ils n'avaient plus de patrie de l'autre côté de l'Océan, ils combattaient pour un monarque étranger et pour un peuple, objet de leur haine. De plus, tous les ennemis des Espagnols devinrent les leurs, et des ennemis d'autant plus dangereux, qu'ils étaient des rivaux et cherchaient à acquérir une puissance maritime avec des possessions coloniales. Jusque-là isolés des autres peuples et sans relations embarrassantes, les Portugais avaient pu porter toute leur activité sur leurs colonies; ils se virent alors impliqués par leurs nouveaux maîtres dans une lutte dont l'issue leur fut particulièrement funeste.

L'Espagne paya les défaites que lui fit essuyer la Hollande, en grande partie avec les colonies portugaises; fermant les yeux à la perte irréparable qu'on encourait, on les défendit négligemment, sous l'influence de la haine nationale. Quand, en 1640, le Portugal recouvra son indépendance, la domination des Hollandais aux Indes orientales était un fait accompli. Epuisé par la tyrannie de l'Espagne, ce royaume eut assez de peine à se reconstituer en Europe, et il dut abandonner à eux-mêmes les établissements qui lui restaient dans l'Inde; sa marine, si nécessaire pour les défendre, était presque entièrement détruite. Il dut la conservation de Goa, de Diu et de Macao, à la clémence du vainqueur plus qu'à ses propres efforts; et qu'étaient ces points, en comparaison des possessions hollandaises et anglaises! Tout leur commerce occupait trois navires. Le Brésil seul, dont l'importance croissante procura quelque dédommagement des pertes éprouvées en Orient, maintint au Portugal un certain rang parmi les puissances coloniales européennes.

III

Le hasard conduisit, en 1500, au Brésil l'amiral portugais Cabral. Faisant route vers les Indes orientales, il s'était, pour échapper au calme, écarté de la voie ordinaire le long de la côte occidentale d'Afrique, et aventuré dans la haute mer. Une tempête l'y assaillit et poussa sa flotte à l'ouest, en vue d'une terre inconnue. Il y aborda sous 15° de latitude méridionale et prit, au nom de son roi, possession du pays, qu'il appela Sainte-Croix, mais qui emprunta bientôt le nom de Brésil à un bois de teinture qui y croissait en abondance. La contrée nouvelle, vaste forêt vierge, était dépourvue de culture et parcourue par des tribus nomades. Ce n'était ni un Mexique, ni un Pérou, dont les richesses pussent tenter la cupidité; ni l'argent ni l'or ne s'y offraient à la vue. On ne sut d'abord que faire de la nouvelle découverte; elle était embarrassante, on ne la garda que pour ne pas la laisser tomber aux mains des Espagnols. Le chemin de la fortune en Portugal était l'Asie, et les merveilles de l'Inde servaient de but à tous les projets et à tous les efforts. Il y avait là des richesses, connues de toute antiquité, à recueillir avec peu de peine, et des résultats extraordinaires persuadaient les plus incrédules. Du Brésil on fit une colonie pénitentiaire. Tous les ans il s'y rendait deux navires chargés du rebut de la société. La déportation fut dès lors la peine habituellement infligée par les tribunaux, par l'inquisition elle-même, à la place du bûcher. C'est à cette commutation de peine que le Brésil doit une partie de ses premiers colons. Parmi eux se trouvaient des familles juives, assez heureuses pour avoir pu sauver quelque chose de leur avoir; d'ailleurs intelligentes, actives, et qui, bien que proscrites, n'étaient pas néanmoins privées de relations avec l'Europe. L'esprit de négoce, inné chez elles, ne tarda pas à trouver, même dans un pays désert, des éléments de fortune et de bien-être. Ces colons firent venir des cannes à sucre de Madère, et les plantèrent sur ce nouveau sol, où elles réussirent parfaitement. Les navires dont les retours n'avaient jusque-là consisté qu'en perroquets et en bois de teinture, chargèrent alors le nouveau produit.

On connaissait déjà le sucre en Europe, mais la consommation en était très-restreinte. Pour la première fois il arrivait en quantité considérable, et il était d'ailleurs de bonne qualité. Le sucre est un article dont le transport exige beaucoup d'espace, et qui n'a pas, sous le même volume, autant de valeur que les épices. Si l'on songe de plus que l'usage en était généralement ignoré, on s'expliquera le peu de place que cette denrée occupait dans les envois des Indes orientales. Il en était autrement de ceux du Brésil, qui n'avait encore aucune autre chose à fournir à la mère patrie. Peu à peu le sucre attira l'attention, on commença à y prendre goût, et à l'employer à la place du miel, pour adoucir les aliments. Le gouvernement dédaigna moins alors sa colonie d'Amérique, il pensa qu'elle comportait une administration et une surveillance, et en 1594, il y envoya Thomas Souza, comme premier gouverneur. Souza fit succéder l'ordre à l'anarchie, attira de nouveaux colons, fonda San-Salvador ou Bahia, ainsi que d'autres places fortes, et le pays, cessant, grâce à lui, d'être une colonie pénitentiaire, eut la perspective d'un grand avenir. On doit aussi savoir gré aux Jésuites d'avoir, avec un rare désintéressement, aidé à la colonisation du Brésil. La soumission et la conversion des tribus indigènes, les plantations de l'intérieur, et en général le défrichement du sol, ont été le résultat d'immenses sacrifices de leur part. Ils encouragèrent sans doute l'importation des nègres d'Afrique, importation qui commença au Brésil dès 1530 ; mais, en cela, ils ne firent que partager les idées de leur époque, qui, selon Las Casas, croyait faire une œuvre agréable à Dieu.

Cependant la prospérité du Brésil s'arrêta tout à coup, elle déclina même sous la domination de l'Espagne. L'Espagne négligea, plus encore que les Indes orientales, une colonie qui jusque-là n'avait pas offert le moindre appât aux chercheurs d'or, et dont l'agriculture, faiblement développée, paraissait peu digne d'attention. Ajoutons de sa part une envie secrète, la haine de tout ce qui était portugais, par suite une disposition à dédaigner les colonies du Portugal, à les ruiner même, bien qu'elles fussent devenues espagnoles. Aussi, quand la république de Hollande, exaltée par son affranchissement, attaqua l'Espagne sur toutes les mers, sur toutes les côtes, et, avec le coup d'œil du marchand, choisit le Brésil entre les possessions de son ennemie en Amérique, n'y trouva-t-elle que peu de résistance ; et il ne pouvait en être autrement, les colons portugais étant réduits à eux-mêmes, et la cour de Madrid ayant envoyé trop tard les secours qu'elle avait promis. La Compagnie des Indes occidentales soumit en quelques années, de 1630 à 1635, presque tout le Brésil, depuis le fleuve des Amazones jusqu'au Rio-Grande. C'était une occasion unique de fonder en Amérique un empire colonial, analogue à celui que la Compagnie des Indes orientales avait créé en Asie. La trêve conclue en 1641 avec le Portugal redevenu indépendant, laissait les Hollandais en possession du Brésil, comme de tout ce qui était entre leurs mains. Mais ils ne surent pas s'y maintenir, et commirent, dans l'administration de la colonie, les fautes les plus impardonnables. Animés d'un patriotisme plus vrai que leurs compatriotes énervés des Indes orientales, les Portugais du Brésil, par une résolution unanime et courageuse, prirent les armes pour secouer le joug étranger et s'unir de nouveau à la mère patrie. Les détails à ce sujet seront donnés au chapitre des Hollandais. Il s'ensuivit qu'en 1654, les Hollandais se virent obligés de quitter pour jamais le pays, et de se contenter d'une indemnité en argent.

Le cabinet de Lisbonne s'occupa dès lors, avec une sollicitude particulière, de la seule colonie de quelque importance qu'il eût sauvée de son vaste empire : on y favorisa l'immigration européenne ; on essaya, avec l'aide persistante, mais alors moins désintéressée des Jésuites, de façonner les tribus indiennes à une vie régulière. Bien que la vaste étendue du Brésil offrît à sa faible population plus d'espace qu'il n'était nécessaire, l'amour des aventures et un sentiment implacable de vengeance à l'égard de l'Espagne, provoquèrent diverses expéditions au delà de limites encore arbitraires, il est vrai. Une de ces expéditions se dirigea au nord vers le fleuve des Amazones, à l'embouchure duquel fut bâtie la ville du Para. De ce point Pédro Texeira remonta le fleuve gigantesque ; on lui doit les premières notions précises sur son cours et sur ses bords, et il parvint, tant par des affluents de l'Amazone que par terre, jusqu'à Quito. En chemin, il rencontra quelques établissements espagnols dans le bassin supérieur du fleuve ; n'étant pas assez fort pour en chasser les habitants, il prit du moins des mesures pour mettre les Portugais à même de s'établir dans le voisinage. Ce furent encore les Jésuites dont l'ardeur religieuse s'offrit pour cette œuvre difficile, et ainsi se formèrent sur la rive méridionale, bien avant dans l'intérieur, les colonies portugaises ou plutôt les missions, nom qui convient surtout, du reste, aux établissements espagnols. Plus tard on les fortifia et elles reçurent des garnisons. Elles introduisirent, après tout, dans ces solitudes, un commencement de culture et de négoce. Elles produisaient de la salsepareille, de la vanille, du café, du cacao, du coton et des bois à ouvrer ; ces produits descendaient l'Amazone, sur une étendue de trois cents milles d'Allemagne (1), jusqu'au Para, où ils s'échangeaient contre les articles nécessaires aux missions. Si le Portugal et l'Espagne avaient eu le sentiment de leur intérêt, ils auraient mis leurs établissements respectifs, dans cette contrée, en libre communication les uns avec les autres, au lieu de les fermer hostilement. La nature avait destiné le magnifique bassin de l'Amazone à unir les plateaux du Pérou et de la Nouvelle-Grenade avec l'océan Atlantique ; il était réservé aux passions humaines de mettre obstacle à cette jonction.

Au sud, une expédition portugaise se dirigea, en 1679, vers les contrées de la Plata, en particulier vers le Paraguay, où se constitua un véritable État de Jésuites. Là aussi on se trouva partout en conflit avec les Espagnols, qui avaient pris possession du pays longtemps auparavant. La première colonie que fondèrent les Portugais fut celle de Saint-Sacrement, vis-à-vis de Buenos-Ayres. On ne pouvait choisir une situation plus favorable. Le voisinage du Brésil et l'immense embouchure de la Plata assuraient à la colonie de prompts secours. L'Espagne fit de grands efforts pour se débarrasser de ces

_____

(1) De quinze au degré.

dangereux voisins ; Saint-Sacrement fut plusieurs fois détruit, avec le secours des Indiens, mais la paix d'Utrecht en maintint la possession au Portugal (1). La colonie prospéra rapidement, à la faveur d'une vaste contrebande avec Buenos-Ayres. De Rio de Janeiro il y venait du sucre, du tabac, du vin, des spiritueux, des étoffes et des nègres. La colonie espagnole de la rive opposée donnait en échange de la farine, du pain, de la viande sèche et salée, et surtout de l'argent, directement importé du Pérou. La province de l'Uruguay, dans laquelle était situé Saint-Sacrement, resta nominalement, ainsi que le Paraguay, sous l'autorité de l'Espagne ; mais leur commerce, comme celui des Indes occidentales, était la proie de la contrebande étrangère. Des espèces de flibustiers vivaient à Saint-Paul, colonie située dans la capitainerie de Saint-Vincent, la plus méridionale du Brésil, laquelle avait été fondée par les premiers immigrants, les condamnés. Ils étaient, à proprement parler, hors la loi, et tout en faisant profession de reconnaître la souveraineté portugaise, ils étaient avec elle en un état de guerre permanent. Dans leurs incursions, ils pénétraient fort avant dans l'intérieur jusqu'aux frontières méridionales du Pérou, et trafiquaient avec les indigènes, ainsi qu'avec les missions espagnoles. Ce furent eux qui exploitèrent les mines d'or de Cuyaba et de Matto-Grosso, dans le voisinage du haut Paraguay, sans se préoccuper des réclamations de l'Espagne contre cette violation de son territoire.

Il résulte de ce qui précède, que l'administration portugaise au Brésil ne manquait ni d'activité, ni d'intelligence des intérêts du pays. Elle se trompa souvent, toutefois, sur les moyens, et une faute capitale paralysait la colonisation et la culture du sol. Le gouvernement de la métropole, se préoccupant peu, au commencement, de peupler et de défricher un pays dont il devait la découverte à un heureux hasard, y avait abandonné à des familles nobles, comme fiefs de la cou-

---

(1) Cependant de nouvelles contestations ne tardèrent pas à s'élever et rallumèrent même la guerre en 1777. Le Portugal perdit Saint-Sacrement, mais il en fut dédommagé par un règlement de frontières avantageux.

ronne, tout ce qu'elles désiraient de terres. Ces propriétaires se parèrent de vains titres, mais ne songèrent pas à visiter leurs domaines transatlantiques, encore moins à les exploiter. De vastes espaces des plus fertiles restèrent ainsi négligés, faute de capital et de bras, et les suites d'une déplorable mesure se font sentir jusque de nos jours. Sans ce vice organique, un empire aussi étendu, aussi varié dans ses productions que le Brésil, aurait acquis pour le Portugal assez d'importance pour le dédommager amplement de la perte des Indes orientales. Il ne tarda pas à révéler d'immenses ressources. Les plantations de sucre se multiplièrent dans les districts du littoral ; et dès le commencement du dix-huitième siècle, l'importation de cette denrée à Lisbonne s'élevait à trente-deux millions de livres. Les autres grands articles étaient le tabac, le cacao, le coton, l'indigo, le baume de copahu, les peaux brutes et les bois de teinture. Le Brésil recevait en échange de la farine, du vin, des spiritueux, du sel, des esclaves et tous les objets fabriqués que le système colonial défendait aux colonies de produire.

Tandis que le commerce avec l'Inde était ouvert à tous les Portugais, sous la surveillance, il est vrai, sous la direction et avec la participation du gouvernement, le commerce avec le Brésil était entre les mains d'une société, ou *junte*, autorisée par Jean IV dès 1648, sur le modèle de la Compagnie hollandaise des Indes occidentales (1). Cette société faisait partir chaque année, au mois de mars, d'Oporto et de Lisbonne, une flotte commune à ces deux ports. Trente navires étaient destinés pour Bahia, alors capitale du Brésil, autant pour Fernambouc, vingt pour Rio de Janeiro et sept pour le Para. Le tonnage de ces navires était notablement supérieur à celui

_____

(1) On n'a pu retrouver les statuts de cette société. Schaëfer, dans son *Histoire du Portugal*, t. IV, p. 566, ne la mentionne qu'en passant, et dit en termes généraux qu'elle jouissait de précieux priviléges et disposait de capitaux considérables. Aucun navire, ajoute-t-il, ne pouvait se rendre du Portugal au Brésil, ni en revenir autrement qu'avec la flotte de la Compagnie. Quoi qu'il en soit, ses priviléges étaient moins étendus que ceux qu'un siècle plus tard le marquis de Pombal conféra à de nouvelles sociétés.

des bâtiments que l'on expédiait précédemment dans l'Inde. Mais il ne faut pas perdre de vue la différence de volume et de poids entre une cargaison d'épices et de soieries et une cargaison de sucre et de bois de teinture. Au mois de septembre de l'année suivante, tous ces navires se réunissaient à Bahia pour retourner dans la métropole. Six bâtiments de guerre escortaient la flotte marchande.

C'est ainsi que, par la culture de son sol fertile et par le travail des colons, le Brésil se développait lentement, sans doute, mais sûrement, lorsque la découverte des mines d'or et de diamants de Minas Géraès et du Cerro do Frio, en 1698 et en 1725, le livra au vertige causé par l'espérance d'une prompte et facile fortune. L'extraction de l'or fut surtout productive vers le milieu du siècle dernier (1) ; quant aux diamants, on en trouva en si grand nombre, que les prix en baissèrent sensiblement et qu'il fallut prendre des mesures pour arrêter les progrès de cette baisse. On conféra à une société le droit exclusif de rechercher et de vendre ces diamants ; elle fut astreinte à payer 1,500 francs pour chaque esclave qu'elle emploierait, et à abandonner au gouvernement tous les diamants dont le poids excéderait un certain nombre de carats. Le commerce des diamants fut interdit aux particuliers, sous peine de mort, et, pour plus de sûreté, on convertit le voisinage des mines en un désert, où les ouvriers et les agents de la Compagnie pouvaient seuls habiter. Les diamants ne pouvaient se vendre qu'au gouvernement, qui se chargeait à son tour de leur vente en Europe. La somme qu'il devait en retirer chaque année, et que lui comptait un seul adjudicataire, fut longtemps fixée à 12 millions 500,000 francs. Les diamants arrivaient bruts ; ils se taillaient et se polissaient en Angleterre et surtout dans les Pays-Bas ; de là, ils se répandaient dans le commerce.

---

(1) Elle était permise à tous les particuliers, mais le cinquième du produit net appartenait à la couronne. Les évaluations au sujet des envois d'or en Europe sont tout aussi peu dignes de confiance que celles qui concernent les métaux précieux du Mexique et du Pérou. Raynal, en prenant pour base les perceptions de la couronne, estime ces envois à 45 millions de francs par an ; mais que de sommes ont dû être dérobées au contrôle !

Situées dans la partie méridionale du Brésil, les mines firent la fortune du port de Rio de Janeiro, qui devint l'entrepôt de leurs produits, ainsi que des nombreux objets de consommation qui y étaient demandés. Des protestants français réfugiés avaient fondé, en 1555, la capitale actuelle du Brésil. Longtemps obscure, elle parut tout d'un coup sur le premier plan et vit s'accroître rapidement son étendue, sa population et son négoce. Peu à peu le commerce anima aussi la province méridionale de Sainte-Catherine, entièrement délaissée jusque-là.

Mais cet enrichissement subit, dû à l'or et aux diamants, éblouit et perdit le Portugal comme l'Espagne. Nous aurons plus loin occasion de traiter ce sujet avec détail ; ici nous devons nous borner à signaler les conséquences fâcheuses de l'exploitation des mines pour le Brésil même. La production du sucre était en voie de prospérité, lors de la découverte des métaux précieux et des pierres fines, et sa consommation commençait à prendre en Europe des proportions telles, que les autres puissances coloniales, reconnaissant l'importance de cette denrée, en avaient activé la culture, notamment aux Indes occidentales. Le sucre devint un des articles les plus avantageux pour le commerce colonial et pour la navigation. L'accroissement de la production fut suivi d'une baisse de prix ; mais le Brésil avait, moins que tout autre pays, sujet de s'en inquiéter, pour peu qu'il se rendît compte des avantages qu'il possédait sur ses concurrents. Nulle part le sol et le climat n'étaient plus favorables à la production du sucre. On ne connaissait au Brésil ni ouragans, ni tremblements de terre, ni aucun de ces phénomènes destructeurs, si fréquents aux Indes occidentales. De grands fleuves facilitaient les relations de l'intérieur avec les côtes ; de nombreux troupeaux répandus dans le pays offraient une nourriture facile et à bon marché, et le voisinage des établissements portugais de la Guinée permettait d'importer directement les meilleurs esclaves, de les acheter de première main et à des prix modérés. Mais tous ces avantages furent méconnus ou négligés, quand, après la découverte de l'or et des diamants, la fureur de s'enrichir en un instant s'empara des colons et leur fit prendre en aversion toute autre industrie. Au lieu de modérer dans ses commencements cette ardeur insensée, le gouvernement l'encouragea par de mauvais exemples. Au lieu de réunir aux profits de l'exploitation des mines ceux de la culture du sol, d'affranchir en particulier le sol d'impôts écrasants, il sacrifia à l'insatiable soif de l'or et aux illusions de la possession éphémère de ce métal, tout le produit à venir d'une grande industrie, source inépuisable de bien-être.

A ce système funeste vinrent se joindre des mesures qui ne l'étaient pas moins. Si, conformément à l'ancienne politique, on avait permis le commerce colonial à tous les Portugais, sous le contrôle et même avec la participation du gouvernement, on aurait pu espérer de voir l'industrie privée réparer les fautes du gouvernement et poursuivre avec intelligence la colonisation du Brésil. On fit tout le contraire; lorsque l'opinion publique commençait à se prononcer de plus en plus contre les compagnies commerciales, le cabinet de Lisbonne eut recours au plus détestable des monopoles; il autorisa, avec les priviléges les plus exorbitants, deux compagnies pour le commerce du Brésil, celle de l'Amazone et du Para en 1755, celle de Fernambouc en 1759. Pour les autres ports il fallut un permis spécial du roi. La société précédente, dont les priviléges étaient beaucoup moindres, fut dissoute. Quelques branches de commerce furent réservées à la couronne. En même temps on retira à la noblesse un grand nombre de ses vastes domaines, qui furent également attribués à la couronne, mais ne restèrent pas moins incultes comme auparavant. Ces mesures insensées et iniques, car le monopole des nouvelles compagnies lésait à beaucoup d'égards des droits de propriété bien acquis, font partie de ce système de violence par lequel Pombal essaya de relever son pays déchu. Ce système échoua en Amérique non moins qu'en Europe. Le Brésil fut arrêté dans son développement, et, continuant de végéter, il ne tarda pas à être dépassé par les Indes occidentales. De nouvelles et grandes destinées ont commencé pour lui récemment, le jour où la maison de Bragance, cherchant en 1808 un asile au delà des mers, déclara son indépendance; indépendance qu'elle fut obligée de reconnaître, quand, après la restauration de l'ancien ordre européen, elle retourna en Portugal pour y régner de nouveau.

Sous la domination espagnole, les Portugais perdirent, avec tant d'autres colonies, la plupart de leurs établissements sur la côte occidentale d'Afrique; cependant, à l'époque où le Brésil secoua le joug des Hollandais, ils reprirent possession de ceux de la Guinée, les plus importants pour la traite des nègres. Nous avons dit, dans l'*Aperçu général*, avec quelle ardeur et quel succès ils se livrèrent à ce trafic. Pour compléter l'histoire de leur domination coloniale, il ne reste plus qu'à mentionner les Açores, Madère et l'archipel du cap Vert. De ces îles, Madère était de beaucoup la plus commerçante; les autres servaient principalement de stations pour la navigation transatlantique. Il était permis à tous les Portugais d'y trafiquer.

IV

Pendant toute la durée du seizième siècle le Portugal eut le monopole du commerce de l'Inde, et Lisbonne en fut l'unique entrepôt. Aucune autre ville d'Europe n'était plus favorablement située pour la navigation transatlantique, et c'est en grande partie pour cela qu'elle fut le point de départ de tant de mémorables découvertes. Dès la fin de la période précédente, Lisbonne était devenue plus considérable, plus peuplée et plus riche. Des hommes entreprenants y venaient de toutes parts, et les rois eux-mêmes firent tout pour les attirer et leur donner de l'emploi. La navigation surtout y prospérait, et les chantiers de Lisbonne offraient une activité qui n'était surpassée qu'à Amsterdam. Les forêts depuis Leiria jusqu'au Mondégo, le long des bords du Tage et aux environs de Sétubal, fournissaient les meilleurs bois de construction, et c'est dans le port de Lisbonne que fut construite en majeure partie l'*invincible Armada* que le fanatisme espagnol envoya contre l'Angleterre, et dont le désastre réagit sur le Portugal.

Les armements maritimes des Portugais étaient donc considérables au commencement de la présente période. Leur marine militaire était une des premières de l'Europe, et, comme ils avaient eu l'initiative des grands voyages d'outre-mer, ils conservèrent assez longtemps leur prééminence. En possession du commerce colonial durant presque tout le seizième siècle, ils servirent de maîtres aux marins des autres nations, et les Hollandais eux-mêmes, qui les supplantèrent, prirent à Lisbonne l'homme qui les conduisit dans l'Inde. Rien n'atteste mieux l'habileté des Portugais comme marins que la part qu'ils prenaient à la pêche près de Terre-Neuve; on y comptait, en 1578, cinquante de leurs navires contre trente navires anglais. Ils naviguaient moins, il est vrai, dans les mers européennes. Les Italiens dominaient dans la Méditerranée, les Hollandais et les Anséates dans les parages du nord et du nord-est. Tous ces peuples, ainsi que les Anglais et les Espagnols, se donnaient rendez-vous dans le port de Lisbonne, où ils allaient acheter de première main les marchandises de l'Inde. Néanmoins le pavillon portugais paraissait lui-même assez fréquemment à Londres et à Anvers; il apportait des cargaisons de l'Inde dans le grand port de l'Escaut, où toutes les conditions nécessaires pour le commerce international étaient si heureusement réunies, que les Portugais préféraient presque cette place, pour leurs achats et pour leurs ventes, à Lisbonne elle-même. Lors de l'insurrection des Pays-Bas contre l'Espagne, ils y poursuivirent sans trouble leur paisible trafic. Seulement ce trafic passa d'Anvers à Amsterdam, et s'effectua principalement par des navires hollandais, qui fréquentaient le Tage en grand nombre, également chargés à l'aller et au retour, tandis que les navires portugais désertaient de plus en plus les parages du nord.

Mais la scène changea complétement du moment où le Portugal tomba sous les lois de l'Espagne. Jusque-là indépendant dans sa politique extérieure, et n'ayant à se préoc-

cuper que de ses propres intérêts, ce pays se trouva alors
engagé dans une lutte à outrance du despotisme contre la
liberté, lutte dont l'ennemi sortit matériellement et morale-
ment victorieux. Les Hollandais seraient-ils venus dans l'Inde
et y auraient-ils établi leur domination, s'ils n'avaient pas
eu affaire à l'Espagne, leur mortelle ennemie? On peut en
douter. La fureur aveugle et la politique suicide de Philippe II les aidèrent à atteindre un but qui dépassait les conceptions les plus hardies. Le décret qui ferma, en 1594, aux
Hollandais le port de Lisbonne, fonda leur empire dans l'Inde
ainsi que leur prépondérance commerciale, et il consomma
la ruine des Portugais.

Cette ruine fut l'œuvre des soixante ans que dura l'union
des deux couronnes. Incapable de défendre ses propres possessions, l'Espagne avait moins encore le pouvoir ou la volonté de protéger les vastes colonies de ses nouveaux sujets.
Elle les abandonna d'autant plus volontiers, que, malgré
l'unité religieuse et politique, une haine nationale subsistait
entre les habitants des deux pays, presque aussi vive que celle
dont les rebelles et les hérétiques du nord étaient l'objet. Aussi
s'appliqua-t-on à Madrid à réduire la nation vassale à un état
complet d'épuisement, et celle-ci se vit-elle privée de tout
moyen de reconquérir son indépendance. Tous les approvisionnements publics furent transportés en Espagne, les domaines royaux vendus et engagés, le peuple grevé de lourds
impôts, et en même temps les sources de son revenu taries (1);
les forces de terre et de mer furent dénationalisées et incorporées aux armées de l'Espagne ; des milliers de Portugais furent emprisonnés et mis à mort; on fit tout en un mot pour
détruire toute l'énergie vitale du pays.

On comprend maintenant combien le Portugal devait être
pauvre en vertus morales et en ressources matérielles, lorsqu'après avoir recouvré son indépendance par l'explosion su-
bite d'une conspiration plutôt que par un grand effort popu-

(1) Le commerce de Lisbonne et d'Oporto se vit exclu de la Vera-Cruz et
de Porto-Bello.

laire, il reparut sur la scène politique. Ce qui lui restait de
forces se consuma dans la longue guerre qui suivit avec l'Espagne, et qui se termina, en 1668, par la reconnaissance du
statu quo, en laissant les deux parties épuisées. Sa marine
surtout, qui avait fait son orgueil et la garantie de sa puissance, était profondément déchue; elle avait fait place à celle
de la Hollande, qui, occupant comme le Portugal un territoire
resserré, devait chercher également à jouer un grand rôle sur
les mers. Les deux tiers à peu près de la flotte portugaise
avaient péri dans les guerres de l'Espagne; beaucoup de navires marchands, revenant des Indes orientales, avaient été
capturés par les Anglais et par les Hollandais; il n'en avait
pas été construit de nouveaux, et les Portugais, à qui la mer
était jadis si familière, étaient devenus presque étrangers à
cet élément. Où les matelots auraient-ils pu se former, lorsqu'il n'existait plus de pêcheries et que l'étranger approvisionnait en majeure partie un pays de côtes tel que le Portugal?
La tradition de ces navigateurs héroïques, sortis de l'école
de l'infant don Henri, avait disparu, et le jugement sévère
qui, vers le milieu du dix-septième siècle, signalait les Portugais comme les plus mauvais marins de l'Europe, n'était que
trop justifié par les faits. Leur navigation se borna dès lors
à l'intercourse avec les colonies qui leur restaient et à l'exploitation de la traite des noirs; quant à la grande pêche et au
commerce intermédiaire, ils cessèrent presque entièrement
d'y prendre part. Les importations du Brésil rendirent, il est
vrai, de la vie à Lisbonne, et cette ville conserva toujours une
certaine importance comme étant le principal entrepôt portugais; Oporto ne surgit en effet que sous l'administration de
Pombal; mais ce ne furent plus que des bâtiments étrangers
qui vinrent dans le Tage charger le sucre et le tabac, l'or et
les diamants.

Il eût été plus avantageux sans doute, pour les Portugais,
d'expédier eux-mêmes, comme les Hollandais, les produits de
leurs colonies aux différentes contrées de l'Europe, mais ce
n'est pas là ce qui causa la ruine de leur commerce. Les na-

vires étrangers se rendaient à Lisbonne, non-seulement pour y charger des produits de l'Inde et du Brésil, mais aussi pour y importer leurs propres marchandises, et solder ainsi leurs retours. Tout eût été pour le mieux, si ces importations ne s'étaient composées que d'articles que le Portugal n'était pas appelé à produire, par exemple de ceux du Nord, et de quelques autres produits agricoles et manufacturés. Mais, sans industrie et avec une agriculture insuffisante, le Portugal était tributaire de l'étranger, et cette situation fut empirée encore par le système colonial. En effet, l'avantage essentiel de ce système consistant dans l'approvisionnement de la colonie par les fabriques de la métropole, la nécessité pour la métropole et pour la colonie de recourir également aux étrangers, impliquait une double perte. A quoi bon les prohibitions les plus sévères, les droits les plus élevés, là où il n'existait pas d'industrie nationale à protéger? Outre qu'on encourageait ainsi la contrebande, une loi, qui n'avait pas de cause, devait rester sans effet.

Les Portugais s'étaient adonnés au commerce extérieur avec la fougue des natures du Midi, et ils avaient complétement négligé pour lui le commerce intérieur. La nature, il est vrai, les avait mieux doués pour le premier que pour le second, et un gouvernement autre que celui de l'Espagne aurait compris que la Péninsule, après la réunion des deux couronnes, eût pu jouer un grand rôle dans le commerce de l'univers. Les habitants éprouvaient une aversion profonde pour les travaux de l'agriculture et de l'industrie, et les bras manquaient nécessairement à ces travaux dans un pays où tout le monde était entraîné vers le commerce et la navigation. Les produits, facilement obtenus, d'un sol fertile et d'un heureux climat suffisaient pour les besoins ordinaires. L'état arriéré de l'agriculture provenait, du reste en grande partie, du régime de la propriété. De grands domaines se trouvaient entre les mains de l'Église ou d'une noblesse innombrable, qui les affermait à vil prix, ne se préoccupait d'aucune amélioration et mangeait sa petite rente dans un service improductif à la cour.

Le paysan lui-même avait un éloignement invincible pour le travail, et il ne songeait pas à augmenter son avoir ni à améliorer sa situation. On ne doit pas oublier non plus l'action paralysante du clergé, qui ne se faisait pas moins sentir en Portugal qu'en Espagne. On comptait dans le calendrier portugais 139 jours de fête, non compris les jours de procession et de pèlerinage. Le plus grand nombre des gens de la campagne vivaient des aumônes des couvents et des églises. Combien d'or du Brésil ne s'y trouvait-il pas stérilement enfoui ! Le célibat favorisait l'oisiveté. Nulle part la richesse ne fut plus gaspillée dans un vain faste et dans de frivoles satisfactions pour la vanité nationale. Encore aujourd'hui des routes carrossables sont presque inconnues en Portugal ; de magnifiques fleuves sont ensablés et à peine navigables à leur embouchure ; à ce point que le commerce intérieur, même tout près des villes, rencontre souvent des obstacles insurmontables. Encore aujourd'hui les instruments aratoires y sont tout aussi grossiers qu'il y a quatre siècles ; le sol le plus riche est employé comme pâturage ; de vastes espaces sont inhabités, et ce n'est que sur les côtes, et principalement dans la grande capitale des bords du Tage, qui, plus que toute autre métropole, attire à elle toute la vie du pays, que l'on retrouve l'aspect et les traditions d'un État civilisé.

Il paraît que l'agriculture et le commerce intérieur avaient été précédemment plus prospères et convenablement encouragés par des rois tels que Denis et Ferdinand, de 1279 à 1383 (1) ; mais il est certain qu'ils dépérirent du moment où le peuple et le gouvernement tournèrent leurs regards vers la mer et y cherchèrent la gloire et la fortune. Le mal resta caché tant que le Portugal fut la seule puissance coloniale, tant qu'il conserva le monopole du commerce de l'Inde, qui comprenait des produits fabriqués aussi bien que des produits naturels. Mais quand cette domination eut pris fin, quand le

(1) Le Portugal fournissait alors du blé à divers pays de la Méditerranée, parfois même à l'Angleterre. La culture de la soie et de l'olivier, ainsi que l'éducation des bêtes à laine, y avaient également de l'importance.

Portugal n'eut plus de commerce extérieur qu'avec sa colonie d'Amérique, et qu'au lieu de pouvoir solder les produits du sol de cette dernière avec ceux de sa propre industrie, il se trouva lui-même hors d'état de satisfaire à ses besoins, alors son appauvrissement et son impuissance se révélèrent dans des proportions effrayantes. Si l'on tient compte en outre de l'épuisement systématique du pays durant les soixante années de la domination espagnole, puis du développement extraordinaire des puissances commerçantes ses rivales, on ne s'étonnera pas de voir le Portugal dépendre de l'agriculture et de l'industrie étrangères pour la subsistance de chaque jour et pour le vêtement. Ce fut alors qu'il expia, comme l'Espagne, l'expulsion d'hommes industrieux et aisés, tels que les Maures et les Juifs.

Peut-il encore rester un doute sur la nature des chargements de ces navires étrangers qui entraient dans le Tage, pour y prendre en échange du sucre, du tabac, des bois de teinture, mais surtout des métaux précieux et des pierres fines? Il s'écoulait rarement plusieurs années sans qu'Amsterdam expédiât des blés à Lisbonne; ses envois réguliers consistaient en articles manufacturés de la Hollande, complétés par quelques articles de l'Angleterre, de la France et de l'Italie elle-même, qui fournissait des étoffes de soie. A part les produits coloniaux, le Portugal n'avait rien d'important à offrir que du sel et des vins; et ce dernier article, l'unique produit, on peut le dire, de l'industrie du Portugal, eut sur la destinée de ce pays l'influence la plus funeste.

Le Portugal, après sa restauration, se vit dans la nécessité de chercher des alliances. La politique lui assurait celles de tous les ennemis de l'Espagne. Les avantages qu'ils retiraient de l'émancipation du Portugal ne pouvaient manquer de lier leurs intérêts aux siens. Avec quelque sagacité la nouvelle cour de Lisbonne aurait donc bientôt reconnu qu'elle n'avait pas besoin de s'imposer des sacrifices pour acquérir des amis. Son inintelligence et sa précipitation à livrer le marché intérieur à l'étranger, ruinèrent le pays. On ne sut profiter qu'à demi et timidement d'une occasion qui s'était offerte de réparer la faute commise. La France avait, en 1644, défendu l'importation du sucre et du tabac brésiliens. Le Portugal répondit par la prohibition des articles de l'industrie française. Gênes alors accapara le commerce des étoffes de soie; mais, pour les étoffes de laine, le ministre Eréceira, chef du cabinet, pensa qu'un pays qui produisait la matière première avait aussi qualité pour la mettre en œuvre. On fit venir à cet effet des drapiers d'Angleterre, et les fabriques indigènes prospérèrent si promptement que peu d'années après, en 1684, on put défendre l'importation des draps étrangers et approvisionner avec ceux du pays le pays lui-même et ses colonies. L'Angleterre, dont les draps trouvaient auparavant dans le Portugal un débouché avantageux, vit avec regret ce nouvel état de choses. Elle n'y pouvait rien changer toutefois, quand les événements vinrent merveilleusement à son aide. Un petit-fils de Louis XIV monta sur le trône d'Espagne. Tous les États s'alarmèrent de l'agrandissement d'une maison ambitieuse. Le Portugal en particulier, par qui la France avait été jusque-là considérée comme un ferme appui contre l'Espagne, vit tout à coup en elle une ennemie prête à l'opprimer. Sans plus de réflexion, il se jeta dans les bras de l'Angleterre, qui, habituée à faire tourner toutes les négociations à l'avantage de son commerce, se garda bien de laisser échapper une si belle occasion. Le ministre anglais à Lisbonne, Méthuen, adroit et fin diplomate, conclut en 1703 avec le Portugal un traité par lequel cet État s'obligea à admettre tous les lainages anglais, au droit d'entrée de 23 p. 0/0, en vigueur avant 1684, et l'Angleterre à recevoir les vins portugais, à un droit d'un tiers moins élevé que le droit des autres provenances.

Ce traité, qui porte le nom de son auteur, a été souvent signalé comme le coup de mort porté à l'indépendance économique du Portugal, comme un asservissement commercial de ce royaume. Les conséquences fâcheuses qu'il a eues pour le Portugal ne sauraient être mises en question; il est certain, néanmoins, qu'elles n'auraient pas eu la même gravité et

qu'elles auraient pu être neutralisées si le pays n'avait pas été
dégénéré et son gouvernement incapable. Les avantages du
traité étaient réciproques en apparence, ils n'existaient en réalité que pour l'une des parties. L'Angleterre, qui obtenait un
privilége exclusif pour ses produits fabriqués, la prohibition
étant maintenue à l'égard des autres pays, n'accordait rien en
retour ; car ce qu'elle cédait au Portugal comme une faveur,
elle l'avait déjà fait dans son propre intérêt. Les vins qui riva-
lisaient chez elle avec ceux du Portugal, étaient les vins de
France. Or, depuis que la France ne tirait plus de draps de
l'Angleterre, celle-ci avait, pour rétablir la balance, frappé
les vins français d'un droit élevé. Elle pouvait donc, sans le
moindre dommage, admettre les vins portugais à un droit
moindre d'un tiers. Sa consommation en vins équivalait-elle
d'ailleurs à celle du Portugal et de ses colonies en lainages ?
Ce n'est pas tout ; l'Angleterre n'avait pas d'industrie viticole
à perdre ; le Portugal, au contraire, compromettait une fabrication naissante.

Une fois qu'un peuple riche, actif et intelligent a pris possession d'une industrie considérable, on peut être sûr qu'il
s'emparera aussi, tôt ou tard, des industries accessoires. Ce
fut ce qui arriva dans l'espèce. L'Angleterre n'envoya d'abord
que des tissus de laine, elle y joignit bientôt tous les autres
produits de son industrie grandissante. Elle construisit pour le
Portugal des bâtiments destinés à l'intercourse avec les colonies, et lui fournit des vivres et des munitions de guerre. La
navigation d'Europe passa de plus en plus du Tage à la Tamise. L'Angleterre fit la banque pour le Portugal ; on prenait
à Londres de l'argent à 3 p. 0/0 ou 3 1/2 au plus, et on le
plaçait à 10 p. 0/0 à Lisbonne. Les importations annuelles de
l'Angleterre en Portugal excédèrent les exportations de ce
dernier État, d'un million de liv. sterl. ; ce million devait être
soldé au comptant avec l'or du Brésil, car l'Angleterre ne prenait ni sucre, ni tabac, articles pour lesquels elle donnait la
préférence à ses propres colonies. Ce défaut d'équilibre dépri-
mait le cours du change sur Lisbonne de 15 p. 0/0 et favori-

sait d'autant la consommation des vins portugais en Angleterre. Des maisons anglaises établies à Lisbonne s'étaient emparées du commerce intérieur. Elles recevaient les marchandises de leur pays et les distribuaient entre les marchands des provinces, qui souvent en opéraient la vente pour le compte de leurs commettants. Une partie même des affaires de commission devint le partage du commerce anglais. C'était à lui qu'appartenaient généralement les flottes qui partaient pour le Brésil et par suite les richesses qu'elles en rapportaient. Les noms portugais ne figuraient dans les opérations que pour la forme. On estime à 2 milliards 400 millions de francs l'or exporté du Brésil, dans une période de soixante ans, depuis la découverte des mines. Or, au Portugal, en 1754, il n'en circulait pas pour plus de 15 à 20 millions, et ce pays en devait 72. Aucune description ne serait aussi éloquente que ces chiffres. Le Portugal était comme un crible par lequel des richesses immenses passaient sans laisser de trace. L'exportation des métaux précieux était, il est vrai, rigoureusement prohibée ; mais chaque mois deux bâtiments de guerre anglais quittaient le port de Lisbonne ; exempts de toute visite, ils emportaient des sommes considérables.

Ainsi, vers le milieu du dernier siècle, le Portugal était en Europe le pays qui offrait le spectacle le plus affligeant. Les pieds et les mains liés, atteint dans le principe même de sa vie, il se consumait dans une lente agonie, et il restait dans la poussière lorsque l'Espagne elle-même se relevait. Tout à coup surgit dans son sein un homme qu'on prit pour un sauveur, pour un héros des siècles passés. La misère était au comble, les fléaux de la nature s'étaient déchaînés contre l'infortuné pays, et un tremblement de terre tel que l'Europe n'en a plus éprouvé depuis avait détruit, en 1755, sa capitale si riche en grands souvenirs. Dans ce temps calamiteux, le roi Joseph-Emmanuel appela le marquis de Pombal à la tête de son cabinet et lui donna des pouvoirs illimités. Cet homme d'État, qui s'est fait un nom illustre dans la politique par sa lutte acharnée contre la noblesse et le clergé et en particulier contre l'ordre des Jésuites, n'a pas également bien mérité du commerce, où il intervint avec tout autant d'énergie. L'esprit supérieur de Pombal avait découvert les causes de la situation désespérée du Portugal : le despotisme spirituel de Rome et le despotisme temporel de l'Angleterre, la paresse, l'ignorance, la bigoterie et l'orgueil qui régnaient dans toutes les classes, voilà ce qui frappait le travail de stérilité et ce qui engendrait la misère. Pour remédier à de tels maux, des mesures radicales étaient peut-être nécessaires, et l'expulsion des Jésuites, les cruelles humiliations infligées à la noblesse peuvent se justifier. Mais Pombal ne s'en tint pas là; il ne se contenta pas de renouveler la constitution, la législation et l'administration du pays, et de laisser le temps mûrir son œuvre. Il voulut que le Portugal devînt tout d'un coup libre, riche et puissant, et cela comme il l'entendait, sous son inspiration et sous ses ordres. Pour cela il fallait suspendre absolument les droits et l'activité propre de l'individu, il fallait que chaque Portugais ne pensât que par Pombal et lui obéît passivement comme une machine. L'application conséquente d'une idée si insensée, si contraire à la nature, si blessante pour la dignité humaine, eut pour résultat le despotisme le plus absolu. Pombal décidait en dictateur et sans appel, quel usage les sujets devaient faire ou ne pas faire de leurs forces, de leurs bras, de leurs capitaux et des produits de leur travail. Il poussa à l'extrême ce système de gouvernement paternel qui ne connaît ni repos ni relâche, qui s'étend sur tout, qui ne peut souffrir aucune liberté d'action, qui croit seul pouvoir tout surveiller, tout savoir et tout régler pour le mieux, se donnant la mission de remplacer la Providence auprès de gouvernés qui ne cessent pas d'être des mineurs et de se conduire comme des enfants.

Pombal voulait rendre son pays industrieux et prospère. Il trouvait qu'on produisait trop de vin et trop peu de blé. Il fallut donc demander du blé à un sol qui ne pouvait fournir que du vin. On déracina des vignes; à la place des vignobles, on n'eut plus que des terrains stériles; la production du blé resta la même ; et celle du vin diminua de 37,000 foudres. Le ministre omnipotent découvrit qu'on filait mal la soie dans la province de Tras-os-montes. On fit venir aussitôt des fileuses du Piémont, et il fut enjoint de ne plus désormais filer de soie, à moins d'avoir reçu des leçons de ces étrangères, et de produire un certificat de capacité. Les Italiennes, cherchant à monopoliser cette industrie, délivraient peu de certificats et montraient une partialité choquante. Le peuple, aigri par ces restrictions oppressives, finit par perdre patience, et détruisit les mûriers de ses propres mains. Pombal ordonna l'établissement de villes nouvelles, et, pour les peupler, on y transporta des hommes arrachés de vive force à leurs foyers. Il se fonda des fabriques qui disparurent presque aussitôt. Une loi détermina la quantité de terrain à affecter au jardinage, et la culture du tabac fut interdite sous peine de mort. Il ne fut permis de passer de baux qu'à termes courts, et, pour rétablir l'éducation du bétail, on défendit de tuer les veaux. On alla jusqu'à fixer les prix des marchandises. Les mesures prises en matière de commerce ne furent pas moins funestes que celles qui concernaient l'agriculture et l'industrie. Sous ce rapport, le Portugal avait suivi jusque-là des principes libéraux, et n'avait pas étendu aussi loin que d'autres États les priviléges des compagnies ; Pombal adopta le système de monopole le plus exorbitant. Le commerce avec l'Inde et la Chine fut concédé en 1754 à un riche négociant de Lisbonne, Velson Oldembourg, et les compagnies de l'Amazone et du Para ne comptèrent qu'un très-petit nombre de membres. Le cercle des opérations du pays se rétrécit ainsi de plus en plus. Mais une des créations les plus violentes et les plus iniques fut celle de la compagnie des marchands de vin de Porto. Cette compagnie obtint le privilége incroyable d'accaparer, à un prix minime, les vins de tous les propriétaires de vignobles sur le haut Douro. Pombal s'en fit nommer directeur, avec une part dans le produit de la vente de chaque barrique. Il prescrivit de plus qu'aucun habitant de Lisbonne et de la province d'Estremadure ne prêtât d'argent à intérêt qu'au directeur, et cet ordre fut maintenu en vigueur jusqu'à ce que la Société eût réuni dans ses mains 1,300 mille cruzades. Il s'ensuivit que beaucoup de familles, obligées de livrer leurs vins à vil prix, furent réduites à la mendicité, que beaucoup d'autres, prévoyant le même sort, arrachèrent leurs vignes ; de là une révolte générale qui fut comprimée avec rigueur. La compagnie, maintenue, non-seulement conserva ses priviléges, mais obtint en outre la faculté nouvelle de distiller l'eau-de-vie.

De pareils faits motivent suffisamment l'arrêt de condamnation que l'histoire du commerce est obligée de prononcer contre le ministre portugais. Quelques bonnes mesures, telles que l'affranchissement du commerce des grains et l'émancipation des paysans, se perdent dans la masse des maux qu'il a causés. Le service que rendit la compagnie du Douro en améliorant la culture d'un petit district, n'est pas un dédommagement des sacrifices qu'elle a coûtés aux particuliers. Une bonne mesure était immédiatement paralysée par deux mauvaises.

Pombal échoua encore dans ses efforts pour s'émanciper de l'Angleterre, et pour se rapprocher commercialement de la France, qui, étant elle-même un pays producteur de vins, et favorisant le sucre de ses colonies, ne pouvait pas faire, sur ces deux grands articles, de concessions au Portugal. L'Espagne était dans le même cas. Une œuvre que la violence et la contrainte avaient seules créée et maintenue, dut périr après la retraite de son auteur, qui eut lieu en 1777. Sous le nouveau gouvernement, une réaction complète se produisit dans la politique intérieure et extérieure à la fois. La suprématie anglaise fut rétablie, la situation commerciale éprouva une certaine amélioration par suite des progrès de la navigation des Anséates, des Prussiens et des Suédois, qui, multipliant leurs relations directes avec Lisbonne, agrandirent les débouchés du Brésil. La navigation portugaise elle-même se releva un peu pendant la guerre d'Amérique, à la faveur de la neutralité de son pavillon. En dernière analyse, toutefois, on restait en décadence et la situation n'avait pas cessé d'être désespérée.

II. — Les Espagnols.

I

Écrire l'histoire du commerce des Espagnols est chose difficile ; l'exécution restera toujours au-dessous de l'attente. Car si, par ses découvertes et par ses colonies, ce peuple a joué un grand rôle dans le commerce de l'univers, s'il en a immensément agrandi le domaine, lui-même en a retiré fort peu de profits, et sa participation y a été passive beaucoup plus qu'active. Son caractère excluait les qualités indispensables au négociant. L'Espagnol ressemble aux anciens Romains par son dédain pour toutes les occupations qui se rattachent au commerce et à l'industrie. La gloire militaire, la conquête à main armée, une fière indépendance et l'asservissement des vaincus, obligés d'exécuter tous les travaux réputés vils à ses yeux, tels sont les objets de ses efforts, tels sont ses mobiles. On peut en juger par son histoire. Dans la plus haute antiquité, ce fut à des étrangers que l'Espagne dut son développement économique. Les Phéniciens et les Carthaginois firent son commerce, exploitèrent ses mines, et c'est d'eux que provenait tout ce qui s'y conserva d'agriculture et d'industrie sous les Romains. Les Visigoths, qui y jetèrent les fondements d'une nationalité nouvelle, y amenèrent la barbarie ; sous leur domination il n'y eut plus d'honorable que le métier des armes ; les arts de la paix périrent à l'exception d'un petit nombre qui se conservèrent pour satisfaire aux premiers besoins, mais qui n'obtinrent aucune protection. La force physique se trouva, cependant, impuissante contre l'irrésistible élan de l'islamisme. La croix tomba devant l'étendard du prophète, et les débris du royaume des Visigoths n'échappèrent à la conquête arabe qu'en se réfugiant dans les monts inaccessibles des Asturies. Nous avons dit au chapitre des Arabes, dans le premier volume du présent ouvrage, comment les Maures fondèrent un florissant empire, et firent jouir la Péninsule d'une prospérité qu'elle n'a pas connue depuis. La victoire du christianisme coûta, hélas ! la ruine de cette brillante civilisation. Dans une lutte prolongée, le caractère espagnol acquit, sans doute, cet élan chevaleresque, cette hardiesse aventureuse, qui, plus tard, firent la conquête d'un nouveau monde, mais il perdit la paisible activité qui crée le goût du travail producteur, et la connaissance des pures et intarissables sources de la prospérité publique. Pour comble de malheur, à l'exagération de l'esprit chevaleresque vint se joindre le fanatisme religieux, l'orthodoxie catholique, qui lui avait montré dans le Maure l'ennemi de l'Église à combattre et à exterminer. Cette orthodoxie présida au gouvernement de la monarchie espagnole ; unie à un absolutisme sans bornes, elle ne contribua pas peu aux échecs, aux pertes et aux désastres dont l'histoire commerciale de l'Espagne abonde autant que son histoire politique.

Le même esprit ne régnait pas, il est vrai, dans toutes les provinces, et leurs dispositions différèrent sensiblement de même que leurs usages. Ainsi la Catalogne avait acquis de bonne heure une certaine importance commerciale et maritime (1), et plusieurs des provinces méridionales se distinguaient par leurs fabriques et par leur agriculture. La Catalogne se ressentait du voisinage de l'Italie, le midi de la longue domination des Maures. Mais ni l'une ni l'autre de ces influences ne purent empêcher l'élément castillan de prévaloir. Cet élément s'assimila la nation entière ; il devint le type auquel on se conforma partout bon gré, malgré. C'était principalement la Castille, dont l'héroïsme avait reconquis la Péninsule ; elle avait été la première et la plus ardente à combattre les infidèles, elle avait agrandi l'Espagne catholique et était devenue le plus considérable de ses royaumes. Peut-on s'étonner dès lors qu'après le mariage d'Isabelle, sa reine, avec Ferdinand, roi d'Aragon, en 1479, ses lois et ses coutumes aient servi de modèles à la nouvelle monarchie ? De

---

(1) Voir l'*Aperçu général* du moyen âge.

cet événement date proprement l'histoire politique de l'Espagne. Peu d'années après, en 1491, disparaît à Grenade le dernier reste de la domination maure, et la nation complétement unie et constituée prend sa place dans le système européen pour le remuer profondément.

Peu de contrées ont été plus favorisées par la nature et offrent à l'agriculteur, à l'industriel et au commerçant plus de ressources que l'Espagne. Pour tous les besoins essentiels, elle se suffisait; un sol, d'une fécondité merveilleuse, sous un climat varié, y présentait tous les produits de la zone tempérée, il comportait même quelques-uns de ceux des tropiques. Il recélait de grandes richesses métalliques, argent, cuivre, fer, mercure, cobalt, soufre, salpêtre, houille, etc., exploitées dès l'antiquité, mais loin d'être épuisées encore. Où l'industrie trouvait-elle à sa portée des matières premières plus précieuses que la laine et la soie d'Espagne? Quelles facilités n'offraient pas les grands fleuves aux échanges intérieurs et au transport des produits vers un littoral qui, par son développement, par ses ports nombreux et sûrs, semblait appelé à être le théâtre d'un vaste commerce! Il ne fallait pas, certes, beaucoup d'efforts pour utiliser et pour féconder ces dons de la Providence.

Les provinces du sud, l'Andalousie et Grenade, arrachées les dernières à la domination des Maures, avaient le plus fidèlement conservé le souvenir et les traces de cette époque, leur âge d'or. Toute la campagne ressemblait à un jardin; un ingénieux système d'irrigation y avait mis en culture les terrains les plus ingrats. C'est ce qui explique comment une petite province comme celle de Grenade pouvait nourrir trois millions d'hommes. Les habitants étaient restés sur le sol chéri auquel ils avaient appliqué leur travail et leur intelligence. Sans cesser d'avoir les yeux tournés vers la Mecque, une fois que le sort s'était prononcé contre eux, ils s'étaient soumis sans résistance à la nouvelle domination. Ils ne demandaient que de la tolérance, offrant à ce prix leur fortune et leur vie à l'État, qu'ils avaient enrichi par leur propre richesse. Ils furent en butte à des tentatives de conversion sous le cardinal Ximénès, pendant la minorité de Charles-Quint, et il s'ensuivit des luttes sanglantes ; mais, en définitive, l'existence des Maures et leur droit de résidence en Espagne n'éprouvèrent point d'atteinte jusqu'au règne de Philippe II. Si donc, de 1492 à 1568, la situation économique de l'Espagne, son agriculture et son industrie, présentent un aspect satisfaisant, le mérite en revient aux Maures pour une bonne part. Isabelle, de plus, fit preuve d'une grande intelligence des intérêts matériels de son peuple, et rendit de bonnes lois pour stimuler son industrie. Elle écarta de nombreux obstacles aux échanges de provinces séparées les unes des autres par des lignes de douane, diminua les impôts fonciers, encouragea ainsi l'agriculture, négligée dans beaucoup de localités durant les guerres avec les Maures, fit construire des ponts et des routes et rectifier le cours des fleuves, favorisa l'élève des chevaux en Andalousie, établit l'unité des poids et des mesures, et fit cesser le désordre qui régnait dans le système monétaire. A cette époque, malgré sa nombreuse population, l'Espagne envoyait à l'étranger l'excédant de ses récoltes. Les Asturies et la Vieille Castille étaient des greniers toujours pleins ; la Navarre et les provinces basques, avec leurs immenses forêts et leurs gras pâturages, fournissaient les plus beaux bois de construction, et une laine qui se perfectionnait chaque jour.

L'industrie florissait dans la plupart des villes : Séville comptait en 1519 plus de 16,000 métiers à tisser la soie, et à Ségovie la draperie occupait 34,000 ouvriers, employant chaque année 4 millions et demi de livres de laine. Les draps bleus et verts de Cuença étaient très-recherchés, surtout en Orient et sur la côte d'Afrique. Nulle part les broderies d'or et d'argent, en particulier pour ornements d'église, n'étaient plus parfaites ni plus solides qu'à Séville et à Grenade. On estimait également les ouvrages en argent de Valladolid, les cuirs de Cordoue, les gants d'Ocana, les armes de Tolède, les verreries et les coraux de Barcelone.

L'industrie réagissait sur le commerce qu'elle alimentait. A Burgos et à Medina del Campo se tenaient de grandes foires, où affluaient les marchands du pays et de l'étranger, et dont la circulation en lettres de change, lingots et espèces, fut évaluée à 662 millions et demi de francs (1), par un ministre de Philippe II, dans une session des cortès, en 1563.

Le commerce maritime de l'Espagne, en 1513, employait environ mille navires, dont deux cents appartenaient aux côtes des provinces basques, et se livraient à la pêche de la baleine ou au trafic avec le Nord ; les autres, pour la plupart, se rattachaient à l'Andalousie, et particulièrement à Séville, la principale place de commerce d'Espagne jusqu'à la fin du dix-septième siècle, époque où Cadix la remplaça. Séville était le point de départ des voyages pour les îles Canaries et pour l'Amérique ; elle était l'entrepôt de toutes les affaires d'importation et d'exportation avec les pays d'outre-mer et l'intermédiaire des échanges entre la Flandre et les républiques marchandes de l'Italie. Le cabotage occupait quinze cents embarcations de moindre capacité ; ce qui permet de soutenir que, jusqu'à l'avénement de Philippe II, la marine marchande de l'Espagne était fort importante, et qu'elle suivait de près celle du Portugal, si elle ne l'égalait pas. La législation la protégea ; aucun navire étranger ne pouvait prendre cargaison dans un port d'Espagne, tant qu'il restait un bâtiment du pays non chargé ; et, pendant une certaine période, une prime, dont le taux se réglait sur le tonnage, était allouée pour chaque navire construit en Espagne.

Mais déjà ce pays portait dans son sein des germes de destruction, et le ver rongeur avait atteint la racine de l'arbre, qui, dans sa vaste expansion, menaçait de couvrir l'univers. La puissance espagnole, au moment même où la réunion des

---

(1) Ce chiffre peut paraître exagéré; observons que M. Weiss, auquel l'auteur a largement emprunté dans ce chapitre, le mentionne comme approuvé par l'Académie d'histoire de Madrid, sans toutefois en garantir l'exactitude. Voir l'*Espagne depuis le règne de Philippe II*, tome Ier, p. 18.   C. Y.

deux couronnes de Castille et d'Aragon venait de la fonder, reçut la blessure mortelle, dont le venin devait peu à peu se répandre dans tout le corps social, y détruire les plus nobles organes, amener enfin une dissolution telle qu'il ne s'en était pas vu depuis l'empire romain. Le génie créateur de la reine Isabelle était rétréci par les idées religieuses qui, durant une lutte séculaire, avaient soutenu l'enthousiasme du peuple castillan, et étaient devenues pour lui une seconde nature, une conviction immuable. On voulut consacrer et consommer, au moyen de l'unité religieuse, l'unité politique, accomplie par la réunion des deux couronnes. En Espagne, l'ennemi du pays avait été en même temps l'ennemi de la foi chrétienne ; la politique et la religion le haïssaient également. Nous n'avons pas à suivre dans ses détails le développement de la constitution théocratique et monarchique de l'Espagne ; mais il est de notre devoir d'étudier avec soin un système de gouvernement auquel aucune mesure de politique intérieure ou extérieure, aucun intérêt matériel ou moral, ne pouvaient se dérober. L'histoire du commerce espagnol ne se comprend pas sans celle de l'inquisition. Cette institution toute-puissante, pour ainsi dire la loi fondamentale du pays, fut l'œuvre d'Isabelle, qui, en 1481, établit le tribunal de la foi à Séville, en le confiant à l'ordre des Dominicains. Ce furent, il est vrai, ses successeurs qui donnèrent à l'inquisition son plein développement, et qui, avec l'aide de l'ordre des Jésuites, né dans l'intervalle, en firent l'instrument de leur despotisme ; mais son origine remonte à l'époque où nous sommes arrivé, et un de ses premiers actes se rapporte à notre sujet.

Lorsque les Juifs, chargés de malédictions, s'étaient dispersés dans le monde, un grand nombre d'entre eux s'étaient établis dans la péninsule ibérique. Là, comme partout, ils avaient su promptement s'emparer de toutes les branches de négoce. Les Goths les opprimèrent cruellement. Aussi n'est-il pas invraisemblable que les Juifs se vengèrent en aidant les Arabes à conquérir le pays. La tolérance des Maures leur assura un sort heureux ; en possession de droits étendus, ils firent le commerce sans entraves et s'élevèrent même aux plus hauts emplois. Mais tout changea, quand les Maures, serrés de près par les chrétiens, perdirent chaque jour du terrain et finirent par ne plus conserver que Grenade. Sous la domination chrétienne, il ne fut plus question de tolérance pour les Juifs restés dans le pays. Indépendamment d'un fanatisme toujours croissant, leur richesse et leur luxe excitèrent la haine du peuple. Le commerce d'argent était principalement entre leurs mains, et souvent, dédaignant un profit raisonnable, ils exerçaient une indécente usure. Les persécutions des Juifs en France et en Allemagne trouvèrent en Espagne les imitateurs les plus zélés. La Castille donna le signal. Joignant à une dévotion aveugle le désir de se délivrer de leurs créanciers, les populations se livrèrent à des cruautés inouïes. Beaucoup de Juifs se convertirent pour sauver leur vie, mais ils restèrent secrètement attachés à leur ancienne foi. L'inquisition prit de là occasion de procéder contre eux avec toutes ses terreurs. Des milliers de victimes trouvèrent la mort dans les flammes du bûcher; mais le martyre ne fit qu'exalter les convictions. Il fallut en venir à une mesure radicale, et l'on expulsa d'Espagne tous les Juifs. Pour détourner ce coup terrible, les malheureux offrirent une forte somme d'argent. Le roi Ferdinand était près de l'accepter, mais le grand inquisiteur effraya sa conscience, et l'ordre d'exil fut maintenu. Quatre-vingt mille Juifs se dirigèrent vers le Portugal, où il leur fut permis de passer, sous le paiement d'un droit, pour se rendre en Afrique; un grand nombre s'embarquèrent pour Naples ou franchirent les Pyrénées; on évalue à huit cent mille la totalité de ces émigrants. La défense d'emporter de l'or et de l'argent fut, on le pense bien, facilement éludée. Mais c'était peu de chose qu'une perte de métaux; la prospérité matérielle du pays reçut un coup infiniment plus sensible par le départ d'hommes industrieux et actifs, que les Espagnols étaient absolument hors d'état de remplacer.

On conçoit dans quel esprit les Espagnols, ainsi préparés,

acceptèrent la mission de découvrir et de conquérir l'Amérique. Le Portugal, aussi, était un pays catholique ; il avait également guerroyé contre les Maures ; mais, arrivé plus tôt à l'indépendance, il avait combattu principalement sur le sol africain, ce qui l'avait obligé d'ajouter des forces nouvelles à ses forces de terre. La possession d'une marine, le voisinage et l'habitude de la mer, la situation de la capitale à l'embouchure d'un grand fleuve, tout cela dut influer sur le caractère national ainsi que sur la politique du gouvernement, et familiariser les Portugais avec les avantages du commerce et de la navigation. La Castille, au contraire, pays de montagnes, enfoncé dans l'intérieur, n'offrait au génie du commerce aucune chance de développement. Henri le Navigateur avait méthodiquement dirigé les explorations sur la côte occidentale d'Afrique, et les rois ses successeurs avaient habilement continué son œuvre. Toutes leurs découvertes, ils les avaient sans retard et merveilleusement exploitées ; ils avaient colonisé Madère, et le marché de Lisbonne avait reçu de l'or, de l'ivoire et des esclaves. L'espoir, chaque jour mieux fondé, d'atteindre l'Inde par la voie de mer, devait surtout exciter la spéculation marchande et l'amour du gain, car on voyait, par l'exemple des Vénitiens et des Génois, quelles richesses procurait le commerce de l'Inde. C'est, du reste, ce qui explique le refus qu'essuya Christophe Colomb à la cour de Lisbonne. Il arrivait trop tard : les Portugais ne pouvaient abandonner la route où ils s'étaient déjà si fort avancés, pour embrasser un projet incertain, que l'opinion publique qualifiait de chimérique. Le grand homme, qui seul avait foi dans la vérité qu'il annonçait, s'adressa alors à la reine Isabelle, au moment où, pleine d'un saint enthousiasme, elle assiégeait Grenade, le dernier boulevard des infidèles. L'idée de planter la croix dans les pays lointains de l'Occident et de reconquérir le Saint-Sépulcre, car, ne l'oublions pas, Colomb ne songeait qu'à atteindre l'Asie, cette idée enflamma l'âme pieuse d'Isabelle ; son époux Ferdinand avait froidement éconduit le Génois : « Je me chargerai seule, dit-elle, de cette entreprise, pour le compte de ma Castille. » Le zèle religieux de cette princesse était partagé par son peuple. Le caractère aventureux qu'offrait un voyage dans l'immensité de l'Océan allait d'ailleurs à son imagination vivement excitée, à l'élan chevaleresque et au dévouement enthousiaste qui animaient alors l'Espagne entière. La nation espagnole venait de reprendre possession de ses foyers et de terrasser, après une lutte séculaire, le conquérant de son sol, l'ennemi de sa foi. A ce moment de puissante activité, une nouvelle arène s'ouvrait à son énergie exubérante, dans ce monde transatlantique, qu'on ne faisait que pressentir, que personne ne connaissait. « Mais, comme le dit un écrivain « moderne, tandis que ni les cimes neigeuses des Andes ni « les plus grands fleuves du monde ne pouvaient arrêter la « marche conquérante de l'Espagnol, la liberté succombait « sur son sol natal, et avec elle tarissait la source où il avait « puisé tant de vie. »

II

Quelque indispensable, en effet, que fût l'enthousiasme chevaleresque et religieux pour commencer une pareille œuvre, il fallait de plus, pour la continuer, des mobiles de l'ordre matériel, d'autant plus qu'on avait bientôt reconnu que ce qui venait d'être découvert ce n'était pas l'Eldorado indien, mais une nouvelle partie du monde presque entièrement plongée dans la barbarie. Le premier voyage maritime des Portugais dans l'Inde leur avait rapporté les brillants profits qu'ils pouvaient se promettre du commerce de cette contrée et leur avait nettement indiqué la route qu'ils avaient à suivre, le but auquel ils devaient aspirer, c'est-à-dire le monopole de ce commerce. Ce fut dans ce but qu'ils acquirent toutes leurs possessions dans les régions lointaines de l'Orient, qu'ils fondèrent toutes leurs colonies. Le doute ne pouvait exister sur les avantages de leur domination dans l'Inde : l'histoire la plus ancienne désignait les peuples qui s'y étaient enrichis.

Il en était autrement des découvertes des Espagnols en

Amérique. Au lieu de fournir immédiatement à la métropole les richesses qu'elle en attendait, elles exigeaient au contraire de sa part de nouvelles dépenses et de nouveaux sacrifices. Le gouvernement n'y avait pas présidé comme en Portugal ; il ne leur prêtait qu'un appui assez restreint, abandonnant aux efforts individuels et au hasard ce qui, à Lisbonne, s'exécutait avec ensemble et méthode.

Colomb ressentit douloureusement les effets de cette indifférence, quand, dans ses voyages postérieurs, il dut, pour compléter ses équipages, recruter des gens mal famés, le rebut du pays. L'enthousiasme s'était promptement refroidi, et peut-être l'Amérique fût-elle retombée dans l'oubli, si la nouvelle qu'elle recélait de l'or, en éveillant les passions égoïstes et cupides, n'eût enflammé les hommes bien autrement qu'un entraînement chevaleresque et religieux.

L'*Aperçu général*, section V, a retracé avec détail les premiers effets que la découverte de l'Amérique produisit sur le commerce de l'univers, en inondant de métaux précieux l'Ancien Monde, ainsi que les différences qui distinguent le système colonial de l'Espagne de celui du Portugal. La quantité d'or qu'on put obtenir à Saint-Domingue fut d'abord peu considérable (1); elle l'était assez, néanmoins, pour exciter des convoitises. Les conquêtes extraordinaires qui se succédèrent rapidement sur la terre ferme, ne poursuivaient d'autre but que la recherche des métaux précieux. La contrée même la plus fertile, douée du climat le plus beau et le plus sain, était dédaignée quand on n'y trouvait pas de traces d'or et d'argent. Il s'écoula beaucoup de temps avant que la métropole eût l'idée de considérer l'Amérique sous un autre point de vue. On y acquit des richesses d'abord par le pillage, puis par la levée de tributs, puis enfin par l'exploitation des mines. Dans le commencement, on contraignit les indigènes à ce travail. Comme ils succombaient à une tâche inaccoutumée et à la cruauté de leurs maîtres, l'humanité mal conseillée

(1) Elle ne s'éleva, d'après M. de Humboldt, qu'à 52,000 liv. st. de 1492 à 1500.

d'un prêtre leur substitua les nègres, et jeta ainsi les fondements de cette traite des noirs d'Afrique, dont l'historique se trouve à la section VII de l'*Aperçu général*.

Durant les trente premières années, le gouvernement espagnol se préoccupa fort peu de ses conquêtes transatlantiques; il laissa faire quelques aventuriers, qui, avec de faibles ressources, renversèrent de grands empires et en prirent possession pour son compte. Chacun cherchait à recueillir le plus d'or et d'argent qu'il pouvait, sauf à payer au roi 20 p. 100. Toute l'habileté gouvernementale de la cour de Madrid ne consistait d'abord qu'à retirer des possessions d'outre-mer les sommes les plus fortes possibles, pour les besoins croissants de la métropole. Le peu d'agriculture qui se pratiquait était donc imposé et payait en nature le tiers de ses produits. La chasse, la pêche, toute industrie, en un mot, supportait des impôts semblables; l'aumône des pauvres même était taxée. Diverses ordonnances pour la protection des Indiens, et jusqu'à la déclaration de leurs droits comme êtres humains, n'eurent pas d'autre motif que le désir d'avoir le plus grand nombre possible de sujets contribuables dans le Nouveau Monde. Ce système de civilisation n'ayant pas réussi, le gouvernement encouragea avec empressement l'importation des esclaves, mais sous un droit élevé.

L'Espagne ne pouvait, en Amérique, comme le Portugal dans l'Inde, se borner à bâtir des places fortes, ni fonder sa domination sur le commerce. Les indigènes étaient des sauvages, ou du moins ils étaient dans l'enfance de la civilisation; le sol de l'Amérique ne fournissait encore que la moindre partie des produits qu'il offre aujourd'hui : il fallait donc, avant tout, créer les objets et jusqu'aux besoins, pour acquérir un commerce semblable à celui des Portugais dans l'Inde. On ne pouvait y parvenir que par l'assujettissement complet du monde nouvellement découvert; par l'exercice, à son égard, d'un droit de propriété absolu; par sa transformation radicale et par son assimilation avec l'Europe. En Asie, l'état de choses existant depuis des milliers d'années, fut sans doute élargi et modifié ; cependant la base nationale est restée intacte jusqu'à nos jours. La civilisation de l'Amérique, au contraire, n'avait pas proprement de passé ; des immigrants seuls pouvaient lui en donner un, et, à cet effet, ils devaient non-seulement visiter et gouverner le pays, mais le peupler et le mettre en culture.

La soif insatiable des métaux précieux poussa les premiers conquérants dans l'intérieur des terres, sans qu'ils eussent le sentiment d'une si haute mission. Après avoir pillé l'or et l'argent qui s'étaient offerts à leurs yeux comme objets de parure des Indiens et comme ornements de leurs temples, ils cherchèrent les gisements de ces métaux. Il n'y avait rien ou peu de chose à trouver sur la côte ; il fallut gravir les montagnes, et ce fut dans la province mexicaine de Zacatecas que l'on rencontra, en 1532, les premières mines d'argent. D'autres mines furent bientôt découvertes, notamment celles de Potosi, au Pérou, en 1545, si fécondes, que l'or céda le pas à l'argent, devenu la principale richesse minérale de l'Amérique espagnole. Des colonies plus ou moins considérables se fondèrent promptement dans les districts miniers. L'exploitation des mines était permise à tout Espagnol ; les mines elles-mêmes appartenaient à celui qui les avait découvertes ; il était tenu, cependant, de présenter des échantillons de minerai au gouvernement, qui vendait le terrain à raison d'une piastre le pied carré. Les mines abandonnées devenaient la propriété de la couronne. On fut très-longtemps avant de se livrer à une exploitation régulière ; on ne s'attaquait qu'aux mines dont le minerai, très-pur, n'exigeait que peu de travail. Cette industrie fut longtemps un jeu du hasard, où se ruinèrent la plupart des entrepreneurs.

Tandis qu'il n'avait fallu que peu de temps aux Portugais pour fonder leur puissance coloniale dans l'Inde et pour en tirer parti, il était dans la nature des choses que l'œuvre de l'Espagne fût plus lente. L'Espagne avait en Amérique des possessions nominales et des possessions effectives. On eut bientôt soumis les Mexicains et les Péruviens, peuples sédentaires et plus avancés. Mais comment atteindre les tribus sans nombre qui erraient dans les prairies et dans les forêts vierges ? Ici la religion pouvait plus que la force matérielle. Le prosélytisme qui, dans la métropole, avait persécuté les Juifs et les Maures, franchit la mer, et des missions de Jésuites, espèce de croisades, répandirent la terreur du nom espagnol.

Les pays conquis devinrent des provinces de la métropole. On avait fini par reconnaître à Madrid la nécessité de mettre un terme à l'anarchie qui régnait en Amérique, d'organiser et d'administrer cet immense territoire. Charles-Quint promulgua à ce sujet, en 1542, une série d'ordonnances. Comme on ne tenait aucun compte des indigènes et qu'on n'avait en vue que les émigrants espagnols, on ne crut pouvoir faire mieux que de transporter purement et simplement, aux colonies, les institutions de la métropole. On ne s'en écarta, en quelque sorte, qu'au profit du pouvoir absolu du monarque. L'ensemble de l'administration coloniale était confié à une autorité supérieure, relevant du roi seul, le conseil des Indes à Madrid, sous la suprématie duquel siégeait à Séville, pour les affaires commerciales, une cour de commerce et de justice. Les colonies étaient gouvernées par des vice-rois, représentants du monarque, chefs de l'administration civile et militaire. La justice avait pour organes les *audiences*, qui étaient les tribunaux coloniaux les plus élevés et en même temps les conseils des vice-rois. Les villes choisissaient elles-mêmes leurs *cabildos* ou fonctionnaires municipaux. Jusqu'à l'avénement des Bourbons, il n'y eut que deux vice-royautés, celle de Mexico, créée en 1540, et celle de Lima, créée en 1542. Les vice-rois avaient sous leurs ordres des capitaines-généraux. Ces institutions supposaient l'existence de villes ; or, il n'y en avait jamais eu dans les Antilles ni dans une grande partie du continent, et celles qui existaient au Pérou et au Mexique ne répondaient pas toujours aux besoins des nouveaux dominateurs. Pour les relations avec la métropole, on avait surtout besoin de places maritimes. La première ville bâtie par les Européens en Amérique fut la Vera-Cruz, qui date de 1519 ; après elle on fonda successivement Cumana, en 1520 ; Porto-Bello et Carthagène, en 1532 ; Valencia, en 1555 ; Caracas, en 1567, et, sur le littoral de l'océan Pacifique, Acapulco, Panama, Lima et la Conception, de 1530 à 1550. A l'intérieur, les villes s'élevèrent dans le voisinage des mines. Les missions, enfin, consistaient en bourgades le long des fleuves et de leurs affluents.

Quelque solide que parût le lien politique qui rattachait la nouvelle Espagne à l'ancienne, l'union religieuse devait être plus indissoluble encore. Le catholicisme, avec tout son appareil extérieur, sa hiérarchie, ses couvents et l'inquisition, ayant été déclaré la seule religion du pays, il se forma dans le Nouveau Monde, à côté de l'État politique, un État ecclésiastique, relevant du roi plus que du pape et qui, naturellement, détruisit chez les indigènes toute tradition ancienne et tout sentiment national. L'Amérique constitua ainsi une grande province européenne, et l'exemple de l'Espagne fut fidèlement suivi par tous les États qui acquirent des possessions dans cette partie du monde. Mais les formes extérieures ne suffisaient pas pour fondre en une nation des populations d'origines diverses, et les différences de race entraînèrent d'importantes distinctions sociales. Les hommes de couleur, Indiens ou nègres, furent traités comme des parias, et les fruits mêmes de leur mélange avec les blancs ne purent jamais être assimilés aux Européens de pur sang. Ainsi se forma cette division des castes d'après la couleur, qui s'est maintenue jusqu'à nos jours, même dans l'Amérique émancipée.

Le monopole commercial, que les Portugais s'étaient attribué dans l'Inde en négociants bien avisés, fut aussi un élément essentiel du système colonial de l'Espagne. Le bref pontifical et le droit de conquête lui avaient donné les contrées nouvelles en toute propriété. L'idée de jouir sans partage, et à l'exclusion des étrangers, du produit de ces contrées, dérivait de cette propriété, en même temps qu'elle était dans l'esprit de l'époque. Cette politique était réputée la meilleure, mais elle comportait de grandes différences dans l'application. Quand les Espagnols eurent conquis le Pérou et le Mexique, il eût été de leur intérêt de veiller à la conservation des indigènes, d'en faire non-seulement des chrétiens, mais des citoyens utiles, en leur enseignant les arts, et d'encourager les industries appropriées au sol, en réservant à la métropole la fourniture des articles que les Indiens ne pouvaient pas fabriquer eux-mêmes et dont ils éprouvaient le besoin. Ils auraient ainsi justifié en quelque sorte l'exclusion des étrangers, et, en s'emparant du monopole d'un commerce avantageux pour les deux parties, ils auraient véritablement civilisé ces pays nouvellement découverts. Cette politique, habile autant que juste, parut un instant à la veille de prévaloir. Sous le règne de Ferdinand et d'Isabelle, la culture des céréales, de la vigne, de l'olivier et de la canne à sucre, fut introduite dans les Antilles; la majeure partie des animaux domestiques de l'Europe, le mouton, la chèvre, le cheval, le taureau et l'âne, y furent acclimatés, ce qui était un énergique encouragement à la culture du sol; mais la soif de l'or, le désir de faire promptement fortune par l'exploitation du présent, étouffèrent dans leur germe des plans qui ne devaient produire de résultats que dans l'avenir. Des profits commerciaux tels que ceux que les Portugais recherchaient dans l'Inde, étaient dédaignés en comparaison de ces richesses métalliques, qui s'obtenaient immédiatement et sans effort. Le transport de ces richesses en Espagne, et non ailleurs, fut bientôt l'objet essentiel d'une métropole, qui, eût-elle reconnu que ce n'était pas le moyen de faire prospérer les colonies, se préoccupait peu de leur prospérité dans l'acception ordinaire de ce mot. Ce principe admis, il s'ensuivait que, de même que les colonies devaient livrer leurs richesses à l'Espagne exclusivement, l'Espagne seule devait les approvisionner en produits européens. De là la nécessité d'une législation particulière pour régler ces rapports de dépendance des colonies vis-à-vis de la métropole. On commença par leur interdire l'exercice des industries les plus importantes, telles que la filature, le tissage, la teinture, la préparation du cuir, etc., et on les obligea d'acheter en Espagne tous les effets d'habillement. Les Indiens durent cesser de confectionner eux-mêmes le peu de vêtements dont ils se couvraient, et s'habiller à l'espagnole. N'ayant pas les moyens de se procurer les vêtements prescrits, ils se virent réduits à renoncer à la civilisation dont ils venaient de recevoir les premières leçons, et à aller reprendre dans les bois leur vie nomade. Une seconde ordonnance interdit la culture de la vigne et de l'olivier. On admit pourtant une exception en faveur du Pérou et du Chili, comme trop éloignés de l'Espagne, mais en leur défendant, sous les peines les plus sévères, toute expédition de vin et d'huile à Panama, à Guatemala et dans les autres contrées réservées aux produits de la métropole. Longtemps les colonies furent rigoureusement isolées les unes des autres, afin que même le bénéfice du commerce intermédiaire fût assuré aux négociants espagnols. Elles n'avaient pas proprement de navigation. Non-seulement les étrangers ne pouvaient pas trafiquer avec elles, mais il ne leur était pas permis de s'y établir. Cette faculté n'appartenait qu'aux Espagnols.

Cependant le système colonial distinguait même entre les Espagnols. Le négoce avec l'Amérique était permis aux Castillans seuls, et restreint à une seule place, d'abord Séville, puis Cadix. Toute relation avec les pays transatlantiques était sévèrement interdite aux autres ports de mer. Une chambre de commerce (*casa de contratacion*) déterminait chaque année l'espèce et la qualité des marchandises à exporter aux colonies. Il en résulta un abus qu'il eût été facile de prévoir. Un petit nombre de négociants s'entendirent pour écarter toute concurrence, et ils y réussirent aisément. Ils élevèrent ensuite arbitrairement les prix, et comme ils étaient en même temps convenus de n'envoyer que de petites quantités de marchandises, ils réalisèrent nécessairement des profits énormes. Ainsi, sans qu'à proprement parler le commerce colonial de l'Espagne fût entre les mains d'une société, il n'était pas néanmoins ouvert à la libre concurrence. Les priviléges les plus exorbitants d'une compagnie auraient été moins préjudiciables que ce système d'arbitraire et de corruption, qui, adopté en vue d'enrichir la couronne, eut pour effet de l'appauvrir, elle et la nation. C'est ce qui ressortira de l'exposé ci-après.

La domination coloniale de l'Espagne atteignit sa plus grande étendue vers la fin du règne de Philippe II, quand, par la réunion du Portugal, elle s'accrut de toutes les possessions d'outre-mer de ce royaume. Dans les Indes occidentales, Saint-Domingue, Cuba, la Jamaïque, Porto-Rico et quelques-unes des petites Antilles lui appartenaient par droit de conquête. C'est là qu'eurent lieu les premiers essais de culture dont il a été fait mention plus haut. Mais bientôt tout avait cessé ; les naturels avaient presque tous succombé sous des traitements inhumains, et le pays était devenu un désert, l'avarice dédaignant les profits lents et sûrs du travail. Les Indes occidentales, au lieu de contribuer à enrichir la métropole, l'appauvrissaient en lui coûtant des frais d'entretien. L'exemple d'autres États aurait dû cependant révéler à l'Espagne la valeur commerciale que les Antilles pouvaient acquérir. La Havane, dans l'île de Cuba, avait seule de l'importance comme poste militaire et comme clef du golfe du Mexique. La vice-royauté du Mexique embrassait toute l'Amérique centrale, la Californie, le Nouveau-Mexique et la Floride. Ses principaux articles de commerce étaient, en premier lieu, l'argent, l'or et le cuivre, puis la vanille, la cochenille, l'indigo, les bois de teinture. D'autres produits, tels que le coton, le tabac, la soie, le cacao, le safran, le riz, etc., y réussissaient parfaitement, mais ils étaient négligés. Les possessions de l'Espagne dans l'Amérique du Sud étaient le Pérou, le Chili, la Nouvelle-Grenade, le pays désigné sous le nom de Terre-Ferme, toute la région au nord de l'Orénoque, enfin, au midi, le Paraguay et le bassin de la Plata. La richesse de cet immense territoire n'était également appréciée qu'en raison de la fécondité de ses mines. Ce qu'il exportait en produits agricoles était relativement insignifiant. La contrée la mieux cultivée était le Paraguay, où les Jésuites avaient fondé un État qui dépendait nominalement de l'Espagne, mais qu'ils administraient entièrement à leur gré. Ce fut sans doute pour le Paraguay une bonne fortune de n'avoir pas reçu le présent funeste de l'or et de l'argent.

En Asie, l'Espagne possédait les Philippines, avec les Mariannes et les Carolines. Ces îles avaient été découvertes et occupées par Magellan, dans son voyage autour du monde, au grand étonnement des Portugais, qui virent pour la première fois arriver de l'est des navires européens dans l'Inde. Alors s'agita la question de savoir si, d'après la ligne de démarcation pontificale, elles n'étaient pas, ainsi que les Moluques, comprises dans la moitié dévolue à l'Espagne. Heureusement Charles-Quint, très-occupé en Europe et en Amérique, consentit à une transaction, par laquelle il reconnut provisoirement, pour une somme de 350,000 ducats, le droit des Portugais. La question ne fut reprise que sous Philippe II, et comme le Portugal avait été dans l'intervalle réuni à l'Espagne, elle fut bientôt résolue. La conquête des Moluques, par les Hollandais, mit fin à la contestation en ce qui concerne ces îles ; quant aux Philippines, elles restèrent à l'Espagne. Manille fut bâtie dans l'île de Luçon et devint le siége d'un gouverneur, d'un archevêque et d'un tribunal de l'inquisition. La fertilité des Philippines est extraordinaire ; on y trouve la plupart des productions de l'Inde, et de l'or, entre autres métaux. Mais elles offraient surtout une situation favorable pour le commerce intermédiaire, étant en communication, d'une part, avec l'Inde et la Chine ; de l'autre, avec le Mexique et le Pérou.

Cet ensemble colossal de pays situés sous les climats les plus divers ouvrait au commerce espagnol le marché le plus vaste et le plus riche qu'on pût concevoir. Voyons le parti qu'il en tira.

Deux escadres royales se rendaient chaque année, ou, au moins, tous les deux ans en Amérique : l'une était appelée la *flotte*, et l'autre les *galions*. Les galions faisaient le commerce du Pérou et du Chili ; la flotte, celui de la Nouvelle-Espagne ou Mexique, et des provinces adjacentes. Elles étaient escortées par des bâtiments de guerre de 52 à 55 canons. Le nombre des navires qui les composaient ne fut pas toujours le même. Sous Philippe II, il en partait 60 ou 70 pour la Nouvelle-Espagne et 40 pour le Pérou. Ils étaient armés en guerre et jaugeaient de 500 à 800 tonneaux. Sous Charles II, on en comptait huit ou dix de moins. Ils étaient affrétés par les négociants de Séville et de Cadix ; cependant des retours d'Amérique, en or et en argent, paraissent avoir été quelquefois directement adressés à la couronne. Peu de temps avant l'arrivée des galions, les négociants de l'Amérique du Sud apportaient par mer à Panama, et de là par terre à Porto-Bello, les produits de leurs mines et d'autres articles précieux destinés à être échangés contre des objets manufacturés. La ville, en tout autre temps, abandonnée et déserte à cause de son climat meurtrier, se remplissait alors d'une foule innombrable, et le marché restait quarante jours ouvert ; mais il n'était pas livré à la libre concurrence, tout y était prévu et réglé d'avance. Les prix étaient fixés par les délégués des commerçants des deux hémisphères, à bord du vaisseau amiral, en présence du gouverneur de Panama. Naturellement ils étaient le résultat des circonstances qui pouvaient influer sur la valeur des métaux par rapport à celle des marchandises. Après la publication de ce tarif, qui laissait un bénéfice de 100 à 300 p. 100, on entrait en pourparlers, et les négociants espagnols et américains traitaient très-promptement et très-facilement sur la base des prix officiels. On opérait ensuite l'échange des marchandises contre de l'argent en barres ou contre des piastres, et une telle confiance présidait à ces transactions, qu'on ne comptait ni n'examinait, et que, lorsque des erreurs vinrent plus tard à être découvertes, on s'empressait de les réparer.

Pendant ce temps, la flotte était arrivée à la Vera-Cruz, pour procéder, avec la Nouvelle-Espagne, aux mêmes opérations qu'à Porto-Bello, et sous les mêmes conditions. Après avoir détaché quelques navires pour trafiquer avec les îles,

les escadres se réunissaient à la Havane, d'où elles retournaient en Europe. Sous Philippe II, indépendamment des métaux précieux, leurs cargaisons comprenaient encore de l'indigo, de la cochenille, du sucre, de la vanille, du cacao, des bois de campêche, du quinquina et des peaux tannées. Mais, plus tard, ces produits étant de plus en plus dédaignés, elles se composaient presque exclusivement d'or, d'argent, de perles de Panama et de la Californie, et de pierres précieuses. L'importation, dans les colonies, consistait principalement en tissus de laine et de lin, meubles, instruments aratoires, ouvrages en métaux, objets de luxe de toute sorte, vin, huile et diverses provisions de bouche.

Les marchandises d'Europe vendues aux négociants de Carthagène, de Porto-Bello et de la Vera-Cruz étaient inspectées et distribuées par les corrégidors. Ces derniers déterminaient à leur gré la quantité, la qualité et le prix de celles qu'ils destinaient aux Indiens de leur arrondissement. Ces malheureux recevaient des objets dont ils ignoraient complétement l'usage. En dépit de leurs représentations, leurs tyrans refusaient de rien reprendre. Des hommes qui, souvent, gagnaient à peine de quoi vivre eux et leur famille, devaient, comme par une dérision de leur pauvreté, s'habiller de velours et de soie et orner de glaces les murailles nues de leurs cabanes délabrées. Les Indiens n'avaient point de barbe, et on les forçait d'acheter des rasoirs; ils ne connaissaient pas le tabac, et on leur donnait des tabatières; on leur donnait de plus des dentelles, des rubans, des boutons, des livres et mille autres objets pour eux sans valeur ; on leur imposait surtout l'eau-de-vie, qu'ils s'étaient d'abord refusés à boire, le tout aux prix les plus extravagants. Après leur avoir fait prendre toutes ces inutilités, on leur fournissait enfin les objets indispensables, des draps, de la toile, des ustensiles, etc., bien entendu aussi au triple et au quadruple de la valeur primitive. On appelait, en espagnol, *repartimientos* ces distributions des articles importés d'Europe. Le négociant qui vendait au corrégidor réalisait un premier bénéfice ; mais celui de ce fonctionnaire, des mains duquel la population était obligée de tout recevoir, était le plus considérable.

Quel essor de si vastes débouchés n'auraient-ils pas dû imprimer à l'industrie de la métropole ! Quelles masses de marchandises ne fallait-il pas à ces Espagnols établis dans les colonies, qui, enrichis du produit des mines, vivaient avec la splendeur orientale, et quels bénéfices le commerce n'avait-il pas à espérer dans ces contrées? Mais la politique de la cour de Madrid fit tout ce qu'elle put pour ruiner le commerce et l'industrie. La dépopulation croissante, le manque de bras, le préjugé contre les métiers et les arts mécaniques et l'augmentation des impôts avaient fait sensiblement rétrograder les fabriques espagnoles. Dès 1545, on regardait comme impossible de fournir, avant un délai de six années, toutes les marchandises demandées par les négociants de Carthagène, de Porto-Bello et de la Vera-Cruz, et à cette époque la situation des fabriques nationales était encore tolérable. Dans cet état de choses, les exportateurs se virent bientôt forcés de recourir à l'étranger et de lui prêter leurs noms, pour éluder la loi qui interdisait aux colonies tout trafic avec d'autres que les Espagnols. Ainsi se constitua la plus vaste contrebande dont l'histoire du commerce ait connaissance, et le gouvernement lui-même dut la tolérer au fond comme un mal nécessaire, bien qu'il s'y opposât ostensiblement et qu'il entourât d'un cordon de douanes les côtes de l'Espagne et des colonies. Bientôt tout le commerce d'exportation pour l'Amérique ne fut plus qu'un système consommé de fraude. Des négociants hollandais, anglais, français, chargeaient les galions de leurs propres marchandises, au moyen de transbordements, et sans les faire inscrire sur les registres officiels du bureau de commerce. Au retour, ils recevaient le prix de leurs marchandises en lingots d'or et d'argent ou en piastres (1). Cette double

(1) Une bonne foi inviolable présidait aux rapports entre les exportateurs espagnols et les négociants étrangers. Dénoncer un chargement étranger était réputé une grande infamie. L'exportateur prenait sur lui tous les risques, et comme le trafic se faisait sous son nom, il supportait seul aussi toutes

fraude se pratiquait au su des Espagnols et avec leur connivence. Aussitôt qu'un navire apparaissait dans le Guadalquivir ou sur la rade de Cadix, la douane envoyait un surveillant, pour empêcher le débarquement des marchandises en
fraude des droits; mais ce surveillant se laissait très-facilement
corrompre, et sa présence à bord ne faisait que faciliter la
contrebande. Le consul espagnol lui-même était dans le
complot. Le surveillant de la douane ne pouvait pénétrer dans
le navire sans une permission écrite de sa main; il tardait
souvent trois jours et plus à la délivrer, afin de laisser aux
étrangers le temps nécessaire pour leur opération illicite. Le
capitaine se présentait ensuite chez le consul et lui remettait
tous les papiers de bord et tous les connaissements. Les intéressés dans le chargement se rendaient aussi chez ce fonctionnaire, et l'on convenait du chiffre à déclarer à la douane.
L'état était dressé en termes très-vagues, sans spécification de
la quantité ni de la qualité des marchandises, et souvent il ne
comprenait pas la vingtième partie du chargement. Cet état,
signé du capitaine et d'un commis du consul, était porté à la
douane ; celle-ci laissait aux négociants le soin de faire transporter les marchandises du navire dans les magasins, où
devait se faire la visite officielle ; mais ordinairement cette
visite n'avait pas lieu. Si, néanmoins, il se découvrait, par
hasard, plus de marchandises que n'en portait la déclaration,
au lieu de les saisir, on se contentait de percevoir une surtaxe
proportionnelle.

Quand on voit un commerce interlope ainsi organisé sous
les yeux de l'autorité et avec sa participation, on ne peut se
défendre de penser que le cabinet de Madrid y prêtait tacitement la main. La loi ordonnait que toutes les marchandises
importées et exportées fussent inscrites sur les registres du
bureau de commerce, et que, pour le contrôle des opérations, ces registres fussent envoyés d'Espagne en Amérique

---

les pertes, lesquelles n'étaient pas rares ; tel était le cas où un navire pé-
rissait corps et biens, après avoir été attaqué par des corsaires anglais ou
hollandais.

et d'Amérique en Espagne. Si cette loi eût été appliquée avec
quelque rigueur, une pareille contrebande aurait été impossible. Mais le gouvernement savait que l'Espagne ne pouvait
suffire aux besoins des colonies ; seulement, il ne voulait pas
reconnaître publiquement cette insuffisance. Il préféra maintenir en apparence son système d'exclusion, et, ne pouvant
rien changer à l'état des choses, il songea à la fin à en tirer profit. Lors du départ de la flotte et des galions, le consulat royal
exigeait l'indult, c'est-à-dire une redevance qui devait indemniser le roi du tort que lui faisait la contrebande. Cet indult,
qui frappait les négociants étrangers, lesquels prirent du reste
leurs mesures en conséquence, était fixé d'un commun accord avec les exportateurs. Il s'élevait, à la fin du dix-septième
siècle, à 400,000 piastres pour les galions, et à 265,000 pour
la flotte ; et les deux escadres acquittaient de plus, au retour,
un nouvel impôt. Naturellement il n'entrait dans les caisses
de l'État que la moindre portion de ces sommes. Les employés du bureau de commerce à Séville et à Cadix en prenaient leur bonne part, et il leur fallait ensuite acheter, au
moyen de riches présents, le silence des ministres et des autres personnes influentes à la cour. Cependant le gouvernement eut quelquefois l'intention sérieuse d'exclure du commerce d'Amérique des nations contre lesquelles il croyait
avoir des griefs. Il suffisait pour cela d'appliquer des lois habituellement observées. Entre autres exemples, on peut citer
les mesures que dicta contre la France sous Louis XIV, notamment en 1685, l'hostilité de la maison de Habsbourg ; on
confisqua les marchandises de tous les Français qui faisaient
la contrebande avec l'Espagne, et on fit payer une amende
d'un demi-million de piastres aux marchands du Mexique
dans les magasins desquels on trouva des articles de fabrication française ; les mêmes magasins étaient encombrés d'articles anglais et hollandais ; mais on fit semblant de ne les
point voir, et l'on ne rechercha que les produits français. C'est
ainsi que le gouvernement espagnol exploitait en secret ce
commerce interlope que publiquement il punissait de mort.

Il avait en outre cette consolation que les marchandises étrangères se transportaient au moins sous pavillon espagnol, et
profitaient à la marine du pays, sinon à son industrie.

Mais cette consolation même devait lui être bientôt ravie.
Les peuples étrangers qui envoyaient leurs produits fabriqués dans les colonies d'Amérique par la voie des ports d'Espagne, cherchèrent de plus en plus à les y expédier directement. On le fit d'abord avec l'aide des Portugais. Plusieurs
centaines de navires, chargés de produits hollandais et anglais, partaient annuellement de Lisbonne, de Porto, de La-
gos et d'autres petits ports des Algarves pour le Brésil. Arrivés dans ce pays, ils faisaient voile vers le Rio de la Plata,
remontaient ce fleuve aussi haut que possible et déposaient
leurs cargaisons dans quelque lieu sûr, d'où les marchandises
étaient transportées par terre, à travers le Paraguay, à Lima,
avec l'assistance des Jésuites, qui réalisèrent ainsi de grands
bénéfices. Elles s'écoulaient ensuite facilement dans le Pérou.
Les négociants de ce pays avaient des correspondants au Brésil, de même qu'en Espagne; et comme en Portugal les
droits sur les marchandises destinées au Brésil étaient moindres qu'à Séville et à Cadix, les Portugais pouvaient les vendre
à meilleur marché que les Espagnols. Le droit concédé aux
Portugais de fournir des esclaves aux colonies, facilitait également ces opérations illicites. Des marchandises de toute
sorte entraient avec les esclaves. Pour les autres nations, qui
n'avaient pas cette faculté, la contrebande était un peu plus
difficile. Les Espagnols visitaient, sur le plus léger soupçon
de contrebande, tout navire qu'ils pouvaient aborder, soit à
l'ancre sur la côte, soit en pleine mer. Un navire était réputé
suspect, s'il était chargé d'articles de fabrication étrangère ou
s'il avait à bord de l'argent espagnol. Dans ce cas encore,
toutefois, il était facile de se tirer d'affaire. Le capitaine du
navire étranger prétextait une raison quelconque qui l'obligeait de prendre terre, par exemple le manque de vivres, la
perte de son gouvernail, une voie d'eau ou quelque autre avarie.
Au moyen d'un présent considérable au gouverneur, il obtenait

la permission qu'il désirait. Pour réparer le bâtiment, il fallait débarquer les marchandises. On les transportait dans un magasin public, sur la porte duquel on apposait le scellé royal. Mais il se trouvait toujours une autre porte non scellée, par laquelle on emportait de nuit les marchandises (1), en les remplaçant par de l'or, de l'argent, de l'indigo, etc. Cette opération achevée, le navire était parfaitement réparé et pouvait continuer son voyage. C'est ainsi que l'on procédait pour les gros chargements; pour les petits, on se rendait dans un port écarté, et l'on avertissait, par un coup de canon, les habitants. Ceux-ci, qui se tenaient toujours prêts, montaient alors sur des barques et venaient prendre les marchandises contre de l'argent comptant.

Tout cela se passait, on le pense bien, au su et avec la connivence des autorités. La corruption, déjà si grande dans la métropole, était poussée beaucoup plus loin dans les colonies. Toutes les places étant vénales, chacun ne songeait qu'à rentrer dans ses déboursés et à s'enrichir. Tous les fonctionnaires, à l'exception des vice-rois, nommés pour sept années, ne gardaient leurs emplois que cinq ans ; c'était une raison de plus pour chercher à réaliser promptement de gros profits. De là le luxe extravagant des principales villes, de là ces richesses colossales rapportées par quelques-uns en Europe. Des particuliers prospéraient ; l'État était livré au pillage universel.

Jusqu'au commencement du dix-septième siècle, toutes ces opérations illicites avaient été des opérations purement privées. Le négociant d'Amsterdam ou de Londres ne prenait à

(1) Parmi les objets de contrebande les plus lucratifs figurait le mercure. La couronne s'était réservé le monopole de cet article qu'elle vendait 520 francs le quintal. Le Pérou possédait des mines de mercure, mais l'Espagne avait ses mines bien connues d'Almaden. Les profits que la tyrannie commerciale de l'Espagne ménageait à la contrebande, étaient trop séduisants pour ne pas la décider à braver au besoin de plus grands obstacles. Ainsi la banègue de 110 livres de cacao valait 50 francs à Caracas ; en Espagne, elle coûtait le triple à la première vente en gros. L'arrobe de tabac coûtait 25 francs à Varinas, 75 en Espagne, et 200 pour les étrangers qui l'achetaient dans cette contrée.

cet égard conseil que de lui-même ; le gouvernement y restait étranger. Mais quand la Hollande, l'Angleterre et la France eurent accru leurs possessions en Amérique, et commencé à les cultiver, surtout quand elles se furent établies aux Indes occidentales, le commerce interlope devint pour elles un système politique, dont elles se firent une arme contre l'Espagne. Nous reprendrons ce sujet avec détail aux chapitres de ces différents pays ; mais il est nécessaire de présenter ici quelques faits généraux. L'occupation de Saint-Eustache et de Curaçao par les Hollandais en 1632 et en 1634, celle de la Guadeloupe, de la Martinique et de Saint-Domingue par les Français, de 1630 à 1641, celle de la Jamaïque par les Anglais en 1655, et de Saint-Thomas par les Danois en 1671, portèrent un coup terrible au commerce et à la navigation de l'Espagne avec ses colonies. Outre que ces îles lui avaient précédemment appartenu, leur perte lui fut doublement sensible ; car son commerce avec Porto-Bello et la Vera-Cruz, dominé de ces positions, pouvait être désormais ruiné en temps de guerre par la force ouverte, en temps de paix par la contrebande, à laquelle les Antilles étrangères servaient de foyers. Des bâtiments légers et fins voiliers apportaient les marchandises prohibées sur les côtes, en vue des bâtiments de garde (*guardacostas*) espagnols, qui ne pouvaient les suivre au milieu des bas-fonds. Les Espagnols armaient-ils des navires semblables, les contrebandiers, en se réunissant, étaient assez forts pour les braver ; ils avaient le plus souvent pour auxiliaires les flibustiers, ces hardis pirates formant une société à part, qui, sous le protectorat de l'Angleterre et de la France, faisaient une guerre d'extermination à l'Espagne abhorrée. Comment la marine déchue de cette contrée aurait-elle pu suffire pour garder et pour protéger un littoral aussi étendu ? Sous Charles II, l'Espagne ne possédait plus dans l'océan Pacifique que trois bâtiments de guerre, dont deux seulement étaient capables de tenir la mer ; pendant l'hiver, tous trois cherchaient un refuge dans le port de Callao.

Cette contrebande directe allait donc en augmentant chaque année. Les seuls retours de la Jamaïque en Angleterre étaient évalués à 6 millions de piastres. Bien qu'elle eût les Indes occidentales pour principal théâtre, à partir du commencement du dix-huitième siècle, la contrebande s'étendit aux côtes occidentales de l'Amérique, dans les ports mêmes du Pérou et du Mexique. Les traités d'asiento, conclus par l'Espagne avec des États étrangers pour l'importation d'esclaves, comme on l'a vu à la section VII de l'*Aperçu général*, servaient à la masquer. Avec les esclaves, on introduisait des marchandises prohibées, et les compagnies de commerce hollandaises et anglaises avaient sur toutes les principales places du Mexique et de l'Amérique du Sud des commissionnaires, qui leur fournissaient sur la situation commerciale les informations les plus détaillées. On ne s'étonnera plus dès lors que les foires espagnoles de Porto-Bello et de la Vera-Cruz fussent de plus en plus abandonnées. Sous le règne de Philippe IV les galions restaient trois années à attendre l'arrivée des négociants américains. Dans l'intervalle, ils pourrissaient dans les ports, les marchandises se détérioraient et les négociants espagnols mangeaient d'avance leur bénéfice. Au lieu de se diriger vers Séville et Cadix, les exportations d'Amérique prenaient le chemin de Londres et d'Amsterdam. Les expéditions de la métropole, qui, auparavant, étaient annuelles, n'avaient plus lieu que tous les cinq ou six ans. Ce long intervalle ne put manquer d'accoutumer de plus en plus les Américains aux étrangers et de laisser aux contrebandiers le temps d'encombrer les marchés avant l'arrivée des escadres espagnoles. Pendant les nombreuses guerres maritimes, dans lesquelles l'Espagne fut engagée depuis Philippe II avec l'Angleterre, la Hollande et la France, les vice-rois du Mexique et du Pérou ne prirent conseil que des circonstances, et permirent le négoce avec les neutres tout le temps que les communications avec la métropole étaient interrompues. Elles le furent surtout après que la Jamaïque fut tombée aux mains des Anglais. De ce poste qui dominait le golfe du Mexique, et en vue duquel passaient tous les navires allant vers le continent américain ou en venant, les Anglais guettaient le retour des lourds galions, chargés d'argent, et les capturaient sans peine. De cette époque date la ruine de la marine marchande de l'Espagne.

On peut affirmer que, depuis Philippe II, dont le règne marqua la décadence de l'industrie espagnole, les neuf dixièmes des marchandises consommées dans les colonies étaient de fabrication étrangère. Dans les commencements, lorsque la contrebande s'effectuait encore indirectement par les ports d'Espagne, la France y prenait une part considérable. Rouen, Louviers et Saint-Quentin fournissaient les tissus de lin dits fleurets et blancards ; Laval, des tissus de haute et de basse lisse ; Morlaix, des cretonnes communes ; Châlons, des bas ; Amiens, de la serge ; Lille, des lainages ; Tours et Lyon, des soieries ; sans compter les dentelles, les chapeaux et des objets de luxe de toute sorte, le tout pour une valeur de plus de 12 millions de francs. Cependant une grande partie de ces envois de marchandises s'effectuait pour compte de l'étranger, et le bénéfice des retours était pour l'Angleterre, pour la Hollande et un peu aussi pour Gênes, dont les maisons principales entretenaient des agents dans les ports de France, pour y faire des commandes. Le commerce français perdit encore du terrain de ce côté, quand les Hollandais, après l'occupation de Curaçao, et les Anglais, après celle de la Jamaïque, organisèrent la contrebande directe. Les Français voulurent, il est vrai, l'exploiter concurremment avec eux, mais ils comprirent mal leurs intérêts et furent obligés de se retirer. Longtemps l'industrie hollandaise fut maîtresse des marchés d'Amérique. A ses produits se joignaient les provenances des Indes orientales, épices et étoffes de coton, puis des articles du Nord, tels que bois de construction, cordages, toile à voiles, etc. Vers la fin de la période, cependant, l'Angleterre avait pris le pas sur toutes ses rivales, et il n'y avait plus moyen de lutter avec elle pour les étoffes de laine (1). A partir du dix-huitième siècle, des produits de

(1) La cire, dont les Espagnols, en raison de leurs innombrables fêtes reli-

l'industrie allemande furent aussi expédiés par Hambourg,
en quantités toujours croissantes, notamment des tissus de
lin. Gênes fournissait de la soie, du velours, des rubans, des
brocarts d'or et des broderies de fabrication italienne. La
célèbre république conserva ainsi une petite part dans le
commerce de l'univers ; ses riches capitalistes faisaient, aux
négociants de Cadix, des avances de 3 à 4 millions de francs,
qui leur rapportaient de 40 à 50 p. 100. On a évalué, en
moyenne, les exportations annuelles pour les colonies espagnoles, sous les princes de la maison de Habsbourg, à 54
millions de francs ; les importations, à 85 ; la part des étrangers, dans les premières, à 50 millions ; dans les secondes, à
77. Si l'on ajoute à ces chiffres le butin de la guerre et les
prises des corsaires, se demandera-t-on pourquoi les métaux
précieux du Nouveau Monde se trouvaient partout, excepté
en Espagne, et pourquoi cette vaste monarchie, où le soleil
ne se couchait jamais, était, dès la mort de Philippe II, en
1598, grevée d'une dette de 140 millions de ducats?

Il n'existait pas de relations directes entre la métropole et
les Philippines, la seule colonie que l'Espagne eût conservée
en Asie. Le trafic avec ces îles se faisait par l'entremise du
port mexicain d'Acapulco, sur l'océan Pacifique, au moyen
d'un galion royal, quelquefois de deux galions dits de la mer
du Sud. Bien que les Philippines soient au nombre des plus
fertiles contrées du globe, leurs produits ne formaient que la
moindre partie des cargaisons. Le peu d'or qui s'y trouvait
avait seul attiré l'attention du gouverneur espagnol. Manille,
la capitale, était un port franc, où tous les peuples maritimes de l'Asie pouvaient, sans obstacle, apporter leurs marchandises, où les Européens mêmes étaient admis, sous la
simple condition d'emprunter un pavillon indien ou chinois.
Les galions chargeaient principalement des étoffes de soie et
de coton, des épiceries, de la porcelaine et des chinoiseries.

gieuses, consommaient d'énormes quantités, se tirait de France en même
temps que de Hollande et d'Angleterre.

Diverses personnes pouvaient s'y intéresser, mais avec le consentement et sous le contrôle du gouvernement. Le gouvernement distribuait douze mille permis, ou *boletas*, qui donnaient chacun au porteur le droit d'expédier par le galion une certaine quantité de marchandises. Chaque *boleta* coûtait cent vingt piastres. Les fonctionnaires en recevaient ordinairement plusieurs à titre de traitement; on en donnait aussi aux couvents et au clergé. Quand on ne voulait pas soi-même en faire usage, on pouvait les vendre avec 33 et jusqu'à 66 pour 100 de bénéfice. Le commerce passa ainsi, en grande partie, entre les mains des Chinois, dont l'activité eut bientôt supplanté l'indolence des Espagnols. La totalité des marchandises mises à bord par le détenteur des *boletas* ne pouvait excéder quatre mille balles, ni valoir plus d'un demi-million de piastres; cependant on chargea souvent une valeur triple en corrompant les employés de la douane. Le roi armait le navire pour son compte et payait tous les frais de transport. D'autre part, on faisait payer double à Acapulco les droits d'entrée calculés à raison de 33 et demi pour 100 du prix d'achat, dans la supposition que les marchandises seraient revendues le double de ce qu'elles avaient coûté. Un galion aussi lourdement chargé et soumis, dans le voyage, à des règlements nombreux, mettait généralement cinq ou six mois pour atteindre le port d'Acapulco. A son arrivée s'ouvrait une grande foire, pareille à celles de Porto-Bello et de la Vera-Cruz, et ce lieu insalubre et habituellement désert offrait alors une extrême animation. Au bout de quatre mois, le galion s'en retournait chargé d'argent et d'une très-faible quantité d'autres marchandises. D'après l'ordre du roi, la cargaison de retour ne devait pas dépasser deux millions sept cent mille francs; mais cet ordre aussi était constamment éludé par des employés sans conscience, et le montant s'élevait jusqu'à dix et onze millions. Cet écoulement de l'argent en Asie, en échange des produits de l'industrie étrangère, causa des inquiétudes au cabinet de Madrid et lui fit même agiter la question de savoir s'il ne valait pas mieux renoncer à la possession des Philippines, dont l'administration coûtait à la couronne plus qu'elles ne lui rapportaient. Pouvait-on pousser plus loin l'ineptie? Le gouvernement espagnol ne voyait-il pas, ou voulait-il ne pas voir quelles sommes énormes engloutissait chaque année la contrebande européenne? Pouvait-il se méprendre à ce point sur l'importance d'une colonie qui, raisonnablement administrée et affranchie dans son commerce, eût été pour lui d'un aussi bon rapport que les Moluques l'étaient pour les Hollandais, et lui eût offert d'incontestables avantages pour le commerce intermédiaire? Du moment que l'Espagne ne pouvait pas satisfaire elle-même aux besoins de ses possessions américaines, il eût été habile de sa part de les approvisionner avec les produits de l'Asie et d'opposer cette concurrence aux États européens qui s'enrichissaient à ses dépens. Le cabinet de Madrid finit, il est vrai, par se décider à conserver la colonie, mais uniquement à cause de sa position favorable comme centre des missions chrétiennes; missions qui eurent néanmoins les plus tristes résultats.

III

La situation des colonies n'était qu'un reflet de celle de la métropole. L'avénement de Charles-Quint, en 1516, avait donné des espérances. Il lui était échu un legs funeste, l'inquisition, mais l'Espagne possédait un principe de vie qui aurait pu y résister. Ce principe, c'était la vieille liberté espagnole, écrite dans les *fueros*, et ayant pour organe l'assemblée des cortès. Le tiers état, délégué des villes, qui administraient leurs propres affaires avec autant d'indépendance que les communes d'Italie et d'Allemagne, exerçait dans les cortès une grande influence. La ligue de ces villes, dite *Hermandad*, formait une puissance quelquefois redoutée dans l'État. La réunion de la Castille avec l'Aragon n'avait rien changé aux constitutions particulières des provinces. Isabelle et Ferdinand n'y régnaient qu'en vertu du serment qu'ils avaient prêté aux fueros et avec le concours des cortès. La lutte dans laquelle Charles-Quint détruisit l'édifice historique de la constitution espagnole et substitua aux droits des États la volonté absolue des monarques, ne peut qu'être indiquée ici comme l'origine commune des mesures fatales qui atteignirent le commerce et la navigation, l'agriculture et l'industrie manufacturière du pays.

Charles-Quint, qui, après avoir, en 1523, réprimé par la force des armes l'insurrection des villes et de la noblesse, provoquée par ses tendances autocratiques, en avait pris occasion d'affranchir la royauté de toutes ses anciennes entraves et de la consolider pour un long avenir, conserva néanmoins encore quelques ménagements et quelque mesure. La modération de son caractère et son double rôle de roi d'Espagne et d'empereur d'Allemagne expliquent cette conduite. Il n'était pas indifférent au développement des intérêts matériels, et son éducation flamande lui avait fait apprécier le commerce et l'industrie. Mais sa rivalité avec la France, ses guerres longues et sanglantes au sujet de la possession de l'Italie, et la chimère d'une monarchie catholique universelle, le préoccupèrent constamment et empêchèrent que l'ordre ne régnât dans ses finances. Le désordre des finances publiques est la plus ancienne plaie de l'Espagne. Dès 1550, Charles avait engagé presque tous les revenus des couronnes d'Espagne, de Naples et de Sicile; ni l'élévation des impôts, ni les importations d'Amérique n'avaient suffi à son insatiable ambition. Il emprunta aux riches banquiers de l'étranger, en leur conférant des priviléges au détriment du commerce et de l'industrie de l'Espagne. Les mines de mercure d'Almaden furent alors affermées aux Fugger; et ils obtinrent aussi, dans le trafic avec les colonies, une participation qui les assimilait presque aux négociants de Séville. Cependant tout cela eût pu encore être supporté, si on avait laissé le peuple libre dans le choix de ses occupations et dans l'exercice de son industrie, si, de peur de voir se réveiller l'ancien es-

prit municipal, on n'avait pas jugé nécessaire de soumettre à
la tutelle de l'autorité tous les actes de la vie de chaque jour,
et de ne plus admettre à aucun prix l'indépendance des individus, encore moins celle des associations. Si, dans des conditions si défavorables, une partie des industries de l'Espagne purent quelque temps encore conserver leur réputation
et trouver de l'emploi, elles le durent à l'excellence de leur
organisation intérieure. Il y avait, sur la durée de l'apprentissage, sur les épreuves de maîtrise, sur la solidité et la qualité des marchandises, des règlements de corporation sanc-
tionnés par l'expérience, dont l'observation était rigoureusement maintenue par tous les intéressés. Le peu d'articles que
produisirent, dans la suite, les fabriques espagnoles, ne cessèrent pas d'être estimés.

C'est du dehors que devaient venir les coups destinés à
consommer la ruine du pays, et ils ne se firent pas longtemps
attendre, lorsque Philippe II, en 1556, eut pris possession du
trône paternel. Philippe II ne portait pas la couronne impériale d'Allemagne, source de tant d'inquiétudes et de tour-
ments, et il pouvait, dès lors, se donner tout entier à son
pays natal. Tout-puissant et universellement redouté, ce pays
était à la tête des États européens et faisait pencher la balance
du côté vers lequel il se portait. C'était de cette orgueilleuse
élévation qu'il devait être renversé par la puissance invisible
d'une idée, celle de la liberté de croire et de penser, contre
laquelle il allait déployer toutes ses ressources matérielles
jusqu'à les épuiser. Philippe II crut avoir reçu du ciel la
mission d'effacer jusqu'aux dernières traces de la révolution
qui a rendu le seizième siècle à jamais mémorable dans l'histoire de la civilisation. Il considérait l'État comme un patrimoine dont il était l'incontestable et absolu propriétaire, sa
majesté royale comme une délégation immédiate de la puissance divine. Afin de soutenir l'Église chancelante, il laissa
l'inquisition exercer un pouvoir sans limites, en l'obligeant,
toutefois, de servir aussi ses plans temporels. C'était lui qui
nommait et qui destituait les inquisiteurs ; il s'appropriait les

biens confisqués des condamnés, ce qui ne fut pas un de ses
moindres revenus. L'Espagne finit par constituer une véritable théocratie, organisée par l'ordre des Jésuites. L'Église et
l'État y formaient un tout indivisible ; le dogme catholique
devait être défendu contre toute espèce de doute, à plus forte
raison contre toute attaque, et sa domination, sans partage,
établie sur toute la surface du globe. Pour atteindre un tel
but, tous les moyens étaient bons, et le fanatisme religieux
ne s'effrayait d'aucun sacrifice, surtout quand il était uni à
une conviction profonde, comme chez Philippe II, ce moine
couronné. A la nouvelle de l'agitation des Pays-Bas et de la
destruction des images dans les églises de cette contrée, il
jura de donner au monde, dans ses adversaires, un grand
exemple de vengeance, dût-il perdre tous ses États. Ces paroles de menace révélaient le fond de sa pensée ; Philippe II et
tous ses successeurs de la maison de Habsbourg avaient déclaré une guerre implacable aux idées nouvelles, et l'histoire
est obligée de reconnaître que si, au dehors, ils essuyèrent
dans cette lutte défaite sur défaite, ils remportèrent chez
eux une victoire complète, au point de diminuer de plus
d'un tiers la population de l'Espagne et de faire régner la
paix des tombeaux dans ses campagnes auparavant si animées.

Ce fut alors que l'inquisition déploya toute son activité
comme tribunal politique, en même temps que religieux ;
car, depuis l'insurrection des Pays-Bas, les mots d'hérétiques et de rebelles étaient devenus synonymes, et l'Europe
était partagée en deux camps, dont l'un regardait l'ancienne
religion comme le boulevart de la monarchie absolue, et
l'autre la nouvelle doctrine comme le drapeau de la liberté.
En Espagne, l'inquisition persécuta surtout la haute bourgeoisie commerçante et industrieuse, où, comme dans les
autres pays, les idées nouvelles avaient trouvé le plus facile
accès. Beaucoup de ses membres perdirent la vie, un bien
plus grand nombre leur rang et leur fortune ; ceux qui
purent quitter le pays émigrèrent. Parmi les réfugiés qu'ac-

cueillait la Hollande, on rencontrait des fabricants de Ségovie, de Tolède et de Séville.

Philippe II avait laissé à son fils une grande œuvre de destruction. Philippe III envia la gloire que ses prédécesseurs avaient acquise par l'expulsion des Juifs, en purgeant l'Espagne d'un million d'infidèles, mais il reconnut en même temps avec joie qu'il lui restait à donner, de son zèle religieux, un témoignage encore plus éclatant. Ayant de sa pleine autorité aboli l'édit de tolérance de Charles-Quint et écarté tout scrupule politique, il rendit, en 1609, un décret qui bannit pour jamais les Maures de ses États. Le nombre des Maures n'est nulle part indiqué avec précision, il ne paraît pas avoir été moindre que celui des Juifs ; mais leur nombre, moins considérable, ne diminuait pas la portée funeste d'une mesure qui fit sortir de l'Espagne, avec les Maures, les derniers restes de son capital industriel, et ne laissa dans les provinces méridionales, où ils habitaient, que le souvenir d'une agriculture et d'une industrie autrefois florissantes. L'industrie de Grenade disparut tout à coup, la campagne abandonnée resta sans culture, le célèbre paradis de la Véga devint un désert, où quelques colons qu'on y envoya eurent peine à vivre, et la famine ne fut pas rare dans la contrée la plus favorisée de l'Europe. Les routes construites par les Maures se détériorèrent, leurs admirables canaux d'irrigation se desséchèrent, et les nombreux aqueducs qui portaient aux villes l'eau neigeuse des Sierras tombèrent en ruines. Ajoutez, à ces expulsions en masse, les expatriations individuelles, les pertes éprouvées sur les champs de bataille, l'émigration en Amérique, qui continuait malgré les défenses les plus sévères, et vous comprendrez comment, à la fin du règne de Philippe IV, la population de l'Espagne se trouva de 4 millions inférieure à ce qu'elle était sous Charles-Quint, soit de 6 millions au lieu de 10. Ce qu'elle avait perdu, c'étaient ses éléments physiquement et intellectuellement les plus vigoureux.

La misère de l'Espagne alla croissant sous chaque nouveau

monarque de la maison de Habsbourg. Négligés dans leur éducation, ces princes servirent d'instruments à des favoris et à
des camarillas. Pour comble de malheur, on resta fidèle à la
politique extérieure de conquête et à la politique intérieure de
compression inaugurées par Charles-Quint et développées par
Philippe II. On continua de lutter contre la révolution protestante, et on ne la crut victorieuse qu'au moment de tomber
soi-même dans l'abîme qu'on s'était creusé. « Vous deman-
« dez quels sont les maux du pays, » répondit courageuse-
ment au duc d'Olivarès, ministre de Philippe IV, une députa-
tion des Catalans, « et comment on pourrait y porter remède.
« Nous devrions rester chez nous, repeupler le royaume, cul-
« tiver nos champs, fortifier nos villes, ouvrir nos ports au
« commerce et rétablir nos fabriques. C'est ainsi que de-
« vraient être employés les trésors de l'Amérique, au lieu de
« l'être dans des guerres honteuses et insensées. Pourquoi
« perpétuer en Allemagne une lutte meurtrière, au prix de
« notre sang et de nos richesses? Quel profit retirons-nous
« de la guerre des Pays-Bas, ce gouffre insatiable qui englou-
« tit nos soldats et nos millions? » L'aspect de l'Espagne vers
la fin du dix-septième siècle était celui de la désolation et d'un
complet épuisement. Des villes entières étaient en ruines;
beaucoup de constructions commencées dans des temps meilleurs étaient restées inachevées. Les trois quarts des villages
de la Catalogne étaient abandonnés. L'Estrémadure, renommée pour sa fertilité et pour la beauté de son climat, ressemblait à un désert et ne nourrissait que 184 hommes par mille
carré. Diverses cultures, notamment celle de la vigne, y avaient
entièrement cessé, par suite de l'élévation des impôts. Dans
l'Andalousie, qui, sous les Maures, comptait vingt mille cités et
villages, on pouvait voyager six heures et plus, sans rencontrer
une maison habitée. Les champs de blé de la Vieille-Castille
avaient fait place à des pâturages, et un district des environs
de Ségovie, offrant un développement de vingt-quatre lieues,
avait reçu le nom de *despoblado*, parce qu'il avait perdu
toute sa population.

L'agriculture, privée ainsi de sa première condition, les bras, trouvait dans divers abus un obstacle à sa prospérité, dans les localités mêmes où elle eût eu des bras à sa disposition. Le pire de ces abus, c'était l'accumulation, dans les mains de l'Église, de propriétés qu'on évaluait au cinquième de tout le territoire espagnol. Nulle part, les donations aux établissements religieux n'avaient été plus nombreuses qu'en Espagne ; et une portion considérable des trésors de l'Amérique fut gaspillée dans des emplois improductifs. La cour de Rome absorbait des millions. La construction de l'Escurial coûta six millions de piastres, et les grands, qui se croyaient obligés d'imiter le roi, s'empressaient à l'envi de fonder des couvents et des églises, d'acheter des reliques, et de faire des legs pieux (1). « Il a institué son âme héritière, » disait-on de celui qui avait disposé de sa fortune en faveur de l'Église. L'appauvrissement du pays faisait la richesse de l'Église. A défaut de moyens d'existence, des millions d'individus embrassaient la vie monastique, pour y trouver non une pieuse retraite, mais le loisir et un abri contre l'indigence. Comme en Portugal, les jours de fête prenaient le tiers de l'année. On ne méconnaît pas qu'avec cette prodigieuse opulence, l'Église fit quelque bien et rendit au pays des services. Cependant l'agriculture, dans les parties de l'Espagne où elle subsistait, resta stationnaire, quand elle ne rétrograda pas. Le clergé savait conserver ses terres, mais non les améliorer, c'est-à-dire en augmenter le revenu ; il se contentait de 1 à 2 p. 100. Ses besoins, en effet, étaient toujours les mêmes, la famille ne venait pas les accroître. La culture du sol était confiée à des fermiers dont les baux se transmettaient de père en fils, et dont la condition n'était pas beaucoup meilleure que celle des paysans du moyen âge.

Parmi les terres que n'avait pas accaparées l'Église, une grande partie était immobilisée par les majorats de la noblesse. Ces majorats ne pouvaient être aliénés, ni partagés

---

(1) Sous Philippe III on comptait 9,000 couvents d'hommes avec 46,000 moines et 988 couvents de femmes avec 13,500 religieuses, plus 312,000 ecclésiastiques.

dans aucun cas; ils étaient accrus, au contraire, par des successions, des donations et des mariages. Les propriétaires étaient d'ordinaire absents de leurs domaines, dont ils abandonnaient l'exploitation à des fermiers en vertu de baux traditionnels. Ces fermiers n'avaient pas plus que ceux de l'Église à cœur d'augmenter le revenu des terres, d'autant moins que la loi avait fixé les prix de vente des produits du sol. La récolte était-elle abondante, ils vendaient à un prix minime ; dans le cas contraire, ils ne pouvaient en tirer parti. Il leur était interdit de faire, pour le vendre, du pain avec leur propre blé. Ces entraves ne pouvaient manquer de décourager le paysan et d'entretenir son apathie naturelle.

L'agriculture rencontrait, en outre, une difficulté, particulière à l'Espagne, le droit de pâture et de pacage, ou le privilége de *la mesta*. En vertu de ce privilége, le cultivateur ne pouvait clore ses champs dans les provinces parcourues par les troupeaux de moutons. En été, ces troupeaux restaient dans les montagnes des Asturies et du Léon ; l'hiver, ils descendaient dans les plaines de l'Andalousie et de l'Estremadure. Ce droit datait de l'époque des luttes entre les royaumes chrétiens et les Maures. Lorsque les incursions et les brigandages étaient à l'ordre du jour, on ne pouvait guère songer à une culture régulière du sol ; l'élève des troupeaux était préférée, et il était plus facile de les sauver du pillage lorsque aucun fossé ni aucune clôture ne formaient obstacle à leur fuite. La production et la préparation de la laine des mérinos étaient les plus anciennes industries du pays, et elles furent en conséquence protégées les premières. Mais cette protection devint un grand abus, une oppression des autres intérêts agricoles, qui, dans un nouvel état de choses, méritaient aussi des encouragements (1). Le privilége de la mesta était soutenu par une société composée de grands propriétaires et de prélats, auxquels appartenaient les trou-

---

(1) Les troupeaux de moutons nomades produisirent un autre mal ; ils firent disparaître toutes les plantations d'arbres, et c'est principalement ce qui explique le manque de forêts dans les provinces de l'Espagne qu'ils parcouraient.

peaux. Quelques-uns possédaient jusqu'à un demi-million de moutons. Le haut prix de la laine, elle se vendait dix francs la toison, excita la Société à mettre tout en œuvre pour la conservation d'un privilége vivement attaqué comme préjudiciable à la nation. Elle y réussit. Ses antagonistes obtinrent seulement la limitation du pâturage, et l'abus s'est maintenu jusqu'à nos jours dans l'Estremadure, les Asturies et la Galice.

Quant aux routes, aux ponts, à l'amélioration des fleuves, aux ports, aux canaux et aux autres ouvrages utiles au commerce intérieur d'un pays, le gouvernement non-seulement n'eut pas l'idée d'en entreprendre, mais il laissa tomber en ruines ceux qui étaient restés du temps des Maures. Sur ces beaux fleuves qui parcourent la Péninsule, les navires étaient à peu près inconnus. Les transports s'effectuaient le long des rives à l'aide de bêtes de somme. Des Hollandais et des Italiens, qui offrirent de rendre ces fleuves navigables, essuyèrent de dédaigneux refus. Les choses en vinrent à ce point, que la contrée la plus fertile de l'Europe ne put produire assez de blé pour nourrir une faible population et fut obligé de recourir à l'exportation étrangère. Une province qui avait un excédant ne pouvait l'exporter dans son voisinage, à cause des frais de transport, qui doublaient les prix. La Castille s'approvisionnait plus promptement et à meilleur marché dans les pays du nord, par la voie de mer, que dans l'Andalousie, qui la touchait. La Hollande dut nourrir, avec les grains de la Pologne, l'Espagne affamée, et dans une période de dix-huit ans, de 1756 à 1773, il sortit du pays pour les payer, d'après les états officiels des douanes, 115,078,375 francs. Demandez encore ce que devenaient les trésors de l'Amérique !

Nous avons vu combien la situation de l'industrie espagnole donnait d'espérances au commencement du seizième siècle. Malgré quelques pertes isolées, elle resta la même dans l'ensemble, jusqu'à l'avénement de Philippe II. Les fabriques faisaient certainement, alors, des envois dans les colonies, dont la consommation, il est vrai, était encore très-restreinte.

Quand cette consommation commença à s'accroître, après la découverte des riches mines d'argent, le déclin était arrivé pour la métropole, et la ruine totale était prochaine. L'abondance des métaux précieux, qui inondèrent soudain l'Espagne, séduisit la nation, détruisit en elle l'activité et le goût du travail, favorisa son penchant naturel à la paresse, la trompa, elle et son gouvernement, sur les véritables sources de la richesse privée et publique, et la rendit présomptueuse et imprévoyante. L'industrie fut tout d'abord atteinte par la hausse des salaires, et le gouvernement contribua à empirer la situation. Au lieu de rendre libre le commerce de l'or et de l'argent, comme celui des autres marchandises, on en défendit l'exportation sous les peines les plus sévères. On alla plus loin. On rendit des lois somptuaires, qui restreignirent la fabrication des ouvrages d'or et d'argent et interdirent même celle de quelques-uns. En accumulant ainsi de stériles richesses, on déprécia l'or et l'argent et l'on fit hausser démesurément les prix de tous les autres articles. La cupidité insensée des négociants de Séville, qui avaient le monopole du commerce colonial, rendit le mal irrémédiable. Ils crurent, si l'on peut parler ainsi, à la fécondité des métaux précieux, et dédaignèrent tout autre chargement pour leurs navires. Ils ne firent aucun cas des matières brutes si nécessaires aux fabriques espagnoles, telles que le coton, l'indigo, les peaux, etc., et les abandonnèrent aux étrangers. Les Hollandais et les Anglais les achetaient à vil prix sur les marchés d'Amérique, et les revendaient sur ceux d'Europe avec un bénéfice extraordinaire. Peut-on s'étonner dès lors si les fabriques de la métropole se virent bientôt hors d'état de suffire à la demande des colonies et, finalement, même à celle de l'intérieur? La main-d'œuvre était rare et chère, les matières brutes vinrent à manquer. L'importation étrangère devint alors une nécessité contre laquelle toutes les prohibitions furent impuissantes. Les Génois, auxquels Charles-Quint, en récompense de leurs services dans les guerres d'Italie, avait accordé divers priviléges commerciaux, introduisirent les premiers en Espa-

gne des masses d'articles étrangers. Déjà sous Philippe II ils
régnaient sur la plupart des marchés, et, quand l'expulsion
des Maures eut privé le pays de ses habitants les plus industrieux, ils achevèrent la ruine des fabriques, jusque-là si actives, de Cuença, de Ségovie et de Tolède.

Bien que, pendant la présente période, les principes d'une
saine économie publique aient été assez généralement méconnus et insultés ; nulle part, néanmoins, il n'a été fait violence
au sens commun comme en Espagne, où l'échange des produits des fabriques indigènes contre les métaux précieux de
l'Amérique fut sérieusement considéré comme un malheur,
et où l'on prétendait faire venir ces métaux en Espagne, sans
que l'Espagne elle-même fournît rien en retour (1). Le gouvernement autorisait cette absurdité, en réduisant le commerce avec l'Amérique aux moindres proportions possibles,
et en l'attribuant en monopole à une seule ville, en prohibant,
sous peine de confiscation, l'exportation du blé et du bétail en
1532, et peu après,_en 1552, celle des draps et des autres lainages, avec celle des ouvrages en cuir. Il fixa de plus le prix
du cuir, et ruina ainsi une industrie essentiellement nationale,
qui florissait depuis un temps immémorial. Jusque vers le
milieu du seizième siècle encore, l'Espagne exportait à diverses destinations ses fortes étoffes de soie. On en prohiba la
sortie et la fabrication de Tolède diminua immédiatement
de 50,000 livres. Ces mesures et quelques autres qui
avaient pour but de réduire les prix, échouèrent si complète-
ment, que les prix ne firent que hausser. Le marché intérieur
fut ensuite soumis aux formalités et aux entraves les plus
vexatoires. Les ventes ne pouvaient avoir lieu qu'en certains
endroits désignés, et l'alcade devait y assister avec des témoins ;
en un mot, toute liberté d'action était anéantie. On voulut
défendre jusqu'à l'exportation de la laine, mais il fallut renoncer à ce projet, quand il fut constaté que les fabriques
indigènes n'étaient pas en état de mettre en œuvre la moitié

(1) Voyez à ce sujet une pétition adressée aux cortés assemblées à Valladolid, en 1548, dans Weiss, *l'Espagne*, etc., t. II, p. 119.

de la récolte du pays. Il existait dès le principe de rigoureuses prohibitions d'entrée, mais personne n'en tenait compte. Pour les observer, les Espagnols auraient été obligés de renoncer à se vêtir, car leurs fabriques produisaient de moins en moins chaque année, et elles finirent par se fermer presque toutes. La vaste étendue des côtes était éminemment favorable à une contrebande que tout le monde secondait et appuyait. Les aberrations du système mercantile nous apparaissent ici dans toute leur énormité; on n'y trouve même pas la méthode et la conséquence qui y présidèrent ailleurs. On eût dit que l'Espagne avait voulu apprendre au monde par quelles mesures un pays, placé dans les conditions de la plus grande prospérité, pouvait manquer complétement sa destinée.

Quand l'Espagne se vit en possession du Nouveau Monde et de ses trésors, elle se crut riche pour toujours, et elle s'imagina que les autres peuples de l'Europe ne feraient que recueillir les miettes de sa table, qu'elle aurait seule la jouissance et les autres le travail. On y commença à rougir du travail, à réputer déshonorant, comme chez les anciens Romains, l'exercice des arts mécaniques ou du négoce. Un luxe stérile pour le pays, profitable seulement à l'étranger, envahit toutes les classes. Chacun voulut paraître et briller; au lieu de se créer une petite sphère indépendante, on rechercha un éclat emprunté dans les faveurs de la cour, ou, quand on n'y pouvait parvenir, comme le satellite de quelque grand. Les richesses dont on avait hérité, ou que plus souvent on avait acquises par des fermes ou par la corruption, donnaient pour un moment les moyens de faire une grande dépense; mais elles étaient promptement épuisées, et alors venait la misère. Peu de personnes songeaient à faire valoir leur argent et à le placer à intérêt; on l'enfermait dans son coffre et on l'y laissait dormir des années, jusqu'à ce qu'on le dépensât; on vivait de son capital. Mais ce qui était le plus dur pour la classe industrielle et commerçante, c'était son infériorité sociale, la tache légale qui lui avait été infligée. Tandis que l'*hidalgo* ou gentilhomme jouissait de diverses distinctions, et était le plus souvent exempt de

l'impôt, toutes les charges et toutes les humiliations pesaient
sur le *pachero* ou roturier. Le commerce et l'industrie, étant
généralement l'occupation des pacheros, partageaient le même
abaissement ; et c'est ainsi que, dans le pays classique de l'honneur, on flétrissait l'industrie. La part considérable que les
Maures avaient prise à ses travaux, n'était pas une des moindres causes du mépris et des persécutions auxquelles elle était
en butte. Les nobles qui se faisaient négociants ou fabricants,
encouraient la perte de leurs armoiries. Ils aimaient mieux se
faire valets, la noblesse ne faisant que sommeiller en service,
mais se perdant dans le commerce. Les pacheros ne pouvaient
siéger aux cortès, ni remplir les fonctions d'alcade ni de
corrégidor. Ils furent dès lors possédés généralement de l'ambition d'être nobles. Il fallait, il est vrai, justifier d'une origine chrétienne ; mais l'argent, au besoin, y suppléait.
L'anobli s'empressait de quitter la profession de son père, et,
fût-il réduit, ou peu s'en faut, à vivre d'aumônes et à se couvrir de haillons, il était toujours gentilhomme, portait l'épée
et ne travaillait pas. Beaucoup entrèrent dans l'armée ou dans
les couvents. Le mal prit de vastes proportions à partir de
l'expulsion des Maures. Pendant que, dans les autres pays,
l'encouragement du commerce et de l'industrie constituait un
des objets principaux de la politique, en Espagne le gouvernement n'était pas seulement indifférent à leurs progrès, mais il
travaillait habituellement à leur ruine.

Il s'ensuivit naturellement que des étrangers vinrent exercer les métiers indispensables qui répugnaient à l'orgueil
espagnol. Des Français, des Allemands, des Italiens, des
Wallons, des Anglais même s'établirent en grand nombre
dans les villes, pour y gagner leur vie comme pacheros.
Grâce au haut prix de la main d'œuvre, ils avaient bientôt
amassé une petite fortune, avec laquelle ils retournaient dans
leurs pays. L'agriculture elle-même employait des bras étrangers. Tous les ans arrivaient des Béarnais et des Auvergnats
pour faire la moisson, brûler du charbon et de la chaux, et
exécuter d'autres tâches. Le métier le plus méprisé était celui

de tanneur, et pourtant quelle source de prospérité n'eût-il pas pu devenir pour la Galice, où le chêne abonde, si elle avait eu l'idée d'importer des peaux de l'Amérique du Sud !

La mécanique et les industries savantes étaient également dédaignées et négligées. C'étaient des étrangers qui élevaient les forteresses de l'Espagne, et qui construisaient ses flottes. Le Nouveau Monde, indépendamment de l'or et de l'argent, fournissait un excellent cuivre ; l'Espagne ne savait l'employer qu'à fondre des canons, elle tirait les ustensiles de cuivre de l'Allemagne par l'entremise de la Hollande. La Biscaye produisait du fer excellent ; mais on ignorait l'art d'en faire de l'acier, et l'on demandait ce dernier produit à Milan. Les essaims d'abeilles fourmillaient dans les Sierras, et la cire venait de l'étranger. Le chanvre et le lin réussissaient parfaitement sur le sol de l'Espagne, et l'on ne portait que des tissus de lin de fabrication étrangère. Les imprimeries étaient en si petit nombre, que presque tous les livres, même ceux d'Église, étaient imprimés dans les ateliers de l'Italie et de la Hollande. Les mines de mercure et de cobalt furent concédées à des compagnies allemandes. Philippe IV essaya d'attirer les ouvriers étrangers, en les exemptant d'impôts onéreux. Deux conditions, toutefois, leur étaient imposées ; ils devaient être catholiques et se fixer dans l'intérieur du royaume. Louis XIV fit dresser, en 1680, par son ambassadeur, un relevé de tous les Français établis en Espagne, 60,000 artisans et 7,000 commerçants, possédant un capital circulant d'environ vingt millions de francs. L'Espagnol pur sang les regardait avec mépris, et Charles II ordonna à tous les commerçants étrangers résidant à Madrid, d'habiter un quartier distinct, comme si leur contact eût souillé. Les provinces du nord et en partie la Catalogne surent seules échapper à l'apathie dans laquelle était plongé le reste de l'Espagne. Les Basques, notamment, réussirent à conserver leurs anciens fueros. Le travail resta chez eux en honneur, et quelques coups que leur eût portés la politique du gouvernement,

ils ne perdirent jamais entièrement leur puissance productive, et purent se relever les premiers.

La navigation fut entraînée dans la décadence commune.
La réunion avec le Portugal avait offert une excellente occasion pour donner le plus grand essor à la marine de guerre
comme à la marine marchande. Mais, si l'inspiration de la liberté est quelque part indispensable, c'est dans la vie maritime. Faute d'un tel soutien, l'invincible Armada succomba
devant la marine faible, mais exaltée de l'Angleterre, et les
imposants trois ponts de l'Espagne furent obligés de baisser
pavillon devant les chétives embarcations des Génois, des
Flibustiers et des Barbaresques, souvent même de se rendre
à elles. L'absence de sécurité sur les mers fut de plus en plus
fatale au commerce ; le cabotage cessa presque entièrement
dans la Méditerranée, et la pêche avec lui. Or, à quelle autre
école aurait-on pu former de bons matelots? Le peuple auquel
la religion imposait le plus de repas maigres, laissa dépérir
ses pêcheries et acheta annuellement pour douze millions de
francs de poisson des étrangers. Bientôt, à part la flotte et les
galions, assez mal équipés et montés, de Séville et de Cadix,
on eut de la peine à rencontrer dans les autres ports si nombreux de la Péninsule un navire de quelque importance, portant pavillon espagnol. Les Hollandais s'étaient emparés du
commerce maritime de l'Espagne; l'ancienne prospérité de
la Catalogne avait disparu. Exclue du commerce avec les
colonies et réduite à la Méditerranée, cette province avait
perdu ses relations avec le Levant, depuis l'établissement de
la domination des Turcs, et elle voyait ses propres côtes en
proie à d'insolentes pirateries que le souverain des deux Indes
n'avait pas la force de réprimer.

Le peu de commerce, d'industrie, d'agriculture et de navigation, qui avait pu subsister en dépit de telles maximes et
de telles institutions, fut détruit par le système financier.
L'historique de ce système offrirait un grand intérêt. Nous
nous bornerons à mentionner en peu de mots les faits qui se
rattachent directement à notre sujet. Charles-Quint avait

déjà laissé après lui une dette considérable; elle devint énorme sous ses successeurs. La lutte contre l'innovation protestante, qui fut leur grande affaire à tous, absorba les trésors de l'Amérique. Toutes les guerres de l'Espagne, sous la maison de Habsbourg, servaient la propagande ultramontaine. L'orgueil national n'y prêtait au gouvernement qu'un appui illusoire ; il ne pouvait lui communiquer une force réelle, puisqu'il reposait sur l'imagination. Il fallut donc créer de nouvelles ressources, et ce ne pouvaient être que des impôts. Le plus oppressif de tous, l'alcabala, qui enchaîna tout le commerce intérieur, se percevait sur toute espèce de ventes à raison de 10 p. 100 de la valeur, depuis Philippe IV à raison de 14. Il donna le coup de grâce à l'industrie. En effet l'alcabala portait à la fois sur la matière première, sur la main-d'œuvre et sur le produit fabriqué. Comment, dans ces conditions, le fabricant espagnol pouvait-il soutenir la concurrence du Hollandais, qui, cependant, ne trouvant pas la matière brute dans son pays, la tirait de l'étranger ? L'Espagne, ne pouvant plus mettre en œuvre ses propres matières brutes, se vit obligée de les expédier à l'étranger, d'où elles lui revenaient fabriquées. Elles formèrent son unique élément d'échange, et nous avons vu combien elles étaient insuffisantes, par suite de l'état déplorable de l'agriculture. Le commerce intérieur était encore grevé au plus haut degré par les douanes qui séparaient les provinces les unes des autres, ainsi que par les droits que tous les produits des campagnes acquittaient à leur entrée dans les villes. Ainsi, les marchandises du pays apportées à Séville ou à Cadix pour être expédiées en Amérique, avaient à payer de 8 à 10 p. 100, tandis qu'on ne demandait que 5 p. 100 de celles de l'étranger arrivant par mer. Le cabotage entre les provinces était aussi imposé, il supportait ce qu'on appelait la *dîme de mer*. La réunion sous le même sceptre de tant d'États auparavant indépendants les uns des autres, n'avait pas amené l'union commerciale, et, chose remarquable, le despotisme royal, qui renversa les fueros, avait laissé subsister les douanes.

II.   15

Les impôts ordinaires, auxquels il faut ajouter les monopoles de la cire, du sel, du plomb, du mercure, du soufre, du tabac, de l'eau-de-vie et des poudres, se trouvèrent bientôt insuffisants, d'autant plus qu'ils étaient pour la plupart engagés. Par un acte arbitraire de l'autorité souveraine, il en fut décrété de nouveaux, qui, respectant l'immunité du gentilhomme et n'atteignant que le pachero, n'épuisèrent que plus sûrement le pays. Quelques provinces se révoltèrent; mais, bientôt réduites, elles eurent à payer, en sus des nouveaux impôts, les frais de leur insurrection. Le droit de sortie fut considérablement élevé en 1566 sur les principaux produits de l'Espagne, tels que la laine, la soie, l'huile, le vin et les fruits, et une taxe de consommation fut établie à l'intérieur sur les mêmes articles. Mais on ne pouvait pas combler ainsi un déficit, qui, depuis l'insurrection des Pays-Bas, allait toujours se creusant. On dut recourir à des mesures extraordinaires, à la vente de domaines, de lettres de noblesse et d'offices publics; on ne craignit pas même de violer le droit de propriété; Philippe II fit vendre à son profit les terres que possédaient les communes, et s'empara en 1556 de tout l'argent qu'avaient reçu d'Amérique les négociants de Séville, leur donnant en échange des délégations très-peu solides sur le trésor. Les emprunts forcés étaient aussi déjà connus et usités; on les qualifiait, du reste, de prêts volontaires. Philippe II emprunta de fortes sommes à l'étranger, particulièrement aux banquiers de Gênes et d'Augsbourg; ayant non-seulement négligé le service et souvent abaissé arbitrairement le taux des intérêts, mais encore réduit sous de vains prétextes le capital même de la dette, ce qui était une banqueroute pure et simple, il anéantit tout d'abord le crédit public de l'Espagne. Ces abus d'autorité entraînèrent la ruine d'un grand nombre de maisons considérables. Cependant des commissions de 30 pour 100 et plus déterminèrent toujours la cupidité à courir de nouvelles chances.

Un autre moyen de se procurer de l'argent consistait dans la falsification des monnaies. On donna à la monnaie de cuivre un cours forcé du double de sa valeur. Immédiatement l'étranger frappa de la monnaie de cuivre de même empreinte, dont il se servit non-seulement pour payer les marchandises, mais encore pour acquérir les piastres de l'Espagne, ce qui contribua puissamment à l'élévation de tous les prix, de ceux même des denrées de première nécessité. Les colonies avaient à fournir leur contingent aux financed de la métropole. Les Indiens payaient une capitation, et il était perçu un droit considérable à l'importation des noirs. Les colons espagnols devaient à la couronne le cinquième du produit net de leurs mines d'argent et le dixième de celui de leurs mines d'or ; ils supportaient en outre des droits élevés sur les marchandises importées d'Europe, soit 33 pour 100, dont 25 étaient acquittés dans la métropole et le reste dans le Nouveau Monde, plus l'alcabala, qui, pour les colonies, n'était que de 2 1/2 pour 100, et la rente de la cruzade, c'est-à-dire le prix de la dispense pour les œufs, le beurre et le fromage mangés en carême, prix que la cour de Rome avait cédé au gouvernement espagnol. Cette dernière contribution varia d'abord selon la condition et la fortune du redevable ; mais on finit par en fixer le taux, et elle rapportait environ deux millions et demi de francs. Les colonies, de plus, étaient soumises à des emprunts forcés, dont on ne payait jamais les intérêts, pas plus qu'on n'en remboursait le capital. Le clergé était peut-être encore plus nombreux en Amérique que dans la métropole. Il percevait la dîme de tous les produits du sol, et absorbait le quart du revenu public. Qu'on ajoute à tout cela une administration sans probité et sans foi, et l'on comprendra que les colonies aient été d'un si faible rapport pour les finances espagnoles.

L'exposé des voies et moyens sans nombre, par lesquels le gouvernement espagnol essaya de se procurer de l'argent, nous mènerait beaucoup trop loin. La nécessité a été rarement plus inventive ; mais le budget était un autre tonneau des Danaïdes : on avait beau le remplir, il n'y restait jamais rien, tout s'écoulait comme à travers un crible. Sous Charles II, la détresse arriva à son comble. Les dernières manufactures se fermèrent pour échapper à la rapacité du fisc, et la misère publique était si profonde que les églises elles-mêmes furent obligées de mettre en gage leur argenterie. Aucun banquier étranger ne voulut plus désormais faire de prêts, et l'on n'osa pas établir de nouveaux impôts, qu'on n'aurait pas pu percevoir. Un appel fut fait alors à la générosité publique, et des moines furent chargés de recueillir des aumônes aux portes des grands et des prélats : misérable expédient ! La dette publique de l'Espagne, de 35 millions de ducats à l'avénement de Philippe II, avait atteint 162 millions à la mort de Charles II, en 1700.

L'ancienne Rome elle-même, à quelque degré de décadence et de faiblesse que son régime politique et économique l'eût réduite, n'avait pas été néanmoins abaissée autant que l'Espagne. Il lui manquait heureusement, pour tomber si bas, cet élément clérical, qui fut le ver rongeur de ce dernier pays. Mendiant orgueilleux, incapable de se défendre et de s'administrer, sans armée et sans flotte, sans commerce et sans industrie, ce peuple espagnol eût pu être facilement rayé de la liste des vivants, sans qu'une nouvelle invasion de barbares fût à cet effet nécessaire. Le premier conquérant venu eût pu accomplir cette mission. Mais le système politique de l'Europe n'admettait pas un tel dérangement de son équilibre. On maintint l'indépendance de l'Espagne, et on changea seulement sa dynastie. Le mot fameux : « Il n'y a plus de Pyrénées, » n'a eu, politiquement, presque aucun effet ; il s'est mieux réalisé, et réalisé utilement sur le terrain du commerce.

IV

Un prince de la maison de Bourbon, Philippe V, monta sur le trône d'Espagne, en vertu du testament de Charles II, qui n'avait pas d'enfants et qui avait déshérité sa propre famille. La paix qui, à Utrecht et à Rastadt en 1713 et en 1714, termina la guerre allumée à cette occasion, assura à la dynastie nouvelle, l'Espagne et ses colonies, mais détacha pour toujours ses annexes européennes, la Belgique, le Milanais, Naples et la Sicile. En cela, l'Espagne faisait une perte en apparence, mais elle gagnait en réalité. Elle fut ramenée à ses limites naturelles, au dedans desquelles il lui était possible de se régénérer. Les Bourbons renoncèrent sagement à une politique extérieure qui avait jeté le pays dans les expéditions les plus funestes et les gaspillages les plus insensés. Au lieu de poursuivre la chimère d'une monarchie universelle en Europe, fondée sur le triomphe de la religion catholique, ils s'appliquèrent avec zèle et intelligence à opérer des réformes intérieures destinées à relever une contrée déchue au rang qui lui appartenait. L'Espagne ne recouvra pas, il est vrai, la liberté politique qu'elle avait perdue sous les Habsbourg ; cependant elle reçut de France un esprit de vie, qui exerça, à beaucoup d'égards, l'influence la plus heureuse sur son caractère, sur ses mœurs, et particulièrement sur son commerce. Il n'y a pas lieu de comparer les résultats obtenus avec ceux qu'offrent l'Angleterre et la France ; pour les apprécier à leur juste valeur, on ne doit pas oublier que la société espagnole était profondément corrompue et énervée. Les barrières qui l'avaient systématiquement empêchée de prendre part aux progrès de la civilisation européenne, furent alors abattues.

Le petit-fils de Louis XIV, du monarque qui avait déclaré dans la célèbre ordonnance de 1669 que le commerce en grand ne portait point atteinte à la noblesse, et n'avait rien que d'honorable, ne devait pas, on pouvait le penser, négliger les intérêts matériels du royaume qui venait de lui échoir. La fortune lui donna dans le cardinal Albéroni un ministre qui n'avait pas étudié sans fruit Richelieu et Colbert. Ce fut l'agriculture qui, comme de juste, occupa la première le gouvernement. Il s'agissait tout d'abord d'écarter les obstacles qui en arrêtaient le développement naturel et de lui rendre les bras qu'elle avait perdus par l'expulsion des Maures et par tant de guerres inutiles et dévastatrices. Les maux de la guerre de Succession furent plus vivement ressentis en France qu'en Espagne. Cette dernière contrée non-seulement y ménagea ses habitants et ses capitaux, mais recruta même un grand nombre d'étrangers, que le repos dont elle jouissait invita à s'établir chez elle, et qui commencèrent à la ranimer un peu. Ce repos, à de courtes interruptions près, dura jusqu'à la fin de la présente période, l'Espagne n'ayant pris qu'une part secondaire aux grandes guerres européennes. Il s'ensuivit un accroissement de sa population, qui de 5,700,000 âmes en 1702, s'éleva à 10 millions en 1780. Des milliers de bras s'appliquèrent alors à l'exploitation du sol ; de vastes espaces, en friche depuis un siècle, furent rendus à la culture. Le gouvernement favorisa cet élan par des mesures éclairées. Il abolit la taxe sur les blés et affranchit le débit intérieur et extérieur de cette denrée. La liberté de l'exportation des blés ne devait avoir aucun résultat pratique, puisque l'Espagne, à cette époque, ne suffisait pas aux besoins de sa population, et ne pouvait se passer de l'importation étrangère, dans les mauvaises années. Toutefois cette ordonnance révélait la connaissance des intérêts du pays et une sage politique commerciale. Ferdinand VI, qui régna de 1746 à 1759, fonda l'établissement dit des *positos*. C'étaient des magasins où les cultivateurs déposaient chaque année une certaine quantité de blé. L'année suivante chacun reprenait son dépôt, à la charge de fournir une nouvelle quantité un peu plus forte que la précédente. Au bout de quelques années, le magasin se trouvait complétement garni par suite de ces augmentations successives. L'agriculture aurait fait plus de progrès, si elle avait été mieux secondée par l'élève du bétail, industrie qui demeura fort en arrière, notamment pour le bétail à cornes, la consommation de la viande dans la catholique Espagne, avec ses nombreux jours maigres, n'ayant jamais été considérable. Une autre institution également utile était celle des banques de prêt rurales, destinées à venir en aide au cultivateur, surtout par des avances de grains pour les semailles. Dans la Manche et dans les Castilles, entièrement nues, on encouragea la plantation d'arbres, on voulut introduire un bon régime forestier et l'on chercha à rétablir les irrigations. De toutes les provinces, celle de Valence devint la plus florissante. Le chanvre et la garance, qu'on avait jusqu'alors achetés chèrement à l'étranger, furent cultivés avec succès, et des colons allemands établis, en 1767, dans la Sierra Morena. Si l'on ne put supprimer entièrement le droit de pâture de la mesta, on y apporta du moins d'importantes restrictions ; Charles IV permit d'enclore les vignobles, les jardins et les nouvelles plantations d'arbres. Le développement de l'industrie dans la plupart des États faisant de plus en plus rechercher les laines, l'Espagne satisfit en partie à la demande de l'étranger, après avoir réduit un droit exagéré de sortie ; et il lui resta à elle-même assez de laines pour ses propres fabriques. On évaluait à 33 millions de francs sa production annuelle en ce genre.

Tout en restant sous les Bourbons le pays catholique par excellence, l'Espagne perdit le caractère théocratique qu'elle avait revêtu sous Philippe II. L'État s'y sépara de plus en plus de l'Église et fit rentrer celle-ci dans les limites qu'elle avait depuis longtemps franchies. Des ministres courageux expulsèrent les Jésuites et se prononcèrent contre les acquisitions ultérieures de main-morte, ainsi que contre la constitution de nouveaux majorats de la noblesse. Leurs réformes furent exécutées dans les points essentiels, sinon en totalité.

Albéroni voua la plus grande sollicitude à l'industrie ; c'était comme un mort à ressusciter. La fabrication de la laine elle-même, la plus ancienne et la plus nationale, avait à peu près cessé d'exister. Le cardinal-ministre la transplanta de Ségovie à Guadalaxara, où il établit une manufacture, qui, au bout de quelques années, occupa vingt-quatre mille personnes et fut chargée des fournitures militaires. Ce fut lui qui appela à la vie le tissage des toiles ; il fit venir des Hollandais pour l'enseigner, et en général il favorisa par tous les moyens l'immigration d'industriels étrangers, recommandant avec énergie aux capitaines généraux des provinces de leur faire bon accueil et de leur prêter toute assistance pour la fondation de fabriques. Cette immigration était tout autre que celle qui avait eu lieu sous la maison d'Autriche. Les étrangers étaient destinés à instruire les indigènes, et les ateliers qu'ils ouvraient devaient rester au pays.

Les successeurs d'Albéroni continuèrent son œuvre. Le règne de Charles III, notamment, de 1759 à 1788, se distingua sous ce rapport. Les fabriques de drap existantes furent agrandies, et l'on en fonda de nouvelles ; l'industrie du coton, recevant cette matière en franchise, prit en Catalogne un essor extraordinaire ; celle de la soie se ranima ; Tolède retrouva son ancienne renommée pour les ouvrages en fer et en acier. Il s'éleva des établissements pour la fabrication du verre, de la porcelaine, du papier, des tapis, des chapeaux et d'autres objets, ainsi que des imprimeries et des écoles industrielles. Une ordonnance royale de 1782 imposa à chaque artisan, sous peine de la perte de son droit de bourgeoisie, l'obligation d'astreindre au moins un de ses fils à continuer sa profession. Afin de remettre l'industrie en honneur, il fut expressément déclaré que des artisans pourraient remplir des fonctions municipales. Puis, afin de seconder par le crédit le réveil de l'industrie nationale et de lui assurer les moyens de travailler avec profit, on fonda, en 1782, la banque de Saint-Charles. Cet établissement adressa à toutes les autorités et à toutes les sociétés d'utilité générale, une circulaire qui leur exposait sa mission et leur demandait des informations sur l'état de l'agriculture, du commerce et de l'industrie dans chaque province, avec des plans d'amélioration.

Les déplorables préjugés de la petite noblesse et l'aversion profondément enracinée pour le travail, étaient de très-grands obstacles. Quand Philippe V confirma les statuts de la Compagnie de Caracas, il accorda en même temps des lettres de noblesse à tous ses membres, et en 1773, un décret spécial déclara que le commerce et l'industrie étaient parfaitement compatibles avec la noblesse, et que les gentilshommes ne dérogeraient pas en établissant des fabriques, qu'ils devaient seulement s'abstenir de travaux manuels. Dans ces conditions le système protecteur avait quelque raison d'être, puisqu'il existait une industrie nationale à protéger.

Le commerce intérieur fut affranchi des entraves des douanes provinciales, et la ligne douanière reculée aux frontières extérieures de la monarchie. Malheureusement la mesure était incomplète, elle ne comprenait pas l'Andalousie, la province la plus importante. Deux tarifs, publiés en 1778 et en 1784, établirent le régime des douanes sur des bases rationnelles. Les denrées de première nécessité furent exemptées de l'alcabala ; les fabriques obtinrent la même immunité pour la première vente de leurs produits. Les taxes sur l'huile et le savon, et plus tard celles qui pesaient sur la plupart des matières employées dans l'industrie, furent supprimées ; le monopole de l'eau-de-vie aboli, le prix du sel diminué. Les revenus publics s'accrurent avec les facultés contributives du pays, et quelque ordre rentra dans les finances. On travaillait beaucoup à améliorer les voies de communication. Le premier canal navigable que posséda l'Espagne fut creusé sous Ferdinand VI ; il rattacha Ségovie au Douro. Mais ce fut encore le règne de Charles III qui déploya dans cette branche d'administration le plus d'activité. Alors le pays fut doté d'un système régulier de routes, ayant pour centre Madrid, et dont les quatre principales allaient rejoindre la Corogne, Barcelone, Valence et Séville. Ces grandes routes étaient desservies par des postes royales. La construction des canaux et la rectification des fleuves furent continuées ; on cura les ports ensablés, et l'on nettoya les montagnes des brigands, les côtes des pirates qui les infestaient. Le pavillon espagnol reparut avec honneur sur la Méditerranée, où il était tombé dans un entier oubli. On témoigna une énergique sollicitude pour une marine profondément déchue. Le peu de navires de construction nouvelle sous les derniers Habsbourg avaient été fournis par Gênes ; à peine Philippe V fut-il monté sur le trône que des chantiers et des arsenaux furent organisés au Ferrol, à Carthagène et à Cadix, et une école de navigation ouverte à Barcelone. On eut bientôt créé une flotte, qui put se mesurer, non sans gloire, avec celles de l'Angleterre, et qui fit de l'Espagne la troisième puissance maritime de l'Europe. Or, cela ne fût point arrivé, si la marine marchande n'avait pas en même temps reçu une nouvelle impulsion.

Le système colonial éprouva de sages et profondes réformes. Non que l'on abolît le monopole de la mère patrie, l'esprit de l'époque ne le comportait pas ; mais on écarta les entraves du commerce colonial pour la métropole elle-même, et l'on prépara graduellement l'affranchissement des relations avec l'Amérique. Précédemment les Castillans de naissance pouvaient seuls y prendre part ; alors tous les Espagnols y furent admis. Cadix, devenu en 1720 l'unique entrepôt de ce commerce, depuis que l'ensablement du Guadalquivir avait mis obstacle à la navigation jusqu'à Séville, ne conserva que peu de temps ce privilége. On ne pouvait alors se dissimuler combien étaient difficiles et peu sûres les opérations transatlantiques, par le moyen de la flotte et des galions ; car il ne se passait presque pas de voyage sans qu'ils fussent attaqués, pillés, bloqués dans un port ou retardés par les Anglais, ou par quelque autre puissance en guerre avec l'Espagne. Philippe V prescrivit en conséquence d'employer aussi dans le commerce avec l'Amérique des navires fins voiliers, de construction plus légère, qui eussent moins de peine à se tirer d'affaire ; on les appelait navires immatriculés. Leur supériorité pratique fut bientôt reconnue ; on les adopta généralement, et ils remplacèrent la flotte et les galions, qui effectuèrent leur dernier voyage de 1735 à 1737. Sous le nouveau régime, le nombre des navires fut indéterminé et l'époque de leur arrivée incertaine, ce qui occasionna dans le cours des marchandises des variations jusque-là inconnues. Aussi le contrebandier, qui avait besoin d'un bénéfice assuré et constant, dut-il abandonner un métier qui ne le dédommageait plus du péril auquel il s'exposait.

La couronne renonçait peu à peu à cette direction immédiate, à cette tutelle du commerce colonial, qu'elle s'était jusque-là réservée ; elle fit bientôt un pas de plus dans cette voie : en 1728, elle concéda à une compagnie le privilége exclusif du commerce avec la province de Caracas, qui n'offrait ni or, ni argent, mais produisait du cacao et du sucre en abondance et de la meilleure qualité. La compagnie développa la production de ces denrées, et, par des exportations régulières et considérables, fit cesser la contrebande qui depuis longtemps s'exerçait entre la Terre-Ferme et l'île hollandaise de Curaçao.

Une fois la brèche ouverte dans l'ancienne routine, les abus tombèrent l'un après l'autre. Charles III intervint ici encore avec énergie et renversa un système qui avait duré plus de deux siècles. Sans tenir compte du privilége de Cadix, il établit une ligne de paquebots partant de la Corogne une fois par mois pour la Havane et Porto-Rico, deux fois pour la Plata, et il autorisa les négociants de cette ville à composer la moitié de leurs cargaisons de marchandises espagnoles, et à prendre en retour un demi-chargement de produits américains. Cette mesure servit de prélude à la fameuse ordonnance, publiée en 1765, qui permit aux douze principaux ports de la métropole de trafiquer avec les colonies d'Amérique (1). L'Andalousie devait exporter ses produits par Séville et Cadix, Valence et Murcie devaient exporter les leurs par Alicante et Carthagène ; Grenade par Malaga ; la Catalogne et l'Aragon par Barcelone, les Castilles par Santander, la Galice par la Corogne, les Asturies par Gijon, les Canaries par Ténériffe, les Baléares par Palma. Toutes les provinces, à l'exception des provinces basques, furent appelées à entretenir des relations directes avec l'Amérique. Les heureux effets d'une aussi sage mesure ne se firent pas longtemps attendre. L'industrie particulière profita avec empressement de la liberté qu'on lui accordait. Dès l'année qui suivit la promulgation de l'ordonnance, Cadix envoya dans les colonies

---

(1) D'abord seulement avec les Indes occidentales, puis en 1768 avec la Louisiane, en 1770 avec le Mexique, le Yucatan et Campêche; en 1778 avec le Pérou, le Chili, la Plata, Santa-Fé et Guatémala.

63 navires, la Corogne 26, Malaga 34, Santander 13, et en 1780 on vit 150 bâtiments de commerce espagnols dans le port de la Havane, où sous le règne de Ferdinand VI il n'avait paru que 4 navires immatriculés.

De même que la métropole, les colonies furent mieux administrées. En 1776 elles furent politiquement réorganisées : on les divisa en quatre vice-royautés, celles du Mexique, du Pérou, de la Nouvelle-Grenade et de Buénos-Ayres, et en huit capitaineries générales indépendantes, celles du Nouveau-Mexique, de Guatémala, du Chili, de Caracas, de Cuba, de Porto-Rico, des Florides et de Saint-Domingue. Sans doute l'administration était loin d'y être consciencieuse et probe; toutefois quelques-uns des abus les plus graves disparurent, et les revenus que la couronne tirait des mines furent considérablement accrus. On évaluait, de 1750 à 1780, le produit annuel des mines à trente millions de piastres; grâce à une exploitation intelligente, c'était le plus élevé qu'elles eussent donné jusque-là. On commença aussi à s'occuper sérieusement de la culture du sol, si longtemps négligée pour les métaux précieux. L'accroissement extraordinaire de la consommation des denrées coloniales en Europe, les bénéfices énormes que l'Angleterre, la France, la Hollande, le Portugal même, tiraient de leurs établissements en Amérique, finirent par ouvrir les yeux à l'Espagne et lui firent comprendre que la richesse publique ne consistait pas uniquement dans les lingots d'or et d'argent.

On se rappelle tout d'abord les premiers résultats obtenus dans les Antilles. Cuba était en mesure, par son sol et par son climat, de rivaliser avec la Jamaïque, la Guadeloupe et la Martinique. La maison de Habsbourg avait utilisé la Havane comme point stratégique et comme station navale, abandonnant pour le reste l'île à elle-même. Les colons européens s'y étaient abrutis : ils se livraient principalement à la chasse des taureaux sauvages, parfois aussi à la piraterie et à la contrebande. La seule culture à laquelle ils se livrassent sur une grande échelle était celle du tabac. La consommation croissante de cet article en Europe suggéra au gouvernement des Bourbons l'idée d'en faire une nouvelle source de revenu public ; en conséquence, le commerce du tabac à Cuba fut, en 1717, déclaré un monopole de la couronne ; mesure qui rencontra d'abord de la résistance, mais qui prévalut. Le gouvernement achetait aux planteurs, à un prix déterminé, tout le tabac qu'ils récoltaient. Il était interdit d'en cultiver au delà d'une quantité fixée. Les épaisses forêts de l'île fournirent, en outre, de magnifiques matériaux pour les constructions navales ; on établit des chantiers d'où sortirent les navires les meilleurs. Le port vaste et sûr de la Havane était, en cas d'accident, le lieu de refuge de tous les bâtiments qui naviguaient dans le golfe du Mexique. Les colons possédèrent ainsi quelques industries, et on leur envoya de temps en temps des navires immatriculés. Cependant la contrainte commerciale à laquelle ils étaient soumis, les irritait d'autant plus que le voisinage des Antilles françaises et anglaises offrait plus de facilités à la contrebande ; réprimer cette contrebande par la force, eût été aussi impossible que dans les autres colonies espagnoles. Le gouvernement, encouragé par le succès de la compagnie de Caracas, crut pouvoir appliquer aux Antilles le même remède, et concéda en 1735 le commerce de Cuba à une société de Cadix ; puis, en 1756, le commerce de Porto-Rico, de Saint-Domingue et de Honduras à une autre société, mais l'une et l'autre échouèrent. A l'exception du tabac, les Antilles espagnoles n'avaient presque aucun produit propre à alimenter ces grandes opérations commerciales. Les Anglais en guerre avec l'Espagne, alliée de la France, ayant pris la Havane en 1762, puis restitué cette place contre la cession des Florides, le cabinet de Madrid comprit enfin ce qu'il avait à faire. L'Angleterre, durant son occupation, avait laissé à Cuba le commerce libre ; les résultats considérables ainsi obtenus en très-peu de temps déterminèrent l'Espagne à rendre l'ordonnance déjà mentionnée de 1765, qui affranchit le commerce avec les Indes occidentales et fut ensuite appliquée peu à peu à toutes ses colonies d'Amérique. Ce fut Cuba qui en retira les plus grands avantages. Le nombre des immigrants s'y accrut, et avec eux la culture et le commerce. De vastes plantations de sucre et de café s'organisèrent, et les Espagnols qui passèrent des Florides à Cuba, y apportèrent les abeilles, dont la cire devint bientôt un précieux article d'exportation. Cependant le tabac resta pendant la présente période le produit principal de cette île. La Havane prit un grand développement comme résidence d'un capitaine général, et comme centre du trafic des esclaves pour toute l'Amérique espagnole, depuis 1773. Porto-Rico atteignit, dans des conditions analogues, une prospérité presque égale; mais Saint-Domingue resta stationnaire, car l'administration espagnole n'était pas capable de rivaliser, dans cette île, avec l'administration française, qui y avait été de bonne heure exemplaire.

L'affranchissement du commerce entre la métropole et les colonies fut suivi, en 1774, de celui du commerce des colonies entre elles (1). On ne prit qu'à cette époque la seule mesure capable de mettre quelque obstacle à une contrebande

(1) Les Philippines, toutefois, demeurèrent exceptées de la mesure. Ce ne fut qu'en 1784 qu'un ministre des finances éclairé, Cabarus, proposa un plan à l'effet de supprimer indirectement le monopole de la couronne, de délivrer peu à peu le commerce des Indes orientales de toutes ses entraves, de combiner le commerce de l'Amérique avec celui de l'Asie et d'établir des relations directes entre les Philippines et la métropole. De ce plan, sensiblement modifié, sortit, l'année suivante, la Compagnie commerciale des Philippines, constituée au capital de 6 millions de piastres, dont une grande partie fut fournie par le roi lui-même, et le reste par la Banque de Saint-Charles, par la Compagnie de Caracas, alors en liquidation, et par les négociants de Madrid. La compagnie obtint le privilège exclusif, pour vingt-cinq années, de faire le commerce de l'Asie et de le combiner avec celui de l'Amérique. On prescrivit à ses navires de partir de Cadix, de doubler le cap Horn et d'aborder dans un port du Pérou. Ils devaient prendre dans ce port les piastres nécessaires pour l'achat des marchandises des Indes orientales, puis, par le cap de Bonne-Espérance, rapporter directement de Manille à Cadix leurs chargements de retour. Le galion royal continuait son service entre Acapulco et les Philippines; la compagnie n'avait pas le droit de trafiquer directement d'Asie en Amérique; il lui fallait prendre l'immense détour de Cadix. Son privilège ne s'étendait pas non plus au commerce d'Inde en Inde; Manille avait été déclarée port franc. La compagnie n'avait d'ailleurs

étrangère qui existait depuis plus de deux siècles, et qui dépouillait la métropole de la meilleure part des bénéfices du
commerce colonial. Dans le dix-huitième siècle justement, où
les colonies des Européens aux Indes occidentales atteignirent
leur plus haut degré de prospérité, cette contrebande, conti-
nuânt de s'exercer avec un succès prodigieux, avait dérobé
d'immenses richesses à l'Espagne. On ne la voyait plus à
Madrid avec la même indifférence qu'autrefois; une vigi-
lance sévère était recommandée aux gardes-côtes : ils avaient
ordre de visiter les navires étrangers en pleine mer sur le
moindre soupçon. On ne craignit même pas, en 1740, d'engager une guerre à ce sujet avec la puissante Angleterre,
et on finit, en 1750, par obtenir l'abolition du traité de
l'asiento, qui, incontestablement, avait couvert du manteau
de la légalité l'introduction illicite de marchandises anglaises
dans la place de Porto-Bello. Mais le mal n'avait pas été ainsi
atteint dans ses racines; la liberté du commerce était le seul
moyen efficace d'en venir à bout. Quand on recourut enfin à
ce moyen, il était bien tard, et des événements inattendus
vinrent, dans la période suivante, remanier de fond en comble
le régime politique et économique du Nouveau Monde.

Dans le commerce extérieur de l'Espagne avec d'autres
contrées que ses colonies, la part de son pavillon ne s'accrut
que lentement. La majeure partie des articles importés des
colonies, ainsi que des produits indigènes, la laine, les vins,
la soie, l'huile, les fruits du midi, le sel, la soude, le savon

---

ni pouvoirs politiques ni possessions territoriales comme les Compagnies
hollandaises et anglaises des Indes. Ainsi restreinte dans ses opérations,
dépourvue d'indépendance, exposée à l'intervention continuelle et souvent
violente du gouvernement, qui alla jusqu'à saisir ses capitaux pour leur
donner une tout autre destination, la compagnie se trouva, surtout après la
chute de Cabarus, en 1790, hors d'état de remplir une mission qui, dans d'autres circonstances et sous l'empire d'autres maximes, aurait sans doute assuré
à l'Espagne une part assez considérable et assez avantageuse dans le commerce des Indes orientales. Elle ne fit que végéter, et tomba, de même
que la banque de Saint-Charles, lors de la guerre avec la France, sous
Napoléon.

et le fer, était exportée par des navires étrangers. En 1734, il arriva des ports d'Europe à Cadix 1004 navires, dont 496 anglais, 228 français, 147 hollandais, et seulement 60 espagnols, non compris, bien entendu, les caboteurs. En 1759, le nombre des navires espagnols s'élevait à 159, et vers la fin de la période on en rencontrait assez souvent dans la mer du Nord et dans la Baltique ; en 1772, deux passèrent le Sund, et, en 1791 vingt-huit, pour aller chercher les articles du nord sur les lieux de production. Parmi les États qui, sous les Bourbons, entretinrent les relations les plus actives avec l'Espagne, la France avait pris l'avantage sur la Hollande. Étant favorisée par la politique de famille et ayant, depuis Colbert, accompli en industrie des progrès extraordinaires, elle se trouvait en mesure d'importer en Espagne, par terre et par mer, des quantités considérables de produits fabriqués de toute espèce. Mais l'Angleterre voulut rivaliser avec elle, et, vers la fin de la période, elle l'avait presque atteinte, bien que son commerce avec l'Espagne, souvent interrompu par les guerres, et de plus grevé de droits différentiels, s'opérât principalement par voie de contrebande. Gibraltar, occupé par elle depuis la paix d'Utrecht, lui servait parfaitement à cet effet. Parmi les produits de l'industrie allemande, la toile resta toujours, grâce à l'entremise des villes Anséatiques, fort recherchée des Espagnols. Le développement de l'industrie de l'Espagne n'a été signalé ici avec éloge que comparativement à son affaissement sous la domination de la maison d'Autriche. Elle ne pouvait nullement songer à lutter avec l'industrie de l'Angleterre, de la France ou des Pays-Bas. Ces pays étaient toujours les grands pourvoyeurs de la Péninsule et de ses colonies ; seulement la disproportion n'était plus aussi choquante qu'autrefois, et un meilleur équilibre s'était établi entre la production indigène et l'importation étrangère.

Toutefois, les promesses de la fin de la période ne devaient pas se réaliser. Déjà réduite en Europe au rôle de puissance de second ordre, l'Espagne, qui avait découvert, conquis et gouverné l'Amérique, devait perdre toutes ses possessions, excepté deux îles, et être tardivement, mais justement châtiée. C'est une Amérique affranchie du joug espagnol et indépendante que nous offre la période contemporaine.

III. — Les Hollandais.

I

Les Pays-Bas sont, au commencement de l'histoire moderne, l'exemple à peu près unique d'une société prospère, éclairée, industrieuse, libre et tolérante, en peu de temps détruite par le fanatisme et par la tyrannie. Quelle différence entre la Flandre et le Brabant, tels que Charles-Quint les transmit à son successeur, et ces mêmes provinces à la f͞ du règne de Philippe II ! Elles étaient en proie à la paresse͝ et à la barbarie, à l'ignorance et à la pauvr͝e ͝ la servitu ͝ et à l'oppression religieuse, et le théâtre ͝ ͝ ant d'activité, de tant de puissance créatrice, était couvert ͝ e ruines.

Nous avons retracé par anticipation, au premier volume de cet ouvrage, le commerce international des Pays-Bas concentré à Anvers après le déclin de Bruges ; nous référant donc à cet exposé, nous ne reprendrons ici que quelques faits généraux comme moyens de transition. Est-il nécessaire de rappeler que, lorsqu'on parle du commerce international des Pays-Bas au moyen âge, il ne peut être question que des provinces méridionales, notamment du Brabant et de la Flandre ?

Quelques perturbations commerciales qu'occasionnent toujours les troubles intérieurs et les guerres civiles, la ruine des Pays-Bas n'en serait pas cependant résultée. Songez aux luttes nombreuses et vives entre les princes et les sujets, entre la démocratie et l'aristocratie des villes. Une communauté d'intérêts amenait toujours une réconciliation, et les pertes attei-

II.   16

gnaient des individus et des localités beaucoup plus que le
pays en général. L'industrie des Pays-Bas était également florissante, soit qu'elle eût pour centre principal Gand ou Louvain, et leur commerce n'était pas moins animé, soit que
Bruges ou Anvers en fût l'entrepôt. La Flandre et le Brabant
jouèrent tour à tour le premier rôle ; mais à la fin les deux
provinces représentèrent au même titre le vaste marché des
Pays-Bas. Or, qu'est-ce qui avait fait avant tout l'importance
de ce marché, sinon son incomparable situation ? Elle ne pouvait pas lui être entièrement ravie, mais elle pouvait être notablement détériorée par des mesures politiques. Ni Bruges
ni Anvers ne sont situées sur la mer ; l'un et l'autre port
communique avec elle par un fleuve. De même qu'on avait
barré le Zwin, on barra l'Escaut un siècle plus tard ; si la
violence et l'état de guerre pouvaient alors servir d'excuse,
comment qualifier le traité par lequel ce beau fleuve fut, encore un siècle plus tard, fermé au commerce et à la navigation? Une aut · circonstance diminua encore les avantages
de   situation. Depuis la découverte de l'Amérique et de la
route maritime de l'Inde, l'art de la navigation avait fait des
progrès extraordinaires. On accomplissait le tour du monde
dans le même temps qu'autrefois le tour de l'Europe ; les assurances mettaient à l'abri des pertes, et les peuples commerçants adoptèrent de plus en plus la maxime d'acheter le plus
possible de première main et directement. Le système colonial contribua pour sa part à rendre inutile l'étape à moitié
chemin, qui constituait le mérite essentiel du marché des
Pays-Bas, intermédiaire entre l'est et l'ouest. Enfin, la politique commerciale exclusive des temps modernes était
peu favorable aux opérations de libre échange qui s'effectuaient dans les Pays-Bas, surtout depuis que les autres pays,
reconnaissant l'utilité de l'industrie, s'étaient mis à la protéger chez eux. Le marché néerlandais perdit un de ses plus
puissants attraits par la diminution de sa production industrielle. Ces changements, toutefois, ne s'opérèrent que lentement, car, pour naturaliser et pour développer l'industrie dans

une contrée, il fallait plus de temps que pour déplacer un courant d'affaires commerciales.

A l'époque de la réformation et durant les grandes guerres de la première moitié du seizième siècle, le Brabant, peu avant sa dernière heure, avait joui de la plus brillante prospérité. Les richesses immenses qui s'y étaient accumulées constituaient des ressources extraordinaires, et, si l'Espagne avait su être juste, libérale, humaine et tolérante, cette puissance, alors prépondérante, aurait conservé la plus précieuse de ses possessions, au lieu de se perdre elle-même en échouant dans ses projets. Obéissant à un seul maître, et à un maître si puissant, les Pays-Bas semblaient avoir dans ce fait la meilleure garantie du maintien de leur vaste mouvement d'affaires. La loi fondamentale de Charles-Quint sur l'indivisibilité des Pays-Bas et le traité avec l'Empire concernant l'héritage de Bourgogne, avaient écarté pour cette contrée toute crainte de perdre son commerce. Qui aurait osé espérer d'enlever à l'Espagne le moindre coin de terre?

Mais l'Espagne trahit sa grande mission et se suicida. Les Pays-Bas, accoutumés depuis longtemps à vivre dans une grande indépendance et à se gouverner eux-mêmes, avaient non-seulement adhéré avec empressement à l'innovation religieuse, mais donné asile à beaucoup de sectateurs de la nouvelle doctrine, réfugiés des pays voisins. A part les considérations de l'ordre moral, la réformation se recommandait sous d'autres rapports à un peuple aussi actif et aussi industrieux que celui des Pays-Bas ; par la fermeture des couvents, par la sécularisation des propriétés et des seigneuries ecclésiastiques, par la suppression d'un grand nombre de fêtes, elle agrandissait notablement le domaine du commerce, accroissait les objets d'échange et rendait le travail plus productif. Cette influence de la réformation se révèle plus d'une fois dans la période moderne, et il est digne de remarque que la suprématie commerciale y appartient aux peuples protestants.

La lutte engagée par Charles-Quint contre la nouvelle doc-

trine ne se termina pas à l'avantage de ce monarque, ni à
celui de l'Église catholique. La séparation religieuse devint
permanente et fut officiellement consacrée. Obligé de céder
dans l'empire d'Allemagne, l'empereur ne voulut pas du
moins tolérer l'hérésie dans ses États héréditaires; il se préoccupait surtout de l'accueil qu'elle avait trouvé dans ces Pays-
Bas, si chers à son cœur comme lieu de sa naissance. Il essaya,
non sans recourir aux moyens de rigueur, de convertir les hérétiques et d'étouffer l'erreur. Cependant Charles-Quint n'était
ni un fanatique, ni un despote; il connaissait le peuple auquel
il avait affaire, et ne s'aveuglait pas sur les conséquences inévitables d'un système d'impitoyable persécution. Tout en
réprimant, autant qu'il le put, il garda encore une certaine
mesure et supporta ce qu'il ne voulait pas reconnaître. Dans
l'intérêt du commerce, écrivait-il à sa sœur Marie, gouvernante des Pays-Bas, on pouvait permettre aux protestants
d'Anvers l'exercice de leur culte. Le règne de Charles-Quint
est donc encore pour le commerce des Pays-Bas une époque
d'éclat et de prospérité, bien que les signes précurseurs de la
tempête apparaissent déjà à l'horizon. Mais, du moment où
l'empereur, fatigué, transmet la couronne à son fils, le ciel
se rembrunit et l'orage est près d'éclater. Ce n'est pas ici le
lieu de tracer le portrait de Philippe II; mais son gouvernement a exercé une influence considérable sur la marche de
notre histoire. Ses efforts prodigieux pour anéantir une idée
et un dogme ont eu pour résultat, non-seulement l'indépendance et le commerce immense de la Hollande, mais encore
la domination maritime et commerciale de l'Angleterre.
L'élément roman et catholique succomba sous l'élément germanique et protestant.

Souverain absolu en Espagne et dans les deux Indes, Philippe II ne pouvait souffrir les entraves que les anciennes
chartes et constitutions communales mettaient à sa puissance
dans les Pays-Bas. Déjà son père avait cherché à s'en affranchir, et, en 1540, le châtiment de Gand révolté n'avait pas
été pour la monarchie une faible victoire. Cependant la lutte

était difficile et avait besoin d'être conduite avec prudence, tant le sentiment de l'indépendance et des ressources nationales était vif chez les habitants des Pays-Bas ! Quoi qu'il en soit, si l'Espagne n'avait cherché qu'à leur retirer leur liberté politique et à les soumettre au despotisme, elle ne leur eût pas fait de bien sans doute, mais elle ne leur eût pas porté un coup mortel. Philippe II, non content de l'oppression politique, voulut y joindre l'oppression religieuse, il proscrivit la liberté des consciences et mit en campagne l'inquisition, les tribunaux de la foi, tout l'appareil du fanatisme. Il ne lui vint pas à l'esprit que la ruine du commerce, de l'industrie et de la navigation serait préjudiciable à la monarchie espagnole elle-même. Comme on lui représentait qu'une prospérité merveilleuse était mise en sérieux péril, il répondit sans hésiter : « Mieux vaut avoir pour sujets des mendiants que des « hérétiques. »

L'histoire de la révolution des Pays-Bas est suffisamment connue. La lutte à main armée ne s'engagea qu'en 1566 ; mais le commerce fut atteint bien avant cette époque. Le seul bruit de l'établissement de l'inquisition fit émigrer un grand nombre d'habitants des provinces du sud-ouest, soit dans les États voisins, soit dans les provinces du nord. Quand ce qu'on appelle la destruction des images eut lieu à Anvers, beaucoup d'habitants de cette ville, bourgeois et étrangers, réunirent leur avoir et se dérobèrent à l'orage. Plus de cent mille personnes, assure-t-on, avaient déjà quitté le pays, lorsque l'arrivée du duc d'Albe en fit fuir un plus grand nombre encore. Ce fut bien pis, après que les hostilités eurent éclaté. Outre les émigrations, les exécutions dépeuplèrent et appauvrirent la contrée. Plus de dix-huit mille individus, et dans le nombre les plus nobles et les plus riches, périrent sur l'échafaud. Tous les arts de la paix s'enfuirent au bruit des armes ; les fabriques et les comptoirs se fermèrent, et, au lieu de visiter les marchés, on s'enrôla sous les drapeaux. Les étrangers abandonnèrent un pays d'où la sûreté avait disparu, et où l'arbitraire se permettait les derniers excès. Le duc d'Albe molesta surtout le commerce anglais; il emprisonna les marchands et saisit leurs marchandises; il extorqua à la ville d'Anvers somme sur somme, établit une multitude de nouvelles taxes, préleva dix pour cent sur toutes les marchandises qui entraient et qui sortaient. En même temps, les garnisons espagnoles se livrèrent dans les villes à tous les désordres et à toutes les violences. Elles s'emparèrent des douanes, et allèrent même dans quelques localités jusqu'à disposer en souveraines des marchands et de leurs marchandises. Le commerce eut encore à souffrir d'un autre côté. Les gueux de mer, n'ayant, dans les commencements, d'autre ressource que la piraterie, déclarèrent de bonne prise tout ce qui tombait sous leurs mains, surtout quand ils eurent occupé les places maritimes des bouches de la Meuse et de l'Escaut et qu'ils eurent obtenu l'appui de l'Angleterre.

La lutte traînant en longueur et ayant pris le caractère d'une guerre d'extermination, les calamités se multiplièrent. Les Espagnols traitaient la contrée comme un pays conquis. Anvers fut livré, en 1576, à un pillage de trois jours; onze mille personnes y perdirent la vie; cinq cents maisons, entre autres le magnifique hôtel de ville, devinrent la proie des flammes; le comptoir anséatique dut payer 20,000 florins pour se racheter; les Anglais, qui venaient d'importer pour 300,000 couronnes de marchandises, dont ils avaient déjà en route payé la rançon aux gueux, furent dépouillés de tout; et le butin en numéraire, sans compter ni les objets de prix et les bijoux enlevés, ni les dommages de toute espèce, fut estimé à quatre millions de pistoles. En 1585, la prise d'Anvers par le prince de Parme, après un long siége, consomma la ruine de son commerce. Les provinces du sud retombèrent alors sous le joug espagnol, tandis que les provinces du nord continuèrent la lutte avec succès et finirent par conquérir leur indépendance. Dans la capitulation d'Anvers, un délai de quatre ans fut assigné aux protestants pour quitter les États de Philippe II, avec tous leurs biens, y compris leurs navires. Environ 200,000 personnes émigrèrent, emportant avec elles

leurs richesses et leurs lumières, leur industrie et leur esprit
d'entreprise. La chute du commerce et de la navigation entraîna celle des manufactures. L'émigration n'avait plus lieu
comme autrefois, d'une ville à l'autre ; elle était générale et
allait chercher au loin des pays étrangers. Tout ce qui s'éloignait était à jamais perdu pour le pays. La religion catholique romaine fut la seule autorisée et permise, et quelques
tentatives dans le but de ranimer l'ancien commerce de
Bruges échouèrent devant le refus de la liberté religieuse,
réclamée comme indispensable.

Ainsi l'Espagne réussit à faire rentrer une partie des Pays-
Bas sous sa sombre domination. Mais à quel prix ! Les meilleurs citoyens, exaspérés contre les tyrans, avaient émigré et
porté leur capital intellectuel et matériel à des États qui prirent, avec leur aide, un rapide et merveilleux essor, tandis
que la puissance espagnole, affaiblie, humiliée, tombait misérablement. La Flandre et le Brabant, ces provinces auparavant les plus populeuses et les mieux cultivées de l'Europe, se
dépeuplèrent et restèrent sans culture ; la famine et la peste
y enlevèrent en masse les habitants qui n'avaient pu émigrer ;
de vastes espaces y étaient ravagés par les loups, et ce pays,
autrefois si heureux, si comblé de bien-être, offrait l'aspect de
la désolation. La Hollande ayant en sa possession les embouchures de l'Escaut, de la Meuse et du Rhin, et les fermant
hermétiquement à son ennemie mortelle, le commerce n'avait
plus d'issue et le sort de la navigation n'était pas plus heureux.
Si la politique exclusive du cabinet espagnol avait, dans la
métropole, restreint le commerce colonial à deux villes, il va
sans dire qu'elle ne pouvait pas y admettre les provinces des
Pays-Bas. Anvers devint une ville de l'intérieur, trafiquant
avant tout par terre ; et Dunkerque, le principal port de mer
des Pays-Bas sous les Espagnols, n'eut d'importance que
comme station pour les corsaires. En ce qui touche l'industrie, les anciennes traditions ne s'effacèrent pas entièrement,
et quelques fabrications subsistèrent. Mais elles n'étaient plus
appelées à produire pour le commerce international ni pour

l'exportation outre-mer. Dans l'industrie comme dans le commerce, la suprématie avait passé à d'autres peuples. La halle des drapiers à Louvain servit, aux théologiens de l'université, de salle de controverse, et l'entrepôt anglais à Anvers fut occupé par les Jésuites. La politique de l'Espagne semblait vouloir détacher les Pays-Bas de tous leurs souvenirs et éviter à dessein tout ce qui, comme le commerce et l'industrie, aurait pu y ranimer l'esprit d'entreprise, l'amour du travail et l'activité. Lorsqu'en 1714 les Pays-Bas échurent à l'Autriche, leurs intérêts matériels trouvèrent dans le gouvernement plus de sollicitude, et leur prospérité commença à se rétablir. Quant à reprendre leur ancien rôle, il était trop tard depuis longtemps.

En effet, indépendamment des changements profonds qui s'étaient opérés dans les routes et dans la marche générale du commerce de l'univers, la moitié septentrionale des Pays-Bas avait secoué le joug de l'Espagne et fait reconnaître son indépendance. Le nouvel État se constitua, le 23 janvier 1579, à Utrecht, sous le nom de République des Sept-Provinces-Unies. Cette république est dès lors l'unique héritière du commerce des Pays-Bas ; elle acquiert une importance de beaucoup supérieure à celle du passé, et se place au premier rang dans la présente période.

II

L'histoire commerciale des provinces du nord des Pays-Bas, que nous comprenons désormais sous la dénomination collective de Hollande, a été, dans la précédente période, retracée en ses points essentiels, jusqu'à l'époque de leur indépendance politique. Nous rappellerons surtout la supériorité maritime et commerciale qu'au commencement du seizième siècle elles acquirent dans le nord-est de l'Europe, sur la Hanse, jusque-là toute-puissante dans ces parages. Elles montaient les degrés de l'échelle que celle-ci descendait. Le monopole du commerce intermédiaire, sur lequel reposait toute

la puissance des Anséates, fut attaqué dans son principe par
les Hollandais. Plus rapprochés du marché universel d'Anvers, ils allèrent y charger les marchandises demandées par
le nord-est, les portèrent eux-mêmes à cette destination et
prirent des retours pour l'ouest et pour le midi. Ces opérations, qui, dans le commencement, ne consistaient d'ordinaire que dans des transports pour compte étranger, se
transformèrent peu à peu en un commerce propre, surtout
depuis que la fabrication du drap eût grandi dans le nord des
Pays-Bas. Les royaumes du Nord, fatigués du monopole
depuis si longtemps exercé par les Anséates, reçurent les
Hollandais à bras ouverts, leur prêtèrent toute l'assistance
possible et s'unirent avec eux pour secouer un joug détesté.
Nous avons eu occasion d'expliquer comment la faiblesse,
l'irrésolution et le défaut d'entente des Allemands contribuèrent à la ruine de la ligue anséatique, et comment le champ fut
laissé libre à de jeunes et énergiques rivaux. Au moment où les
Pays-Bas engagèrent la lutte avec l'Espagne, la marine des provinces septentrionales régnait déjà dans la mer du Nord et dans
la Baltique. A la même époque, leurs pêcheries étaient florissantes, et de la réunion de ces deux industries sortit leur
puissance navale. Possédant par leur commerce avec le nord-
est les meilleurs matériaux de construction, et par leurs
pêcheries les meilleurs matelots, ils surpassèrent bientôt sur
mer tous les autres peuples, et ce fut cette supériorité qui
leur permit de résister à l'Espagne, et en dernier lieu de la
vaincre. L'élément qui les environnait partout de ses terreurs,
qui souvent envahit et dévasta leurs campagnes et leurs
villes, se trouva être le palladium de leur indépendance.
Dans l'Océan, leur unique abri dans les temps calamiteux,
ils eurent bientôt leur auxiliaire le plus constant et le plus
sûr. La nécessité, qui fut la mère de leur république, de
grands maux déjà soufferts, la menace de maux plus grands
encore, la perte de toutes leurs libertés civiles et religieuses,
telles furent les causes qui amenèrent heureusement ces provinces à commencer sans crainte une lutte inégale. On vit

renaître l'héroïsme des anciens Bataves ; leurs forces divisées s'unirent, et dans aucun autre pays l'histoire n'a à signaler de plus glorieux exploits inspirés par un plus pur et plus vrai patriotisme.

Le fait que ce fut contre l'Espagne qu'éclata la révolution des Pays-Bas, et de l'Espagne qu'elle triompha, est d'une grande importance au point de vue du présent ouvrage. Les Hollandais auraient pu conquérir leur indépendance sur tout autre monarque ; mais, pour devenir la première puissance commerçante, il leur fallait pour adversaire le roi d'Espagne, dans les vastes États duquel le soleil ne se couchait pas, et dont les possessions, répandues sur toutes les parties du monde, renfermaient les plus précieux trésors, trésors stériles entre les mains d'un despotisme à la fois temporel et spirituel, mais d'autant plus féconds pour le génie entreprenant, l'énergie et l'application laborieuse d'un peuple libre et tolérant. Si les Hollandais n'avaient pas conquis les colonies espagnoles et portugaises dans les deux Indes et dans l'Amérique du Sud, leur commerce et leur navigation n'auraient dépassé que de fort peu le commerce et la navigation de la Hanse, leur sphère d'activité eût été restreinte à l'Europe, et, dans l'hypothèse la plus favorable, ils n'auraient été rien de plus que les intermédiaires entre le nord-est et le sud-ouest.

La ruine d'Anvers et la translation des affaires de cette place à celle d'Amsterdam, déjà florissante, tout en accroissant la masse des valeurs et des forces productives de la Hollande, n'auraient pas suffi pour lui donner le commerce qu'elle posséda plus tard. Au lieu d'un simple déplacement, il fallait un changement organique. Le négoce propre d'Anvers était très-peu considérable ; il en était de même de sa navigation ; les pavillons étrangers dominaient dans son port, et ses opérations, quelque vastes qu'elles fussent, étaient toujours celles du commerce intermédiaire. Les produits de l'Inde arrivaient dans l'Escaut, non du pays de production par voie directe, mais du marché de Lisbonne. Les Anglais, et même les Anséates, commençaient sans doute à visiter ce dernier marché ; toutefois les Portugais préféraient l'entremise d'Anvers, et des habitudes de plusieurs siècles soutenaient encore puissamment le grand entrepôt des Pays-Bas.

Mais cet état de choses s'altéra profondément. Amsterdam, comme héritière d'Anvers, chercha avant tout à conserver les bénéfices du commerce de l'Inde, en continuant les relations avec Lisbonne, le seul port qui reçût alors de cette contrée des arrivages directs. L'Espagne, en guerre avec les provinces rebelles, mit tout en œuvre pour anéantir ce trafic. Mais les Hollandais étaient déjà assez puissants sur mer pour sauvegarder leurs intérêts, tantôt par la ruse, en empruntant un pavillon étranger, tantôt par la force ouverte. A la fin, leur implacable ennemie se vit elle-même obligée de se servir, dans beaucoup de cas, de leur entremise. Depuis qu'il n'y avait plus de commerce à Anvers, l'Espagne, sans relation avec le nord-est de l'Europe, dépendait des Hollandais pour les produits du Nord qui lui étaient indispensables. Elle leur achetait des quantités considérables de munitions de guerre et de matériaux de construction, des bois, du fer, du cuir, des céréales, du chanvre, etc., et les ordres les plus rigoureux du gouvernement, à Madrid et à Bruxelles, ne purent rien contre la force des choses. Ainsi, les Hollandais fournissaient à l'Espagne une bonne partie des objets qu'elle employait pour leur faire la guerre, et ils y trouvaient un double avantage : d'une part, un bénéfice commercial, de l'autre, un butin dans la victoire.

Tant que le Portugal conserva son indépendance, il ne prit aucune part à la lutte de l'Espagne avec la Hollande, et les négociants des Pays-Bas furent parfaitement accueillis sur le marché de Lisbonne. Mais quand, en 1580, il passa sous la domination de l'Espagne avec toutes ses colonies d'outre-mer, Philippe II ne crut pouvoir mieux châtier une république odieuse, qu'en la privant des marchandises de l'Inde, que ses navires allaient charger à Lisbonne. En 1594, il fit saisir à l'improviste, dans ce port, cinquante navires hollandais, et interdit, sous les peines les plus sévères, à ses nouveaux sujets, toute relation avec les provinces insurgées. Ce fut un assez rude coup pour le moment, car, avec le commerce indo-portugais, la Hollande perdait les plus lucratives de ses opérations. Mais bientôt le trait se retourna contre la main imprudente qui l'avait lancé, et ce qui d'abord avait paru la ruine des Provinces-Unies, ne tarda pas à devenir le principe de leur fortune, en même temps qu'une source d'embarras et de pertes pour l'Espagne.

Les Hollandais comprirent, en effet, qu'il n'y avait pas pour eux d'autre moyen de se tirer d'affaire que d'aller chercher les produits de l'Inde dans l'Inde même, et que ce serait attaquer l'Espagne par son côté le plus vulnérable. Cependant, quelque grande que fût déjà leur habileté maritime, ils ne s'étaient encore que rarement éloignés des eaux de l'Europe, et l'Amérique, récemment découverte, aurait pu les tenter plutôt que l'Inde lointaine, dont la route était occupée par leurs ennemis, et où des périls les menaçaient de toutes parts. Ces périls n'effrayèrent pas le génie entreprenant et la persévérante énergie de ce petit peuple ; seulement il essaya d'atteindre le but par une voie plus courte et moins menacée que celle du midi, par le nord-est, en franchissant l'océan Glacial. Bien que les Anglais eussent déjà vainement tenté, en 1556, de parvenir aux Indes orientales par cette voie, plusieurs négociants de la Zélande, s'associant en 1594, équipèrent, avec l'aide d'Amsterdam et d'Enkhuisen, trois navires, qui, sous la conduite de Barenz et de Heemskerk, devaient chercher, par les côtes septentrionales de l'Europe et de l'Asie, une route vers la Chine et les Moluques. L'entreprise échoua complétement, et dans les années suivantes deux autres tentatives eurent le même sort.

Pendant le cours de ces expéditions on s'était résolu à tenter le voyage de l'Inde par la route connue. Le hasard voulut qu'un Hollandais, Cornélius Houtman, qui avait déjà plusieurs fois navigué outre-mer pour le Portugal, et qui connaissait le commerce de l'Inde, offrit ses services à son pays. Il ne s'agissait que de le faire sortir de la prison où il était retenu pour dettes, à Lisbonne. Une société de négociants, la société des pays lointains, ou *Verre*, se chargea de sa délivrance, et, en 1595, l'envoya dans l'Inde avec quatre navires, lui donnant pour mission d'explorer cette contrée, d'étudier ses productions, son climat, les peuples qui l'habitaient, et de recueillir des renseignements sur son commerce, en évitant autant que possible les Portugais. Après un assez long séjour à Madagascar, Houtman aborda en 1596 à Bantam, sur la côte septentrionale de Java, et visita ensuite Jacatra, plus tard Batavia, Sourabaya et les îles de Madura et de Bali. Mais, comme il eut partout des combats à soutenir contre les indigènes, il se détermina à revenir, et il arriva le 4 août 1597 au Texel, après avoir perdu deux navires et les deux tiers environ de ses é   inages. Le résultat de ce voyage, quoique peu considérable,   ait cependant assez pour encourager de nouvelles tentatives.   a voie avait été frayée ; la distance et les périls de la mer n'inspiraient plus d'effroi, et malgré les dispositions en apparence hostiles des indigènes, on avait lieu de croire à la possibilité d'établir un commerce direct. La puissance portugaise, vue de près, avait beaucoup perdu de son prestige ; on avait appris que ses persécutions cruelles et sa tyrannie la faisaient généralement détester.

On résolut toutefois d'éviter, au commencement, dans ces contrées, toute lutte ouverte avec l'Espagne, et de former un établissement loin de Goa et hors du continent de l'Inde. Aucun lieu ne parut placé dans de meilleures conditions que l'île de Java qui, indépendamment de la richesse de son sol, pouvait en même temps, par sa situation, servir d'entrepôt au commerce avec les Moluques et la Chine. La Compagnie de Verre s'unit à cet effet avec une autre société formée de négociants, d'Amsterdam et de Rotterdam, et une seconde flotte de huit navires fit voile, en 1598, pour les Indes orientales, sous la conduite de Jacques Cornélius de Neck et d'Heemskerk. Ils relâchèrent en route à l'île de France, à laquelle ils donnèrent

le nom de Maurice, en l'honneur du prince Maurice d'Orange,
et atteignirent heureusement Bantam. Le prince régnant permit le troc aux Hollandais ; étant parfaitement approvisionnés, ils purent immédiatement faire usage de la permission.
Ils échangèrent leurs draps, leurs miroirs, leurs verreries,
leurs armes, leurs peignes, leurs plumes, etc., contre des
épices, et chargèrent quatre de leurs navires, qu'ils ren-
voyèrent en Europe. Des quatre restants, deux visitèrent Amboine et Ternate, et les deux autres, les îles de Banda , toutes
appartenant au groupe des Moluques. Vers le milieu de
l'année 1600, ils avaient tous heureusement effectué leur retour avec de riches cargaisons. Toute la Hollande, alors, fut
émue; il s'y forma société sur société ; on y équipa flotte sur
flotte. En 1601 il était déjà parti quarante navires, et des
chargements considérables de marchandises de l'Inde étaient
arrivés à Amsterdam. Java et les Moluques étaient encore les
endroits les plus fréquentés, mais peu à peu on aborda aussi
Sumatra et les petites îles de la Sonde. Partout la haine
amassée contre les Portugais vint en aide aux Hollandais et
facilita leurs entreprises commerciales, auxquelles, dans les
commencements, ils essayèrent de donner pour base des traités
d'amitié avec les princes indigènes.

L'histoire coloniale des deux peuples offre un intérêt
qu'explique la différence de leur caractère. Incomparablement plus pauvre que celle des Portugais en hommes supérieurs et en actions d'éclat, l'histoire des Hollandais dans
l'Inde présente peu d'exemples de l'héroïsme qui avait distingué leurs devanciers ; en revanche, elle témoigne d'une rare
persévérance et d'une poursuite opiniâtre des plans une fois
conçus, qui ne recule devant aucune difficulté et renouvelle
sans cesse ses tentatives jusqu'à ce qu'elle arrive au but. Le
fanatisme religieux et cette noble impétuosité chevaleresque
qui avaient si souvent enflammé les Portugais au début de leur
carrière, furent étrangers aux Hollandais. L'intérêt mercantile, le désir d'acquérir le monopole du commerce et de le conserver, tel fut, dès le principe, le mobile qui les dirigea. Les

Portugais, excités par l'amour de la gloire et par un orgueil immodéré, livrèrent sans nécessité bien des combats ; c'est ce que ne firent pas les Hollandais. Ils ne combattirent que leurs ennemis commerciaux ; quand leur commerce était menacé, du reste, tout moyen leur était bon pour le défendre. Tandis que les rares qualités de quelques grands hommes prêtent un charme particulier à l'histoire du système colonial du Portugal, ce qui nous intéresse chez les Hollandais, c'est leur génie national, c'est cette activité extraordinaire qui sut obtenir les plus grands résultats avec de faibles moyens et ne se déploya nulle part au même degré que dans l'établissement de leur domination dans l'Inde.

Avec quelque succès que, dès les premières années, le commerce des Hollandais eût débuté en Asie, quelque intérêt vif et général qu'il excitât parmi eux, il manquait, au commencement, d'une organisation régulière et forte. L'époque ne permettait pas aux particuliers de s'engager dans de pareilles entreprises, selon leur bon plaisir, et à leurs risques et périls. La concurrence pouvait exister entre nations, mais non entre individus. En Hollande, les différentes compagnies cherchaient à se supplanter entre elles ; on n'arrêtait, on ne suivait aucun plan collectif ; des ressources déjà faibles s'affaiblissaient encore en se divisant. Il arrivait souvent que des ports de l'Inde se remplissaient subitement de navires hollandais ; de là, une hausse considérable des prix d'achat, et, par suite du retour simultané des navires, une baisse non moins sensible des prix de vente. D'autres bâtiments arrivaient-ils ensuite dans l'Inde, ils n'y trouvaient plus rien à acheter et étaient obligés de s'en retourner à vide. Ce désordre n'échappa point à l'Espagne, qui se prépara aussitôt à expulser ces audacieux intrus. On n'était pas moins menacé par les Anglais, qui avaient paru dans l'Inde avec des desseins semblables à ceux des Hollandais. L'intervention des États Généraux était donc tout à fait urgente, lorsqu'ils invitèrent les différentes compagnies à se réunir en une seule, qui recevrait des immunités et des priviléges étendus. Telle fut l'origine de la fameuse Compagnie hollandaise des Indes orientales, qui entra en activité le 20 mars 1602. Le commerce de l'Inde fut ainsi centralisé, déclaré expressément une affaire d'État, et, sans préjudice pour les intérêts privés, placé sous la surveillance et la protection du gouvernement.

Tout en nous référant aux observations de l'*Aperçu général* sur les grandes compagnies marchandes de la présente période, nous croyons à propos de donner ici les dispositions les plus importantes de la charte de la compagnie hollandaise ; car elle a été imitée en divers points par la Compagnie anglaise des Indes orientales, bien que plus ancienne de quelques années, et elle a plus ou moins servi de modèle à toutes les compagnies qui se formèrent postérieurement dans d'autres États.

L'administration de la compagnie était dans la métropole, entre les mains de soixante administrateurs, élus par les actionnaires dans leur propre sein et répartis en six colléges ou chambres, qui siégeaient à Amsterdam, à Middelbourg, à Delft, à Rotterdam, à Horn et à Enkhuisen. Chaque chambre administrait les affaires de son ressort ; toutefois les affaires les plus importantes étaient traitées en commun, le suffrage d'Amsterdam comptant pour moitié, celui de Middelbourg pour un quart, et celui de chacune des autres chambres pour un seizième. Le soin des affaires générales était confié à un comité de dix-sept personnes, choisies par les soixante administrateurs ; les dix-sept se réunissaient, une fois l'année, souvent davantage, et ordinairement à Amsterdam. Ce comité avait, entre autres attributions, celle de déterminer le nombre des bâtiments à expédier, l'époque des départs et les destinations. Les chambres étaient tenues de se conformer docilement à ses décisions. Dans les cas de désaccord entre ses membres et de plaintes portées par l'un d'eux contre ses collègues, les États Généraux intervenaient. Tout habitant de la république pouvait faire partie de la compagnie, et tout membre avait le droit de s'en retirer à la suite de la reddition générale des comptes, qui avait lieu tous les dix ans. La compagnie était

seule autorisée à trafiquer avec les Indes orientales, et il n'é-
tait permis à aucun citoyen de la Hollande de s'y rendre pour
son propre compte, soit par le cap de Bonne-Espérance, soit
par le détroit de Magellan ou le cap Horn. Elle avait le droit
de guerre et de paix, pouvait entretenir des forces de terre et
de mer, bâtir des villes et des forteresses, établir des colonies,
battre monnaie, nommer les membres du conseil des Indes et
tous les fonctionnaires civils et militaires, conclure même des
alliances avec les princes indigènes, mais le tout au nom des
États Généraux. Tous ses employés devaient prêter aux États
Généraux un serment de fidélité politique, à la compagnie un
serment de fidélité administrative. L'amirauté avait sa part
du butin fait par la compagnie. Tous les commandants d'escadres ou de navires isolés étaient tenus d'adresser au gouvernement de la république un rapport sur leur voyage et sur
la situation de l'Inde. Le gouvernement, enfin, pouvait, à son
gré, prendre connaissance du budget de la compagnie.

La première charte n'accorda le privilége que pour vingt
et un ans, et les chartes postérieures le limitèrent aussi pour
la plupart à de courtes périodes, dans le but de rappeler
constamment à la compagnie sa dépendance. Les États Généraux étaient libres de modifier les conditions anciennement
faites à la compagnie, et de lui en imposer de nouvelles. Le renouvellement de ses chartes coûtait chaque fois des sommes
considérables. En 1696, année où son privilége fut prorogé
jusqu'en 1740, on ne lui demanda pas moins de 3 millions de
florins. En temps de guerre ou dans d'autres moments difficiles
la république emprunta souvent à la compagnie. Celle-ci
était astreinte à l'acquittement des droits sur les marchandises
qu'elle importait et exportait; mais, à partir de 1700, elle obtint une entière exemption, sous la condition de payer à l'État
une somme annuelle de 364,000 florins. Son capital primitif
ne dépassait pas 6 millions et demi de florins, dont Amsterdam
avait fourni plus de la moitié. Le cours des actions, dont la
valeur nominale était de 3,000 florins, monta dans la suite
jusqu'à 18,000 florins.

Depuis lors, la domination commerciale de la Hollande dans l'Inde se développa avec rapidité. Il ne s'agissait plus seulement de tenter la fortune et d'obtenir çà et là, par une chance heureuse, un riche chargement, mais de s'établir solidement dans ces contrées, d'y faire des conquêtes, d'arracher à l'Espagne, cette implacable ennemie, ses plus belles possessions, et de s'en rendre maître. Il fallait avant tout trouver dans l'Inde même un centre convenable d'opérations. On fit preuve d'une grande sagacité en jetant les yeux, dès le commencement, sur l'archipel Indien plutôt que sur le continent, et en choisissant une île. De cette manière, on échappait aux révolutions si fréquentes en Asie, où le Grand Mogol était d'ailleurs trop puissant pour que l'on pût songer à y opérer des conquêtes.

Parmi les produits de l'Inde alors les plus recherchés en Europe et les plus avantageux pour les Portugais, les épices figuraient en première ligne. Les Hollandais conçurent le désir de s'emparer de ce commerce, et les mesures qu'ils prirent à cet effet furent couronnées d'un prompt succès. Les épices, quoique réparties dans toutes les parties de l'Inde, n'étaient cependant nulle part aussi abondantes, ni aussi variées que dans ces Moluques, disséminées à l'extrême limite de l'archipel Indien, qui furent désignées aussi sous le nom d'îles à épices. Les Moluques avaient été découvertes en 1513 par les Portugais, qui les avaient seuls exploitées depuis. Mais, Goa, siége de la domination portugaise, étant fort éloignée, la possession n'en était certaine qu'autant qu'elle ne serait pas disputée. Nous avons vu comment les premières tentatives particulières des Hollandais pour prendre part au commerce de l'Inde avaient été dirigées sur les Moluques et avaient obtenu un succès encourageant. La compagnie mena heureusement l'œuvre à fin. Dès la première année de son existence, en 1602, elle envoya une flotte de quatorze bâtiments sous la conduite de l'amiral Warwyk, et l'année suivante une flotte semblable commandée par Van der Hagen. Ces expéditions et celles qui suivirent jusqu'en 1638, eurent pour résultat, après les combats les plus rudes, l'expulsion des Portugais des Moluques, l'occupation des îles les plus importantes, la construction de forts, des traités d'alliance avec les tribus indigènes, l'hommage de ces tribus aux États Généraux, et, ce qui était le point essentiel, le monopole du commerce des épices à l'exclusion de tout autre peuple. Afin de s'assurer à tout jamais ce monopole, les Hollandais adoptèrent une conduite que l'on cite avec raison comme un curieux témoignage de l'esprit étroit qui caractérisait la politique commerciale de cette époque. Ils firent la guerre à la nature elle-même, en ne laissant subsister ses présents que là où ils croyaient pouvoir en conserver la jouissance exclusive, et en les anéantissant partout ailleurs. Un ordre de la compagnie restreignit la culture du muscadier à l'île de Banda ; un autre, celle du giroflier à l'île d'Amboine. Dans toutes les autres Moluques, ces arbres devaient être détruits par le fer et le feu, et toute plantation nouvelle en fut interdite sous les peines les plus cruelles ; on conclut à ce sujet des traités avec les indigènes, traités dont les infractions obligèrent plus d'une fois de prendre les armes ; on ferma les îles à la navigation étrangère et l'on eut des yeux d'Argus pour la contrebande, le tout pour se maintenir en possession du monopole et pour empêcher la dépréciation des épices en Europe.

Bien que, dans les premiers temps, on l'a déjà dit, les Hollandais eussent évité d'attaquer dans l'Indoustan le centre de la puissance espagnole, ils ne laissèrent pas échapper l'occasion d'y nouer des relations commerciales. Ils contractèrent en 1608 avec le prince de Singino, sur la côte de Malabar, une alliance qui leur procura dans ses Etats une entière liberté de trafic, à l'exclusion des Portugais. En 1606, ils établirent à Négapatam, sur la côte de Coromandel, près de Tranquebar, une factorerie, qui devint un de leurs principaux entrepôts pour le commerce des toiles de lin, et une autre, vers la même époque, à Atschim, sur la pointe nord-ouest de Sumatra. Ils réussirent également à pénétrer dans l'île de Bornéo, dès 1609, ils avaient l'espoir d'être admis au Japon ; et en 1612, ils abordèrent à Ceylan, dont le souverain les combla de faveurs.

En présence d'un succès si rapide et qui dépassait toute attente, la Compagnie hollandaise conçut de nouvelles et grandes résolutions. Ne se contentant plus de simples bénéfices commerciaux, elle voulut fonder un empire colonial et devenir une puissance politique. Organe du sentiment national, expression vivante du génie mercantile de la Hollande, elle était sûre de l'assentiment de l'opinion et de celui des États Généraux. Il était déjà convenu que sa domination porterait sur l'archipel Indien, et non sur le continent de l'Inde ; il ne s'agissait plus que de choisir l'île où l'on en établirait le centre et le siége. Les Moluques étaient trop écartées ; le choix ne pouvait exister qu'entre les îles de la Sonde. On se décida pour Java, et un coup d'œil sur la carte montre qu'il était impossible de mieux choisir. Située au milieu du groupe, tout près du détroit de la Sonde, riche de productions de toute espèce, et mieux cultivée que toutes les autres îles, Java réunissait toutes les conditions désirées. Les Hollandais avaient d'ailleurs visité Java dès le commencement, et ils y avaient fondé leur première factorerie de l'Inde, à Bantam. Avec la sûreté de coup d'œil de la jalousie commerciale qu'excitait chez eux l'arrivée des Anglais à Java, ils reconnurent dans la ville de Calappa ou Jakatra, située non loin de Bantam, pourvue d'un bon port et de communications faciles avec l'intérieur de l'île, le point où ils devaient à tout prix s'établir et régner sans partage. L'entreprise fut confiée à l'amiral Jean Koen, qui débarqua en 1618 à Java, en qualité de commandant en chef de toutes les possessions hollandaises aux Indes orientales. Les Anglais s'opposèrent à l'exécution d'un plan dont ils avaient compris toute la portée, et une guerre s'ensuivit. Après quelques alternatives de succès et de revers, Koen remporta la victoire, et les Anglais furent obligés de se retirer. Sur les ruines de Jakatra, réduite en cendres, on bâtit la nouvelle ville qui reçut, en 1621, suivant l'ordre des États Généraux, le nom de Batavia. La fondation de Ba-

tavia, comme siége du gouverneur général et d'une administration centrale, comme entrepôt de commerce, avec une
bourse, des banques, des magasins, des chantiers et une
multitude d'autres institutions utiles promptement importées
de la métropole, de plus, comme point stratégique, eut, pour
l'empire des Hollandais dans l'Inde, les plus heureux résultats ; il serait inutile d'insister sur ces résultats qui ressortent
avec tant de clarté de la suite des événements. Les successeurs de Koen n'avaient qu'à suivre fidèlement des plans parfaitement conçus relativement à Batavia, et ils les suivirent
en effet. Chaque nouvelle conquête de la compagnie ajoutait
à la prospérité de Batavia, la perle de l'Orient, comme l'appelaient étrangers et indigènes, pour donner une idée de sa
rare splendeur. Au moment de son apogée, dans le commencement du dix-huitième siècle, cette ville compta plus de
150,000 habitants, et quelque dommage que lui ait fait
éprouver un tremblement de terre, elle est encore aujourd'hui
une des premières places commerçantes des Indes.

Le conflit sanglant que l'occupation de Java amena entre
les Hollandais et les Anglais, alors étroitement unis dans la
politique européenne, est digne de remarque. Ce fut comme
le prélude de la lutte acharnée que, plus tard, les deux nations se livrèrent pour la suprématie dans le commerce
de l'univers. Un autre démêlé eut lieu vers la même époque aux Moluques, où les Anglais possédaient quelques
factoreries dans les îles de Banda et d'Amboine. Les Hollandais employèrent tous les moyens pour écarter cette concurrence, quelque restreinte qu'elle fût. En 1619, les hostilités se terminèrent par un arrangement qui permettait aux
Anglais d'acheter dans les îles une quantité d'épices moindre
que celle qu'achetaient les Hollandais, à la condition de les
vendre aux mêmes prix et de contribuer aux frais d'administration. Mais, dès l'année suivante, les Hollandais rompirent le
traité, attaquèrent à main armée les comptoirs anglais à Banda,
y pillèrent les magasins et les détruisirent pour la plupart.
En 1623, ils commirent les plus horribles cruautés envers

le petit nombre d'Anglais restés à Amboine ; après leur avoir arraché par la torture l'aveu d'une conspiration contre la domination hollandaise, ils les firent exécuter tous, excepté quatre. Le gouvernement anglais, très-faible alors, ne fit point de démarches sérieuses pour obtenir réparation d'un tel outrage ; il voyait toujours dans la Hollande une alliée contre l'ennemi commun, l'Espagne, et si l'esprit mercantile de l'Angleterre commençait déjà à se produire, celui de la Hollande était alors plus développé, et surtout il était plus énergiquement soutenu par le gouvernement. Mais sous Cromwell tout changea, et l'on s'en aperçut bientôt dans l'Inde.

La compagnie avait véritablement accompli des choses extraordinaires dans les vingt et une années de sa première charte. Affrontant avec de faibles moyens, dans une région lointaine et inconnue, la puissance hispano-portugaise qui y était établie depuis plus d'un siècle, elle l'avait ébranlée dans ses fondements, l'avait constamment battue sur mer, et lui avait ravi, avec la moitié de ses possessions, ses branches de commerce les plus avantageuses. Tout en enrichissant ses actionnaires, la compagnie avait bien mérité du pays, dont elle avait directement et indirectement secondé l'émancipation : directement, en occupant, par ses guerres, une partie des forces espagnoles ; indirectement, en fournissant au pays, par les brillants résultats de son négoce, les moyens de suffire aux sacrifices, sans lesquels il aurait succombé sous un trop puissant adversaire. C'est le lieu de rappeler la remarque déjà faite au chapitre de l'Espagne, que la fortune semblait n'avoir comblé cette puissance de richesses que pour procurer par ses dépouilles, à la liberté politique et religieuse du nord-ouest de l'Europe, les ressources matérielles nécessaires pour sortir victorieusement d'une lutte inégale.

L'appréciation de ces services détermina les États Généraux à renouveler la charte de la compagnie, malgré l'opposition de personnes d'une grande autorité, entre autres de Jean de Witt. Le monopole blessait le sentiment républicain, et l'amour de la liberté commerciale, qui a toujours prévalu dans la

nation hollandaise, se soumettait avec peine à des restrictions. On accusa hautement la compagnie de détruire de
grandes quantités d'épices pour réaliser les plus grands profits avec le moins de frais possible, de restreindre le champ
de la marine nationale, et, préoccupée exclusivement de ses
dividendes, d'importer en Europe infiniment plus de marchandises fabriquées que de matières brutes. Mais la compagnie eut réponse à tous ces reproches, et l'imminence d'une
nouvelle guerre avec l'Espagne vint fort à propos réduire
toute opposition au silence. La charte fut renouvelée pour
une seconde période de vingt et un ans, et, depuis lors,
la possession et l'habitude constituant une sorte de droit,
les renouvellements postérieurs rencontrèrent peu de difficultés, bien que les objections eussent alors acquis plus de
force.

Par une rapide série de succès, la domination des Hollandais aux Indes orientales atteignit son apogée à la fin du dix-
septième siècle. Des concurrents se montraient déjà, il est
vrai, mais ils étaient encore obligés de se contenter du second
ou du troisième rang. La paix de 1669, qui réduisit les possessions portugaises à Goa, Diu et quelques places sur la côte
des Mahrattes, avec Macao, et livra toutes les autres à la Hollande, assura la prépondérance de celle-ci. Les tentatives de
la France, en 1680, pour s'établir aux Indes orientales, eurent
peu de succès, et si, comparativement, les projets de l'Angleterre paraissaient beaucoup plus menaçants, personne à cette
époque n'en pressentait le formidable avenir. La résistance
principale que la compagnie rencontra dans le cours de ses
conquêtes vint moins des puissances européennes que du Grand
Mogol, ce monarque ayant soumis peu à peu la majeure partie
des petits princes de l'Inde, qui, comme le roi de Golconde
notamment, avaient accordé aux Hollandais de nombreux
privilèges. Aussi fut-ce dans l'Indoustan que leur domination
resta toujours le plus étroitement limitée. Ils ne tardèrent pas
à perdre de vastes territoires qu'ils avaient enlevés aux Portugais, et ne se maintinrent que dans certaines places du littoral,

commandant un petit district. Leurs établissements sur les côtes de Malabar et de Coromandel ont déjà été mentionnés ; ils les augmentèrent, en 1661, de Cochin et de Cananor, et plus tard en fondèrent d'autres dans le Bengale et sur le Gange inférieur. En 1658, Ceylan fut presque entièrement réduite ; la presqu'île de Malacca, dans l'Inde transgangétique, avait été occupée dès 1641. On pénétra dans l'intérieur de Java, et, ne se contentant plus de simples alliances, on y exigea une soumission absolue. Puis vint le tour des autres îles de la Sonde, de Célèbes, de Timor, de Bornéo et de Sumatra. A Célèbes, la compagnie établit en 1660 un gouvernement distinct, celui de Macassar, particulièrement chargé de réprimer la contrebande, dont les épices des Moluques étaient toujours l'objet. Timor avait de l'importance par son bois de sandal. Les établissements de Bornéo et de Sumatra datent du dix-huitième siècle. La compagnie étendit ses opérations jusqu'à Siam, à la Chine, au Japon, mais avec moins de succès que dans les autres parages. Elle fit de grands efforts pour trafiquer avec la Chine, si riche en produits du sol et de l'industrie, mais, ni par la force, ni par l'intrigue, elle ne put enlever aux Portugais leur excellente position de Macao. En 1634, la compagnie avait enfin réussi à s'établir dans l'île de Formose, à 90 milles de Canton, et à ouvrir de ce point un commerce sur le continent. A peine était-il organisé que la conquête de la Chine par les Mandchous fit refluer sur cette île plus de cent mille Chinois, qui s'y livrèrent avec activité à la culture du riz et du sucre. Mais l'année 1662 amena le terme de cette prospérité : les Chinois expulsèrent les Hollandais, qui essayèrent inutilement de reprendre possession de Formose. Ils se virent réduits à partager le sort des autres nations et à subir comme elles les dures conditions du trafic limité à la place de Canton. Du reste, les Chinois eux-mêmes vinrent en nombre toujours croissant à Batavia. Le thé, la soie, la porcelaine, le nankin et la rhubarbe étaient les produits principaux de la Chine. Quant aux relations avec le Japon, elles avaient commencé sous les auspices les plus favorables. Dès 1610, l'empereur y avait accordé aux Hollandais une entière liberté de commerce et la permission d'établir des comptoirs. Un grand revirement eut lieu tout à coup. Les Hollandais ne furent pas, il est vrai, exclus comme les Portugais, mais ils durent subir les conditions humiliantes que leur imposa la méfiance des Japonais. On les confina, en 1650, dans la petite île de Desima, près de Nangasaki, où on les surveilla comme des prisonniers. Ils ne continuèrent pas moins un négoce qui leur procurait de grands bénéfices, et ils sont restés jusqu'à ces derniers temps la seule nation européenne admise au Japon.

Mais que signifiaient quelques revers et quelques mécomptes, au milieu de la prospérité générale ! Les coups n'étaient sentis qu'au point où ils étaient portés, et la destruction d'une partie de l'édifice n'ébranlait pas l'ensemble : si quelques sources venaient à tarir, d'autres s'ouvraient, et le fleuve ne cessait pas de couler avec la même abondance. La puissance hollandaise demeura entière tant qu'elle put conserver le monopole du commerce des îles et des eaux de l'archipel Indien. L'importance de ce commerce était considérable ; tous les produits de la zone tropicale se trouvaient réunis dans ces parages. Ce furent les épices qui, grâce au monopole, restèrent jusqu'à la fin de la période la branche la plus lucrative. Par épices il faut entendre ici les noix muscades et le macis, ainsi que les clous de girofle. Comme on l'a déjà dit, la compagnie avait restreint la culture de ces produits des Moluques à quelques-unes de ces îles, et les avait détruits dans toutes les autres. La muscade ne vint plus désormais que dans le groupe de Banda, le girofle que dans celui d'Amboine. La récolte des noix muscades s'élevait, année moyenne, à 350,000 livres ; celle du macis à 110,000. Les trois quarts de cette quantité étaient expédiés en Europe, un quart restait en Asie. Dans les îles d'Amboine on avait, sur quatre mille arpents, planté cinq cent mille girofliers, qui, dans les bonnes années, produisaient 330,000 livres de clous ; on en retirait aussi de l'huile. Les indigènes étaient astreints à la culture et payés partie en espèces, partie en marchandises. La compagnie fixait le prix d'achat et celui de vente; la différence entre l'un et l'autre était ordinairement de 2 à 300 pour 100. En l'absence de toute concurrence, elle était maîtresse absolue du marché. De Timor et de Célèbes on tirait de la cire, de l'écaille de tortue, du bois de sandal, du sagou et du riz; de Bornéo et de Sumatra, du poivre, de la casse, du gingembre, du camphre, du bois d'ébène, de l'étain, de la poudre d'or et des pierres précieuses, des diamants en particulier; de Java, du sucre, du riz, des cardamomes, du soufre, de l'indigo, de l'arack, du rhum, et plus tard du café et du tabac. A Ceylan, la compagnie ne jouissait pas du monopole, comme aux Moluques, mais plus des deux tiers du trafic avantageux de la cannelle étaient entre ses mains. Elle exploitait aussi la pêche des perles. Le Bengale et la côte de Coromandel fournissaient du salpêtre, de l'opium, des substances tinctoriales, de la soie, du coton, surtout des tissus de cette matière; et les factoreries de la côte de Malabar prirent longtemps leur part dans l'exportation du poivre, des cardamomes, de l'acier, des bois et des autres produits du pays.

La plupart des envois des Indes orientales étaient dirigés sur la métropole et transportés exclusivement sous pavillon national. Chaque année, trente ou quarante trois-mâts, des plus grands, faisaient le trajet entre la Hollande et les Indes. Ils ne mettaient à la voile ni séparément, ni tous à la fois, mais ils composaient trois escadres partant à des époques différentes, et il leur était enjoint de retourner au port d'où ils étaient partis. Le cap de Bonne-Espérance, enlevé en 1651 aux Portugais, devint pour ces navires un point de relâche important, et comme la clef des Indes; ils y prenaient de l'eau, des vivres, et plus tard aussi des chargements de vin. On a évalué diversement le montant des importations; mais comme il n'était pas fait sur ce sujet de publication officielle, ces calculs n'ont aucune autorité. On connaît du moins les chiffres de quelques années et de quelques expéditions. En

1663, les chargements de ces navires se vendirent plus de deux millions de florins ; ils n'en avaient pas coûté six cent mille. En 1697, une autre flotte emporta pour cinq millions de marchandises, qui furent vendues vingt millions (1). Les dividendes répartis entre les actionnaires donnent la mesure la plus certaine de l'importance et du bénéfice de ces opérations. Jusqu'en 1720, ils ne descendirent jamais au-dessous de 15 pour 100 ; 20 pour 100 en était la moyenne, et dans quelques années ils atteignirent 50 pour 100 et plus. De 1602 à 1780, le total payé à ce titre, sous déduction de tous frais et pertes, s'élève à 197 millions 905,000 florins. La vente des produits de l'Inde en Europe se faisait à Amsterdam aux enchères publiques, excepté celle des épices, dont les directeurs fixaient eux-mêmes le prix. Le quart à peine restait dans le pays ; tout le reste était réexporté.

L'Asie, de même que l'Europe, devint tributaire de la compagnie ; le trafic intermédiaire que faisaient autrefois les Arabes entre les pays de leur domination, fut en grande partie accaparé par elle. Les produits des Indes étaient demandés en Chine comme au Japon, en Arabie comme en Perse, et les deux péninsules de l'Inde avaient de même beaucoup d'échanges à opérer entre elles, ainsi qu'avec les contrées septentrionales de l'Asie. Ceux de ces échanges qui pouvaient s'effectuer par la voie de mer, avaient lieu par l'entremise des Hollandais. Ils allaient, comme jadis les Phéniciens, chercher des parfums sur la côte de l'Arabie Heureuse ; ils s'approvisionnèrent aussi pendant quelque temps de café à Moka, jusqu'à ce que le caféier eut été naturalisé à Java même ; et dans le golfe Persique, où Ormus était éclipsé, ils avaient établi des factoreries à Gomroun ou Bender-Abbassi.

Une grande partie du trafic intermédiaire et du cabotage du sud-est de l'Asie et de l'archipel Indien était entre les mains

---

(1) Lueder, dans son *Histoire du Commerce de la Hollande*, porte le total des importations de la compagnie, depuis sa fondation jusqu'à l'année 1739, à 360 millions, d'après les prix d'achat, et à 1,620 millions, d'après les prix de vente.

des Chinois, qui occupaient tout un faubourg de Batavia ; seulement ils avaient besoin d'être munis de permis spéciaux que la compagnie leur vendait chèrement ; mais toute relation avec les Moluques était sévèrement interdite aux étrangers. En général, le commerce des Indes conserva sous les Hollandais à peu près l'organisation que les Portugais lui avaient donnée. Sous les Hollandais aussi, il demeura concentré sur quelques points principaux, moins toutefois que sous les Portugais, ce qui s'explique par la différence qui existait entre les établissements des deux peuples. Les possessions territoriales des Hollandais étaient beaucoup plus considérables que ne l'avaient été celles de leurs devanciers. Dans quelques contrées ils jouissaient d'une souveraineté immédiate ; dans d'autres, où ils avaient laissé un simulacre d'autorité aux princes indigènes, ils exerçaient indirectement une influence prépondérante. Dans l'Indoustan seul, les rapports avec les indigènes restèrent à peu près les mêmes. Dans cette péninsule les Hollandais possédaient une moindre étendue de pays que les Portugais. Ils n'y avaient que peu de places fortes ; aussi était-ce par des alliances et par des relations d'amitié plutôt que par la force des armes qu'ils cherchaient à s'y maintenir en possession de leur monopole. Quelque actif que fût le commerce des Hollandais en ce qui touche les importations des Indes en Europe, il était entièrement passif quant aux exportations de l'Europe pour les Indes ; la plupart des navires qui revenaient d'Asie avec de riches chargements, y étaient arrivés sur lest. Les Indes n'avaient pas beaucoup plus que dans l'antiquité de demandes à faire à l'Europe, et l'argent était toujours pour celle-ci le principal moyen d'échange. On a déjà fait ressortir plusieurs fois l'heureuse coïncidence de la découverte des métaux précieux en Amérique avec le développement vaste et actif des relations entre l'Europe et les Indes orientales, ainsi que le partage des rôles dans ces événements entre l'Espagne et la Hollande. L'argent de l'Amérique espagnole, tantôt capturé par les Hollandais, tantôt acheté par eux à titre de marchandise, créa et alimenta leur commerce.

On doit cependant reconnaître qu'ils procurèrent des débouchés à quelques articles d'Europe, ou du moins qu'ils leur frayèrent la voie. En cela ils obéissaient aux exigences de l'industrie métropolitaine. Les draps et les toiles de Hollande commencèrent à être accueillis sur les marchés des Indes, sans, d'ailleurs, que, dans le cours de la période, il puisse être question d'une prépondérance de l'industrie européenne dans cette contrée.

L'administration de toutes les possessions de la compagnie était confiée à un gouverneur général, investi d'un pouvoir royal, qui résidait à Batavia ; de même que Goa, du temps des Portugais, Batavia était le centre des affaires. Elle était le point de départ pour la navigation avec les autres contrées de l'Asie, comme pour les communications directes avec l'Europe. Du gouverneur général relevaient huit autres gouverneurs : ceux de Ceylan, d'Amboine, de Banda, de Ternate, de Macassar, de Malacca, de la côte de Coromandel et de la ville du Cap. La compagnie avait, on l'a déjà dit, une sorte de gouvernement politique dans le conseil des Indes, une administration financière, des forces de terre et de mer, qui laissaient, il est vrai, beaucoup à désirer. Son budget était plus considérable que celui des États Généraux eux-mêmes. Les recettes consistaient principalement dans les profits du commerce, auxquels s'ajoutaient le produit de divers impôts et redevances, des ventes de terrains, des fermages, des prises, etc.

Quant à la haute surveillance des États Généraux sur les possessions de la compagnie, elle était loin de s'exercer avec la régularité désirable. Dans les premiers temps, lorsque la fortune répandait à pleines mains ses largesses, tout alla bien ; mais plus tard, quand elle fut infidèle, quand il survint des revers et qu'il s'éleva des difficultés, quand surtout d'autres nations apparurent sur le théâtre où les Hollandais avaient jusque-là régné seuls, alors les vices du système se révélèrent ; ils éclatèrent malgré le secret jaloux dont la compagnie enveloppait son administration ; un déficit qui, de-

puis 1780, croissait chaque année, ne put pas être dissi-
mulé.

Les causes de la décadence étaient internes et externes à la
fois ; ce vaste empire colonial des Indes était envisagé comme
une spéculation mercantile plutôt que comme une conquête
où la prospérité et l'honneur de la nation étaient intéressés.
La bourse d'Amsterdam s'en préoccupait plus que les États
Généraux de la Haye. Il manquait surtout de cette cohésion
politique qui, dans des conditions d'ailleurs analogues, unissait si étroitement les colonies britanniques de toutes les parties du monde à leur métropole. Le monopole, qui n'enrichissait plus qu'un petit nombre de particuliers au détriment de la
masse, avait perdu toute raison d'existence. Trop abandonnée
à elle-même, la compagnie avait fini par être oubliée de la
mère patrie et par oublier celle-ci à son tour. Elle florissait
encore, alors que la Hollande était déjà sur son déclin, mais
elle ne sut pas lui venir en aide, ni plus tard en obtenir elle-
même assistance dans sa propre détresse. L'esprit étroit du
marchand, ou pour mieux dire du boutiquier, s'était peu à peu
emparé de la compagnie. Ni dans son conseil, ni dans son gouvernement elle ne posséda d'hommes d'Etat, de ces caractères
élevés, de ces esprits vastes qui font époque. On chercherait
en vain parmi les gouverneurs généraux de Batavia un Almeida ou un Albuquerque. A la fin, la cupidité, l'égoïsme et
l'arbitraire envahirent l'administration ; chacun n'y songea
plus qu'à s'enrichir ; on y pratiqua les corruptions les plus
honteuses, et des plumes contemporaines du milieu du dix-
huitième siècle la dépeignent dans un état de complète anarchie. Par une imprudente lésinerie, on négligea la défense des
colonies et on laissa dépérir la marine militaire. Sans avoir,
comme l'Espagne, introduit l'inquisition, les Hollandais se
souillèrent aussi par de grandes cruautés ; peut-être les circonstances atténuent-elles leur tort ; quoi qu'il en soit, ils ne
surent pas inspirer de crainte aux indigènes. Dans les premiers temps, quand il s'agissait de secouer le joug hispano-
portugais, les cœurs se tournèrent vers eux; ils les perdirent

ensuite, moins par des violences que par cette cupidité qui leur fit supporter à eux-mêmes plus d'une humiliation (1).

Les premiers signes visibles de décadence parurent après la paix d'Utrecht, lorsque la métropole venait d'éprouver elle-même de fortes secousses. A partir de cette époque le déclin fut rapide. L'histoire des Anglais, dont la fortune s'éleva dès lors dans la même proportion que baissait celle des Hollandais, nous fournira la meilleure occasion de retracer les causes extérieures de ce déclin. Nous voulions ici signaler la compagnie au temps de sa puissance et de sa prospérité, comme un des plus mémorables phénomènes de la période. Nulle création humaine n'est impérissable, les plus splendides finissent nécessairement par s'écrouler.

III

Le génie commercial des Hollandais était trop universel pour que l'Orient lui fît perdre de vue l'Occident. Comment ce nouveau monde qui exerçait sur l'Europe une attraction magique, eût-il pu lui échapper ? En Amérique, leur ennemie née, l'Espagne, pouvait être combattue avec non moins de succès que dans l'Inde, et l'une des deux régions fournissait les moyens d'exploiter l'autre. L'argent du Mexique était nécessaire pour le commerce avec les Indes orientales, et ce dernier commerce devait donner les denrées coloniales à l'Amérique.

Déjà, sous Charles-Quint, quelques navires des Pays-Bas avaient tenté des voyages dans les pays nouvellement décou-

(1) La compagnie fit de nombreuses découvertes dans les contrées australiennes, dont plusieurs ont conservé jusqu'à ce jour des dénominations hollandaises. Mais elle n'y voulut jamais entendre parler de colonisation, de peur de faire tort à ses possessions des Indes orientales. Son monopole interdisait aux particuliers de tirer profit des découvertes. Autant que possible, on les tenait secrètes, on les présentait sous un faux jour, afin d'en éloigner d'autres puissances maritimes de l'Europe. Aucune n'avait, du reste, dans ces parages, les facilités que donnait à la Hollande la possession des îles de la Sonde et des Moluques.

verts, et importé à Anvers divers produits de leur sol, tels que
des bois de teinture, du cacao et de la vanille. Après la séparation des provinces du nord, Amsterdam devint le point de
départ des expéditions transatlantiques, qui se succédèrent en
nombre toujours croissant et furent de plus en plus régulières. On les combinait souvent avec des expéditions à la côte
occidentale d'Afrique, dont l'or et les esclaves étaient fort
convoités. En 1598, un navire hollandais rapporta 500 livres
d'or, et vers le même temps un négociant d'Amsterdam osa
prendre possession de l'île portugaise du Prince, dans le golfe
de Guinée, et y commander sous le titre de marquis. Les
Hollandais trafiquèrent d'abord avec l'Afrique, sous des
noms étrangers, puis sous leur propre nom, en ayant
obtenu l'accès, sans coup férir, du gouverneur hispano-por-
tugais, qu'ils avaient corrompu. En 1612, ils prirent pied
sur la Côte d'Or et y bâtirent le fort Nassau, d'où ils exportèrent, par voie de contrebande, des esclaves en Amérique.

Les considérations qui avaient motivé la création de la
Compagnie des Indes orientales, semblaient en grande partie
militer pour celle d'une compagnie des Indes occidentales.
Guillaume Uslink, qui, chassé du Brabant par l'intolérance
religieuse, avait cherché un refuge à Amsterdam, et qui avait
été à même en Espagne de connaître le commerce avec
l'Amérique, vint, comme un second Houtman, proposer, en
1615, un plan à ce sujet. Avec quelque faveur que l'opinion
publique accueillît ce plan, les États Généraux, sous l'influence de Barnevelt, y refusèrent quelque temps leur approbation. Barnevelt voyait dans la fondation de la nouvelle
compagnie un acte d'hostilité manifeste, une rupture de
l'armistice conclu avec l'Espagne. Mais, après sa mort, ces
scrupules furent écartés, d'autant mieux que, la guerre s'étant
rallumée, on saisit avec empressement tout moyen d'attaque.

En 1621, les États Généraux accordèrent à la Compagnie
hollandaise des Indes occidentales une charte qui lui conféra
pour vingt-quatre ans le privilége exclusif du commerce et de
la navigation sur la côte occidentale d'Afrique jusqu'au cap

de Bonne-Espérance (1), sur les deux côtes d'Amérique et sur toutes les îles de l'océan Pacifique, jusqu'aux Moluques, où commençait le territoire des Indes orientales.

Le commerce de la zone torride se trouva ainsi partagé entre les deux compagnies. Celle des Indes occidentales se composait de cinq chambres, celles d'Amsterdam, de la Zélande, de la Meuse, de la Hollande septentrionale ou du *quartier du nord*, et des provinces de Frise et de Groningue. Sa charte était à peu près la même que celle de la Compagnie des Indes orientales. Elle contenait la faveur particulière d'une franchise des droits de douane pour huit ans, tant à l'importation qu'à l'exportation. Le capital social était de sept millions deux cent mille florins, et divisé en douze cents actions, de six mille florins chaque.

Quelque ressemblance qu'eussent offerte la Compagnie des Indes orientales et celle des Indes occidentales dans leur origine et dans leur constitution, en présence de circonstances toutes différentes, elles ne tardèrent pas à différer dans les moyens comme dans les résultats. L'Amérique était une contrée non-seulement nouvelle, mais déserte et inculte, dont les indigènes étaient au plus bas degré de la civilisation, et où longtemps les métaux précieux attirèrent seuls l'immigration européenne. A des marchands tels que les Hollandais, elle semblait n'offrir qu'un champ borné et stérile, car déposséder les Espagnols était au-dessus des forces de la jeune république. Les alliances avec les indigènes, si utiles à la Compagnie des Indes orientales, ne pouvaient procurer presque aucun avantage; ceux du Nouveau Monde étant en trop petit nombre, trop faibles et trop peu éclairés. De plus, indépendamment de l'Espagne et du Portugal, d'autres nations européennes avaient paru en Amérique pour y fonder des colonies, que peupla

_____

(1) Pour le trafic des noirs, nous renvoyons à l'*Aperçu général*, sect. VII. Durant la domination espagnole, les Hollandais conquirent la plupart des établissements portugais sur la côte occidentale d'Afrique, mais ils les reperdirent en grande partie, quand le Portugal eut recouvré son indépendance en 1640.

une émigration continue de leur métropole, de manière à
interdire toute rivalité à une république aussi faible sous le
rapport de la population que celle de Hollande. Enfin sa supériorité commerciale trouvait des obstacles dans le monopole colonial partout rigoureusement établi. La Compagnie
des Indes occidentales, pourtant, fit des conquêtes et des colo-
nisations; mais évidemment, elle n'était pas en mesure de
fonder et de conserver un empire, qui ressemblât même de
très-loin à celui des Indes orientales. Elle perdit bientôt ses
conquêtes, et ne retira de ses colonies qu'un médiocre revenu. Si néanmoins la compagnie, surtout dans le premier
siècle de son existence, réalisa de gros bénéfices et paya
même des dividendes plus élevés que celle des Indes orientales, si la navigation et l'industrie du pays lui eurent de
grandes obligations, si enfin elle prêta une puissante assistance au gouvernement, il n'est pas difficile de se l'expliquer.
Le commerce de la Compagnie des Indes occidentales, au
temps de sa prospérité, était surtout de la contrebande, et ses
voyages maritimes étaient des courses.

Nous avons déjà dit que la reprise des hostilités avec l'Espagne avait hâté sa formation; aussi servit-elle merveilleusement la cause nationale. La majeure partie de son capital fut
employée à l'armement de corsaires, qui firent la chasse aux
bâtiments chargés de métaux précieux. De 1623 à 1636, la
compagnie ne mit pas en mer moins de 800 navires, avec
lesquels elle prit à l'ennemi 545 bâtiments, entre autres,
en 1628, ce qu'on appelait la flotte d'argent. Les dépenses d'armement s'élevèrent à 45 millions de florins,
et la valeur des prises à 90 millions, de sorte que les
dividendes annuels de la compagnie, durant la guerre,
furent de 25 à 50, quelquefois même de 100 pour 100,
et ses actions cotées plus haut que celles de la Compagnie des Indes orientales. Les corsaires hollandais étaient la
terreur des mers. Fins voiliers, construits spécialement pour
la course, montés par des équipages d'élite, par des hommes
intrépides et infatigables, comment n'auraient-ils pas fait

leur proie des bâtiments lourds et mal montés de l'Espagne, chaque fois qu'ils les rencontraient isolés et sans escorte ? Les matelots au service de la compagnie étaient placés au-dessus de ceux de la marine de l'État.

Des prises, cependant, ne suffisaient pas pour accomplir la mission de la compagnie ; et, d'ailleurs, les armements en course cessèrent à la paix. Il s'agissait dès lors d'organiser un négoce avec l'Amérique, et il était nécessaire à cet effet d'acquérir des possessions. On ne le pouvait que par la conquête, depuis que, par une bulle pontificale, l'Espagne et le Portugal avaient d'avance obtenu la propriété de tout le Nouveau Monde. Le Brésil attira tout d'abord l'attention des Hollandais. Complétement négligée sous la domination espagnole et faiblement défendue, cette contrée promettait une proie facile. Une première expédition, tentée en 1622, échoua cependant, et la ville de San Salvador ou Bahia, prise avec de grands efforts, fut reperdue peu d'années après. Mais, en 1630, la compagnie recommença l'attaque avec de nouvelles forces ; elle envoya au Brésil soixante navires avec 3,500 hommes de troupes, sous le commandement de l'amiral Lonk. Cette fois tout réussit à souhait. La ville d'Olinde fut emportée d'assaut, et toute la province de Fernambouc soumise après des combats sanglants. Un régime doux et libéral devait remplacer le gouvernement dur et intolérant de l'Espagne. Sous le nom de capitulation, la compagnie promit la liberté religieuse, une justice impartiale, des droits de douane et des impôts modiques, l'abolition du service militaire obligatoire, et beaucoup d'autres avantages qui séduisirent les anciens colons portugais et en attirèrent de nouveaux. Malheureusement, la plupart de ces promesses ne se réalisèrent pas. On institua un conseil supérieur d'administration et une haute cour de justice, et la ville d'Olinde ou de Fernambouc, désignée comme centre de la nouvelle domination, paraissait destinée à devenir une autre Batavia. La compagnie nomma le comte Jean-Maurice de Nassau, gouverneur de sa conquête. Ce prince poursuivit l'œuvre commencée avec courage et succès, et en peu de temps toutes les provinces maritimes du Brésil, de Bahia à l'embouchure du fleuve des Amazones, se trouvèrent au pouvoir des Hollandais. A cette époque, en 1640, le Portugal se sépara de l'Espagne et mit sur le trône le duc de Bragance. Ce dernier traita immédiatement avec les ennemis de l'Espagne, et conclut avec la Hollande une alliance offensive et défensive en Europe, et une trêve de dix ans, en ce qui touchait les colonies. La compagnie dut en conséquence suspendre ses conquêtes aux dépens du Portugal ; elle resta, du reste, en possession de celles qu'elle avait déjà faites. Maurice de Nassau fut rappelé.

C'était le moment de consolider la domination hollandaise dans l'Amérique du Sud ; mais l'esprit ardent qui avait animé la compagnie depuis son origine ne convenait pas à une pareille tâche. Au lieu de concentrer sagement ses forces, comme la Compagnie des Indes orientales, d'avancer lentement, mais sûrement, et de s'assurer des ressources pour les nécessités imprévues, elle avait cherché à atteindre son but d'un seul bond ; et, sous l'entraînement de ses premiers succès, elle avait manqué de prudence. Pour payer de gros dividendes et faire hausser le cours de ses actions, elle avait négligé de créer un fonds de réserve. Elle expia cette faute le jour où la fondation d'un vaste empire exigea des dépenses extraordinaires ; elle se vit obligée, non-seulement de contracter des dettes à des conditions onéreuses, mais de renoncer à d'importants priviléges. Elle abandonna à la libre concurrence le commerce avec le Brésil, en se bornant à exiger qu'on y employât ses navires. Le Brésil étant fort peu cultivé, ce commerce était très-restreint ; il se réduisait à peu près aux bois de teinture, aux peaux brutes et au sucre en petite quantité.

Dans de telles circonstances, les conquêtes du comte de Nassau ne pouvaient avoir aucun résultat. La compagnie était hors d'état de les maintenir, à plus forte raison de les coloniser. On abolit le régime militaire qui y avait été jusque-là en vigueur, mais pour tomber dans l'excès contraire. On institua un gouvernement à la tête duquel figuraient un négociant, un orfévre et un charpentier. Comme il n'était plus question de faire la guerre, ce gouvernement devait s'appliquer avec d'autant plus de sollicitude à développer l'agriculture et le commerce du Brésil. Il crut ne pouvoir mieux exécuter ce mandat qu'en démantelant toutes les forteresses, en vendant les dépôts d'armes et les munitions de guerre, en licenciant l'armée, en laissant enfin le pays sans défense. Les deniers publics furent dissipés en constructions coûteuses et inutiles, et les planteurs s'abandonnèrent à une prodigalité qui les ruina et fit essuyer des pertes considérables à leurs créanciers en Hollande. Il s'ensuivit un mécontentement général contre la compagnie, qui, à la veille de l'expiration de sa charte, fut sur le point de se dissoudre. Elle offrit à la Compagnie des Indes orientales trente-six tonnes d'or et toutes ses possessions pour se fondre avec elle, mais elle fut repoussée avec dédain.

Dans cette extrémité, elle recueillit ses dernières ressources, obtint en 1645 le renouvellement de sa charte, et décida une expédition pour le Brésil, destinée à y comprimer par la force les révoltes qui éclataient de toutes parts. La faiblesse du gouvernement hollandais avait ranimé le courage des Portugais, dont la fierté nationale, irritée par de nombreuses injustices, s'exaltait du fanatisme religieux. Fernandez de Viera, devenu de simple commis le chef d'une maison de commerce riche et considérée, se mit à la tête du mouvement, que son argent soutenait. A Lisbonne, on appuyait secrètement l'entreprise, en se gardant bien, toutefois, de l'approuver publiquement. On réussit ainsi à tromper longtemps la compagnie, qui ne connut le danger que lorsqu'il était trop tard. Les forces envoyées par elle ne purent plus maîtriser l'insurrection. Les provinces s'affranchirent les unes après les autres, et en 1654 les Hollandais furent réduits à abandonner le pays pour toujours, aux termes d'une capitulation. Les États Généraux comprirent la gravité d'une telle perte et résolurent de prêter à la compagnie le secours de l'État. La guerre fut déclarée en 1657 au Portugal, qui venait de reprendre officiellement possession du Brésil, mais des complications avec l'Angleterre et les puissances du Nord empêchèrent de la pousser énergiquement. On signa la paix à la Haye, en 1661, sous la médiation de l'Angleterre ; le Portugal paya à la Hollande une indemnité de huit millions de florins, partie en argent comptant, partie en marchandises, mais il resta en possession du Brésil. La liberté de trafiquer avec ce pays, qui avait été d'abord accordée, fut retirée par une convention de 1669.

Les conséquences de ce changement ne se firent que peu sentir dans le moment. Les Indes orientales suffisaient pour remplir surabondamment les marchés de la Hollande. Mais bientôt se développa la fécondité du Brésil ; par ses pierres précieuses et ses métaux précieux il éclipsa presque le Mexique, et les denrées tropicales naturalisées sur son sol y réussirent admirablement. Il devint le plus redoutable rival de Java pour le sucre et le café. Combien eût été différent l'état social de l'Amérique du Sud, si, au lieu de retomber sous la domination romane, elle fût restée le patrimoine de la race germanique ! Quoi qu'il en soit, la perte du Brésil porta un coup sensible à la puissance maritime et commerciale de la Hollande, qui depuis lors ne fut plus en Occident qu'un État de second ordre.

A peu près vers la même époque, la Hollande perdit aussi ses établissements de l'Amérique du Nord, établissements qui avaient été fondés au commencement du dix-septième siècle sur le territoire de l'État actuel de New-York, près des fleuves de l'Hudson, du Connecticut et du Delaware, en vue de faciliter la pêche au banc de Terre-Neuve et le commerce des pelleteries avec les tribus indiennes. On les désignait collectivement sous le nom de Nouveaux-Pays-Bas ; le chef-lieu s'appelait la Nouvelle-Amsterdam. Le seul choix de cet emplacement, où s'est élevé depuis le plus vaste entrepôt de l'hémisphère occidental, dénote une grande sagacité. Malheureusement la Compagnie des Indes occidentales était trop faible pour maintenir sur ce terrain son privilége contre la rivalité des autres nations. Elle pouvait bien lutter avec les Suédois, qui vinrent y faire des tentatives de colonisation, mais elle succomba sous la puissance anglaise, aidée par l'ardeur puritaine des colonies de la Nouvelle-Angleterre. La république intervint alors et fit à l'Angleterre une guerre glorieuse, illustrée par les exploits de Ruyter. Mais la paix de Bréda, en 1667, bien qu'avantageuse pour les Hollandais sous les autres rapports, leur enleva pour toujours la possession des colonies de l'Hudson, et servit de dernier échelon à la suprématie de l'Angleterre sur le continent de l'Amérique du Nord.

Ainsi les bases sur lesquelles la Hollande aurait pu fonder en Amérique un empire colonial, semblable à ceux de l'Espagne, de l'Angleterre ou du Portugal, s'étaient irréparablement écroulées après une courte possession. Les profits magnifiques que la Compagnie des Indes occidentales avait répartis dans les commencements, provenaient, pour une très-faible part, du commerce de ses colonies, mais principalement, comme on l'a dit, du butin de ses corsaires. Plus tard, le commerce lui ouvrit une autre source féconde de bénéfices ; et il convient d'entrer dans quelques détails à ce sujet.

Les îles dites des Indes occidentales, qui avaient été découvertes les premières dans le Nouveau Monde, furent aussi les premières peuplées par l'émigration européenne, et mises en culture. La plupart des compagnies de commerce, quoique privilégiées pour toute l'Amérique, leur avaient de préférence emprunté leur dénomination, et il était réputé indispensable d'y posséder des colonies. Comment les Hollandais auraient-ils pu s'en laisser exclure ? Mais la fondation d'établissements aux Indes occidentales n'était pas aussi facile qu'ailleurs ; elles étaient le centre de la puissance espagnole, qui appuyait ses prétentions non-seulement sur la donation du pape, mais aussi sur la force des armes. Ce ne fut que tardivement, et avec le secours d'une société de pirates organisée, pour laquelle nous renvoyons au chapitre des Espagnols, que d'autres nations purent s'en ouvrir l'accès et y prendre pied. La Hollande y réussit beaucoup plus tôt, elle s'empara en 1634 des îles de Curaçao, de Benaire, d'Aves et d'Aruba, situées

non loin de la Terre-Ferme, vers l'embouchure de l'Orénoque. Quarante ans plus tard elle prit possession des petites
îles de Saint-Eustache, Saba et Saint-Martin. Toutes ces îles
réunies présentant à peine une superficie de douze milles car-
rés, le commerce de leurs productions était d'autant plus
insignifiant que la plus grande de toutes, Curaçao, est un
rocher nu et stérile. Si néanmoins elles furent considérées,
durant toute la période, comme la ressource la plus féconde,
et, à la fin, comme la ressource à peu près unique du commerce hollandais en Amérique, ce doit être par suite de
causes particulières que nous avons à rechercher.

La rigueur avec laquelle l'Espagne, et, à son exemple, la
France, pratiquaient leur système colonial, les obstacles que
la première opposa même au trafic avec la métropole, excitèrent un vif mécontentement chez des colons qui ne pouvaient, sans entraves, ni écouler leurs produits, ni recevoir
nombre d'articles d'Europe, qui leur étaient si nécessaires ou
si agréables. Ce fut pour remédier à cet état de choses que les
Hollandais occupèrent et conservèrent les îles dont il s'agit.
Ils en firent de vastes dépôts de contrebande et organisèrent
le commerce interlope entre Curaçao et le continent voisin de
l'Amérique espagnole, entre Saint-Eustache et Saint-Domingue, la Guadeloupe, la Martinique, Cuba, Porto-Rico et tout
l'archipel; de telle sorte que la majeure partie des importations et une partie notable des exportations de ces colonies
passèrent dans leurs mains. Des chargements de café de
Saint-Domingue, de cacao de Caracas et de sucre de la Jamaïque, étaient directement importés à Amsterdam sous pavillon hollandais, et il se faisait de ce point en Amérique des
retours encore plus considérables en articles manufacturés
et en produits des Indes orientales. Willemstadt, dans l'île de
Curaçao, était le dépôt de marchandises peut-être le mieux
assorti de tout le Nouveau Monde ; une sage politique commerciale l'avait doté de diverses franchises (1), et l'on con-

_____

(1) En 1653 les États Généraux permirent à tous les Hollandais de trafiquer
librement avec les Indes occidentales, et réduisirent beaucoup les droits

çoit combien devaient être avantageuses les opérations de ce marché ouvert, à côté des droits extravagants et des prohibitions du système colonial. Sur la prime de contrebande seulement, on gagnait 50 pour 100 et plus. Une marine considérable et habile, telle que l'était celle des Hollandais au dix-septième siècle, protégea un commerce, qui, tout en étant répréhensible et démoralisant de sa nature, constituait une réaction nécessaire contre un système absolu d'exclusion. L'Angleterre elle-même, après avoir affermi son influence aux Indes occidentales, ne dédaigna pas la contrebande et y surpassa même la Hollande sur le déclin ; cette dernière continua, néanmoins, à trouver un point d'appui dans ses Antilles. En effet, quand, à la suite de la paix d'Utrecht, la république eut perdu sans retour la suprématie commerciale, que la lutte ne continua plus qu'entre l'Angleterre, la France et l'Espagne régénérée, et eut les colonies d'Amérique pour principal théâtre, la Hollande réussit plusieurs fois à rester neutre ; ses Antilles, et particulièrement Saint-Eustache, devinrent alors le principal entrepôt des Indes occidentales. Sous l'égide de leur neutralité, les sujets des puissances belligérantes, au moyen d'un passe-port hollandais, que chacun pouvait se procurer pour trois cents francs, sans avoir à justifier de sa nationalité, se livraient au commerce partout ailleurs interdit. On s'approvisionnait dans ces îles de munitions de guerre de toute espèce ; les planteurs y apportaient leurs produits pour les faire parvenir en Europe sous pavillon neutre. Les dix dernières années de la période changèrent cet état de choses avantageux. La Hollande ne put rester étrangère à un conflit qui devint général ; elle fut impliquée dans la guerre de l'indépendance américaine, où elle perdit une partie du peu qui lui restait.

Les seules colonies proprement dites que possédassent les Hollandais en Amérique, ou les seules colonies alimentant le

d'entrée et de sortie à Curaçao et à Saint-Eustache. Saint-Eustache obtint d'ailleurs pour son port la franchise complète, vers le milieu du dix-huitième siècle.

commerce métropolitain par leur production propre et complétement soumises au système colonial de l'époque, étaient celles de la Guyane, sur le littoral situé entre l'embouchure de l'Orénoque et celle du fleuve des Amazones. S'ils avaient perdu le Brésil, avant d'avoir eu le temps de le mettre en culture, ils conservèrent jusqu'à la fin de la période leurs possessions de la Guyane, et ils y créèrent, à force de patience, d'activité et de bonne économie, les plantations de café et de sucre les plus renommées.

La Guyane offrait quatre établissements hollandais désignés d'après les fleuves qui les arrosaient : Surinam, Essequebo, Démérara et Berbice. Surinam, le plus considérable et le plus important, avait été, dès le commencement du dix-septième siècle, tour à tour occupé par les Anglais et par les Français qu'attirait la fécondité de son sol ; mais les Hollandais le conquirent et en obtinrent la cession formelle à la paix de Bréda. Les États Généraux abandonnèrent la nouvelle colonie à la Compagnie des Indes occidentales, sous la condition que le commerce y serait libre pour tous les citoyens de la république. Impuissante et insolvable, la compagnie se vit forcée, dès 1683, d'en vendre les deux tiers à la ville d'Amsterdam et à la riche maison de commerce des Sommelsdyk, ce qui amena la formation d'une nouvelle compagnie portant le nom de Surinam. Les commencements de celle-ci furent difficiles. La dureté d'un gouvernement aristocratique provoqua de sanglantes révoltes. Cependant la suppression des abus s'ensuivit, et, depuis le commencement du dix-huitième siècle, la colonie prospéra rapidement. Les persécutions religieuses lui donnèrent des huguenots français pour habitants, et beaucoup de Juifs vinrent s'y établir sous la loi d'une entière tolérance. En 1780, la population comprenait huit mille blancs et soixante-dix mille noirs. Le pays fut assaini au moyen de l'endiguement des fleuves et du desséchement des marais. Paramaribo fut fondé non loin de l'embouchure du Surinam, pour servir de chef-lieu ; on éleva Fort-Amsterdam et d'autres forteresses, pour se défendre contre les attaques du dehors et du dedans, contre celles des Français et contre celles des nègres marrons, ou esclaves fugitifs qui s'étaient retirés dans les forêts et y vivaient dans une sauvage indépendance. Les principales cultures de Surinam étaient celles du café et du sucre ; venaient ensuite le coton, le tabac, l'indigo et le cacao. La valeur de ses exportations, année moyenne, s'élevait à près de huit millions de florins. Elles étaient en majeure partie dirigées sur Amsterdam ; cependant la contrebande expédiait aussi des chargements considérables dans les colonies anglaises de l'Amérique du Nord. Cet établissement présentait un trait distinctif, c'est que tout planteur y résidait et recueillait lui-même le fruit de son travail.

Dès 1627, les Hollandais possédaient un établissement sur l'Essequebo ; mais des luttes incessantes avec les Anglais et les Français, ses voisins, et le peu d'appui qu'il avait trouvé dans la métropole, avaient nui à son développement : sa situation s'améliora quand, après la paix de Bréda, la domination hollandaise fut reconnue et s'affermit dans la Guyane. Des planteurs de Surinam se transportèrent alors sur l'Essequebo, et se répandirent de là vers l'est jusqu'au Démérara, où une colonie nouvelle de ce nom prit naissance en 1740. De nombreuses rivières y secondaient admirablement le commerce et la navigation, ce qui permit d'établir les plantations plus à l'intérieur dans des conditions de salubrité plus favorables. La fécondité du sol était extraordinaire ; on comptait, en 1769, cent trente plantations sur le Démérara ; elles produisaient surtout du sucre, du café et du coton.

Berbice aurait eu tous les moyens de rivaliser avec Surinam si elle n'eût été paralysée par une administration aussi incapable qu'anarchique. Fondée dès 1626 par un négociant entreprenant de Flessingue, elle fut très-négligée par le gouvernement de la métropole, changea plusieurs fois de maître et devint ensuite un objet de prédilection de la fièvre d'agiotage qui s'empara, en 1720, de la bourse d'Amsterdam. Indifférent aux intérêts de la colonie, on ne songea qu'à jouer à la hausse et à la baisse ; la plupart des actionnaires finirent par se retirer. Le capital souscrit ne se réalisa pas, et l'établissement qu'on se proposait de relever tomba dans une décadence que hâtèrent des attaques de plus en plus redoutables de ses ennemis extérieurs.

La république de Hollande n'administra elle-même aucune de ses possessions ; elles furent constamment entre les mains de compagnies. Mais pendant que celle des Indes orientales obtenait de brillants succès, et devenait chaque jour plus puissante, celle des Indes occidentales dépérit misérablement après la perte du Brésil, au point que, hors d'état de remplir ses obligations, elle mit publiquement en vente sa charte et son pouvoir. En 1666, le gouvernement lui vint en aide par un prêt, mais rien ne pouvait plus la ranimer. En 1674 eut lieu sa dissolution, et l'année suivante les États Généraux autorisèrent une nouvelle Compagnie des Indes occidentales, qui dura jusqu'en 1790. Elle hérita de toutes les possessions de sa devancière en Afrique et en Amérique, et ne réussit pas mieux qu'elle. Elle disposait de trop faibles moyens pour lutter contre la concurrence des Anglais et des Français, et manquait de forces militaires pour protéger et pour étendre son commerce. Dans la métropole la spéculation continua de préférer les Indes orientales, vers lesquelles se portaient le capital, l'intelligence et la force ; et depuis la perte du Brésil, il ne pouvait plus être question pour la Hollande d'une domination territoriale en Amérique. Sans le commerce interlope par les Antilles, la seconde compagnie n'aurait probablement pas longtemps vécu. Pour relever autant que possible le commerce régulier, le gouvernement prit le sage parti d'accorder à tous les citoyens hollandais, sous certaines conditions, le libre trafic avec l'Amérique et l'Afrique. Ainsi fut aboli du moins le monopole d'une compagnie, si le monopole de la nation restait d'ailleurs intact.

IV

C'est aux compagnies des deux Indes que la Hollande fut redevable de son rôle dans le commerce international de la

présente période. Sans que les Pays-Bas eussent perdu le
commerce intermédiaire qui les caractérise au moyen âge, il
n'était plus pour eux qu'un accessoire ; le commerce propre,
les relations maritimes directes, les affaires d'importation et
d'exportation avaient conquis le premier rang. Les maisons
hollandaises prédominaient à Amsterdam et à Rotterdam, à
Delft et à Middelbourg ; il ne s'établit point, sur les bords
de la Meuse et de l'Amstel, de factoreries comme celles des
Anséates et des aventuriers marchands à Bruges et à Anvers ;
et le faisceau de flèches y avait supplanté sur les pavillons le
lion ailé de Venise et le chevalier Saint-George de Gênes. Les
produits de l'Inde, autrefois apportés d'Italie dans les Pays-
Bas, composaient les cargaisons réservées des navires hollandais. Quel changement ! l'Italie, le Levant même recevaient de la mer du Nord les épices, le coton, le sucre et le
café, qui, par l'ancienne voie de terre, leur fussent parvenus
plus lentement et à un prix plus élevé. La Hollande devint
pour l'Europe le principal entrepôt des produits de l'Inde,
et comme elle en approvisionnait les différents pays, son
trafic intermédiaire demeura toujours considérable. Mais
il opéra différemment. Précédemment, quand le marché
des Pays-Bas jouissait d'une liberté à peu près absolue, les
étrangers s'y rendaient d'ordinaire en personne, effectuant
eux-mêmes leurs importations et leurs exportations, et, à
part la vente des produits fabriqués, l'activité commerciale
du pays consistait dans une entremise plutôt que dans des
opérations pour compte propre. Lorsque la république eut
adopté une politique nationale, conforme à l'esprit de l'époque, et un système régulier de monopole colonial, c'en fut
fait de l'ancienne liberté commerciale. Des droits différentiels
ou des prohibitions entravèrent ou interdirent surtout les relations indirectes. Aucune voile anséate n'apporta plus de
laines d'Angleterre ni de grains de la Baltique ; le principe
de l'importation sous le pavillon du pays de production reçut
une application de plus en plus générale.

L'essor extraordinaire de la navigation maritime de la Hol-

lande, l'accroissement du nombre et de la capacité de ses navires, permit aux États Généraux d'assurer à leur pavillon
une large part du commerce intermédiaire. Les marchandises
de l'Inde, réexportées d'Amsterdam, étaient réputées des
produits de la métropole, et obtenaient un libre accès dans
tous les États dépourvus de colonies; les États mêmes qui en
possédaient étaient du moins obligés d'admettre les épices,
dont la Hollande avait le monopole. Les produits de l'industrie, de l'agriculture et des pêcheries de la Hollande alimentaient l'exportation dans une proportion tout aussi grande. Il
se trouvait partout des retours pour ces chargements; les besoins de la Hollande elle-même, surtout en blé et en articles
du Nord, s'étaient immensément accrus, et les marchés étrangers s'ouvraient à son trop-plein. Telle était, en effet, sa supériorité commerciale jusqu'à la fin du dix-septième siècle,
qu'elle s'était rendue indispensable, même dans les États dont
la législation était le plus exclusive à son égard. Tels étaient,
en premier lieu, l'Espagne et le Portugal; mais l'Angleterre
et la France ne pouvaient non plus se passer de la navigation
hollandaise, et, dans l'insuffisance de leur propre marine,
elles étaient obligées, malgré leurs tendances restrictives, de
lui abandonner leurs frets. L'Angleterre s'émancipa par
l'acte de navigation, mais la France resta encore un peu de
temps soumise à cette servitude.

Déjà, lorsque les Pays-Bas obéissaient à l'Espagne, les provinces septentrionales avaient enlevé presque entièrement le
commerce du nord-est aux Anséates; elles achevèrent cette
conquête à la suite de leur indépendance. Du jour où la Hanse
s'était trouvée hors d'état de fermer la Baltique à toute concurrence, sa ruine avait été consommée; son histoire fournit
à ce sujet les explications désirables. La puissance ascen-
dante de la Russie et des États scandinaves, et leur haine d'un
joug séculaire, firent, au surplus, la moitié de l'œuvre des
Hollandais; et ceux-ci révolutionnèrent tellement le commerce, que le monde vieilli de la Hanse ne put plus subsister. C'était la lutte d'une énergique et vivace jeunesse contre

une vieillesse épuisée et infirme ; même dans des conditions plus égales, les Anséates n'auraient pu soutenir cette concurrence. Une fois admis sur les marchés de la Baltique, les Hollandais, qui recevaient toutes les marchandises coloniales directement et en quantités considérables, avaient l'incontestable avantage de pouvoir les offrir à meilleur marché et mieux assorties que les Anséates, qui les achetaient dans les entrepôts des Pays-Bas. Cette coûteuse entremise fut écartée comme superflue, et l'unique moyen de salut pour les Anséates était d'importer et d'exporter eux-mêmes directement, s'il n'eût été beaucoup trop tard pour prendre un tel parti.

Les affaires les plus lucratives, dans le Nord, se faisaient avec la Russie ; et elles conservèrent leur importance, quoique à un moindre degré, jusque vers la fin de la période, où les Anglais, qui avaient découvert les premiers la route maritime d'Archangel, acquirent la prépondérance. En général, toutefois, les grands-ducs de Russie favorisaient la république, à laquelle ils accordèrent, en 1604 et en 1631, de précieuses immunités commerciales. Archangel resta la première place de ce vaste État jusqu'à la fondation de Saint-Pétersbourg. Trente ou quarante navires hollandais entraient annuellement dans son port, la plupart sur lest ou à demi chargés ; car, bien que les produits manufacturés et les denrées coloniales de la Hollande fussent aussi recherchés en Russie, cette dernière contrée exportait beaucoup plus qu'elle n'importait ; il en fut de même à l'égard des autres pays d'Occident, et notamment de l'Angleterre, dont l'importation en Russie était à son exportation comme 1 est à 6. Une prodigieuse consommation de matières pour constructions navales explique la différence pour la Hollande ; car, si les articles du commerce russe se multiplièrent depuis Pierre le Grand, les bois à construire, la poix, l'huile de poisson, la toile à voiles, le chanvre et le suif restèrent toujours les principaux. Du reste, la Hollande en réexportait une portion considérable dans les contrées du midi, en France et en Espagne. L'Espagne fut obligée, même pendant la guerre, de tolérer ce commerce indispensable ; et la France ne réussit que vers le milieu du dix-huitième siècle à établir des relations directes et régulières avec la Russie. La consommation de la Russie en articles fabriqués d'Europe était faible encore, et elle fut restreinte de bonne heure par de rigoureuses prohibitions.

A dater de l'époque où Saint-Pétersbourg devint le centre du commerce russe, la part de la Hollande dans ce commerce diminua dans la même mesure que celle de l'Angleterre augmenta. En 1783, la valeur totale des échanges entre la Hollande et la Russie dépassait à peine un demi-million de roubles, tandis que l'Angleterre exportait de ce dernier pays pour huit millions, et y importait pour trois millions de marchandises. La république perdit ainsi un des plus anciens éléments de sa puissance maritime, étroitement liée à sa navigation marchande, et c'était pour elle un coup plus difficile à supporter que l'agrandissement de ses exportations.

La Hollande faisait aussi des affaires considérables avec la Pologne, qui, par la grande voie fluviale de la Vistule et par Dantzick, envoyait le riche excédant de sa production agricole. Elle y trouvait la matière d'un de ses trafics les plus avantageux, celui des grains. Ses négociants avaient engagé dans ces opérations de grands capitaux ; ils spéculaient sur les inégalités des récoltes. Quand les récoltes étaient très-abondantes et les grains à bas prix, ils faisaient de vastes approvisionnements, qu'ils mettaient ensuite à la disposition de tous, dans les temps de disette. Bien que souvent sollicité d'interdire l'exportation, le gouvernement s'était, en cette matière, sagement abstenu de toute intervention. Il en résulta que la Hollande fut longtemps le premier entrepôt de blé de l'Europe, et qu'après avoir pourvu à ses propres besoins, elle approvisionna tous les autres pays en réalisant de brillants bénéfices. Les Hollandais, à leur tour, importaient sur une grande échelle à Dantzick, dont le rayon commercial comprenait, non-seulement la Pologne, mais aussi toute la Prusse, des articles manufacturés, du sucre, des épices, de l'huile, des vins et du papier. Des traités leur assuraient des avantages particuliers dont ils restèrent en possession jusqu'à la révolution de Pologne; ce qui les dédommageait en partie des pertes qu'ils avaient essuyées dans les autres ports de la Baltique.

Dans les royaumes scandinaves, les Hollandais s'étaient portés pour héritiers des Anséates, sans toutefois prétendre, comme leurs devanciers, à un monopole oppressif. Les rois de Danemarck et de Suède n'avaient pas secoué l'ancien joug pour en subir un nouveau. De plus, la concurrence de l'Angleterre dans tout le Nord était beaucoup trop sérieuse pour y permettre une influence exclusive. Jusqu'à l'acte de navigation, néanmoins, la Hollande y conserva le premier rang. Dans tous les ports scandinaves, ses navires étaient les plus nombreux, et souvent ils servaient aux transports des Suédois et des Danois dans leurs colonies d'outre-mer. Cependant, des gouvernements éclairés, tels que ceux de Gustave-Adolphe et de Christian V, s'appliquèrent avec succès à s'affranchir de cette dépendance, et ils eurent promptement doté leurs États d'une marine, d'un commerce et d'une industrie. Le Nord, qui, durant des siècles, avait laissé ses intérêts économiques à la merci des étrangers, sortit tout à coup de son rôle passif. Ce fut à cette époque que le Danemarck fit admettre sa prétention au péage du Sund, et l'on doit s'en prendre aux Hollandais, qui, les premiers, la reconnurent expressément par un traité, en 1645. Il paraît qu'en s'imposant à eux-mêmes une telle charge, ils espéraient grever encore plus leurs rivaux. Ils perdirent du terrain dans la Baltique, par suite, tant des importations directes que le Danemarck et la Suède firent de leurs colonies, que de taxes élevées, de prohibitions même sur les produits manufacturés. Le développement du commerce propre ainsi que d'une industrie et d'une navigation nationales, écarta leur entremise, et vers le milieu du dix-huitième siècle, la balance du commerce entre la Hollande et le Danemarck uni à la Norwège pencha en faveur de ces dernières contrées. La Hollande avait à solder la différence avec des métaux précieux. Le vin, l'eau-de-vie, le sel, le fromage, les matières tinctoriales, les fruits du midi, le tabac et quelques épices formaient les principaux éléments de l'importation hollandaise dans les pays scandinaves ; quant aux draps, autrefois si recherchés, ils ne s'y montraient presque plus. Avec la Suède, la situation était un peu meilleure. L'un des produits les plus importants de cette contrée, le cuivre, était presque entièrement accaparé par le commerce d'Amsterdam. Les propriétaires des usines travaillaient avec l'argent et le crédit de la Hollande, et ils avaient pris l'engagement de servir avant tout leurs créanciers, et de leur vendre à bas prix. La production de la résine et de la poix était soumise à des conditions semblables.

Le déclin commercial de la Hollande, à partir de la paix d'Utrecht, ne fut nulle part aussi visible que sur le terrain où elle s'était d'abord fait connaître en annihilant la ligue anséatique. Non-seulement la Russie s'éleva de degré en degré au rang de grande puissance européenne ; mais la Suède et le Danemarck, aussi, eurent des périodes d'une fortune supérieure à leurs ressources naturelles. Le joug commercial des Hollandais n'était pas, il est vrai, aussi pesant que l'avait été celui des Allemands ; toutefois il portait trop d'atteinte à l'indépendance nationale, pour qu'on ne cherchât pas à profiter de l'affaiblissement politique des Provinces-Unies. La Suède et le Danemarck affranchirent et développèrent alors leur commerce et leur navigation aux dépens de la Hollande, pour tomber bientôt sous la suprématie anglaise, qui, à la fin de la période, était complétement établie dans ces parages (1).

Quels furent les humbles commencements de cette suprématie, quelles anciennes chaînes elle eut à briser, c'est ce qu'apprendra le chapitre suivant, qui traite des Anglais. Tant que les Pays-Bas eurent à lutter contre l'Espagne, ils n'eurent pas d'alliée plus fidèle que l'Angleterre, qui partageait leur foi religieuse. Les vives préoccupations sur la liberté politique et religieuse, sur l'existence même, ne laissaient pas de place

---

(1) En 1784 on compta au passage du Sund 3,172 navires anglais, 2,170 suédois, 1,691 danois, 1,421 prussiens, et seulement 1,866 hollandais.

aux pensées égoïstes. La haute mission commerciale de l'Angleterre était encore obscure ; ni le roi, ni le Parlement n'en avaient l'intelligence. On y était habitué, depuis des siècles, à voir la navigation et le commerce du pays entre les mains des étrangers. Combien de fois, dans les démêlés avec la ligue anséatique, le gouvernement ne s'était-il pas prononcé pour elle et contre les réclamations de ses propres sujets ! Le marché des Pays-Bas offrait à la laine anglaise le débouché le plus voisin et le plus vaste. Pourvu que cet intérêt agricole fût satisfait, on s'inquiétait peu à Londres de savoir si le négociant et l'armateur y trouvaient également leur compte, si le trafic des produits du pays était opéré par les nationaux, et l'exportation et l'importation effectuées par navires anglais.

Cet état de choses datait de la période précédente, mais il subsista en son entier dans la première moitié de celle qui nous occupe. En effet, le nombre des navires hollandais dans les ports d'Angleterre n'avait peut-être jamais été plus considérable que peu après la guerre de l'indépendance ; ces navires ne se bornaient pas à l'intercourse direct entre la Hollande et l'Angleterre, ils accomplissaient encore la navigation indirecte entre ce royaume et les pays de la Baltique. Les Anglais, en créant chez eux une flotte de guerre, avaient négligé la marine marchande, et, sous l'influence du passé, ils l'avaient abandonnée, avec le commerce maritime, à son infériorité. Ce que sous la reine Elisabeth les Anséates avaient perdu, les Hollandais le gagnèrent. Quelque puissant que fût dès lors le rôle de l'Angleterre dans le système politique de l'Europe, son commerce ne marcha jusque vers le milieu du dix-septième siècle qu'à la remorque des Provinces-Unies, ses expéditions en Russie et ses établissements dans les deux Indes ne furent qu'un pâle reflet de leur grandeur. Les progrès de l'industrie anglaise et ses succès croissants dans la fabrication des draps ne pouvaient suffire pour triompher de l'omnipotence de la bourse d'Amsterdam, ou de la supériorité numérique et matérielle de la marine hollandaise. Plus des deux tiers des échanges internationaux appartenaient à cette dernière, et il était à craindre que le pavillon anglais ne disparût des mers.

Cependant l'Espagne avait été humiliée et précipitée du faîte menaçant de sa grandeur. A la paix de Westphalie, les sept Provinces-Unies avaient été reconnues par toutes les puissances comme État indépendant. Leur alliance avec l'Angleterre cessa alors d'avoir un objet commun, et elle fut tout à coup remplacée par une opposition et par une hostilité d'intérêts.

La sagacité de Cromwell eut bientôt découvert le siége du mal. Le fameux acte de navigation fut une mesure de défense contre l'ascendant mercantile de la Hollande ; il n'exerça que plus tard son influence à l'égard d'autres pays, dans un rayon plus étendu. Le commerce intermédiaire et la marine marchande des Hollandais furent le plus affectés par les dispositions de cet acte. Leur territoire borné ne fournissait que peu d'articles de commerce, et les produits de leurs fabriques ne pouvaient être exportés à destination de l'Angleterre qui leur faisait elle-même concurrence. Les importations des articles du Nord, auparavant effectuées par navires hollandais dans les ports anglais, soit directement des pays de production, soit de l'entrepôt d'Amsterdam, cessèrent tout à coup. Le fret d'aller ayant disparu, le fret de retour manqua aussi, et bientôt le pavillon anglais l'emporta dans la navigation entre les deux pays. Les guerres qui s'allumèrent alors entre deux peuples autrefois amis, furent en grande partie commerciales ; les représailles des États Généraux contre l'acte de navigation n'atteignirent point leur but, et même à l'époque où les périls communs qu'on appréhendait de l'ambition conquérante de la France amenèrent une réconciliation, et où la révolution de 1688 porta le stathouder de Hollande au trône d'Angleterre, aucune modification ne put être apportée à une loi, principe de la puissance maritime de ce dernier Etat.

Aux Indes orientales seulement, en temps de guerre, les Hollandais parvinrent à l'éluder à l'aide de la contrebande. Ils y exportaient notamment des marchandises allemandes, qui étaient enregistrées comme produits hollandais par la douane anglaise. Des droits protecteurs élevés, des prohibitions même, que la politique mercantile de l'Angleterre établit en faveur de ses manufactures, ne portèrent pas moins de préjudice à l'industrie de la Hollande que l'acte de navigation à sa marine marchande. La balance du commerce devint, au commencement du dix-huitième siècle, de plus en plus défavorable à la république. Les envois de l'Angleterre en Hollande étaient à ceux de la Hollande en Angleterre dans le rapport de 3 à 1 ; l'ensemble formait annuellement une somme d'environ 2 millions 300 mille livres sterling. Cependant, la différence se comblait d'une manière ou d'une autre. Près de la moitié des marchandises importées par l'Angleterre en Hollande était réexportée pour d'autres pays, et de plus la Hollande introduisait par la contrebande en Angleterre une quantité considérable de genièvre. Les principaux envois de l'Angleterre dans la présente période, et surtout dans sa seconde moitié, consistaient en cuivre, étain, plomb, alun, charbon de terre, salpêtre, fils de laine, draps, toiles de coton, étoffes de l'Inde et de la Turquie, bois de campêche, tabac, riz et café, ce dernier article pour plus de 1 million 600 mille livres sterling en 1778 ; la laine n'y figurait plus qu'en petites quantités, et le blé que dans certaines années. La Hollande envoyait en échange des épices et des drogueries, du mercure, du tartre, du bois, du papier, des fanons de baleine, quelques soieries et quelques lainages fins, ainsi que des voiles et des toiles de lin, malgré la concurrence de l'Irlande qui commença à se produire vers la fin de la période. Les importations d'Angleterre se faisaient principalement à Rotterdam, et celles de Hollande à Édimbourg, Cork et Bristol. Avec Amsterdam, les affaires de marchandises n'étaient pas considérables, celles de change l'étaient d'autant plus.

L'intérêt que prenait l'Angleterre à la victoire des Pays-Bas dans leur lutte contre la puissante Espagne, fut quelque temps partagé par la France. Tout en traitant chez elle les huguenots avec cruauté, la France ne soutint pas moins, à l'extérieur, la réformation contre la maison d'Autriche. Or, elle ne pouvait mieux venir en aide aux Hollandais qu'en favorisant leur commerce et leur navigation. Les villes de la Flandre et du Brabant avaient été privilégiées par elle sous ce double rapport ; les Hollandais n'avaient qu'à recueillir leur succession. Au lieu de Bruges et d'Anvers, ce fut Amsterdam qui reçut les produits du sol et de l'industrie de la France, pour y être échangés contre les marchandises du Nord et de l'Inde. La marine française, peu considérable et délaissée, était hors d'état de rivaliser avec celle de la Hollande. Jusqu'à l'avénement de Louis XIV, les Hollandais possédaient en France la prépondérance commerciale, ou pour mieux dire le monopole ; plus des deux tiers des exportations et des importations de ce pays s'effectuaient par leurs mains, et leur marine n'opérait pas seulement des transports entre les ports respectifs, elle s'était même emparée d'une bonne partie du cabotage. Un rapport de l'ambassadeur de France à la Haye, en 1659, estime la valeur des marchandises annuellement importées de France en Hollande, à 42 millions de florins, notamment 6 millions d'étoffes de soie, 2 d'articles de mode, 1 1/2 de ganterie, 5 de vins, 1 1/2 d'eau-de-vie et de vinaigre, 2 de fruits du midi, 6 de sel et de blé. La Hollande ne retenait que la moindre partie de ces articles, elle les réexportait dans les différents pays de son vaste rayon commercial. Elle fournissait à la France, en premier lieu, les produits de son propre sol et de sa propre industrie, puis les articles du Nord et des Indes orientales. Le bénéfice direct de ces échanges était pour elle.

Mais, en France comme en Angleterre, la paix de Westphalie changea sensiblement l'état des choses et créa de nouveaux intérêts. Nulle part on ne redoutait plus la domination universelle de la maison d'Autriche ; d'un autre côté la prodigieuse accumulation des richesses au sein de la nouvelle république, parut à plusieurs gouvernements avoir été obtenue plus ou moins à leurs dépens. La France, la première, se jeta alors avec ardeur dans une voie qu'elle avait jusque-là complétement négligée, et le génie d'un de ses hommes d'État,

dont il sera fait ailleurs une plus ample mention, lui donna un
système propre d'économie nationale. Peu d'années après la
paix de Westphalie, les Hollandais commencèrent déjà à se
plaindre des atteintes portées aux droits et aux franchises dont
ils jouissaient en France depuis un temps immémorial, de
l'élévation des anciens droits de douane et de l'établissement
de nouveaux droits, et ils réussirent, en 1662, à conclure un
traité qui les réintégrait pleinement dans leurs anciens avantages. Mais leur joie fut de courte durée. Au bout de cinq
années le traité fut déclaré par la France nul et sans effet, et
les marchandises hollandaises furent prohibées ou taxées fortement. La république, irritée de cette conduite et soutenue par
le sentiment de sa force encore intacte, recourut à des représailles; elle prohiba l'importation des eaux-de-vie et des étoffes
de laine de France, et frappa les autres articles du même pays
d'un droit de 50 p. 0/0; le sel même fut grevé de 200 p. 0/0.
Louis XIV répondit par une déclaration de guerre, et les deux
peuples furent alors séparés par une haine non moins vive
que l'amitié qui les avait précédemment unis. Le cabinet
français combattit avec le tarif des douanes non moins qu'avec
des soldats et du canon. La Hollande, qui avait jusque-là pris
la plus forte part aux importations de la France, éprouva des
pertes énormes. Ce fut elle que le système mercantile de Colbert atteignit la première et le plus rudement.

La paix de Nimègue termina la guerre en 1678, et fut suivie
d'un traité de commerce, par lequel on essaya de rétablir les
relations interrompues entre les deux pays. Les privilèges
particuliers furent écartés, on se promit une réciprocité entière,
aucun des deux gouvernements ne devait exiger des sujets de
l'autre des droits autres, ni plus élevés que de ses nationaux.
Mais on n'avait pas le désir sincère d'exécuter cet engagement,
et de plus la situation de l'Europe avait changé. La France,
précédemment abaissée, était devenue la puissance dominante
du continent; inquiète pour sa sûreté, la Hollande passa du
côté de ses anciens ennemis. La révocation de l'édit de Nantes
amena dans son sein un grand nombre d'émigrés français,

qui accrurent immensément le domaine de son industrie et la dotèrent de nouvelles fabrications. Il en résulta qu'elle confectionna elle-même divers articles qu'elle avait jusque-là tirés de France ; et cette circonstance eut sa part d'influence dans le renouvellement, en 1690, par Louis XIV, des hostilités contre la république ; ces hostilités ne trouvèrent leur terme que dans la paix d'Utrecht, qui rendit en 1713 le repos à l'Europe. On conclut un traité dans lequel le commerce intermédiaire et la marine de la Hollande étaient plus favorisés que l'on n'eût dû s'y attendre après ce qui s'était passé. Ces concessions de la France s'expliquent surtout par l'infériorité persistante de sa marine marchande, qu'on avait continué de négliger, tandis qu'on faisait tout pour la marine militaire (1). Quand les Antilles françaises commencèrent à prospérer, et versèrent leurs riches récoltes de café et de sucre sur les marchés de la métropole, ce furent les Hollandais qui allèrent prendre ces produits sur ces marchés pour les distribuer dans toute l'Europe. La navigation française faisait des progrès, sans doute, mais elle suffisait à peine aux transports coloniaux, et elle ne pouvait, dans les mers de l'Europe, rivaliser avec les Hollandais pour le bas prix du fret. Aussi, ces derniers restèrent-ils encore assez longtemps en possession des importations du Nord, d'autant mieux qu'indépendamment d'une longue expérience, ils avaient pour eux les conditions particulières de ce trafic, qui exigeait de fortes avances rapportant des profits modiques. Les négociants français ne possédaient pas encore assez de capitaux, et les opérations avec l'Amérique leur procuraient plus promptement des bénéfices considérables.

Cette intervention des Hollandais, dont la France était beaucoup moins en état de s'affranchir que l'Angleterre, commença néanmoins à se restreindre notablement vers le milieu du dernier siècle. Les relations directes entre les ports de France et ceux de la Baltique se développèrent à la faveur de primes

---

(1) Il n'est pas exact que la marine marchande ait été négligée par le gouvernement de Louis XIV, au moins du vivant de Colbert.   H. R.

allouées par le gouvernement, et le nombre des navires français entrant à Saint-Pétersbourg égala presque celui des navires hollandais. Enfin, par suite des progrès de la pêche française du hareng et de la baleine, la Hollande perdit en grande partie sa branche de commerce la plus lucrative, et les droits élevés établis en France pour la protection de l'agriculture, causèrent un préjudice sensible à ses fromages. Vers la fin de la période, la balance du commerce était sensiblement défavorable à la Hollande, qui était obligée de solder avec des espèces le compte de la France. Ayant perdu le commerce du Nord, la Hollande n'avait plus à exporter que ses propres articles, en petit nombre : quelques draps, de la toile, du cuir, des fromages, du beurre, du lin, des poissons, des animaux de boucherie, surtout des épices et des drogueries. Le transit de l'Allemagne y ajoutait du bois, des métaux et parfois aussi des céréales. La France envoyait en retour, outre ses vins, ses huiles, ses fruits, du miel, des denrées coloniales et les produits élégants et précieux de ses fabriques pour des valeurs toujours croissantes. Le centre principal des échanges de la Hollande avec la France, dans la présente période, fut d'abord la Rochelle, puis Bordeaux, depuis l'avénement des Bourbons.

Quand les Pays-Bas prirent les armes pour secouer le joug espagnol, Lisbonne était depuis longtemps en possession du commerce de l'Inde. Une grande partie des articles de ce commerce, ainsi qu'on l'a vu dans le premier volume, étaient portés au marché intermédiaire d'Anvers, mais il arrivait aussi que des navires hollandais fissent voile directement pour le Tage, afin d'y déposer et d'y prendre des chargements. Le poisson et les produits du Nord y trouvaient un débit assuré. Le besoin de ces relations directes se fit plus vivement sentir après la chute d'Anvers, et, comme elles étaient indispensables, elles triomphèrent de toutes les défenses prononcées par Philippe II contre ses sujets rebelles et hérétiques. Seulement les Hollandais furent obligés de prendre un détour ou d'emprunter un pavillon étranger. Le nombre des navires qui visitaient annuellement, durant cette interdiction commerciale, Lisbonne, Cadix et d'autres ports de la Péninsule, s'éleva jusqu'à quatre cents. Les Hollandais gagnèrent ainsi abondamment avec leurs ennemis de quoi les combattre. Le commerce, sous la forme de contrebande, était doublement profitable, et des sommes considérables en métaux précieux étaient capturées par les corsaires.

Après la signature de la paix de Westphalie, les interdits tombèrent, et la Hollande fut admise à trafiquer avec l'Espagne sur le même pied que tous les autres États. Par sa supériorité décidée, elle y supplanta tous ses concurrents, et y régna longtemps sans partage. Tout le commerce extérieur de la Péninsule, à l'exception du commerce colonial, passa entre ses mains. L'Espagne, dont l'agriculture était délaissée et l'industrie détruite, manquait, au milieu des trésors du Pérou et du Mexique, des choses les plus nécessaires à la vie. La Hollande lui apportait des céréales et habillait ses habitants. Elle obtint même des priviléges de la cour de Madrid, qui voulait nuire à la France. L'article le plus important qu'elle exportait d'Espagne était la laine, qui non-seulement égalait, mais surpassait la laine anglaise en qualité. On estime de 15 à 16 mille balles, la quantité annuellement achetée par elle dans la seconde moitié du seizième siècle, tandis que la France et l'Angleterre réunies se bornaient à mille; ce fut l'époque de prospérité des fabriques de drap de Leyde. L'Espagne était leur meilleure clientèle; on lui renvoyait sa laine ouvrée, et elle payait en argent la différence de prix. Une partie notable du produit des mines d'argent de l'Amérique se répandit ainsi dans la circulation de la Hollande.

Mais la guerre de la succession d'Espagne mit fin à cet état de choses. La bonne intelligence, qui subsistait depuis la paix de Westphalie, cessa tout à coup; un prince de la maison de Bourbon étant monté sur le trône, les Hollandais perdirent tous les avantages dont ils avaient joui précédemment, et les Français furent à leur tour en Espagne la nation la plus favorisée. Le traité d'Utrecht rétablit, il est vrai, un commerce que la guerre avait entièrement interrompu, et plusieurs de ses articles contiennent à ce sujet des garanties spéciales; mais il ne dédommagea nullement la Hollande. du tort que lui causait en Espagne le changement de dynastie et de politique.

Les Hollandais trafiquaient, d'une part avec la métropole, de l'autre avec ses colonies d'Amérique. Ce dernier commerce était, en principe, incompatible avec la rigueur du système colonial, et la loi espagnole l'interdisait sous peine de mort. Mais, comme la métropole était hors d'état de pourvoir à l'approvisionnement de ses colonies en articles d'Europe, elle était obligée de recourir à l'étranger. Des produits étrangers étaient consignés à des négociants espagnols à Cadix, qui les envoyaient aux colonies sous pavillon national. Ces opérations ne furent jamais autorisées, sans doute, mais on les tolérait comme indispensables. Ainsi s'expliquent les chiffres élevés des importations hollandaises dans les ports espagnols, importations destinées les unes à la consommation intérieure, les autres à la réexportation dans les possessions transatlantiques.

Les relations directes de la Hollande avec les colonies étaient encore moins permises par la législation ; toutefois, comme il a été dit plus haut à propos de la Compagnie des Indes occidentales, on éluda la défense au moyen de la contrebande. Parmi les objets fabriqués que les Hollandais fournirent le plus longtemps à l'Espagne, les toiles occupaient le premier rang. L'usage en était si considérable, surtout dans les colonies, que de nos jours encore les différentes espèces de toiles portent des noms espagnols. Celles qui n'étaient pas hollandaises étaient généralement de fabrication allemande. Venaient ensuite des étoffes de laine, des draps, des serges et des camelots, la plupart provenant de Leyde. Après que la Hollande eut reçu des réfugiés français, les soieries figurèrent aussi dans ses envois; on y remarquait en outre du papier, des cartes à jouer, de la mercerie et de la quincaillerie, etc., qu'elle tirait de Francfort et de Nuremberg. Parmi les produits naturels, on doit mentionner le poisson, les céréales, le fromage, le beurre, les bois ; il faut ajouter des armes, toute sorte d'ouvrages en fer et en cuivre, divers articles du Nord, puis des drogues médicinales, des matières tinctoriales et des épices. La Compagnie des Indes orientales plaçait en Espagne les deux tiers de sa cannelle. Pour le poivre, les Anglais lui faisaient concurrence. L'Espagne donnait en retour tous les produits de ses colonies, métaux précieux, pierres précieuses, cochenille, indigo, vanille, cacao, quinquina, tabac, peaux, bois de campêche, ainsi que ceux de son propre territoire, laines, vins, huile, sel, soude, fruits du midi et fer. Les places principales visitées par les Hollandais, étaient Cadix pour les affaires avec les pays transatlantiques, Malaga et Alicante pour les vins, les huiles et les fruits du midi, Séville pour les laines, Bilbao pour le fer, et San-Lucar pour le sel. On ne saurait évaluer en chiffres le mouvement de ce commerce ; mais il est reconnu qu'aucun autre n'était plus avantageux pour la Hollande. L'Espagne et ses possessions formaient la meilleure clientèle de son industrie, dont les exportations constituaient un négoce entièrement propre au pays.

Mais cette industrie déclina, et d'autres peuples, surtout les Français et les Anglais, lui firent concurrence. Les Bourbons n'étaient rien moins que bien disposés en faveur de la république, et, vers la fin de la période, l'Espagne eut un gouvernement qui s'occupa de ses intérêts matériels trop longtemps négligés, et ne les encouragea pas sans succès. Dans cet état de choses, le commerce de la Hollande avec l'Espagne perdit beaucoup de son importance ; elle s'enrichissait encore, néanmoins, par la contrebande dans les Indes occidentales, et par la neutralité dont jouit son pavillon durant les guerres maritimes entre les grandes puissances. Son trafic intermédiaire aussi diminua à mesure que les États du nord de l'Europe, et particulièrement le Danemarck et la Suède, s'affranchissant de son joug, effectuèrent leurs importations et leurs exportations sur leurs propres navires. Ces deux États finirent même par l'emporter sur elle, et, durant les dix dernières années de la période, leurs bâtiments, dans les ports d'Espagne étaient plus nombreux que les siens.

Après avoir recouvré son indépendance, le Portugal avait, en 1661, conclu avec les Hollandais un traité de commerce et d'alliance destiné à terminer une longue lutte, et de plus, à rétablir, sur le pied d'une entière réciprocité, le libre commerce entre les deux pays. Ce traité est digne de remarque comme l'unique exemple d'une infraction au système colonial. La république ayant cédé le Brésil, le Portugal, renonçant à son monopole, lui avait permis de trafiquer librement avec cette colonie. Mais cette exception parut si extraordinaire, qu'elle fut révoquée peu d'années après. Le commerce des Hollandais avec le Portugal lui-même ressemblait beaucoup à celui qu'ils faisaient avec l'Espagne ; ils y importaient des objets fabriqués, des céréales, des bois et du poisson, et en exportaient des fruits du midi, des vins, plus, du sucre et des bois de teinture du Brésil. Ils y prenaient plus de sel qu'en Espagne. Beaucoup de leurs navires, revenant sur lest du Levant et de la Méditerranée, entraient dans le port de Saint-Ubes ou Sétubal, pour y charger du sel. Sur 325 bâtiments entrés en 1715, on comptait 252 navires hollandais. Leur nombre diminua beaucoup lorsque les peuples du Nord y vinrent eux-mêmes. Mais ce fut le traité de Méthuen, conclu en 1703, qui porta aux Hollandais le coup mortel en assurant la prépondérance des Anglais sur le marché du Portugal. En favorisant les draps anglais, ce traité ferma le débouché de leurs propres tissus de laine, et leur ôta toute part aux relations avec le Brésil.

Quant à leur commerce avec l'Italie ainsi qu'avec les pays de la Méditerranée et du Levant, non-seulement il subsista, mais il s'agrandit même considérablement, quelle qu'en fût d'ailleurs la transformation. Tandis qu'autrefois les flottes de Venise et de Gênes arrivaient à Bruges et à Anvers chargées des produits de l'Inde, ce furent alors les Hollandais qui, d'Amsterdam, portèrent à ces places les mêmes produits sur leurs navires. Ce commerce continuait ; il n'y avait de changé

que les rôles. Quel événement que cette révolution dans les
routes du commerce ! Les Orientaux de Constantinople, de
Smyrne, d'Alexandrie ou d'Alep recevaient le poivre et la
cannelle, l'indigo et le salpêtre, les perles et les mousselines,
le cuivre et l'acier, plus promptement et à meilleur marché
par la circumnavigation d'une moitié du globe que par l'importation directe des pays voisins, qui produisaient ces articles.
Le centre principal du commerce hollandais dans le Levant était
Smyrne, qui, indépendamment de l'excellence de son port,
se trouvait être, par sa situation, le point d'arrivée des cra-
vanes de l'Asie Mineure. A Constantinople, l'intolérance turque n'était pas favorable au commerce. La grandeur d'Alxan-
drie, aux souvenirs près, semblait anéantie ; quelques prduits
d'Égypte et un peu de café étaient restés les seuls objts de
son négoce. Mais, à Smyrne, les Hollandais avaient de maisons riches et considérées ; tout l'Orient recherchai leurs
draps. L'importation de cet article était immense ; eb avait
en grande partie échappé à l'Italie, qui l'avait eu précédemment entre ses mains. Les Hollandais tiraient d Levant
du coton, de la soie, des poils de chèvre, du fil roue, de la
gomme, des noix de galle, de l'anis, des éponge; du cor-
douan et des fruits du midi, tels que figues, datte et raisins
de Corinthe ; précieux éléments pour leur trafic intmédiaire
dans le Nord. Ils allaient chercher directement majeure
partie de ces articles, et n'en tiraient que raremen des places
d'Italie, qu'ils approvisionnaient plus souvent eu mêmes en
marchandises du Levant. Outre le profit ordiire sur la
marchandise, ils bénéficiaient sur l'argent, en Isant passer
en Orient comme piastres espagnoles leurs props piastres de
mauvais aloi. Au temps de sa prospérité, leur ommerce du
Levant employait une trentaine de navires, ci naviguaient
de conserve en trois ou quatre escadres. Ces rires avaient à
bord vingt canons avec soixante-dix homm de troupe, et,
pour plus de sécurité contre les corsaires afrains, ils étaient
habituellement escortés par deux bâtimen de guerre. Du
reste la Hollande savait tirer parti des brigdages des Etats

barbaresques. En mettant, par des tributs honteux, son commerce à l'abri des pirates et en se faisant pour ainsi dire leur alliée, elle voyait avec satisfaction le dommage qu'ils causaient aux autres pavillons. Combien avait été différente la conduite de la Hanse, qui avait poursuivi, dans les pirates, les ennemis communs de toutes les nations ! Ce fut par de tels moyens que la marine hollandaise parvint à dominer dans la Méditerranée, sur les ruines des marines italiennes ; elle y rencontra pour rivale celle de l'Angleterre, mais elle ne fut dépossédée que par la France, lorsque celle-ci reconnut les avantages de sa situation pour le commerce du Levant et eut, en 1669, accordé à Marseille un privilége à cet effet.

Toutes les branches ci-dessus mentionnées du vaste commerce de la Hollande employaient, sinon exclusivement, au moins principalement, la voie de mer. Il nous reste, pour compléter le tableau, à retracer les opérations qui avaient lieu par terre ou par les fleuves, en d'autres termes, le commerce avec l'Allemagne. Ici encore il convient de se reporter à la période précédente. Bruges et plus encore Anvers étaient les points de communication naturels de cette partie du continent avec le monde d'outre-mer. Leur héritage fut aisément recueilli par la Hollande, les principaux fleuves des contrées placées derrière elle aboutissant à ses grands ports de mer. Cette circonstance ne contribua pas peu à modifier le caractère du commerce de l'Allemagne avec les Pays-Bas. Au temps de la prospérité de la Hanse et des villes de la haute Allemagne, les grands entrepôts de la Flandre et du Brabant étaient les centres principaux d'un commerce international, où chacun jouissait d'une égale liberté, tant à l'exportation qu'à l'importation. Tant que les républiques italiennes reçurent les envois de l'Inde, une partie notable de ces envois parvenait sur le marché des Pays-Bas par l'entremise des places de la haute Allemagne. On se rappelle de quelle influence et de quelle considération les Fugger et les Welser jouissaient à Anvers, et comment le comptoir anséate, même dans sa décadence, y figurait encore une puissance commerciale. Nous expliquerons, au chapitre des Allemands, comment rien ne contribua plus à les exclure du commerce international, dans la présente période, que la constitution d'une Hollande indépendante ; événement qui eut pour effet de les séparer de la mer, et de les placer, suivant leur position géographique, dans le domaine commercial d'un pays étranger, exclusif et souvent hostile à leurs intérêts. Leur commerce extérieur dépendit du littoral, comme c'est le sort de toute contrée intérieure ; mais il y a une grande différence, suivant que l'intérieur et la côte forment un seul et même État, ou que, comme dans l'espèce, ils sont politiquement distincts.

Ce fut en particulier l'Allemagne du sud-ouest ou, pour parler plus exactement, le bassin du Rhin, qui tomba complétement sous la domination du commerce hollandais. Depuis la fermeture de l'Escaut, la Hollande se trouva maîtresse absolue de tous les abords et de toutes les issues d'une moitié de l'Allemagne, réduite ainsi à se jeter dans ses bras. La situation de l'autre moitié, dans le nord-est, était un peu meilleure. Là, en effet, le territoire allemand s'étendait jusqu'à la mer, et les deux villes anséatiques du Weser et de l'Elbe avaient sauvé des ruines de l'ancienne ligue une partie du moins du commerce et de la navigation du pays. La Hollande entretenait d'importantes relations avec les deux places ; les grains et les bois étaient les principaux articles qu'elle en tirait ; les épices, le thé, les harengs et divers tissus de laine, les principaux qu'elle y envoyait. Avec Hambourg, les opérations de change étaient plus animées que les affaires de marchandises. Hambourg réalisait ordinairement les profits de son commerce avec l'Espagne au moyen de traites sur la Hollande, et, dans son trafic avec la Russie, cette place n'avait également ment d'autre moyen de recouvrement que le papier d'Amsterdam. Mais le commerce maritime de la Hollande avec l'Allemagne diminua beaucoup à mesure que les villes anséatiques étendirent leur commerce propre d'outre-mer et firent leurs achats de première main. Elles furent pour la Hollande de redoutables rivales dans les transports maritimes, et la neutralité de leur pavillon était mieux respectée en temps de guerre. Quoique dépourvues de toute puissance, elles représentèrent dignement l'Allemagne dans le commerce de l'univers, et leurs relations avec l'intérieur furent essentiellement nationales.

Mais le commerce allemand du bassin du Rhin, qui embrassait des contrées vastes, populeuses, prospères, fertiles et industrieuses, ne saurait être considéré, dans la présente période, que comme la propriété exclusive des Hollandais. Leur territoire n'était sans doute guère plus étendu qu'aujourd'hui, il ne dépassait pas Nimègue et Arnheim ; mais leur rayon commercial s'étendait jusqu'à Bâle, et comprenait, à l'est la Souabe et la Franconie, au sud la Suisse, à l'ouest l'Alsace, le Palatinat et la Lorraine. Des Hollandais de cette époque ont reconnu à diverses reprises que le commerce d'Allemagne était, avec le trafic des épices, la branche là plus lucrative et la plus sûre de leurs opérations, et ils en estimaient la valeur annuelle à plus de cent millions de florins. Il faut y ajouter les bénéfices des transports par eau, qui, jusqu'à Cologne, étaient presque entièrement entre les mains des Hollandais. On portait à 1,300 le nombre des bateaux hollandais qui remontaient le Rhin. Ils se divisaient en trois catégories, suivant qu'ils comportaient 2,000, 1,500 ou 1,000 quintaux de chargement, et ils employaient 2,788 chevaux de halage. L'étape la plus importante du commerce rhénan était Cologne. Le commerce propre de cette place comme ville anséatique avait cessé alors, mais elle prospérait par les affaires de commission et d'expédition. C'est à Cologne que se faisaient d'ordinaire les transbordements ; elle était par conséquent le grand entrepôt, tant pour la descente que pour la remonte. Les envois de la Hollande consistaient en denrées coloniales de toute espèce, fruits du midi, métaux, poisson salé, et objets de fabrication nationale ou étrangère. Les Hollandais continuèrent de fournir exclusivement les produits naturels, car par quelle autre voie les provinces rhénanes auraient-elles pu plus aisément les recevoir ? mais ils virent diminuer leurs exportations d'articles

fabriqués par suite tant du développement de l'industrie indigène que des importations de France. Ils rapportaient une
matière qui était l'une des bases de leur grandeur commerciale
et maritime, le bois ; elle formait sans contredit la branche
la plus importante du commerce rhénan. Dans la Forêt-
Noire et dans l'Odenwald, sur les bords de la Moselle et
de la Saar, croissaient les mâts et les quilles de la marine hollandaise. Ils descendaient le Rhin en immenses radeaux ; on
estimait généralement chaque pied cube à un ducat, et l'importation annuelle que la Hollande faisait de ces bois, à six ou
sept millions de florins. Après cet article, le plus important
était le vin, tant du Rhin que de la Moselle ; ce qu'elle n'en
consommait pas elle-même, la Hollande le réexportait dans le
Nord et en Angleterre. Le Palatinat envoyait du tabac, que
l'on mélangeait en Hollande avec des feuilles de Virginie pour
les réimporter en Allemagne ; l'Alsace et la Souabe fournissaient du chanvre ; le Hundsruck, de la potasse et de la vé-
dasse ; les mines des environs de la Moselle et de la Lahn, du
fer. On doit mentionner aussi les fruits et les eaux minérales.
Les céréales, qui cependant ne manquaient pas, ne formaient
pas, à cause des droits, un élément du commerce rhénan ; la
Hollande préférait s'en approvisionner par la voie de mer, plus
dangereuse, mais exempte de tout péage. Aux foires de Francfort elle achetait divers produits de l'industrie allemande,
surtout des articles de Nuremberg ; Juliers, Berg et la Westphalie envoyaient des toiles ; Liége et Aix-la-Chapelle, des
pierres, du charbon, des ouvrages en fer et en acier, des objets utiles à la guerre, qui descendaient la Meuse. Le commerce rhénan s'effectuait généralement par commission ; les
bois et les vins seuls étaient d'ordinaire achetés directement
sur les lieux mêmes par les Hollandais. Durant la prospérité de ces derniers les importations et les exportations paraissent s'être équilibrées ; mais, à l'époque de leur déclin, la
balance devint tout à fait défavorable aux Allemands ; et on se
l'explique aisément. Tant que sur les chantiers de la Hollande
il se construisit des navires pour la moitié de l'univers, tant

que le trafic intermédiaire avec le Nord conserva son activité, les bois et les vins purent servir d'équivalents pour les denrées coloniales. Mais quand les chantiers furent déserts et que le trafic intermédiaire se réduisit de plus en plus, les Hollandais continuèrent de fournir des denrées coloniales à l'Allemagne, mais ils cessèrent d'en recevoir la contre-valeur en bois et en vins. Les péages du Rhin, bien qu'onéreux, entravaient moins le commerce avec la Hollande que le commerce intérieur de l'Allemagne elle-même ; aussi les Hollandais ne s'en plaignirent-ils jamais vivement. L'Angleterre leur avait fait, à la paix de Bréda en 1667, une importante concession, celle de ne plus appliquer aux marchandises allemandes par eux exportées du Rhin, les dispositions de son acte de navigation. Quelque abaissés, quelque dépouillés qu'ils paraissent à la fin de la période, ils n'avaient point perdu de terrain sur le marché allemand ; ils l'exploitaient plus librement que jamais, jouissant de tous les avantages que procure une riche contrée intérieure, sans partager équitablement avec elle.

Les provinces méridionales des Pays-Bas n'avaient pu secouer le joug espagnol, ni conquérir la liberté et l'indépendance de leurs sœurs du nord. Elles perdirent leur ancien marché universel ; les Hollandais employèrent en effet tous leurs efforts pour détruire une rivalité dangereuse dans leur voisinage et entre les mains de leur plus implacable ennemie, et ils atteignirent complétement leur but. Le traité de Westphalie retira aux Pays-Bas espagnols la condition essentielle de leur régénération, par la fermeture de l'Escaut ; ils furent privés de leurs communications avec l'extérieur, et tout trafic leur fut interdit avec les colonies espagnoles. Ainsi la Hollande parvint à accaparer tout le commerce des provinces méridionales. Des jours meilleurs luirent pour elles, quand elles passèrent, à la paix de Rastadt, en 1714, sous la domination de l'Autriche. Leur industrie et leur agriculture recommencèrent à fleurir. Leur sol fournit abondamment à l'exportation de la garance, de la graine de colza et de l'huile de navette. Leur blé trouvait en Hollande un débouché toujours ouvert, et leur culture habile du lin alimentait une fabrication active, notamment de tissus fins et de dentelle; Courtrai était le centre de cette industrie. Dans le Limbourg les manufactures de drap se relevèrent; et la fabrication de Verviers, si renommée depuis, date de cette époque. A Gand, l'industrie cotonnière grandit et devint la plus considérable du continent. On vit en peu de temps surgir des papeteries et des tanneries, des brasseries et des raffineries de sucre; l'esprit industrieux du peuple se réveilla, en un mot, dès qu'un régime supportable lui permit un libre essor. L'industrie hollandaise était déjà en pleine décadence, elle ne put tenir devant la concurrence belge. Mais on ne réussit pas de même à ramener le commerce et la navigation. Rouvrir l'Escaut et rendre Anvers à sa vocation naturelle était impossible, et Ostende n'offrait pas de compensation. L'empereur Charles VI s'évertua pour attirer le commerce dans cette dernière ville; il fonda en 1722 la Compagnie d'Ostende, destinée à prendre une part au trafic des Indes orientales. Mais cette compagnie succomba dès sa naissance sous la jalousie de l'Angleterre et de la Hollande, et, même dans le commerce d'Europe, la lutte d'Ostende avec un port comme Amsterdam était beaucoup trop inégale; la majeure partie des importations et des exportations, du moins par mer, resta toujours le partage du port hollandais. La guerre de l'indépendance américaine, en 1776, procura aux Belges quelques avantages temporaires. La Hollande y fut engagée à son grand préjudice, tandis que les Pays-Bas autrichiens demeurèrent neutres. Il n'y eut pas alors sur les mers de pavillon plus recherché que le leur; ils furent chargés des transports pour compte étranger, et entreprirent pour leur propre compte des expéditions aux Indes occidentales. Ostende, déclarée port franc, prit un essor extraordinaire; le mouvement de son port s'éleva de 483 navires en 1762 à 2,953 en 1781; une banque y fut créée dans la même année. L'abolition du traité des barrières fit disparaître les entraves au commerce, et les beaux jours de la Flandre et du Brabant paraissaient à la veille de renaître, quand la fin de la guerre d'Amérique rendit l'air et la vie aux Hollandais, et quand la révolte des Pays-Bas eux-mêmes contre la domination autrichienne vint arrêter leur développement matériel.

V

Le commerce maritime d'aucun autre peuple, dans la présente période, n'eut l'universalité de celui des Hollandais. Il embrassait, comme l'a montré la section précédente, le monde connu tout entier, il comprenait le négoce intermédiaire non moins que le négoce propre du pays, l'importation non moins que l'exportation. Toutes les opérations, toutes les affaires y étaient réunies, et son importance et sa fécondité étaient accrues par le concours d'une marine marchande et d'une navigation des plus vastes. L'élément essentiel de la suprématie commerciale des Hollandais consista longtemps dans leur habileté maritime sans égale, dans leur supériorité sous le rapport du nombre, de l'équipement et de la conduite de leurs navires, et dans le bon marché extraordinaire de leur fret. Voilà ce qui procura aux Hollandais les transports de la plupart des pays, et ce qui créa pour eux une branche toute spéciale. Il s'agit ici moins des transports maritimes des négociants du pays, augmentant ou diminuant avec son commerce dont ils font eux-mêmes partie, que de ceux pour compte étranger ayant pour objet unique le bénéfice du fret, et dont l'augmentation et la diminution se règlent, non sur le commerce du pays même, mais sur celui des autres États. Les Hollandais commencèrent naturellement par employer leurs navires à leur propre commerce ; mais, ces navires s'étant multipliés au delà des besoins, tandis que la marine marchande des autres pays était insuffisante, ils offrirent leurs services à l'étranger, et les négociants de France, d'Angleterre, d'Italie et d'Espagne les affrétèrent pour les opérations de leur propre négoce.

C'est dans ce sens qu'il faut entendre l'expression de commerce de transport des Hollandais, et de là est venu à ce

peuple le surnom de rouliers des mers. Au surplus les transports maritimes formaient depuis un temps immémorial une
industrie des provinces septentrionales des Pays-Bas, et notamment de la Frise, industrie qui, sans contredit, dut en partie sa
naissance à leur situation géographique. Le difficile accès de
leurs fleuves exigeait des navires d'une espèce particulière, de
forme arrondie et n'ayant pas un trop fort tirant d'eau. De
pareils navires n'ont pas une marche très-rapide; mais, pour
compenser leur lenteur, ils ont sur les bâtiments des autres
nations l'avantage de prendre une charge plus forte, et d'être
par conséquent d'un meilleur rapport. A cet avantage s'en
joignaient d'autres encore. Nulle part la construction, l'armement et l'entretien des navires n'étaient à aussi bon marché
qu'en Hollande. Les énormes arrivages de matériaux, l'organisation grandiose des ateliers et des chantiers, une longue
expérience et une si prodigieuse abondance de bras que les
constructeurs de Sardam se faisaient fort de livrer un bâtiment de guerre par semaine, pourvu qu'on les payât trois
mois d'avance; tout cela concourait avec l'économie particulière au caractère national à mettre les armateurs hollandais
à même de l'emporter sur tous les autres, par le bas prix du
fret. La mer fut le théâtre du vaste développement économique de la Hollande; ce fut en y déployant son génie entreprenant et son activité qu'elle dépassa de beaucoup les autres
États. Tout au plus se préoccupaient-ils de la marine de
guerre; leurs marines marchandes, abandonnées à elles-
mêmes, étaient écrasées par celle de la Hollande, qui, au dix-
septième siècle, avait accaparé une grande partie des transports maritimes en Europe (1); ce qui impliquait pour elle

(1) Sir William Petty estimait en 1670 l'ensemble de la marine marchande
en Europe à 2 millions de tonneaux, dont 500 mille pour l'Angleterre,
100 mille pour la France, 250 mille pour les villes anséatiques et les pays
scandinaves, 250 mille pour l'Espagne et le Portugal, et 900 mille pour la
Hollande.   (*Note de l'auteur.*)
    Dans un opuscule sur le commerce de la Hollande, Mac Culloch, en
reproduisant ces chiffres, fait observer que l'exactitude en est très-douteuse,
que très-probablement la part de la marine hollandaise était plus consi-

un autre avantage, celui de ne naviguer jamais ou que très-rarement sur lest.

Ainsi s'explique le nombre prodigieux des bâtiments hollandais qui étaient lancés chaque année, et qui souvent, sans toucher, durant un long intervalle, aucun port de leur nation, naviguaient dans la Méditerranée et dans la Baltique, dans la Manche et sur l'Océan, pour compte du commerce étranger. L'Angleterre elle-même, jusqu'à Cromwell, ne put se passer de leurs services; mais ils avaient pour principal tributaire le commerce maritime de la France ; et les transports entre le Levant et l'Italie leur étaient également dévolus. Aucune autre nation ne sut, au même degré, se faire des transports maritimes une spécialité, ni en retirer le même profit, à beaucoup près. L'époque s'y prêtait, il est vrai. L'art des constructions et les connaissances nautiques n'étaient pas répandus comme ils le furent plus tard ; la Hollande avait une avance considérable. Mais on suivit peu à peu son exemple, et la législation suppléa au défaut d'habileté et d'expérience. L'acte anglais de navigation, qui réserva au pavillon national le cabotage et la navigation avec les colonies et les pays hors d'Europe et interdit aux pavillons étrangers, dans les ports d'Angleterre, toute navigation indirecte, dut porter le coup le plus sensible à un État tel que la Hollande. Un cri de détresse retentit dans tout le pays, et les Etats Généraux furent assaillis de réclamations, dont l'une portait à deux mille le nombre des bâtiments frisons naviguant pour compte de l'étranger. A dater de cette époque, d'autres Etats ayant d'ailleurs imité l'Angleterre, le champ des opérations de fret se resserra de plus en plus. Il s'ensuivit un ralentissement dans les constructions navales et dans les industries qui s'y rattachent; elles furent en outre rendues beaucoup plus dispendieuses par l'élévation des impôts que nécessita l'accroissement énorme des besoins de l'Etat. Ajoutons enfin la con-

dérable, des relevés officiels de 1701 réduisant l'effectif maritime de l'Angleterre à cette époque à 261,222 tonneaux montés par 27,196 hommes.

H. R.

currence des Etats du Nord et des villes Anséatiques, qui effectuèrent les transports au même prix, et dont la neutralité,
mieux respectée, offrit plus de sécurité en temps de guerre.

Si la statistique hollandaise, pour le dix-septième siècle, fait
mention de 60 à 70,000 bâtiments de mer employés, on ne
doit pas oublier que ce chiffre comprend les barques de pêcheurs, et en particulier les *buyzes* pour la pêche des harengs.
La pêche est l'industrie de tous les peuples qui habitent près
de la mer; mais aucun ne sut, au même degré que les Hollandais, agrandir une occupation toute locale au point d'en faire
une branche de son commerce extérieur; ils devinrent les
pourvoyeurs de poisson de toute la catholicité jusque dans
les colonies d'Afrique, d'Asie et d'Amérique.

L'origine et le perfectionnement de la pêche du hareng, ou
du poisson dont il est principalement question ici, datent
d'une époque antérieure, et ont été retracés dans le premier
volume au chapitre des Pays-Bas. Les harengs abandonnant
de plus en plus les parages de la Baltique pour ceux de la
mer du Nord, on n'eut alors que plus de facilité pour continuer, avec de plus grandes ressources, une industrie traditionnelle. Le gouvernement lui-même l'organisa fortement,
et la prit sous sa protection. C'était pour lui une nécessité, car
ce fut la pêche du hareng qui donna lieu aux premiers conflits sérieux avec l'Angleterre, cette puissance se fondant sur
ce que ses propres côtes et celles de l'Ecosse étaient les plus
poissonneuses pour en revendiquer le monopole.

A ce sujet s'éleva la fameuse contestation sur le point de
savoir si la propriété de l'Etat s'étendait sur les eaux ouvertes de son voisinage, ou si elles appartenaient à tous les
peuples, *mare liberum, mare clausum* (1). Bien qu'un homme
tel que Hugues Grotius se prononçât pour la liberté des mers,
il fallut d'autres arguments que les siens pour la faire prévaloir. Les Hollandais furent plusieurs fois obligés de recourir à
la force, et sous Cromwell, en 1652, il se livra, à propos de
la pêche du hareng, une véritable bataille entre les flottes

(1) En français, *mer libre* ou *mer close*.

des deux pays. Les Hollandais obtinrent le droit de pêche
jusqu'à dix milles anglais de la côte. L'époque la plus florissante de la pêche hollandaise du hareng fut le dix-septième
siècle; on expédiait parfois jusqu'à mille buyzes, qui revenaient, dit-on, chargées de 300 mille lasts de poisson; ce qui,
à raison de 204 florins par last, ferait plus de 60 millions
de florins. Notre autorité pour cette estimation est Jean de
Witt, le célèbre homme d'Etat, qui porte en même temps
à 450,000 le nombre des individus directement ou indirectement intéressés dans les pêcheries. Naturellement la somme
énoncée ci-dessus ne doit pas être considérée comme un
bénéfice net; elle comprend les salaires, les intérêts, les
capitaux des différentes branches d'industrie employées, telles
que la construction navale, la fourniture des vivres, de l'outillage, du sel, les frais de magasinage et de commission, le
fret, etc. C'est une évaluation de l'importance économique
des pêcheries. Benjamin Worstley, chargé en 1667 par
Charles II d'aller en Hollande recueillir des informations
précises sur les pêcheries, en estime la valeur au-dessus de
celle des fabriques anglaises et françaises réunies. Suivant lui,
10 mille livres sterl. dans la pêche du hareng occupaient plus
d'hommes que 50 mille dans toute autre industrie, et chaque
barque formait annuellement au moins dix bons marins. Les
plus grands amiraux de la Hollande, les meilleurs officiers
de sa flotte sont sortis de ses pêcheries. C'est donc à bon
droit que les historiens hollandais ont appelé la pêche du hareng la mine d'or de leur pays.

La diminution générale de la consommation du hareng et
les efforts des autres États pour développer leurs propres pêcheries, portèrent, à partir du commencement du dernier
siècle, un grand préjudice aux pêcheries des Hollandais. La
Suède, en particulier, trouva sur les côtes du Cattégat une
pêche très-abondante. A Emden, une société allemande pour
la pêche du hareng se forma en 1770. La France et l'Angleterre aussi s'y appliquèrent avec ardeur. Après avoir d'abord
suffi à leur propre consommation, elles exportèrent de grandes

quantités de poisson. Vers la fin de la période, la flotte hollandaise du hareng se trouva réduite à 160 ou 170 buyzes, ne représentant pas beaucoup plus de deux millions de florins.

Les envois les plus considérables se faisaient à Hambourg et à Brême, qui réexpédiaient le poisson en Autriche, en Russie et en Pologne. Malgré la concurrence, le hareng hollandais continua d'être préféré dans les qualités supérieures. En aucun autre pays, la législation n'avait témoigné plus de sollicitude pour cette pêche. Des règlements, au nombre de plus de trente, fixaient le temps et le lieu de la pêche. Il était défendu de jeter aucun filet avant le 24 juin; ce jour-là, à six heures du soir, commençait la pêche, de 56° à 59° de latitude N., entre Édimbourg et les Orcades. Les pêcheurs étaient tenus de veiller à ne pas se faire obstacle les uns aux autres, et à ne pas endommager les filets de leurs voisins. Ceux qui ne pouvaient ou ne voulaient pas pêcher devaient immédiatement mettre à la voile. Toute vente de hareng en mer était interdite. Les caques vides étaient préalablement visitées et marquées par des experts. Le conditionnement de ces caques et le mode de salaison étaient aussi réglés par la loi. Il y avait deux manières de saler, l'une avec du gros sel, généralement de Portugal, l'autre avec du sel fin. La communication de ces procédés à des étrangers était sévèrement défendue, de même que l'exportation des caques et la vente des buyzes. Les harengs pêchés étaient sur-le-champ soumis au traitement convenable, encaqués et chargés sur des bâtiments spéciaux, appelés chasseurs de harengs, qui partaient pour la Hollande sitôt qu'ils étaient pleins. On continuait de la sorte jusqu'à ce qu'on eût atteint le nombre de lasts fixé par les armateurs; alors les buyzes revenaient elles-mêmes avec un plein chargement, d'ordinaire à la fin d'août, ou au commencement de septembre. Leur déchargement opéré, elles faisaient une seconde campagne, qui durait jusqu'au mois d'octobre ou de novembre. Les principaux ports d'armement des buyzes étaient Rotterdam, Schiedam, Vlaardingen, Maassluis, Delftshafen, Enkhuisen et le Ryp. Plusieurs de ces

villes se livrent encore à cette opération. Chacune a son
directeur ou *penningmeester* de la grande pêche. Les directeurs réunis forment une chambre, qui s'assemble tantôt dans
une ville, tantôt dans une autre, et qui veille à l'observation
des règlements. Ils décident aussi, conjointement avec les
bourgmestres, toutes les contestations relatives à la pêche. La
flotte du hareng est en tout temps escortée par deux bâtiments
de guerre, qui servent aussi d'hôpitaux pour les matelots malades. En cas de guerre, on renforçait le convoi. Les premiers
harengs sont ordinairement apportés à Vlaardingen ; l'ancien
usage d'offrir au roi un petit baril s'est maintenu jusqu'à nos
jours. Ces premiers venus n'ont pas de prix fixes ; les prix
marchands ne s'établissent que plus tard, à la suite des grands
arrivages. Le poisson est souvent vendu aux enchères publiques ; il est exempt de droits à la sortie, comme à l'entrée.

Il convient aussi de mentionner, comme articles de commerce, les harengs saurs ou fumés, et les cabillauds, qui, sé-
chés, prennent le nom de *stockfisch*. On prend les premiers
sur les côtes de la Hollande et dans le Zuiderzée, les seconds
dans les parages de l'Islande et de l'Amérique du Nord. La
pêche du cabillaud ne subsista pas longtemps, les Norwégiens et les Anglais s'en étant emparés en grande partie.
Quant à la pêche de la baleine, dont les Hollandais prirent
l'initiative et qu'ils exploitèrent avec un succès extraordinaire,
il en a déjà été fait mention à la section X de l'*Aperçu général*.

C'est ainsi que la mer fournit à la Hollande sa principale
ressource et sa principale industrie. Une grande partie de son
commerce propre se fonda sur la pêche, dont elle exportait
les produits pour payer ses importations. Ces produits, toutefois, n'auraient pas suffi pour lui rendre la balance du commerce si complétement favorable, sans le complément fourni
par une industrie et par une agriculture fort avancées pour
l'époque. La liberté politique et religieuse de la jeune république avait accueilli à bras ouverts tout ce que les provinces
méridionales lui envoyèrent de capitaux, de lumières, d'aptitude au travail et d'esprit d'entreprise. L'industrie immi-

grante grandit avec une rapidité merveilleuse, comme tout le
reste, sous une vivifiante influence. Elle s'associa les éléments
industriels déjà existants dans le pays (1), et y forma, comme
précédemment en Flandre et dans le Brabant, un arbre
vigoureux, qui étendit au loin ses rameaux. Les fabriques
d'Amsterdam ne le cédèrent point à celles qu'avait possédées
Anvers. Leyde et Harlem remplacèrent Gand et Bruges. L'extension du commerce par suite de la navigation avec les
pays d'outre-mer, et des opérations toutes nouvelles, comme
celle de la pêche de la baleine, provoquèrent l'extension des
industries anciennes et la création de nouvelles. Les raffineries
de sucre durent se multiplier pour suivre les progrès de la
consommation, et Amsterdam fut sans contredit la première
place du monde pour cette partie. Il y existait en outre des
fabriques pour la mise en œuvre de produits étrangers, tels
que le tabac, le camphre, le borax, le cinabre, le soufre,
la céruse, l'amidon et d'autres substances chimiques, puis,
sur une grande échelle, des marbreries, des moulins à huile
et à poudre, des scieries de bois, des blanchisseries de cire,
des savonneries, des teintureries, des tanneries, en un mot
tous les établissements industriels qui conviennent à une
place maritime où débarquent les matières premières. L'art
de tailler et de polir les diamants était aussi une industrie
propre à Amsterdam. La découverte des mines du Brésil fit
époque dans cet art. Le commerce des diamants d'Amsterdam
s'élevait annuellement à plusieurs millions ; l'ouvrier y gagnait jusqu'à six florins par carat. Ici, on peut le dire, l'art et
le commerce étaient alimentés l'un par l'autre. Les rubis et
les autres pierres précieuses venant des colonies des Indes
orientales, ainsi que les draps d'or et d'argent, donnèrent lieu
également à de nombreuses transactions. La toile de Hollande avait une réputation qu'elle a conservée jusqu'à nos
jours. Les provinces de Frise, d'Over-Yssel et de Groningue,
y excellaient. La finesse et l'égalité du tissu étaient relevées

(1) Voir à ce sujet, au tome premier, le chapitre des **Pays-Bas**.

par la perfection du blanchiment. Aussi la Hollande recevait-
elle du Brabant, de la Westphalie et de la Silésie, des toiles
qu'elle blanchissait et qui entraient ensuite dans le commerce comme ses propres produits. Harlem, renommée dans
l'Europe entière pour ses blanchisseries, était en même temps
le siége de fabriques considérables de soieries et de velours,
et faisait une concurrence heureuse à Milan, à Tours et à
Lyon. Mais la principale ville industrielle de la Hollande était
Leyde ; elle possédait des fabriques florissantes de lainages,
qui, jusqu'au dix-huitième siècle, conservèrent leur ancienne
supériorité, même sur celles d'Angleterre ; elles l'emportaient sur ces dernières, notamment dans la teinture. Utrecht
se distinguait par ses draps noirs et par ses épais velours de
laine. Mentionnons de plus les grandes fabriques de porcelaine et de faïence de Delft et de Gouda ; puis, parmi les industries rurales, les brasseries de bière et les distilleries de
genièvre, ainsi que la préparation du fromage et du beurre.
Enfin, qui ne connaît l'horticulture hollandaise ? Il a déjà été
question des constructions navales et de leur importance pour
la navigation du pays ; mais qu'on n'oublie pas que la moitié
de l'Europe faisait construire ses flottes dans les chantiers de
Sardam. Or, combien ne s'y rattachait-il pas d'industries
grandes et petites ! Il suffira de citer la confection de la toile à
voiles, des cordages et des filets pour la pêche. Longtemps le
papier de la Hollande jouit d'une réputation égale à celle de
sa toile. Cette fabrication, empruntée aux Français, s'était
perfectionnée et accrue chez elle. Toutefois, placée dans des
conditions naturelles médiocrement favorables, elle n'y serait
pas devenue si florissante sans l'aide que lui prêtèrent les
institutions politiques du pays. La liberté de parler et d'é-
crire, étouffée dans les autres pays du continent, se réfugia
dans la presse libre de la république, qui eut ainsi à imprimer
beaucoup de livres en langues étrangères. De là une forte demande du papier, des progrès dans l'art de l'imprimerie et
la suprématie hollandaise établie aussi dans la librairie européenne. Les titres de la Hollande dans les beaux-arts et les

sciences, au temps de sa splendeur, n'appartiennent pas directement à notre sujet ; chez elle toutefois, comme en Italie, en Flandre et dans le Brabant, se révèle la solidarité du commerce et de la civilisation. Le peintre et le sculpteur, le littérateur et le philosophe, l'homme d'État et l'historien, coudoient le négociant et l'industriel. Une vie puissante et harmonieuse anime la société tout entière, producteurs et consommateurs, capitaux matériels et intellectuels ; et Mercure, tout comme les Muses, manifeste sa divine origine.

L'industrie de la Hollande déclina plus tôt et plus rapidement que son commerce ; il fut plus facile aux autres États de se rendre indépendants de l'une que de l'autre. Ce fut surtout le cas de la France, où le système mercantile, sous l'administration de Colbert, porta le coup le plus sensible à la Hollande. Un nouveau tarif frappa de droits exorbitants l'importation des produits fabriqués de cette dernière et en prohiba même quelques-uns. Partout alors les gouvernements parurent tendre à adopter un système d'économie national, et comme l'exemple de la Hollande leur prouvait la fécondité du commerce et de l'industrie pour la richesse du pays et pour le revenu de l'État, ils songèrent naturellement à encourager et à soutenir chez eux le travail, depuis longtemps négligé, à s'affranchir du tribut payé à l'étranger, à favoriser l'industrie du pays par des mesures protectrices, et à exclure les produits de l'industrie des autres nations. La révocation de l'édit de Nantes procura, il est vrai, à la Hollande un renfort de bras et de facultés industrielles ; mais sa décadence ne pouvait être ainsi que momentanément retardée. L'Angleterre et même les États du Nord se fermèrent de plus en plus aux produits de ses fabriques, dont les débouchés furent restreints sur les marchés libres par la concurrence étrangère. Le terrain que les manufactures d'Angleterre, par exemple, conquirent en Portugal, et celles de France en Espagne, était perdu par celles de la Hollande, et l'acte anglais de navigation fut fatal aux chantiers de Sardam. Des causes intérieures contribuèrent en outre à l'abaissement de l'industrie hollandaise. En effet, bien que la république comptât parmi les grandes puissances, son territoire d'Europe était borné, et sa population, quelque pressée qu'elle fût sur un petit espace, ne pouvait consommer tout ce qu'elle produisait. L'industrie des Pays-Bas avait été, de tout temps, habituée à travailler pour l'univers ; de plus, ses conditions s'étaient modifiées à beaucoup d'égards. Aucun autre pays ne supportait une aussi lourde dette : après la paix d'Utrecht, elle atteignait 350 millions de florins ; nulle part les impôts n'étaient aussi nombreux ni aussi élevés : ils étaient les fruits de guerres longues et coûteuses. Le système des contributions indirectes s'était développé en Hollande plus tôt qu'ailleurs ; les taxes de consommation y renchérissaient les denrées de première nécessité ; elles affectaient principalement la population ouvrière des villes, élevaient le taux des salaires et neutralisaient ainsi l'avantage résultant de la facilité du crédit et de la modicité de l'intérêt. Il fallait faire venir la plupart des matières premières de l'étranger, qui, du jour où il commença lui-même à les mettre en œuvre, en entrava l'exportation, souvent même la prohiba. La Hollande, d'ailleurs, n'était pas dans de bonnes conditions naturelles pour l'exploitation de certaines industries qui prenaient chaque jour plus d'importance. Les chutes d'eau lui manquaient ; elle ne possédait ni mines, ni forges, ni combustible en quantité suffisante. Ainsi elle perdit tout à coup les éléments de son ancienne supériorité industrielle. Eût-elle, plus qu'elle ne le fit, recouru aux représailles du système mercantile, son sort ne se fût pas amélioré, car, nous le répétons, le marché intérieur était le moindre débouché de son industrie et ne pouvait la dédommager de la perte du marché extérieur. Or, vers la fin de la période, à part les colonies et le commerce interlope aux Indes occidentales, son marché extérieur avait à peu près cessé d'exister.

VI

L'antiquité ne connaissait que le commerce de marchandises ; ce fut le moyen âge qui, par l'invention des lettres de change et par l'établissement des banques, créa, dans les derniers siècles, le commerce de l'argent. Les républiques italiennes, les villes de la haute Allemagne et des Pays-Bas avaient des banquiers spécialement occupés d'affaires d'argent, qui escomptaient des lettres de change, faisaient des avances sur marchandises et parfois aussi prêtaient à des grands seigneurs ou à des gouvernements, d'ordinaire à leur propre gouvernement. Florence, et après elle Anvers principalement, excitèrent, par l'importance de leurs transactions en ce genre, l'étonnement de tous les contemporains. Il va sans dire que ces transactions, comme toutes les autres, quittèrent ces ruines pour le nouveau théâtre des affaires. De même que les négociants et les fabricants, les banquiers avaient émigré des bords de l'Escaut sur ceux de l'Amstel, où ils avaient apporté leurs capitaux et leur crédit. Le commerce de l'argent non-seulement marcha du même pas que celui des marchandises, mais il reçut une activité particulière de l'affluence des métaux précieux. Dans aucun pays on ne se procurait l'argent aussi facilement ni à aussi bas prix qu'en Hollande. Cette circonstance suffisait pour assurer la prépondérance du commerce hollandais. Il pouvait se contenter d'un moindre bénéfice, accorder de plus longs termes de paiement à ses pratiques et se livrer à la spéculation plus que celui de tout autre peuple. Le change sur Amsterdam eut la préférence dans le monde entier, et beaucoup d'importantes villes de commerce ne pouvaient faire leurs remises que sur Amsterdam. Le papier sur les autres places, quand il était coté, donnait comparativement de la perte. Au commencement du dernier siècle, le montant des valeurs de portefeuille en circulation dans le commerce européen était évalué à trois ou quatre milliards de florins. Or, on devait aux Hollandais largement les deux tiers de cette somme. Pour se faire une idée du profit que le commerce hollandais retirait de ces valeurs, on doit noter qu'elles se renouvelaient en moyenne tous les deux mois, de sorte que, si, dans le cours d'une année, il acceptait pour un milliard de traites au compte des étrangers, la commission, de 1/2 p. 100, atteignait à la fin de l'année 5 millions. Il nous semble inutile, en présence d'un tel fait, d'entrer dans des détails sur les opérations de banque et de change d'Amsterdam qui concernaient les particuliers; mais la fondation de la Banque nationale exige quelques explications. Quant aux principes généraux sur lesquels les banques se constituèrent dans le commerce régénéré de l'univers, ils ont été exposés dans l'*Aperçu général*.

Amsterdam, entretenant des relations avec tous les pays, avait peu à peu reçu une telle masse de monnaies altérées, usées et rognées, que la monnaie en circulation ou monnaie courante était tombée à 6, et jusqu'à 9 p. 100 au-dessous de la valeur de la monnaie hollandaise nouvellement frappée. Dès que cette dernière arrivait dans les mains des particuliers, elle était, en conséquence, fondue et envoyée hors du pays. Au milieu de cette abondance de monnaie courante, les négociants ne parvenaient pas à se procurer assez de monnaie de bon aloi pour acquitter sans pertes leurs lettres de change, et la valeur de ces effets était incertaine. A cet inconvénient s'ajoutaient l'embarras et la perte de temps que le paiement de fortes sommes d'argent occasionne, ainsi que les risques qu'on court à en garder à domicile. Les négociants d'Amsterdam résolurent donc, en 1609, de fonder, sous la garantie de la ville, un établissement où tout négociant dont les affaires exigeraient de fortes sommes déposerait la plus grande partie de ses fonds, et effectuerait ses paiements comme ses recettes, au moyen de simples écritures. Cet établissement, qui fut la Banque d'Amsterdam, accepta non-seulement les espèces étrangères, mais aussi les monnaies légères et usées du pays, les unes et les autres pour leur valeur réelle, déduction faite des frais de monnayage et de garde. La banque ouvrait aux déposants, sur ses livres, jusqu'à concurrence de cette valeur, un crédit qui s'appelait argent de banque. Afin de faire cesser l'incertitude dont on vient de parler sur la valeur des effets de commerce, on ordonna que toutes les lettres de change de plus de 600 florins, tirées sur Amsterdam ou sou- scrites dans cette ville, y fussent acquittées en argent de banque. La banque ne tenait pas compte de la masse de l'ar- gent en circulation. Elle n'avait pas d'autre but que de rendre plus sûres, plus commodes et plus simples les opérations du haut commerce. Elle n'était point autorisée à employer l'ar- gent déposé dans ses coffres comme garantie d'une émission de papier. Cet argent ne devait servir qu'à détruire toute in- certitude dans le paiement des lettres de change et des mar- chandises ; il devait procurer du crédit non aux banquiers, mais aux négociants. La Banque d'Amsterdam était une simple banque de dépôt et de virement, et celle de Rotterdam fut fon- dée, en 1612, sur son modèle. Elles n'avaient l'une et l'autre en vue que l'intérêt commercial de la place. La Hollande n'eut pas de banques de circulation dans la présente période ; elle résista constamment à la séduction des émissions de papier.

Car il ne faut pas confondre les billets de banque avec les effets publics. Le commerce de ces effets était, au contraire, des plus florissants à la bourse d'Amsterdam, et il subsista quand celui des marchandises était déjà sur le déclin. C'est proprement à la Hollande qu'il doit sa naissance et ses dé- veloppements. Le moyen âge, sans doute, connut les em- prunts ; l'empereur Charles-Quint emprunta aux Fugger, le pape Alexandre aux Médicis ; mais les titres n'en sont de- venus que dans les temps modernes des objets de commerce circulant comme des marchandises et cotés à la bourse. Pour la première fois alors les dettes d'un État furent élevées à la hauteur d'un système économique, et la spéculation s'en em- para. Les détails à ce sujet sont du ressort de l'histoire des finances et du crédit public. La section IV de l'*Aperçu général* contient tous ceux qui nous intéressent.

Le commerce universel avait accumulé en Hollande une telle masse de capitaux, que l'argent n'était nulle part à plus bas prix. Il trouva d'abord son emploi dans les entreprises commerciales et industrielles du pays, placé sous ce rapport dans des conditions plus avantageuses que tous les autres. Une constitution libre permettait le libre jeu des facultés, et ouvrait un vaste champ à l'esprit d'association. La Compagnie des Indes orientales et celle des Indes occidentales ne sont que les deux associations les plus remarquables ; il en existait en outre beaucoup d'autres de moindre importance, également fondées par actions. Ces actions entrèrent dans le commerce avant les effets publics proprement dits, surtout avant les effets étrangers. Il fut longtemps interdit en Hollande de prêter aux puissances étrangères et de s'intéresser dans des sociétés fondées hors du pays. Mais de bonne heure des emprunts y furent contractés par les États Généraux, par les provinces, par les communes, par les chambres de commerce, les amirautés et d'autres corporations, et les titres en circulèrent probablement dès lors, dans un petit rayon. Toutefois, le négoce d'Amsterdam en effets publics européens est postérieur à la paix d'Utrecht. A cette époque, le commerce de la Hollande s'était restreint et son industrie déclinait ; les capitaux amassés durant les années prospères et accrus démesurément par des intérêts simples et composés, ne purent plus y trouver d'emploi et durent chercher un autre débouché. Les grands États qui avaient besoin de ressources extraordinaires pour faire la guerre, trouvèrent en Hollande une offre toute prête. Ce fut vers la fin du dix-septième siècle que l'Angleterre et la France négocièrent leurs premiers emprunts. Au dix-huitième siècle, la Russie, le Danemarck et plusieurs États allemands suivirent leur exemple. On accorda des intérêts plus élevés que ceux qui étaient d'usage en Hollande ; quant à la sûreté, elle résidait, sinon toujours dans la constitution, comme en Angleterre, au moins dans la situation politique de l'État contractant. Il sortait aussi du pays des capitaux pour alimenter des entreprises particulières, et mainte plantation française ou anglaise fut ainsi fondée et soutenue dans le Nouveau Monde (1).

Les titres de tous ces emprunts et les actions des différentes entreprises commerciales et industrielles du pays et de l'étranger avaient pour quartier général la bourse d'Amsterdam. Le commerce des marchandises n'en continuait pas moins à jouir d'une juste considération, mais le nombre des banquiers, ainsi que des rentiers qui avaient placé leur fortune dans ces valeurs, s'était prodigieusement accru, et ces placements avaient, pour les financiers de l'Europe, plus d'importance encore que les opérations avec les Indes orientales n'en avaient pour son commerce. Il était inévitable que la solidité de l'ancien négoce hollandais en reçût quelque atteinte, que la spéculation s'égarât plus d'une fois, et que le désir de faire promptement fortune donnât naissance à l'agiotage. Cependant des scènes pareilles à celles dont Paris fut le théâtre sous la régence, n'ont jamais déshonoré la bourse d'Amsterdam. On connaissait déjà un déplorable abus des affaires de bourse de notre époque, les achats à terme. Ils avaient surtout pour objet les actions de la Compagnie des Indes orientales ; on en achetait et on en vendait sans en avoir, et l'on payait, au jour de la livraison, la différence en hausse ou en baisse. Ces sortes d'affaires furent, à diverses reprises, mais inutilement défendues. On doit y rattacher le fameux commerce des tulipes, dont la manie, de 1634 à 1637, s'empara de toutes les classes de la population. Car, ne croyez pas que le désir de posséder des fleurs y fût pour quelque chose ; ce n'était qu'un jeu de hasard, consistant à spéculer sur la hausse et sur la baisse du prix des tulipes. On offrait et on payait des sommes considérables pour des oignons qu'on n'avait pas et qu'on ne songeait pas à livrer, et avant même la floraison, il s'était vendu plus de tulipes que tous les jardins de la Hollande n'en pouvaient contenir. Le jour de la livraison, on ne livrait point de fleurs, on ne payait même pas le prix stipulé, mais seulement la différence. Cet agiotage sur les tulipes ne fut pas particulier à Amster-

(1) Voir à ce sujet la section IV de l'*Aperçu général.*

dam, il eut lieu dans beaucoup d'autres villes, notamment à Harlem, et il fit beaucoup de mal. Chaque cabaret s'était transformé en une bourse, où les achats et les ventes étaient conclus devant témoins. La passion ne connaissait plus de bornes, et il se perdit des fortunes pour des oignons.

On a déjà exposé dans l'histoire du moyen âge comment, d'un hameau de pêcheurs, Amsterdam était devenue le port le plus important des provinces septentrionales des Pays-Bas et l'entrepôt du commerce du Nord. Au moment où nous sommes, cette ville était à son apogée. Pour la variété et pour l'importance des affaires, elle dépassait naturellement les places les plus célèbres du passé, Tyr et Alexandrie, Venise et Gênes, Barcelone et Lisbonne, Bruges et Anvers, Wisby et Lubeck, dans la mesure de l'accroissement qu'avait pris le commerce universel. Comme marché intermédiaire, elle ne le cédait pas à l'Anvers d'autrefois; son commerce propre représentait des chiffres qu'on n'avait encore jamais vus; sa marine marchande était la première de l'époque, et ses capitaux gouvernaient le monde (1). La situation de son port, tout en laissant à désirer, ne présentait pourtant aucun danger pour la navigation et n'en était que plus favorable pour les relations avec l'intérieur. Au centre du pays et communiquant avec toutes ses parties par un réseau complet de routes et de canaux, Amsterdam en recevait, aussi promptement que possible, tous les objets destinés à l'exportation, et y expédiait tout aussi rapidement ceux qu'elle avait importés. Elle était l'entrepôt du commerce des grains. Ses magasins en renfermaient constamment 700 mille quarters, et on l'appelait avec raison le grenier de l'Europe. La certitude d'y trouver des navires en charge pour tous les pays et le fret au prix le plus bas, attirait les affaires. Les échanges de l'Angleterre et des

(1) L'Espagne elle-même fit tout ce qu'elle put pour accroître la masse de ces capitaux. Quelles sommes ne lui coûtèrent pas la persécution et l'expulsion des Juifs! La Hollande accueillit avec empressement les fugitifs et leur avoir. La grande colonie juive d'Amsterdam date de cette époque.

pays du nord de l'Europe avec ceux du midi et *vice versa*, se firent longtemps par Amsterdam. Ses magasins offraient en tout temps un assortiment complet des marchandises les plus diverses, de sorte que tout ordre d'achat pouvait y être immédiatement exécuté. L'abondance de l'or permettait aux négociants de faire des avances sur les marchandises qui leur étaient consignées pour la vente, et d'accorder de longs crédits aux correspondants étrangers qui leur faisaient des commandes. Quelle autre place à cette époque aurait pu offrir de pareils avantages? Sans l'organisation fédérative de la république, Amsterdam serait devenue une ville beaucoup plus grande et beaucoup plus populeuse. Mais la jalousie des provinces souveraines était parcimonieuse à son égard, et le premier objet de leur sollicitude était leur propre chef-lieu. Et en effet, combien de florissantes villes de commerce ne vit-on pas s'élever à côté de la capitale, sur le petit territoire des Provinces-Unies! Rotterdam, Middelbourg, Delft, Enkhuisen, Horn et la ville ancienne de Dordrecht. Toutes faisaient pour leur compte particulier des affaires très-considérables, tant avec l'intérieur du pays qu'avec l'étranger, chacune s'adonnant de préférence à une branche spéciale de commerce; Rotterdam trafiquait avec l'Angleterre, Middelbourg avec la France, Dordrecht avec le bassin du Rhin. La diversité régnait au sein de l'unité.

Commerce colonial et commerce intermédiaire européen, affaires de commission et d'expédition, armements et transports maritimes, pêcheries et manufactures, tout concourut également à porter la jeune république à cette hauteur, admirée et enviée, d'où elle commanda et dirigea durant tout un siècle le commerce de l'univers. L'Europe n'avait pas encore vu une telle puissance commerciale et maritime. Les Provinces-Unies mirent dans la balance de l'Europe un élément tout nouveau; le commerce et la navigation acquièrent dans le monde politique une importance qu'ils n'avaient pas eue jusque-là. Tandis que la puissante Espagne s'appauvrissait avec ses immenses possessions et tous ses trésors, la petite répu-

blique de Hollande, sans territoire et sans mines, parvint à
l'opulence. Elle n'avait sauvé dans ses dunes que la liberté et
l'esprit d'entreprise ; son sol nourrissait à peine le sixième de
sa population. Il n'y avait pas chez elle de grands domaines
féodaux ; la propriété était morcelée, la rente de la terre minime, les habitants beaucoup trop nombreux pour une si
étroite superficie. Dans cette situation, elle se répandit sur le
globe entier ; elle demanda sa vie au commerce et à la navigation, et fit de tous les pays ses tributaires.

Nous avons vu dans le détail comment ce petit peuple atteignit glorieusement son but. La situation géographique, le
climat et la constitution physique du pays, ainsi que les traditions, l'aidèrent grandement ; mais il dut avant tout sa fortune à la nécessité. Des causes morales s'y joignirent : des institutions libres et une tolérance religieuse, que ne connaissait
pas à cette époque le reste de l'Europe, attirèrent toutes les
victimes de la tyrannie et du fanatisme. Où les vertus civiques
auraient-elles pu se déployer avec plus d'éclat ? Combien tous
les réfugiés ne devaient-ils pas chérir le pays qui leur garantissait la possession de leurs biens les plus chers ! L'amour de
la patrie devint ainsi la source des facultés commerciales qui
distinguèrent le Hollandais, à savoir l'application et la persévérance, un esprit entreprenant et inventif, l'économie, la
prudence des calculs. Le gouvernement fut l'expression fidèle
de la nation : la politique était pour lui du commerce, et le
commerce de la politique. Tandis que, pour la plupart des
nations, le commerce n'est qu'un intérêt accessoire, un moyen
d'accroître le produit du sol, chez les Hollandais il était l'u-
nique base de l'existence politique. Dépourvus de production
territoriale, ils prirent le parti d'appeler les autres peuples à la
vie et à l'activité, persuadés que le bien-être général ferait le
leur. Le succès a justifié cette politique.

Le traité de Westphalie, peu satisfaisant pour la plupart
des puissances contractantes, funeste même pour quelques-
unes, fut surtout avantageux à la Hollande. Il la reconnut
comme une grande puissance indépendante, lui garantit toutes

ses possessions tant en Europe que dans les colonies, et sanctionna la fermeture de l'Escaut. La Hollande se trouva alors
au plus haut point de sa puissance et de sa prospérité, la mer
la dédommagea amplement de son insuffisance sur terre, et
l'on ne tarda pas à reconnaître que la bourse d'Amsterdam aspirait à régir le monde à sa manière, tout comme le cabinet
de Madrid. Au lieu d'acquisitions territoriales donnant droit à
la couronne et au sceptre, la Hollande rechercha un commerce
qui ne la rendit pas moins puissante. Quand elle avait l'espoir
de réussir, elle ne craignait même pas d'employer la force
ouverte, et un de ses amiraux attacha un balai à son mât,
pour faire savoir qu'il venait de nettoyer les mers des ennemis
de sa patrie. La politique suppléait à la force, et, dans tout le
cours du dix-septième siècle, les Provinces-Unies ne conclurent pour ainsi dire pas un seul traité de commerce qui ne
fût à leur avantage. De là un changement subit dans leur position au sein du système européen, dans leur politique, dans le
choix de leurs alliances. Les fidèles alliées qui, dans leur lutte
contre la maison d'Autriche, les avaient secourues de leur argent et de leurs troupes, qui avaient puissamment aidé au développement de leur commerce et à l'affermissement de leur
indépendance, la France et l'Angleterre, s'éloignèrent d'elles
avec des sentiments hostiles. La suprématie commerciale et
maritime de la Hollande était incompatible avec les hautes
destinées que Cromwell préparait à l'Angleterre et Louis XIV
à la France. La lutte s'engagea. En 1672, Louis XIV menaça
un moment l'existence même de la république. Elle dut son
salut à la rare intelligence de Guillaume III et à un courage
héroïque ; elle soutint ensuite ses autres guerres avec la France
avec moins de désavantage que la concurrence anglaise, qui
attaqua par terre et par mer, dans toutes les parties du
monde, sa puissance commerciale et maritime. La rupture de
l'alliance anglo-française, après la chute de la maison de Stuart,
n'eut pas le moindre résultat pour la Hollande ; l'Angleterre
persista dans le système inauguré par l'acte de navigation, et
ce système atteignit la république plus profondément que

n'auraient pu le faire les guerres les plus désastreuses. La guerre de la succession d'Espagne et la paix d'Utrecht décidèrent sa chute en même temps que l'élévation de l'Angleterre. Elle avait perdu sa puissance maritime, et, comme puissance continentale, elle pouvait à peine prétendre au second rang. Ses forces n'étaient plus en rapport avec les efforts et les sacrifices auxquels elle était obligée, pour se maintenir à côté, sinon au-dessus de grandes puissances telles que la France et l'Angleterre. En Europe elle n'a jamais fait à proprement parler de conquêtes ; le poids de ses énormes dépenses ne pouvait pas être partagé par une population réunie à la sienne, il portait exclusivement sur ses quelques millions d'habitants. Or, quelle que fût leur richesse, les impôts finirent par excéder leurs ressources, ou du moins par absorber une grande partie des bénéfices de leur commerce. Un mémoire sur la situation commerciale du pays, rédigé après délibération par les premiers négociants sous le stathoudérat de Guillaume IV, signala le fardeau démesuré des taxes comme une des causes principales de la décadence (1).

Ainsi la république se vit bientôt exclue des conseils des grandes puissances, et forcée de reconnaître qu'elle n'avait plus rien à gagner dans les grandes luttes. Se tenir à l'écart et garder la neutralité le plus possible, telle fut alors sa politique. Mais un pareil isolement était encore plus dangereux qu'un rôle actif, pour une puissance qui avait été de premier ordre. Des troubles intérieurs et des débats relatifs à la constitution minèrent les derniers supports d'un édifice ébranlé, qui faillit s'écrouler quand, en 1776, la guerre de l'indépendance américaine éclata, et que la Hollande, hors d'état de rester neutre, s'y trouva engagée avec les derniers restes de sa puissance et livrée aux coups irrésistibles de l'Angleterre. Il semblait que celle-ci

---

(1) Sir William Temple, ministre d'Angleterre à la Haye en 1668, mentionne un plat de poisson qui n'avait pas à supporter moins de trente taxes différentes. Or, plus tard, ces taxes furent augmentées. On disait communément à Amsterdam que chaque plat de poisson était payé une fois au pêcheur et six fois à l'État.

voulût se dédommager de ses pertes dans les colonies par l'anéantissement complet de son ancienne rivale. Toutes les branches du commerce de la république dépérirent. Les marines danoise, suédoise et allemande acquirent, par la neutralité, une telle prépondérance sur la marine hollandaise qu'elles lui enlevèrent non-seulement tout le trafic entre le nord-est et le sud-ouest, mais encore une grande partie de ses relations directes avec les colonies. Les peuples du Nord s'affranchirent de l'entremise des Hollandais; ils allèrent eux-mêmes chercher les marchandises dans les pays de production, au lieu de les acheter en Hollande, et porter leurs propres articles, non plus en Hollande, mais dans les pays de consommation. Brême et Hambourg gagnèrent ce que perdit Amsterdam, notamment les importations de café et de sucre des colonies françaises. Aux Indes occidentales, l'établissement danois de Saint-Thomas enleva à la république tous les avantages dont elle avait joui jusque-là, et la marine anglaise, de beaucoup supérieure à la sienne, défit ses flottes, captura ses navires marchands et prit ses colonies l'une après l'autre. Le traité de Versailles, il est vrai, lui fut plus favorable qu'on n'aurait pu le croire; l'Angleterre lui restitua la plupart de ses conquêtes; mais ce qui ne pouvait plus être recouvré, c'était le commerce universel. L'indépendance des États-Unis d'Amérique ouvrit au commerce des voies nouvelles, qui n'offraient aucune perspective à la vieille Hollande. Sa chute politique suivit de près sa chute commerciale.

Nous avons signalé les causes internes qui ruinèrent en Hollande les diverses branches de commerce, les Compagnies des Indes orientales et occidentales, la marine marchande et les manufactures. Bien qu'il soit difficile de déterminer exactement l'influence de chacune d'elles, on peut affirmer du moins, qu'aucune n'aurait été mortelle, si la prospérité et le vaste développement du commerce hollandais avaient reposé moins sur les vertus particulières d'une génération, sur les circonstances heureuses d'une époque et sur des combinaisons artificielles que sur une robuste organisation nationale. La base était trop étroite et trop faible pour soutenir longtemps un si colossal édifice. Pourquoi la Hanse s'était-elle écroulée ? Parce que cette confédération de villes mal cimentée ne put ou ne voulut pas constituer une unité politique, ni se donner la base de la solidarité nationale. Son sort apprit aux Provinces-Unies à éviter cette faute ; elles se rattachèrent étroitement les unes aux autres, fondèrent un État fédéral avec une représentation unitaire vis-à-vis de l'étranger, et adoptèrent pour devise que les petites choses grandissent par la concorde (1) ; elles firent régner leur commerce sur le monde. Les Hollandais possédaient toutes les qualités voulues pour devenir les premiers négociants de l'univers. Mais, quand ils le furent devenus, il se trouva qu'ils n'eurent pas les moyens de conserver leur supériorité. D'autres peuples avaient suivi leurs traces et appris d'eux comment on parvient à la richesse et à la puissance ; ils voulurent réaliser la même fortune et faire aussi leur moisson. C'étaient non des fragments de nation comme les Hollandais, mais de grandes et complètes nationalités. Si l'Espagne, sous Philippe II, au lieu de se livrer aux excès de la tyrannie et du fanatisme, avait suivi une politique commerciale semblable à celle de la France sous Louis XIV, et de l'Angleterre sous Cromwell, il n'aurait pas existé de république, ou tout au moins d'État commerçant du nom de Hollande. L'inégalité de puissance était trop considérable ; le travail et l'activité, l'esprit d'entreprise et le patriotisme n'eussent pu suppléer au défaut de ressources matérielles et des avantages que donne la nature. La Hollande eut plus d'unité, plus de véritable indépendance que les républiques italiennes et les ligues allemandes ; peut-être avait-elle encore plus de vocation et de génie pour le commerce et la navigation, ce qui explique les choses extraordinaires qu'elle accomplit. Mais, du jour où de puissantes nations comme la France et l'Angleterre entrèrent en lice et adoptèrent en matière de commerce une politique nationale, elle pouvait bien, dans les conditions les plus favorables, soutenir et entraver quelque temps cette concurrence,

_____

(1) Concordia res parvæ crescunt.

à l'aide de l'avance qu'elle avait prise et au moyen d'efforts
démesurés; mais finalement, épuisée et hors d'état de prolon-
ger une lutte impossible, elle devait être réduite à se retirer de
l'arène et à céder devant des forces supérieures. La base de la
nationalité hollandaise était par elle-même beaucoup trop
faible pour soutenir la grandeur factice d'un commerce universel, car qu'était-ce au fond que cette nationalité, sinon un
fragment détaché de l'édifice germanique? Son salut était assuré si elle avait su se rappeler son origine, s'unir de nouveau
à la famille dont elle était séparée, se placer à la tête d'une
puissance continentale allemande et opposer au système commercial des grands États un système propre non moins robuste (1). Mais alors la marche de l'histoire commerciale,
comme celle de l'histoire politique, aurait été bien différente.

IV. — Les Anglais.

I

L'Angleterre apparaît maintenant dans l'histoire du commerce universel, et, par une suite de progrès merveilleux, ce
petit royaume isolé devient une puissance qui règne sur toutes
les mers et sur toutes les parties du monde. En présence de
l'immensité du sujet, on cherche des haltes où l'on puisse mé-
diter sur la décadence et sur la grandeur des nations. Le règne
d'Élisabeth offre une de ces époques. A l'intérieur, un peuple
majeur s'émancipe entièrement de la tutelle commerciale de
la Hanse et acquiert un commerce propre; à l'extérieur, il
triomphe de l'Armada espagnole, revendique la liberté des
mers, annule le partage pontifical et fonde, lui aussi, des colonies. Cette première période n'offre qu'une marche assez

(1) Reste à savoir si cette réunion était possible, et si l'Allemagne elle-
même, dont les publicistes regrettent aujourd'hui la perte de la Hollande, n'y
aurait pas opposé la plus grande résistance.   H. R.

lente ; la seconde, qui commence avec l'acte de navigation et
crée la puissance maritime, présente déjà un plus grand
essor ; mais la plus féconde est la troisième, qui, à dater de la
paix d'Utrecht, révèle une égale énergie sur tous les points et
en tous sens, dans la métropole comme dans les colonies,
dans le commerce comme dans l'industrie, dans l'agriculture
comme dans la navigation. Telles seront les divisions de l'exposé ci-après ; mais pour être rattaché aux temps antérieurs,
cet exposé doit être précédé de quelques observations.

A la fin du moyen âge, le commerce anglais ne s'était pas
relevé encore de sa situation inférieure et dépendante. L'importation et l'exportation étaient principalement entre les mains
des étrangers privilégiés, des Italiens, des Néerlandais et des
Anséates ; ces derniers même, par leur comptoir de Londres
appelé la Cour d'Acier, étaient les maîtres du marché extérieur. Les mesures prises par les rois pour protéger les intérêts du pays avaient été trop isolées et trop incohérentes pour
être efficaces. Souvent, d'ailleurs, elles étaient paralysées par
des considérations égoïstes. Le gouvernement avait besoin
d'argent, et la Hanse était toujours prête à lui en offrir sous
conditions ; la noblesse craignait que l'expulsion des étrangers
ne restreignît le débit de ses laines, car, bien qu'Édouard III
eût encouragé la mise en œuvre de cette matière dans le pays,
elle était restée l'article de beaucoup le plus considérable de
l'exportation, et l'industrie anglaise était encore loin de pouvoir rivaliser avec celle des Pays-Bas.

On avait du moins jeté les premiers fondements d'un édifice qui s'élèverait ensuite peu à peu. La puissance de l'esprit
d'association éclata même dans ces circonstances défavorables.
La société des aventuriers marchands (*merchant adventurers*),
autorisée en 1406 par Henri IV, subsista malgré de rudes
luttes avec les étrangers, et étendit de plus en plus la sphère
de ses opérations. Elle s'appliqua surtout à l'exportation des
draps anglais, en échange desquels elle prenait des vins,
des produits du Levant et des étoffes d'Italie. Elle entretenait
un comptoir considérable à Anvers, et la Hanse, qui avait

été obligée de transporter le sien de Bruges sur l'Escaut, fut
vivement affectée par sa concurrence. La société était très-forte
par elle-même, et, pour assurer sa victoire, il ne fallut de la
part du gouvernement qu'un système quelque peu indépendant de politique commerciale. La charte de l'année 1505,
qui limitait son monopole à un seul article d'exportation, les
tissus de laine, et aux seules places des Pays-Bas, était insuffisante. Indépendamment du préjudice causé aux opérations
des particuliers, la concurrence de l'étranger ne subsistait
pas moins dans toutes les autres branches et dans toutes les
autres directions. La Hanse avait même obtenu l'année précédente une nouvelle confirmation de son privilége. Henri VII
paraît s'y être prêté dans la conviction que l'Angleterre n'é-
tait pas encore en état d'exploiter elle-même son commerce
extérieur; car, à d'autres égards, il chercha à stimuler
l'activité nationale, ainsi que le prouve le traité connu sous le
nom d'*intercursus magnus* (1), qu'il conclut en 1496 avec les
Pays-Bas, et qui admet une liberté de commerce réciproque.

La situation dépendante du commerce de l'Angleterre arrêta,
on le conçoit, le développement de sa navigation. Cette navigation se bornait à peu près à la pêche côtière et à la traversée
de la Manche. Comprimé sous la tutelle étrangère, l'Anglais,
sans expérience, manquait de cette audace, de cet esprit d'entreprise et de cette confiance en soi-même, indispensables
pour les longs trajets. On n'est pas fondé à objecter que Colomb soumit aussi à Henri VII ses plans de découvertes, car
on sait quels misérables navires il reçut de l'Espagne. Ils
n'étaient probablement pas beaucoup meilleurs, ceux avec
lesquels Sébastien Cabot partit de Bristol, en 1496, sur les
traces de l'illustre Génois, et découvrit le continent de l'Amérique du Nord. Henri VII était homme à comprendre l'importance que la découverte d'un hémisphère occidental
pouvait avoir pour l'Angleterre, mais son avarice ne lui permettait pas d'y participer par des secours matériels. Les Cabot
furent obligés de tenter l'entreprise à leurs frais ; seulement

(1) En français, le grand intercourse.

le roi, sans tenir compte du partage opéré par le pape, les autorisa à prendre possession des pays nouvellement découverts au nom de l'Angleterre; il prit en même temps la précaution de se réserver le cinquième de tous les revenus et de tous les profits. Les Cabot, n'ayant pas les moyens de tirer parti de leur découverte, y renoncèrent, et ce ne fut que plus tard que les événements rendirent à l'Angleterre les colonies de l'Amérique du Nord, où elle rencontra alors les prétentions de l'Espagne et de la France.

Henri VII diminua le premier le pouvoir excessif d'une noblesse dont l'ambition factieuse avait livré le pays aux déchirements des guerres civiles; il favorisa d'autre part la bourgeoisie des villes, et procura au peuple des campagnes de grands avantages, en permettant aux propriétaires féodaux d'aliéner à leur gré leurs fiefs, ce qui tendait à mobiliser le sol et à en rendre l'acquisition plus facile au tiers état. La réforme religieuse et la suppression des couvents eurent, après lui, un résultat semblable. Dans aucun pays le sol ne fut moins qu'en Angleterre la propriété exclusive de la noblesse. Plusieurs règlements limitèrent et adoucirent les corvées des cultivateurs, qui, sur le continent, étaient aggravées plutôt qu'amoindries. Ces faits ne doivent pas être négligés dans l'énumération des causes de la grandeur commerciale de l'Angleterre. Des tendances commerciales s'y révèlent déjà jusque dans l'agriculture; les grands avantages que le propriétaire foncier tirait de l'élève des bêtes à laine, lui inspirèrent un vif intérêt pour l'industrie et pour les améliorations agricoles.

Sous le gouvernement despotique et intolérant de Henri VIII, le commerce fit en général peu de progrès. Des règlements arbitraires et violents témoignent du peu d'intelligence qu'on avait de ses besoins et de ses intérêts véritables. Indépendamment de la prohibition de sortie de l'or et de l'argent, on interdit aux marchands italiens de faire passer dans leur pays, sous forme de lettres de change, le produit de la vente de leurs marchandises en Angleterre; ils étaient obligés de l'employer à acheter des marchandises indigènes. La cou-

ronne fit elle-même la banque ; un bureau royal du change
délivrait des lettres de change contre de l'argent ; et le père
de l'infortunée reine Anne Boleyn administra cet établissement. Cependant Henri VIII donna des soins particuliers à la
marine ; il fut le premier roi d'Angleterre qui eut une flotte
de guerre permanente. L'obligation de la défense du pays
avait incombé jusque-là à ce qu'on appelait les cinq ports et
à d'autres villes du littoral. La construction des navires, les arsenaux et les chantiers, parmi lesquels ceux de Woolwich sur
la Tamise sont cités comme des plus anciens, coûtèrent des
sommes considérables. Un collége d'amirauté fut préposé aux
affaires navales, et l'on établit à Deptford, à Hull et à Newcastle
des commissaires chargés de former des pilotes, d'enseigner
les connaissances nautiques en général, de prononcer sur les
questions de droit maritime, et de veiller à l'entretien des
feux, des phares, des lieux d'ancrage et des ports. Le port de
Douvres fut particulièrement mis en bon état, comme la clef
de la France. Il y avait eu de tout temps des marins en Angleterre, des marins qui trop souvent avaient vécu de pirateries
plutôt que d'un commerce honnête. Du jour où la protection
d'une flotte donna plus de sécurité à la navigation, la marine
marchande prit son essor. Dans le nord-est, il est vrai, la
Hanse lui faisait obstacle ; cependant des navires anglais aussi
entrèrent par la brèche que les Hollandais avaient ouverte, et
parurent notamment sur la côte de Norwège ; accomplissant
de plus longs trajets, ils visitèrent dans la Méditerranée les
possessions italiennes de l'Archipel, où un consul britannique
résida à Scio depuis 1513 ; puis, de 1530 à 1532, ils allèrent
en Guinée et au Brésil, où le commerce paraît avoir été libre à
cette époque. Les merveilleuses découvertes des Espagnols et
des Portugais éveillèrent de plus en plus le goût des entreprises maritimes en Angleterre. Les voyages transatlantiques
devinrent plus fréquents, bien que l'Amérique du Nord parût
être entièrement tombée dans l'oubli. Des associations se formèrent pour rechercher par le nord-est un passage vers la
terre promise de l'Inde. Nous avons mentionné ailleurs avec

détail les importantes relations avec la Russie, que ces tentatives procurèrent au commerce de l'Angleterre. Néanmoins
la marine de ce pays était encore loin de pouvoir tenir tête à
celles de la Hanse et de la Hollande, à plus forte raison, de les
surpasser. Henri VIII, dans son long règne, conclut des
traités de commerce avec l'Espagne, la France et les Pays-
Bas ; mais ces traités, relatifs à la protection mutuelle qu'on
se promettait contre la piraterie, à l'abolition du droit de
bris et naufrage, ainsi qu'à d'autres entraves apportées par le
moyen âge à la navigation, ne contenaient pas de stipulations
commerciales proprement dites.

La fabrication de la laine, la seule industrie importante du
pays, marchait lentement et voyait ses progrès souvent interrompus. De Bristol et des comtés voisins, son foyer primitif,
elle s'était étendue vers le nord, dans le comté d'York. Conformément à l'esprit du temps, elle subissait la loi de l'autorité ;
par exemple, elle était restreinte à certaines localités et soumise
à un tarif de prix. Les troupeaux de moutons fournissaient
des laines en abondance, tant pour la fabrication du pays
que pour l'exportation. En 1534 encore, il y avait des troupeaux de 10 à 24 mille têtes. La culture des céréales en
éprouvant divers préjudices, le Parlement rendit plusieurs
actes dans le but de limiter les pâturages. Les persécutions
religieuses du continent donnèrent à l'Angleterre beaucoup de
travailleurs habiles, adonnés principalement à la fabrication
des tissus. Le gouvernement publia des règlements pour établir la bonne réputation des draps anglais et empêcher la vente
de la mauvaise marchandise, ainsi que les fraudes commerciales. Les chemins aussi s'améliorèrent à mesure que le commerce intérieur s'anima. Cependant on ne commença à établir
de bonnes routes que sous le règne de Charles II ; jusque-là,
le soin de pourvoir aux communications indispensables avait
été laissé aux paroisses.

Ainsi, la nation s'agitait et se développait déjà avec trop
d'énergie pour que les entraves vermoulues du monopole anséate pussent subsister davantage. De petits États, tels que le

II.   22

Danemarck et la Suède, sans parler de la Russie, qui avait pris les devants, les avaient depuis longtemps secouées ; le lion britannique seul courbait encore, par habitude, son front orgueilleux. Le comptoir de Novogorod était déchu, celui de Bergen végétait, celui d'Anvers, enfin, avait dû renoncer à la plupart de ses avantages ; mais, à Londres, la Cour d'Acier conservait encore intacte la possession de priviléges exorbitants qui dataient de plus de deux siècles. A diverses reprises, comme nous l'avons vu au tome Ier, on avait inutilement essayé de les abolir. La Hanse, tantôt par la force, tantôt par la ruse et la corruption, s'était constamment raffermie, et, même à l'époque où nous sommes, quoique son prestige fût depuis longtemps évanoui, elle sut encore, par plusieurs délais de grâce, retarder sa chute jusqu'à la fin du seizième siècle.

L'opinion publique, en Angleterre, n'avait, à aucune époque, été favorable à la Hanse. Or, depuis que la décadence de cette association devenait toujours plus apparente, et qu'elle devait le maintien de ses priviléges à la faveur et non plus à sa propre puissance, le dédain vint se joindre à l'hostilité. Ajoutons qu'aveuglée par son ancienne fortune, elle se fit illusion sur le nouvel état des choses, et, au lieu de céder prudemment, prit, comme autrefois, un ton dictatorial. Elle persista à refuser d'accomplir la promesse qu'elle avait faite conventionnellement d'affranchir le commerce des Anglais dans ses ports. Diverses réclamations, sous Henri VII et Henri VIII, étaient restées sans résultat. Edouard VI prit une attitude plus décidée ; il demanda l'exécution immédiate des traités et se plaignit ensuite des restrictions que rencontrait le commerce anglais à Dantzick, centre de l'exportation de grains le plus considérable. C'était un commerce très-lucratif, dont la Hanse cherchait à écarter toute concurrence. Dans l'année de disette 1526, le quarter de froment monta à Londres de 6 schellings à 40. Les Anglais demandèrent la faculté d'effectuer eux-mêmes leur approvisionnement, et leurs plaintes furent d'autant mieux accueillies par le roi qu'ils firent observer que les Anséates portaient préjudice au trésor en important illégalement des marchandises étrangères qui ne leur appartenaient nullement. Ils lui représentèrent ensuite que les marchands anséates exportaient des draps anglais non-seulement en Allemagne, mais dans d'autres contrées, et particulièrement dans les Pays-Bas, au détriment du commerce anglais, soumis à des droits de douane plus élevés. On se plaignit de ce qu'ils achetaient des draps de mauvaise qualité, refusés par les marchands anglais, et encourageaient ainsi une fabrication défectueuse. On signala surtout avec force l'exportation des draps écrus, pour être teints et apprêtés à l'étranger, exportation qui enlevait à l'Angleterre la meilleure partie de ses bénéfices industriels. Un dernier grief était le vaste capital à l'aide duquel les Anséates dominaient le marché anglais et déprimaient les cours des principaux produits, de la laine et des draps.

Sur cette réclamation, Edouard VI ordonna, en 1552, de porter de 1 à 20 p. 100 le droit sur les importations et les exportations de la Hanse. Elle sortit alors de sa fausse sécurité; elle crut, en rentrant dans les termes de son privilége, pouvoir reprendre le terrain qu'elle avait perdu ; elle défendit de former en Angleterre aucune association avec des étrangers, d'y opérer avec des capitaux étrangers, d'envoyer en exemption de droits des draps anglais dans les Pays-Bas ou à des marchands autres qu'anséates, de faire affréter, par des marchands anglais, des navires anséates à destination de ports étrangers, en vue d'éluder le droit d'exportation.

Il était trop tard. Il ne s'agissait plus d'une exécution plus rigoureuse ou même d'une limitation de son privilége, mais bien de sa totale abolition. Les conséquences du coup qu'elle venait de recevoir furent pour quelque temps ajournées, lorsque la catholique Marie succéda à Edouard VI. Les Anséates, s'appuyant de l'autorité impériale, sollicitèrent de cette princesse le rétablissement de leurs anciens droits. Son mariage avec Philippe II, fils de Charles-Quint, assura le succès de leur requête. En dépit du Parlement, de la ville de Londres, des corporations et de l'opinion publique, le statut d'Édouard fut révoqué en 1553, et la ligue réintégrée dans son ancienne position. Mais la haine des Anglais ne fut qu'irritée par ces concessions de la reine, et elle s'attacha sans relâche à susciter de nouveaux obstacles au commerce anséate. Incapable, au surplus, de se régénérer, ce commerce était resté opiniâtrément attaché à des formes vieillies. Pétrifié comme il l'était, il ne fallait qu'un gouvernement vraiment national pour renverser un édifice qui menaçait ruine de toutes parts. Ce moment arriva, quand la reine vierge fut montée sur le trône d'Angleterre.

II

Nulle part plus qu'en Angleterre l'histoire commerciale n'a besoin d'être guidée par l'histoire politique; car l'histoire politique, dans ce pays, n'est pas seulement celle des princes et des cabinets, elle est aussi celle du peuple et de ses représentants. Les influences d'en haut purent prévaloir par intervalles, mais celles d'en bas ne cessèrent jamais de se faire sentir, et à aucune époque la politique et le régime économique de l'Angleterre ne purent être séparés de la volonté et des intérêts du pays, comme dans les monarchies du continent.

L'honneur du règne d'Elisabeth, c'est d'avoir fait la position de l'Angleterre dans le système politique de l'Europe. Elle rattacha étroitement la réforme protestante à la constitution, et la conviction que toutes deux devaient vivre et périr ensemble s'enracina de plus en plus dans les esprits. Ce point de vue présida aux relations avec le continent. Elisabeth prit parti pour les Pays-Bas insurgés et se constitua ainsi l'adversaire de la péninsule espagnole et du catholicisme. Ce fut cette lutte qui fit déployer à la nation toutes ses ressources et qui fonda sa grandeur en la conduisant sur les mers, en lui ouvrant une carrière sans limites sur l'Océan affranchi. L'Angleterre ne pouvait être qu'une grande puissance maritime.

Si la première condition de prospérité pour un peuple est l'indépendance, Elisabeth l'a pleinement remplie en émanci-

pant de l'Espagne la navigation de l'Angleterre, des Pays-Bas
son industrie et de la Hanse son commerce.

Pour reprendre notre récit où nous l'avons laissé, c'est de
la Hanse que nous traiterons en premier lieu. Malgré les lettres patentes de la reine Marie, les circonstances ne lui avaient
pas permis de rentrer dans la plénitude de ses anciens droits.
Elle saisit donc de ses griefs la nouvelle reine et lui demanda
son appui. Élisabeth, voulant ménager les Anséates et les ber-
cer d'espérances, pour laisser à ses sujets le temps de faire
des progrès dans le commerce et dans la navigation, se conduisit en politique habile. Elle déclara qu'elle ne pouvait ni
ne voulait confirmer leurs anciennes franchises, que cependant les marchands allemands n'auraient à payer, tant à l'importation qu'à l'exportation, que la moitié des droits exigés
des nations les plus favorisées, et qu'ils seraient, en général,
traités sur le même pied que les Anglais eux-mêmes. Elle
réclama en même temps pour les Anglais, dans les villes
Anséatiques, le libre commerce stipulé par la convention
d'Utrecht de 1473. Durant le cours des négociations, les associations indigènes, et surtout celle des aventuriers marchands,
reçurent de tels secours et furent tellement encouragées à
donner de l'extension à leurs affaires, que les Anséates furent
de plus en plus atteints par leur concurrence. Nous avons vu
qu'une de leurs opérations les plus avantageuses consistait dans
l'exportation des draps écrus, qu'ils faisaient chez eux teindre et
apprêter. Élisabeth, en limitant cette exportation de draps écrus
à 5 mille pièces, leur porta un coup assez sensible. Il leur fut
de plus interdit d'exporter des draps quelconques pour les
Pays-Bas, et le droit de faveur à l'entrée ne leur fut accordé
sur les marchandises étrangères que jusqu'à concurrence du
quart de leur importation, les trois autres quarts devant être
des produits anséates.

Ce système de persécutions, lent mais progressif, décida
la ligue aux derniers efforts dont elle fût encore capable. Il
n'y avait plus lieu de recourir aux armes ; on essaya les intrigues diplomatiques. En Angleterre même, elles n'eurent

aucun succès ; mais elles réussirent mieux dans les Pays-Bas, où la défense prononcée par Élisabeth contre l'importation de plusieurs articles de cette contrée, dans l'intérêt de la fabrication anglaise, avait fait naître de l'irritation et des pensées de représailles. La Hanse attisa le feu, et la duchesse de Parme, alors gouvernante des Pays-Bas, prohiba l'importation des étoffes de laine anglaises, interdit même, en 1563, tout trafic avec l'Angleterre ; ce qui obligea les aventuriers marchands à quitter Anvers pour aller s'établir à Emden, dans la Frise orientale. Mais le commerce avec l'Angleterre avait déjà tant de prix, même pour les Pays-Bas (1), que la bonne intelligence se rétablit au bout de peu d'années. Il ressortit de ce fait que le commerce anglais était déjà indispensable au continent, et qu'en provoquant cette interdiction, la Hanse s'était surtout fait tort à elle-même. L'insurrection des Pays-Bas, les violences du duc d'Albe et surtout la chute d'Anvers, mirent les Anglais en fuite, de même que les marchands des autres pays ; ils se transportèrent dans des villes de Hollande et d'Allemagne. Hambourg même, préférant son propre intérêt à la cause commune, les accueillit dans ses murs en 1569.

Alors les Anséates, qui autrefois s'étaient peu préoccupés du lien qui les unissait à l'empire d'Allemagne, s'adressèrent à l'empereur pour le prier de défendre les intérêts nationaux menacés dans leur commerce. Ils lui représentèrent combien ils éprouvaient de dommage par suite des infractions à leurs anciens priviléges, depuis que les Anglais venaient eux-mêmes vendre leurs draps sur le continent à des prix beaucoup plus élevés. Les draps anglais, dont le prix était autrefois de 23 à 25 florins à la foire de Francfort, coûtaient, disaient-ils, de 33 à 35 florins, et leurs maisons de Londres, de Bristol et de Lyon étaient fort compromises, ainsi que leur marine, considérable encore. L'empereur fit en conséquence adresser à Londres des réclamations, auxquelles on répondit par des subter-

(1) Il s'élevait, d'après Guichardin, à 12 millions de ducats par an, dont 5 millions pour les étoffes de laine.

fuges. A l'instigation de Lubeck, les aventuriers marchands avaient été obligés de quitter Hambourg en 1578. C'était pour la reine une occasion excellente d'exécuter les plans qu'elle avait conçus depuis longtemps. Elle abolit, la même année, les dernières franchises laissées aux Anséates, et les assimila complétement aux autres étrangers. En outre, l'exportation de la laine leur fut particulièrement interdite. Une diète de la Hanse, tenue à Lunebourg en 1579, frappa toutes les importations anglaises dans les villes Anséatiques d'une surtaxe de douane de 7 1/2 p. 100 ; Élisabeth répondit par une surtaxe égale sur les importations des Anséates. La ligue s'adressa alors à la diète de l'Empire, et demanda, en 1582, la prohibition générale des draps anglais, ainsi que l'expulsion de tous les marchands anglais du territoire germanique. Il paraît que la diète prit une résolution dans ce sens, mais que les manœuvres habiles de l'ambassadeur anglais Gilpin la rendirent sans effet.

Les aventuriers marchands, chassés de Hambourg, s'établirent un peu au-dessous, sur l'Elbe, à Stade ; mais l'hostilité dont ils continuèrent d'être l'objet les paralysa. Élisabeth alors mit de moins en moins de ménagements dans la poursuite de son œuvre. Les Anséates faisaient avec l'Espagne un commerce avantageux en céréales et en munitions de guerre. La reine, alléguant qu'il constituait un secours à sa plus grande ennemie, ne voulut pas le tolérer davantage, et, comme les villes marchandes ne tenaient pas compte de ses observations, elle fit, en 1589, enlever par sa flotte, devant Lisbonne, soixante de leurs navires chargés. Elle parut n'avoir eu d'abord d'autre intention que de les effrayer ; mais, apprenant qu'on songeait à de sérieuses représailles, elle fit confisquer ces navires avec leurs chargements, excepté deux qu'elle renvoya à Lubeck avec un message empreint du plus profond mépris pour la Hanse et pour ses mesures.

L'empire d'Allemagne, divisé, livré à des influences étrangères, sous un pouvoir central impuissant, était hors d'état d'adopter des mesures énergiques pour la sauvegarde des in-

térêts nationaux. Rien ne lui était plus étranger que l'intelligence des besoins du commerce et de la navigation. Cependant la Hanse réussit à faire mettre à exécution la résolution
antérieure de la diète de l'Empire, et un ordre impérial, en
1597, expulsa tous les marchands anglais du sol germanique. Après avoir inutilement demandé la révocation de cet
ordre, Élisabeth enjoignit, l'année suivante, au lord maire et
aux shérifs de Londres de fermer le comptoir anséate de la
Cour d'Acier. On prescrivait en même temps à tous les Allemands qui vivaient en Angleterre de quitter le pays le même
jour où les Anglais seraient obligés de partir de Stade.

Telle fut en Angleterre la fin de cette ligue si redoutée et
du dernier de ses comptoirs à l'étranger. Une tentative qu'elle
fit sous Jacques Ier, pour recouvrer au moins une partie des
droits qu'elle avait perdus, fut repoussée avec dédain. Elle se
serait contentée alors du pied d'égalité quant au paiement
des droits, qu'elle avait précédemment refusé dans son orgueil.
Hambourg obtint, il est vrai, en 1611, la restitution de la
Cour d'Acier, où un comptoir anséate fut de nouveau établi.
Mais ce n'était plus qu'un nom, qu'un vain souvenir, ou plutôt
c'était une entreprise particulière dépourvue de toute portée.
Lors du grand incendie de 1666, la Cour d'Acier brûla, et,
faute d'argent, ne fut pas reconstruite dans ses anciennes proportions. La dernière diète de la Hanse, en 1669, ne prit aucune résolution à ce sujet. Les trois ou quatre villes qui
restèrent encore un peu unies après sa dissolution, firent plus
tard quelque chose. Quant aux aventuriers marchands, ils
demeurèrent tranquillement à Stade, en dépit de toutes les
injonctions impériales, et, si momentanément ils jugèrent à
propos de resserrer le cercle de leurs affaires, ils ne tardèrent
pas à recevoir de l'empereur lui-même l'autorisation formelle de résider en Allemagne ; en 1611, ils retournèrent à
Hambourg, qui fut dès lors le point principal par lequel pénétrèrent les produits de l'industrie anglaise.

La fabrication de la laine était sans contredit une vocation
naturelle pour le pays qui produisait alors cette matière sur

la plus grande échelle. Nous avons vu au tome premier, page 169, les efforts d'Édouard III au quatorzième siècle, pour l'encourager au moyen de mesures protectrices. Elle marcha lentement toutefois. La noblesse, alors presque exclusivement en possession du sol, préférait vendre sa laine à l'étranger, qui la lui payait bien et promptement, et les fabricants d'Angleterre trouvaient dans ceux des Pays-Bas de rudes concurrents. Ils furent en revanche aidés par les Anséates, qui avaient intérêt à susciter une rivalité aux Flamands, et qui réalisaient plus de bénéfices sur l'exportation des draps écrus d'Angleterre, qu'ils faisaient ensuite teindre et apprêter chez eux, que sur les articles entièrement manufacturés de la Flandre et du Brabant. L'industrie anglaise prit ainsi peu à peu de l'extension, et, dès le commencement de la présente période, la valeur de ses envois surpassait celle de l'exportation des laines. Mais ils consistaient presque exclusivement en draps de qualités communes, et les Anséates, qui en étaient les principaux acheteurs, les préféraient écrus. Affranchir le pays des conditions onéreuses de cette entremise et exporter directement des draps ayant reçu le dernier apprêt, tel fut le but spécial de la société des aventuriers marchands. Ce but ne fut atteint que sous Élisabeth, lorsqu'elle eut restreint l'exportation des draps écrus et complétement supprimé la concurrence anséate. A dater de ce moment, l'industrie anglaise prit un essor extraordinaire, et l'immigration de protestants réfugiés de France et des Pays-Bas, l'initia à la préparation des tissus fins (1).

La reine chercha à naturaliser d'autres industries en Angleterre. Un acte du Parlement de la cinquième année de son règne (1563), prohiba, sous des peines sévères, l'importation des armes, de la sellerie, des aiguilles, des dentelles et

___

(1) A cette époque se rapporte l'invention du métier à fabriquer les bas, par William Lee à Cambridge, en 1589. Négligé et même persécuté dans son pays, l'inventeur passa en France, où, avec l'appui d'Henri IV, il établit une grande fabrique. Ce ne fut qu'après la mort de ce prince que le frère de Lee rapporta son industrie en Angleterre.

de divers articles en métaux et en cuir. L'attention se porta
sur les mines; on fit venir d'habiles mineurs d'Allemagne, et
l'on délivra des patentes pour l'exploitation des mines d'alun,
de calamine et de cuivre, pour la production du soufre, pour
l'établissement de tréfileries et de moulins à huile.

Le gouvernement, qui avait détruit le monopole des étrangers, eut le tort de créer lui-même d'autres monopoles. Presque toutes les branches du commerce extérieur et même du
commerce intérieur furent exploitées par des compagnies privilégiées, au préjudice de l'activité particulière. Les étrangers
ne pouvaient être membres de ces compagnies, ce qui paraît
avoir empêché beaucoup de négociants d'Anvers de se transporter à Londres. Il existait des sociétés pour le commerce
des raisins secs, du fer, du sel, de la poudre, des pelleteries,
de l'huile de poisson, de la potasse, du plomb, du charbon, etc., et nous rencontrons à l'étranger, indépendamment
des aventuriers marchands (1), une compagnie du Levant,
une compagnie africaine, une compagnie des pays de l'est,
une compagnie russe et une compagnie des Indes orientales.
Élisabeth était prodigue de ces sortes de concessions, mais elle
trouve son excuse dans les nécessités de son époque. Peu de
particuliers, alors, possédaient les ressources nécessaires pour
les grandes entreprises, et l'existence même de ces sociétés
témoigne des progrès de l'esprit d'association. Cependant
l'abus des monopoles qui portaient sur certains articles et sur
leur vente à l'intérieur, excita le mécontentement général de
la population, et en 1601, le Parlement crut devoir adresser
à ce sujet de sérieuses représentations à la reine. On craignait
qu'impatiente des contradictions, comme elle l'était généralement, elle ne voulût pas revenir sur ce qu'elle avait fait :
« Mais, » comme s'exprime un contemporain célèbre, qui a
écrit l'histoire d'Angleterre, « elle évita le conflit avec un tact

_____

(1) Les aventuriers s'occupaient principalement de l'exportation des draps,
qui paraît avoir dépassé, sous Elisabeth, un million de liv. st. ; de plus, de
celle de l'étain, du plomb, des peaux, du cuir, du suif, etc. ; ils importaient
toutes les marchandises pour lesquelles il y avait une demande en Angleterre.

merveilleux, se mit elle-même à la tête du parti de la réforme, supprima l'abus, remercia la Chambre en paroles aussi touchantes que dignes, et légua à ses successeurs un mémorable exemple de la conduite à tenir par un monarque vis-à-vis des manifestations de l'opinion publique auxquelles il n'a pas les moyens de résister (1). »

En Europe, les Pays-Bas étaient la contrée avec laquelle l'Angleterre entretenait les relations les plus actives. Ses navires n'allaient que rarement à Lisbonne; ils chargeaient les produits de l'Inde à Anvers, en échange de laines et de draps. Le grand entrepôt de l'Escaut était dans la situation la plus favorable pour ces opérations. Sa décadence profita à Londres, qui fit depuis lors des progrès rapides, non-seulement sous le rapport de la population, mais aussi quant à l'importance des affaires. En 1576, Thomas Grasham, le plus riche négociant de la Cité à cette époque, y ouvrit la première bourse. Parmi les autres villes de l'Angleterre, Bristol était la seule digne d'être citée pour son commerce; York, Worcester et Norwich se distinguaient par leur industrie. Cependant la population des campagnes était encore cinq fois plus nombreuse que celle des villes, et la richesse du pays était principalement fondée sur l'agriculture. La quantité de laine employée par les fabriques indigènes devint de plus en plus considérable ; et malgré la concurrence naissante de l'Espagne, les toisons anglaises continuèrent d'être recherchées au dehors. A part une démonstration temporaire contre la Hanse, Élisabeth respecta la liberté de l'exportation : preuve manifeste que l'intérêt agricole primait alors l'intérêt industriel. D'un autre côté, les progrès du commerce et de l'industrie occasionnèrent une demande plus active des autres produits du sol, dont les prix s'élevèrent en proportion. Le quarter de froment qui se payait huit schellings vers le milieu du seizième siècle, en coûtait plus de trente vers la fin.

Néanmoins, il restait toujours dans les bonnes années un

---

(1) Macaulay, *Histoire d'Angleterre depuis l'avénement de Jacques II*, vol. I, ch. I.

excédant de blé à exporter. L'exportation était permise, tant que le prix du froment ne dépassait pas dix schellings. Ce maximum fut porté en 1593 à vingt et en 1603 à vingt-six. La sortie des autres céréales était soumise à des conditions analogues. Les fermages haussèrent en même temps que les prix, et la rente de la terre s'accrut avec la consommation de ses produits. On vécut dans l'aisance et dans le luxe; après les Pays-Bas, c'était l'Angleterre qui consommait le plus de marchandises de l'Inde; d'après l'exemple de la reine, l'usage des vêtements élégants et chers se répandit, au point de provoquer des lois somptuaires. La puissance irrésistible et toujours croissante du commerce se révéla dans le taux de l'intérêt. La défense de l'Église à l'égard du prêt à intérêts existait en Angleterre comme sur le continent; les Juifs et les Lombards s'étaient emparés de ces opérations. Elisabeth abolit la défense, permit à tous le commerce de l'argent, et fixa 10 p. 100 comme taux légal de l'intérêt. Son successeur l'abaissa à huit; la République et la Restauration à six.

Comme cause et comme effet à la fois, on doit signaler ici l'accroissement considérable de la masse du numéraire et de la circulation (1). Déjà se faisait sentir l'influence de l'or et de l'argent de l'Amérique. Les guerres avec l'Espagne procurèrent les plus grands profits à l'Angleterre, en premier lieu par le commerce en matériaux de constructions avec la Russie, puis par elles-mêmes. Les corsaires prirent beaucoup de riches cargaisons, et les expéditions de Drake, l'intrépide navigateur, répandirent la terreur des armes anglaises sur toutes les côtes de l'Amérique.

Mais, outre l'indépendance commerciale de son royaume, Elisabeth avait à protéger et à assurer son indépendance politique. Philippe II rassembla toutes les forces de l'Espagne pour subjuguer la petite Angleterre et pour en extirper l'héré-

---

(1) Anderson porte à quatre millions de liv. st. le montant des monnaies d'or et d'argent en circulation au commencement du règne d'Elisabeth. « Tels furent, » dit-il, « les instruments de travail avec lesquels nous commençâmes à jouer un rôle dans le monde. »

sie. Il nomma sa flotte l'*Invincible*, et certes l'Océan n'en avait jamais porté de plus grande. L'Angleterre, sans doute, avait commencé sous Henri VIII à créer sa marine, et Elisabeth avait vigoureusement poursuivi cette œuvre. Dès 1563, dans le but d'encourager la marine nationale, elle lui avait réservé le cabotage et la pêche ; pour donner à la pêche en particulier de l'occupation, elle avait interdit l'usage de la viande pendant deux jours de la semaine (1) ; ce qui était un véritable jeûne politique ; et depuis que l'on avait pu tirer directement de Russie et des autres pays de la Baltique les matériaux de construction, les chantiers nationaux s'étaient animés. Les grandes explorations dans le nord et les voyages autour du monde des Drake et des Cavendish, en 1580 et 1586, avaient éveillé dans le peuple le goût de la navigation, et étendu ses connaissances nautiques. La reine, toutefois, même avec le secours des Hollandais, ne put opposer à la flotte ennemie qu'une flotte inférieure, presque de moitié (2). On connaît le résultat ; en Angleterre comme dans les Pays-Bas, Philippe II vit de l'avortement de ses plans ténébreux sortir la liberté, la puissance et la gloire de ses adversaires. La victoire eut surtout pour effet d'exalter chez les Anglais le sentiment national, qui depuis ce jour se développe avec une vigueur prodigieuse. Alors seulement l'Angleterre se produit sur la grande scène de l'histoire et prend part au commerce universel ; restée jusque-là en arrière, elle va désormais prendre les devants. Car une fois l'empire des mers obtenu, rien ne peut plus l'arrêter.

Le commerce des Anglais avec Archangel sera repris avec détail au chapitre des Russes. Pour les relations avec les ports de la Baltique, y compris Copenhague, un privilége fut concédé en 1579 à une compagnie spéciale, celle des pays de l'est. Peu après, en 1581, fut autorisée la Compagnie turco-levantine, dont

---

(1) La même défense fut renouvelée sous Jacques Ier.

(2) Le nombre des navires était à peu près égal de part et d'autre ; la différence était dans le tonnage, qui, pour la flotte espagnole, était de 59,120 tonneaux, et pour la flotte anglaise, seulement de 29,744. La même inégalité existait sous le rapport des équipages.

le marché principal était Alep. Les expéditions transatlantiques aussi se multiplièrent. Le premier navigateur qui fit le tour du monde, après Magellan, fut un Anglais. Le succès accrut la confiance, et le règlement sur les assurances publié en 1600 ne contribua pas peu à la sécurité du commerce. Les assurances étaient connues antérieurement, mais elles avaient été jusque-là en Angleterre entre les mains des Lombards; elles y devinrent alors une institution nationale. Le trafic avec la Guinée et le Sénégal fut livré à la Compagnie africaine; à cette époque il n'avait pas encore pour objet les esclaves; ses principaux articles étaient le poivre, l'ivoire et l'huile de palme. Quelques navires allaient à l'aventure dans les parages du Brésil. Dans tous ces voyages on n'avait en vue que des avantages immédiats, soit les profits du commerce, soit la dépouille des Espagnols. Cependant le règne d'Elisabeth offre quelques expéditions ayant pour but la conquête territoriale et la formation de colonies. Walter Raleigh se rappela le continent oublié de l'Amérique du Nord. Muni de pouvoirs fort étendus, il partit en 1584 avec plusieurs navires et jeta l'ancre sur la côte du pays qu'il appela Virginie en l'honneur de la reine vierge. Mais la colonie qu'il y avait fondée ne dura pas; après plusieurs essais infructueux pour la ranimer, elle périt en 1587. Plus malheureuse encore, si c'est possible, fut une autre expédition du même Raleigh entreprise en 1595 dans la Guyane, à la recherche de l'Eldorado, sa chimérique capitale, dont le nom est significatif.

Si les plans de colonisation avortaient pour le moment, on posa du moins, dans les dernières années du règne d'Elisabeth, la première pierre du grand édifice de la domination anglaise aux Indes orientales. Egaré par la haine, Philippe II, avait fermé le port de Lisbonne aux Anglais, tout comme aux Hollandais, et il les avait forcés ainsi de se rendre dans l'Inde même. Ils eurent d'abord l'espoir d'y parvenir par terre; le voyage du facteur de la Compagnie russe, Jenkinson, par la mer Caspienne, à Bactres, fut entrepris dans ce but, ainsi que celui de plusieurs membres de la Compagnie turque,

partis d'Alep pour Bagdad et le golfe Persique en 1591. Mais
on reconnut promptement que de pareilles tentatives n'auraient pas plus de résultats que la recherche d'un passage
maritime par le nord-ouest, et que la route de mer, parcourue avec succès par les Hollandais en 1595, pouvait seule
conduire au but. Déjà il était arrivé à quelques corsaires anglais de doubler le cap de Bonne-Espérance et de poursuivre
les Espagnols jusque dans les parages de l'Inde. Le trajet
était donc connu ; il ne s'agissait que d'organiser un commerce
direct. La richesse des prises opérées excitait la cupidité, et
l'on était renseigné, par les papiers des bâtiments capturés,
sur la provenance et sur les conditions d'achat des cargaisons.

Sans approuver les tendances de l'époque, on ne peut nier
qu'une entreprise aussi nouvelle exigeait les ressources collectives de l'association. A la fin de l'année 1600 se forma la *Société
des marchands de Londres trafiquant avec les Indes orientales.*
Elle obtint de la couronne, pour quinze ans, le privilége du
commerce exclusif avec tous les pays d'Asie, d'Afrique et d'A-
mérique, situés au delà du cap de Bonne-Espérance, jusqu'au
détroit de Magellan. Ce privilége lui conférait de grandes
prérogatives ; elle avait le droit de paix et de guerre, et pouvait entretenir des forces de terre et de mer, promulguer des
lois, infliger des peines, accorder des exemptions et des dimi-
nutions de droits de douane. Il lui était permis en outre d'exporter annuellement 30,000 livres de métaux précieux, alors
le principal moyen d'échange avec l'Inde, sous la condition, il
est vrai, d'en réimporter une égale quantité dans le délai de
six mois après l'accomplissement du voyage. La première expédition eut lieu en 1601 avec cinq navires, sous les ordres
de Lancaster. Ils abordèrent à Achem dans l'île de Sumatra ;
les princes du pays, ayant appris que les Anglais étaient les
ennemis des Portugais, leur firent bon accueil. Il en fut de
même à Bantam, dans l'île de Java. De ce point Lancaster
envoya aux Moluques un bâtiment, qui revint bientôt avec
une riche cargaison d'épices. Il chargea les autres navires de
poivre et d'autres produits de l'Inde, et rentra sain et sauf en

Angleterre, après une absence de deux années et demie. Mais il ne devait pas revoir sa grande reine. Elle était morte quelques mois avant son retour, et sa mort procurait au pays un accroissement de grandeur et de puissance. L'Irlande était soumise, et l'Écosse, jusque-là indépendante, se trouva, par l'avénement du successeur d'Élisabeth, réunie pour toujours à l'Angleterre.

III

La réunion de l'Écosse renforça considérablement la marine britannique ; ses habitants étaient depuis un temps immémorial de bons marins et des pêcheurs expérimentés. Dans le reste, ils étaient moins avancés que les Anglais. Cependant ils employaient la laine de leurs troupeaux à la fabrication d'étoffes très-communes, et en faisaient des envois aux Pays-Bas. Quant à l'Irlande, elle se trouvait alors dans un état voisin de la barbarie ; l'éducation du bétail formait sa principale ressource ; l'agriculture y était complétement négligée. L'Angleterre, usant du droit de conquête, lui imposa ses lois et jusqu'à sa religion, et dépouilla les indigènes de leurs propriétés, pour les partager entre un petit nombre de grands seigneurs anglais, toujours absents de leurs domaines. Ainsi fut semé le germe fatal qui continua de porter ses fruits jusqu'à nos jours. Les exportations de l'Irlande consistaient en peaux, en cuirs et en lin, plante que l'on commença de bonne heure à y cultiver.

L'influence de l'Angleterre aurait dû, ce semble, augmenter alors sensiblement en Europe ; le territoire sur lequel régnait le nouveau monarque, était presque le double du royaume d'Élisabeth ; on ne pouvait d'ailleurs en concevoir de mieux arrondi ni qui fût plus à l'abri d'une attaque. Souvent les Plantagenets et les Tudors avaient eu à se défendre contre l'Écosse, pendant qu'ils guerroyaient sur le continent, et les luttes continuelles avec l'Irlande avaient été de même un lourd fardeau. Cependant ces princes avaient joui d'une grande considération dans toute la chrétienté, et l'on était en droit de s'attendre à ce que les trois royaumes désormais réunis sous un même sceptre formeraient un État qui ne le céderait à aucun autre, non-seulement sous le rapport politique, mais aussi au point de vue du commerce. Élisabeth avait jeté les bases et réuni les matériaux de cette grandeur commerciale. Mais ces espérances furent singulièrement déçues. Si l'Angleterre ne retomba pas sous le joug de la Hanse et conserva son indépendance commerciale, elle ne marcha que d'un pas lent dans la voie où elle était entrée, et se laissa dépasser par la république de Hollande qui, par un élan vigoureux, se plaça, comme nous l'avons vu, durant le dix-septième siècle, à la tête de la civilisation matérielle en Europe. La France elle-même devint pour l'Angleterre, à cette époque, une rivale dangereuse.

Il faut se prendre de cet étrange mécompte beaucoup moins à la nation elle-même qu'à sa nouvelle dynastie. Les Stuarts sapèrent les bases de l'ancienne constitution ; ils portèrent de nombreuses atteintes à la liberté individuelle et à la propriété, ils s'abandonnèrent, en matière de religion, à une odieuse intolérance, ils firent, en un mot, tout le contraire de ce qui rendit la Hollande riche, prospère, glorieuse et puissante. Dans leurs prétentions au pouvoir absolu, ils se trouvèrent entièrement dépourvus du génie et de l'énergie créatrice d'un Louis XIV, dont les victoires flattèrent en France le sentiment national. Un tyran aurait pu succéder à Élisabeth, mais à la condition d'être un grand homme, ce que ne fut, à beaucoup près, aucun des Stuarts. Ce furent de petits esprits, qui ne comprirent que les demi-mesures et les palliatifs, et la sanglante leçon donnée par la mort de Charles Ier fut perdue pour ses successeurs. Pour le peuple anglais, au contraire, les querelles intestines furent une école, d'où il sortit riche d'expérience et ferme dans ses principes. Quelle différence entre la révolution de 1643 et celle de 1688 ! Dans la première nous voyons en lutte les passions les plus violentes ; dans la seconde, une nation convaincue de son droit et une irrésistible unanimité. Quelle prépondérance l'Angleterre acquit alors tout à coup ! avec quelle promptitude elle répara le temps perdu, défit toutes ses rivales et prit sur tous les peuples la supériorité qu'elle a conservée jusqu'à nos jours ! L'histoire de son commerce fournit à cet égard les plus éloquents témoignages. Un peuple arrivé à la liberté, comme le peuple anglais, pouvait seul allier au commerce une grande mission civilisatrice. Nul doute qu'il n'ait poursuivi la domination et le profit, souvent avec excès, et il a ainsi provoqué de divers côtés des résistances et des défections légitimes. Mais il faut reconnaître que, partout où un bâtiment et un négociant anglais ont pénétré, les lumières et la civilisation sont venues tôt ou tard à leur suite, et que, par suite, les forces productives, ainsi que les valeurs échangeables, ont merveilleusement augmenté en puissance et en quantité dans les relations internationales.

Aussi le règne des Stuarts, avec la courte interruption qu'y apporta la République, doit-il être considéré comme une grande période de transition, qui précéda le développement de la suprématie commerciale de l'Angleterre. La nation ne pouvait plus abandonner la voie où elle était entrée sous Élisabeth ; elle pouvait être soumise à des retards et à des perturbations ; son but ne devait pas lui échapper. Dans sa lutte pour la défense de ses droits et de ses libertés, elle avait appris combien il importait que le Parlement eût sa juste part dans la législation commerciale. Jusque-là les rois se l'étaient le plus souvent réservée comme une de leurs prérogatives. Nous avons vu comment, à ce titre, Elisabeth avait conféré, selon son bon plaisir, des monopoles de toute espèce, et comment elle céda prudemment devant l'évidence du mécontentement général. Les Stuarts n'eurent, pour les retenir, ni la même clairvoyance, ni la même rectitude. Afin de se procurer l'argent que la législature leur avait constitutionnellement refusé, ils recoururent, eux aussi, à la vente des monopoles, puis ils élevèrent les anciens droits de douane et en établirent de nouveaux, dont ils employèrent le produit dans leur intérêt particulier. Ne fut-ce pas contre l'établissement et la perception arbitraires des droits de douane et de navigation que protesta Hampden, en donnant, par le refus de l'impôt, le signal de la révolution (1) ?

L'industrie de la laine était devenue trop nationale, elle était dans des conditions trop naturelles de succès, pour être sérieusement menacée dans son existence. Toutefois les fabriques hollandaises, alors très-actives, conduites avec une rare intelligence, et dont le commerce national transportait les produits sur les marchés les plus lointains, lui firent beaucoup de tort. Les aventuriers marchands, qui s'étaient établis à Middelbourg, purent d'autant moins soutenir cette concurrence que les Etats Généraux grevèrent de droits élevés l'importation de certains draps anglais, et prohibèrent les autres. L'Angleterre usa de représailles ; elle défendit notamment l'exportation des laines, et cette défense, déjà prononcée par Jacques Ier au commencement de son règne, et confirmée, en 1660, par un acte du Parlement, est restée en vigueur jusqu'à ces derniers temps (2). Quelque dommage momentané qu'elle pût causer, la mesure manqua son but ; les laines d'Espagne, d'Allemagne et de Hongrie prirent peu à peu sur le continent la place de la laine anglaise. Les efforts que l'on fit pour améliorer la teinture des draps, eurent plus de succès. La plus grande partie avait été jusque-là exportée écrue, pour recevoir la teinture et l'apprêt en Allemagne et dans les Pays-Bas. Ces deux contrées réalisaient ainsi, indépendamment d'un profit commercial, un profit industriel, et c'était surtout en vue de ce dernier qu'elles avaient favorisé l'importation de l'article. Depuis l'expulsion des Anséates, les Anglais s'étaient suffisamment assuré le profit du commerce ; ils voulurent aussi jouir du bénéfice de la fabrication. De là des conflits et les défenses qui viennent d'être mentionnées. Les Anglais apprirent à mieux teindre et empê-

(1) L'impôt dit *Shipmoney*, que Charles Ier établit arbitrairement en 1634, et que Hampden refusa de payer, n'était pas, bien entendu, un droit de navigation proprement dit, à percevoir dans les ports ; c'était une contribution frappée sur le pays, sous prétexte de faire face aux frais d'armements maritimes contre les Hollandais.   H. R.

(2) En 1824 elle a été levée par Huskisson.   H. R.

chèrent que leurs draps exportés écrus ne fussent, comme il était souvent arrivé, réimportés chez eux teints et apprêtés. Le singulier préjugé dont le bois de Brésil avait été longtemps l'objet, et qui en avait interdit l'importation, finit par disparaître, et ce bois fut employé dans la teinture. Parmi les divers règlements destinés à encourager la fabrication des laines, on doit citer comme caractéristique celui qui, en 1666, prescrivit, sous peine de 5 liv. st. d'amende, d'enterrer les morts dans des étoffes de laine.

Il est question pour la première fois en 1641 de la fabrication d'étoffes de coton à Manchester, et en 1676 l'impression des mêmes étoffes était connue à Londres. La matière première venait de l'île de Chypre et de Smyrne (1). L'industrie linière, déjà existante, facilita les progrès de celle du coton; elle commençait vers cette époque à se propager en Irlande, tandis qu'on la voyait dépérir en Angleterre. Les fils de lin avaient été, de tout temps, tirés d'Irlande; des Écossais, établis dans la partie septentrionale de l'île, se mirent alors à tisser ces fils dans le pays même. L'Irlande annonçait à cette époque de grandes dispositions pour l'industrie; mais on employa tous les moyens pour la paralyser au profit de l'Angleterre; c'est ainsi que la limitation du nombre des fabriques de drap obligea un grand nombre d'ouvriers irlandais à émigrer en France. L'intolérance religieuse aussi chassa beaucoup d'habiles travailleurs. Les premières manufactures de soieries furent fondées en Angleterre au commencement du dix-septième siècle, et celles de papiers peints surgirent peu après. La fabrication du verre fit des progrès, au point de livrer des produits à l'exportation et de rivaliser avec Venise. D'un autre côté, l'industrie du fer ne se développait qu'avec lenteur, et ne laissait pas entrevoir son brillant avenir; c'était le fer étranger qui alimentait la consommation pour la plus forte part. Vers 1619, il est vrai, le comte Dudley fut l'auteur d'une invention mémorable, celle de

(1) Il paraît que, dès le quatorzième siècle, les Italiens avaient apporté du coton en Angleterre. On l'employait alors à faire des mèches.

la fusion du fer au feu de charbon de terre ; mais les résultats féconds de ce nouveau procédé ne furent reconnus qu'un siècle plus tard, une multitude aveugle et méchante ayant détruit les usines où il était pratiqué. L'extraction de la houille, ayant pour centre Newcastle, prit un développement considérable. Dès 1615, elle donnait du fret à 400 navires anglais, sans compter les navires français, allemands et hollandais. Le préjugé antérieur contre ce combustible se dissipa en présence du renchérissement du bois. L'emploi du charbon de terre devint tellement général à Londres, que l'importation y atteignait déjà, en 1670, 180,000 tonneaux ; on se plaignait, du reste, hautement des droits exorbitants auxquels il était soumis.

Sous les deux derniers Stuarts, l'industrie française, merveilleusement agrandie par les soins de Colbert, jeta un vif éclat, et porta ombrage non-seulement à l'industrie de la Hollande, mais à celle de l'Angleterre. La préférence donnée par Charles II aux produits de fabrication française fut d'autant plus préjudiciable à l'industrie indigène que les prodigalités de la cour faisaient sortir beaucoup d'argent du pays. La France envoyait en Angleterre des tissus fins de laine et de lin, des soieries, des papiers, et des objets de luxe pour une valeur d'un million et demi de liv. st., sans compter la contrebande. Les marchandises anglaises étaient exclues des marchés français par la prohibition ou par des droits élevés. Si l'on tient compte, en outre, de la valeur importée en vins de France, on reconnaîtra l'exactitude de la thèse des auteurs du temps que la balance du commerce était au désavantage de l'Angleterre. Au reste, on ne saurait trop se mettre en garde contre les illusions d'une théorie alors regardée comme infaillible. Les relevés commerciaux de cette époque abondent en contradictions et, en présence des intérêts divers qui se croisent dans le commerce international, il faut toujours s'appliquer avec soin à discerner les griefs fondés de ceux qui ne le sont pas.

La révocation de l'édit de Nantes, qui bannit de leur patrie les Français les plus industrieux et en amena une partie en

Angleterre, la mort de Colbert, dont le génie cessa d'animer son ouvrage, les prohibitions d'entrée, les rigueurs de la législation coloniale et celles du régime de la navigation, systématiquement adoptées alors comme des maximes d'Etat, concoururent, avec la révolution de 1688, à porter l'industrie anglaise à ce degré de puissance et de supériorité auquel elle s'est depuis maintenue.

L'agriculture anglaise demeura à peu près stationnaire pendant le dix-septième siècle, les guerres civiles ne lui étant pas favorables. Dans les bonnes années il s'exportait un peu de grain; mais quelquefois aussi on en faisait venir du dehors. La production de la laine avait perdu en valeur depuis la prohibition de sortie (1), et les agriculteurs se préoccupèrent davantage de la viande fournie par leurs troupeaux. Quant à l'éducation du gros bétail, on l'encouragea par des prohibitions d'entrée qui frappaient même le bétail d'Irlande. Les pâturages couvraient encore des espaces considérables. En ce qui concerne la culture du sol, on avait encore beaucoup à apprendre de la Hollande, d'où plusieurs espèces de fruits et de légumes délicats furent en effet introduits. La pomme de terre était connue depuis Elisabeth; mais elle ne fut que longtemps après l'objet d'une grande culture et d'une consommation générale. La période républicaine contribua puissamment à l'affranchissement du sol. Elle abolit la majeure partie des servitudes féodales et des corvées rurales, que les réformes antérieures avaient laissées subsister.

IV

Les Anglais n'avaient que très-imparfaitement exploité jusque-là les avantages que leur offraient, pour la pêche, leur position insulaire et la proximité des parages du Nord. Ils pêchaient pour la consommation du pays plutôt que pour la

(1) Cependant il sortait encore beaucoup de laines en contrebande, de laines d'Irlande surtout, où l'élève des moutons s'était développée depuis que le bétail irlandais n'était plus admis en Angleterre.

vente à l'étranger. Les Écossais seuls paraissent avoir de
temps en temps exporté un peu de poisson en France. Divers
édits d'Elisabeth et de Jacques Ier, prescrivant des jeûnes, attestent que le gouvernement reconnaissait l'importance des pêcheries comme industrie nationale et comme pépinière de
marins ; mais ils ne suffisaient pas pour déposséder la Hollande
de cette pêche du hareng qu'elle soutenait au prix d'efforts
extraordinaires, comme étant la base de sa puissance maritime et une de ses principales sources de richesse. Les harengs
séjournaient tout près des côtes d'Écosse ; mais, au lieu de
s'approprier ce qu'il avait sous la main, Jacques Ier le laissa,
en 1609, aux Hollandais, pour une somme d'argent que son
fils Charles Ier éleva à 30,000 liv. st. La couronne gagna
à cette transaction un mince revenu ; mais le pays continua
d'être privé d'une industrie des plus lucratives. Les expéditions dans la mer Blanche et la recherche d'un passage
par le nord-ouest familiarisèrent les Anglais avec la pêche
de la baleine, où ils avaient eu des Basques pour maîtres.
Sur ce terrain aussi ils rencontrèrent la concurrence hollandaise, et longtemps ils ne purent se maintenir qu'au second rang (1). Ils eurent plus de succès dans les pêcheries
de Terre-Neuve, qui n'étaient pas visitées par les Hollandais,
et où leurs seuls compétiteurs étaient les Français et les Espagnols. Les ports du comté de Devon, qui les exploitaient
principalement, y envoyaient annuellement 150 navires, vers
la fin du règne de Jacques Ier. Les pêcheries anglaises, toutefois, ne durent leur grande prospérité qu'aux dispositions de
l'acte de navigation.

On a exposé avec détail au chapitre des Hollandais par
quels moyens ce peuple parvint à la domination des mers, et
se rendit maître du commerce intermédiaire, ainsi que des
transports maritimes de l'Europe. Ni Élisabeth, ni Jacques Ier n'avaient assez fait pour élever la marine anglaise au
niveau de celle de la Hollande. Peu de temps avant sa mort,

---

(1) Voir à ce sujet l'*Aperçu général.*

le célèbre Walter Raleigh remit au roi un mémoire qui retraçait avec une patriotique sincérité un état de choses peu flatteur pour l'Angleterre. Il y signale l'importance du commerce hollandais et les causes de sa supériorité. Les échanges avec l'Angleterre alors occupaient 500 bâtiments hollandais contre 50 anglais. « Les côtes de la Grande-Bretagne, poursuit-il avec sagacité, offrent la pêche la plus riche ; mais c'est la Hollande qui fait le plus grand commerce de poisson ; la Pologne, la France et l'Espagne récoltent le plus de grains, de vins et de sel ; mais le trafic de ces denrées appartient à la Hollande ; l'Allemagne possède de superbes forêts ; l'Angleterre, du plomb, de l'étain, de la laine et des draps, et c'est encore en Hollande qu'est le marché de ces produits : en un mot, nous sommes tous dans la dépendance du vaste entrepôt des bords de l'Amstel et de la Meuse, que nous avons enrichi de nos tributs. » Or, dans la pensée de Raleigh, l'Angleterre était dans de bien meilleures conditions pour un tel rôle ; il fallait seulement que la nation et son gouvernement se pénétrassent de l'esprit et prissent les mesures convenables à un État commerçant. Ce mémoire présente un grand intérêt ; on y trouve une formule très-nette du programme que la politique anglaise devait bientôt adopter.

Il n'y avait rien à espérer des premiers Stuarts. Leur despotisme à l'intérieur et leur politique abaissée vis-à-vis de l'étranger blessèrent le sentiment de l'honneur national et l'amour de la liberté, et provoquèrent une révolution. Les royalistes eux-mêmes n'ont pu méconnaître que l'énergie républicaine de Cromwell éleva l'Angleterre encore plus haut que ne l'avait placée le règne sage et prospère d'Élisabeth. L'Angleterre redevint une grande puissance européenne, et elle rétablit avec le continent, sur des bases plus solides que jamais, des relations presque entièrement interrompues. Le Protecteur déploya les talents, non-seulement du général, mais du véritable homme d'État. Avec l'Espagne la lutte était une habitude, mais un ancien ami était devenu un ennemi dangereux. Cromwell comprit que, sans puissance

maritime et commerciale, l'Angleterre ne pouvait prétendre
à un grand rôle politique, et qu'elle rencontrait son principal
obstacle dans la Hollande, sa voisine, qui poursuivait le même
but. Mais, pour écarter cet obstacle, il ne suffisait pas d'une
simple déclaration de guerre ; il fallait un plan systématique,
produisant lentement, mais sûrement, des résultats sérieux et
durables. C'est dans cette pensée que Cromwell promulgua,
en 1651, l'acte de navigation. Il avait été antérieurement publié, sous Richard II et Henri VII par exemple, des lois de
navigation, qui ne permettaient l'importation de certains articles que sur des navires possédés et montés par des Anglais.
Élisabeth avait réservé de même la pêche et le cabotage au pavillon national, et en 1650, le Long Parlement interdit aux
navires étrangers tout commerce avec les colonies. Mais ces
mesures ou n'avaient pas été appliquées, ou concernaient les
relations entre les différents points du royaume et de ses possessions, plutôt que le commerce international proprement
dit. C'est ce commerce que régla alors avec détail le nouvel
acte, qui, confirmé et complété en 1660 par Charles II, fut
longtemps cité comme la charte maritime de l'Angleterre,
jusqu'à ces derniers temps, où il a succombé devant les nécessités et les lumières d'une autre époque.

Voici quelles en étaient les dispositions essentielles. Aucun produit du sol ou de l'industrie de l'Asie, de l'Afrique
et de l'Amérique ne pouvait être importé en Angleterre que
par des navires construits en Angleterre même ou dans ses
colonies, de propriété anglaise, et dont l'équipage fût anglais
aux trois quarts. Nul autre qu'un Anglais de naissance ou naturalisé ne pouvait, sous peine de confiscation de ses marchandises et de tout son avoir, exercer la profession de négociant ou
de facteur dans les colonies anglaises. Après avoir ainsi assuré aux armateurs anglais les importations de l'Asie, de
l'Afrique et de l'Amérique, l'acte chercha à leur procurer
aussi, autant que possible, celles de l'Europe, et disposa que
les marchandises d'Europe ne pourraient être importées en
Angleterre que par des navires anglais ou par les navires du

pays de production (1). Ces deux dernières dispositions étaient particulièrement dirigées contre les Hollandais qui, n'ayant que peu de produits propres à exporter, prenaient le plus souvent leurs chargements en pays étranger. On se proposait aussi de ruiner le grand entrepôt d'articles indispensables, et notamment de produits du Nord, que possédait Amsterdam. L'acte frappa en outre d'un double droit les poissons salés de toute espèce préparés et importés par des étrangers; le sucre, le tabac, le coton, l'indigo, le gingembre, les bois de teinture des colonies anglaises ne purent être envoyés à une autre destination que l'Angleterre. Ces articles étaient désignés par l'expression d'*articles énumérés*; les autres produits coloniaux pouvaient, sous certaines restrictions il est vrai, être exportés à l'étranger. Plusieurs des produits primitivement non énumérés passèrent dans la catégorie des articles énumérés, et *vice versa*. Parmi ceux qui ne l'étaient pas, figuraient les bois à construire et à ouvrer, les salaisons et le poisson.

Tel était cet acte célèbre de navigation, qui a été si diversement jugé. La période contemporaine, qui en a vu opérer l'abolition, nous offrira l'occasion de peser les arguments pour et contre. Les attaques dont il a été l'objet appartiennent, on ne peut le méconnaître, à une époque relativement récente, et elles ont porté moins contre la pensée qui lui a donné naissance que contre sa prolongation. D'un autre côté, en exagé-

---

(1) Il faut distinguer entre l'acte du 9 octobre 1651 conservé par le recueil de Scobbell, et l'acte remanié qui fut publié sous Charles II le 26 mai 1660. Cromwell avait restreint l'importation de tous les produits d'Europe aux bâtiments anglais ou aux bâtiments soit des pays de production, soit des ports dans lesquels les marchandises étaient ordinairement embarquées; Charles II ne comprit dans la restriction que les produits russes et ottomans, et les articles du reste de l'Europe les plus encombrants, au nombre de dix-neuf, désignés habituellement par l'expression d'*articles énumérés d'Europe*.

Quant à la pêche, dont il est parlé plus bas, Cromwell avait interdit les produits de la pêche étrangère; Charles II se contenta de les frapper de surtaxes.

Pour tout ce qui concerne l'acte de navigation et les modifications successives qu'il a subies, qu'il nous soit permis de renvoyer à notre *Histoire de la réforme commerciale en Angleterre*, ch. ii et x.   H. R.

rant ses avantages, on l'a aveuglement recommandé à l'imitation, et on lui a attribué des résultats dont les causes doivent être cherchées ailleurs.

Quoi qu'il en soit, on avait l'intention bien réfléchie de porter un coup mortel à la Hollande, et le cabinet de la Haye comprit bientôt que c'était quelque chose de plus qu'une mesure de législation intérieure. C'était une provocation à la guerre, à la guerre que cherchait Cromwell, soutenu par l'opinion publique, irritée contre la Hollande. On ne fera pas cependant honneur à l'acte de navigation à peine promulgué, des succès de la flotte anglaise, non plus que des expéditions glorieuses aux Indes occidentales (1) et contre les Barbaresques. L'enthousiasme, le dévouement et l'habileté des chefs les expliquent; les jours de l'Armada étaient revenus, et ce fut le patriotisme anglais qui triompha de la supériorité navale de la Hollande. Qu'il nous soit permis de rappeler, à propos de ce moment décisif, nos observations sur la nationalité incomplète et fragmentaire des Hollandais. Voilà ce qui, plus que tout le reste, les fit succomber sous les dispositions de l'acte de navigation, qu'ils furent obligés de reconnaître à la paix de Westminster, en 1654.

En définitive, on peut donner raison à ceux qui datent de l'acte de navigation le déclin de la puissance maritime et commerciale de la Hollande, et l'essor de celle de l'Angleterre. Toutefois cette révolution ne s'opéra pas tout d'un coup, ni sans le concours d'autres causes. Au commencement l'acte eut même de fâcheux effets en Angleterre; les constructions navales renchérirent, le salaire des équipages haussa, le commerce avec la Russie et le Groënland fut atteint, et le prix trop élevé du fret ne permit pas de rivaliser pour la pêche avec la Hollande. Mais, les approvisionnements nécessaires au pays ayant été dévolus au pavillon national, les constructions navales ne

---

(1) L'expédition anglaise aux Indes occidentales ne fut rien moins que glorieuse ; elle essuya l'échec le plus humiliant à Saint-Domingue ; mais elle eut un résultat utile, la conquête de la Jamaïque, qui n'était pas défendue. (Voir à ce sujet Guizot, *la République et Cromwell.*)   H. R.

purent manquer de prendre bientôt un développement considérable, d'autant mieux que la plupart des pays d'Europe,
dont les produits étaient demandés en Angleterre, n'avaient
alors qu'une très-faible marine marchande, et ne pouvaient
par conséquent faire que peu d'usage du droit de les importer eux-mêmes. On voyait d'ailleurs d'un œil favorable la nouvelle concurrence, comme précédemment, lorsque les Hollandais s'étaient mis en campagne contre la suprématie
anséate. Et lorsque, dans d'autres États, on pensa également à
soumettre la navigation étrangère à des restrictions dans l'intérêt du pavillon national, la marine anglaise avait pris une
telle avance qu'il ne fut plus possible de la rejoindre. La lutte
ne s'engagea donc qu'avec la Hollande, et le succès en fut
lent. A la paix de Bréda, en 1667, les Provinces-Unies obtinrent l'importante concession que toutes les marchandises envoyées d'Allemagne en Hollande par le Rhin fussent assimilées aux produits de la Hollande et par conséquent importées
par navires hollandais. L'acte de navigation mit obstacle aux
opérations intermédiaires des Hollandais, seulement en Angleterre, non dans les autres pays, où elles continuèrent encore assez longtemps. Quand plus tard l'Angleterre finit par
les supplanter, par exemple dans la Méditerranée et dans la
péninsule ibérique, elle le dut, certes, moins à sa supériorité
commerciale qu'à son ascendant comme grande puissance
dans le système politique de l'Europe. Lui tenir tête était au-
dessus des forces de la petite république.

Ce fut sur les colonies américaines que l'acte de navigation
exerça l'influence la plus directe et la plus sensible. L'intervention des Hollandais y avait en quelque sorte annulé le monopole métropolitain, que, dans les idées du temps, impliquait
toute possession coloniale. Mais avant d'aborder la révolution
qui s'opère, il est nécessaire de reprendre le passé et d'examiner comment l'Angleterre était arrivée à posséder des colonies.

V

Comme les autres peuples maritimes de l'Europe, sous la double influence de l'admiration et de l'envie qu'excitèrent les découvertes et les conquêtes de l'Espagne dans le Nouveau Monde, les Anglais avaient de bonne heure songé à y suivre ses traces. Nous avons mentionné les voyages de Cabot et les tentatives faites sous Elisabeth dans le but de fonder des colonies sur la côte orientale de l'Amérique du Nord. Toutes ces tentatives échouèrent par suite de l'ignorance où les entrepreneurs étaient du pays, de l'insuffisance de leurs ressources, du temps perdu dans la recherche de l'or, et des nombreuses difficultés que rencontre une colonie à ses débuts. En 1602 Gosnold, qui avait pris part aux entreprises antérieures, fit un voyage pour reconnaître ce qui subsistait encore des établissements en Virginie. Son voyage est mémorable dans les annales de la navigation ; le premier il effectua en ligne droite le trajet vers le continent de l'Amérique du Nord, où l'on s'était rendu jusque-là par les îles Canaries, les Indes occidentales, puis la côte de la Floride. Gosnold, ayant appuyé vers le nord, aborda au pays où s'élève aujourd'hui Boston. Il revint avec une riche cargaison de pelleteries, dont la vente lui donna un beau bénéfice ; alors la spéculation s'éveilla. En 1606 plusieurs personnes se réunirent pour fonder une colonie dans la contrée découverte par Gosnold. Leur exemple trouva des imitateurs. D'autres s'associèrent afin de restaurer l'ancienne colonie de Raleigh dans la baie de Chesapeak. Il y eut ainsi deux compagnies, celle de Londres et celle de Plymouth, la première pour la partie méridionale, la seconde pour la partie septentrionale du continent de l'Amérique du Nord, qui était alors désignée sous le nom de Virginie. Jamestown, fondé en 1607 sur la rivière de James, dans la Virginie actuelle, fut le premier établissement durable des Anglais. Les chartes que la colonie reçut du roi Jacques, lui accordèrent le droit de se gouverner elle-même, une constitution représentative, les droits et les priviléges des citoyens anglais, et jusqu'à l'exemption des droits de douane ; la couronne ne se réservait que la haute souveraineté, et, à l'exemple de l'Espagne, le cinquième de l'extraction des métaux précieux. Mais le partage de l'autorité devint bientôt un sujet de contestations. Le droit que possédait la colonie de se gouverner elle-même fut limité à beaucoup d'égards, et le roi revendiqua le droit de nommer le gouverneur ainsi que le conseil d'administration.

Il s'ensuivit un refroidissement du premier zèle, et un ralentissement dans la colonisation de la Virginie. Il fallut des événements extraordinaires pour porter les Anglais à l'émigration. Ils ne pouvaient être entraînés par la soif de l'or, depuis qu'on avait reconnu le manque d'or dans cette contrée inhospitalière, et les marchands s'effrayaient de luttes avec des sauvages belliqueux. Mais alors il survint des événements qui décidèrent des hommes énergiques et indomptables à s'expatrier plutôt que de se soumettre à la force et de sacrifier leurs convictions. Tandis que jusque-là des avantages matériels et des espérances de fortune avaient seuls fait traverser l'Atlantique aux Européens, ce fut l'attrait irrésistible de la liberté politique et religieuse qui fonda et qui peupla les colonies de la Nouvelle-Angleterre, origine des États-Unis. Les persécutions que les puritains eurent à souffrir sous les Stuarts, les conduisirent, à dater de 1619, en nombre toujours croissant, vers ces côtes âpres et incultes, où ils pouvaient du moins prier Dieu à leur manière et suivre ses lois de préférence à celles des hommes. C'est une époque mémorable dans l'histoire de la civilisation, c'est le point de départ du grand courant de l'émigration contemporaine. La Compagnie de Plymouth, chargée de coloniser la région septentrionale qu'on appelait la Virginie du Nord, n'avait pu y fonder aucun établissement. On visitait seulement le pays à certaines époques, pour y faire avec les Indiens le troc des pelleteries. Ce fut alors qu'un certain nombre de puritains réfugiés en Hollande jetèrent les yeux sur cette contrée lointaine. Munis d'une charte de Jacques Ier, ils s'embarquèrent au nombre de cent vingt et

mirent en 1621 le pied sur le sol de la liberté, dans la baie de
Massachusetts, au cap Cod, où ils fondèrent la Nouvelle-Ply-
mouth. D'autres réfugiés ne tardèrent pas à les rejoindre; il
fallut s'agrandir, et de là en 1626 la création d'une seconde
ville, celle de Boston. Peu à peu les forêts s'éclaircirent, la
culture prit de l'extension, et fournit les denrées nécessaires
à la nourriture des habitants; la colonie, conservant toute sa
vitalité, grandit rapidement sous tous les rapports, malgré
quelques crises et quelques excès nés du fanatisme. Elle se
partagea en quatre provinces : le Massachusetts, le Connecticut, le Rhode-Island et le New-Hampshire, qui formèrent une
confédération sous le nom de Nouvelle-Angleterre. La colonisation faisait aussi des progrès sur d'autres points de l'Amérique du Nord. La Virginie, où la culture du tabac avait
déjà pris un vaste développement, attira un nombre toujours
croissant d'immigrants du parti royaliste. La colonie de Maryland fut créée en 1632 par lord Baltimore, à qui la couronne
la concéda à titre de fief. Le fondateur, qui était un zélé catholique, en fit un asile pour ses coreligionnaires, persécutés par
l'intolérance des puritains. L'établissement de New-York et
de New-Jersey date de 1664; le pays, du reste, avait déjà
été défriché par les Hollandais et par les Suédois. En 1662 les
colonies de la Nouvelle-Angleterre obtinrent une charte; l'année suivante ce fut le tour de la Caroline. Un asile pour la
plus entière liberté de conscience fut ouvert en 1682 par le
quaker Penn, sous le nom de Pensylvanie; en 1735, enfin, la
Géorgie offrit de même un lieu de refuge aux victimes de
la persécution.

Ces provinces étaient très-diversement constituées, selon la
teneur de leurs chartes. Quelques-unes, comme la Virginie,
New-York, la Caroline, relevaient immédiatement de l'autorité royale; d'autres, comme le Maryland et la Pensylvanie,
formaient des espèces de fiefs concédés à des particuliers;
d'autres encore, comme celles de la Nouvelle-Angleterre,
avaient une constitution démocratique. Mais en général les
colons jouissaient, à titre d'Anglais, des droits de citoyens

libres. La plupart de leurs chartes les autorisaient expressément à trafiquer librement et directement avec les pays étrangers. C'est donc à tort qu'on a prétendu que les colonies anglaises de l'Amérique avaient été, à l'origine, fondées sous l'influence du système mercantile, dans le but de créer une population agricole, destinée à échanger exclusivement ses produits bruts contre des articles fabriqués. La Virginie avait, pour ses tabacs, des dépôts à Middelbourg et à Flessingue.

A la même époque, les regards se portèrent vers les Indes occidentales. Par elles l'histoire de l'Amérique avait commencé ; elles devinrent le but de la plupart des voyages ; l'or et l'argent des possessions espagnoles situées dans le voisinage, tentèrent les esprits cupides et aventureux, et un vaste champ y fut ouvert à la piraterie. Nous avons vu comment les Espagnols, préoccupés de l'exploitation des mines, avaient négligé les Antilles, et les avaient à peine occupées. Les autres nations, auxquelles la rigueur du système colonial interdisait tout commerce, et le prétendu droit de souveraineté du cabinet de Madrid toute prise de possession, recoururent bientôt à la contrebande et firent des acquisitions de vive force. Elles y mettaient d'autant moins de scrupule que leurs gouvernements étaient presque continuellement en guerre avec l'Espagne. Ces courses maritimes aux Indes occidentales devinrent générales vers le commencement du dix-septième siècle. Anglais, Hollandais, Français surtout, comprenant un nombre d'individus mis au ban de la société en Europe, se réunissaient à cet effet, et le gouvernement secondait, sinon ouvertement, du moins sous main, leurs audacieuses entreprises. Telle fut l'origine des flibustiers, sur lesquels s'est étendue la section VI de l'*Aperçu général*.

Ils furent les véritables fondateurs des colonies anglaises, comme des colonies françaises, aux Indes occidentales. La métropole se tenait sur la réserve ; elle avait d'abord intérêt à laisser subsister cet état d'anarchie. La première colonie anglaise dans ces parages fut la Barbade. Un négociant anglais du nom de Courten s'associa, en 1624, avec le duc de Marlborough, qui obtint un privilége de Jacques Ier et envoya dans cette île une trentaine d'individus, par lesquels fut bâtie Jamestown. Les flibustiers prirent la colonie sous leur protection et s'y établirent eux-mêmes. Vers la même époque une autre colonie, celle de Saint-Christophe, dut aux flibustiers seuls sa fondation. Elle demanda, du reste, et elle obtint l'appui de l'Angleterre, le duc de Carlisle ayant, après la retraite de Marlborough, obtenu un privilége général pour toutes les Antilles. Les troubles qui éclatèrent dans la métropole empêchèrent le gouvernement de s'occuper davantage d'établissements nouveaux et précaires; on les abandonna à eux-mêmes. Cet abandon leur fut plus avantageux que nuisible. Les troubles déterminèrent beaucoup d'Anglais à s'expatrier et à aller s'établir en Amérique. Les colonies ainsi se peuplèrent et prirent peu à peu une organisation régulière. Plusieurs des petites Antilles, Névis, Antigue, Montserrat, Tortola, la Barbade, etc., se rattachèrent, comme autant de filles, à Saint-Christophe. Elles vivaient dans la meilleure intelligence avec les flibustiers, dont les pirateries ne menaçaient que les Espagnols, l'ennemi commun. Les premiers objets de culture furent le tabac et le coton. Une population plus forte et les capitaux plus considérables apportés par les immigrants donnèrent bientôt aux planteurs anglais la supériorité sur les planteurs français: ils firent venir du Brésil la canne à sucre, et la naturalisèrent à la Barbade et à Saint-Christophe. La production du sucre fit des progrès si rapides, qu'à partir de 1650, le commerce du Brésil étant paralysé par les guerres des Hollandais avec les Portugais, les Antilles approvisionnèrent en majeure partie l'Europe de cette denrée. Alors aussi commença l'importation régulière des esclaves noirs à l'usage des colonies. La Barbade, la première Antille que touchaient les négriers, resta longtemps le principal dépôt de cette marchandise humaine, que la contrebande introduisait de là sur la terre ferme et dans les autres îles. Pour ce qui concerne la part des Anglais à la traite des noirs, nous renvoyons à la section VII de l'*Aperçu général*.

La situation de l'Angleterre à cette époque contribua beaucoup à ce brillant et rapide développement. On s'était accoutumé à regarder les Antilles comme une propriété privée, à peu près indifférente à l'État. Mais l'impossibilité où l'Etat se trouva de les administrer, eut pour première conséquence la liberté de leur commerce. Elles envoyèrent leurs produits à leur gré dans les pays où ils trouvaient le meilleur débit, et ouvrirent leurs ports à tous les marchands sans distinction. Cette liberté illimitée profita surtout aux Hollandais, qui, disposant de toutes les ressources nécessaires, s'emparèrent de tout le commerce des colonies anglaises, y établirent partout leurs facteurs, et en effectuèrent sur leurs navires les exportations comme les importations, à ce point que, vers le milieu du dix-septième siècle, le pavillon anglais avait presque entièrement disparu des eaux de l'Amérique. Une autre conséquence non moins importante, ce fut le développement de leurs constitutions. Les immigrants apportèrent de la métropole l'attachement au système représentatif, et, devenus plus nombreux, provoquèrent l'établissement d'institutions de ce genre, sous des formes très-diverses, il est vrai, mais où généralement il n'était pas fait mention des droits du souverain. Ce fut ainsi qu'en profitant des circonstances, les colonies des Indes occidentales se rendirent peu à peu indépendantes et devinrent au fond de véritables républiques.

La Jamaïque fut enlevée par Cromwell aux Espagnols en 1655. Cette île fut placée sous un régime militaire, qui n'y mit cependant pas obstacle à la culture du sucre, du gingembre, du cacao et de l'indigo. La Jamaïque s'enrichit par la contrebande avec l'Amérique espagnole et par ses relations avec les flibustiers, qui, dans leur prédilection pour cette île comme lieu de repos et de plaisir, y apportaient leur butin et le dissipaient dans des excès. Les possessions des Anglais aux Indes occidentales pendant le dix-septième siècle comprennent encore quelques établissements aux Bermudes et aux îles Bahamas; ces dernières, dont la plus connue est Providence, étaient plus importantes comme postes stratégiques que sous le rapport commercial.

Les Anglais prirent pied, en 1662, dans l'Amérique centrale, sur la presqu'île de Yucatan, dans la baie de Campêche, et ils s'y livrèrent à la coupe des bois de teinture qui y abondent. Il s'éleva à ce sujet des contestations incessantes avec l'Espagne, qui ne voulait pas étendre au Yucatan l'arrangement de 1670, relatif aux possessions respectives des deux puissances en Amérique.

Il se fonda aussi quelques établissements, pendant le dix-septième siècle, à Terre-Neuve et dans l'Acadie ou Nouvelle-Ecosse; les Anglais eurent, beaucoup de luttes à y soutenir contre les Français et ne restèrent seuls maîtres du terrain que depuis la paix d'Utrecht.

Aucun plan commercial, on le voit, n'avait présidé à la création de la plupart des colonies anglaises d'Amérique; leur développement avait été plus ou moins fortuit, ce qui leur avait donné quelques droits à l'indépendance; mais cet état de choses prit fin dès que la métropole eut trouvé, sous Cromwell, le temps de s'occuper de ce qui se passait au dehors et les moyens de sauvegarder ses intérêts compromis. Les colonies attirèrent d'autant plus son attention qu'elles reproduisaient ses luttes politiques, et que, dans plusieurs d'entre elles, les royalistes, qui avaient émigré en masse pendant la révolution, ne visaient à rien moins qu'à une séparation complète de la république. Quand il s'agit de porter un coup aux Hollandais par l'acte de navigation, on voulut soustraire les colonies à l'exploitation des étrangers, et en assurer le bénéfice à la métropole.

Nous passons sur les changements qui eurent lieu, sous Cromwell, et en plus grand nombre sous la Restauration, dans l'organisation politique des colonies, et qui eurent surtout pour objet d'y fortifier le pouvoir royal. Cependant, pour faciliter l'intelligence des événements postérieurs, il convient de faire observer que, même sous le nouveau régime, les colons d'Amérique continuèrent de jouir des mêmes droits que les citoyens anglais, qu'ordinairement ils conservaient et exerçaient celui de se taxer eux-mêmes (1), qu'ils ne furent pas, enfin, soumis

_____
(1) Dans les colonies des Indes occidentales la Restauration se permit, il

à des restrictions autres que celles qui constituaient le monopole commercial de la mère patrie.

Ce monopole leur fut rigoureusement imposé par l'acte de
navigation ; et de cette mesure date le système colonial de
l'Angleterre. Déjà le Long Parlement, par son acte de 1650,
en avait posé les bases, en réservant l'importation et l'exportation des colonies au pavillon anglais ; mais le système ne fut
complété que par les dispositions ajoutées sous Charles II,
en 1660, d'après lesquelles les articles énumérés ne purent
plus être exportés directement pour aucun pays étranger,
mais durent être d'abord importés en Angleterre, puis réex-
pédiés, après transbordement, à leur destination ultérieure.
Nous avons déjà mentionné ces articles ; on y comprit plus
tard le café, le cacao, les épices, les peaux, etc.

Mais, non content de contraindre les colons à vendre tous
leurs produits en Angleterre, on les obligea d'acheter des
négociants et des fabricants anglais toutes les marchandises
nécessaires à leur consommation. A cet effet on statua,
en 1663, qu'aucun article de production européenne ne pourrait être importé dans les colonies britanniques autrement
que des ports anglais et par des navires anglais. Dans les
considérants de la mesure, il est dit qu'on se proposait d'entretenir des relations amicales entre les sujets anglais du dedans et du dehors, en rendant les colonies plus dépendantes
de la métropole et d'un meilleur produit pour elle, que la navigation y gagnerait en sécurité et en bon marché, que l'Angleterre deviendrait ainsi un entrepôt, non-seulement pour
les produits de ses colonies, mais pour ceux de l'étranger ;
que c'était au surplus l'usage de tous les autres Etats d'exploiter eux-mêmes leur commerce colonial.

L'esprit exclusif de l'époque se révèle dans ce langage. Le
système colonial, dont l'*Aperçu général* a développé les motifs, trouva en Angleterre non moins de partisans qu'en Es-

---

est vrai, quelques empiétements, en imposant l'exportation des principaux articles ; mais elle ne réussit pas à faire prévaloir partout sa volonté, à la Jamaïque par exemple.

pagne. « Les colonies britanniques de l'Amérique du Nord, » s'écria un jour lord Chatham, « n'ont pas le droit de fabriquer un fer à cheval ; » et, vers la fin de la même période, un autre noble lord soutint que les colonies américaines n'avaient de raison d'exister qu'autant qu'elles s'approvisionnaient en Angleterre et qu'elles se servaient exclusivement de l'entremise de la métropole pour le placement de leurs produits.

On conçoit dès lors que la sollicitude de la métropole pour les colonies fut tout égoïste. La défense sévère et réitérée, en 1652 et en 1661, de cultiver le tabac en Angleterre, n'avait pas d'autre but que d'augmenter le produit des droits considérables qui pesaient sur son importation. Le tabac fut le premier article important que la métropole reçut de l'Amérique du Nord ; il s'en fit des envois dès l'année 1607. Le développement de la culture du sucre dans les Antilles procura aussi des revenus à la couronne, qui établit des droits à l'exportation. L'Angleterre sut, mieux que l'Espagne, découvrir les avantages solides et durables qu'on pouvait retirer des colonies ; et le même éloge est dû à la France, à la Hollande et au Danemarck ; aussi le système colonial de toutes ces puissances a-t-il eu de bons résultats. Mais ces résultats appartiennent à l'histoire du dix-huitième siècle. Jusqu'à la révolution de 1688, l'Angleterre se préparait seulement à devenir une puissance coloniale en Amérique ; c'est aussi depuis cette époque, ou, si l'on veut, depuis l'acte de navigation, qu'elle y fit un commerce de quelque importance.

Son commerce colonial se distingue par cette circonstance digne de remarque, qu'il ne fut pas, comme dans les autres pays, abandonné à des compagnies privilégiées. Tout Anglais pouvait, en se conformant aux dispositions de l'acte de navigation, trafiquer librement avec l'Amérique. Même la Compagnie de la baie d'Hudson, à laquelle Charles II concéda, en 1670, le monopole du commerce dans cette baie et dans les contrées adjacentes (1) ne put jamais légalement se prévaloir

_____

(1) Non pas toutefois dans la Nouvelle-Écosse, ni dans le Canada, où tous les Anglais pouvaient commercer librement.

de la charte royale, qui n'avait pas obtenu la sanction du Parlement. Elle exerça de fait, il est vrai, ce monopole, par la raison que, dans ces contrées inhospitalières, des particuliers auraient eu peine à lutter contre les ressources collectives d'une société déjà en possession , qui avait pris les mesures nécessaires pour son affermissement. Ses opérations principales portaient sur les pelleteries, notamment sur les peaux de castor, qu'elle obtenait des Indiens, en échange de fusils, de poudre, de couteaux, d'eau-de-vie, de tabac, etc. On lui avait aussi, dans l'origine, imposé l'obligation de continuer la recherche d'un passage maritime par le nord-ouest. Les Français du Canada avaient exploité les premiers le commerce des pelleteries. Aussi la concurrence de la société occasionna-t-elle des querelles sans fin, qui empruntèrent une importance politique des prétentions des Anglais sur les pays de la baie d'Hudson, qu'avait découverts un de leurs compatriotes, alors, il est vrai, au service de la Hollande, et qui furent vidées à leur avantage par le traité d'Utrecht. Il ne pouvait toutefois être question de culture dans ces régions si voisines du pôle. On se borna à y établir quelques postes et quelques forts.

VI

Pendant que le système colonial de l'Angleterre s'organisait et se consolidait ainsi dans le Nouveau Monde, il faisait aussi des progrès dans l'Ancien, en y affectant d'ailleurs des formes différentes. Nous avons mentionné sous Élisabeth la fondation de la Compagnie des Indes orientales et le succès de son premier voyage, succès qui aurait dû imprimer à un commerce si lucratif un beaucoup plus grand essor. Dans les commencements, les voyages eurent lieu pour le compte particulier des entrepreneurs, qui réunissaient chaque fois les fonds nécessaires. Ce ne fut qu'en 1613 qu'un capital social de 418,691 liv. st. fut versé par portions égales. L'année précédente on avait obtenu du Grand Mogol à Delhi des avantages importants, entre autres la permission d'établir une factorerie à Surate sur la côte de Malabar, laquelle continua d'être le principal entrepôt jusqu'à l'acquisition de Bombay. La compagnie anglaise établit des factoreries en vue de son commerce, sans avoir la moindre arrière-pensée de s'en faire des places fortes et des points d'appui pour des conquêtes territoriales. Les Portugais et les Hollandais aussi n'avaient pas eu de beaucoup plus hautes prétentions dans les commencements ; mais nous avons vu comment ils avaient adopté bientôt, en partie par nécessité, une politique agressive, et s'étaient faits conquérants. La supériorité qu'ils avaient ainsi acquise, jointe à la jalousie que leur inspirait une nouvelle concurrence, suscita beaucoup d'obstacles aux Anglais dans les premiers temps, les exclut de beaucoup d'avantages et les obligea finalement à imiter leurs devanciers.

Malgré les difficultés que la compagnie anglaise rencontra et les pertes qu'elle essuya en conséquence, le nouveau commerce ne laissa pas que d'être pour elle assez avantageux. Elle trouva, dans la métropole elle-même, très-peu d'appui et quelquefois de la résistance. Non qu'on ne fût accoutumé par plus d'un précédent aux priviléges exclusifs ; mais l'autorisation donnée à la compagnie d'exporter 30,000 livres d'argent comptant causa un grand émoi. Elle devait, il est vrai, en réimporter tout autant ; mais ses antagonistes prétendaient que cette condition n'était pas remplie ; et, dans les idées de l'époque, la sortie de l'or et de l'argent n'était-elle pas réputée absolument préjudiciable au pays? La compagnie et ses partisans ne pouvaient répondre avec succès, sans attaquer la doctrine sainte qui prohibait l'exportation des métaux précieux. Ils n'auraient point osé soutenir, quand même ils en auraient eu l'idée, que l'exportation de l'argent pour l'Inde était avantageuse, par la simple raison que les marchandises achetées avec cet argent avaient une valeur plus grande en Angleterre. Elle l'était, prétendirent-ils, parce que les marchandises importées de l'Inde, se réexportaient pour la plupart dans d'autres pays qui en donnaient des sommes bien supérieures au prix d'achat dans l'Inde.

Qu'il nous soit permis de présenter à cette occasion une observation générale. Le système mercantile, qui mesure la prospérité matérielle d'un État sur la balance favorable de son commerce, ou sur l'excédant de la valeur de ses exportations sur celle de ses importations, paraît avoir eu pour origine les motifs allégués dans le cas dont il s'agit en faveur de l'exportation de l'argent. Avant cette époque la prohibition de sortie de l'argent était sacrée comme l'Évangile. Depuis, on apprécia de plus en plus l'utilité de cette exportation, comme occasionnant des envois de produits bruts et fabriqués à des pays qui les payaient avec des espèces. Comparativement au préjugé antérieur, qui avait dicté la prohibition absolue, cette manière de voir était un visible acheminement vers des idées plus saines. Elle ne se borna pas aux opérations de la Compagnie des Indes orientales, elle gagna peu à peu du terrain dans les autres négoces et finit par prévaloir dans le Parlement, qui, par un acte de 1663, révoqua les anciennes défenses, et permit à chacun d'exporter autant d'or et d'argent qu'il jugerait à propos.

Jusqu'à l'année 1620, la compagnie avait expédié dans l'Inde 79 navires, dont 43 étaient revenus en bon état, richement chargés de produits de cette contrée; les autres avaient péri ou avaient été capturés par les Hollandais. La valeur des exportations dirigées sur l'Inde s'était élevée jusqu'à cette époque à 340,376 liv. sterl., le prix d'achat des cargaisons de retour de l'Inde à 357,288. La vente de ces dernières avait produit 1,914,600 liv. sterl. Le capital de la compagnie en navires, propriétés foncières, etc., était évalué à 400,000 liv. sterl.

Elle rencontrait un sérieux obstacle dans la jalousie des Hollandais. Ceux-ci faisaient tous leurs efforts pour s'assurer la possession exclusive du commerce des épices, et ne se montraient pas très-délicats dans le choix des moyens. Les Anglais, cependant, qui avaient été reçus amicalement par les princes indigènes des Moluques et traités par eux sur le même pied que les Hollandais, n'étaient pas disposés à se retirer volontairement. Il s'ensuivit des conflits et finalement des hostilités ouvertes. Un traité conclu en 1619 au sujet de la possession commune d'Amboine et de Banda ne tarda pas à être violé, et les Hollandais, supérieurs en nombre et en ressources, expulsèrent complétement leurs rivaux des Moluques, après avoir commis, en 1622, d'horribles cruautés à Amboine.

Tandis que la compagnie hollandaise était vigoureusement soutenue par sa métropole, la compagnie anglaise fut négligée par la sienne. Les Hollandais ne tinrent pas compte de ses réclamations ou la trompèrent par des concessions apparentes, de sorte qu'elle ne reçut aucune satisfaction réelle pour l'outrage qu'elle avait subi. Durant les guerres civiles du règne de Charles Iᵉʳ, on perdit entièrement de vue les affaires de l'Inde ; jusqu'à ce que Cromwell rétablit la tranquillité et avec elle la puissance et la dignité de son pays, le commerce anglais fut réduit aux abois devant la prépondérance des Hollandais ; il se maintint néanmoins dans quelques factoreries, qui peu à peu avaient été fortifiées, notamment à Surate, ainsi que sur la côte de Coromandel, à Madras. Les relations avec la Perse furent des plus avantageuses pour la première de ces places.

Schah Abbas, ce prince belliqueux de la maison des Sofis, avait rendu ce royaume indépendant des Turcs et lui avait redonné son ancien éclat. Il aimait et appréciait les arts de la paix, encourageait l'industrie et le commerce, et, par sa libéralité, attirait les étrangers dans le pays. A Ispahan se forma une colonie arménienne, qui sut bientôt s'emparer de tout le commerce de la Perse (1). Le Schah s'intéressa souvent lui-même dans ses entreprises et lui avança de grandes sommes. Maîtres presque absolus du commerce de terre de l'Asie, les Arméniens étendirent leurs opérations jusqu'aux places principales de l'Europe. On les rencontrait à Venise et à Gênes, à Marseille et à Lisbonne, à Amsterdam et à Londres.

Les Portugais, alarmés par cette nouvelle ou plutôt par cette ancienne concurrence, qu'ils croyaient avoir été, dès le

_____

(1) Voir à ce sujet le chapitre des Russes.

commencement, écartée pour jamais par Albuquerque, susci-
tèrent toute sorte de difficultés. Ils défendirent au Persan de
prendre des marchandises ailleurs que dans leurs magasins.
Ils en fixèrent le prix, et si quelquefois ils lui permettaient
d'aller s'approvisionner sur le lieu même de production,
c'était à la condition d'employer leurs navires, en payant un fret
et des droits élevés. Cette tyrannie révolta Schah Abbas ; infor-
mé de l'arrivée des Anglais dans l'Indoustan, de leur établissement à Surate et de leurs griefs contre les Portugais, coupables d'actes de violence à leur égard, il leur proposa d'assiéger
Ormus en commun. Les Anglais envoyèrent une escadre, et
bientôt, en 1662, la ville fut obligée de se rendre. Un riche butin fut la récompense des vainqueurs, et, ce qui était le principal, le commerce et la navigation redevinrent libres dans
le golfe Persique. Ormus ne se releva pas de ses ruines ; mais
un autre port voisin, à une distance de quelques lieues, la
remplaça. Gomroun ou Bender Abbassi fut destiné à servir
d'entrepôt au nouveau commerce entre la Perse et l'Inde. Les
Anglais coopérèrent à ce projet. On leur accorda l'immunité
de droits et la moitié des perceptions de la douane, à la charge
d'entretenir pour le moins deux bâtiments de guerre dans le
golfe, pour repousser les attaques éventuelles des Portugais.

Bender Abbassi, qui n'avait été jusque-là qu'un misérable
hameau de pêcheurs, devint alors, malgré l'aspect désolé de
ses environs, une cité florissante. Les Anglais y apportaient
de l'Inde des épices, du poivre et du sucre, de l'Europe du
fer, du plomb et des draps, et le bénéfice qu'ils réalisaient dans
ces opérations était accru par le prix élevé du fret que payaient
les Arméniens, toujours en possession du commerce persan. Ces derniers s'étaient aussi emparés de la fabrication du
coton. Se transportant dans l'Inde, ils y achetaient du coton
et le distribuaient aux fileurs et aux tisserands. L'article étant
ainsi fabriqué sous leurs yeux, ils l'envoyaient par Bender
Abbassi à Ispahan. De là ces tissus se répandaient dans toutes
les provinces du royaume, dans l'empire turc et jusqu'en Europe, où l'on qualifiait de persans les produits de la côte de

Coromandel. En échange de ses importations, la Perse fournissait des objets de grand prix : avant tout sa soie, qui était alors
la plus recherchée, puis la laine et les poils de chèvre du Ker-
man, des turquoises, des perles, du brocart d'or, des tapis,
du maroquin, de l'eau de rose, des substances médicinales,
des chevaux, etc.

La situation embarrassée de la compagnie s'améliora un
peu par suite des victoires de Cromwell sur les Hollandais.
Cependant le Protecteur ne paraît pas avoir apprécié l'importance des possessions de l'Inde ; il se contenta d'une indemnité
en argent. Il ne fut plus question des factoreries enlevées aux
Anglais dans l'île de Java et aux Moluques, et les Hollandais
éludèrent, par toute sorte de subterfuges, la restitution stipu-
lée de l'île de Poleroon. Un résultat moral, cependant, avait
été obtenu ; les Hollandais ne jugèrent plus à propos de traiter
avec la même insolence des sujets britanniques. Au surplus le
maintien même de la compagnie fut mis en question sous
Cromwell. La charte que lui avait octroyée Elisabeth, n'ayant
pas été approuvée par le Parlement, avait perdu sa validité
avec la mort de Charles Ier et l'abolition de la royauté. Le roi
Charles lui-même avait donné en 1635 à sir W. Courten et
à d'autres personnes encore la permission de trafiquer avec les
parties de l'Inde où la compagnie n'entretenait pas de relations
suivies. Il motivait cette autorisation en accusant la compagnie
de ne pas faire son devoir, de se préoccuper de ses propres
intérêts, et nullement du revenu de la couronne, de ne pas
remplir, en un mot, les conditions de son privilége.

La société Courten entra donc en campagne, et, pendant les
dernières années du règne de Charles, fit, sans beaucoup de
succès, le commerce de l'Inde. Mais un instant, sous la république, le commerce devint libre et ouvert sans réserve à la
spéculation des particuliers. Ce fut dans les années qui suivirent la guerre avec la Hollande, de 1654 à 1656. La compagnie ne put faire admettre la légalité de sa charte, et l'opinion
publique était contraire au renouvellement de cet acte ; car on
avait déjà reconnu que la libre concurrence satisfaisait mieux

à l'intérêt général. Non-seulement les marchandises de l'Inde
s'exportaient en quantités plus considérables, mais elles étaient
à bien meilleur marché, et le fait qu'Amsterdam même s'en
ressentait et que la compagnie hollandaise tremblait pour
son monopole, dans le cas où la liberté du commerce subsiste-
rait en Angleterre, était des plus concluants. On citait à bon
droit l'Amérique, où le commerce avait été déclaré par
l'acte de navigation un monopole du pays, mais non d'une société. L'opinion éclairée, qui aurait assuré un siècle plus tôt au
commerce de l'Inde son développement d'aujourd'hui (1), ne
prévalut malheureusement pas. Sous le prétexte que l'association était nécessaire pour créer dans l'Inde une puissance politique et pour faire face à toutes les éventualités de guerre, l'ancienne charte de la compagnie fut renouvelée en 1657, puis, à
la Restauration, en 1661, confirmée par Charles II, qui lui conféra de nouveaux droits politiques, ceux de paix et de guerre,
la permission de bâtir des places fortes, la juridiction civile et
criminelle, etc. Comme, toutefois, cette charte était également
dépourvue de la sanction parlementaire, il ne manqua pas
de particuliers qui, dans le ressort de la compagnie, se livrèrent
à une sorte de commerce interlope. La spéculation privée, déployant toute son énergie, suivait sa proie avec acharnement
et organisait des associations, au risque d'être atteinte par la
loi. Sur mer et en cours de voyage ses navires jouissaient
d'une entière sécurité, car la compagnie n'avait le droit d'agir
contre le commerce particulier qu'autant qu'elle le surprenait
en flagrant délit. Son monopole était donc encore loin d'être
complet, et il ne le devint qu'après la révolution de 1688 par
suite d'un acte du Parlement.

(1) Cela est fort douteux ; il est permis de mettre en question si l'empire
anglo-indien existerait sans la compagnie marchande et conquérante qui
l'a fondé; une compagnie n'eût été inutile qu'autant que le gouvernement anglais eût lui-même occupé quelque point de l'Inde et y eût entretenu à ses
frais des forces suffisantes pour protéger le commerce de ses sujets. L'auteur
ne dit pas que, pendant les trois années de commerce libre, les négociants
anglais furent en butte à toute espèce d'avanies, et qu'on ne renonça à
cette liberté qu'après en avoir éprouvé les inconvénients. H. R.

Dans des conditions pareilles, le commerce de la compagnie ne pouvait augmenter que lentement. Les Hollandais, en possession de ressources plus considérables et d'un pouvoir bien affermi, traversaient et entravaient ses opérations partout où ils en trouvaient l'occasion. Les luttes anarchiques entre les princes indigènes n'étaient pas non plus favorables à un développement calme et régulier. Une acquisition précieuse pour la compagnie fut celle de l'île de Bombay ; elle lui fut cédée en 1668 par Charles II, auquel sa femme, princesse portugaise, l'avait apportée en dot. Bombay devint depuis lors la place la plus importante de l'Indoustan, et remplaça Surate comme résidence du gouverneur. Le règne de Charles II marque encore dans les annales de la compagnie comme l'époque où commence authentiquement le commerce du thé. La première mention du thé se trouve dans une dépêche adressée, en 1667, à l'agent établi à Bantam ; on l'y prie d'envoyer cent livres du meilleur thé en Angleterre (1). Telle fut l'origine d'un trafic dont l'importance devait être bientôt immense pour l'Angleterre, et sans lequel la Compagnie des Indes orientales aurait depuis bien plus longtemps cessé d'exister, au moins comme corporation marchande.

En 1680, les Hollandais se permirent un nouvel acte de violence, en expulsant tous les Anglais de Bantam. La compagnie, résolue à venger cet affront, équipa une flotte considérable. Mais Charles II, qui avait toujours besoin d'argent, vendit l'honneur national pour 2 millions 250 mille francs aux Hollandais effrayés et s'opposa à l'expédition. Épuisée

_____

(1) Ce furent les Hollandais qui les premiers apportèrent le thé en Europe, dans l'année 1610, assure-t-on, mais probablement un peu plus tard. Quoi qu'il en soit, le thé n'était pas encore un objet de commerce. La Compagnie des Indes orientales fit, en 1664, présent à Charles II de deux livres de thé, comme d'une chose rare. Vers la fin du dix-septième siècle, il coûtait 60 schellings la livre. Le café avait été apporté en 1652 à Londres par un marchand turc. Il devint bientôt la boisson à la mode, et des cafés s'établirent. Charles II voulut les supprimer comme dangereux pour l'État, mais il fut obligé de renoncer à ce projet. En France, le premier café fut établi à Marseille en 1671, et Paris en posséda l'année suivante. De là ces établissements se répandirent dans le reste de l'Europe chrétienne.

par cet armement inutile, la compagnie envoya dans l'Inde ses navires sur lest, avec ordre d'y prendre des retours à crédit. Comme elle avait jusque-là fidèlement rempli ses engagements, elle obtint sans peine des marchandises pour une valeur de près de 8 millions de francs. Mais elle devait indignement abuser de la confiance qu'on avait eue en elle. Les deux frères Child, l'un directeur à Londres, l'autre gouverneur à Bombay, s'entendirent pour tromper les créanciers indiens de la manière la plus impudente. Ils élevèrent contre eux des réclamations dénuées de tout fondement, et, celles-ci ayant été rejetées comme ils l'avaient prévu, ils en prirent prétexte, en 1688, pour s'emparer de tous les navires indiens qu'on put saisir; quelques-uns, entre autres, chargés de grains destinés au Grand Mogol. La nouvelle de cette spoliation inouïe répandit la plus vive agitation dans l'Inde entière et y rendit le nom anglais odieux. C'en était fait du crédit de la compagnie; son commerce s'arrêta, la vengeance du Grand Mogol Aureng Zeb lui coûta des sommes considérables avec la perte de plusieurs navires, et la réconciliation avec ce prince, l'humiliation profonde d'une amende honorable à genoux.

La guerre qui éclata entre la France et l'Angleterre, après la chute des Stuarts, s'étendit jusqu'aux colonies, et la Compagnie des Indes orientales essuya des pertes sensibles de la part des corsaires français. Cependant, après sa réconciliation avec le Grand Mogol, elle réussit à se maintenir dans ses établissements. En 1689, elle fit des acquisitions dans le Bengale et fonda Calcutta.

C'était dans son propre pays que la compagnie trouvait ses plus violents adversaires. L'industrie nationale et en particulier l'industrie linière qui se développait vers cette époque en Irlande et en Écosse, jeta de hauts cris contre l'importation des étoffes de coton de l'Inde et en réclama la prohibition. La Compagnie de Russie et celle du Levant se prétendirent aussi lésées dans leurs droits, et alléguèrent la diminution de leurs affaires. Les nombreuses fautes de l'administration de la Compagnie des Indes orientales ne prêtaient que trop aux attaques, et la supériorité incontestée des Hollandais en Orient froissait le sentiment national. L'esprit de liberté, fils de la révolution de 1688, était opposé en général à toute restriction au profit de quelques individus, et n'admettait pas plus le monopole d'une compagnie que celui de la couronne. On rappela les quelques années pendant lesquelles le commerce de l'Inde avait été libre et avait révélé toute sa fécondité. Enfin, ajouta-t-on, la compagnie ne pouvait prétendre à un privilége exclusif, puisque sa charte n'avait pas encore reçu l'approbation du Parlement.

D'autre part, la compagnie avait ses partisans et faisait de grands efforts pour tenir tête à ses adversaires. Comptant parmi ses membres les plus riches négociants de la Cité, et ne manquant pas de moyens efficaces de corruption, elle en usa largement. Ce fut ainsi qu'elle gagna un procès intenté par elle au sujet d'opérations privées avec l'Inde, et obtint du gouvernement, en 1693, le renouvellement de son privilége. Mais, l'affaire ayant été portée l'année suivante devant le Parlement, celui-ci se rendit au vœu général et déclara libre pour tous les sujets anglais le commerce avec les Indes orientales, tout en laissant d'ailleurs subsister la compagnie. Les choses restèrent dans cet état jusqu'en 1698. Le gouvernement, qui éprouvait de grands embarras pécuniaires, demanda un prêt à la compagnie. Tandis que celle-ci faisait des difficultés, un certain nombre de négociants, qui s'étaient associés pour exploiter le commerce de l'Inde, témoignèrent d'autant plus d'empressement; ils ne demandaient, pour toute condition, que d'être autorisés comme société privilégiée. Les partisans du commerce libre réclamèrent, mais l'intérêt pressant du gouvernement triompha de tous les scrupules. La nouvelle société obtint un privilége par un acte législatif, et comme la charte de l'ancienne n'était pas encore expirée, on eût le spectacle de deux corporations légalement constituées, prétendant l'une et l'autre à un droit exclusif sur les mêmes possessions. Au commencement les deux compagnies déployèrent l'une contre l'autre la jalousie et la haine la plus violente. Mais, ayant bientôt compris qu'elles ne feraient ainsi, en définitive, que consommer leur ruine commune et assurer la victoire du commerce libre, elles résolurent, en 1702, de terminer leurs contestations, de se réconcilier et de se fondre en une seule et même société sous le nom de *Compagnies réunies des marchands anglais pour le commerce des Indes orientales*. Un acte du Parlement de la même année sanctionna cette transaction. Les monopoleurs avaient remporté la victoire, et plus d'un siècle devait s'écouler jusqu'à ce que la cause vaincue de la liberté du commerce prît une éclatante revanche sur ce terrain comme sur d'autres. Dans une époque d'exclusion, comme celle qui nous occupe, ces tentatives libérales forment un épisode intéressant.

Parmi les autres compagnies de commerce en Angleterre, on doit citer, outre la Compagnie de Russie, pour laquelle nous renvoyons à l'histoire des Russes, celle de Turquie ou du Levant. Fondée sous Élisabeth, elle obtint plusieurs fois le renouvellement de son privilége. Ses exportations consistaient principalement en étoffes de laine, et elles étaient assez considérables pour solder les retours en soie, poil de chameau, coton, cire, tapis, fruits, noix de galle et autres drogueries. L'Angleterre rivalisa avec les Vénitiens à Constantinople et à Smyrne, et y éclipsa même longtemps les Français, jusqu'à ce que ces derniers, sous Colbert, réparèrent le temps perdu; depuis, les étoffes légères et à bon marché que la France fabriquait avec la laine d'Espagne, envahirent les marchés du Levant. La situation de Marseille était infiniment plus avantageuse que celle de Londres pour un tel trafic, et la compagnie anglaise elle-même, dans un mémoire soumis au Parlement en 1744, fit l'aveu de sa décadence, mais ne combattit pas moins la proposition d'affranchir le commerce du Levant. En 1753, les bénéfices de sa charte, jusque-là restreints aux négociants de Londres, furent étendus à ceux des autres places; tout Anglais put être admis dans la compagnie en payant une certaine somme, et trafiquer de tout port britannique avec le Levant. Mais ce changement fut de peu de conséquence.

Les monopoles relatifs à certaines marchandises, tels que la couronne avait l'habitude d'en octroyer arbitrairement à son profit, furent entièrement supprimés sous la République, et la Restauration n'osa pas les rétablir. L'exportation des étoffes de laine à destination de l'Allemagne et des Pays-Bas demeura seule le privilége exclusif de la Société des aventuriers marchands, dont la charte avait été plusieurs fois renouvelée et même étendue en 1617 et en 1643. Cette association se composait de près de quatre mille membres, payant une contribution fixée d'abord à 50 livres sterling et plus tard à 100, dont on formait un fonds pour faire face aux dépenses communes ; chacun, du reste, opérait pour son propre compte. Sous Cromwell, les Juifs, bannis depuis 1290, obtinrent la permission de rentrer en Angleterre. Londres, sortie plus belle des décombres du grand incendie de 1666, s'élevait à mesure que baissait Amsterdam. Déjà la ville la plus populeuse de l'Europe à la fin du dix-septième siècle, elle était à la veille de devenir la métropole du commerce de l'univers.

VII

Ce fut par la révolution de 1688 que l'Angleterre passa de la minorité à la vigueur et à l'indépendance de l'âge mûr. Alors s'acheva rapidement le magnifique édifice dont Élisabeth avait jeté les fondements. Le bill des droits compléta la grande charte, qui devint une conquête véritablement nationale, en émancipant les communes des dernières entraves du moyen âge; en leur assurant le pied d'égalité dans la représentation du pays, en les élevant même au-dessus des lords par le droit exclusif de voter l'impôt. La liberté de la presse et l'acte d'*habeas corpus* virent leur inviolabilité garantie non-seulement par le texte de la loi, mais surtout par l'esprit public. Ce gouvernement libre (*self government*), à une époque où les peuples du continent étaient encore menés à la lisière, ne pouvait manquer d'avoir de grands résultats économiques. Un pays où chacun pouvait choisir et suivre librement sa carrière, où les propriétés et les personnes étaient à l'abri de l'arbitraire, où tous les besoins trouvaient des organes, où l'administration était placée sous la surveillance et sous l'influence de l'opinion, et où la législation n'était que l'expression de la volonté nationale, un tel pays devait offrir une heureuse entente des pouvoirs, un harmonieux équilibre des forces. La liberté de l'individu s'y concilia parfaitement avec les droits de la société et ceux du chef de l'État, et, si quelquefois des conflits s'élevèrent, ils se terminèrent toujours au profit de l'intérêt général, par de sages concessions aux besoins des temps.

Une constitution comme celle de l'Angleterre était faite pour influer d'une manière prépondérante sur la marche et le développement du commerce ; personne ne demandera de preuve à cet égard. La politique commerciale, regardée sur le continent comme une affaire de cabinet, devint en Angleterre l'affaire du pays. Avant 1688, sans contredit, le gouvernement anglais avait pris beaucoup de mesures utiles pour la prospérité matérielle du pays, mais on doit voir dans ces mesures plutôt des inspirations personnelles qu'un système régulier voulu par la nation. Elles changeaient au gré des princes et de leurs ministres. Ce ne fut que depuis l'expulsion des Stuarts que la représentation nationale put prendre une part effective à la législation en matière de commerce, d'industrie, d'agriculture et de navigation, et prescrire constitutionnellement, même à un gouvernement rétif, une politique commerciale conforme à l'intérêt de la nation représentée. Quel autre pays de l'Europe, à cette époque, offrait un pareil spectacle ? La Hollande jouissait d'une égale liberté, mais elle manquait d'unité et de grandeur ; et la France, qui possédait l'unité et la grandeur, manquait de cette liberté à laquelle ne saurait longtemps suppléer le plus beau génie d'homme d'Etat. Voyez comme les brillantes créations de Colbert périrent après sa mort !

Guillaume III, le fondateur de la nouvelle dynastie, apportait sur le trône d'Angleterre, de la république marchande

dans laquelle il avait passé sa vie, des vues saines en économie politique, ce qui naturellement facilita les mesures à
adopter pour écarter la rivalité de la France et pour saisir sur
les mers une suprématie qui ne rencontrait plus d'obstacles.
Les marines de l'Espagne et du Portugal étaient depuis longtemps détruites, celle de la Hollande était affaiblie. Or, la domination des mers assurait le commerce du monde. L'Angleterre sut habilement s'emparer de l'une et de l'autre, et nous
verrons chez elle, dans le cours du dix-huitième siècle, le
commerce alimenter les finances, les finances la marine, et la
marine appliquée sans relâche à remporter de nouvelles victoires au profit du commerce et des finances.

Les longues guerres maritimes et continentales qui suivirent la révolution anglaise de 1688 furent, plus que les précédentes, signalées par des prohibitions commerciales; un
blocus général, tel que celui qui a eu lieu dans notre siècle,
fut alors déclaré par l'Angleterre et ses alliées contre la
France. La soif de conquêtes et l'ambition effrénée de
Louis XIV, qui aspirait ouvertement en Europe à la monarchie universelle, réunirent tous les autres Etats que menaçait
un danger commun. L'Angleterre et la Hollande, unie avec
elle dans la personne du même prince, ayant supporté la
principale attaque, recueillirent aussi les principaux avantages de la défense ; et lorsque la paix d'Utrecht humilia l'orgueil de la France, l'Europe ne s'aperçut pas, dans sa joie
imprévoyante, que l'équilibre politique, rétabli de ce côté-ci
de la Manche, était dérangé de nouveau au profit de l'autre
côté, et que l'on n'avait mis un frein à l'ambition de la France
que pour tomber sous le joug commercial de l'Angleterre. La
journée de la Hogue, en 1692, eut des résultats décisifs pour
la supériorité navale de l'Angleterre, et l'alliance permanente
de cette puissance avec l'Autriche, l'irréconciliable ennemie
de la France, assura en même temps son influence sur la politique du continent.

VIII

Le système commercial que Cromwell avait établi par l'acte de navigation, ne reçut que depuis cette époque une application large et suivie. Grâce à des possessions répandues dans toutes les parties du monde, la marine marchande de l'Angleterre prit assez de force pour que la concurrence de la Hollande ne pût plus lui porter atteinte. Le transport du charbon et les pêcheries, qui acquirent un développement prodigieux, furent pour elle d'excellentes écoles, et si, par des raisons énoncées ailleurs, elle ne pouvait naviguer à aussi bas prix que la marine hollandaise, elle trouvait assez d'emploi dans un commerce propre dont avaient été exclus tous les pavillons étrangers. Pour peu que les Anglais sussent alimenter et accroître ce commerce propre, auquel leurs possessions éparses ouvraient un vaste champ, ils pouvaient, sans dommage, laisser aux Hollandais le premier rang dans le commerce intermédiaire. L'important était d'augmenter la quantité et la valeur des objets d'échange, de stimuler dans la métropole l'industrie manufacturière, dans les colonies la production du sol. Le système mercantile, à cette époque, servait parfaitement à ces deux fins. L'Angleterre s'y abandonna sans réserve et avec une entière conviction, et elle ne se ravisa que lorsque la défection de ses colonies les plus précieuses lui eut signalé l'abîme au bord duquel elle était arrivée.

Parmi ses diverses industries, la fabrication de la laine, la plus ancienne, la mieux appropriée au pays, tenait encore le premier rang. Un rapport présenté au Parlement, en 1739, calculait le nombre des individus qu'elle occupait à 1 million et demi. Depuis que les laines d'Espagne s'exportaient sur une grande échelle, la France et la Belgique, il est vrai, grâce à la modicité de leurs prix, firent une sérieuse concurrence à l'Angleterre sur les marchés étrangers, et en particulier dans le Levant; l'Allemagne de plus, où la race ovine de Saxe s'était perfectionnée par suite de l'introduction, en 1763, des mérinos d'Espagne, commença à fabriquer des étoffes de qualités plus fines. L'Angleterre, néanmoins, conservait sa supériorité. Les immigrations de huguenots français et d'ouvriers hollandais, exercés notamment dans l'art de teindre et d'apprêter, entretinrent ses fabriques dans un état de progrès constant. La prohibition de sortie de la laine, adoptée en 1660, fut inexorablement maintenue ; cependant le produit indigène était loin de suffire ; du jour où l'on avait élevé les moutons pour tirer parti de leur chair, la laine avait perdu de sa qualité. On fut donc de plus en plus obligé de recourir à l'importation étrangère. Vers la fin du dix-septième siècle on estimait la tonte annuelle des laines en Angleterre à deux millions de liv. st., valeur que la mise en œuvre quadruplait. D'après des relevés officiels, la valeur des lainages exportés d'Angleterre, en 1700, s'élevait à trois millions de liv. st. Ils étaient principalement destinés à l'Allemagne, à la Russie, à la péninsule ibérique, au Levant et aux colonies ; parmi les produits de l'industrie anglaise, c'était à peu près le seul qui s'exportât aux Indes orientales. En 1712, la compagnie déclara une exportation de 150,000 liv. st. La population de l'Angleterre s'étant depuis rapidement accrue et enrichie, l'industrie de la laine prit aussi de l'extension, mais elle travailla pour le royaume et pour ses colonies plus que pour l'étranger. Jusqu'à la fin de la période, ses exportations restèrent en majeure partie entre les mains des aventuriers marchands, qui, formant une société ouverte, dans laquelle, en payant une certaine somme, chacun était admis à faire des affaires pour son compte, continuèrent leurs opérations traditionnelles, et qui avaient leur quartier général à Hambourg.

Tandis que la fabrication de la laine, trouvant dans le pays une matière première abondante, aurait pu subsister et grandir, même sans droits protecteurs ou prohibitifs, beaucoup d'autres industries furent appelées à la vie par l'intervention du gouvernement et de la législation, et artificiellement encouragées. Telle fut l'industrie linière. Elle existait sans doute depuis longtemps en Irlande à l'état d'industrie domestique, mais ce fut alors seulement qu'elle exporta et que ses produits parurent sur les marchés étrangers, où l'on n'avait connu jusque-là que les toiles françaises, néerlandaises, russes et allemandes. En 1696, le Parlement rendit un acte ayant pour but « d'encourager en Irlande l'industrie linière, ainsi que l'importation du lin et du chanvre et la fabrication de la toile à voiles. » Les toiles fabriquées en Irlande étaient exemptes de droits à l'importation en Angleterre; il était aussi permis de les expédier directement des ports d'Irlande aux colonies. On favorisait en même temps de toutes les manières l'établissement de réfugiés protestants de France, expérimentés dans la fabrication des tissus fins. D'autres dispositions en grand nombre procurèrent toute sorte de facilités à la nouvelle industrie, pour dédommager l'Irlande des restrictions auxquelles on y avait soumis la fabrication des laines dans l'intérêt de celle de l'Angleterre. Indépendamment des droits élevés dont on frappa les toiles étrangères et qui les exclurent de la consommation (1), on accorda même des primes considérables au produit national, et l'on créa, en 1746, une société sous le titre de *Société linière britannique*, au capital de 100 mille livres sterling, dans le but « de fournir aux négociants anglais, trafiquant avec l'Afrique et les colonies d'Amérique, les mêmes qualités de toiles qu'ils avaient été jusque-là obligés d'acheter à l'étranger. » L'industrie linière fut également propagée en Écosse, et on alloua, en 1753, une somme de 3 mille livres sterling pour la naturaliser dans les Hautes Terres. Ses progrès furent des plus remarquables. En 1689, il ne s'exportait pas d'Irlande pour plus de 6 mille livres sterling de toiles; en 1760, l'exportation britannique était de 900 mille livres sterling, dont l'Écosse fournissait plus de la moitié. Il y avait à Dublin une vaste halle aux toiles, où se passaient les marchés; les fabriques étaient situées dans les comtés du nord habités par des protestants.

---

(1) Un acte de 1748 défendit de porter de la toile de Cambrai, sous peine de 5 liv. st. d'amende, et cet article ne put être importé que pour l'entrepôt dans les magasins royaux et la réexportation.

Les étoffes de soie formaient l'article le plus précieux de l'importation française en Angleterre. Les fabriques indigènes, qui dataient du règne d'Élisabeth, pouvaient d'autant moins soutenir la lutte que le droit protecteur qui leur avait été promis, ne leur avait point été accordé, ou du moins ne l'avait été qu'imparfaitement sous les derniers Stuarts, favorables à la France. Mais dans cette industrie aussi un grand changement s'opéra. La révocation de l'édit de Nantes lui procura des capitaux, et, ce qui valait mieux encore, de l'expérience et des lumières. Des réfugiés, qui avaient été tisseurs de soie, reprirent l'exercice de leur profession à Spitalfields près de Londres et introduisirent de nouvelles spécialités. Leurs vœux de protection et même de monopole trouvèrent un accueil empressé de la part du gouvernement, heureux de porter ainsi un coup à la France. Un acte du Parlement, en 1697, prohiba l'importation de toutes les soieries étrangeres, et, peu d'années après, en 1700, cette prohibition fut même étendue aux soieries de l'Inde et de la Perse, ainsi qu'aux étoffes de coton teintes et imprimées, objet, pour la compagnie, d'un commerce avantageux. On permit toutefois, et même on favorisa l'importation de ces tissus pour la réexportation.

Cette prohibition, dirigée en quelque sorte contre l'intérêt colonial du pays, et encore aggravée en 1721 par un second acte, a été, même de notre temps, vantée par les partisans du système mercantile et des droits protecteurs comme un exemple éclatant de la profondeur qui caractérisait la politique commerciale de l'époque. Par ce moyen, a-t-on dit, l'Angleterre émancipait son industrie, tandis qu'elle asservissait celle du continent ; elle préférait livrer au continent les tissus peu coûteux des Indes orientales et payer cher elle-même les produits médiocres de ses fabriques. L'examen de cette question est proprement du ressort d'une histoire de l'économie politique. Cependant, un fait peut trouver ici sa place : c'est que, si la prohibition était destinée à faire prospérer la fabrication de la soie en Angleterre, elle manqua complétement son but, et que le sacrifice du pays, en consentant à payer cher

de mauvaises marchandises, fut fait en pure perte (1). Il a
été constaté, en effet, que, depuis 1700 jusque vers la fin de la
période, la France avait importé, année moyenne, en Angleterre, par voie de contrebande, pour 500 mille livres sterling
de soieries, que, d'après un rapport officiel, il n'y avait pas en
1766 moins de 7,072 métiers inoccupés, que l'exportation des
soieries anglaises était nulle malgré les primes, et que même à
l'intérieur leur débouché s'était restreint, quand plus tard avait
surgi la fabrication du coton. Mais rien ne fut plus funeste
que l'acte dit de Spitalfields, qui autorisait les tisserands en
soie à réclamer un salaire fixe déterminé par l'autorité. Cette
disposition absurde complétait le monopole et étouffa tout
germe de progrès. Le fabricant étant tenu de payer pour les
produits de la machine la plus ingénieuse autant que pour
l'œuvre du travail manuel, c'eût été folie de songer à un perfectionnement ou à une invention quelconque. Nous aurons,
plus tard, en traitant de l'histoire commerciale de l'Angleterre
en 1824, année où Huskisson fit la première brèche au système
du monopole, occasion de revenir sur ce sujet avec détail. Nous
voulions ici, sur le terrain de la vérité historique, combattre des
erreurs de l'esprit de parti qui se sont récemment produites
en matière de politique commerciale et d'économie politique.

La fabrication du coton, dont nous avons déjà fait mention
vers le milieu du dix-septième siècle, ne se développa que
très-lentement. Les tissus à bon marché des Indes orientales
étaient prohibés, et les tissus de coton en général étaient une

---

(1) La fabrication de la soie peut n'être pas une des applications les plus
heureuses du système restrictif; la contrebande éludait trop facilement
la prohibition sur un pareil article; cependant il est constant que, sous un
régime prohibitif, plusieurs fois renouvelé dans le cours du siècle dernier,
cette industrie, en dépit de quelques crises, accomplit un progrès assez remarquable pour l'époque, et il ne faut pas oublier que c'est sous un droit de
30 p. 100, réduit depuis 1846 seulement à 15 p. 100, qu'elle a dans notre
siècle réalisé de nouveaux progrès. Quant à la combinaison qui concilie
l'intérêt de l'industrie et du commerce en permettant la réexportation des
tissus exclus de la consommation, elle était incontestablement ingénieuse; et
c'est par ce moyen que prit racine outre-Manche cette industrie du coton que
des inventions merveilleuses ont ensuite portée si haut.　　　　H. R.

nouveauté à laquelle la nation s'accoutumait difficilement. Cependant cette industrie augmenta un peu, depuis que les colonies d'Amérique commencèrent à exporter du coton. Manchester en resta le siége principal ; et diverses étoffes de cette matière, notamment le velours, reçurent leur nom de cette ville. Du reste, elles étaient le plus souvent mélangées de fil de lin, et la trame seule était en coton. Il n'existait point encore de grands établissements de filature et de tissage tels que ceux d'aujourd'hui. Les négociants de Manchester commencèrent en 1760 à envoyer leurs agents en tournée dans les environs, pour y passer des marchés avec les tisserands, auxquels ils fournissaient le fil de lin et le coton à filer. C'était, certes, un progrès relativement à l'époque où les tisserands étaient obligés de se procurer eux-mêmes la matière première et de chercher des consommateurs pour leurs produits ; mais que c'était peu de chose en comparaison du développement que renfermait l'avenir ! L'industrie du coton était la dernière des grandes fabrications, et un rapport de Manchester, de l'année 1760, n'estime pas à plus de 200 mille livres sterling la valeur de sa production annuelle. Cependant, en présence du renchérissement continu de la laine fine, on ne perdit pas de vue le coton, dont le prix diminuait à mesure que la culture en augmentait dans les colonies ; et quand, en 1767, Hargreaves, charpentier à Blackburn, eut inventé la *spinning Jenny* (1), et que peu d'années après Arkwright eut imaginé une machine à filer plus parfaite encore, on vit s'opérer une révolution sans exemple. La fabrication du coton distança rapidement toutes les autres industries et elle surmonta toutes les difficultés, au point que ni la prodigieuse modicité des salaires, ni la perfection immémoriale du travail des ouvriers de l'Inde, ne purent lutter contre la supériorité des moyens mécaniques, et qu'on put aller chercher le coton à 5,000 milles anglais dans l'Inde même et l'y réexporter avec bénéfice sous forme de tissu. L'invention de la machine à filer fait époque dans notre histoire ; de cet événement date la suprématie indus-

(1) En français, *Jeanne la fileuse*.

trielle de l'Angleterre ; arrivé à la fin de la présente période, c'est à la suivante qu'il donne son caractère et son importance.

Pour l'industrie métallurgique aussi, cette autre richesse de l'Angleterre d'aujourd'hui, le dix-huitième siècle ne fut guère plus qu'une époque de préparation. Elle ne resta pas cependant stationnaire au milieu du progrès général, et l'emploi de la houille dans les usines devint alors la règle. L'étain et le plomb, les plus anciens articles de commerce du pays, continuèrent d'y être exploités comme d'habitude. Dans le pays de Galles, le comté de Derby et l'île d'Anglesea, l'extraction du cuivre prit un tel accroissement qu'on cessa d'en importer de l'étranger et qu'à partir de 1790 on en exporta. Mais, comparativement à l'énorme production de notre siècle, la production du fer à cette époque paraît minime, même toutes proportions gardées ; on donne pour l'année 1740 le chiffre de 17 mille tonnes ; pour 1750, 20 mille ; et pour 1788, 68 mille (1). L'exportation dépassait à peine 12 mille tonnes, et il s'importait d'Espagne, de Suède, d'Amérique, en quantité habituellement plus considérable, des fers de qualité supérieure. Dans la fabrication du fer, surtout de l'acier, les Anglais l'emportaient déjà sur tous les autres peuples.

Birmingham offrait, tant en ouvrages communs en métaux qu'en quincailleries de toute espèce, de tombac, de cuivre jaune, d'étain, de plomb, de fer et d'acier, un assortiment des plus riches, et la coutellerie de Sheffield, renommée depuis des siècles, régnait sur tous les marchés. Le charbon de terre devint de plus en plus un article de commerce, il s'en expédiait en France et en Hollande. De la révolution de

(1) « A la fin du règne de Charles II, une grande partie du fer employé dans le pays était importée de l'étranger, et la production nationale paraît n'avoir pas dépassé 10 mille tonnes. Aujourd'hui cette industrie est réputée languissante quand elle ne produit pas un million de tonnes. » Ces lignes sont empruntées au troisième chapitre de l'*Histoire d'Angleterre* de Macaulay, chapitre précieux qui contient des informations intéressantes sur l'industrie et le commerce de l'Angleterre, comme sur les autres éléments de sa civilisation, au dix-septième siècle.   H. R.

1688 à l'année 1783, la consommation intérieure en avait presque triplé.

Parmi les autres industries, la papeterie et la chapellerie méritent encore d'être mentionnées. L'Angleterre doit aux réfugiés français le perfectionnement de l'une et de l'autre. Avant 1688, indépendamment du papier brun d'emballage, elle fabriquait très-peu de papiers fins. En 1721 sa fabrication annuelle s'élevait déjà à 300 mille rames, soit à peu près aux deux tiers de sa consommation, et en 1783 on estimait la valeur produite en ce genre à 780 mille livres sterling. Pour la chapellerie, la possession des régions les plus septentrionales de l'Amérique, régions qui fournissaient les peaux de castor, était du plus grand prix. Il convient enfin de citer les commencements de la fabrication des poteries, que Wedgwood créa en 1760 dans les landes arides du comté de Stafford et qui bientôt ajouta un élément de plus à la puissance industrielle de l'Angleterre.

L'industrie anglaise resta longtemps soumise au régime des corporations ; mais les besoins et les intérêts s'y affranchirent plus tôt qu'ailleurs de ses dispositions les plus incommodes et créèrent des habitudes raisonnables à côté de lois absurdes. L'Angleterre connut aussi la première l'industrie en fabrique et la division du travail. Chacun avait sa spécialité, dans laquelle il se perfectionnait. Ce qui dans d'autres pays était l'objet d'une seule profession, en formait souvent trois ou quatre bien distinctes. De plus, le gouvernement ne cherchait pas, comme sur le continent, à tout réglementer dans le détail, il se confiait davantage à la probité et à l'intelligence de l'intérêt privé. De moyens de contrôle, tels que des bureaux d'inspection et des règlements concernant la qualité des produits, il en existait fort peu ; on y remarquait en revanche d'autres règlements, qui paraîtraient aujourd'hui fort étranges, mais que justifiait l'esprit de l'époque, comme la défense d'établir des fabriques à l'étranger, d'exporter des outils et des machines, etc. L'excellence de l'outillage n'était pas en effet un faible avantage pour l'industrie anglaise. En même temps son

union étroite avec le commerce, qui lui fournissait les matières premières, lui faisait souvent des avances de fonds et
payait comptant ses produits, lui donnait un avantage sur
celle des autres pays, où ces relations n'existaient pas, où
le fabricant, travaillant le plus souvent sans commandes, à
ses risques et périls, était obligé d'être commerçant lui-
même, et ne jouissait pas du crédit, ce grand levier.

C'est ainsi que nous trouvons déjà dans cette période beaucoup des éléments qui sont devenus de nos jours, à un plus
haut degré, l'ornement et la force de l'industrie anglaise;
nous les avons signalés, parce que trop souvent on les a négligés pour ne vanter que le système mercantile. Ce système n'eut
d'effet direct que sur le marché intérieur, dont la puissance
de consommation suivit le rapide accroissement de la population et de l'aisance. L'union de l'Écosse avec l'Angleterre, en
1707 (1), exerça sur ce commerce intérieur, par l'abolition de
la ligne de douane intermédiaire et par l'application d'un
même système commercial, la plus heureuse influence; elle excita puissamment dans le pays réuni l'esprit d'entreprise et l'a-
mour du travail. Quant à l'Irlande, elle conservait une administration et une représentation distinctes, où les vainqueurs
étaient privilégiés aux dépens des vaincus; son commerce,

---

(1) Il ne faut pas confondre l'union des deux couronnes qui fut, au commencement du dix-septième siècle, la conséquence de l'avénement du fils de
Marie Stuart au trône d'Angleterre, et l'union des deux pays conclue sous la
reine Anne, en 1707. La première, dont il a été parlé plus haut, avait laissé
à l'Écosse une indépendance au moins nominale. Durant le dix-septième
siècle, sauf une courte interruption sous Cromwell, l'Ecosse conserva sa constitution et son parlement. A vrai dire, elle n'était guère qu'une province de
l'Angleterre; cependant elle avait son système de douane à elle, et vis-à-vis
de l'acte anglais de navigation elle était traitée à l'égal de l'étranger. L'union
de 1707, qui créa cette merveille politique, la Grande-Bretagne d'aujourd'hui,
blessa en Ecosse, au commencement, beaucoup d'intérêts, notamment ceux
de la contrebande, que la modicité relative du tarif écossais avait favorisés;
et les mécontentements qu'elle excita furent pour beaucoup dans les insurrections jacobites de 1715 et de 1745. Elle ne déploya toute sa fécondité qu'a-
près la répression de la dernière. Ce ne fut du reste qu'à partir de la même
époque, ou de l'affermissement de la maison de Hanovre, que la révolution
de 1688 elle-même porta ses plus beaux fruits dans le domaine des intérêts
matériels.   H. R.

de plus, était soumis à des restrictions nombreuses et était loin d'être sur le même pied que celui de l'Angleterre. L'Irlande était considérée comme une province conquise et traitée en conséquence.

En Angleterre le gouvernement, placé depuis 1688 sous le contrôle de la nation, ne prenait jamais de mesures contraires à l'intérêt général. Si, à cette époque, l'intérêt général réclamait des prohibitions et des droits protecteurs, souvent aussi ce fut le contraire, et on peut dire à l'honneur de la législation de douane de l'Angleterre, que la première elle adopta le principe d'affranchir ou de n'imposer que faiblement les matières utiles aux fabriques. A la sortie, sauf la prohibition de la laine, les droits étaient, sur les principaux articles du pays, plus bas que dans les autres contrées, et notamment qu'en France. Le produit des douanes d'Angleterre, en 1590, sous le règne d'Élisabeth, ne dépassait pas 50 mille liv. st. ; en 1612, il monta à 148 mille ; en 1660, après la Restauration, à 422 mille ; et, à l'époque de la Révolution de 1688, à 782 mille. Il s'accrut considérablement sous Guillaume III et sous la reine Anne. En 1712, les douanes donnèrent un revenu net de 1 million 316 mille livres sterling, et, après la paix de Paris de 1763, près de 2 millions.

La publicité qui éclairait en Angleterre toutes les affaires du pays, et la responsabilité du gouvernement vis-à-vis du Parlement, provoquèrent des rapports détaillés sur la situation de l'industrie et du commerce à une époque où, sur le continent, la bureaucratie entourait encore tout de mystère. Les relevés de douane publiés depuis 1696, offrent beaucoup d'informations précieuses pour la statistique, sans satisfaire, bien entendu, aux exigences du temps actuel. Il n'est nullement dans notre intention de grouper ici des chiffres ; cependant on nous permettra de le faire exceptionnellement, et, pour compléter les indications ci-dessus sur le produit des douanes, de présenter, d'après Mac Culloch, en livres sterling, un aperçu succinct du commerce de la Grande-Bretagne pour des années moyennes de certaines périodes de paix.

1º Importation dans la Grande-Bretagne.

	1698-1701	1749-1755	1784-1792
D'Europe............	3,866,720	4,527,911	9,193,015
D'Asie.............	656,031	1,119,158	3,179,136
D'Afrique...........	17,421	34,279	92,252
D'Amérique..........	1,029,780	2,529,998	5,252,342
Ensemble.......	5,569,952	8,211,346	17,716,745

2º Exportation de la Grande-Bretagne.

	1698-1701	1749-1755	1784-1792
Pour l'Europe........	5,383,463	9,291,338	10,411,023
» l'Asie...........	214,212	714,105	1,795,747
» l'Afrique	114,043	213,841	809,546
» l'Amérique......	737,876	2,001,690	5,605,626
Ensemble.......	6,449,594	12,220,974	18,621,942

La valeur officielle des marchandises étant restée la même,
tandis que leur valeur marchande subissait de nombreuses
variations, et de plus le montant de la contrebande ayant été
omis, ces relevés ne sauraient fournir des données rigoureusement exactes, surtout pour apprécier si la balance du commerce était ou non favorable. Ils donnent du moins une idée
de l'accroissement colossal du commerce anglais, commerce
avantageux dans toutes les branches, sans que la différence
entre les importations et les exportations fût toujours soldée
en or et en argent, conformément aux illusions du système
mercantile (1). En Angleterre aussi la législation est tombée à
cet égard dans de grossières erreurs; heureusement, grâce au
bon sens et à l'esprit pratique des hommes d'affaires, ces erreurs y ont été moins nuisibles qu'ailleurs. Les payements en
métaux précieux n'eurent lieu régulièrement que du Portugal
à la Grande-Bretagne et de la Grande-Bretagne aux pays du
nord de l'Europe ; avec tous les autres pays l'équilibre était

(1) Il est bon de faire remarquer que, dans ce qu'on appelle le système
mercantile, il faut soigneusement distinguer deux théories indépendantes
l'une de l'autre, celle de la balance du commerce, dont personne ne partage
plus les illusions, et celle de la protection du travail national, qui compte
de nombreux partisans.   H. R.

rétabli par les spéculations du commerce, spéculations qu'il est du reste impossible de suivre dans leurs détails (1).

IX

Les détails sur le commerce de l'Angleterre avec les divers pays de l'Europe se trouvent dans les chapitres qui traitent spécialement de ces pays. L'industrie anglaise ne régnait pas encore sur les marchés du continent comme elle le fit plus tard. Elle n'avait dans sa dépendance que le Portugal, par suite du traité de Methuen, et à quelques égards aussi l'Allemagne par les subsides qu'elle envoyait sous forme de produits fabriqués ; les autres États défendaient le marché intérieur par des monopoles et par des prohibitions, la France surtout, qui, dans la période, disputa à l'Angleterre la suprématie dans le commerce non moins que dans la politique. Les nombreuses guerres entre les deux puissances furent aussi des luttes commerciales, et des représailles de la pire espèce entravèrent des relations naturelles, qui auraient pu être si actives, entre deux contrées voisines ; elles finirent par les réduire presque à la contrebande. Le traitement privilégié des vins du Portugal portait préjudice à ceux de France, et les facilités apportées à la production du rhum dans les colonies des Indes occidentales tendaient au même but. Dans le commerce

(1) Beaucoup de personnes croient pouvoir conclure du cours du change à la balance du commerce ; mais l'exemple de l'Angleterre montre combien cette hypothèse est trompeuse. Pendant la première moitié du dix-huitième siècle et même plus longtemps encore, le cours du change entre Amsterdam et Londres fut au désavantage de cette dernière place. Cependant personne n'en conclura que la balance du commerce fût alors défavorable à l'Angleterre. Cette conclusion serait contredite par les faits et par l'opinion générale. La cause du phénomène précité était tout simplement celle-ci : Amsterdam était le centre des opérations de change entre toutes les contrées de l'Europe et particulièrement entre l'Angleterre et la Hollande, et les sommes considérables à payer comme arrérages des fonds publics anglais étaient principalement remises par l'intermédiaire d'Amsterdam. Ajoutons, dans les années de cherté, les importations de grains, payées également par l'entremise de la Hollande, et les envois d'espèces en paiement des produits du Nord.

interlope, l'Angleterre avait un désavantage évident ; car la
France fournissait principalement des objets de luxe d'un
faible volume, mais d'un grand prix, en échange desquels
l'industrie anglaise, qui travaillait pour les masses, n'avait
pas à offrir d'équivalent. Mais l'Angleterre fut dédommagée
amplement par la contrebande avec l'Espagne, surtout depuis
que Gibraltar lui eut été cédé à la paix d'Utrecht. Nous avons
déjà raconté avec quel succès elle exerça cette triste industrie
dans l'Amérique espagnole ; quel abus elle fit à cet effet du
traité d'asiento, et comment, sur la résistance de l'Espagne, elle lui déclara la guerre en 1739. A presque tous les
traités de paix conclus par l'Angleterre dans le cours du dix-
huitième siècle sont annexés des traités de commerce, où se
révéla cette habileté qui a été caractérisée dans la section XI
de l'*Aperçu général* (1).

Ce fut alors que l'acte de navigation montra toute sa fécondité. La marine marchande s'était fortifiée, et, depuis que les
colonies de l'Amérique du Nord fournissaient des matériaux
en abondance et à bon marché, les constructions navales
avaient pris un développement extraordinaire. La domination
que l'Angleterre acquit par ses flottes et par ses brillantes
victoires maritimes, et qui ne connut plus de rivales depuis
la paix de Paris en 1763, exerça, du reste, une décisive influence. Le pavillon anglais ne manquait nulle part de protection, et il obtenait satisfaction de la moindre insulte. Le
commerce et la navigation circulèrent partout avec confiance,
parce qu'ils savaient avec quelle constante énergie leurs intérêts étaient défendus par le pays et par le gouvernement. Le
génie maritime de la population se déploya. Le cabotage, qui
transportait surtout de la houille, et les pêcheries formèrent
des matelots, qui ne le cédaient en rien à ceux de la Hollande
et les surpassaient en patriotisme. Le Parlement témoigna

---

(1) L'Angleterre, surtout après l'occupation de Gibraltar, aurait pu facilement
mettre un terme aux pirateries des Barbaresques. Mais elle préféra en préserver son commerce au moyen d'une rançon, afin de paralyser le commerce
des petits États maritimes et en particulier de ceux d'Italie, qui ne pouvaient
pas offrir autant.

une sollicitude particulière pour les pêcheries, et, par un large système de primes, consentit en leur faveur à des sacrifices presque exagérés (1). Il fallut, il est vrai, laisser le premier rang aux Hollandais; mais, en revanche, la concurrence des Français disparut après qu'ils eurent cédé Terre-Neuve et perdu leurs possessions et leur influence dans le nord de l'Amérique. Le manque ou du moins la cherté du sel avait jusque-là arrêté le développement des pêcheries anglaises; cet obstacle fut écarté par l'exploitation des riches salines du pays. La production du sel devint bientôt si considérable que l'Angleterre put non-seulement se suffire, mais exporter. Le grand banc de Terre-Neuve resta le quartier principal de ses pêcheries; on a calculé qu'à partir de 1763, il s'y était pêché, année moyenne, 200 mille quintaux de morues, représentant une valeur de 400 mille liv. sterl. Quant à la pêche du hareng et à celle de la baleine, on fut obligé, comme il a déjà été dit, de partager avec les Hollandais.

Il existe, sur les progrès de la navigation dans la Grande-Bretagne depuis 1663, des tableaux officiels publiés par l'administration du commerce, qui offrent, d'après les relevés de la douane, le mouvement des ports britanniques. On leur a emprunté les chiffres ci-après :

	Pavillon britannique.	Pavillons étrangers.
1663.............	95,266 tonneaux.	47,634 tonneaux.
1688.............	190,533 »	95,267 »
1712.............	326,620 »	29,115 »
1728.............	432,832 »	23,650 »
1740.............	384,191 »	87,260 »
1749.............	609,798 »	51,368 »
1765.............	726,402 »	72,215 »
1770.............	806,495 »	63,176 »
1779.............	642,981 »	49,040 »
1784.............	932,219 »	118,268 »

(1) Une société dite *de la libre pêche britannique,* au capital de 500 mille liv. st., fut autorisée par un acte du Parlement en 1750. Cette entreprise était particulièrement dirigée contre la Hollande, elle échoua complétement. Elle gaspilla ses fonds, en voulant réaliser immédiatement de gros bénéfices, tandis que le pays rival opérait avec une extrême économie et se contentait de profits modiques.

II.

A part les deux périodes de guerre avec l'Espagne en 1739, et avec l'Amérique du Nord de 1776 à 1780, ce tableau accuse un progrès continu, et le rôle insignifiant des pavillons étrangers prouve que même la majeure partie de l'intercourse de l'Angleterre avec l'Europe, intercourse que l'acte de navigation permettait aux navires de la puissance, avait lieu par navires anglais.

Comme aux beaux temps des républiques italiennes, le commerce en Angleterre était honorable pour toutes les classes. On n'y connaissait pas heureusement ce préjugé de tant d'États du continent, qui considéraient le commerce comme une dégradation ou comme une flétrissure pour une noble famille. De tout temps la noblesse anglaise servit en général plutôt la patrie que le prince, et préféra le rôle de patriote à celui de courtisan. Comment dès lors eût-elle dédaigné la plus lucrative des professions? Outre que ses fils cadets, rentrant dans les rangs de la bourgeoisie, étaient obligés de s'y faire leur carrière, on vit même maintes fois les chefs des premières familles s'intéresser directement dans des opérations commerciales, se placer à la tête de nouvelles entreprises, et les soutenir par les plus généreux sacrifices. Le commerce fut souvent le chemin qui conduisait à l'aristocratie. Combien de lords et de ducs sont descendus d'un marchand de la Cité ou d'un fabricant de Leeds! La ridicule coutume qui exige dans le mariage l'égalité de naissance, a toujours été étrangère à l'Angleterre, et un noble n'y croyait pas ternir son blason en donnant sa main à la fille d'un industriel. Le négociant anglais eut de bonne heure une importance politique. Élu membre du Parlement, il avait mission d'émettre son avis sur la législation et de contrôler le gouvernement. Il trouvait devant lui la voie ouverte pour arriver de son comptoir aux premières charges de l'État, et, quel que fût le parti gouvernant, un ministre qui aurait dédaigné ou ignoré les questions d'économie politique, était un ministre impossible.

Si le commerce de détail et les métiers des villes étaient

soumis en Angleterre à des lois restrictives, le commerce en gros et la banque étaient du moins libres pour tous, Anglais ou étrangers, chrétiens ou juifs. Dès cette époque, le commerce maritime était secondé par les agences qu'il avait établies en grand nombre dans les principaux ports du monde. Les Anglais surpassèrent de bonne heure les Hollandais pour l'étendue et pour la promptitude de leurs opérations. Ils risquaient davantage avec de moindres ressources, et ils furent favorisés par la fortune autant que protégés par la puissance croissante de leur pays.

Ce fut Guillaume III qui le premier, en 1696, institua pour les affaires commerciales du royaume, une administration indépendante et permanente, le conseil du commerce et des colonies, et lui assigna des attributions aujourd'hui réparties entre le département du commerce (*Board of Trade*) et celui des colonies. La réunion d'hommes spéciaux, des enquêtes faites dans les localités, l'envoi de commissions, des rapports détaillés enfin, précédaient chaque décision en matière d'économie publique et contrastaient singulièrement avec l'arbitraire bureaucratique du continent en pareil cas.

Dans une atmosphère de liberté on vit se développer chaque jour davantage cet esprit d'association, qui avait été de bonne heure vivace dans le peuple anglais. Il porta les meilleurs fruits sur le terrain qui nous occupe. Des sociétés se formèrent, avec le concours des hommes les plus notables du pays, pour l'encouragement des arts, des manufactures et du commerce ; la plus célèbre fut celle de Londres, fondée en 1754. Les esprits ingénieux, les imaginations fécondes, pouvaient être tranquilles sur les moyens de réaliser leurs conceptions. La Société était toujours prête à leur offrir l'appui le plus libéral, et elle ne reculait devant aucune dépense d'intérêt public. Des brevets assuraient à l'inventeur une juste rémunération.

Bien que toutes ces institutions, qui ont fait des Anglais des négociants consommés, ne se soient épanouies que de nos jours, elles commençaient déjà à fleurir dans la présente période. Nous les avons mentionnées comme le trait caractéristique qui distinguait alors l'Angleterre du continent. Aujourd'hui ces institutions, dans lesquelles elle conserve encore la supériorité, sont devenues plus ou moins le bien commun de tous les peuples civilisés. C'est elle, du reste, qui la première les a adoptées et mises en pratique. La liberté républicaine de la Hollande était dépourvue de l'unité nationale et de la force nécessaire pour réussir, et d'autres États, qui possédaient l'unité et la force, manquaient de cette liberté, sans laquelle le succès n'était pas non plus possible. Ce fut l'heureuse union de l'un et de l'autre avantage qui assura le triomphe de l'Angleterre.

X

Déjà considérable au moyen âge, Londres s'était accru sous les Tudors et sous les Stuarts, et il avait été de tout temps le centre du commerce de l'Angleterre ; il ne devint que dans le cours du dix-huitième siècle la métropole du commerce de l'univers. En 1700, il n'était entré dans la Tamise que 839 navires britanniques et 496 navires étrangers ; quatre-vingt-dix ans plus tard, il en entra 2,284 et 1,256. L'agrandissement colossal de cette ville, qui dépassait toutes les proportions connues (1), s'opéra de lui-même sous la seule influence des besoins et des intérêts. Ce ne fut pas le caprice d'un prince, ce fut la puissance instinctive du commerce qui le détermina. Le gouvernement chercha plutôt à l'arrêter et à le restreindre. Siége des compagnies de commerce, des institutions de crédit, des sociétés d'assurances et surtout de la bourse, Londres ne pouvait manquer d'être le grand marché

(1) Les données statistiques sur la population de Londres sont très-incertaines et même contradictoires. Il n'a été fait de recensements sérieux et dignes de confiance que depuis le dix-huitième siècle. Le nombre des habitants de Londres, sous Jacques II, n'excédait probablement pas de beaucoup un demi-million. Il avait presque doublé à la fin de la présente période.

pour l'argent comme pour les marchandises, et le centre tant de l'exportation que de l'importation. L'industrie aussi y était représentée dans la plupart de ses branches. C'était dans cette capitale que les réfugiés étrangers avaient mis pied à terre, et les grands centres manufacturiers ne venaient que de naître. Manchester, en 1774, n'avait pas plus de 41 mille habitants ; Leeds en comptait à peine 18 mille, et la grandeur de Birmingham et de Sheffield est d'une date plus récente encore. Glasgow prospéra rapidement depuis l'union, qui assimila les ports d'Écosse à ceux d'Angleterre pour le commerce colonial. En 1718 on vit sortir de la Clyde le premier navire qui franchit l'océan Atlantique. Cette ville devint l'entrepôt principal des tabacs du Maryland et de la Virginie ; mais, dans l'industrie, où elle rivalise aujourd'hui avec Manchester, son rôle était encore très-modeste. Beaucoup de fabrications étaient répandues dans la campagne ; le travail en fabrique et sa concentration dans les villes ne pouvaient se généraliser qu'à la suite de l'emploi des machines. Parmi les ports de mer, Bristol venait immédiatement après Londres, et aurait dû même tenir le premier rang par l'ancienneté. Mais dans le commerce il n'y a pas de prescription ; le vieil entrepôt de la Saverne, se vit, à la fin de la présente période, dépassé par un jeune parvenu des bords de la Mersey. La splendeur actuelle de Liverpool contraste singulièrement avec son humble origine. Au seizième siècle ce n'était qu'un misérable hameau sans une église paroissiale dans un rayon de quatre milles ; comptant alors 138 habitants, et ne possédant que deux ou trois navires d'une capacité de 223 tonneaux, Liverpool se qualifiait, dans une pétition à la reine Elisabeth, de *pauvre bourg déchu de Sa Majesté*. Ce fut la traite des noirs qui lui ouvrit le chemin de la fortune. Son port, qui se signala par l'établissement des premiers docks, arma un grand nombre de négriers. A la fin du dix-septième siècle, sa population était de 5 mille âmes, et lors de la guerre d'Amérique, elle avait atteint 50 mille. La traite des noirs y fut bientôt remplacée par un trafic plus honorable. Une compagnie puissante exerçait le monopole dans les Indes orientales ; les maisons de Londres y dominaient, à l'exclusion de Liverpool. Cette place jeta alors les yeux du côté de l'ouest. De bonne heure en relation avec les colonies anglaises, elle attira dans son port, après leur émancipation, presque tout le commerce de l'Amérique du Nord. Ce fait, du reste, appartient à la période suivante ; mais dès le siècle dernier, l'activité commerciale de cette place se ressentit du voisinage des fabriques de Manchester, et c'était par elle surtout qu'on communiquait avec l'Irlande. Comme centre des affaires avec le nord de l'Europe, il faut mentionner Hull, et, comme principal entrepôt de la houille, Newcastle. Toutes ces places maritimes étaient reliées entre elles par des canaux, qui touchaient aux chefs-lieux de l'industrie et de l'agriculture et transportaient leurs produits.

XI

Bien que l'Angleterre n'eût été en aucun temps un pays pauvre, et qu'à l'époque même où ses exportations se bornaient aux produits de son sol, elle réalisât déjà des profits considérables, bien qu'alors, en prenant part tout à coup au commerce international, elle attirât à elle une grande partie des trésors de l'Amérique, comme la Hollande l'avait fait aux dépens du Portugal et de l'Espagne, et accrût ainsi la masse de ses capitaux circulants, ces capitaux, néanmoins, étaient encore loin de suffire aux efforts extraordinaires qu'exigeaient ses prétentions à la suprématie maritime et commerciale. Avec le développement de sa puissance politique, ses opérations commerciales avaient augmenté dans une progression plus rapide. Il s'agissait donc de créer de nouveaux capitaux par le crédit, et de suppléer aux espèces métalliques par des moyens de circulation artificiels.

L'Angleterre, qui devait porter si loin le développement des banques et du crédit, avait été, sous ce rapport, devancée par le continent. Longtemps ses rois, et en dernier lieu Charles 1er, s'étaient attribué le droit de faire la banque. On

disait le change du roi, *cambium regis*. L'hôtel des monnaies
servait de dépôt pour les grandes réserves d'argent. Mais il
cessa d'être considéré comme un lieu sûr quand les guerres
civiles éclatèrent sous Charles Ier, et que le pays fut en proie
à l'anarchie. On recourut alors aux orfèvres. Cette corporation, très-considérée, ayant constamment en sa possession de
fortes sommes de métaux précieux, devait nécessairement
être plus habile à les conserver que le simple négociant, à
moins qu'il ne voulût se mettre en frais. Trouvant des dispositions prises à cet effet chez les orfèvres, il s'accoutuma sans
peine à déposer son argent entre leurs mains, et à faire opérer par eux ses payements ; ce qui s'effectuait au moyen de
simples écritures, quand l'orfèvre, comme c'était souvent le
cas, avait en même temps sous sa garde les capitaux du
créancier et ceux du débiteur. C'étaient là des banques de
dépôt privées. Le dépositaire recevait des déposants une
rémunération qui, étant acquittée par un grand nombre de
personnes, était légère pour chacune. Disposant de grandes
quantités d'espèces qu'ils avaient rarement à compter, les
orfèvres furent peu à peu conduits à d'autres opérations étrangères à leur objet primitif. Ils prêtèrent à de gros intérêts des
sommes considérables, notamment au Protecteur Cromwell ;
d'un autre côté, pour accroître leurs ressources, ils en empruntaient à des intérêts modiques et pour un temps indéterminé, toujours prêts à rembourser leurs créanciers, lorsque
ceux-ci avaient besoin de leurs fonds. Il arriva ainsi que
leurs caisses recevaient les espèces de toutes les personnes
riches, et que, sans concession, sans formalité aucune, ils
pratiquèrent toutes les opérations des banques de prêt.

Déjà, du temps de Cromwell, l'établissement d'une banque
publique fut proposé à plusieurs reprises. Mais aucune de ces
propositions n'eut de suite, et les orfèvres employèrent sans
doute toute leur influence pour les faire échouer. Ils voulaient
conserver le monopole du crédit et en retirer le plus de profit
possible. Ils donnaient 6 p. 100 pour les dépôts, mais ils
exigeaient de 10 à 20 p. 100 pour leurs avances. Sous l'in-

fluence de la corporation, le taux de l'intérêt s'éleva dans tout le pays. Les petits industriels et les petits propriétaires furent hors d'état d'acquitter des intérêts usuraires ; beaucoup de terres restèrent incultes faute de capital, et se déprécièrent ; les affaires languirent, le prix des denrées nécessaires et des produits fabriqués haussa, les facultés contributives du pays diminuèrent, et Charles II lui-même ne put, en 1672, payer exactement les intérêts élevés qu'il devait aux orfèvres pour une avance de 1,328,526 liv. st. (1).

Après avoir causé des pertes considérables, ces abus cessèrent, il est vrai ; mais on ne sentit que plus vivement le besoin d'un vaste et solide établissement de crédit, de nature à satisfaire aux besoins chaque jour croissants du commerce. Des embarras pécuniaires du gouvernement en hâtèrent la création. Des négociants de la Cité de Londres, à la tête desquels se trouvait l'Écossais Patterson, offrirent au gouvernement un prêt de 1,200 mille liv. st., pour prix de la concession d'une charte autorisant l'établissement d'une banque publique de circulation. Le gouvernement accepta la proposition et accorda, le 27 juillet 1694, la charte d'institution de la banque d'Angleterre. La somme prêtée à l'État lui fut immédiatement remise en billets ; il s'engagea à payer un intérêt de 8 p. 100, et à contribuer de plus pour 4 mille liv. st. aux frais d'administration. Les opérations de la banque d'Angleterre se bornaient alors, et se bornent encore aujourd'hui, à trois, savoir : l'escompte des lettres de change, le commerce de l'argent et de l'or en lingots, et les avances au gouvernement sur le produit de l'impôt, avances que seule elle peut faire, et pour lesquelles elle touche un intérêt annuel de 3 p. 100. Elle est ainsi la banque du gouvernement, et son caractère est mixte ; elle vient en aide avec son

---

(1) Si Charles II ne remplit pas ses engagements envers les orfèvres, ce fut uniquement par suite de mauvaise administration ; il préférait employer les revenus de la couronne à ses plaisirs. Il s'agissait, du reste, du remboursement du capital prêté, et non pas simplement du service des intérêts ; c'était, en d'autres termes, une banqueroute.   H. R.

papier, non-seulement au commerce et à l'industrie, mais encore au trésor public. Son privilége fut complété par un acte du Parlement de 1708, acte qui interdit en Angleterre la création de toute autre maison de banque ayant plus de six associés, ainsi que l'émission de billets à vue ou à moins de six mois d'échéance. De 4,402,543 liv. st. en 1708, son capital s'éleva à 10,780,000 liv. st. en 1746, chiffre auquel elle resta jusqu'à la fin de la période.

Dès l'année qui suivit sa fondation, l'établissement subit une crise, par suite d'une refonte générale des monnaies, et il fut même obligé de suspendre ses payements. Cependant le secours du gouvernement et la prudence de ses directeurs le sauvèrent. Les principes qui présidèrent à son administration furent, durant la période, constamment reconnus sages et justes. Le taux de ses dividendes, qui ne dépassèrent jamais 8 p. 0/0, et s'élevaient en moyenne à 5 1/2, prouve suffisamment que l'intérêt général n'était pas sacrifié à l'intérêt privé des actionnaires, et que la modération et la prévoyance furent toujours observées. Il est difficile de donner des chiffres précis sur les émissions de billets. Mais il paraît qu'on avait déjà adopté la maxime de garder en caisse l'équivalent métallique du tiers au moins du papier émis.

Le privilége de la banque d'Angleterre ne s'appliquait pas à l'Écosse. L'exemple donné à Londres fut immédiatement imité dans ce pays, dont les habitants firent paraître une sagacité particulière en matière d'économie publique et notamment dans les questions si difficiles de la monnaie et du crédit. La première banque y fut établie en 1695 sous le titre de Banque d'Écosse. Après elle on vit surgir la Banque royale d'Édimbourg en 1727, la Société linière britannique en 1746, la Compagnie d'Aberdeen et d'autres semblables en 1767 ; de sorte que vers 1783 l'Écosse comptait déjà quatorze banques qui toutes émettaient des billets et avaient établi des succursales. Les banques en Écosse constituèrent un système à part. Le commerce n'y était pas assez considérable, et le capital en circulation, d'environ un million et demi de livres sterling, était trop faible, pour que l'escompte des effets de commerce pût occuper suffisamment les banques; bientôt le crédit hypothécaire devint leur principal objet, et elles furent avant tout des banques de prêt. Pour le montant de leurs fonds disponibles, elles ouvraient à quiconque présentait deux propriétaires fonciers d'une solvabilité reconnue pour répondre du remboursement du prêt et du payement de l'intérêt légal, un crédit ou, comme elles l'appelaient, un compte de caisse sur leurs livres, et, pour augmenter encore les facilités, elles admettaient le remboursement par termes. Tous les négociants, et presque tous ceux qui avaient des mouvements de fonds à opérer, trouvaient avantage à se faire ouvrir un compte de caisse dans une banque d'Édimbourg. Ils étaient intéressés à favoriser les opérations de ces établissements, soit en acceptant leurs billets en payement, soit en déterminant d'autres personnes à les accepter comme eux. Lorsqu'un marchand demandait des fonds aux banques, elles lui remettaient habituellement des billets. Avec ces billets il s'acquittait envers l'industriel qui lui avait livré ses produits fabriqués ; l'industriel s'acquittait de même envers l'agriculteur qui lui avait fourni des denrées ; l'agriculteur rapportait les billets au marchand en payement de ses marchandises ; ce dernier enfin les rendait à la banque pour les règlements de son compte de caisse ou pour l'extinction de sa dette. C'est ainsi que presque toutes les transactions en Écosse s'effectuèrent et s'effectuent encore aujourd'hui par l'entremise des banques, et le mode d'organisation qui a été adopté dans ces établissements est désigné sous le nom de Système écossais. Comme toutes les banques en général, elles n'ont atteint leur complet développement que dans la période contemporaine ; cependant l'industrie et le commerce de l'Écosse, jusque-là insignifiants, lui durent leur existence dans la période même qui nous occupe. Cette industrie et ce commerce avaient presque quintuplé depuis la création de la première banque jusqu'au milieu du dix-huitième siècle. Glascow, auparavant obscur, était devenu l'entrepôt des tabacs d'Amérique et une ville manufacturière pleine d'avenir.

Mais les meilleures institutions humaines ont leurs défauts ; l'accroissement trop rapide du papier-monnaie enfanta dès lors des abus et des désastres. Lors de la fondation de la première banque, on n'évaluait pas à plus de 8 millions de livres sterling les espèces circulant en Angleterre. Il était facile de se laisser aller à des émissions disproportionnées, et, par suite, dans des conjonctures défavorables, d'arriver à la banqueroute. Il n'est pas moins exact que les banques et leurs billets ont puissamment contribué au prodigieux essor du commerce et de l'industrie de l'Angleterre, commerce et industrie qui grandirent à mesure que s'accroissait le capital circulant. L'Angleterre put engager dans d'autres pays une grande partie de ses espèces, et accorder de plus longs crédits aux négociants étrangers, ce qu'elle fit notamment dans les colonies d'Amérique et en Russie. En temps de guerre, elle eut à envoyer sur le continent des sommes considérables. Elle prenait à la guerre une part en quelque sorte indirecte, et soutenait ses alliés par des subsides d'argent plutôt que par des troupes. Comment, écoulant son numéraire métallique, aurait-elle pu continuer à travailler sans un autre instrument de circulation ? Son numéraire métallique n'était pas pour cela perdu. Elle ne tardait pas à le rappeler à elle, accru de profits considérables, en payement de ses envois de produits manufacturés, et ses banquiers entretenaient les relations les plus actives avec ceux des pays étrangers. Sur toutes les places, celle d'Amsterdam exceptée, le cours du change était en faveur de Londres. Avant la guerre d'Amérique, la circulation des espèces en Angleterre était évaluée à 29 millions de livres sterling.

XII

Les guerres de l'Angleterre, pendant le dix-huitième siècle, exercèrent une influence particulière sur le commerce et sur l'industrie, en occasionnant un accroissement considérable de la dette publique. Jusque vers 1694, on avait généralement fait face aux dépenses extraordinaires avec des augmentations d'impôts. Du moins, les emprunts n'avaient-ils formé que l'exception et avaient-ils été le plus souvent contractés par les princes en leur nom personnel. Ils ne commencèrent que sous Guillaume à constituer un système financier. Au commencement l'État affectait d'ordinaire quelque branche de son revenu au remboursement du capital ainsi qu'au service des intérêts. Mais le remboursement avait lieu rarement ; les besoins de l'État, loin de diminuer, ne faisaient que s'accroître ; on continua d'emprunter et d'engager les revenus de l'État pour de nouveaux emprunts. A la fin, on renonça à l'engagement de rendre dans un certain délai ou par termes, et la plupart des emprunts créèrent des rentes perpétuelles que servait l'État jusqu'à ce qu'il lui plût de rembourser le capital. Telle est l'origine du crédit public, destiné à acquérir plus tard une importance et une extension qu'on ne soupçonnait pas à cette époque.

La rareté des fonds disponibles et le défaut de confiance dans le gouvernement sorti de la révolution, expliquent le taux élevé des intérêts qu'il fallut payer pour les premiers emprunts. Mais, quand le nouveau régime se fut affermi et eut inspiré de la confiance au dedans et au dehors, les offres d'argent, de la part de la Hollande surtout, où, comme nous l'avons vu, des sommes considérables restaient inemployées, augmentèrent dans une assez forte proportion pour que le gouvernement pût, en 1717, réduire les intérêts à 5 p. 100, taux qui, peu auparavant, avait été déclaré le taux légal, et même en 1727 à 4 p. 100, sans provoquer aucune demande importante de remboursement et sans déprimer le cours des effets publics. Le profit réalisé par cette réduction des intérêts fut employé à la création d'un fonds d'amortissement de la dette nationale. Le premier exemple en avait été donné, en 1655, par la Hollande, qui avait pris aussi les devants dans l'abaissement du taux de l'intérêt. Cette institution, toutefois, faute d'une exacte observation des principes sur lesquels elle était fondée, ne rendit pas les services qu'on devait en attendre ; aussi subit-elle plusieurs modifications dans la période suivante, et finit-elle par être abolie.

—Indépendamment de toute institution de ce genre, l'Angleterre et son gouvernement jouissaient dans le monde entier d'un crédit inébranlable ; une si forte dette n'effrayait pas lorsqu'on voyait chaque nouvel emprunt accompagné d'un merveilleux développement des forces productives du pays, d'un nouvel accroissement de la prospérité matérielle et de la puissance de l'État. Comme la majeure partie des fonds étaient empruntés dans le pays même, chaque progrès du système rattachait plus étroitement les intérêts pécuniaires du gouvernement à ceux de la nation. Le crédit une fois éteint, c'en était fait des emprunts et par suite de la force du gouvernement. Un tel système devint ainsi le ciment de la constitution. Mais tandis que ses progrès avaient pour effet d'augmenter constamment les charges, l'accroissement proportionnel de la prospérité publique offrait une garantie du maintien de la constitution, grand objet auquel le gouvernement anglais, plus que tout autre, était obligé de tout sacrifier. Grâce à cette solidarité indissoluble de la constitution, du crédit de l'État et de la prospérité nationale, la Grande-Bretagne ne put manquer d'acquérir une vigueur d'organisation que les États du continent étaient loin de présenter. Les chiffres de la dette anglaise qui, de 664,263 liv. st. en 1688, s'était élevée à 249,851,628 liv. st. en 1783, année de la paix de Versailles, ne doivent pas être lus isolément, mais en regard des relevés où sont consignés les progrès du commerce et de l'industrie, de la navigation et de l'agriculture durant la même période.

L'augmentation de la dette publique accrut les ressources de beaucoup de particuliers, en élargissant le champ des opérations financières. Le trafic des effets publics devint à la bourse de Londres, comme il l'était déjà à celle d'Amsterdam, une industrie spéciale et importante. La spéculation prit des proportions toujours plus vastes et s'étendit de plus en plus aux marchandises. On s'engoua pour les entreprises par actions ; les projets les plus absurdes se produisirent, et, l'esprit d'agiotage et la passion de s'enrichir promptement agitant les principales bourses de l'Europe pendant les vingt premières années du dix-huitième siècle, ils trouvèrent d'autant plus de dupes, que les gouvernements, par une aberration coupable, les encourageaient et même y prenaient part. La Compagnie de la mer du Sud, privilégiée en 1711, en est le plus fameux exemple en Angleterre.

L'objet évident de la création de cette compagnie était une spéculation financière du gouvernement. La guerre de la Succession d'Espagne avait épuisé le trésor et accumulé des dettes auxquelles les ressources ordinaires ne permettaient pas de faire face. Le crédit public était atteint ; le taux de l'escompte était élevé, et déjà la bourse témoignait, par sa langueur, de son peu de confiance dans le ministère, qui avait passé des mains des Whigs dans celles des Tories. Ces derniers, sur le point de conclure avec la France une paix repoussée par l'opinion publique, avaient besoin d'un secours, qu'avec du savoir-faire, ils espéraient obtenir le plus sûrement des puissances financières de la Cité. Cet espoir ne fut point déçu. Exploitant avec habileté le goût régnant de l'agiotage, et enflammant la cupidité par la perspective des valeurs immenses en or et en argent à retirer encore de l'Amérique, on offrit de concéder, sous les conditions en apparence les plus libérales, à une nouvelle compagnie, le commerce exclusif des côtes orientales et occidentales du nouveau continent au sud de l'Orénoque (1). La proposition réussit ; l'affluence des souscripteurs fut prodigieuse, l'agiotage provoqua prompttement une hausse de tous les cours, et le gouvernement, ce qui était pour lui l'essentiel, obtint la direction de l'entreprise.

La compagnie était évidemment fondée sur l'hypothèse que l'Angleterre, en traitant avec l'Espagne, obtiendrait les conditions les plus avantageuses pour le commerce avec

---

(1) On comprenait alors sous le nom de mer du Sud une partie de l'Atlantique aussi bien que du Pacifique.

l'Amérique du Sud, et qu'elle retirerait de ce commerce des profits extraordinaires. Or l'Espagne, par le traité d'asiento, n'accorda aux Anglais que le droit d'importer un nombre déterminé d'esclaves et un seul chargement de marchandises dans le port de Porto-Bello. Cette concession ne suffisait pas pour réaliser les brillantes espérances de la compagnie. On fit, il est vrai, le plus de contrebande que l'on put avec le navire de l'asiento ; mais les colonies des Indes occidentales avaient déjà pris une grande avance sur ce terrain. Des opérations si restreintes ne pouvaient employer le capital de la compagnie, encore moins l'ardeur de spéculation qui la possédait. Elle songea donc à d'autres entreprises. Alors le gouvernement lui proposa de prendre à son compte la dette de l'État. Elle accepta ses propositions et porta, en 1719, son capital à près de 12 millions de liv. sterl. Presque à la même époque où le système de Law berçait la France des chimères du Mississipi et de la Louisiane, on vit éclore les fantaisies les plus extravagantes. On ne compta pas moins de quatre-vingts projets, tous fondés sur de nouvelles souscriptions d'actions. On les a qualifiés avec raison de *bubbles* ou escroqueries, mais tel était l'aveuglement que des milliers de personnes se ruinèrent avant que le bon sens reprît son empire. Les gazettes étaient remplies en entier d'annonces de nouvelles affaires dont les actionnaires allaient devenir des Crésus ; et l'on alla jusqu'à prendre au sérieux la mystification ci-après : « A un certain lieu s'ouvrira mardi prochain une souscription de deux millions pour exploiter l'invention de fondre des copeaux et d'en faire d'excellentes planches sans trous ni fentes. »

Les détails de cette fièvre, dont nous retrouverons l'analogue en France, nous entraîneraient trop loin. Au moyen d'une souscription trois fois réitérée, la Compagnie de la mer du Sud avait, en 1720, élevé son capital jusqu'à 37,802,883 liv. sterl., somme colossale pour l'époque. Ce n'était d'ailleurs qu'une valeur nominale, l'agiotage ayant porté le cours des actions, qui n'étaient primitivement que de 100 livres, à

400, et à la fin même jusqu'à 900. On peut juger d'après cela de la perte que subirent les derniers détenteurs de ces effets par l'abandon de presque toutes les entreprises projetées.

L'année 1720 se termina par une catastrophe qui bouleversa presque toutes les fortunes en Angleterre. Ce bouleversement fut d'autant plus profond que la hausse énorme des actions avait occasionné une dépréciation considérable de l'argent et de presque toutes choses, mais principalement des biens-fonds. Cette crise provoqua une masse d'écrits, pleins de reproches et d'accusations des plus passionnés, en particulier contre le gouvernement. Le gouvernement était certainement coupable comme premier auteur et complice de ces désordres; cependant, quand éclata la crise, il s'abstint de toute mesure arbitraire, et, plus heureux que le gouvernement en France, il sut maintenir le crédit public au milieu des calamités privées. Mais, en définitive, il faut s'en prendre à la cupidité qui avait envahi toutes les classes de la société. L'Angleterre avait besoin de cette rude leçon pour être guérie de son aveuglement et pour se faire des idées plus justes sur les sources de la richesse (1).

XIII

L'agriculture anglaise, au dix-huitième siècle, marcha du même pas que le commerce, l'industrie et la navigation. On rechercha davantage la plupart des produits d'un sol qui, faiblement imposé et libre de servitudes, rémunérait les travaux et les améliorations du cultivateur intelligent : nulle part, si l'on excepte les Pays-Bas, la rente de la terre n'était

(1) La compagnie de la mer du Sud conserva le droit de charger le navire de l'asiento ; mais ce droit expira en 1750, en partie par suite des réclamations des négociants anglais, qui alléguaient que l'exportation des produits de l'industrie britannique pour l'Amérique espagnole s'effectuait avec plus de profit par Cadix que par la voie directe.

plus élevée. La consommation de la viande, générale en Angleterre, même parmi les classes inférieures, attira particulièrement l'attention du fermier sur l'éducation du bétail, celui que l'on nourrissait dans les pâturages ne suffisant plus aux besoins du pays. On engraissa à l'étable, on fit des prairies artificielles, et l'accroissement du nombre des bestiaux réagit utilement sur l'agriculture, en fournissant une plus grande quantité d'engrais. De vastes terrains, auparavant stériles, furent mis en culture ; on dessécha les districts marécageux et l'on donna de l'eau aux districts arides. Les capitaux et le crédit vivifièrent l'agriculture aussi bien que l'industrie. La noblesse habitait ses domaines et les exploitait elle-même avec ardeur. Les industriels et les négociants enrichis recherchaient la terre et y plaçaient une partie de leur fortune. On passa des baux à long terme, qui permettaient aux fermiers de récolter après avoir semé. L'Irlande, il est vrai, offrait une situation tout autre. Le sol, qui y était devenu, par droit de conquête, la propriété d'une noblesse hostile aux habitants et d'un clergé d'une religion différente de la leur, y était mal cultivé. Les propriétaires restaient souvent toute leur vie absents de leurs domaines, et en consommaient les revenus en Angleterre. Un système de baux qui fractionnait le sol en une infinité de petites parcelles porta le mal à son comble, et c'est ainsi que le dénûment, la misère et la famine sont restés jusqu'à ces derniers temps le partage de cette île infortunée. Dans les comtés du nord seuls l'industrie linière donna quelque impulsion au travail agricole, particulièrement en provoquant la culture du lin.

Le commerce des grains ayant déjà dans la présente période constitué pour l'Angleterre une opération des plus importantes et un sérieux objet de législation, il ne sera pas hors de propos de jeter un coup d'œil rapide sur son passé. Il a déjà été dit plusieurs fois que longtemps l'intérêt agricole avait été prépondérant dans ce pays, et que la production des céréales, avec l'éducation de la race ovine, y avait formé la principale occupation des habitants. Dans l'origine, l'exportation était prohibée; à partir de 1436 elle fut permise, lorsque les prix à l'intérieur ne dépassaient pas un certain taux. Ce taux varia avec le temps, et par suite de l'augmentation générale des prix. Il fut, nous l'avons vu, considérablement élevé sous Élisabeth, pour le froment, de 5 sch. 8 d. à 10 et à 20 sch. le quarter, et, sous la Restauration, il monta jusqu'à 53 sch. 4 d. On mit en même temps un droit assez considérable sur l'exportation, sous le prétexte de l'intérêt des populations, mais en réalité pour procurer un revenu à la couronne toujours à court d'argent. Jusqu'à 1670, l'importation des grains resta libre, mais sans être, comme dans d'autres pays, particulièrement encouragée. En cette année eut lieu la première atteinte à cette liberté. L'importation fut prohibée à moins que le prix du froment n'atteignît 53 sch. 4 d. le quarter; à ce prix et au-dessus elle fut permise sous un droit de 8 sch. Mais la prohibition ne pouvait être que de peu d'effet, par la raison qu'on manquait d'une méthode certaine pour constater les prix, et l'élévation du prix limite ne pouvait pas davantage profiter à l'agriculture, les droits sur l'exportation étant maintenus. Par un autre acte plus sage, le Parlement, en 1663, établit la liberté du commerce des grains à l'intérieur. Il avait été jusque-là défendu, sous les peines les plus sévères, de faire des approvisionnements de grains ou d'en acheter sur un marché avec le but de les revendre sur un autre, et personne, sans une autorisation spéciale, ne pouvait en transporter hors de son comté.

A l'avénement de Guillaume III, un nouveau système prévalut. On considéra les intérêts de l'agriculture comme de premier ordre, et, pour les favoriser, on ne se contenta pas de supprimer les droits à la sortie, on stimula l'exportation par une prime, de 5 sch. par quarter de froment, quand le prix descendait à 48 sch. ou au-dessous. En ce qui touche l'importation, la loi de 1670 resta en vigueur. L'exportation totale en grains de l'Angleterre, de 1697 à 1765, s'éleva à environ 33 millions de quarters, et les primes à peu près au sixième de la valeur exportée. L'importation, dans la même période, d'après une estimation évidemment trop basse, n'aurait pas atteint 1 million 600 mille quarters. Du reste, l'exportation, dans les années mêmes où elle était le plus forte, n'équivalait qu'au trente-deuxième de la consommation du pays.

L'accroissement rapide de la population et de la prospérité manufacturière, après la paix de Paris en 1763, réduisit tout à coup l'exportation, et parut même rendre l'importation nécessaire. On abolit, en conséquence, plusieurs restrictions d'entrée, et l'on rendit même, en 1773, une nouvelle loi qui soumettait le froment étranger au droit normal de 6 d. par quarter, et supprimait les primes de sortie lorsque le prix serait de 44 sch. au plus. L'importation augmenta alors dans une notable proportion, et les propriétaires fonciers commencèrent à craindre, vu l'élévation de leurs frais de production, de ne pouvoir, malgré leurs autres avantages, soutenir la concurrence étrangère, et de voir leur pays dépendre des envois du dehors. Ces inquiétudes provoquèrent les mesures restrictives de 1791, mesures accompagnées encore de ménagements. Mais bientôt on adopta un système absolu, qui joue un rôle considérable dans l'histoire commerciale de la période suivante.

XIV

A partir de la révolution, sous le gouvernement de la maison de Hanovre surtout, la puissance coloniale de l'Angleterre marcha rapidement vers son apogée. Elle fut due à la fortune en même temps qu'à de nobles efforts. Les guerres de la métropole en Europe s'étendirent aux colonies, et eurent pour résultat d'y agrandir son territoire et son commerce. La politique coloniale, quelle qu'en fût la rigueur en principe, était appliquée avec intelligence, et la défection même des États-Unis prouve que la liberté et les lumières avaient été beaucoup moins étouffées dans les possessions de l'Angleterre que dans celles des autres États.

Les Anglais s'appliquèrent avant tout à jeter les fondements de leur grand empire de l'Inde. Les Hollandais étaient solidement établis dans les îles, mais le continent, où la domination du Grand Mogol s'affaissait de plus en plus dans l'anarchie, offrait un champ beaucoup plus vaste. On commença par tenter la voie des négociations. En 1715, une ambassade se rendit à Delhi pour y solliciter de la cour un accroissement du territoire de la compagnie et de ses priviléges. Elle obtint des concessions importantes en matière tant de territoire que de commerce et de navigation. Les établissements de Calcutta et de Madras furent arrondis, et, entre autres avantages commerciaux, les Anglais furent exemptés des droits de douane.

La charte de la compagnie allait expirer en 1730, lorsqu'une nouvelle tentative fut faite par un certain nombre de maisons de Londres, de Bristol et de Liverpool pour en empêcher le renouvellement et pour abolir un monopole contraire à l'intérêt général. Comme la compagnie, au lieu de faire connaître sa situation, la tenait secrète autant que possible, l'opinion publique estimait ses bénéfices beaucoup au-dessus de ce qu'ils étaient en réalité. Mais, malgré les excellentes raisons qu'elle allégua, l'opposition n'eut pas plus de succès que précédemment. La compagnie fut prorogée jusqu'en 1766 à charge de payer 200 mille livres sterling à l'État, et, en 1745, lui ayant fait un prêt d'un million à 3 p. 100, elle le fut de nouveau jusqu'en 1780.

L'année 1743 est pour elle une date mémorable ; ce fut depuis cette époque que ses exploits militaires et ses vastes conquêtes mirent dans l'ombre son caractère commercial. Avant que l'Europe eût établi des communications directes avec l'Inde, on avait longtemps considéré le Grand Mogol comme le prince le plus puissant et le plus riche de la terre. Une famille étrangère, qui descendait de Tamerlan et qui professait une religion autre que celle des indigènes, avait subjugué l'Inde vers l'année 1400. L'administration des différentes provinces était confiée à des fonctionnaires, dits nababs,

qui exerçaient dans leur gouvernement un pouvoir semblable
à celui des proconsuls dans l'empire romain. Tant que les
empereurs mongols conservèrent l'énergie et la bravoure
de leurs ancêtres, ils surent retenir dans l'obéissance les différentes parties de leur immense empire, et les nababs exécutèrent fidèlement les ordres partis de Delhi. Mais bientôt ces
princes s'amollirent et dégénérèrent, et leur gouvernement
présenta le spectacle de tous les vices et de tous les désordres.
A l'époque où Kouli Khan s'empara du trône de la Perse et
envahit l'Inde, le Grand Mogol régnant, pris au dépourvu, ne
put pas lui résister et fut trop faible et trop lâche pour se venger de cette agression. Ce fut le signal du démembrement de
l'empire. Kouli Khan s'était à peine retiré que les nababs refusèrent de reconnaître la suzeraineté de l'empereur, ou ne
firent plus que semblant d'exécuter ses ordres. Cette indépendance que s'étaient attribuée les nababs amena bientôt des
guerres entre eux ; et, connaissant la supériorité militaire des
Européens, ils recherchèrent l'alliance de la compagnie anglaise et de la compagnie française, pour obtenir leur appui.
Les compagnies qui, selon leur intérêt, se tournaient tantôt
d'un côté, tantôt de l'autre, ne manquèrent pas de profiter de
cette anarchie. Non contentes d'occuper, comme elles l'avaient
fait jusque-là, de simples comptoirs et quelques points fortifiés, elles aspirèrent à posséder des provinces entières et à
fonder une domination territoriale. Bientôt une lutte s'engagea sur la question, non plus de savoir auquel des princes
indigènes appartiendrait la suprématie, mais qui, des Français ou des Anglais, seraient les maîtres de l'Inde. Les guerres
qui s'allumèrent en 1756 entre les deux nations rivales dans
les forêts du Canada, se poursuivirent dans l'autre hémisphère
sous le ciel brûlant de la côte de Coromandel et sur les bords
du Gange.

Le récit des guerres de la Compagnie anglaise des Indes
orientales nous mènerait trop loin. La France nous offrira
d'ailleurs l'occasion de revenir sur ce sujet ; nous nous bornerons donc à constater que, pendant quelque temps, la supré-

matie française eut plus de chance que celle des Anglais, qui
ne l'emportèrent qu'à partir de la guerre de Sept ans, lorsque Clive, également distingué comme général et comme
politique, eut pris le commandement en chef. Après la prise et
la démolition de Pondichéry en 1761, la puissance britannique
fut affermie sur la côte de Coromandel, même pour l'avenir,
malgré la restitution de cette place à la paix de Paris.

Mais on reconnut bientôt que la possession de cette côte coûterait plus qu'elle ne rapporterait. Celle du bassin du Gange,
et surtout de la riche province de Bengale, où l'on possédait depuis longtemps des factoreries, pouvait seule établir
l'empire des Anglais dans l'Inde, en leur procurant de grands
revenus. La soumission du Bengale fut achevée en 1765. Elle
avait été obtenue moins par la force armée que par des ruses
qui amenèrent les princes mongols à s'immoler les uns les
autres. La compagnie, déjà maîtresse du commerce du pays,
en obtint alors la souveraineté et l'administration, tout en
laissant encore aux princes indigènes une ombre de pouvoir.

Depuis lors la compagnie disposa d'une immense et riche
contrée, mais elle fut loin de s'enrichir, comme elle l'avait
espéré. Il s'éleva un conflit d'intérêt entre les actionnaires
d'une part, et les directeurs et leurs employés de l'autre. Les
premiers conservaient le bénéfice modique du commerce
entre l'Inde et l'Europe, mais ils attendaient une augmentation de leurs dividendes des nouveaux revenus, dont les seconds voulaient s'attribuer le bénéfice. Ceux-ci, de plus, se
livrèrent à des malversations de toute espèce, et, au milieu
de conquêtes rapides, loin de la surveillance de l'administration supérieure, le désordre atteignit des proportions énormes.
Les Anglais avaient réussi à se faire exempter des droits de
douane élevés auxquels étaient soumis tous les marchands de
l'Inde, et ils s'étaient ainsi emparés de tout le commerce intérieur. Ils en vinrent jusqu'à fixer les quantités et les prix
des marchandises à fournir par les indigènes. Tandis que la
plupart des employés de la compagnie retournaient en Europe avec une immense fortune, la compagnie elle-même

était dans une situation embarrassée. Tout concourait à ruiner cette malheureuse province de Bengale, une administration aussi insensée que tyrannique, et les monopoles les plus oppressifs, ceux de l'eau-de-vie, du sel, de l'opium et du tabac.

Dans cet état de choses, le gouvernement crut devoir intervenir, et la charte de la compagnie subit un remaniement essentiel. Les directeurs siégeant à Londres avaient constitué jusque-là l'autorité de laquelle relevaient les gouverneurs des quatre présidences, indépendants les uns des autres. Chaque gouverneur agissait isolément, et que ne se passait-il pas avant que des ordres pussent lui arriver d'Angleterre ! L'acte réglementaire de 1773 avait pour but d'améliorer cette organisation défectueuse, reconnue pour être une des grandes sources du mal, en introduisant de l'unité dans le gouvernement de l'Inde, et en plaçant la compagnie dans une certaine dépendance de la couronne. Le choix des vingt-quatre directeurs soumis à des règles plus sévères, les actionnaires possédant pour mille liv. sterl. d'actions seuls désormais admis à voter dans les assemblées générales, le gouverneur de Bengale chargé du gouvernement général de toutes les possessions britanniques, l'établissement d'une cour suprême de justice, munie de pouvoirs restrictifs, la sanction royale exigée dans certains cas, telles furent les dispositions principales du nouvel acte.

Cette réorganisation rendit la colonie un peu plus dépendante de la métropole, elle eut peu de résultats pour l'Inde elle-même et pour la compagnie. L'administration fut, il est vrai, mieux concentrée ; mais on ne pouvait compter sur une paix durable, ni par conséquent sur la sécurité. Les exactions provoquèrent la résistance ; la résistance, des guerres avec les indigènes, avec les Mahrattes, Hyder-Ali et Tippo-Saïb, ainsi qu'avec les Français, leurs alliés ; les guerres occasionnèrent des dépenses, les dépenses, de nouvelles exactions. Pour se maintenir, on fut obligé de faire des conquêtes. L'heureuse issue de la guerre avec les Mahrattes n'améliora nullement la situation financière et commerciale de la compagnie. Les plus grandes exactions ne la mirent pas en mesure de remplir ses obligations vis-à-vis du gouvernement; on la regarda presque comme en banqueroute. Les dernières guerres avaient fait voir qu'elle formait un Etat dans l'Etat. Tous les partis étaient d'accord sur la nécessité de la rattacher davantage au gouvernement et de remanier plus complétement sa charte. Fox, ministre en 1783, échoua dans une tentative à cet effet; il était réservé à Pitt d'atteindre le but, l'année suivante, par son bill des Indes orientales, et d'établir ainsi le vaste empire colonial sur des bases nouvelles et solides.

Lors du premier acte réglementaire de 1773, le capital de la compagnie était de 2,594,029 liv. sterl., réparties entre 2,153 actionnaires. Mais il était grevé de dettes qui le dépassaient de beaucoup. Les frais d'administration et les dépenses de guerre, la solde de l'armée de terre et de la flotte, absorbaient des sommes immenses (1), car la compagnie anglaise n'était pas, à beaucoup près, économe comme la compagnie hollandaise. Aussi les dividendes, jusqu'à la fin de la présente période, ne dépassèrent-ils jamais 12 p. 100, et n'atteignirent-ils d'ordinaire que 6 ou 8.

Ces faits fournissent la meilleure réfutation de l'opinion erronée que l'on eut longtemps des bénéfices énormes du commerce de la compagnie, et dont il n'a été fait justice que dans notre siècle, lors des débats sur l'affranchissement du commerce des Indes orientales. Entre les mains des particuliers, à la faveur d'une libre concurrence, ce commerce eût été bien autrement profitable et il eût approvisionné le marché plus abondamment et à plus bas prix que ne le fit une compagnie privilégiée. De là l'opposition constante qui se reproduisait à chaque renouvellement de sa charte. La compagnie fut distraite de sa mission commerciale par la politique

---

(1) Vers la fin de la période, la recette annuelle était estimée à près de 14 millions de liv. st., dont les principales sources étaient la rente foncière et les monopoles, et la dépense à 15 millions, employés pour moitié à l'entretien des forces militaires. Le déficit était couvert par les profits de commerce ou par des emprunts.

conquérante qu'elle embrassa, et dans laquelle l'Angleterre ne fut égalée par aucune des autres nations européennes établies dans l'Inde. Comment pouvait-on trafiquer avec succès, lorsque d'une main on tenait le glaive et de l'autre le grand-livre, lorsqu'il fallait ici commander des armées et livrer des batailles, là vendre du thé et de l'indigo !

Dans les commencements, la compagnie avait une marine marchande ; plus tard elle affréta des navires appartenant à des particuliers. Ces navires étaient tenus d'observer strictement l'itinéraire et le délai prescrits. L'île de Sainte-Hélène, enlevée en 1673 aux Hollandais, était le lieu de relâche habituel dans le trajet des Indes orientales. Les armateurs des navires affrétés pouvaient disposer à bord d'un certain espace et le remplir de marchandises de l'Inde, en payant à la compagnie 30 p. 100 de leur valeur. Cette redevance fut réduite de moitié en 1773, et peu de temps après supprimée avec la faculté de chargement dont on avait abusé pour des importations illicites.

La compagnie avait laissé le commerce d'Inde en Inde libre à tous les Anglais ; son monopole se bornait aux relations avec la métropole. Il était soumis, du reste, à des restrictions. Tous les produits des Indes orientales qui faisaient concurrence à ceux des Indes occidentales, étaient surtaxés par la douane à l'avantage de ces derniers, et ne pouvaient être envoyés qu'à la métropole, où leur importation n'était permise que dans certains ports.

A l'exception des clous de girofle et des noix muscades, tous les produits de l'Inde alimentaient le commerce de l'Angleterre. La possession du Bengale lui donnait même un avantage incontesté pour quelques grands articles, tels que le coton, la mousseline, la soie, l'indigo, le sucre, le riz, le borax, le salpêtre, etc. Mais le plus précieux de tous était le thé. La Compagnie des Indes orientales ne possédait pas, il est vrai, de colonie ni de territoire en Chine ; mais elle avait de bonne heure établi une grande factorerie à Canton, où elle était traitée sur le même pied que toutes les autres nations.

Comme pour les marchandises de l'Inde, elle avait, pour celles de la Chine, le monopole de l'importation en Angleterre. Nous avons vu combien, vers la fin du dix-septième siècle, le thé y était rare et cher. Cependant l'usage s'en répandit, et bientôt il devint la boisson nationale. En 1710, la consommation du thé vendu aux enchères par la compagnie s'élevait à 141,995 livres ; elle monta à 816,773 en 1731, à 2,619,277 en 1761, et à 8,608,437 en 1784. Celle du thé importé en contrebande, par suite de l'élévation du droit, était pour le moins aussi forte. La compagnie et le trésor public étaient également atteints dans leurs intérêts par cette concurrence, et Pitt leur rendit un égal service en abaissant les droits de 19 à 12 1/2 p. 100, en 1784, par le bill dit de commutation.

Le déclin du commerce russe à Kiakhta avait ouvert en Chine aux produits fabriqués de l'Angleterre, à ses lainages surtout, un débouché tout nouveau, ce qui commença à amoindrir l'exportation des métaux précieux, avec lesquels les Européens avaient été jusque-là obligés d'effectuer leurs payements dans le Céleste Empire. Le trafic des pelleteries y contribua aussi. L'intérêt de la Compagnie des Indes orientales semblait être de favoriser, autant que possible, l'importation des pelleteries de la côte nord-ouest de l'Amérique, comme un moyen sûr d'éloigner les Russes des marchés de la Chine, et d'y ménager aux produits anglais un débit plus considérable. Comme elles étaient de meilleure qualité et moins chères que celles de Russie, les marchands chinois, même du nord de l'empire, visitaient souvent le port éloigné de Canton, de préférence au marché plus proche de Kiakhta. Cet état de choses fit concevoir l'idée de réunir la Compagnie des Indes orientales et celle de la baie d'Hudson pour l'exploitation en commun du commerce avec la Chine, et d'en acquérir le monopole en en excluant peu à peu la Russie, la seule rivalité qui fût à craindre. On doit reconnaître que les Anglais avaient dès lors apprécié toute l'importance du commerce avec la Chine, et qu'indépendamment de Canton, ils essayèrent de s'ouvrir les pŏrts du nord de l'empire. Ces ports étaient les stations les plus favorables pour le trafic des pelleteries, ainsi que pour l'établissement de relations avec la Corée et le Japon. A ce plan se rattachait la mission solennelle du négociateur anglais Macartney à Pékin, en 1792. Le but, il est vrai, ne fut pas atteint cette fois ; la révolution française réconcilia les deux cabinets de Londres et de Saint-Pétersbourg, que la question des neutres avait brouillés, et le commerce des Russes avec la Chine ne fut pas interrompu. Il resta d'ailleurs stationnaire, tandis que celui des Anglais était en progrès, et régnait presque sans partage sur le littoral.

Dans les relations de l'Inde avec le golfe Persique et la mer Rouge, relations qui s'étendaient jusqu'aux marchés du centre et de l'ouest de l'Asie, les Anglais avaient pris peu à peu le dessus sur leurs rivaux, et notamment sur les Hollandais. Depuis que le caféier avait réussi dans les îles de la Sonde et aux Indes occidentales, le commerce avec Moka avait considérablement diminué. On fréquentait davantage Djedda, le port le plus voisin de la Mecque, à cause des foires qui se tenaient près du tombeau du prophète. Djedda était aussi le rendez-vous de la flotte de Suez, composée d'une vingtaine de navires turcs, qui apportaient des vivres de toute espèce pour les pèlerins, et chargeaient en retour des marchandises de l'Inde et du café.

Le brillant avenir que la prise d'Ormus et l'alliance avec Schah Abbas avaient ouvert au commerce des Anglais avec la Perse, fut frustré par les révolutions terribles qui déchirèrent incessamment cet empire. Bender-Abbassi se vit, à partir de 1740, éclipsé par Mascate, située en face sur la côte orientale de l'Arabie, chef-lieu d'un littoral étendu du même nom. Mascate avait acquis sous son iman une sorte d'indépendance, et jouissait de plus d'ordre et de sécurité. Elle ne tarda pas à devenir le principal entrepôt de tout le golfe ; les îles de Bahreïn, situées dans le voisinage, y envoyaient leurs perles, inépuisées depuis l'antiquité, moins blanches, mais plus grosses que celles de Ceylan. La pêche des perles, prin-

cipalement exploitée par des Persans, était libre dans ces parages, sous une taxe modique, au lieu d'être, comme dans
l'Inde, un monopole. Bassora, dans la même région, s'était
relevée de ses nombreux désastres; les Anglais y fondèrent
de bonne heure une factorerie, pour exercer de l'influence
sur les opérations des caravanes de l'Asie.

XV

Depuis la révolution de 1688, l'Angleterre obtint, presque
dans chaque traité de paix, des agrandissements de territoire
en Amérique. A la paix d'Utrecht, la France lui céda la plus
grande partie de Terre-Neuve, la Nouvelle-Écosse, le littoral
de la baie d'Hudson et Saint-Christophe. La paix de Paris, en
1763, y ajouta le Canada avec le cap Breton, la Grenade,
Saint-Vincent, la Dominique et Tabago. L'Espagne fut obligée de renoncer aux Florides.

Tous les germes que, depuis près de trois siècles, les Européens avaient semés et cultivés dans le Nouveau Monde, commençaient alors à mûrir. Si l'Espagne y avait les possessions
les plus étendues, c'était l'Angleterre qui y faisait le plus
vaste commerce; la France, dans des luttes non dépourvues
de gloire, comme celles des Indes orientales, mais qui n'eurent pas de résultats, lui disputa en vain la prééminence. On
a l'habitude d'expliquer la domination coloniale de l'Angleterre principalement par sa supériorité navale, qui,
même en temps de guerre, maintenait ses communications
avec ses colonies, avantage interdit à ses ennemis, dont
le commerce éprouvait alors de grandes pertes. Nous
attribuerons volontiers une portée plus grande à l'intelligence commerciale dont firent preuve les Anglais, en
comprenant que leurs possessions transatlantiques acquer-
raient une valeur réelle et durable, moins par une recherche
cupide de l'or et de l'argent, que par la culture du sol. Leur
système colonial n'était guère moins rigoureux en principe
que celui de l'Espagne, mais nous aurons occasion de voir

comment il s'était adouci dans la pratique ; et, ceci est décisif, les restrictions n'y portaient que sur le commerce, elles ne touchaient pas aux croyances ni aux droits du citoyen.

La consommation des denrées coloniales, et en particulier du sucre, s'était immensément accrue en Europe depuis la seconde moitié du dix-septième siècle, et l'on a déjà mentionné les envois considérables que les Antilles anglaises, la Barbade à leur tête, en faisaient à leur métropole, d'où il s'en réexportait de fortes quantités dans les États du Nord, au point d'y supplanter le sucre du Brésil. Mais, à partir de 1700, la production et l'exportation s'arrêtèrent tout à coup et rétrogradèrent même dans les colonies anglaises, tandis que, dans les îles françaises de la Guadeloupe et de la Martinique, les plantations prirent un essor extraordinaire et fournirent non-seulement plus de sucre, mais un sucre meilleur. Vers l'an 1740, le sucre français était maître des marchés européens, et le sucre anglais n'alimentait que la consommation de l'Angleterre. D'après un relevé comparatif de 1742, les Français avaient récolté, cette année, 679 mille quintaux de plus que les Anglais, et ils avaient pu en conséquence vendre leurs sucres beaucoup moins cher. Le déficit était si considérable, si menaçant pour les intérêts du commerce colonial ainsi que de la navigation transatlantique, navigation à laquelle le sucre procurait son fret principal, que le Parlement ordonna une enquête sur les causes du mal et sur les moyens d'y porter remède. D'abord on supposa que le sol des colonies était épuisé, qu'il avait perdu sa fécondité première, et ne valait pas celui des Antilles françaises. Mais on fut bientôt obligé de reconnaître que cette infériorité très-légère ne serait pas sentie avec une culture et une exploitation aussi bien entendues que celles des Français. Une cause plus réelle, c'était la charge de l'impôt et des droits de douane, plus lourde pour les colons de l'Angleterre que pour ceux de la France. Mais la principale était l'antagonisme d'intérêts qui s'était élevé, dans la question des sucres, entre les colonies des Indes occidentales et celles de l'Amérique du Nord.

Les colonies de l'Amérique du Nord, la Virginie et la Nouvelle-Angleterre en particulier, n'étaient pas propres à la
culture des denrées tropicales. Leurs produits se rapprochaient
de ceux de l'Europe, bien que la plupart y eussent été introduits du dehors et acclimatés. Or les forêts vierges qu'on
éclaircissait par l'incendie offrirent bientôt une source de richesse inattendue. La marine d'Angleterre, qui grandissait rapidement depuis l'acte de navigation, tirait habituellement ses
matériaux de construction de la Suède et de la Russie, qui
réalisaient sur ces articles de très-larges bénéfices. En 1703,
Charles XII eut la malheureuse idée de réserver l'exportation
du goudron et de la poix à une compagnie privilégiée, qui en
éleva démesurément les prix. En présence des griefs des constructeurs, le gouvernement anglais jeta les yeux sur les colonies de l'Amérique du Nord comme pouvant leur offrir de
grandes ressources. Si l'on excepte le tabac, on avait jusque-là
considéré la production de ces colonies comme de peu d'intérêt
pour la métropole. Tout à coup, à ce moment, le point de vue
changea. On envoya des hommes éclairés et compétents ; on
prit les mesures convenables, et bientôt la poix et le goudron,
ainsi que des bois à construire de toute espèce, furent expédiés
des colonies dans les ports britanniques en quantités si considérables, que l'on put en vendre aux peuples voisins. Afin de
développer promptement ce nouveau commerce, on accorda
des primes à l'importation, et la restitution, à la réexportation,
des droits déjà perçus. Les prix des matériaux de construction
baissèrent, et le gouvernement crut alors pouvoir retirer des
primes onéreuses au trésor. Il n'avait pas songé à la différence
dans le prix du fret, différence tout à l'avantage du nord de
l'Europe. Sous l'égalité de traitement, l'importation d'Amérique aurait succombé ; pour la soutenir, on adopta des droits
différentiels en sa faveur, et l'on rétablit les primes (1).

Le fer d'Amérique avait été jusque-là frappé de droits

_____

(1) Comme, cependant, le bois d'Amérique était inférieur à celui de Russie,
on ne put se passer entièrement de ce dernier, surtout pour la construction
des bâtiments de guerre.

presque prohibitifs en faveur d'un petit nombre de maîtres de forges indigènes; on lui ouvrit le marché métropolitain, sous la singulière condition, il est vrai, qu'il ne pourrait être importé que par le port de Londres, ni expédié à l'intérieur au delà d'un rayon de 10 milles. Un acte du Parlement, en 1757, abolit cette bizarrerie législative, et le fer des colonies fut assimilé à celui de la métropole. Impropre à la fabrication des ouvrages fins et à celle de l'acier, il convenait d'autant mieux pour celle des ouvrages communs, comme les ancres et les chaînes.

Toutes ces mesures étaient inspirées par le désir de rendre la marine britannique aussi indépendante que possible de l'étranger; elles eurent aussi pour effet de donner aux colonies de l'Amérique du Nord le sentiment de leur importance. Leur production et leur activité commerciale s'accrurent tellement, que le débouché de la métropole ne leur suffit plus, et qu'elles commencèrent à nouer des relations directes avec les Antilles hollandaises et françaises. C'étaient des relations de voisinage entre deux régions faites pour satisfaire aux besoins l'une de l'autre. Les matériaux de construction, le poisson et les viandes salées de l'Amérique du Nord étaient aussi utiles aux Indes occidentales, que le sucre, le rhum, le café et les épices des Indes occidentales à l'Amérique du Nord. Quel détour et quels frais n'eussent pas entraînés ces échanges, s'ils avaient dû s'opérer par l'entremise de l'Europe! De plus, les denrées coloniales se vendaient moins cher à la Martinique ou à Curaçao, qu'à la Barbade ou à la Jamaïque, et il y avait plus de bénéfice à importer les articles de l'Amérique du Nord dans les îles françaises, soit parce qu'ils y entraient en contrebande, soit parce qu'ils y payaient des droits moindres que dans les îles anglaises. Or, bien qu'un pareil trafic fût une infraction directe à la lettre et à l'esprit de l'acte de navigation, on le toléra, néanmoins, par des considérations de haute politique, et on ferma les yeux sur cette illégalité.

Mais bientôt on se trouva dans une situation difficile quand les Antilles anglaises la dénoncèrent hautement comme la

cause de leur ruine. C'était, disaient-elles, la seule explication
de l'accroissement qu'avait pris la production du sucre dans
les îles françaises, à leur préjudice. La mélasse auparavant
avait peu de valeur pour les planteurs français, le rhum qu'on
en tirait étant prohibé en France dans l'intérêt de l'eau-de-vie.
Maintenant ce rhum trouvait le placement le plus avantageux
dans les colonies de l'Amérique du Nord. L'argent que celle-
ci recevait en payement des produits qu'elle exportait dans
les Antilles anglaises, passait dans les mains des planteurs
français, qui l'employaient à agrandir et à perfectionner de plus
en plus leurs exploitations. Le prix des nègres augmentait, et
la métropole elle-même était lésée lorsque, par suite de la
diminution de la culture du sucre, les Indes occidentales ne
pouvaient plus acheter autant d'articles manufacturés qu'autrefois, lorsque la navigation perdait son fret lucratif, que les
recettes de douane diminuaient, etc. Les colons de l'Amérique
du Nord et leurs avocats ne restaient pas muets devant ces allégations. Ils faisaient observer que la production des Antilles
anglaises était insuffisante et trop coûteuse, que tout leur
rhum et toute leur mélasse étaient destinés à la métropole,
que les États de la Nouvelle-Angleterre, ayant besoin, pour
leurs pêcheries et pour le trafic avec les Indiens, de grandes
quantités de rhum, soit 1 million 260 mille gallons, étaient forcés de les demander aux plantations françaises. Le commerce
les mettait en état de faire des remises d'argent considérables en
Angleterre et de payer ainsi les articles manufacturés qui leur
étaient envoyés. L'Amérique du Nord était plus digne d'égards,
comme donnant à la marine nationale beaucoup plus d'emploi que les îles à sucre ; si ces îles ne faisaient pas de progrès,
elles ne devaient s'en prendre qu'à leur indolence, à leur faste,
à l'élévation de leurs prix et de leurs impôts ; elles distillaient
du rhum, sans doute, mais non en quantité suffisante, et
elles préféraient l'envoyer en Angleterre, où elles en obtenaient des prix que l'Amérique du Nord était hors d'état de
leur payer. Leur ambition secrète était en réalité de vendre
seules du rhum et du sucre à tous les sujets britanniques, et

de faire leur fortune sans se préoccuper d'aucun autre intérêt.

Le gouvernement anglais était fort embarrassé. Tout en reconnaissant l'importance progressive des colonies de l'Amérique du Nord, l'accroissement extraordinaire de leur production, la nécessité de leur ouvrir des débouchés hors de la métropole, on n'osait pourtant s'écarter de l'acte de navigation. On s'arrêta à un moyen terme, et l'on eut recours, en 1733, à un mode de taxation qui favorisait la production du sucre, en frappant de droits élevés les sucres, le rhum et les mélasses d'origine étrangère, importés dans une colonie anglaise. Afin, cependant, de laisser le champ aussi libre que possible au commerce et à la navigation des Américains du Nord, on permit d'exporter directement, par bâtiments anglais, le sucre des colonies anglaises, dans les pays d'Europe au sud du cap Finisterre, concession que la France avait déjà, depuis vingt ans, faite à ses propres colonies.

Ces arrangements, comme toutes les demi-mesures, ne satisfirent personne. L'Amérique du Nord ne désira que plus ardemment le libre usage de ses droits naturels, et les Indes occidentales, malgré les taxes protectrices, durent renoncer à l'espoir de venir de sitôt à bout de la concurrence française, plus redoutable que jamais depuis la colonisation de Saint-Domingue. Toutefois, protégées par le pavillon victorieux de leur métropole, elles eurent moins à souffrir, durant les guerres coloniales, que les possessions espagnoles et françaises ; et la Jamaïque en particulier, la plus grande des Antilles anglaises, prit un remarquable essor. Elle fut, en 1766, déclarée port franc pour le commerce avec les colonies étrangères, d'où elle tirait notamment des subsistances et des noirs ; en 1780 elle obtint le trafic direct avec l'Irlande. Jusqu'en 1772, l'exportation de sucre de la Jamaïque n'avait pas dépassé 11 mille barriques ; deux ans plus tard, elle s'élevait déjà à 78 mille, indépendamment de 26 mille caisses de mélasse et de 6,547 sacs de café.

C'étaient là les produits principaux des Antilles anglaises ; l'indigo, les épices et le coton ne figuraient que comme acces-

soires. Les importations d'esclaves eurent le fâcheux effet
d'accroître démesurément la population noire, tandis que la
population blanche était loin de suivre la même progression.
Les Antilles recevaient de la Grande-Bretagne tous les articles
qu'un pays manufacturier peut fournir à un pays situé sous
les tropiques et possédant à peine quelques métiers. Cependant, la moindre partie seulement de ces envois était consommée dans les colonies elles-mêmes ; les îles anglaises,
comme la plupart des autres Antilles, étaient de grands dépôts
où le commerce interlope s'approvisionnait de marchandises
destinées au continent espagnol. Nous avons dit ailleurs sur
quelle échelle les Anglais faisaient ce commerce, comment
on opposa les gardes-côtes, et comment en 1739 il en résulta
une guerre avec l'Espagne.

Il reste à mentionner la tentative intéressante d'une compagnie écossaise, qui voulut, en 1695, établir une colonie dans
l'Amérique centrale, sur l'isthme de Darien. L'auteur de ce
projet fut ce même Patterson qui fonda la banque d'Angleterre. On choisit avec beaucoup de soin la partie de l'isthme
la plus étroite, celle où l'on essaie aujourd'hui d'établir, par
des voies de fer et par des bateaux à vapeur, une communication entre les deux océans. Patterson se proposait de dominer de cette position le commerce tant avec l'Amérique du
Sud qu'avec les Indes orientales. Guillaume III accorda
une charte à la compagnie, et celle-ci fit partir en 1698 plusieurs navires. L'expédition arriva heureusement ; on bâtit le
fort Saint-André, ainsi que la ville de New-Édimbourg, et
l'on commençait à s'étendre, quand un violent orage éclata en
Angleterre contre la colonie. L'Espagne protesta contre un
établissement où elle voyait une violation de ses droits de
souveraineté sur toute la côte, et les Compagnies anglaise et
hollandaise des Indes orientales virent dans la société écossaise une rivale dangereuse. Les Écossais eurent beau établir
que le Darien était au pouvoir de tribus indiennes, et que
l'Espagne n'y avait jamais eu de possession de fait ; ils eurent
beau invoquer leur charte, Guillaume la leur retira et défen-

dit rigoureusement aux colonies d'Amérique d'assister leur nouvelle sœur par l'envoi de vivres ou par d'autres approvisionnements. Ainsi abandonnée, l'entreprise ne pouvait manquer d'avorter. Les Ecossais furent très-irrités ; ils s'apaisèrent peu à peu cependant, quand, à la suite de l'union, ils entrèrent en partage de tous les avantages commerciaux de l'Angleterre.

XVI

Les possessions de l'Angleterre sur le continent de l'Amérique du Nord étaient infiniment plus importantes pour son commerce extérieur, surtout depuis que, par la paix de Paris, elles formèrent une masse compacte, du Saint-Laurent au Mississipi et du détroit d'Hudson à la pointe méridionale de la Floride. A travers un territoire inexploré, l'Angleterre pouvait librement avancer vers l'ouest, jusqu'à l'océan Pacifique, et communiquer par cette voie avec son empire de l'Inde. Elle aurait ainsi entouré le globe d'une ceinture de colonies et tenu les clefs du commerce entre tous les continents. Mais une pareille grandeur ne saurait être le partage d'un peuple, et il devait venir un moment décisif, où la Providence y mettrait une borne.

Sous le gouvernement des Stuarts, la plupart des colonies de l'Amérique du Nord s'étaient déjà politiquement constituées, en général d'après les principes démocratiques qui avaient déterminé leur fondation. Le mouvement de l'émigration, borné d'abord à l'Angleterre, gagna tous les pays où des hommes indépendants ne voulaient pas subir une oppression temporelle ou spirituelle. Dès leur arrivée dans la province où ils venaient s'établir, les immigrants y étaient immédiatement naturalisés, ce qui les attachait à leur nouvelle patrie. Aussi conservèrent-ils, au milieu de tous les changements politiques et de toutes les vicissitudes, le même esprit d'indépendance, enthousiaste, dévoué, inébranlable, qui les avait décidés à s'expatrier et à chercher dans les forêts vierges une nouvelle existence pour eux et pour leur postérité. La métropole, qui ne soupçonnait pas que, sur cette terre inhospitalière, elle verrait surgir un jour sa plus redoutable ennemie, avait libéralement reconnu aux colonies de la Nouvelle-Angleterre, dans les premières chartes qu'elle leur accorda, la jouissance de tous les droits de l'homme et du citoyen, et fortifié ainsi, pour sa part, cette fierté, qui finit par leur inspirer le désir de leur complète émancipation.

La prospérité sans exemple et le rapide accroissement de l'Amérique du Nord sont d'ailleurs faciles à expliquer. Ses nouveaux habitants, sortis du sein d'une nation éclairée, et accoutumés, dès le bas âge, par leur éducation, au travail et à la vie civile, possédaient tous les moyens et toutes les lumières nécessaires pour leur entreprise. Familiarisés avec les meilleures et les plus sages institutions, ils étaient à même, en organisant une nouvelle société, d'éviter des abus traditionnels, et d'adopter toutes les améliorations utiles. La faiblesse numérique de la population aborigène leur permettait de prendre possession de terrains immenses qui n'avaient point de propriétaires. Lors de la fondation de chaque colonie, une portion considérable du sol le plus fertile était allouée à chaque colon, et comme il n'avait à acquitter ni taxe foncière, ni aucun impôt, son travail ne pouvait manquer d'être largement rémunéré. On s'appliqua à attirer des travailleurs de tous les pays, et l'on trouvait de l'avantage à leur donner des salaires élevés. Comme, malgré cette cherté de la main-d'œuvre, il y avait toujours de nouvelles exploitations à entreprendre, les colons actifs ne tardèrent pas, grâce à l'abondance et au bas prix des terres, à devenir de grands propriétaires, ce qui les portait à demander encore de nouveaux bras. De la sorte, tout le monde s'enrichissait, et les capitaux augmentaient aussi rapidement que la population.

Y a-t-il lieu de s'étonner que des hommes doués d'activité et d'intelligence, comme le furent de bonne heure les planteurs de l'Amérique du Nord, cherchassent à secouer la seule servitude que la métropole leur eût imposée, la servitude commerciale ? Le désir de l'indépendance, au surplus, est naturel à une colonie agricole qui prospère, et qui doit devenir une nation.

Un aperçu succinct de la situation industrielle et commerciale des colonies de l'Amérique du Nord, à la suite de la paix de Paris, montrera à quel degré de puissance productive elles étaient parvenues. La Nouvelle-Angleterre, le New-York et la Pensylvanie avaient à peu près le même sol et les mêmes produits. La Nouvelle-Angleterre, en particulier, fournissait les meilleurs bois de construction ; les deux autres provinces, les meilleurs grains, et notamment du maïs, ainsi que du chanvre et du lin. Les arbres fruitiers que l'on y avait apportés d'Europe, y réussissaient parfaitement. Des chênes vigoureux offraient dans leur écorce un tan recherché, et le cuir était un des articles qui s'exportaient de Boston. En possession de tous les matériaux nécessaires, ces colonies s'appliquèrent de bonne heure aux constructions navales, et comme le poisson abondait dans leurs fleuves et sur leurs côtes, la pêche devint aussitôt pour elles une importante occupation. Leur marine se perfectionna ainsi au point de ne le céder à aucune autre, et de provoquer, par sa concurrence, les plaintes des armateurs de la métropole. Elles étaient en effet les égales de la métropole (1), sous le rapport de la navigation. Dans la baie d'Hudson et sur les bancs de Terre-Neuve, elles employaient même un plus grand nombre de navires. Le poisson était par conséquent un des principaux articles de leur commerce. Elles exportaient en outre des bois, de la poix, du goudron, des céréales, de la farine, des viandes salées, du beurre, du fromage, du fer, des pelleteries. Pour les pelleteries en particulier, New-York avait une supériorité due à sa situation, à ses communications avec l'intérieur par l'Hudson, et à la fondation de la ville d'Albany. Les colonies trafiquaient librement avec la métropole et avec

(1) Les navires coloniaux prenaient une part considérable à l'intercourse avec l'Angleterre. La prime d'assurance entre New-York et Londres n'était pas de plus de 2 p. 100.

ses autres possessions d'Amérique ; sous des restrictions, avec les ports d'Espagne, de Portugal, d'Italie, des Açores et des Canaries, où elles expédiaient surtout des bois, de la farine et du poisson. Nous avons vu en quoi consistaient leurs envois à l'Angleterre ainsi qu'aux Antilles, avec lesquelles la contrebande n'avait pas cessé. Le Maryland et la Virginie étaient les principaux pays producteurs de tabac, et, comme ces colonies n'avaient aucune autre industrie, elles étaient celles qui procuraient à la métropole les profits les plus clairs. Deux cents navires britanniques étaient employés chaque année à une importation de tabac, d'environ 36 millions de livres pesant, estimée à 375 mille livres sterling. L'Angleterre approvisionnait alors de tabac presque toute l'Europe ; les droits perçus sur cet article y étaient restitués lors de sa réexportation. Les Carolines enfin et la Géorgie fournissaient un riz supérieur en qualité à ceux de l'Inde et de l'Italie. On tirait aussi de ces provinces du sud de l'indigo, de la cire et du miel ; quant au coton, qui est actuellement leur premier article, elles n'en exportèrent pas une seule livre, tant qu'elles appartinrent à l'Angleterre.

Les valeurs considérables que l'Amérique du Nord envoyait à la métropole en produits de son sol et de sa pêche, ne suffisaient pas à solder tous les articles qu'elle était obligée de lui acheter pour sa consommation. Condamnée à être purement agricole, elle était exploitée par le monopole du pays manufacturier dont elle dépendait. Les colons s'étant vus obligés de pratiquer au moins quelques-unes des industries les plus grossières, l'Angleterre s'émut vivement à ce sujet. Même en présence d'une nécessité qu'on ne pouvait méconnaître, on soumit l'exercice de ces industries aux restrictions les plus sévères. On permit aux Américains de confectionner eux-mêmes leurs vêtements ordinaires, mais on leur interdit rigoureusement le commerce des laines ou des lainages d'une colonie à l'autre. Comme les Américains se procuraient les peaux de castor, de lièvre et autres plus facilement et à plus bas prix que les Anglais, ils avaient réussi dans la fabrication des chapeaux, et commençaient à en exporter. Un acte du Parlement, en 1732, détruisit tout à coup cette industrie, en l'assujettissant aux règles les plus onéreuses. Ainsi personne, dans les colonies, ne pouvait fabriquer de chapeaux, à moins d'avoir passé sept ans en apprentissage, et aucun maître ne pouvait avoir plus de deux apprentis, ni employer des nègres. Le fer n'était admis dans la métropole qu'en barres ou en gueuses; il ne pouvait subir une élaboration quelconque dans les colonies. Les entraves résultant de l'acte de navigation ont déjà été mentionnées. Les bâtiments coloniaux rendus en Europe ne pouvaient prendre des chargements de retour que dans les ports métropolitains, aux seules exceptions près des vins des Canaries, de ceux de Madère, et du sel pour les pêcheries. Toutes les exportations coloniales devaient être dirigées sur l'Angleterre; toutefois comme l'Angleterre était hors d'état de tout consommer, on exempta des rigueurs du système quelques produits, savoir : les céréales, la farine, le riz, les légumes secs, la viande salée et les bois de construction; l'exportation directe en était permise à destination des ports situés au sud du cap Finisterre. Les autres articles demeurèrent réservés à la métropole. L'Irlande même, qui aurait offert un débouché avantageux pour les céréales, le chanvre et le lin, leur était interdite.

On violait ainsi tous les principes de l'équité. Les colonies étaient astreintes à livrer tous leurs produits à la métropole, ceux mêmes qu'elle ne consommait pas, et d'autre part à en recevoir tous les objets dont elles avaient besoin, ceux mêmes que la métropole avait reçus de l'étranger. Ce violent système était plus préjudiciable et plus irritant pour les colonies de l'Amérique du Nord que pour toutes les autres, en premier lieu, parce que l'analogie de leur sol et de leur climat avec le sol et le climat de l'Angleterre ne comportait pas une division du travail et de la production aussi tranchée qu'avec les deux Indes; secondement, parce que leurs institutions libres et leur culture intellectuelle les rendaient doublement sensibles à l'injustice et à l'oppression. La protection que leur accordait

l'Angleterre, lui eût été largement payée par le droit exclusif
de recevoir tous les produits coloniaux nécessaires à sa consommation, et de fournir aux colonies les produits sortis de
ses ateliers. Dans cette limite, l'Angleterre n'exigeait qu'une
juste déférence ; au delà, elle abusait de son autorité.

La contrebande fut la conséquence inévitable de lois absurdes et iniques, et l'Angleterre expia ainsi, en partie du
moins, le dommage qu'elle avait occasionné à d'autres pays.
Les marchandises étrangères frauduleusement introduites
dans l'Amérique du Nord dépassaient le tiers de l'importation légale (1). La marine coloniale aidait au succès de
ces opérations. En même temps cette marine, qui avait contribué pour sa bonne part aux brillantes victoires de la métropole, inspira de la confiance au peuple américain, et, en
lui révélant sa puissance maritime, lui montrait la voie de
l'indépendance et d'un grand avenir. Le résultat de la guerre
de Sept Ans devait hâter une catastrophe que personne,
auparavant, n'eût osé annoncer ou n'avait même pressentie.
Le voisinage de la colonie française du Canada avait été longtemps, pour le gouvernement anglais, un grave motif de ne
pas inquiéter ses colonies de l'Amérique du Nord dans la jouissance de leurs libertés politiques, quelque incommodes que
ces libertés lui eussent plusieurs fois paru. Mais alors, ayant
cessé de craindre que la France ne prêtât un appui direct aux
mécontents, peut-être à des rebelles, il ne dissimula plus son
désir de rendre les colonies politiquement plus dépendantes
de la métropole, et en particulier de leur faire supporter, au
moyen d'impôts, leur part des charges et des dettes de l'Angleterre, que la guerre avait augmentées. Jusque-là les colons
n'avaient été nullement exempts d'impôts, mais, se fondant
sur le droit inaliénable de tous les Anglais, droit qui leur était
en outre spécialement garanti par leurs chartes, ils y avaient
toujours donné leur consentement préalable. Or, le Parlement
britannique, se prévalant tout à coup de son autorité suprême,

(1) Les importations d'Europe dans les colonies de l'Amérique du Nord
furent estimées, après la paix de Paris, à près de 2 millions de livres st.

revendiqua le droit d'imposer les colonies sans leur consentement. Les colonies le lui dénièrent, par le simple motif qu'elles
n'étaient pas représentées dans le Parlement. Le premier conflit s'engagea en 1765 au sujet de l'acte du timbre arbitrairement appliqué à l'Amérique. Les troubles des colonies à cette
occasion, et la réunion à New-York d'un congrès, qui for-
mula une déclaration des droits du peuple, déterminèrent le
nouveau cabinet au retrait de la loi. L'explosion fut ainsi arrêtée pour le moment, mais le feu une fois allumé continua
de couver sous la cendre. Les tiraillements se prolongèrent,
et en 1767 le gouvernement anglais crut pouvoir, au moyen
d'impôts sur le thé, le papier, le verre et les couleurs, obtenir
plus de succès. Mais l'opposition contre une taxation arbitraire redoubla de force, notamment dans le Massachusetts,
où Boston devint le centre du mouvement. L'Angleterre,
sous lord North, fit de nouveau un pas en arrière ; en 1770
les nouveaux impôts furent abolis, à l'exception de celui qui
frappait le thé. Mais quel pouvait être l'effet de ces demi-
mesures, si ce n'est d'augmenter la méfiance? Plus les Américains avaient réfléchi, plus ils étaient convaincus de leur
droit. Ils refusèrent d'acheter le thé imposé sans leur consentement ; puis, quand la métropole voulut les contraindre,
ils résistèrent, et dans une grande émeute qui eut lieu à Boston
le 26 décembre 1773, ils jetèrent une riche cargaison de thé
à la mer.

Cette journée et cet acte décidèrent de l'indépendance et de
la liberté du Nouveau Monde. L'Angleterre voulut châtier les
rebelles ; le port de Boston fut bloqué, la charte du Massachusetts déchirée, et une armée fut envoyée en Amérique. Les
colonies n'avaient été jusque-là en lutte qu'avec les prétentions du Parlement, et nullement avec la couronne ; elles se
séparèrent alors de celle-ci. La guerre éclata en 1776, et, bien
que locale dans son origine, elle prit aussitôt les proportions
d'une guerre générale. Les colonies insurgées trouvèrent des
alliées pleines de zèle dans la France, l'Espagne et la Hollande.
La haine de ces puissances contre l'Angleterre les empêcha

de voir qu'en aidant l'Amérique du Nord à conquérir son indépendance, elles montraient à leurs propres colonies la voie
de l'affranchissement. Les événements de cette guerre de six
années, qui se fit sur terre et sur mer, sont du domaine
de l'histoire politique ; la déclaration des droits du pavillon
neutre, l'essor que prit la navigation des petits États, et l'admirable déploiement de ressources par lequel l'Angleterre
maintint sa domination sur mer contre ses ennemis coalisés,
rentrent dans notre sujet, mais ces faits ont été plusieurs fois
mentionnés ailleurs. Le résultat de la guerre, c'est-à-dire l'indépendance des treize États unis de l'Amérique du Nord, reconnue en 1783 par le traité de Versailles, marque une ère
nouvelle dans les annales de la civilisation, et, comme nous
l'avons fait observer dans l'*Aperçu général*, aucun événement
ne pouvait mieux clore la présente période.

XVII

Les lecteurs de ce chapitre, nous l'espérons, auront reconnu que, dès la fin de cette période, la nation anglaise avait
porté au plus haut point la théorie et la pratique de l'activité
productive dans toutes ses branches. Elle fut la première qui
donna aux rois une leçon terrible et sanglante, la première
aussi dans les temps modernes qui réalisa l'égoïsme des républiques anciennes, en circonscrivant le patriotisme et l'humanité dans les limites étroites de son territoire. Une même
activité et un même sentiment du but à poursuivre s'y étaient
emparés de toutes les classes. Tous les désirs, tous les mouvements, toutes les spéculations s'y rencontraient sur le terrain de l'intérêt public comme dans un foyer commun. A
l'aide de ce seul levier, mû par des millions de bras, sous la
direction d'hommes éminents, la nation anglaise acquit un
genre de domination à part, qui n'a rien de commun avec les
dominations passées, rien de l'esprit militaire qui fonda la
grandeur des Romains, ni du fanatisme religieux qui fonda
l'empire de Mahomet. La supériorité commerciale de l'Angle-

terre a pour base principale cette passion du gain et de l'activité matérielle qui s'y révéla de bonne heure chez les individus, et qui, mûrie par la libre éducation du peuple, fut peu à peu érigée en maxime de gouvernement, et y est restée, au milieu de toutes les vicissitudes et de toutes les catastrophes politiques, la véritable expression du caractère national. Il est difficile de décider lesquelles, des forces matérielles ou des forces morales, ont eu le plus d'action les unes sur les autres ; si la société a plus influé sur l'industrie, ou l'industrie sur la société. Le système mercantile et l'acte de navigation, voilà les deux mots avec lesquels on est toujours prêt à expliquer la grandeur commerciale de l'Angleterre. On ne saurait sans doute omettre ces deux éléments ; toutefois on pourrait les comparer aux zéros qui ont besoin d'être précédés d'un chiffre significatif pour acquérir quelque valeur. Seuls ils n'auraient pas préparé à l'Angleterre de plus hautes destinées qu'à la France, à la Suède, au Danemarck et à d'autres États qui placèrent leur confiance dans ces talismans. Le sentiment, inné chez le peuple, de l'indépendance et du droit, avec la lucidité dans la pensée et la promptitude dans l'action, qualités qui furent peut-être l'heureux effet du mélange des races, les institutions civiles et politiques, une limitation harmonieuse des pouvoirs publics, le développement historique de la constitution, la justice administrée avec publicité et indépendance par une magistrature populaire, une longue paix, la sécurité que donnait la situation géographique du pays, la sagesse de la législation, la civilisation et la liberté au dedans, et une puissance prépondérante au dehors, telles furent les conditions sans lesquelles l'acte de navigation, le système colonial, les droits de douane, les primes et les prohibitions seraient restés stériles. L'utilité de ces mesures, même à cette époque, car aujourd'hui elles ont fait leur temps, ne pouvait être que relative, et nullement absolue. Les premières tentatives ayant réussi, on fut encouragé à les poursuivre ; le succès inspira les entreprises les plus hardies, et fournit au gouvernement les moyens de mener à la lisière tous les cabinets de l'Europe.

Chez les Romains le monopole du commerce n'avait été qu'une conséquence de la domination universelle ; l'Angleterre prit une autre voie ; elle chercha par le monopole du commerce à dominer le monde.

Réduite aux avantages qu'elle tenait de la nature, l'Angleterre ne paraissait destinée qu'à être une puissance de second ordre. Étant une île, elle se trouvait à l'abri des invasions étrangères, mais elle n'était pas mieux située pour le commerce maritime que les pays de l'Europe occidentale. Loin de là, les pays de l'ouest, qui n'étaient pas plus éloignés du Nouveau Monde, avaient de plus, par la Méditerranée, un plus facile accès aux autres parties de l'Ancien, à la faveur du commerce de terre dont la Grande-Bretagne était entièrement dépourvue. A quelque degré que ses révolutions religieuses, politiques et industrielles eussent amélioré sa situation, accru ses ressources et développé son génie, elles n'auraient pas encore suffi pour lui assurer le premier rang. Mais, depuis que les soldats, les capitaines et les nations du continent firent la guerre pour de l'argent, depuis que l'argent ouvrit la porte des cabinets et dicta les conditions des traités, l'Angleterre eut bientôt compris que la puissance d'un État dépendait de sa richesse, et que son influence politique se mesurait sur le nombre de ses millions. Il n'était pas nécessaire que cette richesse et ces millions consistassent en espèces ; il suffisait de réaliser les forces productives et les produits du pays. L'Angleterre prit part, au moyen de subsides, à toutes les guerres du continent ; des sommes énormes notamment ont passé à ce titre en Allemagne ; or, il n'était pas possible de faire des dépenses plus fructueuses. Outre que l'Angleterre profitait des succès de ses alliés, que dans les traités elle étendait sa puissance et son influence, en recherchant d'ailleurs des avantages commerciaux plutôt que des acquisitions territoriales, elle pouvait continuer paisiblement chez elle d'exercer les arts de la paix, elle ne faisait aucune perte d'hommes, ne voyait point son sol ravagé ni déprécié, et reprenait, en paiement des produits de son industrie, la plus grande partie des subsides qu'elle avait fournis. Parfois aussi les subsides étaient payés en marchandises. Ainsi les guerres, partout ailleurs si désastreuses, furent pour l'Angleterre une source de profit et de richesse. Le continent ne s'aperçut du joug qu'elle lui avait ainsi imposé, que lorsqu'il n'était plus possible de le secouer, lorsque l'Angleterre avait pris dans le commerce, dans l'industrie et dans la navigation, une trop forte avance pour pouvoir être rejointe. La France seule, un moment, reconnut le péril et chercha à le détourner, mais inutilement. Dans ce pays, la politique du cabinet changeait avec le souverain ou le ministre, tandis qu'en Angleterre la politique nationale se léguait, inaltérable, de génération en génération. Du jour où Élisabeth expulsa les Anséates, en disant : « Mon peuple d'abord, puis l'étranger, » de ce jour date l'esprit exclusif de la politique commerciale et maritime de l'Angleterre. La rapidité avec laquelle elle a atteint une hauteur incomparable, et la fermeté avec laquelle elle s'y maintient, constituent un prodige sans précédent dans l'histoire.

V. — Les Français.

I

La France, au moyen âge, offre, peut-être moins encore que l'Angleterre à la même époque, les éléments d'une histoire commerciale. L'*Aperçu général* qui concerne la seconde partie du tome Ier, contient, au sujet de ce pays, tous les faits nécessaires pour l'intelligence du commerce universel. Nous nous bornerons donc, pour rattacher les deux périodes, à reproduire brièvement les principaux, en y ajoutant quelques nouvelles données.

En France, comme en Allemagne, Charlemagne fut le seul monarque du moyen âge dont le gouvernement trahit des vues commerciales. Ce fut lui qui, le premier, releva de leur

ruine l'agriculture et l'industrie, le commerce et la navigation. Quels que fussent les résultats de l'impulsion qu'il avait
donnée, ses successeurs, dans les deux pays, abandonnèrent
bientôt ses traces. La France surtout tomba plus bas que
jamais après la mort du grand empereur. Faible vis-à-vis de
l'étranger, exposée aux incursions et aux dévastations des
Arabes dans le midi, et plus tard à celles des Normands, elle
subit à l'intérieur le joug de l'anarchie féodale. La féodalité
était dans toute sa séve et se livrait à tous ses excès ; la translation de la couronne des Carlovingiens aux Capétiens lui donna
une sanction officielle, et ce fut ainsi que l'ordre légal fut
troublé et l'égalité devant la loi abolie en France plus tôt et
plus complétement que dans les autres pays.

Cette circonstance explique pourquoi la France a été si
longtemps en arrière dans les arts de la paix. Il n'y avait pas
de tiers état entre les seigneurs et les serfs, et les prétentions
des chefs de la noblesse tendaient à l'affaiblissement, à l'humiliation de la royauté. Pendant les trois siècles qui s'écoulè-
rent jusqu'aux croisades, les intérêts particuliers des grands
vassaux de la couronne prédominent et ne laissent prévaloir
les droits, ni de la dynastie qui occupait le trône, ni de la
bourgeoisie qui habitait les villes. Si, à cette époque, la féodalité fit sentir partout son influence, nulle part, cependant,
elle ne trouva moins de contre-poids qu'en France, et l'on ne
s'étonnera pas si quelques mesures d'intérêt général, prises
par les Capétiens en matière de commerce et d'industrie,
n'eurent aucun résultat appréciable. L'un d'eux rendit des
lois somptuaires, destinées à restreindre la prodigalité des
grands ; mais ces lois ne pouvaient que nuire à l'industrie,
l'extrême inégalité des fortunes ne laissant à la masse du peuple, pour alléger sa détresse, pour diminuer la dépendance de
sa condition servile, d'autre ressource que d'alimenter, par son
négoce et par son industrie, le faste de la noblesse et du clergé.
A quoi servait de prescrire l'entretien et la réparation des ponts
et des routes, lorsque, sur chaque éminence, des châteaux, repaires de brigandage, menaçaient la sécurité, le premier be-

soin du marchand en voyage? L'Allemagne fut en proie, il est vrai, aux mêmes désordres ; mais, animées d'un sentiment plus vif d'indépendance, et puissantes par l'association, les villes y pourvurent elles-mêmes à leur défense et repoussèrent la force par la force. Il en fut de même en Italie et en Espagne. Les villes de la France, au moyen âge, restèrent au contraire faibles, isolées, sans défense, et ne commencèrent à avoir conscience d'elles-mêmes et à déployer de l'énergie que lors des guerres de religion. La France n'offre rien de semblable à la Hanse, à la Sainte-Hermandad, à la ligue des villes lombardes. Rien ne fait mieux l'éloge de la liberté, ni ne prouve mieux les droits de l'homme que l'impossibilité de travailler avec succès pour des despotes.

Les rois de France n'avaient pas le sentiment de cette grande vérité; mais le dépit qu'ils éprouvaient de voir leur puissance incessamment entravée, suppléa chez eux au défaut de lumières. Ils commencèrent à mettre à la raison de petits tyrans, qui, en ruinant leurs malheureux vassaux, préparaient la ruine de la monarchie elle-même. Les croisades, qui, en France, contribuèrent à l'affermissement du pouvoir royal, leur offrirent une occasion favorable.

Les premières mesures d'affranchissement eurent lieu au commencement du douzième siècle. A cette époque, Louis le Gros permit à tous les hommes libres, sans distinction de rang, d'acquérir des terres sous certaines conditions. Louis IX abolit la loi imprévoyante qui, en interdisant l'exportation des produits de la France à l'étranger, n'avait pas peu contribué à y retarder la civilisation. Il espérait avec raison que la liberté du commerce international ferait revenir une partie des trésors que ses expéditions imprudentes en Orient avaient fait sortir du pays.

La Champagne, avec ses six foires, dont les plus renommées étaient celles de Troyes et de Reims, fut, sous les derniers Capétiens de la première maison, le centre principal du commerce et de l'industrie de la France, et le grand entrepôt des produits de l'étranger. La fabrication des lainages s'y retrouve à une époque fort reculée. Une ordonnance de Philippe le Bel prohiba l'exportation de la matière première; une autre détermina l'aunage et la qualité des draps. Les tissus de lin de Cambrai et de Lille sont mentionnés de très-bonne heure. Il ne se vendait que très-peu de soieries, qui venaient de l'Italie et du Levant. La distillation de l'eau-de-vie fut inventée au commencement du quatorzième siècle. Les villes prospérèrent peu à peu et trouvèrent faveur auprès des rois, qui cherchaient un appui contre la noblesse. Le servage cessa dans les campagnes ; mais il s'en fallait de beaucoup que le sol fût affranchi comme les personnes. Les droits seigneuriaux subsistèrent avec les charges qui en dérivent, avec les corvées et des servitudes de toute espèce.

En même temps que la royauté s'affermissait, s'étendait le territoire du royaume. Jusqu'à saint Louis, les rois ne possédaient qu'un petit nombre de ports sur l'Océan, pas un seul sur la Méditerranée, et les côtes septentrionales étaient partagées entre le comte de Flandre et les ducs de Bourgogne, de Normandie (1) et de Bretagne. L'Angleterre était maîtresse d'un littoral étendu. Les côtes méridionales appartenaient aux comtes de Toulouse et de Provence, aux rois de Castille et d'Aragon. Dans un pareil état de choses, les provinces de l'intérieur communiquaient difficilement avec les marchés étrangers. La réunion du comté de Toulouse à la couronne les rapprocha de la mer, et la France eut dans Montpellier son premier port sur la Méditerranée. Elle en acquit d'autres peu à peu, et notamment Marseille. Louis XI, qui poussa l'absolutisme jusqu'à la cruauté, dompta les grands vassaux, centralisa le gouvernement, et recueillit des héritages qui agrandirent considérablement le pays et lui marquèrent sa place dans le système européen.

Les Italiens exercèrent une influence décisive sur la civilisation matérielle de la France. Les papes ayant transféré

---

(1) On sait que le duché de Normandie, que possédait le roi d'Angleterre, fut réuni à la couronne par Philippe-Auguste en 1205; il fut, il est vrai, reperdu ensuite, puis définitivement repris par Charles VII.   H. R.

leur résidence à Avignon, beaucoup de leurs compatriotes les suivirent, et la plupart s'adonnèrent au commerce et à l'industrie, dont ils apportaient de leur pays l'intelligence. Le trafic de l'argent n'était nulle part autant qu'en France le monopole des Lombards et des Florentins, et la majeure partie des fabriques de drap du Languedoc et du Roussillon était exploitée pour leur compte. Quand Marseille s'éclipsa après les croisades, le commerce de la France sur la Méditerranée passa presque en entier aux mains des Génois. Aigues-Mortes et Montpellier, malgré leurs efforts, ne purent lutter contre de tels rivaux. Tandis que, dans le midi de la France, l'Italie prédominait, le nord devenait de plus en plus dépendant des Pays-Bas. Les grandes foires de Saint-Denis et de Troyes ne conservèrent plus qu'une importance locale ; comme entrepôts du commerce international, elles durent faire place à Bruges et à Anvers. Le transit, auparavant si animé, languit aussi, par suite du développement que prirent les trajets directs de Venise et de Gênes aux ports de la Flandre et du Brabant. En présence des avantages qu'offrait un marché comme celui des Pays-Bas, où se trouvaient réunis les produits de l'Europe entière, on ne reculait pas devant un détour, et l'Italien achetait souvent les articles français à meilleur marché sur la place de Bruges qu'à Beaucaire même, qui les recevait du voisinage. Au commencement de la présente période, Lyon était devenu le centre d'un grand commerce. Ses relations avec l'Allemagne méridionale, avec les villes de la haute Souabe et de la Suisse, qui y entretenaient des agents et qui y jouissaient de diverses franchises, étaient des plus actives. Les marchandises remontaient la Saône et le Doubs jusqu'à Besançon et Mandeure, d'où elles étaient dirigées sur Bâle par le Jura et Montbéliard.

Ces relations se modifièrent profondément, lorsque par la découverte de la route maritime de l'Inde et par celle de l'Amérique, l'Italie eut perdu le monopole du commerce de l'Orient, et que le marché néerlandais vit sa liberté et sa sécurité, d'abord menacées, puis détruites par l'Espagne. L'Es-

II. 29

pagne, sous la maison de Habsbourg, ayant acquis une prépondérance dangereuse pour l'équilibre européen, ne dut pas
trouver une résistance moins forte de la part de la France que
de celle de l'Angleterre et de la Hollande. Mais cette résistance prit une autre forme et eut, en conséquence, des résultats différents. Les deux puissances étaient divisées par la
politique, non par la religion ; leur lutte porta moins sur des
principes que sur des intérêts, et, ce qui est spécialement
digne de remarque au point de vue de notre histoire, la France
faisait la guerre sur le continent, tandis que l'Angleterre et
la Hollande la faisaient sur les mers. Nous avons expliqué au
lieu convenable comment ces guerres navales contribuèrent à l'extension de leur commerce, en les conduisant dans
toutes les parties du monde et aux sources mêmes de la richesse.

La France, en préférant la guerre continentale, chercha à
s'agrandir en Europe. L'Italie était le prix magnifique pour
lequel François Ier et Henri II luttèrent contre Charles-Quint
avec autant de valeur que d'insuccès. Ces princes se préoccupèrent fort peu des conquêtes de l'Espagne dans le Nouveau
Monde et de sa domination coloniale ; l'idée ne leur vint pas
de diriger de ce côté des attaques, ni de faire des acquisitions
au delà des mers. Quelque développé que fût chez les Français
l'esprit chevaleresque, ils n'éprouvèrent pas, comme les Portugais et les Espagnols, le goût des aventures en pays lointains.
D'autre part, il faut reconnaître que la France, en sa qualité
de puissance continentale, avait à suivre une tout autre voie
qu'un État insulaire tel que l'Angleterre, ou qu'une puissance
essentiellement maritime telle que la Hollande.

Du reste, les guerres d'Italie auraient-elles eu un meilleur
succès, le commerce de la France n'en eût été que faiblement
excité. Au delà des Alpes on ne trouvait déjà plus que du passé
et point d'avenir; ce n'était plus sur son littoral du midi, mais
sur celui de l'ouest, que la France avait à chercher ses grandes
destinées commerciales. Sous un rapport, toutefois, son contact
prolongé avec l'Italie n'est pas resté sans influence sur son

éducation économique. De ce pays lui est venu le sentiment
délicat de la forme, la pureté du goût, l'élégance, qui depuis
lors la distinguent dans toutes les industries où ces qualités
sont nécessaires. La situation privilégiée que les femmes
durent à François Ier et, par suite, leur puissante influence sur
le caractère national, la magnificence de la cour, où le luxe
était envisagé comme une affaire d'art, la venue de princesses
de la maison des Médicis, accompagnées de notabilités de leur
patrie, la possession de l'empire de la mode, sont des faits
trop importants, trop étroitement rattachés au présent exposé,
pour que nous n'en signalions pas l'origine et la portée.

C'est de l'Italie que la France a reçu la plupart des industries
artistiques, comme celles du bijoutier, du fondeur en bronze
et du lapidaire, la fabrication du cristal et des glaces, le mou-
lage en cire, les fleurs artificielles, les tapisseries, la gravure
en taille-douce et surtout l'industrie de la soie. C'est en 1521
que les premiers tisserands en soie vinrent d'Italie en France ;
mais leurs produits étaient fort chers, et d'un usage très-restreint, même dans les hautes classes. Henri II passe pour avoir
le premier porté des bas de soie. On continua longtemps encore de tirer la matière première de l'étranger, la culture de
la soie ne s'étant répandue dans le pays que plus tard. La soie
grége s'importait de l'Italie et du Levant. Le négoce avec
l'Orient, et en particulier avec la Turquie, fut singulièrement
favorisé par les relations d'amitié que François Ier établit avec
la Porte. Un traité conclu en 1535 plaça tous les catholiques
de l'empire ottoman sous la protection des consuls de France,
et accorda aux Français, ainsi qu'aux marchands naviguant
sous pavillon français, le monopole du trafic dans le Levant.
Parmi les autres contrées, les Pays-Bas étaient sans contredit
celle avec laquelle, dans la première moitié du seizième siècle,
la France faisait le plus d'affaires. Le sel, le vin, l'huile, les
fruits, le papier, les toiles, les chapeaux et certains draps de
France y étaient l'objet d'une demande constante. Les vins de
Bordeaux sont, on peut le dire, la plus ancienne des exportations françaises, et il est fait mention dès le douzième siècle

de leur importation en Angleterre; cependant leur consommation ne prit un large développement, surtout dans le nord-
ouest de l'Europe, qu'à dater de la présente période. La France
fournissait à l'Espagne des céréales. Si l'on excepte les pêcheries de la Bretagne et de la Gascogne, il n'existait encore que
de faibles rudiments d'une navigation nationale. Les Anséates et les Néerlandais au nord, les Italiens au midi, effectuaient les transports maritimes, en partie sous pavillon français.

Durant les guerres de religion auxquelles la France fut en
proie de 1540 à 1589, depuis Henri II jusqu'à Henri IV, tout
progrès du commerce et de l'industrie était impossible. Il est
toutefois digne de remarque que le protestantisme recruta ses
plus nombreux prosélytes dans la classe industrielle et marchande. Ces conversions révélaient la pensée de constituer un
tiers état par le moyen de la foi religieuse. Les craintes de la
monarchie absolue, de la haute noblesse et du clergé pour le
maintien de leurs droits ne contribuèrent pas peu à envenimer
la lutte. Les huguenots n'étaient pas seulement des hérétiques;
ils étaient aussi des politiques dangereux. Comment, dès lors,
pouvait-on espérer de bonnes lois et de bonnes institutions
d'un gouvernement, qui, d'ailleurs, n'envisageait les questions
économiques qu'au seul point de vue de la fiscalité? C'est ce
qui explique des ordonnances comme celles de François Ier, qui
imposa toutes les matières premières, ou celles de François II,
qui nomma des commissaires pour la vente des permis d'exportation du vin et du blé. Vers la même époque l'autorité
enjoignit de détruire une partie des vignobles de la Guyenne,
et Henri III proclama que le travail était un droit domanial
et royal, droit dont il s'autorisait pour frapper d'impôts les artisans, les marchands, les maîtres et les apprentis (1). Ainsi
des millions de Français, qui ne possédaient pas de terres,

---

(1) L'édit de 1581, dans lequel il est dit que le travail est un droit domanial et royal, n'avait pas, on l'a reconnu dans ces derniers temps, le sens qui
lui a été longtemps attribué; il avait pour but de diminuer les rigueurs du
régime des corporations.   H. R.

se trouvaient privés du droit de vivre de leur travail, si le monarque ne le leur conférait.

Pendant que le commerce et l'industrie languissaient, l'agriculture n'était pas dans un état plus prospère. Si le paysan avait moins à souffrir directement de la couronne, il succombait d'un autre côté sous les corvées et sous les redevances, que le seigneur lui imposait et qu'il exigeait avec une inexorable rigueur. Aucun autre pays peut-être n'offrit un plus scandaleux abus de l'autorité féodale. Un clergé avide partageait avec une noblesse rapace. L'agriculture, suivant l'usage, souffrit le plus de la guerre ; et dans des luttes entre citoyens d'un même Etat, la victoire de l'un des partis était toujours une calamité nationale.

La France était désolée, abattue, épuisée, quand l'avénement de Henri IV lui rendit le repos et la concorde. Cet excellent prince et Sully, son excellent ministre, employèrent tous leurs efforts à relever l'agriculture et à procurer quelque indépendance au peuple des campagnes. « Le labourage et le « pâturage sont les deux mamelles de l'État, » disait Sully. Ils étaient, suivant lui, les deux objets essentiels de l'économie publique ; aussi toutes ses mesures les eurent-elles à peu près exclusivement en vue. Il pratiquait déjà le système que les théoriciens édifièrent cent cinquante ans plus tard sous le nom de physiocratique.

La France était si affaissée que son sauveur ne pouvait lui être trop cher. L'édit de Nantes fut le premier cadeau de Henri et un cadeau précieux. Les ordonnances ineptes de ses prédécesseurs, ordonnances dont nous avons tout à l'heure présenté quelques exemples, furent révoquées, l'exportation des céréales permise, favorisée même, et un bon système d'impôt foncier établi. On encouragea, on récompensa les améliorations agricoles ; on supprima une partie des douanes intérieures, ce qui anima la circulation et les échanges entre des provinces qui, bien que voisines, étaient jusque-là restées étrangères les unes aux autres ; on purgea le pays des bandes de brigands qui s'y étaient formées à la faveur d'une longue anarchie, on obligea les soldats licenciés à défricher des terres incultes, on établit des routes et des ponts, et l'on acheva le canal de Briare, le premier ouvrage de ce genre en France, dont les travaux, depuis longtemps commencés, avaient été constamment interrompus. On signifia aux gentilshommes, qui s'étaient ruinés sous les règnes précédents par un luxe immodéré, qu'on les verrait avec plaisir résider sur leurs terres et les exploiter, au lieu de vivre dispendieusement à la cour. La consommation des soieries s'accroissant, le roi voulut que le pays lui-même fournît la matière première aux fabriques établies dans le midi de la France. Contre l'avis de Sully, il encouragea avec une sollicitude particulière la plantation des mûriers. Le million qu'il y employa, on l'assure, ne fut point de l'argent perdu. Le sol et le climat convenaient parfaitement à la production de la soie; par conséquent, il y avait un avantage évident à épargner ainsi les vingt millions de francs (1) qui avaient jusque-là passé à l'étranger pour l'achat de la matière première.

L'école mercantile a reproché à Sully de ne pas avoir encouragé le commerce et l'industrie au même degré que l'agriculture, d'avoir restreint, par des lois somptuaires, le débit des produits manufacturés, et énervé les corporations industrielles en affranchissant les ouvriers de l'apprentissage et des épreuves nécessaires, par la vente des brevets de maîtrise. Ces reproches sont pour le moins aussi exclusifs que ceux que les

---

(1) Un mémoire lu récemment par M. Wolowski à l'Académie des sciences morales et politiques, sous ce titre : *Henri IV économiste*, rappelle que ce fut Olivier de Serres, le père de l'agriculture française, qui, malgré l'opposition de Sully, décida le monarque à doter la France du mûrier et des vers à soie. Il est digne de remarque que, contre l'introduction du mûrier par l'initiative féconde du gouvernement, Sully invoquait un des arguments de la doctrine du *laisser faire*, argument spécieux, mais fait pour empêcher le progrès; c'est celui qui se tire de la division internationale du travail, et qui tendrait à perpétuer une division existante imparfaite et provisoire. Dans l'intérêt des échanges, Sully voulait abandonner à l'Orient l'industrie de la soie, comme quelques esprits auraient voulu, de nos jours, abandonner à l'Angleterre d'autres industries dans lesquelles nous l'avons atteinte, ou dans lesquelles nous l'atteindrons.   H. R.

physiocrates et les libre-échangistes adressent à Colbert en sens opposé. Ces deux hommes d'État ont pu, dans le détail, pencher un peu trop du côté qui les attirait davantage, mais assurément ils prirent pour règle, l'un et l'autre, les besoins de leur époque, et non les inspirations d'une théorie. Or le premier besoin, sous Henri IV, était de rendre à la culture un sol dévasté, de le rendre plus productif et d'améliorer la condition de la population rurale ; tandis que, sous Louis XIV, le progrès des manufactures et l'élévation de la bourgeoisie, ou de la classe qui représentait la fortune mobilière, constituaient l'intérêt dominant auquel il fallait donner satisfaction. Sully, du reste, ne découragea nullement l'industrie ; sous son administration, des fabriques de draps, de dentelles, de tapis et d'ouvrages en acier se fondèrent et reçurent même quelque appui. Cependant, il crut devoir révoquer, peu après sa promulgation, un édit rendu en 1599, qui, dans l'intérêt des fabriques de Tours, prohibait l'importation des étoffes de soie brochées d'or et d'argent.

Les finances d'un pays se liant étroitement à son commerce et à son industrie, les titres d'un grand homme d'État doivent être mixtes. Tels furent ceux de Sully. Quand il prit en main l'administration des finances, il les trouva dans un tel délabrement qu'il paraissait presque impossible d'y rétablir l'ordre par les moyens ordinaires. La dette publique s'était élevée à 330 millions de francs, et l'État était grevé de rentes et de pensions de toute espèce. Les sujets avaient beau payer des impôts énormes, la moitié des sommes perçues ne rentrait pas au trésor. Les abus et les désordres les plus scandaleux s'étaient partout introduits. Sully s'appliqua à établir un système régulier d'impôts, comme base de ses mesures économiques, et à rendre à l'État les ressources qu'une nuée d'employés inutiles et des fermiers avides lui enlevaient, au grand préjudice du pays. Mais pour que l'agriculture enrichît le pays et fournît des recettes assurées, il fallait d'abord abattre le pouvoir de l'aristocratie territoriale et réprimer la fiscalité de la bureaucratie.

Les guerres de religion avaient, à beaucoup d'égards, ébranlé l'autorité royale, que Louis XI avait affermie, et créé des partis puissants, dans lesquels revivaient d'anciens désirs d'indépendance. Henri IV eut à soutenir, contre ces partis, des luttes d'autant plus laborieuses qu'il fondait une dynastie nouvelle, et que son passé huguenot faisait naître des doutes sur la sincérité de sa conversion. Ce qu'il fit de bien au pays, malgré de pareils obstacles, n'en est que plus digne d'éloge. La prédilection de Sully pour l'agriculture le mit, du reste, souvent en contradiction avec le principe monarchique, qui conseillait de favoriser la bourgeoisie des villes plutôt que la noblesse, propriétaire de la plus grande partie du sol.

Aussi, lorsque Henri IV eut été victime d'un assassinat, Sully mis à la retraite, et, pendant la minorité de l'héritier du trône, le gouvernement confié à une régente, les désordres intérieurs reparurent-ils, et les grands crurent-ils l'occasion favorable de reconquérir sur un gouvernement affaibli, les immunités et les droits qu'il leur avait enlevés. Mais la politique de Richelieu fit avorter ces desseins, et, dans la lutte violente qui s'engagea, assura une victoire éclatante à la couronne. La ligue catholique était dissoute; la Rochelle, le quartier général des protestants, fut conquise et démantelée. Il n'y eut plus depuis lors en France de parti capable de rivaliser avec le pouvoir absolu du roi.

Pendant ce temps, les créations utiles de Henri IV avaient été négligées et avaient même en partie disparu. Le commerce intérieur en particulier languissait, ainsi qu'il ressort du grand nombre de réclamations adressées sur ce point aux États Généraux de 1614 et à l'assemblée des notables de 1626. Afin de faire face aux dépenses extraordinaires, parmi lesquelles figuraient les subsides fournis à la Suède et aux protestants d'Allemagne en guerre avec l'Autriche, on avait frappé de nouveaux droits de douane la circulation intérieure et l'exportation, et rétabli le pernicieux système de l'adjudication de l'impôt à des fermiers. L'agriculture, à peine relevée, retomba plus bas que jamais, et dépourvus de capitaux, accablés de taxes, la plupart des établissements industriels s'arrêtèrent. Le commerce maritime, même le cabotage, était inquiété par des corsaires, et pour rendre la Méditerranée un peu plus sûre, le gouvernement fut obligé d'acheter sept navires aux Hollandais. Ce qui se faisait pour les colonies d'Amérique était fort insignifiant, comme nous le verrons plus loin; une seule mesure, l'ouverture des pêcheries de Terre-Neuve à tous les Français, attesta plus d'intelligence et plus de sollicitude pour les besoins du commerce.

Mais cette époque de transition frayait la voie à Colbert. Richelieu avait abattu la noblesse sur le terrain politique; il fallait l'abattre encore sur le terrain économique et fonder l'avenir du tiers état. C'est à Colbert que cette œuvre était réservée, et c'est de lui que date le rôle actif de la France dans le commerce de l'univers.

II

Si Richelieu s'était peu occupé des intérêts matériels de la France, Mazarin, son successeur, les négligea encore plus, si c'était possible. Toute l'activité de cet homme d'État fut absorbée, à l'intérieur par sa lutte avec la Fronde, cette singulière révolte, démocratique par la base, féodale au sommet, à l'extérieur par la guerre contre la maison d'Autriche. Il dompta pour longtemps l'esprit de révolte, mit la clef de voûte à l'édifice de la monarchie absolue, et obtint des avantages signalés pour la France, en 1648 et 1659, à la paix de Westphalie et à celle des Pyrénées. Mais ces résultats furent chèrement achetés; il épuisa le royaume, en l'accablant d'impôts, en le livrant à l'exploitation des traitants et à une corruption à la faveur de laquelle le ministre et ses créatures firent des fortunes scandaleuses. Sur son lit de mort il eut le sentiment de ses fautes; hors d'état de les réparer lui-même, il désigna l'homme qui devait le faire à sa place. « Sire, » dit le cardinal mourant à Louis XIV, qui était venu lui rendre

visite, « je voús dois tout, mais je crois m'acquitter un peu
« envers vous en vous laissant Colbert. »

Cet homme extraordinaire (1) était d'une humble origine.
Destiné au commerce, il avait passé plusieurs années à Paris et
à Lyon pour l'apprendre ; puis il était revenu à Paris, où il
avait rempli des emplois subalternes, successivement chez un
notaire, chez un procureur et chez un trésorier du roi, d'où sa
bonne fortune l'avait fait entrer ensuite dans le cabinet du
cardinal. Mazarin, qui se connaissait en hommes, comprit
bientôt quelle acquisition il avait faite dans le jeune Colbert.
Il lui donna toute sa confiance et l'initia à l'art du gouvernement. Colbert fit preuve, non-seulement d'intelligence et
d'application, mais aussi de réserve et de discrétion. Il servit son éminent protecteur avec un dévouement trop souvent
peut-être employé à l'accomplissement de vues cupides. Mais,
à la mort de ce dernier, personne ne connaissait mieux que
lui les maux qui affligeaient la France, et les moyens de les
guérir. Le mécanisme de l'État lui était familier, et il n'était
pas moins au courant des affaires privées que des affaires publiques. Du reste, au service de la corruption et d'une avidité
sordide, il avait conservé sa probité intacte.

Affranchi, par la mort de Mazarin, des liens d'une longue
tutelle, Louis XIV prit plaisir à l'exercice du pouvoir, dont
il représentait la majesté. Colbert, qui n'appartenait à aucun
parti de la noblesse, qui s'était élevé par son propre mérite,
était fait pour s'entendre avec un prince plein d'intelligence,
d'énergie et d'ambition, et pour trouver auprès de lui l'entier
accomplissement de sa vocation. Louis reconnut immédiatement la valeur du legs que lui avait fait le cardinal. Les services que Colbert lui rendit lors de la chute du tout-puissant

(1) En lisant cet exposé de l'administration de Colbert, il sera facile de
reconnaître que l'auteur a principalement suivi l'ouvrage savant et conscien-
cieux de M. Pierre Clément. Parmi les écrits contemporains consacrés à la
mémoire de ce grand administrateur, je suis heureux de signaler la *notice*
pleine de vigueur et d'élévation d'un homme éminent à qui la France est
redevable de nombreuses améliorations en matière de finances, M. le marquis d'Audiffret.   H. R.

surintendant des finances, Fouquet, furent récompensés, en
1661, par sa nomination au poste de ce dernier, sous le titre
plus modeste, il est vrai, de contrôleur général.

La plaie du pays était le désordre des finances ; il y avait
péril en la demeure, et un prompt remède était indispensable.
Colbert recourut à des moyens radicaux, entre autres, à l'établissement d'une chambre, dite de Justice, chargée d'appeler
à comparaître devant elle toutes les personnes accusées de
concussion, et de les condamner, si elle les trouvait coupables,
à la restitution des sommes volées. Cette mesure lui fit beaucoup d'ennemis, et l'on doit reconnaître qu'elle ouvrit la
porte aux dénonciations et à l'intrigue, qu'elle donna lieu à
des poursuites contre des innocents. Cependant l'opinion publique revint peu à peu au ministre, en acquérant la preuve
de son désintéressement, ainsi que du zèle avec lequel il mettait en cause tous les coupables, sans distinction de rang, et
défendait l'intérêt de l'Etat contre les usurpations de l'intérêt
privé, la société contre les individus, l'avenir contre le présent. Il traita les fermiers des impôts avec la plus grande sévérité, soumit à un contrôle rigoureux ces hommes qui n'a-
vaient eu jusque-là d'autre règle que leur bon plaisir, leur
enleva presque toutes les occasions de profits illicites, et assigna
à leurs bénéfices licites un maximum. Les fermes d'impôts
furent adjugées dans des enchères publiques, ce qui fit disparaître les énormes pots-de-vin autrefois employés à gagner le
roi, les princes, les personnages influents et les fonctionnaires publics. Le département des finances fut réorganisé en
entier ; l'ordre et la clarté notamment furent introduits
dans la comptabilité ; beaucoup d'emplois cessèrent d'être
vénaux, et un nombre considérable d'offices inutiles et de si-
nécures furent supprimés. Le récit détaillé des réformes financières de Colbert nous mènerait trop loin ; elles devaient
être mentionnées, cependant, par la raison que, sans le rétablissement de l'ordre dans les finances, toutes les réformes
concernant le commerce et l'industrie auraient été sans effet.

Dans les réformes financières Colbert avait déployé surtout

une activité répressive, nécessaire pour détruire des abus sans
nombre, pour mettre un terme à l'arbitraire et à la fraude.
Rien de plus naturel et de plus logique. Avant de créer et de
bâtir, il fallait faire table rase par la liquidation du passé.
Jusque-là, la fermeté de caractère et la pénétration de Colbert avaient été surtout mises en évidence ; on vit alors éclater son génie créateur dans les questions qui intéressaient la
puissance et la richesse du pays. Une des premières affaires
que le ministre entreprit, fut la révision du tarif des douanes.
Pour se faire une idée de la nécessité et en même temps de la
difficulté d'une pareille œuvre, il faut se reporter à la législation douanière qui régissait alors le commerce intérieur et extérieur de la France. Sur les fleuves et sur les
routes, aux frontières du royaume comme à celles des provinces et des communes, partout s'élevaient des barrières de
douane. Celles que Henri IV avait supprimées avaient été réta-
blies en plus grand nombre par ses successeurs. Les contrats
passés avec les fermiers des douanes procuraient des ressources momentanées à une cour insatiable. Que les forces
productives du pays fussent paralysées, l'échange des marchandises entravé, le développement de la richesse et de la
prospérité publique arrêté, la contrebande encouragée, que
la bonne foi, qui est l'âme du commerce, fût détruite,
les administrateurs de l'époque ne s'en préoccupaient nullement. Les Etats se plaignirent souvent à ce sujet, mais les intérêts des fermiers généraux, des courtisans et des ministres
corrompus, les jalousies de province à province l'emportaient
toujours, et les choses restaient dans le *statu quo*.

La pensée de Colbert avait été de supprimer tous les péages
intérieurs, de transporter les douanes aux frontières du
royaume, de réunir la France entière sous un seul et même
tarif, et d'ajouter la centralisation économique à la centralisation politique qu'elle possédait déjà. Mais il fut obligé de
modifier son plan, en présence d'une violente opposition de
diverses provinces, qui, ayant été incorporées à la monarchie
sous la réserve de certains priviléges, ne voulaient, à aucun

prix, être assimilées aux autres provinces. Le ministre les laissa donc libres d'adopter ou de rejeter son projet de tarif de 1664. Douze provinces, qui formaient à peu près la moitié de la France, entre autres la Normandie, la Picardie, la Champagne et la Bourgogne, se déclarèrent prêtes à l'accepter (1) ; les autres conservèrent leur ancienne législation. Quelques provinces frontières, telles que l'Alsace et les Trois-Évêchés, puis les villes de Marseille, de Dunkerque, de Bayonne et de Lorient, restèrent en dehors du système, et furent traitées comme l'étranger. Le nouveau tarif, notamment dans les dispositions relatives à la perception des droits et aux formalités qu'elle exige, attestait à un haut degré la capacité administrative de son auteur, et contribua ainsi puissamment à faciliter les échanges. Il n'accordait à l'industrie qu'une protection modérée ; nombre de taux même y étaient moindres que dans les tarifs précédents.

Mais bientôt il n'en fut plus de même, et Colbert accusa chaque jour davantage, dans les lois et dans les ordonnances, le système économique auquel il a donné son nom. Dans un mémoire qu'il présenta au roi, ce système était formulé en ces termes : « Réduire les droits à la sortie sur les denrées et les manufactures du royaume, diminuer aux entrées les droits sur tout ce qui sert aux fabriques ; repousser par l'élévation des droits les produits des manufactures étrangères. » A ce programme se joignait le plan d'une étroite et forte organisation des corporations industrielles, et d'une surveillance permanente et sévère de l'État sur le travail ; des agents spéciaux, des commis des manufactures furent créés à cet effet. Le premier règlement concernant les fabriques parut en 1666, et de cette date à 1683, année de la mort de Colbert, on n'en compta pas moins de quarante-quatre. Depuis lors, même dans d'autres pays, cette manie de réglementer, de tourmenter l'industrie, sous prétexte de la diriger, fut adoptée comme une maxime d'État.

(1) On sait qu'elles furent désignées sous le nom de *Provinces des cinq grosses fermes.*   H. R.

Les abus et les désordres qui avaient envahi l'industrie française, et qui nuisaient à la vente de ses produits, fournirent au gouvernement la première occasion d'intervenir. Mais il ne se contenta pas de les faire disparaître ; ayant mis une fois la main sur l'activité particulière, il s'attribua sur elle une autorité absolue, et prescrivit, sous des peines rigoureuses, jusque dans le détail, ses procédés et ses opérations (1). Toute liberté d'action fut interdite, les entraves des corporations furent rendues plus rigoureuses que jamais, et la résistance qui éclatait de toutes parts réprimée par la violence. Un édit de 1670 ordonna que tous les produits fabriqués non conformes aux règlements seraient exposés sur un poteau avec un écriteau contenant les noms des fabricants, pour être ensuite *coupés, déchirés, brûlés ou confisqués.* Plusieurs fabricants de Lyon, qui projetaient d'établir une manufacture de soie à Florence, furent retenus de force, et l'on signifia à un Français établi à Lisbonne avec l'intention de fonder une fabrique de drap, que ce projet n'était pas agréable au roi et pourrait même nuire à sa famille.

Le tarif modéré de 1664 n'était plus en harmonie avec de tels principes. Il fut révisé trois ans après, et subit une augmentation générale, souvent du double. Les draps, les toiles, la bonneterie, les cuirs, la dentelle, les glaces, le fer-blanc, les huiles de poisson et le sucre raffiné furent frappés de droits prohibitifs. C'est le privilége des grands hommes d'État que, durant leur vie, les conséquences fâcheuses de quelques fautes disparaissent dans le succès de l'ensemble de leur administration. On peut le dire en particulier de Colbert ; s'il entravait la liberté du travail national, il savait d'un autre côté le rendre fécond et profitable dans les limites qu'il lui avait assignées. L'industrie française fit sous son influence d'incontestables progrès (2). Il employa des sommes considé-

---

(1) On a l'habitude de dire, non sans quelque raison, pour la défense de Colbert, que les procédés qu'il imposait étaient, après tout, les plus avancés pour l'époque, et que le règne de la liberté industrielle eût pu être alors celui de la routine. Mais il y a des violences qui ne se peuvent justifier. H.R.

(2) On comptait, à sa mort, 50 mille métiers à tisser la laine, et la fa-

rables à ranimer des industries languissantes et à en introduire de nouvelles, et il attira à grands frais dans le pays des industries étrangères. Un million de francs était affecté chaque année à l'encouragement de la fabrication des laines dans le Languedoc, et, dans l'intérêt de cette industrie, la contrebande des laines d'Angleterre et d'Irlande était favorisée. Cinq cents drapiers hollandais s'établirent à Abbeville en Picardie et y naturalisèrent, de même qu'à Sedan (1) et à Elbeuf, la fabrication des lainages les plus fins. Des créations telles que celles des Gobelins et de la grande manufacture des glaces étaient un judicieux emploi des fonds de l'État, et en flattant les goûts fastueux de son royal maître, Colbert assura l'avenir des industries de luxe. De là date l'empire de la France dans le domaine des articles de goût et des objets de mode (2).

brication de la soie, à laquelle 12 mille métiers étaient employés à Lyon, représentait une valeur de 50 millions de francs.

(1) La fabrique de Sedan date de 1646 et est par conséquent antérieure à l'administration de Colbert. Une autre fabrique de drap, celle de Louviers, fut fondée en 1681. H. R.

(2) Ce ne sera pas diminuer le mérite de Colbert que de rappeler qu'aux Etats Généraux de 1614 le tiers état avait demandé la liberté du commerce intérieur combinée avec un système restrictif vis-à-vis de l'étranger. Cette dernière idée même remonte plus haut. Sous Charles IX, le chancelier Birague avait poursuivi systématiquement le projet de favoriser le travail national en prohibant les produits des manufactures étrangères. On peut voir, à ce sujet, le remarquable chapitre consacré par M. Henri Martin, dans son histoire de France, à l'administration de Colbert, de 1660 à 1672.

Nous croyons devoir emprunter à cet historien les pages suivantes, qui complètent le rapide tableau de notre auteur et qui contiennent, sur les mesures de Colbert, d'excellentes appréciations. H. R.

« C'est en 1664 que l'impulsion commence d'être donnée aux manufactures. En août 1664, le roi jugeant « utile de rétablir la fabrique de tapisseries façon de Flandre, introduite à Paris et ailleurs par Henri le Grand, » et tombée sous la régence de Marie de Médicis, accorda privilége à un tapissier parisien, sur la recommandation de Colbert, pour fonder une manufacture de tapis à Beauvais. La manufacture des Gobelins fut rétablie trois ans après (novembre 1667), et acquit bien vite une renommée européenne par ses magnifiques reproductions des grandes œuvres de la peinture.

« Dans le préambule du privilége accordé à la fabrique de Beauvais, le roi annonce l'intention de mettre son royaume « en état de se passer de recourir aux étrangers pour les choses nécessaires à l'usage et à la commodité de ses sujets. » Cette doctrine a été fort reprochée à Colbert par les éco-

Sur ce même terrain, l'industrie française joua un rôle plus considérable à l'extérieur. Ses marchandises de luxe y furent de plus en plus recherchées, à mesure que Louis XIV étendait

nomistes, comme conduisant à l'anéantissement de tout échange entre les peuples : poussée à l'extrême par l'esprit de système ou par des intérêts exclusifs, elle peut, en effet, conduire à violer les lois providentielles qui n'ont pas rendu tout climat et toute nation aptes à toute production ; néanmoins, il est assez naturel que chaque peuple, sauf le cas de perte d'un échange avantageux, s'abstienne de demander à l'étranger ce qu'il peut produire chez lui à des conditions raisonnables, et, surtout, assure la liberté de ses mouvements en évitant de dépendre d'un rival pour les articles commerciaux de première nécessité. La France, si propre à enfanter presque toutes les sortes de productions, mais si commodément placée pour recevoir de toutes mains les productions des autres peuples, eût laissé engourdir ses plus précieuses facultés, et fût restée au-dessous de ses destinées industrielles, s'il ne se fût manifesté en elle une certaine réaction contre cette facilité à s'ouvrir passivement à toutes les choses extérieures, et une salutaire excitation à produire, savamment soutenue par ses chefs. Il faut bien le dire, si les principes de Sully et des économistes, en matière d'industrie, eussent prévalu sur ceux de Henri IV et de Colbert, la France ne fabriquerait ni soieries, ni cotonnades, ni draps fins, ni étoffes de laines fines, sans parler de tant d'autres industries qui sont venues successivement du dehors accroître la richesse nationale.

« Parmi les industries nouvelles acclimatées sous Colbert figure celle de la garance, une des plantes tinctoriales aujourd'hui les plus importantes. Le Pisan Althen l'apporta d'Italie à Avignon et dans la France méridionale. Althen fut accueilli avec empressement et présenté par Colbert à Louis XIV. Cette riche culture industrielle couvre aujourd'hui toute la plaine du Comtat, et rapporte plus de vingt-cinq millions à ces contrées.

« En 1665, les manufactures éclosent de toutes parts : les fabriques d'ouvrages de fil s'établissent au Quesnoi, à Arras, à Reims, Sedan, Château-Thierry, Loudun, Alençon, Aurillac, etc. Les Van-Robais, habiles fabricants hollandais, attirés par Colbert, introduisent à Abbeville la fabrication des draps fins, façon de Hollande. Les draperies, sergeries, tanneries, corroieries, se multiplient et se perfectionnent. Les points de Gênes, de Venise et d'Espagne sont introduits en France : une manufacture de glaces est établie au faubourg Saint-Antoine, à l'instar de Venise ; c'étaient en grande partie des Français qui soutenaient à Venise ces deux sortes de manufactures. Colbert rappelle par tous les moyens en France les industriels, les artistes, les marins, qui prêtaient à l'étranger des intelligences et des bras que réclamait la patrie ; en même temps il attire du dehors, par toutes sortes d'avances et de libéralités, les artisans étrangers les plus adroits. Les métiers à bas, autrefois inventés en France, puis oubliés chez nous, tandis qu'ils se répandaient en Angleterre, avaient été rapportés par deux Nîmois en 1656. Cette industrie prend un grand développement. On établit des verreries et des cristalleries, des fonderies et des batteries de cuivre et d'aison influence sur les grands États comme sur les petits. Quant aux articles de première nécessité et de grande consommation, la fabrication française se borna à l'approvisionnement du

rain, des fabriques de fer-blanc, de cordages, de toiles à voiles, puis, en 1668, des moulins à fer et acier, des aciéries.

« En 1666 et 1667, les points de fil, les étoffes et passements d'or et d'argent, venant de l'étranger, sont prohibés. La prohibition absolue ne frappe, comme on voit, que quelques articles de luxe ; sur tout le reste il y a protection, non prohibition.

« La protection, à la vérité, fut puissamment renforcée en 1667. Colbert aspirait à se passer des produits manufacturés de l'Angleterre et de la Hollande, aussi bien que de leur courtage maritime. Le mouvement industriel des trois dernières années lui fit croire qu'il pouvait agir sans ménagement. Un nouveau tarif augmenta les droits de sortie sur quelques matières premières, cuirs, peaux et poils de chèvre, que Colbert voulait réserver à l'industrie nationale, et doubla, ou à peu près, les droits d'entrée sur la draperie, la bonneterie, les tapis, les cuirs fabriqués, les toiles, les sucres, les huiles de poisson, les dentelles, les glaces et le fer-blanc.

« Les bornes furent-elles dépassées ou non ? Les intérêts généraux de la France furent-ils servis ou lésés par ce coup d'État industriel? C'est une question délicate et difficile, qui, aujourd'hui encore, reste indécise pour beaucoup d'esprits éclairés. Quant aux denrées coloniales et aux produits de la pêche importés par navires étrangers, il est clair qu'on doit approuver Colbert sans réserve. Le reste n'était-il pas nécessaire temporairement à l'établissement des manufactures?

« L'Angleterre et la Hollande se montrèrent également irritées du coup qui les frappait. L'Angleterre, avec sa violence accoutumée, ne se contenta pas d'exercer des représailles en augmentant les droits sur nos vins et nos eaux-de-vie; elle rendit ces droits rétroactifs de plusieurs années. Colbert avait pensé que les Anglais, quoi que nous fissions, ne pourraient se passer de nos vins. L'événement ne lui donna pas tort de son vivant, et les Anglais, malgré l'élévation des droits, continuèrent assez longtemps encore à enlever nos vins de la Gironde et de la Charente ; ils finirent pourtant par leur substituer les vins du Portugal et des Canaries. Ce fut une grande perte pour la Guyenne ; mais il n'est pas du tout sûr que le tarif de 1667 en ait été la principale cause. Après que l'Angleterre se fut tout à fait assujetti commercialement le Portugal par le traité de Méthuen, elle eut un intérêt évident à préférer aux vins français les vins portugais, qui, d'ailleurs, devinrent en grande partie propriété anglaise. Ce changement eût donc bien pu s'opérer dans tous les cas. Il faut dire aussi que l'échange des vins français contre les draps anglais, qui faisait le fond du commerce entre les deux pays, s'opérait de la façon la plus désavantageuse à la France; avant même l'acte de navigation, des règlements anglais, contraires à l'esprit des traités, réservaient exclusivement l'importation des vins aux navires d'Angleterre, et les vexations systématiques que les étrangers subissaient dans les ports anglais produisaient à peu près le même résultat, quant à l'exportation des draps.

marché intérieur, et comme la concurrence étrangère était en grande partie exclue, les consommateurs faisaient les frais de ce monopole par l'élévation des prix, et ils eurent ainsi à subir la détresse économique dans laquelle tomba la France après la mort de Colbert (1).

Colbert, cependant, n'était pas un homme à systèmes ; ses mesures n'étaient pas les inspirations d'une théorie ; elles étaient prises en vue de besoins réels. Quelque jugement qu'on porte sur ses prohibitions et sur ses droits protecteurs abstraitement envisagés, il serait injuste de vouloir en amoindrir ou même en nier le succès pratique. Évidemment Colbert, avec son système mercantile, secondait les desseins politiques de Louis, qui poursuivit d'abord l'humiliation de la Hollande, et

A la suite du tarif de 1667 et des représailles anglaises, il y eut des négociations pendant plusieurs années pour se rapprocher et arriver à un traité de commerce. Colbert eût consenti à prendre pour base l'égalité complète de traitement entre les sujets des deux nations. Ce fut l'Angleterre qui refusa. Ceci est tout à fait décisif, et justifie radicalement le tarif de 1667.

« Les Hollandais, plus gravement atteints encore que les Anglais, puisque leur commerce était beaucoup plus étendu, ne se plaignirent pas avec moins de vivacité, et l'âpreté des remontrances de leur ambassadeur Van Beuningen ne contribua pas peu à accroître les mauvaises dispositions de Louis XIV envers leur république. Ils hésitèrent néanmoins trois années entières avant d'user de représailles, craignant de se nuire à eux-mêmes autant qu'à la France, en grevant de gros droits les vins et eaux-de-vie français. Trois cents à quatre cents vaisseaux hollandais, suivant le témoignage de Colbert, enlevaient chaque année une masse de nos liquides, que la Hollande consommait pour un tiers et réexportait pour deux tiers dans tout le Nord. La Hollande menaça de remplacer les vins de France par les vins du Rhin. Colbert s'en inquiéta peu, persuadé que le Nord ne changerait pas ses habitudes pour plaire aux Hollandais, et recevrait les produits de la France des mains mêmes de la marine française, au lieu de les recevoir par intermédiaire, ce qui était précisément son but ; il ne croyait même pas que la Hollande pût réduire sa consommation intérieure sans dommage pour sa marine. Il attaqua sans balancer le commerce hollandais dans les Antilles, en même temps que dans le nord de l'Europe. »

(1) Les mesures de Colbert, dans leur ensemble du moins, n'ont enfanté que la prospérité publique ; les malheurs que la France éprouva après sa mort furent causés par l'excès des dépenses et par d'autres fautes qui ne lui sont nullement imputables. On sait même que, de son vivant, à partir de 1672, son administration fut une lutte constante contre Louis XIV et contre Louvois, dont la politique guerrière contrariait ses plans d'amélioration pacifique.   H. R.

plus tard aussi celle de l'Angleterre. Reportons-nous à l'histoire de ces deux pays, et rappelons-nous en particulier comment les Hollandais, vers le milieu du dix-septième siècle, avaient entre les mains presque tout le commerce maritime de la France. La France ne pouvait laisser subsister cet état de choses sans s'exposer à n'être qu'une puissance purement continentale. Aussi une ordonnance, rendue sous Mazarin dès 1659, frappait-elle, dans l'intérêt du pavillon français, tous les navires étrangers d'un droit différentiel de 50 sous par tonneau. Naturellement cette mesure atteignit avant tout les Hollandais, et ces derniers ne manquèrent pas d'élever aussitôt de vives réclamations. Mais elles n'eurent aucun succès auprès de Colbert, chargé aussi du département de la marine. Le ministre comprit toute la portée de ce droit de tonnage, seul moyen efficace de créer en France une marine, et l'acte de navigation anglais, de nouveau promulgué dans l'intervalle, acte dirigé contre la suprématie maritime de la Hollande, ne put que le confirmer dans cette opinion. Il ne céda donc pas, et le droit de tonnage, avec le tarif de 1667, préjudiciable à l'industrie hollandaise, troubla la bonne intelligence qui avait jusque-là régné entre les deux pays, provoqua des représailles de la part de la république, et fournit ainsi au roi le prétexte qu'il désirait pour lui déclarer la guerre. Si Louis XIV fut puni de son orgueil en perdant le prix de ses victoires, et si les États Généraux, au lieu de succomber, finirent par dicter la paix à la France et par y obtenir l'abolition de cet odieux droit de tonnage, cette abolition n'eut lieu qu'après la mort de Colbert, à la paix de Ryswick en 1697, et à celle d'Utrecht en 1713. Tant que vécut le ministre, le droit fut maintenu, et vint en aide aux institutions qu'il fonda pour donner une marine à la France.

Ici Colbert rencontra un obstacle dans la jalousie de l'Angleterre, qui mit tout en œuvre pour étouffer la nouvelle concurrence. L'acte de navigation fut en partie une mesure de représailles contre l'édit de 1659 (1). De plus, le cabinet de

_____
(1) On lit en effet dans plus d'un auteur que l'édit de 1659, rendu par le

Londres adressa d'énergiques représentations contre le nouveau tarif, comme restreignant fortement l'importation des draps anglais, qui, précédemment, trouvaient en France un large débouché. En France même, des intérêts considérables réclamèrent contre les dispositions du nouveau tarif, qui entravaient le commerce avec l'Angleterre. Ces réclamations émanaient surtout des provinces du midi, qui vendaient sur une grande échelle aux pays voisins les produits de leur sol, leurs vins, leurs eaux-de-vie et leur sel, tandis que le nord, avec ses fabriques nouvellement établies, demandait des mesures protectrices et restrictives. L'opposition des intérêts était donc à cette époque à peu près la même que de nos jours. Tant que dura le gouvernement des Stuarts, les sympathies politiques qui unissaient les deux dynasties neutralisèrent l'antagonisme commercial ; mais il éclata par des querelles acharnées, lorsque la révolution de 1688 eut fait succéder les antipathies aux sympathies.

L'œuvre peut-être la plus irréprochable de l'administration de Colbert, parce qu'elle ne fut mêlée d'aucune violence, c'est la création de la marine française. Il n'existait rien avant lui qu'on pût appeler de ce nom ; le peu qu'avait fait Richelieu avait été anéanti sous Mazarin. Tandis que les Hollandais comptaient 16,000 navires, la France n'en possédait pas même 600, et sa marine militaire se composait de 30 vieux bâtiments mal montés et mal commandés. Colbert eut presque tout à créer ; mais il fut manifeste qu'il ne songeait à rien moins qu'à élever son pays, comme puissance navale, au niveau de la Hollande et de l'Angleterre. De pareils plans flattaient l'ambition du roi, qui permit au ministre d'y employer

---

surintendant Fouquet, pour lever un droit de tonnage sur les bâtiments étrangers, détermina l'Angleterre à adopter son acte de navigation. Or l'acte de navigation de Cromwell est de 1651. Peut-être a-t-on été trompé par la date de sa nouvelle promulgation, qui eut lieu sous Charles II, en 1660. Peut-être aussi que l'édit français de 1659 est pour quelque chose dans cette nouvelle promulgation ; mais, si on se rend bien compte de la pensée qui dicta la loi anglaise, on se convaincra qu'il ne put y contribuer que pour une bien faible part. H. R.

des sommes immenses. Le droit de tonnage fut, on l'a vu, conservé, même au risque d'une guerre, comme base du nouvel édifice. Au lieu de la presse des matelots jusque-là en usage, on établit un système de levées régulières dans les districts maritimes. Toulon, Brest, Dunkerque et le Havre furent dotés d'arsenaux et de fortifications. On accorda aux armateurs, pour constructions nouvelles, une prime de 4 à 6 fr. par tonneau, et en 1681 fut rendue la fameuse ordonnance sur la marine, si vaste et si sage dans ses dispositions, que d'autres États adoptèrent bientôt pour en faire leur code maritime. Tandis que la flotte de guerre s'accroissait, dans l'espace de vingt ans, de 30 bâtiments à 170, la marine marchande était loin de se développer aussi rapidement. Pour lui ouvrir un champ d'activité, Colbert étendit les relations avec les colonies ; mais nous réservons pour la section suivante les détails à ce sujet.

Les travaux publics étaient aussi sous la direction de Colbert. Pour plaire au roi, il prodigua de grandes sommes à la construction de palais et à d'autres ouvrages stérilement fastueux. Mais, en revanche, il légua à la postérité une œuvre éminemment utile, le canal de Languedoc. Déjà les générations précédentes avaient apprécié l'importance d'une jonction de l'Océan avec la Méditerranée, et même essayé de l'établir. Mais son accomplissement était réservé à cette époque. Aux avantages déjà connus que ce canal présentait pour le commerce intérieur et extérieur, se joignirent d'autres considérations. L'idée de rendre inutile la navigation par le détroit de Gibraltar, et d'attirer ainsi, par les transports, beaucoup d'espèces de l'étranger en France, répondait au préjugé régnant, qui évaluait la richesse du pays d'après la quantité de monnaies d'or et d'argent en circulation, et auquel Colbert lui-même rendit hommage, en interdisant à plusieurs reprises la sortie du numéraire (1). Enfin la vanité immodérée de

---

(1) C'eût été cependant, tout préjugé à part, un magnifique résultat que la réalisation des bénéfices d'un transit pareil, si elle n'avait dépendu que de l'établissement du canal.   C. V.

Louis XIV était satisfaite de l'exécution d'un ouvrage, que les
Romains eux-mêmes, établis dans le Languedoc, n'avaient
pas osé entreprendre. Après avoir coûté onze années de travaux et dix-sept millions de francs, le canal fut livré à la circulation en 1681 (1). Un autre canal de moindre étendue,
celui d'Orléans, relia entre eux les bassins de la Loire et de
la Seine, et ouvrit un débouché dans la capitale à de fertiles
provinces. Ainsi s'acheva une communication que Sully avait
commencée au moyen du canal de Briare (2).

D'innombrables règlements administratifs attestent l'activité de Colbert dans le domaine tout entier des intérêts économiques. L'unité douanière, n'ayant pas été complétement
réalisée à l'intérieur, l'établissement d'entrepôts francs offrit
une sorte de dédommagement des entraves auxquelles restait
soumis le commerce intérieur. Afin de procurer aux places
maritimes les bénéfices du commerce intermédiaire, on leur
accorda à toutes, en 1670, la faculté d'entrepôt; et le transit,
pour lequel la France présente des conditions si favorables,
fut favorisé par tous les moyens. Colbert se proposait surtout
de vivifier et d'animer les provinces de l'intérieur. Les expéditions de marchandises de la Flandre pour l'Espagne étaient
exemptes de tout droit, et un service accéléré de messageries
royales opérait les transports entre Lille et le Havre. Pour
augmenter le nombre des jours de travail, Colbert supprima
d'un coup dix-sept fêtes, et pour multiplier les bras, il encouragea par des primes le mariage et la fécondité des unions.
Un code de commerce, une ordonnance sur la juridiction
commerciale, une autre sur le régime des eaux et forêts, réglèrent sur des bases fixes des matières et des intérêts qui
avaient été jusque-là abandonnés à l'arbitraire et fort négligés, au grand préjudice du bien public. Si les résistances de

(1) Comment l'auteur a-t-il pu oublier le nom de Riquet, auquel revient
dans ce grand ouvrage la première part de gloire? Cette omission, excusable
chez un étranger, ne le serait pas de la part de traducteurs français. H. R.

(2) L'idée du canal de Bourgogne, destiné à réunir les bassins du Rhône
et de la Seine, par la Saône et l'Yonne, cette idée, qui avait Vauban pour
auteur, appartient aussi à l'administration de Colbert.   H. R.

provinces, jalouses les unes des autres, ne permirent pas d'introduire l'uniformité des poids et des mesures dans toute la France, on réussit du moins, en 1671, à établir à ce sujet, entre les ports de mer, une entente qui facilita extrêmement les transactions.

Colbert avait une volonté forte et ne souffrait point de contradiction. Cependant, à part les cas où il se soumettait aux ordres absolus du roi, sa volonté était toujours réfléchie. Il commençait toujours par demander l'avis des hommes compétents avant de mettre à exécution les plans qu'il méditait, particulièrement dans les matières commerciales. Les négociants étaient invités par une circulaire à faire connaître immédiatement leurs vœux et leurs griefs. Un édit royal ordonna au commerce de chaque place de choisir deux hommes des plus expérimentés, afin que le ministre, à son tour, désignât trois de ces délégués pour résider à la cour, et entretenir le roi de toutes les mesures qu'ils jugeraient utiles au négoce; les autres devaient se réunir chaque année à jour fixe dans trois villes du royaume, pour s'enquérir de la situation commerciale et industrielle, et émettre des propositions en conséquence.

Parmi les divers moyens qu'employa Colbert pour relever le commerce du Levant de sa décadence, la réforme des consulats dans cette région ne fut pas le moins efficace. Ces offices étaient alors entre les mains de spéculateurs avides qui les avaient achetés, et qui, exploitant leur position au profit de leurs intérêts particuliers, se livraient à des opérations frauduleuses, ou du moins s'en faisaient les complices, de manière à décréditer entièrement le commerce français chez les Turcs, et à faire les affaires de l'Angleterre et de la Hollande. Le ministre attaqua le mal dans sa racine, en nommant lui-même les consuls, en leur interdisant toute opération de commerce et en les liant par des instructions sévères et sagement conçues. Un traité de commerce conclu avec la Porte, en 1673, plaça la France en Turquie sur le pied des nations les plus favorisées.

L'administration de Colbert, si brillante dans son ensemble,

présente une grande tache, qui a pour origine l'esprit exclusif
du système mercantile, et que l'historien impartial ne doit
pas amoindrir et moins encore dissimuler, il s'agit de la législation des grains et de son influence sur l'agriculture et sur
la population rurale. Durant les cinq premiers siècles de l'histoire de France, l'exportation des grains avait été complète-
ment libre ; elle ne fut restreinte que sous la royauté absolue.
Henri IV forma, nous l'avons vu, une illustre exception ; il
vit dans l'agriculture le premier intérêt du pays, et lui accorda en conséquence toute latitude dans le trafic de ses produits. Même dans les premières années du règne de Louis XIV,
Fouquet étant ministre des finances, l'exportation n'était soumise qu'à de faibles restrictions, par ce motif, disait-on, que
si les sujets étaient obligés de vendre leurs grains à trop bas
prix, ils n'auraient pas de quoi payer la taille et les autres
contributions. Colbert, dont l'administration avait commencé, en 1662, par une horrible disette, crut ne pouvoir
mieux prévenir le retour d'une semblable calamité, qu'en
s'attribuant en quelque sorte le droit de disposer de toute la
récolte en grains de la France, et il décréta alternativement
pour de courtes périodes, tantôt la franchise, tantôt la prohibition, tantôt l'exportation avec des droits élevés. Ici le ministre se laissa aller à son malheureux penchant à vouloir
maîtriser le cours naturel des choses par la toute-puissance et
l'omniscience bureaucratiques. On a cherché à justifier la
violence de ses mesures par la nécessité de nourrir une armée nombreuse et d'assurer le pain à bon marché aux ouvriers des manufactures ; mais cet argument est réfuté par le
fait que la famine revint plusieurs fois et que les prix des céréales se maintinrent généralement à un taux qui fit com-
plètement manquer le but. Un régime où l'on se trouvait
constamment sous le coup d'une prohibition, ne pouvait naturellement que décourager l'agriculture. Comme on n'avait
plus la certitude de placer avantageusement à l'étranger
l'excédant des récoltes, on se borna à cultiver les bonnes
terres, laissant en friche les médiocres, ce qui diminua la

quantité du produit. Le blé avait été de tout temps un des articles principaux de l'exportation française, à destination de l'Espagne surtout ; il subit alors une dépréciation, qui plongea dans la plus profonde misère des provinces auparavant florissantes, comme le Dauphiné, la Gascogne, le Poitou, etc. La condition du peuple des campagnes n'a jamais été pire en France que sous le règne glorieux de Louis XIV ; les successeurs de Colbert rendirent sans doute des ordonnances plus despotiques que les siennes ; toutefois, c'est le grand ministre qui jeta les bases d'un régime vicieux et qui porta aux intérêts agricoles du royaume un coup de nature à frapper de stérilité de bonnes mesures telles que l'abaissement du taux de l'intérêt, la confection d'un cadastre pour l'assiette de l'impôt, les améliorations dans le mode de perception des tailles, la défense de saisir le bétail, l'établissement de haras, etc. (1).

(1) Ces jugements, bien qu'appuyés sur des autorités respectables, ne doivent être acceptés que sous bénéfice d'inventaire. La question de la liberté de la sortie des grains dans les temps d'extrême cherté est loin d'être résolue, et il est peut-être téméraire de passer condamnation sur les tâtonnements de Colbert dans une affaire si délicate, surtout quand on se contredit soi-même au sujet des prix, qui, d'une part, n'auraient pu être abaissés, et, de l'autre, par leur avilissement, auraient ruiné des provinces entières. Il y aurait à examiner si, indépendamment des mesures prises directement en faveur de l'agriculture, Colbert ne lui a pas indirectement donné le plus efficace des encouragements en augmentant le nombre de ses consommateurs par l'industrie et par la prospérité des villes. Au surplus, les allégations sur la misère des paysans sous Colbert, et les attaques contre ses mesures relatives au commerce des grains, ont donné lieu à une réfutation étendue et vigoureuse de M. Henri Martin, dans le même chapitre auquel nous avons déjà fait un emprunt. Nous la reproduirons ici en grande partie.   H. R.

« Les mesures adoptées par Colbert au sujet des produits agricoles ont suscité contre sa mémoire, depuis le milieu du dix-huitième siècle, de vives, d'incessantes attaques. Le système d'un gouvernement et d'une époque ne doit point être jugé abstractivement, sans tenir compte de l'état du pays ni de la législation antérieure : si ceci est vrai à l'égard de toutes les parties de l'administration, à plus forte raison quand il s'agit d'économie politique, c'est-à-dire de celle des sciences sociales où l'étude des phénomènes extérieurs a le plus d'importance et où les maximes abstraites ont le moins de valeur pratique. C'est pourtant ce qu'ont fait les adversaires du grand ministre ; ils ont accepté des données fausses sans les vérifier ; ils

Cette insuffisance de l'agriculture était d'autant plus fâcheuse pour le pays, que l'insatiable ambition de Louis XIV ne pouvait supporter une paix de quelque durée et recherchait la guerre à tout prix. Louvois, qui partageait avec Colbert la confiance du monarque, mais qui avait acquis sur lui

ont suivi des guides infidèles, et, lors même qu'ils pouvaient avoir raison en partie sur les principes, ils se sont complétement trompés sur les faits.

« Le point de départ de toute cette polémique est dans les deux ouvrages de Boisguillebert. Les économistes du dix-huitième siècle, séduits par les propositions neuves et audacieuses, par les assertions tranchantes, par l'espèce d'éloquence incorrecte et abrupte de ce précurseur de leurs doctrines, ont, pour la plupart, répété de confiance les jugements sur le passé; et quand le plus savant et le plus impartial d'entre eux, Forbonnais, revenant sur la sorte de surprise qu'il avait aussi un moment subie, eut renversé tout cet échafaudage de faits mal étudiés, de dates fausses, de chiffres controuvés, qu'avait déjà si rudement secoué le bon sens de Voltaire, les autres n'en parurent guère tenir compte, et certains de leurs successeurs semblent l'avoir aujourd'hui complétement oublié.

« Pour apprécier la valeur de l'acte d'accusation dressé par Boisguillebert, il faut le résumer dans toute sa crudité. Si l'on en croit cet écrivain, durant onze cents ans les subsides avaient été proportionnés, en France, aux forces des contribuables, comme ils le sont encore dans le reste du monde, même dans les pays les plus barbares!... Les chemins avaient été libres (de péages), le commerce libre, en France comme ailleurs. Grâce aux parlements, *palladium et dieux tutélaires de la France*, le royaume « se trouvait, en 1660, dans l'état le plus florissant où il se fût jamais vu. » Depuis 1660 ou 1661, depuis l'avénement de *prétendus grands hommes*, tout a empiré, tout s'est perdu, le revenu de la France a diminué de 500 ou 600 millions par an; — 500 ou 600 millions, c'est trop peu dire : — de 1,500 millions! — En trente ou quarante ans (il écrit en 1697), la France a perdu la moitié de son revenu; les propriétés ont perdu la moitié de leur valeur; la consommation a diminué des trois quarts. Les causes de cette ruine sont la taille arbitraire et mal réglée, l'accroissement des aides, des péages et des douanes, les *affaires extraordinaires* avec les traitants, enfin les entraves mises au commerce des grains et les efforts du gouvernement pour maintenir le blé à vil prix, ce qui écrase les producteurs de la première richesse du pays.

« On croit rêver en voyant se dresser devant soi ces monstrueux paradoxes. La liberté des transactions, le bien-être, la juste proportion des charges régnant durant tout le moyen âge, et maintenus dans le monde entier, excepté dans la France de Colbert! La France au comble de la prospérité pendant les guerres étrangères et civiles et le pillage universel, et précipitée par Colbert du haut de cette prospérité! les abus de la taille, des aides, des péages, des affaires avec les traitants, imputés à Colbert, qui a arraché la France aux traitants, qui n'a touché à la taille que pour la diminuer et en réprimer les abus par les mêmes moyens que Sully ; aux aides, une plus grande influence, et flattait ses mauvaises passions, était à la tête du parti de la guerre et l'emporta sur le parti de la paix, représenté par Colbert. Celui-ci, au lieu de donner sa démission, se soumit et se vit obligé, en sa qualité de ministre des finances, de détruire son propre ouvrage, de

du moins pendant les dix premières années de son ministère, que pour les réduire et demander l'accroissement du revenu à l'accroissement de la consommation, signe infaillible de l'accroissement du bien-être public ; aux péages enfin et aux droits d'exportation (les blés à part), que pour en diminuer le nombre et le poids...

« Exposer de telles folies, c'est les réfuter! Reste toutefois une question sérieuse, celle du commerce des grains et des restrictions à ce commerce.

« Et d'abord existait-il avant Colbert, sur cette matière, un système de liberté, et Colbert y a-t-il substitué un système d'interdiction ?

« Non, il n'existait pas de tel système! Le régime antérieur à Colbert consistait en alternatives d'exportation sans droits et sans réserve, et de brusques interdictions. L'exportation illimitée et l'absence de magasins amenaient la cherté ; la prohibition tardive ne ramenait pas la denrée enlevée à bas prix par l'étranger, ne calmait pas les paniques qui exagèrent l'enchérissement bien au delà du déficit réel, et les entraves mises à la circulation intérieure par les autorités locales changeaient la cherté en famine ; les réserves en grains, entretenues par quelques villes mieux administrées que les autres, ne soulageaient que ces villes, et n'empêchaient pas qu'on mourût de faim à l'entour. Ce qu'on peut admettre, c'est que l'exportation était plus souvent permise que défendue, et que la cherté était fréquente ; le peuple, écrivait Jean Bodin au seizième siècle, aime mieux la guerre que la paix, parce qu'en temps de guerre les grains restent en France au lieu de passer en Angleterre et en Espagne. Sous le ministère de l'Hôpital, les mesures restrictives dominent et pour le dedans et pour le dehors. La plus ancienne tentative faite pour généraliser les principes de prévoyance adoptés par quelques cités appartient au chancelier Birague, le premier de nos ministres qui ait régi les intérêts matériels sur un plan systématique. Un édit de 1577 prescrivit à toutes les villes d'entretenir des réserves pour trois mois, et ordonna la libre circulation de province à province. En même temps, la défense faite, en 1569, aux propriétaires et fermiers de garder leurs blés plus de deux ans dans les greniers, fut renouvelée. Sully, lui-même, n'érigea point du tout la libre exportation en principe légal ; il la favorisa par des permissions qu'il paraît avoir renouvelées annuellement et maintint avec fermeté la circulation intérieure contre les autorités locales, toujours prêtes à l'entraver.

« Les alternatives d'exportation et de prohibition recommencèrent sous Louis XIII et sous Mazarin ; il y eut d'énormes variations de prix, des disettes cruelles. On peut affirmer que jamais, depuis les guerres de religion, les campagnes n'avaient été aussi malheureuses que durant la période de 1650 à 1660, présentée par Boisguillebert comme le point culminant de la prospérité.

rétablir des taxes oppressives, et de faire revivre la vénalité des charges et la ferme des impôts. On s'explique ainsi la grande impopularité qu'il encourut et l'oubli des nombreux services qu'il avait rendus au pays. Chargé des malédictions

« Louis XIV et Colbert prirent le gouvernement en main dans de douloureuses circonstances. Après trois années de prix élevé et à peine supportable, le blé avait enchéri d'une manière effrayante par suite de la très-mauvaise récolte de 1661, et le parlement de Paris, par un arrêt rendu quinze jours avant la chute de Fouquet (19 août 1661), avait défendu aux marchands de contracter aucune société pour le commerce du blé et de faire aucun amas de grains, et autorisé les cours de justice à réserver, pour la consommation de leurs justiciables, les blés recueillis dans l'étendue de leur ressort. C'était ainsi que les parlements, *ces dieux tutélaires de la France*, comme les appelle Boisguillebert, protégeaient le libre commerce des grains, que ce même Boisguillebert proclame le salut de l'État. Et l'arrêt de 1661 n'était nullement un fait exceptionnel. Cet arrêt, reproduit par les autres parlements, ne manqua pas d'aggraver le mal qu'il était destiné à combattre. La disette arriva, dans certaines provinces, jusqu'à la plus affreuse famine.

« Le roi et le ministre firent tout ce qu'il était possible de faire, selon les idées du temps. Malgré les arrêts des parlements, qu'on accuse à tort Colbert d'avoir maintenus, le gouvernement obligea les provinces à s'entre-secourir et à secourir Paris; il contraignit « les particuliers à ouvrir les magasins et à exposer leurs denrées à un prix équitable; » ce sont du moins les propres termes de Louis XIV dans ses mémoires (t. I, p. 152). On peut condamner, au nom de la science, le maximum, qui d'ailleurs est presque toujours illusoire; mais il est juste de rappeler que la fixation du prix des denrées par les autorités royale, provinciale, municipale, avait toujours existé en droit et en fait; on retrouve les denrées taxées jusque dans les coutumes, dans les lois permanentes. L'importation des grains étrangers était habituellement libre; le gouvernement la provoqua en exemptant du droit de 50 sous par tonneau les navires étrangers qui apporteraient du blé; on fit venir par mer, de Dantzick et d'autres ports lointains, des grains achetés aux frais de l'épargne, et que l'État revendit en partie à un prix modéré et distribua gratuitement pour le reste. Le roi fit distribuer jusqu'à cent mille livres de pain par jour à 2 sous la livre. On tâcha de soulager les grandes villes avec du blé, les campagnes avec de l'argent. Ces remèdes furent toutefois bien insuffisants, et le mal, qui avait atteint sa plus haute période durant l'été de 1662, ne diminua que faiblement après la récolte de cette année, qui ne fut pas bonne, et ne cessa pas avant la récolte de 1663.

« Ces calamités produisirent sur Colbert une impression profonde. Il chercha les moyens d'en prévenir le retour. Le régime antérieur, sous lequel on allait au hasard, pendant des années, d'un extrême à l'autre, lui parut condamné par ses fruits. Il se fit un système; ce ne fut point du tout, comme on l'a souvent répété, l'interdiction absolue d'exporter, ce fut l'interdiction ou la permission avec droits ou même sans droits, suivant l'ap-

du peuple et tombé dans la disgrâce, Colbert mourut vers la
fin de 1683.

Le jour de sa justification ne tarda pas. Louis XIV, délivré
du seul frein qui l'avait retenu dans ses vastes plans de conquête,
donna dès lors pleine carrière à son ambition, et, quelques
brillantes victoires qu'il remportât encore, la fin de son long
règne vit la France entièrement épuisée au dedans, vaincue
et abaissée au dehors. Le nom du grand roi sert à désigner le
siècle tout entier ; l'histoire du commerce est fondée à donner
le nom de Colbert à la courte période de son administration,
la plus féconde peut-être en créations extraordinaires que la
France ait connue encore. Quelques-unes de ces créations sont
restées debout, et ont conservé jusqu'à nos jours tout leur
lustre. Il n'est pas nécessaire d'exagérer les mérites d'un tel
homme pour lui assurer la reconnaissance et l'admiration de
la postérité. Ses erreurs et ses fautes étaient du siècle où il vécut. Du reste, sa prédilection pour la population des villes,
pour le commerce maritime et pour l'industrie (1), contribua
puissamment à émanciper le tiers état, à accroître l'influence

préciation que le gouvernement ferait annuellement de la récolte et des ressources nationales. On n'a pas conservé les arrêts du conseil relatifs aux
grains pendant les premières années qui suivirent la disette de 1661-1663 ;
mais on en possède un grand nombre de 1669 à 1683, et l'on y voit que
l'exportation fut autorisée neuf ans sur quatorze. Huit arrêts l'autorisent,
moyennant un droit de 22 francs par muid ; cinq, avec des droits inférieurs de moitié ou des trois quarts ; huit, avec exemption de tous droits.
Le maximum de 22 francs par muid représenterait un droit de 2 francs à
2 francs 35 centimes environ de notre monnaie par hectolitre, ce qui n'a
sans doute rien d'exorbitant. Il importe d'ajouter que la prohibition, durant cinq années sur quatorze, n'était point un état normal aux yeux de Colbert, et que les arrêts du conseil la motivent le plus souvent sur la nécessité
de faire subsister de grandes masses de troupes pendant la guerre de Hollande, et d'empêcher les ennemis de venir chercher des ressources en
France. En temps de paix, la prohibition eût été plus rare...
« Non-seulement le prix du blé ne fut point avili sous Colbert, mais l'a-
baissement n'en fut pas suffisant pour assurer du pain de froment à prix
modéré à tous les travailleurs des ateliers que créait ce ministre, et la majorité des classes laborieuses dut continuer à se nourrir de grains inférieurs. »
    (1) C'est avec raison que M. Henri Martin, dans le chapitre déjà cité, com-

de la bourgeoisie et des fortunes mobilières. La noblesse perdit de sa richesse et de sa considération, et la célèbre ordonnance de 1669, qui déclara qu'on ne dérogeait pas en faisant le commerce, annonçait le prochain avénement de la bourgeoisie. Colbert fut à beaucoup d'égards le serviteur despotique d'un maître despote ; et c'est là justement ce qui constitue son rôle à part. On ne trouvera ni dans l'histoire commerciale des Hollandais, ni dans celle des Anglais, une période ainsi renfermée dans la biographie d'un seul homme. En Hollande et en Angleterre de nombreux champions paraissent en scène pour défendre les droits d'un peuple libre, et nulle part moins que dans le domaine des intérêts matériels une grande personnalité ne peut exercer la domination ; elle y trouve un obstacle dans l'habitude où sont les particuliers de se gouverner eux-mêmes, et l'association ne peut y être le résultat que d'un libre consentement. Il en était autrement en France, où la monarchie absolue était alors à son apogée. Dans cette contrée un grand homme pouvait, sous les auspices du roi, imprimer son cachet à son époque, et diriger ses contemporains. C'est ce que fit Colbert ; aussi devait-il faire le fond d'un tableau du commerce de la France au dix-septième siècle.

Colbert fut dictatorial, souvent même violent dans ses mesures, mais toujours tolérant dans les matières religieuses. L'industrie était l'objet préféré de sa sollicitude ; cette tolérance servait ses plans économiques, car les plus habiles fabricants professaient, pour la plupart, le protestantisme. Tranquilles sous la protection de l'édit de Nantes, ils travail-

---

bat l'opinion qui attribue à Colbert une préférence exclusive pour l'industrie manufacturière :

« Les écrivains, dit-il, qui ont représenté Colbert comme un homme spécial, favorisant certaines des forces nationales aux dépens des autres, sacrifiant, par exemple, l'agriculture à l'industrie, n'ont absolument rien compris au génie ni à l'œuvre de ce grand homme, aussi universel que son maître Richelieu. Colbert pensait qu'une grande nation, une société *complète*, doit être à la fois agricole, industrielle et navigatrice, et que la France a reçu de la nature, au plus éminent degré, les conditions nécessaires de cette triple fonction ; toute sa vie fut employée à poursuivre la réalisation de cette pensée. » H. R.

lèrent avec tant d'activité et d'ardeur, qu'on les compta bientôt parmi les plus riches habitants du royaume. Mais deux ans ne s'étaient pas écoulés depuis la mort de Colbert, lorsqu'ils furent atteints par une mesure qui, plus encore que la guerre et que le fardeau de la dette, arrêta le développement fécond de son œuvre, si elle ne la détruisit tout à fait. En 1685, dans un jour d'inconcevable aveuglement, Louis, dominé par le fanatisme, révoqua l'édit de tolérance, et voulut, par la force, ramener ses sujets hérétiques dans l'Église hors de laquelle il n'y a point de salut. Cet acte souleva une juste résistance. N'ayant pu parvenir à obtenir le retrait des ordres du roi, les protestants renoncèrent à leur pays plutôt que de sacrifier leurs croyances, et ils allèrent chercher une autre patrie à l'étranger. En dépit de tous les obstacles, plus d'un demi-million de Français s'expatrièrent (1). Par cette émigration, la France ne perdit pas seulement un grand nombre de ses plus habiles ouvriers et une grande partie de ses capitaux ; elle vit aussi se resserrer le débouché de ses produits manufacturés dans tous les pays où les réfugiés protestants avaient introduit de nombreuses branches de cette industrie florissante que Colbert avait fait surgir avec tant de frais et de soins. Les pays étrangers firent à ces réfugiés un accueil d'autant plus empressé, qu'ils acquéraient en eux de nouveaux alliés contre Louis XIV, qui s'était fait détester de tous par son arrogance. Il est certain que cette émigration a fait plus de mal à la France que les batailles perdues contre Marlborough et le prince Eugène (2).

---

(1) L'exagération est visible ; mais il est impossible de donner un chiffre précis. Les évaluations contemporaines varient de 400 mille émigrés à 68 mille. Voir à ce sujet M. Pierre Clément, *le gouvernement de Louis XIV de 1683 à 1689*, ch. VII.   H. R.

(2) Quelques désastres qu'aient causés la révocation de l'édit de Nantes et la guerre de la succession d'Espagne, il ne faut pas cependant les exagérer, et admettre, par exemple, qu'elles aient détruit les créations industrielles de Colbert. Après une fâcheuse éclipse, l'industrie française a repris peu à peu son éclat, et, en dernière analyse, elle est redevenue, elle est restée, de nos jours, dans ses traits généraux, telle que Colbert l'avait faite. H. R.

III

Dans sa lutte longue et acharnée contre Charles-Quint, François Ier avait eu moins pour but de lui disputer l'empire du monde, que de faire valoir des droits sur diverses parties de l'Italie. La France, à cette époque, était encore beaucoup trop faible pour le premier de ces rôles, et l'indifférence avec laquelle elle vit se développer la puissance coloniale de l'Espagne, montre qu'elle était loin d'y songer. Bien que favorablement située pour visiter le monde nouvellement découvert à l'occident et pour s'y établir, elle négligea l'occasion qui s'offrait à elle, et n'accorda même aucun appui aux tentatives de quelques particuliers. Si, même aujourd'hui, la France est une puissance continentale beaucoup plus qu'une puissance maritime, au commencement de la présente période elle présentait à un bien plus haut degré ce caractère. Une grande partie de son littoral du nord avait été tout récemment acquise, et le gouvernement n'avait pas encore été à même d'apprécier le mérite de ses hommes de mer.

Ainsi réduits à eux-mêmes, ces hommes, entraînés par un élan irrésistible, n'entreprirent pas moins sur de chétifs navires le voyage du Nouveau Monde. Le premier de ces voyages eut lieu en 1506 sous la conduite de deux capitaines de Honfleur, le second sous celle de Jean Cago, parti de Dieppe en 1508. Ces navigateurs découvrirent le cap Breton et explorèrent les côtes de Terre-Neuve, où ils fondèrent la grande pêche. Leurs succès éveillèrent un instant l'attention de François Ier; il engagea au service de l'État le Florentin Verrazani et le chargea en 1524 de tenter de nouvelles découvertes. Ce dernier, longeant la côte de l'Amérique du Nord, avança plus au midi que ses prédécesseurs, et débarqua sur divers points du pays qu'on appela plus tard la Virginie et les Carolines. Mais son voyage n'eut d'autre résultat qu'un rapport où étaient racontées les déceptions éprouvées dans la recherche de l'or et de l'argent. Dix ans plus tard, Jacques Cartier, plus heureux, pénétra dans le golfe qu'il appela golfe de Saint-Laurent, remonta le fleuve du même nom à la recherche d'un passage par le nord-ouest, visita les tribus riveraines, troqua avec elles des marchandises européennes contre des pelleteries, et revint en France après avoir acquis la certitude qu'il ne trouverait point de passage par cette voie. C'est à lui qu'est due véritablement la découverte du Canada, ou, comme on disait alors, de la Nouvelle-France, dénomination que l'on étendit toutefois plus tard à toutes les possessions françaises de l'Amérique du Nord, y compris la Louisiane. François Ier nomma alors pour les pays nouvellement découverts un gouverneur chargé d'y fonder des établissements et d'y ouvrir avec les sauvages un commerce régulier de pelleteries. Cartier y fut envoyé une seconde fois en 1540 avec cinq navires. Il construisit au Cap-Breton et sur le Saint-Laurent des places fortes entre lesquelles il répartit ses équipages. Mais le gouvernement de la métropole ne prit aucun intérêt sérieux à ces colonies lointaines qui ne faisaient pas apprécier leur utilité par des envois de métaux précieux. Les guerres d'Italie, la plupart si malheureuses, réclamaient en Europe toute son attention et tous ses efforts. Les établissements végétèrent, et Cartier lui-même finit par perdre courage. Nul doute que la nouvelle découverte fût tombée dans un complet oubli, sans la pêche que les intrépides marins des ports de la Normandie, de la Bretagne et du golfe de Gascogne, continuèrent aux bancs de Terre-Neuve. Mais des particuliers ne pouvaient rien de plus ; quelques essais de colonisation tentés par des sociétés échouèrent ; ils étaient aussi mal conçus que mal dirigés ; au lieu de s'entendre pour l'accomplissement d'une œuvre commune, ces sociétés ne cherchèrent qu'à se supplanter et à se ruiner entre elles.

Les expéditions en Floride que des émigrés huguenots entreprirent pendant les guerres de religion sous Charles IX, à l'instigation de l'amiral Coligny, n'eurent pas un meilleur sort. Le but principal de Coligny avait été d'ouvrir à ses coreligionnaires persécutés un asile qui pût avec le temps constituer un État libre. Les intérêts commerciaux de la métropole étaient étrangers à ses plans; on ne se doutait pas alors que le commerce eût à chercher en Amérique autre chose que de l'or et de l'argent. En 1562, Jean Ribaud partit pour la Floride avec deux navires, et s'établit dans le pays où s'élève aujourd'hui Saint-Augustin. Mais, au lieu de s'appliquer à la culture des terres et à un trafic paisible, les colons s'adonnèrent à la chasse et à la guerre, et ne voulurent manger d'autre pain que celui qu'on leur enverrait d'Europe. Une activité laborieuse n'était pas l'affaire de ces huguenots, appartenant pour la plupart à la petite noblesse et élevés dans le métier des armes; en ce point leur émigration différa profondément de l'émigration anglaise, bien qu'elle fût déterminée par les mêmes motifs. Quoi qu'il en soit, l'Espagne, qui avait fait prendre possession de la Floride par Ponce de Léon, en 1512, se jugea lésée dans ses droits par la colonie française et envoya une flotte pour la détruire. Abandonnée par la mère patrie, elle ne put tenir contre des forces supérieures ; les Espagnols s'emparèrent des forts, et les colons encore en vie furent pendus aux arbres avec cette inscription : «Non comme Français, mais comme hérétiques. »

La cour de France, où se projetait déjà la Saint-Barthélemy, éprouva une joie secrète d'une œuvre agréable au ciel, et ne songea guère à venger l'insulte faite à la nation. Cette vengeance était réservée à un brave gentilhomme gascon, nommé Gourgue. Animé d'une haine ardente contre les Espagnols, il arma, en 1567, à ses frais, plusieurs navires, s'y embarqua avec des amis qui partageaient ses sentiments, surprit les établissements espagnols en Floride, et exerça de terribles représailles en faisant pendre la garnison aux arbres avec cette inscription : « Non comme Espagnols, mais comme assassins. » Toutefois, cet acte de vengeance n'eut aucun résultat pour la colonisation de la Floride. Gourgue retourna en France, et cette contrée, déchirée par de cruelles guerres civiles, était beaucoup trop préoccupée de sa propre existence, pour s'intéresser à des possessions situées au delà de l'Océan.

Les essais de colonisation ne furent renouvelés que sous

Henri IV. On renonça à la Floride, afin d'éviter des conflits avec l'Espagne, et l'on se dirigea vers le nord, où les premiers colons avaient laissé des traces. Pierre de Monts, gentilhomme protestant, qui avait antérieurement visité l'Amérique septentrionale, obtint, par une patente royale, le droit d'occuper tous les pays habités par les sauvages du 40° au 46° degré, ou l'Acadie, sous la condition de remettre à la couronne le dixième de l'or, de l'argent et du cuivre qu'on y trouverait. En vertu de cette charte, il se fonda en 1604 deux colonies, Port-Royal sur la baie de Fundy, et la Croix à l'embouchure du fleuve du même nom. L'intolérance, qui au fond continuait de régner dans la métropole, était hostile en principe à des colonies hérétiques, dont on était loin d'ailleurs d'apprécier l'importance commerciale. Néanmoins, bien que réduits presque entièrement à leurs propres forces, les colons réussirent à se maintenir et à gagner du terrain. Ils pénétrèrent dans l'intérieur jusqu'au Penobscot et au Kennebec, où ils bâtirent Saint-Sauveur. Mais leur expédition la plus importante par ses résultats fut celle de Champlain, qui explora le cours du Saint-Laurent, et jeta en 1608 les fondements de Québec et de Montréal.

.. Ces progrès des Français mirent en émoi les Hollandais et les Anglais ; intéressés dans le commerce des pelleteries, ceux-ci par la Société de Plymouth, ceux-là comme maîtres de New-York, ils virent d'un œil jaloux cette nouvelle concurrence. Les Hollandais cherchèrent à exciter contre les Français les tribus sauvages, et leur fournirent des armes à feu et des munitions ; les Anglais recoururent à la force ouverte, attaquèrent Port-Royal et Saint-Sauveur et en chassèrent les Français. Jacques Ier voulait soumettre l'Acadie entière et en faire une colonie anglaise sous le nom de Nouvelle-Écosse. Ce projet rencontra divers obstacles, bien que la France semblât peu disposée à faire de grands sacrifices pour défendre son droit. Si elle rentra en possession de l'Acadie, ce ne fut que par le mariage de Charles Ier avec une sœur de Louis XIII. Il se forma alors une compagnie de commerce, au capital

d'un demi-million de francs, à la tête de laquelle était le
cardinal de Richelieu lui-même. A l'exception de la pêche de
la baleine et de celle de la morue, qui étaient libres pour
tous les Français, tout le commerce par terre et par eau fut le
monopole de la compagnie. Le roi lui accorda l'exemption
des droits de douane, lui fit présent de deux gros navires et
conféra des lettres de noblesse à douze de ses principaux
actionnaires.

Les Français occupèrent alors de nouveau les points abandonnés. Mais leur joie fut de courte durée. Dans la guerre
qui bientôt s'alluma avec l'Angleterre en 1627, deux nobles
écossais, Kirk et Menstry, auxquels Jacques Ier avait délivré
une patente qui les autorisait à prendre possession de l'Acadie, armèrent une flottille à leurs frais, s'emparèrent de
Port-Royal et de Québec, et contraignirent les Français à
évacuer une seconde fois l'Amérique du Nord. Les vainqueurs arrêtèrent entre eux un traité de partage, qui attribuait à Kirk le Canada, au nord du fleuve Saint-Laurent, et
à Menstry le pays au sud de ce fleuve, avec l'Acadie. Ce dernier perdit presque aussitôt une portion de son lot, l'île du
Cap-Breton, où s'établit un capitaine de navire de Dieppe,
nommé Daniel. Il abandonna le reste de l'Acadie, moins Port-
Royal, à un protestant français, Claude de la Tour, qui possédait, depuis 1615, divers établissements sur la baie de Fundy,
et qui, du reste, dut reconnaître l'autorité de Charles Ier,
comme vassal de la couronne d'Ecosse.

La maison de Stuart, bien disposée pour la France, consentit, à la paix de Saint-Germain, en 1629, à ne pas reconnaître une conquête opérée par des particuliers, et de plus, à
restituer tout le pays compris dans les limites tracées par
Henri IV. Les Français en reprirent ainsi possession pour la
troisième fois, et Claude de la Tour, délié de son serment à
la couronne d'Ecosse, reconnut formellement comme souverain de l'Acadie Louis XIII, qui nomma le fils de ce gentilhomme gouverneur général de la contrée. Kirk devait être
dédommagé du territoire qu'il perdait, par un monopole

commercial dans la baie de Saint-Laurent et dans les pays
voisins. Mais la France ne ratifia pas cet arrangement, d'autant
moins qu'elle se proposait de rétablir l'ancienne compagnie
de commerce. Cette compagnie rentra en activité avec tous ses
abus ; la colonie, qui jouissait d'une entière sécurité, et qui,
sous une bonne administration, aurait pu procurer de grands
profits à la métropole, végéta misérablement et déclina à ce
point, que non-seulement les Anglais et les Hollandais, mais
les Indiens eux-mêmes, revendiquant leur droit naturel à la
possession du sol, purent songer à expulser de faibles étrangers. La France n'y envoyait que très-peu d'émigrants, et les
anciens colons, au lieu de se réunir sur un point pour se répandre ensuite peu à peu, s'étaient disséminés comme autant
de sentinelles perdues sur un territoire immense, fraction-
nant ainsi des forces déjà insuffisantes. N'ayant en vue que
les profits du commerce des pelleteries, ils avaient négligé la
culture du sol.

Dans de pareilles circonstances, la colonie, attaquée de
tous côtés par les Indiens, contre lesquels elle se défendait
avec une peine extrême, était dans la situation la plus cri-
tique, lorsque enfin, après l'avénement de Louis XIV, un
esprit nouveau et fécond anima l'administration de la métropole. Sous l'influence des idées de l'époque, Colbert ne pouvait méconnaître l'importance des colonies. Il arrêta ses
résolutions à l'égard du Canada, avec la promptitude et la
hardiesse qui lui étaient habituelles. A partir de 1663, il
envoya plusieurs fois, au secours des colons, des troupes régulières, qui taillèrent en pièces les Indiens et rétablirent
l'honneur du nom français. Après avoir ainsi assuré l'existence de la colonie, on prit des mesures pour en améliorer
la condition matérielle. Le monopole de la Compagnie des
Indes occidentales fut d'abord étendu à l'Amérique du Nord ;
mais, cette compagnie n'ayant pas tardé à se dissoudre, le
commerce devint libre, excepté celui des peaux de castor.
Comme les bras manquaient, tous les soldats qui voulurent
s'établir dans le Nouveau Monde, reçurent leur congé avec

la propriété d'un lot de terre. Des condamnés politiques furent graciés sous la condition d'émigrer au Canada. L'attention de l'Eglise catholique se porta sur le nouveau champ
qui s'ouvrait à son prosélytisme. Des missionnaires dévoués
pénétrèrent au fond des forêts vierges sous la protection du
roi très-chrétien, pour y prêcher l'Évangile, pour initier les
sauvages à la civilisation et à la vie sédentaire, pour en faire,
en les baptisant, des chrétiens et des sujets de la France. On
essuya plus d'un échec, et quelques tribus guerrières restèrent sourdes à tous les enseignements et à toutes les prédi-
cations ; en dernière analyse, toutefois, une vaste étendue de
terres fut défrichée, et, l'émigration européenne augmentant,
le pays fut véritablement colonisé.

La prospérité naissante du Canada excita l'envie des
Anglais, devenus ses voisins immédiats depuis la soumission
de New-York. Deux tribus belliqueuses, les Iroquois et les
Hurons, habitaient le pays que les Français revendiquaient
alors comme leur propriété. Bien qu'elles eussent cédé devant des forces supérieures et qu'elles fussent même entrées
en relation de commerce avec les étrangers, ces tribus ne
nourrissaient pas moins des désirs de vengeance qu'elles ne
manquaient aucune occasion de satisfaire. Les Anglais leur
vinrent en aide sous ce rapport, en cherchant à attirer sur le
territoire de New-York le commerce des pelleteries, qui s'é-
tait jusque-là principalement concentré à Montréal, en payant
des prix plus élevés, et en vendant à dessein aux sauvages
des armes à feu, des munitions de guerre et de l'eau-de-vie.
Ils avaient en outre l'avantage d'exercer librement le trafic
des pelleteries, et possédaient, dans leurs étoffes de laine grossières, un objet d'échange très-recherché par les Indiens.
Pour lutter contre la concurrence anglaise, les Français se
virent obligés de vendre, eux aussi, des articles qui avaient
été jusque-là prohibés. C'était fournir des armes à leurs ennemis, qui, de temps en temps, attaquèrent et détruisirent les
établissements français. Les guerres de l'Angleterre avec la
France, à la suite de la révolution de 1688, s'étendirent aux

colonies, et les frontières du Canada et de la province de New-York devinrent le champ de bataille habituel des deux nations rivales, ayant les sauvages pour auxiliaires. La paix d'Utrecht prononça contre la France. Louis XIV, désirant pallier un peu son humiliation, aima mieux faire des sacrifices au delà des mers qu'en Europe ; il céda à l'Angleterre le pays de la baie d'Hudson, Terre-Neuve et l'Acadie.

La France trouva quelque dédommagement de ces pertes dans les îles du Cap-Breton et de Saint-Jean, qui, par leur situation, commandaient à la fois les pêcheries du banc de Terre-Neuve, l'entrée du golfe de Saint-Laurent et les communications avec le Canada. Du reste, la pêche de la morue était très-considérable sur les côtes mêmes du Cap-Breton ; elle alimentait une forte exportation pour les Antilles, qui envoyaient en retour du café, du sucre et de la mélasse, articles que les colonies de la Nouvelle-Angleterre prenaient à leur tour en échange de bois, de céréales et de bétail. La pêche française, dans la période entre la paix d'Utrecht et celle de Paris, était beaucoup plus importante dans ces parages que celle des Anglais ; son produit annuel était de près de 20 millions de francs ; elle occupait environ 500 navires et 27 mille hommes ; principalement exploitée par des Bretons de Saint-Malo, les Basques de Bayonne et de Cibourre y prenaient également part. Indépendamment du poisson, le Cap-Breton fournissait aussi du charbon de terre, que les navires emportaient comme lest. L'île de Saint-Jean, dont le climat était moins rude et le sol plus fertile, se prêtait à la culture. La métropole crut pouvoir atteindre ce but, en y interdisant la pêche, et, naturellement, elle échoua avec un pareil moyen : l'île n'eut ni agriculture ni pêcheries.

Au moment où éclata la guerre de Sept Ans, la population européenne du Canada avait atteint 90 mille âmes. Québec était la capitale, le siége du gouvernement, et le premier port d'importation et d'exportation du pays ; mais le commerce des pelleteries avait pour entrepôt Montréal, situé à 60 milles plus haut, sur le Saint-Laurent. Quelques postes ou forts avançaient dans l'intérieur des terres, jusqu'aux lacs Ontario et Érié, et, vers l'an 1750, on avait pris position à Détroit. De ce point, on se proposait de barrer le chemin aux Anglais et d'acquérir ainsi le monopole des pelleteries, qui y aboutissaient par toutes les routes comme vers un centre. On finit par tracer du Saint-Laurent au Mississipi une ligne de démarcation très-arbitraire, que l'on munit de fortifications. De nouveaux conflits s'ensuivirent, et le commerce anglais, se sentant menacé, réclama du secours. La cour de Versailles ne voyait pas de mauvais œil les habitants du Canada gagner du terrain et chercher à réparer les pertes essuyées à la paix d'Utrecht; mais l'Angleterre invoqua les traités, et, comme ses observations n'étaient pas écoutées, et qu'en Europe, d'ailleurs, les rapports entre les deux cabinets étaient des plus tendus, elle déclara la guerre. La conquête du Cap-Breton, en 1758, ouvrit aux Anglais le Canada, qu'ils soumirent malgré une vigoureuse résistance, et dont le traité de Paris, en 1763, leur assura la possession définitive. Par ce traité, qui, de plus, réduisait notablement son droit de pêche près de Terre-Neuve, la France perdit son dernier élément de résistance à la suprématie commerciale de la Grande-Bretagne en Amérique. D'un autre côté, cet événement hâta la séparation des colonies de la Nouvelle-Angleterre, qui, délivrées alors d'un ennemi dangereux, ne furent plus disposées à supporter avec la même patience les prétentions de la métropole. La paix de Versailles rendit à la France une grande partie de ce qu'elle avait perdu en ce qui concerne la pêche. Les limites des pêcheries respectives, jusque-là toujours contestées, furent déterminées exactement. La France fut confirmée dans la possession des îles de Saint-Pierre et Miquelon, et elle se fit reconnaître le droit de pêcher dans le golfe de Saint-Laurent.

Vers la même époque que le Canada, en 1764, la Louisiane, la dernière colonie de la France sur le continent de l'Amérique du Nord, lui avait été aussi enlevée. Cette contrée, que les Espagnols avaient comprise dans la dénomination gé-

nérale de Floride, et que, poussés par la soif de l'or, ils avaient
parcourue dès la première moitié du seizième siècle, sous la
conduite de Léon, de Narvaez et de Soto, fut de nouveau découverte, en 1673, par Jolliet et le jésuite Marquette, partis
du Canada. Ils avaient entendu parler du grand fleuve de
l'ouest, dont le cours se dirigeait vers le sud, et, sur cet indice, ils avaient rencontré le Mississipi, qu'ils descendirent
jusqu'à l'Arkansas. Quelques années plus tard, la Salle, suivant leurs traces, parvint jusqu'à l'embouchure du fleuve.
Cet homme entreprenant se rendit en France, pour porter
lui-même la nouvelle de cet événement dans un pays où le
monarque et la nation étaient également animés de la passion
de la gloire et des grandes choses. La Salle assura que la
France avait l'espoir d'acquérir en Amérique un empire tout
aussi considérable que celui de l'Espagne. On nomma la nouvelle contrée Louisiane, en l'honneur du roi, et l'on résolut
d'y envoyer directement une expédition. Mais cette expédition
manqua l'entrée du fleuve et débarqua sur une côte aride et
malsaine, où les hommes qui la composaient succombèrent
promptement à la maladie, aux privations de toute espèce et à
la discorde. Dans des tentatives postérieures, on trouva la
bonne route; mais elles n'eurent pas plus de succès, à cause du
mauvais choix des lieux et de la légèreté coupable qui présida
à la direction de ces entreprises. Trente ans après, le nombre
des colons français sur les bords du Mississipi n'était pas de
plus de quatre ou cinq cents, et leur situation était si déplorable que le gouvernement, en 1712, n'hésita point à accorder, pour quinze ans, à un négociant, nommé Crozat, le
monopole du commerce de la Louisiane. Loin de songer à
tirer parti de la fertilité du sol, ce spéculateur n'avait d'autre
but que d'organiser un dépôt pour la contrebande avec les
possessions espagnoles du voisinage, et de s'enrichir par ce
moyen. Déçu dans son attente et ruiné, il s'estima heureux
de céder, en 1717, son privilége à la fameuse société qui se
forma, sous l'administration de Law, pour l'exploitation de
ce prétendu Eldorado.

Parmi les malheureux colons qu'une aveugle crédulité et d'infâmes manœuvres avaient attirés dans le pays, et.dont la plupart étaient Allemands (1), plus des deux tiers périrent. Les survivants fondèrent la Nouvelle-Orléans en 1722. Plus haut, vers le nord, se formèrent les établissements de Natchez, de l'Arkansas et de l'Illinois. Quand il ne resta plus le moindre espoir de trouver de l'or et de l'argent dans le bassin du Mississipi ; quand, la société ayant renoncé à son monopole en 1731, le commerce devint libre, et que le gouvernement consentit à ne pas percevoir de droits d'importation et d'exportation pendant dix ans, alors enfin l'on commença à ouvrir les yeux sur la véritable destination de la contrée. Au lieu de s'adonner à la contrebande et à la chasse, on se mit à défricher les forêts et à cultiver un sol qui récompensait largement un faible travail. Auparavant, la Louisiane avait tiré d'Europe ou de la Nouvelle-Angleterre la plupart des objets nécessaires à la vie ; il se trouva alors qu'elle était en mesure de se suffire à elle-même et d'importer sur une grande échelle. L'indigo et le tabac composèrent ses principaux envois à la métropole. Deux autres grands articles de notre époque, dont la culture avait été essayée dès lors, le sucre et le coton, n'avaient pu également réussir. Il est possible qu'un sol forestier, défriché à peine, ne fût pas propre à la production du sucre, comme l'était celui des Antilles. Quant au coton, il paraît que l'on n'apprit que plus tard à le cultiver. La Louisiane trouvait un marché avantageux dans les Antilles, où les bois de construction, le goudron, la poix, la graisse, les viandes fumées, le maïs et les légumes étaient constamment demandés.

Cette colonie, toutefois, ne profita pas complétement de tous ses avantages, et resta bien en arrière des colonies anglaises, moins favorisées par la nature. Cette infériorité s'explique sans doute par le fait général et manifeste d'une moindre ap-

---

(1) Les Français étaient si peu disposés à émigrer, que deux édits royaux de 1719 recommandèrent aux autorités d'expédier dans les colonies, pour y être employés aux travaux forcés, au lieu de les envoyer aux galères, tous les vagabonds qu'on pourrait saisir.

titude pour la colonisation chez les Français, ou, pour mieux
dire, dans les nations romanes ; mais des causes particulières
y contribuèrent également. Telle était en premier lieu la contrainte politique et religieuse qu'imposait la métropole, tandis
que les colonies anglaises n'étaient gênées que dans leur commerce ; puis le peu de goût des Français, en général, pour
l'émigration ; enfin une détestable division du sol, qui, au lieu
de rallier les forces autour d'un centre commun, les éparpillait
sur de vastes espaces. Les exactions fiscales et la corruption
des gouverneurs concoururent aussi à arrêter la croissance
de la jeune colonie, et l'on s'explique ainsi comment elle coûta
au gouvernement plus qu'elle ne lui rapportait. Dotée des
plus magnifiques bois de construction, la Louisiane n'avait
pas, à proprement parler, un seul bâtiment de mer. Les trajets directs entre elle et la France étaient fort rares. Ordinairement les navires partis d'Europe se rendaient d'abord à
Saint-Domingue, y déposaient la plus grande partie de leur
chargement, et se dirigeaient ensuite avec le reste vers le
Mississipi, pour y chercher les produits demandés par les îles
et par la métropole. Mais la production était tout à fait au-
dessous des besoins, et la Louisiane, qui aurait pu facilement
approvisionner les Antilles françaises en matériaux de construction et en denrées alimentaires, leur fournir notamment
les animaux de boucherie et de trait, se vit primée de beaucoup par les colonies actives et industrieuses de la Nouvelle-
Angleterre, et supplantée dans des opérations où tout semblait lui assurer l'avantage. La France, tombée dans un
honteux état de faiblesse, crut se débarrasser d'une charge en
cédant, en 1764, la Louisiane à l'Espagne. Elle renonça ainsi
à toute domination continentale dans le Nouveau Monde.

Les véritables fondateurs des colonies françaises, de même
que des colonies anglaises, aux Indes occidentales, furent
les flibustiers. Quand ils devinrent assez puissants pour se
poser comme possesseurs légitimes, ils se prévalurent de leur
nationalité, et se placèrent sous la souveraineté et sous la protection de leurs gouvernements respectifs. L'Espagne protesta

vainement contre des faits accomplis. Ce fut ainsi qu'en 1626 se
constitua la première colonie française à Saint-Christophe (1).
Le cardinal de Richelieu confirma le chef de flibustiers De-
nambuc dans les fonctions de gouverneur de l'île, et accorda
à une compagnie le monopole du commerce des Antilles, avec
l'autorisation de former de nouveaux établissements. L'État
ne se réservait que le dixième des importations et des exportations. De hardis forbans réussirent bientôt à prendre possession de plusieurs Antilles, et à y arborer le drapeau de la
France. Malheureusement l'avidité de la compagnie détruisit
l'ouvrage de la bravoure. A la faveur de son monopole, elle
exigea pour toutes les marchandises d'Europe des prix tellement immodérés, que les colons se jetèrent dans les bras
des Hollandais, qui leur avaient proposé un commerce interlope avantageux. La compagnie, hors d'état de soutenir la
lutte, fut atteinte non-seulement dans les îles, où ses importations arrivaient le plus souvent trop tard, mais aussi sur
les marchés d'Europe, où les contrebandiers vendaient les
produits des Indes occidentales à bien meilleur marché que
ses agents. Après s'être inutilement réorganisée, elle vendit
avec une forte perte, en 1649, ses possessions et ses droits à
des particuliers et à l'ordre de Malte. Les acheteurs, maîtres
absolus des îles, y nommèrent à tous les emplois militaires et
civils, et y exercèrent le droit de vie et de mort, comme celui
de grâce. En fait, ces établissements étaient retournés à leur
ancien état d'indépendance. La culture y fit des progrès remarquables sous l'administration directe des propriétaires ;
mais, commercialement, les Hollandais y dominèrent plus que
jamais, et la France n'en retirait presque aucun profit. On
était de plus dans le doute sur le point de savoir si certaines
îles, que des flibustiers appartenant aux deux nations avaient
souvent occupées en commun, dépendaient de l'Angleterre ou
de la France.

Afin de résoudre la question, on convint, en 1660, d'un

(1) Elle fut, peu d'années après, abandonnée par les Français et occupée
par les Anglais seuls, comme on l'a vu p. 369.   C. V.

partage dans lequel la Guadeloupe, la Martinique, la Grenade et quelques îlots échurent à la France. Colbert saisit cette occasion de rétablir la souveraineté française. Les anciens possesseurs ayant reçu une indemnité en argent, ces îles relevèrent immédiatement de la couronne, et ce n'est qu'à partir de ce moment que les Antilles peuvent être considérées comme des colonies. Cependant, non instruit par une malheureuse et récente expérience, le ministre commit la grande faute de conférer, en 1664, à une compagnie, un privilége pour tout le commerce d'Amérique et d'Afrique. La compagnie entrava la culture des colonies par une administration négligente, ignorante et déloyale, et favorisa, par l'arbitraire de ses prix, la contrebande des Hollandais, au préjudice de la marine et de l'industrie françaises. Elle fut dissoute en 1674, et les Indes occidentales jouirent depuis lors, dans les limites étroites, il est vrai, du système colonial, et seulement pour certains ports, du libre commerce avec la métropole. Les plantations s'étendirent et s'améliorèrent alors tout à coup, malgré l'absurde fiscalité qui, quelque temps encore, continua de peser sur elles. Inutilement on représenta que l'obligation pour les colonies de ne trafiquer qu'avec la métropole était assez onéreuse pour les affranchir de toute autre charge. Un ordre, en vertu duquel tout navire à destination des colonies devait faire retour au port de départ, excita de justes mécontentements. Le sucre, produit principal des Antilles, avait pu, jusqu'en 1669, être expédié directement à tous les ports d'Europe ; à dater de cette année, l'exportation en fut restreinte à la métropole. On accorda, il est vrai, la restitution des droits lors de la réexportation ; mais le bienfait de cette mesure fut détruit, en 1682, par une ordonnance qui interdit d'exporter de France le sucre brut. Les colons sollicitèrent la faculté de raffiner leurs sucres. On leur fit cette concession, rendue illusoire par l'établissement d'un droit différentiel de 8 p. 100 en faveur des raffineurs français. En resserrant ainsi les débouchés, on occasionna tout à la fois un amoindrissement de la production, qui se borna au strict nécessaire, et une dépréciation du produit.

Les déplorables résultats d'un système qui épuisait les colonies, finirent néanmoins par être trop évidents, pour que le gouvernement pût les méconnaître davantage, et refuser les réformes nécessaires. En 1717, un décret royal supprima les droits sur les importations de la métropole dans les colonies, et réduisit considérablement ceux qui se percevaient sur les importations des colonies dans la métropole. La prohibition de sortie du sucre brut, établie au profit des raffineries indigènes, fut révoquée, et l'Europe entière fut ouverte aux Antilles, qui purent y faire des envois directs.

De cette mesure datent l'essor des Antilles françaises et l'accroissement extraordinaire de leur production et de leur consommation. Les îles anglaises, quoique plus vastes, ne firent pas les mêmes progrès, et nous avons vu comment le gouvernement anglais se vit enfin obligé de suivre l'exemple de la France, et, en s'écartant de l'acte de navigation, de permettre en 1739 aux colonies l'exportation de leur sucre, même à des ports autres qu'anglais. Mais on avait pris sur elles une grande avance; la Nouvelle-Angleterre continua de s'approvisionner, par voie de contrebande, en sucre et en mélasse dans les îles françaises, qui offraient en tout temps un marché avantageux à leurs propres produits. Le sol de ces dernières, d'ailleurs, était plus fertile, et elles disposaient de ressources plus considérables. Car, moins les autres colonies prospéraient, plus la spéculation métropolitaine se portait avec ardeur vers les Indes occidentales, et c'étaient elles qui recevaient de France le plus grand nombre d'émigrants. Les fabriques nationales y trouvèrent également un large débouché; le luxe de planteurs rapidement enrichis était alimenté par Paris sur une grande échelle; la marine marchande, enfin, y trouvait un emploi profitable, ainsi qu'il ressort d'un mémoire du Conseil de Commerce de 1701, où il est dit que la navigation française doit toute sa prospérité au commerce des îles à sucre, et qu'elle ne peut subsister et grandir que par ce commerce.

La Martinique, la Guadeloupe et Saint-Domingue étaient les trois îles principales. La Martinique avait été colonisée, en 1635, par des habitants de Saint-Christophe, qui s'y étaient établis sur les débris de la population indigène des Caraïbes. D'abord très-mal cultivée, elle produisait du tabac, du coton, un peu d'indigo et très-peu de sucre. Un Juif, nommé Dacosta, y introduisit en 1650 le cacaotier, et, le chocolat étant devenu une boisson à la mode dans la métropole, l'essai eut de bons résultats. Mais, en 1727, une maladie détruisit tous les cacaotiers, et les planteurs se croyaient déjà perdus, quand le salut leur arriva sous la forme du caféier. Nous avons raconté à la section VI de l'*Aperçu général*, avec quelle peine cet arbuste, tiré du Jardin des Plantes de Paris, où les Hollandais l'avaient envoyé, fut transplanté dans le Nouveau Monde. La Martinique devint sa seconde patrie, et nulle part il ne réussit mieux. La position sûre de cette île et l'excellent abri de ses ports y concentrèrent assez longtemps le commerce des Indes occidentales. Les petites Antilles y portaient leurs produits et y faisaient leurs achats. La Martinique possédait une marine considérable, de 130 voiles, qui transportait des chargements entre les Antilles et le Canada, et trouvait un emploi lucratif dans la contrebande sur les côtes de l'Amérique espagnole. Son grand entrepôt était Saint-Pierre, où les négociants de la mère patrie et les planteurs avaient leurs commissionnaires. Ces agents avaient été dans l'origine des hommes de confiance, qui ne tenaient ni livres, ni comptes réguliers. Ils avaient pour chaque planteur, dont ils faisaient les affaires, un sac où ils mettaient le produit de leurs ventes et où ils prenaient l'argent nécessaire pour leurs achats. Le sac épuisé, le commissionnaire n'avait plus rien à fournir, et le compte était réglé. La loyauté n'avait dans ces opérations d'autre garant que l'intérêt. Ce mode de gestion tout patriarcal cessa dans la suite; mais l'institution des commissionnaires demeura; et ils aidèrent puissamment au développement des cultures par leurs avances aux planteurs.

— La prospérité de la Martinique déclina depuis la guerre de 1744, qui anéantit son commerce interlope avec l'Amérique espagnole. Mais elle fut surtout compromise par la guerre de

Sept Ans, dans laquelle cette colonie fut occupée durant seize mois par les Anglais, qui la restituèrent à la paix de Paris, mais ruinée. Des fléaux naturels, qui s'y succédèrent rapidement, ne lui permirent pas de recouvrer son ancien éclat dans le cours de la période; elle fut loin, toutefois, de tout perdre, et continua d'occuper le premier rang dans la production du café.

La Guadeloupe fut occupée en 1635 par une troupe d'aventuriers venus directement de France. En proie à l'anarchie, ravagée par les corsaires et paralysée par la concurrence de la Martinique, elle ne fit que de faibles progrès, malgré la merveilleuse fécondité d'une partie de son sol. Les Anglais, qui s'emparèrent de cette île en 1769 et qui l'apprécièrent selon sa valeur, la cultivèrent avec un soin extrême, dont les Français, auxquels elle fut rendue à la paix, recueillirent tout le fruit. De la Guadeloupe dépendait un groupe de petites îles voisines, Marie-Galante, Saint-Martin, Saint-Barthélemy, la Désirade et les Saintes. D'abord soumise au gouverneur de la Martinique, la Guadeloupe obtint plus tard une administration distincte. Cependant le commerce resta à Saint-Pierre, dont il trouvait la situation plus commode, et le gouvernement ne put pas faire observer la mesure par laquelle il avait interdit les communications entre les deux îles. Le sucre formait le produit principal de la Guadeloupe; il s'en importa en France, en 1775, pour une valeur de 7 millions 138 mille francs.

Mais la plus précieuse des Antilles françaises était Saint-Domingue. Directement issue de la société des flibustiers, qui avaient leur quartier général dans l'île voisine de la Tortue, cette colonie fut fondée en 1660, au nom de la France, par Dogeron, qui s'établit le long de la côte occidentale de l'île et s'y maintint contre l'Espagne. La chasse des taureaux sauvages y fut la première industrie des nouveaux habitants, et les peaux de ces animaux, leur premier commerce. Mais quand ils quittèrent la vie nomade pour devenir sédentaires, ils cultivèrent le tabac, le coton, l'indigo, le cacao et le sucre, que les Espagnols avaient cultivés avant eux, mais que la soif de l'or leur avait bientôt fait négliger. Cependant on éprouvait à un haut degré le manque de capitaux et de bras. Ils devaient être fournis par une compagnie, qui obtint pour cinquante ans le monopole du commerce de l'île, à la condition d'y introduire un nombre déterminé de blancs et de noirs. Ce système ne réussit pas mieux dans ce cas que dans d'autres cas analogues, à ce point que la compagnie ruinée vendit, en 1720, sa charte au gouvernement. De même que toutes les autres Antilles, qui trouvaient le principal élément de leur prospérité dans le commerce interlope, éludaient de leur mieux les règlements absurdes du système colonial et profitaient des guerres de leurs métropoles pour commercer librement, Saint-Domingue avait exploité dans son intérêt la guerre de la Succession d'Espagne. Elle s'opposa par la force aux prétentions de la Compagnie des Indes, lorsque celle-ci revendiqua, en 1722, les droits de la compagnie dissoute de Saint-Domingue, et en particulier le monopole de la vente des esclaves. L'importation de travailleurs en grand nombre et à bon marché était en effet la question essentielle pour la colonie, et son premier besoin était de participer au bénéfice de la libre concurrence, qu'en 1716 les ports de la métropole avaient obtenu pour la traite des noirs.

Les possessions des Français à Saint-Domingue s'étendirent peu à peu sur ses côtes septentrionales et méridionales; l'ouest cependant, avec Port-au-Prince, resta le centre de leur puissance et de leur commerce. L'intérieur de l'île et la partie orientale reconnaissaient la souveraineté de l'Espagne, qui faisait peu ou plutôt ne faisait rien pour les mettre en culture, mais dont l'apathie même était un danger pour les plantations françaises. Tous les nègres échappés de ces plantations trouvaient un asile dans la partie espagnole, où l'on ne travaillait pas, et les traités d'extradition étaient fort mal exécutés. Ainsi se formèrent peu à peu dans les montagnes inaccessibles des tribus de nègres, vivant dans un état de liberté sauvage, qui ne concoururent pas pour une faible part à la déplorable catastrophe de 1803.

II.   32

Saint-Domingue, par son étendue et par sa population, était de beaucoup la plus importante des Antilles françaises ; sans être plus fertile que la Martinique, elle était mieux cultivée, surtout depuis que le café y avait été naturalisé avec succès en 1736. Cependant le sucre constituait sa première richesse ; 590 plantations en produisirent, en 1774, à peu près 1 million 300 mille quintaux. L'indigo, le cacao, le gingembre, le coton, les peaux, le bois, de l'argent et du cuivre, composaient les autres éléments principaux d'une exportation qu'on évaluait à 100 millions de francs vers la fin de la période, et qui employait 353 navires. Indépendamment de son commerce régulier avec la métropole, la colonie française entretenait des relations actives avec la moitié espagnole de l'île. Elle y échangeait du sucre, du café, de l'eau-de-vie et des articles des fabriques européennes contre des viandes fumées, du bois, des animaux de boucherie, des chevaux et de l'argent du Mexique. Le cabinet de Madrid chercha à empêcher ces échanges, en prohibant les marchandises étrangères et en grevant de droits élevés l'exportation du bétail ; il ne réussit qu'à substituer la contrebande au commerce légal. Dans ces contrées du nouveau monde, les besoins triomphaient des antipathies, et l'on était rapproché par la similitude du climat. Les Antilles françaises tiraient de l'île hollandaise de Curaçao, également par des moyens illicites, les produits des Indes orientales, et de la Jamaïque, des esclaves, pour prix desquels elles fournissaient aux Anglais de l'indigo. Mais, nous l'avons dit plusieurs fois, elles trouvaient leur meilleur débouché dans la Nouvelle-Angleterre, et l'interruption apportée à ces relations par la guerre de l'indépendance américaine leur causa un grand préjudice.

Les souvenirs romanesques des deux expéditions entreprises par les Espagnols en 1499, et par les Anglais en 1595, dans l'Amérique du Sud, sur l'Orénoque, à la recherche de l'Eldorado, déterminèrent, en 1604, une troisième tentative de la part de quelques Français aventureux. Ils supportèrent des fatigues inouïes dans l'espoir de découvrir le pays de l'or et des pierres précieuses. Obligés de revenir sur leurs pas avec d'amères déceptions, ils s'établirent à Cayenne. Deux compagnies, formées dans les années 1643 et 1651, pour y faire le commerce, finirent misérablement. Plus tard Cayenne fut comprise dans la charte de la Compagnie des Indes orientales. Tour à tour conquise par les Hollandais et par les Anglais, elle fut restituée à la France ; mais elle était déchue et oubliée, quand, après la paix malheureuse de Paris, on se ressouvint d'elle tout à coup et l'on crut pouvoir y trouver le dédommagement des graves pertes essuyées dans l'Amérique du Nord. On dépensa 25 millions de francs pour y envoyer 12,000 hommes qu'on y laissa périr. Cayenne, de nouveau abandonnée à elle-même, continua de végéter. Elle souffrit beaucoup du voisinage paralysant des Hollandais, sans lequel la concession qu'elle obtint, en 1786, du libre trafic avec toutes les nations étrangères, aurait eu certainement pour elle de meilleurs résultats.

D'après des relevés officiels, la France, à la fin du règne de Louis XIV, recevait de ses colonies d'Amérique réunies une valeur qui n'excédait pas 16 millions 700 mille francs, savoir : pour 11 millions de sucre et de café, pour un peu plus de 4 millions d'indigo et de drogueries, pour 775 mille francs de coton, de peaux et de pelleteries, et pour 200 mille francs de tabac. Peu avant la révolution, lorsque la France ne possédait plus un pouce de terrain dans l'Amérique du Nord, l'importation totale s'élevait à 185 millions de francs : soit 134 millions de sucre et de café, 26 de coton, 11 millions 600 mille francs d'indigo et de drogueries, 10 millions de gingembre, de cacao, de peaux, etc. Les envois de la métropole dans les colonies d'Amérique avaient augmenté dans une proportion non moins remarquable. Sous Louis XIV, elles n'étaient que d'environ 9 millions, comprenant 4 millions 160 mille francs de produits manufacturés, 1 million 900 mille francs de denrées alimentaires, farines, légumes secs, viandes fumées, beurre et fromage, 1 million 564 mille de vins et d'eaux-de-vie, 1 million 548 mille de bois de construction, de métaux, etc. Sous Louis XVI, l'exportation avait atteint 77 millions 900 mille fr.

et se répartissait ainsi : produits fabriqués, 42 millions 447 mille francs; denrées alimentaires, 19 millions 611 mille fr. ; vins et eaux-de-vie, 7 millions 285 mille francs ; bois de construction, métaux, etc., 6 millions 513 mille francs. Six cents bâtiments nationaux concouraient au transport de ces marchandises. Plus du tiers du sucre et du café importés en France était réexporté, pour la consommation du nord de l'Europe, vers les grands entrepôts d'Amsterdam et surtout de Hambourg. Le rhum et la mélasse s'expédiaient aussi directement des îles françaises à l'étranger, depuis qu'une loi de 1784 avait permis aux navires étrangers de débarquer certaines marchandises dans certains ports des Indes occidentales et d'y prendre ces articles en retour.

IV

Bien que la côte occidentale d'Afrique ne soit connue que depuis les découvertes des Portugais, des marchands français de la Normandie et de la Bretagne, au moyen âge, y avaient les premiers fait le commerce. Ce commerce de marchandises et non d'esclaves paraît avoir eu pour théâtre, dans la seconde moitié du quatorzième siècle, les parages entre l'île de Gorée et la Gambie, et plus tard la Guinée. C'était toujours du drap, des couteaux, du sel et des grains de verre, qu'on y échangeait contre de l'ivoire, de la gomme, des plumes d'autruche, de l'ambre et de la poudre d'or. Les voyages d'Afrique diminuèrent beaucoup par suite des guerres civiles à l'époque de Charles IX; ils cessèrent même presque entièrement, et les comptoirs établis dans le pays tombèrent en décadence. Vers l'an 1621, les gros profits obtenus par d'autres nations dans la traite des esclaves, appelèrent de nouveau l'attention sur le bien qu'on avait perdu. Des négociants entreprenants de Dieppe et de Rouen formèrent une association sous le nom de Compagnie du cap Vert, expédièrent des navires et fondèrent au Sénégal une factorerie qu'ils abandonnèrent à la Compagnie des Indes occidentales, créée en 1664 avec des priviléges extraordinaires. Mais cette compagnie ne réalisa aucune des espérances qu'on avait fondées sur elle ; entre ses mains le commerce d'Afrique non-seulement ne prospéra pas, mais s'amoindrit. Afin de le sauver d'une ruine complète, le gouvernement, en 1672, détermina la compagnie à y renoncer. Pendant une année il resta libre, mais le goût de Colbert pour les monopoles ne tarda pas à le livrer de nouveau à des compagnies, dont l'une se constitua en 1685 sous le nom de Compagnie de Guinée, et plus tard sous celui de Compagnie de l'asiento. Leur principale opération fut la traite des esclaves, dont le développement rapide de la production dans les Indes occidentales augmentait sans cesse la demande. Les guerres de Louis XIV avec la Hollande eurent aussi pour théâtre la côte occidentale d'Afrique. Les Français enlevèrent aux Hollandais presque toutes leurs possessions entre le cap Blanc et la Gambie, et les gardèrent à la paix de Nimègue, en 1678, de sorte qu'aucun navire étranger n'y fut plus admis pour quelque trafic que ce fût. Les Hollandais essayèrent inutilement de les recouvrer, autant par leurs propres efforts qu'avec l'aide ou plutôt sous le nom de l'électeur de Brandebourg, qui leur céda ses forts. D'un autre côté les Français furent chassés par les Anglais du territoire de la Gambie, le plus avantageusement situé pour le commerce, et eurent de la peine à se maintenir au Sénégal.

Les possessions de la côte orientale d'Afrique se rattachent à la domination et au commerce de l'Inde. Ici encore l'honneur de l'initiative revient au siècle de Louis XIV. Quelques armements, il est vrai, avaient été faits antérieurement par des particuliers, mais ils n'avaient pas eu de résultats. Une compagnie de négociants bretons expédia en 1601, sous la conduite de Pyrard, deux navires, qui abordèrent aux Maldives, mais éprouvèrent ensuite tant de contrariétés qu'ils ne revinrent en France qu'au bout de dix ans. Plus heureuse fut une autre compagnie, de Rouen, qui fit partir, dans les années 1616 et 1619, une expédition pour Java. Les cargaisons de retour couvrirent les frais, mais elles ne procurèrent pas les bénéfices qu'on s'en était promis, et l'essai ne fut pas renouvelé. Les tentatives postérieures d'une troisième compagnie, de Dieppe, qui voulut, en 1633, ouvrir le commerce avec les Indes orientales, portèrent l'attention sur l'île de Madagascar, que Portugais, Hollandais et Anglais avaient également négligée jusque-là, et firent naître le projet d'y fonder un établissement, destiné à servir de point de départ aux relations avec l'Inde. Mais, le capital de la compagnie étant déjà dévoré avant que l'on eût jeté les premiers fondements, l'œuvre ne fut point continuée et l'établissement tomba en ruines.

Les ressources des particuliers s'étant ainsi trouvées insuffisantes, la volonté absolue d'un monarque ambitieux parut nécessaire pour l'achèvement de l'entreprise. Louis XIV voulut que la France trafiquât et eût des colonies aux Indes orientales, par la seule raison que cela était de la dignité de la grande nation. Colbert, dans cette question, paraît avoir déféré aux ordres de son maître plutôt que suivi sa propre inclination. Les relations avec l'Asie avaient leurs inconvénients. L'Asie ne pouvait fournir que des objets de luxe; elle devait retarder les progrès d'une industrie nationale qu'on encourageait avec succès; elle n'offrait qu'un débouché très-restreint aux produits du sol et des fabriques; elle occasionnait enfin une grande exportation d'espèces. De telles considérations étaient de nature à éveiller des scrupules chez un homme d'État dont les efforts tendaient surtout à développer l'industrie et à accroître la richesse intérieure du pays. D'autre part, les Français avaient un goût décidé pour les articles de luxe de l'Orient; aussi jugea-t-on avec raison plus avantageux et plus honorable d'aller les chercher dans l'Orient même, que de les recevoir de nations ennemies.

La ligne à suivre était toute tracée. La maxime, qu'un privilége exclusif pouvait seul assurer le succès d'opérations aussi compliquées, était alors tellement accréditée, que le plus hardi spéculateur ne se serait pas permis de la révoquer en doute. On créa donc, en 1664, une compagnie avec des priviléges encore plus étendus que ceux des compagnies hollandaise et anglaise, et pour une période de cin-

quante ans. Tout étranger] qui s'y intéressait pour une
somme de 2 mille francs, était par là même naturalisé Français. Les matériaux nécessaires pour la construction et pour
l'équipement de ses navires, furent exemptés de tous droits ;
il fut alloué une prime de 50 francs par tonneau de
marchandises que de France elle portait dans l'Inde, et de
75 francs par tonneau de marchandises que de l'Inde
elle rapportait en France ; la compagnie reçut, de plus,
l'assurance d'être protégée par la marine royale. La passion
du pays pour la gloire et pour les distinctions fut excitée par
tous les moyens en faveur de l'entreprise. On promit des
titres de noblesse à ceux qui se distingueraient au service de
la compagnie. Le roi présida en personne, dans son palais de
Versailles, la première assemblée générale, et l'on ne pouvait
mieux faire sa cour qu'en prenant beaucoup d'actions. L'État,
enfin, contribua pour trois millions au capital social, fixé à
quinze. Sans tenir compte des précédents échecs, on choisit
encore Madagascar comme première station, d'où l'on devait procéder aux opérations ultérieures. Le choix de cette
île, heureusement située, fertile, vaste, et habitée par une
population intelligente et nombreuse, était loin d'être
mauvais en lui-même, si l'on avait su tirer convenablement
parti de tous ces avantages. Mais c'est ce qui n'eut pas lieu.
L'établissement n'avait pas cinq ans de date, et déjà la compagnie, par sa mauvaise administration et des fautes de toute
espèce, par la prodigalité et l'infidélité de ses agents, se trouva
dans une telle détresse, qu'elle fut obligée, en 1670, de céder
Madagascar au gouvernement, pour trafiquer directement
avec l'Inde. Ce changement dans la propriété de l'île n'a-
mena aucune amélioration. Les naturels, irrités par la dureté
et l'avidité des étrangers, se jetèrent sur eux et les massacrè-
rent, à un petit nombre près, qui se réfugièrent en 1672, dans
l'île de Bourbon.

Les Anglais avaient, depuis 1663, transféré le siége de
leur domination, dans l'Indoustan, de Surate à Bombay. La
compagnie française profita de cette circonstance pour s'éta-

blir à Surate et pour y fonder une factorerie, à laquelle elle
préposa un vieillard hollandais, nommé Caron. Mais Surate
n'était plus ce qu'elle avait été; la décadence de l'empire du
Grand Mogol, de fréquentes guerres civiles et les brigandages exercés par les pirates avaient porté un coup fatal à son
commerce et à son industrie. Bombay avait grandi au contraire, et les Anglais faisaient pour elle des efforts extraordinaires.

La connaissance du pays, une longue expérience de son
commerce et de ses routes commerciales, assuraient aux
Anglais, stimulés, d'ailleurs, par la jalousie, une supériorité
trop marquée sur de nouveaux venus tels que les Français.
La compagnie jugea donc à propos d'abandonner Surate, en
y laissant des dettes, et de chercher un autre point moins soumis à l'influence étrangère. Une tentative sur Ceylan, où elle
eut affaire aux Hollandais, échoua. En désespoir de cause,
elle attaqua de vive force Saint-Thomas, sur la côte de Tranquebar, et le prit en 1672. Cette ville, fondée par les Portugais, avait, lors de la dissolution de leur empire, passé sous
les lois du roi de Golconde. '

Pendant que les Français ne se maintenaient ainsi qu'avec
peine, il survint un incident qui, plus habilement exploité,
était de nature à établir sur des bases solides leur domination
dans l'Inde. Des missionnaires jésuites, prêchant le christianisme dans le royaume de Siam, y avaient obtenu les bonnes
grâces du premier ministre, qui projetait de renverser la dynastie régnante et d'occuper le trône à sa place. Les Français
devaien lui prêter assistance. Par l'entremise des missionnaires, en 1684, des ambassadeurs furent envoyés en France
pour offrir, en échange de cet appui, de grands avantages
commerciaux. L'immense amour-propre de Louis XIV était
facile à séduire. Il vit sa gloire, qui remplissait l'Europe, se
répandre jusqu'au fond de l'Asie; et il fut de plus entraîné
par son prosélytisme catholique. L'escadre, qui reçut l'ordre
de mettre à la voile pour le royaume de Siam, avait à bord
plus de jésuites que de négociants, et le traité conclu avec

l'usurpateur portait sur la religion beaucoup plus que sur le commerce. La compagnie ne se promettait pas moins monts et merveilles de l'entreprise. Si l'on considère les richesses naturelles du pays et son admirable situation pour le commerce intermédiaire avec la Chine et l'archipel Indien, ces espérances n'étaient pas dénuées de fondement. Après que les Hollandais avaient fondé un empire colonial dans les îles de la Sonde, et les Anglais dans l'Indoustan, pourquoi les Français n'auraient-ils pas un succès semblable dans la péninsule orientale ? Mais une entreprise inhabilement et follement conduite ne pouvait pas réussir. On se préoccupa des églises plus que des comptoirs, et une ridicule intolérance enjoignit de n'acheter et de ne vendre qu'à ceux qui s'étaient convertis au christianisme. Quand à la fin le ministre voulut exécuter son projet, il fut abandonné par ses amis. De cruelles persécutions commencèrent alors contre les Français, accusés de complicité, et il leur fut interdit de remettre le pied dans le pays. Ils perdirent en même temps les relations que, durant leur courte résidence dans le royaume de Siam, ils avaient formées avec le Tonquin et la Cochinchine.

A Saint-Thomas aussi l'occupation française ne devait durer que peu d'années. Pendant qu'en Europe Louis XIV faisait une guerre d'extermination à la Hollande, celle-ci poursuivait son ennemi dans l'Inde avec le même acharnement. On put croire que c'en était fait pour toujours, dans cette contrée, de la colonisation française. Saint-Thomas et peu après Pondichéry, l'unique possession, très-insignifiante du reste, qui restât à la compagnie, lui furent arrachés. Mais la paix de Ryswick, en 1697, lui restitua la dernière de ces places, dans un meilleur état qu'auparavant. Le gouvernement en fut confié alors à un négociant intelligent et probe, du nom de Martin. Celui-ci s'appliqua à attirer de la métropole des immigrants utiles, et à former avec les princes du voisinage des relations d'amitié, indispensables au développement de la faible colonie. Il persuada à ses compatriotes que, étant les derniers venus dans l'Inde, et s'y trouvant sans puissance comme sans espoir d'être efficacement secourus par la métropole, ils ne réussiraient qu'en donnant d'eux-mêmes une bonne opinion, qu'ils devaient par conséquent s'accommoder aux circonstances et aux mœurs du pays.

Mais, à la seule exception de Pondichéry, la compagnie était loin de faire des progrès. Pendant les vingt premières années de son existence, ses ventes n'avaient pas dépassé la somme de 18 millions de francs. La négligence des actionnaires à effectuer leurs versements, l'incapacité et l'infidélité de la plupart des directeurs et des agents, le manque de troupes ou l'insuffisance de celles dont on disposait, la concurrence des Hollandais et des Anglais, enfin les mauvais règlements des successeurs de Colbert, tout concourut à accroître les embarras et le désordre de la compagnie (1). Tombée dans le discrédit, elle recourut à l'emprunt en subissant les conditions les plus onéreuses. Elle partagea la destinée de son royal protecteur, qui, à la fin d'un long règne, perdit tout le fruit de ses victoires et vit son orgueil profondément humimilié. Tous ses établissements lui furent enlevés, excepté les deux factoreries de Surate et de Pondichéry. En 1707, elle suspendit ses expéditions et permit à de riches négociants, sous une redevance de 15 p. 100 de la valeur des marchandises importées en France, de trafiquer pour leur compte avec les Indes orientales. Bientôt même elle abandonna aux armateurs de Saint-Malo la jouissance pleine et entière de son privilége, sous la réserve de le reprendre, quand ses ressources le lui permettraient. Cette situation désespérée ne l'empêcha pas de solliciter, en 1714, le renouvellement de sa charte, qui était près d'expirer, et elle l'obtint pour dix ans, bien que son ca-

---

(1) Le manque de capitaux l'empêcha de faire les avances indispensables au commerce de l'Inde. La France, qui n'entretenait point de flottes dans ces parages, faisait la guerre principalement au moyen de corsaires, qui firent éprouver parfois des pertes sensibles aux marines marchandes de la Hollande et de l'Angleterre. Par suite de leurs prises, des masses considérables de produits de l'Inde étaient versées à bas prix sur le marché, et la compagnie française, pour soutenir cette concurrence, était obligée de ne pas vendre plus cher.

. pital de 15 millions fût entièrement détruit et que ses dettes s'élevassent à 10 millions.

La participation de la Compagnie des Indes orientales aux opérations financières de Law, et sa fusion avec les sociétés d'Afrique et d'Amérique, qui fit du commerce extérieur un vaste monopole du gouvernement, ne purent qu'empirer l'état des choses, en la détournant de son objet primitif. Directeurs et actionnaires ne songèrent plus qu'à exploiter la vente du tabac, la fabrication de la monnaie et la ferme des impôts dont le privilége leur avait été abandonné; le financier effaça le négociant. Le commerce de la France avec les Indes orientales à cette époque se réduisit presque à néant, et l'insignifiance de Pondichéry put seule la sauver des Hollandais et des Anglais.

Il importait cependant de conserver cette place comme la première pierre d'un édifice plus solide à élever dans des temps meilleurs. Quand les plaies qu'avait laissées la catastrophe de 1719 furent cicatrisées, et que la prudence et l'esprit d'économie du cardinal Fleury eurent rétabli quelque ordre dans les finances, l'intérêt se reporta vers ces affaires de commerce extérieur, à la fécondité desquelles les extravagances de l'agiotage n'avaient pu porter atteinte. On se ressouvint des Indes orientales que l'Eldorado du Mississipi avait fait oublier. Il subsistait encore de faibles restes de l'ancien établissement; la compagnie, d'ailleurs, n'avait pas perdu sa charte par la réunion avec la société de Law. En 1728, sur la proposition d'Orri, alors ministre des finances, elle y fut de nouveau confirmée, et reprit dès lors ses opérations commerciales avec la participation indirecte du gouvernement. Ses premières mesures furent dignes d'éloge et eurent en peu de temps des résultats décisifs. Elle fut surtout heureuse dans le choix des hommes au talent et à l'énergie desquels elle confia la conduite des affaires dans l'Inde même.

Le premier de ces hommes fut Dumas, qui arriva en 1730 à Pondichéry, livrée alors à l'anarchie la plus déplorable. Sa première pensée fut de rétablir la bonne intelligence, trop fréquemment troublée, avec les princes indigènes du voisinage. Il y réussit de la manière la plus complète et la plus honorable pour le nom français. Il protégea si efficacement la famille du nabab d'Arkot, que les Mahrattes, ses ennemis jusque-là victorieux, se résignèrent à faire la paix. En reconnaissance, la cour de Delhi lui céda, avec le droit de battre monnaie, le territoire de Karikal, qui procura à la compagnie une grande partie du commerce du Tanjore.

Une administration aussi habile, qui faisait de grandes choses avec de faibles moyens, remplit de joie la métropole, et la compagnie, émue elle-même, résolut de redoubler d'efforts. L'émulation se réveilla ; on ne voulut plus rester en arrière de la Hollande et de l'Angleterre, et l'on aspira à réaliser l'idée, conçue par Louis XIV, d'un empire français dans l'Inde. Les Français manquaient encore, pour ces lointains voyages, d'une station intermédiaire pareille à celles que les Anglais possédaient à Sainte-Hélène, et les Hollandais au Cap. Ils avaient perdu Madagascar, si propre à cette destination ; mais deux îles voisines, Bourbon et l'Ile de France, offrirent les conditions désirées. Bourbon, habitée par les Français échappés de Madagascar (1), avait envoyé un certain nombre de colons dans l'autre île, précédemment occupée par les Hollandais sous le nom de Maurice, puis évacuée en 1712. Jusque dans le premier quart du dix-huitième siècle, les habitants de Bourbon vivaient misérablement de l'élève du bétail et de la culture de quelques végétaux, les uns indigènes, les autres transplantés de l'Europe ou de l'Asie. Enfin un caféier sauvage, trouvé en 1718, et dont le fruit avait paru de bonne qualité, leur suggéra l'idée de faire venir d'Arabie un certain nombre de jeunes plants. Cultivés par des nègres importés de la côte orientale d'Afrique, ils réussirent au delà de toute espérance. Mais Bourbon manquait d'un bon port ; c'est heureusement ce qu'on trouvait à l'Ile de France.

_____

(1) Ils ne firent que grossir le noyau d'une colonie française déjà existante depuis que Flacourt en avait pris possession, en 1649, au nom de la France.
                                                                    H. R.

La compagnie se rendit un compte exact des avantages de cette situation. En 1735, elle envoya la Bourdonnais, aussi distingué par son intelligence des affaires commerciales que par ses talents d'homme de mer, pour réorganiser ces îles et en faire des stations capables d'offrir aux navires en destination de l'Inde des vivres et des rafraîchissements, en même temps qu'un abri et de la sécurité. La Bourdonnais acccomplit sa mission avec promptitude et avec éclat. Les deux îles lui durent une grande prospérité. Il y encouragea la culture des céréales et du riz, tira la viande de Madagascar, jusqu'à ce que les troupeaux se fussent assez multipliés dans les colonies pour satisfaire à leurs besoins. Il fit aussi construire des chantiers, d'où trois bâtiments furent lancés sous son administration.

Pendant que ces améliorations s'opéraient dans les îles d'Afrique, les affaires de l'Inde étaient également entre les mains d'un novateur habile. Afin de sortir du cercle trop étroit de Pondichéry, la compagnie avait fait établir par Dupleix une factorerie sur le Gange, à Chandernagor. Cette factorerie, à vrai dire, existait déjà; mais elle était tellement déchue, que le nouveau directeur peut être considéré comme son fondateur véritable. Ce fut, en effet, sous son administration seulement, qu'on tira parti des avantages qu'un pays aussi riche que le Bengale offrait pour le commerce. Il étendit le commerce français sur tout le bassin du fleuve jusqu'aux frontières du Thibet, et organisa entre les divers pays de l'Inde un trafic intermédiaire dont la France n'avait pas encore eu le bénéfice. En 1742, il fut appelé à Pondichéry et placé à la tête de l'administration; les affaires, auparavant languissantes, s'y étaient tellement ranimées, tellement agrandies, que la valeur des envois à la métropole s'était élevée jusqu'à 24 millions de francs, chiffre qu'elles n'ont pas atteint depuis.

Témoins de ces rapides succès, les Anglais, qui se croyaient déjà maîtres sans partage du commerce de l'Indoustan, prirent ombrage de ces nouveaux concurrents jusque-là dédaignés, et fomentèrent des hostilités qui, par suite des déclarations de guerre entre les métropoles, éclatèrent bientôt dans ces parages. La Bourdonnais, prévoyant cette rupture comme inévitable, avait engagé son gouvernement à envoyer des forces navales dans les mers de l'Inde, et à retirer les affaires de cette contrée de la sphère étroite des spéculations particulières, pour les traiter comme de grands intérêts nationaux. Il s'agissait, disait-il, de prévenir les Anglais, à la veille de réduire l'Inde entière sous leur domination. La vivacité avec laquelle il exposa des conjectures qui ne tardèrent pas à se réaliser, décida la cour de Versailles à faire équiper cinq bâtiments de guerre et à les mettre à la disposition de la Bourdonnais. Mais les nombreux ennemis qu'il comptait dans le sein même d'une compagnie qui lui avait de si grandes obligations, surent faire changer d'avis un gouvernement faible et pusillanime et obtenir le rappel de l'escadre. Elle était à peine revenue que la guerre éclata, et que les navires de commerce français laissés dans l'Inde sans défense devinrent, en 1745, la proie facile des Anglais, qui avaient des forces imposantes. La Bourdonnais, alors, arma neuf bâtiments à ses frais, mit en fuite la flottille anglaise, et prit, après un long siége, Madras, l'entrepôt principal de la côte de Coromandel. Aux termes de la capitulation, les Anglais étaient admis à se racheter, corps et biens, pour 9 millions de francs, et la ville devait être livrée au nabab de Carnatic. Mais Dupleix, jaloux des brillants exploits de la Bourdonnais, et, en sa qualité de gouverneur de Pondichéry, muni de pleins pouvoirs par une compagnie hostile à ce dernier, ne reconnut pas la capitulation et voulut qu'on occupât Madras. Il s'ensuivit entre ces deux hommes une querelle violente qui empêcha les Français de poursuivre leur victoire. On finit par rappeler la Bourdonnais et par l'enfermer à la Bastille en récompense de ses services.

Dupleix resta maître du terrain, et l'on doit reconnaître qu'il grandit encore après l'éloignement de son rival. Il commença par annuler la capitulation, par faire saisir toutes les propriétés britanniques, et par envoyer le gouverneur et les autres Anglais notables comme prisonniers à Pondichéry. La paix d'Aix-la-Chapelle, en 1748, rendit, il est vrai, Madras aux Anglais; mais l'ascendant moral qu'ils avaient possédé jusque-là sur les populations de l'Inde, s'était beaucoup affaibli par suite de leur défaite. Les Français étaient alors l'objet du respect et de la considération. La sagacité de Dupleix comprit les avantages de la situation, et il conçut aussitôt la pensée d'en tirer parti pour faire de la France la première puissance de l'Inde. La désorganisation de l'empire du Grand Mogol, la faiblesse de la cour de Delhi, les révoltes des gouverneurs et leurs tentatives d'indépendance, l'invasion de Kouli-Khan, tout favorisait ses projets d'ambition, au milieu de la confusion générale. Les revenus que donnerait un empire dans l'Inde, seraient plus que suffisants pour couvrir tous les frais du gouvernement et du commerce; la France serait ainsi affranchie du tribut que son luxe payait à l'industrie orientale, et cesserait de solder en argent comptant une balance défavorable. Dupleix voulait fonder une puissance territoriale, en occupant une partie du pays, et en nommant ailleurs des nababs dépendants de la France. Une connaissance profonde du caractère et des mœurs des habitants, et une habileté rare à s'y accommoder lui assurèrent une influence irrésistible. Le territoire de Pondichéry et de Karikal fut considérablement étendu ; dans le nord on acquit un vaste littoral aux bouches du Gange, dans les provinces de Décan et de Carnatic on établit un nabab dévoué, et l'on forma même le plan de s'emparer de Goa, ainsi que du triangle si fertile qui se termine au cap Comorin. Dupleix veilla soigneusement à ce que l'agriculture et l'industrie continuassent de fleurir dans les provinces soumises, et ne souffrissent aucune atteinte des révolutions politiques.

C'est ainsi que les perspectives les plus brillantes s'étaient ouvertes à la France, et qu'elle paraissait destinée à devenir la première puissance coloniale de l'Asie, quand tout à coup elle retomba plus bas que précédemment. Un homme tel que Dupleix était trop supérieur aux petits sentiments qui, à cette époque, animaient, dans la métropole, la nation comme la cour. L'indépendance de ses résolutions excita, de la part de la compagnie, l'envie la plus misérable, et le cabinet s'alarma de voir tant de pouvoir dans ses mains. Le grand homme fut rappelé en 1753, et succomba bientôt au chagrin d'être réduit à aller solliciter chez les courtisans et chez les avocats, après avoir régné dans l'Inde et y avoir décidé du sort de tant de princes. Il fut remplacé par Godeheu, l'un des directeurs de la compagnie, homme intègre, mais insuffisant.

Avec Dupleix les Français de l'Inde avaient perdu leur bon génie; ils essuyèrent échec sur échec. Lally, le nouveau commandant en chef, montra une telle incapacité que l'opinion publique la prit pour de la trahison, et que le parlement, après son retour, le condamna à mort. La haute destinée que la Bourdonnais et Dupleix avaient désirée pour leur pays, échut alors aux Anglais, qui, vigoureusement soutenus par la métropole et conduits par le brave Clive, chassèrent successivement les Français de toutes leurs conquêtes, et s'emparèrent même en 1761 de Pondichéry. L'empire colonial des Français dans l'Inde disparut à la paix de Paris. De sa grandeur éphémère, il ne resta que Pondichéry, ruinée de fond en comble, avec Mahé, sur la côte de Malabar. L'Angleterre laissa en outre à la France dans le Bengale, trois factoreries, chacune avec seize hommes de garnison, et la liberté de trafiquer comme auparavant sur la côte de Coromandel.

La paix de Versailles amena la restitution de Chandernagor sur le Gange, et celle du territoire de Pondichéry, dans les limites d'avant 1756; mais la France n'y gagna aucun élément de force, la prépondérance anglaise étant désormais au-dessus de toute contestation. Du reste le monopole de la compagnie périt aussi dans la catastrophe. Il ne fut plus renouvelé après son expiration, en 1769, et le libre trafic avec les Indes orientales fut accordé à tous les Français, sous certaines conditions toutefois, telles que des passe-ports, une surtaxe de douane et l'obligation de se servir des ports de Lorient (1) ou de Cette. Les fautes de la compagnie étaient trop évidentes pour que le

(1) Ce port avait été l'entrepôt de la compagnie.

malheureux dénoûment des affaires de l'Inde ne lui fût pas
en grande partie imputé. Mais le gouvernement avait encouru
un reproche non moins fondé, celui de n'avoir exercé son droit
de haute surveillance (1) ni avec énergie ni avec probité, et
dans cette mesure comme dans les autres, de s'être rendu coupable de corruption et de faiblesse.

Ajoutons qu'une nouvelle compagnie des Indes orientales
fut autorisée en 1785, mais dissoute cinq années après par un
décret de l'Assemblée nationale. Le gouvernement d'alors déclara en même temps que, la guerre ne pouvant être faite
avec succès dans l'Inde, il retirerait toute force militaire de
ses possessions dans cette contrée, et ne les considérerait plus
à l'avenir que comme de simples comptoirs.

La liquidation des affaires de la compagnie fut extrêmement
compliquée par les comptes nombreux qu'elle avait eus antérieurement avec le gouvernement, notamment par suite de
l'administration de Law et du monopole du tabac qui lui avait
été accordé. Elle céda à l'État tout son avoir, biens-fonds, bâtiments, magasins, comptoirs, navires, esclaves, etc., et reçut
à titre d'indemnité des inscriptions de rentes.

A la fin de la période, l'importation annuelle des produits
de l'Inde en France s'élevait, en moyenne et en nombre rond,
à 30 millions de francs, dont plus des deux tiers consistaient
en objets manufacturés, tels que mousselines blanches et
de couleur (2), nankins, soieries, porcelaines, quincaillerie,
fer, pelleteries, etc. La cannelle, le café, le poivre et le thé y
figuraient pour 5 millions, la soie grége, le coton, les bois de

---

(1) C'était, à proprement parler, plus qu'un droit de haute surveillance ;
car, outre que les directeurs de la compagnie étaient à la nomination du roi,
celui-ci y était encore représenté par un, et plus tard même par deux commissaires, ce qui donnait lieu à des tiraillements et à des divisions, mais ce
qui, du moins, assurait à la couronne une très-grande influence.

(2) La Compagnie des Indes orientales avait le privilége de l'importation
des tissus de coton, Aussi les cotonnades suisses, déjà distinguées à cette
époque, étaient-elles prohibées, et ne fabriquait-on pas de tissus de l'espèce
en France même. Ces restrictions ne survécurent pas à la charte de la compagnie.

II.   **33**

l'Inde, l'ivoire, les perles, les drogueries et les substances médicinales pour un million et demi. La prédominance des objets manufacturés s'explique aisément; c'est que les possessions françaises du Bengale et de la côte de Coromandel étaient les principaux centres de fabrication. Mahé seule, sur la côte de Malabar, était un entrepôt d'épices. Quant au thé, les Français allaient le chercher directement à Canton, où ils jouissaient des mêmes droits que les autres Européens, et avaient de plus obtenu, depuis 1745, la permission d'établir des magasins dans l'île de Wampoo. Le thé s'exportait principalement pour être introduit, par voie de contrebande, en Angleterre.

En ce qui concerne les restrictions commerciales, le gouvernement français n'avait pas la même latitude que le gouvernement anglais, qui pouvait interdire sans scrupule l'importation des cotonnades et des soieries de l'Inde, par la raison qu'il restait à la compagnie anglaise, dans son immense empire, une infinité d'autres objets de commerce. Du reste, la France aussi réexportait pour les autres pays de l'Europe, et en particulier pour l'Allemagne, des quantités considérables de ces produits fabriqués. Le montant des exportations de la France pour l'Inde était évalué vers la même époque à 16 millions de francs, dont 15 en argent monnayé, et le reste en articles de son industrie, en vins, en métaux, en bois, etc., destinés à alimenter moins le commerce que la consommation des équipages des navires nationaux et celle des Européens établis en Asie. L'excédant de 14 millions qu'offre la comparaison des importations avec les exportations semble impliquer pour le commerce de l'Inde un bénéfice de près de 50 pour 100; mais ce bénéfice n'est qu'apparent, les dépenses de navigation, les primes d'assurance, les frais de commission, d'entrepôt et de magasinage, réduisant le profit net à 10 ou 15 p. 100. Tout commerce intermédiaire sous le pavillon de la France avait à peu près cessé dans l'Inde, depuis les revers essuyés par elle. Les dépenses d'administration auxquelles l'Etat avait à faire face, depuis qu'il était devenu propriétaire des colonies, excédaient tellement les revenus que l'idée d'un entier abandon trouvait de nombreux partisans. Les deux îles d'Afrique en particulier coûtaient beaucoup ; mais, d'un autre côté, à leur conservation était attachée la sécurité des possessions de l'Inde. En apportant plus de soin et de patience dans la gestion de leurs intérêts matériels, en prenant de bonnes mesures et en y persévérant, on en aurait retiré, pour le commerce français du moins, des avantages qui auraient pleinement justifié les sacrifices de l'État. Le café réussit à Bourbon et dans l'Ile-de-France, au point d'atteindre presque la qualité de celui de Moka ; mais, au lieu d'en encourager le commerce, le gouvernement le greva de droits élevés, tant à l'exportation des îles qu'à l'importation en France. Les essais tentés pour y naturaliser les épices des Moluques n'ayant pas eu un résultat immédiat (1), on se hâta beaucoup trop d'y renoncer. Le riz, le sagou, la canne à sucre et le coton, ces cultures auxquelles la facilité à se procurer des nègres promettait un plein succès, furent également négligées. Si nous jetons, en terminant, un coup d'œil d'ensemble sur l'histoire coloniale de la France, nous ne pouvons nous empêcher d'y voir des entreprises éclatantes et pleines de promesses à leur début, qui n'aboutissent qu'à de minces résultats, et de reconnaître que l'opinion générale qui refuse aux Français le génie colonisateur, est appuyée sur les faits (2).

V

Le commerce de la France avec ses Antilles était sa branche d'affaires la plus avantageuse, celle qui présente les plus fortes sommes. Dans ses relations avec les pays d'Europe, l'Espagne occupait le premier rang, surtout depuis la paix

(1) Bourbon, aujourd'hui la Réunion, exporte cependant une assez grande quantité d'épices, surtout des clous de girofle. On ne doit pas oublier que l'introduction du giroflier et des autres arbres à épices, dans ces deux îles, est due à l'intendant Poivre, auteur de leur prospérité.　　　H. R.

(2) La France contemporaine appellera de ce jugement en poursuivant la colonisation de l'Algérie.　　　H. R.

d'Utrecht et par suite de faveurs inspirées par la politique de
famille. Les produits des fabriques françaises dominaient le
marché de l'Espagne et de ses colonies, où le commerce interlope ajoutait d'ailleurs beaucoup à l'importation légale. Les
Antilles françaises pratiquaient dans l'occasion la contrebande
tout comme les Antilles hollandaises et anglaises. D'après les
relevés de la douane, l'importation déclarée des articles de
l'industrie française en Espagne, vers le milieu du dix-huitième siècle, s'élevait à 26 millions de francs. L'Espagne n'en
payait que la moindre partie en produits de son sol, tels que
laines, fers, soude, bois, chevaux et fruits du midi. L'argent
était son principal moyen d'échange. L'approvisionnement
de la France en ce métal précieux provenait de cette source,
ainsi que des sommes que des habitants de la Gascogne, de
l'Auvergne et du Limousin, établis en grand nombre en Espagne, comme artisans et comme marchands, rapportaient dans
leurs foyers. Charles III, désirant encourager l'industrie du
pays, essaya, non sans succès, de restreindre le débouché de
l'industrie française, qui d'autre part, comme nous l'avons
dit ailleurs, trouva, sous l'administration de Pombal, un accès
momentané en Portugal.

Dans ses rapports avec l'Italie, la France, depuis Colbert,
s'était de plus en plus émancipée de la dépendance où elle
avait été de l'industrie de cette contrée. Elle tirait bien encore
des quantités considérables d'étoffes de soie et de velours de
Padoue, de Bologne, de Gênes et de Florence, mais elle y envoyait aussi en retour des produits de sa propre industrie,
comme des étoffes de laine et de lin. Parmi les produits agricoles de l'Italie, la France importait surtout de la soie, avec
de l'huile pour la fabrication des savons à Marseille ; et elle
fournissait en échange les denrées de ses colonies, du sucre,
du café et du cacao. Si les pêcheries du nord avait été mieux
exploitées, le poisson aurait pu être aussi pour elle l'objet
d'envois importants ; mais elle était sous ce rapport inférieure
à la Hollande et à l'Angleterre.

Nous avons vu comment le tarif des douanes publié par

Colbert en 1667 était principalement dirigé contre la domination que l'industrie de la Hollande et de l'Angleterre exerçait sur le marché français. On répondit dans les deux pays à la provocation par des représailles, et l'on se fit des douanes une arme de guerre. Guillaume III, dans sa déclaration de guerre contre la France, mentionna les aggravations de droits et les prohibitions de Louis XIV, comme une des causes de la rupture. Le traité d'Utrecht contenait des stipulations commerciales entre la France et l'Angleterre. Cette dernière obtint le rétablissement du tarif plus favorable de 1664, excepté toutefois en ce qui concerne les lainages, le poisson salé, les produits de la pêche de la baleine et le sucre, sur lesquels les droits plus élevés furent maintenus. On continua aussi d'interdire aux Anglais l'importation des articles manufacturés des Indes orientales. La France, de son côté, demanda à l'Angleterre la suppression des droits différentiels qui grevaient notamment ses vins. Mais le parlement rejeta le projet de traité sur la base de la réciprocité que lui avait soumis le gouvernement ; et les haines et les jalousies politiques se produisirent avec toute leur violence dans le domaine commercial. Les deux États continuèrent d'entraver leurs relations par toute sorte de mesures restrictives et de provoquer une contrebande qui se faisait sur une grande échelle et au profit de la France, dont les soieries, la bijouterie, le thé et l'eau-de-vie se prêtaient particulièrement à ces introductions illicites. L'historique du traité de commerce de 1786, qui rompit avec le système de Colbert, appartient à la période suivante. Par son origine, cependant, il se rattache à la présente période, car il est la mise en vigueur des doctrines économiques libérales que les physiocrates avaient propagées par réaction contre l'esprit exclusif du système mercantile.

Colbert troubla par ses réformes la bonne intelligence qui avait régné jusque-là entre la Hollande et la France. En 1658, suivant un rapport de l'ambassadeur français à la Haye, il s'était exporté de ce dernier pays dans le premier pour 72 millions de francs au moins de marchandises, dont la majeure partie, il est vrai, était réexpédiée par la Hollande dans le Nord et en Allemagne. Afin de trouver quelque dédommagement à la diminution qu'avait éprouvée le commerce avec la Hollande, Colbert, à une époque où la France n'avait pas encore de marine marchande, favorisa la navigation des Danois, des Suédois et des Anséates. Cependant la paix de Nimègue remit tout sur l'ancien pied, jusqu'à ce que la guerre qui éclata en 1689 amenât de nouvelles perturbations et l'interruption du commerce entre les deux pays. A Utrecht, le traité avec la Hollande, de même que le traité avec l'Angleterre, contint quelques articles relatifs au commerce ; les deux parties contractantes se promirent des facilités et des avantages réciproques. Mais la Hollande, dont la puissance commerciale était à son déclin, ne put reprendre son ancien rôle dans les relations avec la France. Son commerce diminua largement de plus de moitié, les marchandises françaises, qui passaient auparavant par les mains des Hollandais, s'exportant de plus en plus en droiture vers les pays consommateurs. Il en fut de même de beaucoup de produits que la France achetait auparavant par l'entremise des Hollandais ; elle les reçut directement du pays de production. La Hollande ne resta le marché privilégié que des matériaux pour constructions navales, et les chantiers de Sardam travaillèrent beaucoup sur commandes françaises.

Les profits réalisés par les Hollandais et par les Anglais dans le négoce avec la Russie, inspirèrent à la France le désir d'y participer. Richelieu conclut en 1626 un traité de commerce avec le czar Michel. Colbert, en 1669, accorda à une compagnie spéciale un privilége de vingt ans, et Pierre le Grand négocia avec le régent dans le but de créer et d'alimenter un commerce direct entre les deux États. Tout fut inutile, tant que la marine française resta insuffisante et ne se décida qu'exceptionnellement à naviguer au delà du Sund. Les Anglais, de plus, suscitaient toujours des obstacles ; ainsi, la France ayant offert d'acheter le tabac de l'Ukraine, ils firent la même offre en surenchérissant, bien que leurs engagements envers leurs colonies d'Amérique ne leur permissent de faire de cet article aucun usage. Une nouvelle tentative pour ranimer le commerce de la France avec la Russie eut lieu en 1784, au moyen de modérations de droits et même de primes accordées par le gouvernement aux navires nationaux qui y seraient employés. Mais ces dépenses considérables de l'État n'eurent aucun résultat. Au lieu de visiter les ports russes, les bâtiments français se contentaient d'aller chercher les articles russes à Hambourg, et, au lieu de porter des marchandises françaises dans le Nord, ils partaient sur lest. Les Français ne connaissaient pas assez le pays, la nature de ses opérations, ses ressources et ses usages, pour établir des agents, au moins dans les villes principales, comme le faisaient généralement les Anglais, les Hollandais et les Allemands. Les émigrants, d'ailleurs assez nombreux, de France en Russie, n'étaient rien moins que des commerçants, et ceux d'entre eux qui appartenaient à cette profession étaient dépourvus des grands capitaux sans lesquels le commerce ne pouvait se faire avantageusement dans le Nord. Les envois de la France, sans être directs, ne représentaient pas moins des valeurs considérables. Le luxe, toujours croissant en Russie, recherchait de préférence les objets manufacturés de la France, ses vins et ses denrées coloniales. Amsterdam, et plus encore Hambourg, vers la fin de la période, étaient les entrepôts de ces produits. Depuis la guerre de la Succession d'Espagne, les Anséates l'emportaient sur les Hollandais dans les transports maritimes, et un traité de 1716 avait confirmé les droits des quatre villes libres. Avec la Suède, les relations directes acquirent un peu plus d'activité depuis 1784, par suite de la cession de l'île de Saint-Barthélemy, en échange de laquelle la France avait obtenu des avantages pour son commerce dans le port de Gothenbourg.

Nous ferons connaître en détail dans le chapitre suivant quel débouché magnifique l'Allemagne offrait à l'industrie de la France et à la production de ses colonies.

Les avantages obtenus par la France en Orient, sous François Ier, avaient été sensiblement amoindris par la concur-

rence étrangère durant les temps agités du dix-septième
siècle. Les Français se virent préférer les Anglais et les Hollandais, qui obtinrent une réduction de deux pour cent sur
le droit de douane. La restauration de leur commerce fut encore l'ouvrage de Colbert. Par lui, Marseille devint le premier port de la Méditerranée; le privilége exclusif qui lui
fut accordé, en 1669, pour trafiquer avec le Levant, y ayant
attiré de tous côtés des capitaux et des capacités. Son monopole souleva, il est vrai, beaucoup de mécontentement et d'opposition; il fut néanmoins reconnu par les administrations
postérieures, et l'on allégua, non sans raison, pour sa défense, que les dangers qu'offrait le commerce du Levant pour
la santé publique commandaient de le concentrer sur un seul
point, joignant à la situation la plus favorable une surveillance active, au moyen de vastes lazarets. Dans toute la Méditerranée, et en particulier dans les eaux de la Turquie, le rôle
du pavillon français était plus brillant que dans le Nord; il
y prenait de beaucoup la plus forte part aux transports maritimes. Pour le protéger contre les pirates, des bâtiments de
guerre servaient constamment d'escorte aux navires de commerce, et l'expédition de Louis XIV contre Alger, en 1682,
avait pour but la répression de la piraterie. Au moyen de
prêts sans intérêt et de primes, Colbert s'efforça de mettre les
manufactures du Languedoc en état de fabriquer des draps
d'aussi bonne qualité et à aussi bas prix que les draps anglais,
alors maîtres du marché ottoman. Par ces mesures et par
quelques autres, notamment par la nomination de bons consuls, les Français parvinrent à supplanter leurs rivaux, et à
acquérir la prépondérance commerciale en Orient. Ils s'étaient
également établis, depuis 1694, dans les États barbaresques,
où une compagnie, fondée sous le nom de Hali, obtint du dey
d'Alger le monopole de la pêche du corail, ainsi que de l'exportation de la laine, de la cire, du cuir, du suif, etc. Après
avoir été, sous l'administration de Law, fondue dans la Compagnie des Indes, elle se reconstitua, en 1740, comme Compagnie africaine.

Quelle que fût la fermentation des esprits en France, sous Louis XV, fermentation qui devait aboutir à une explosion violente, une longue paix, néanmoins, et la tranquillité de l'Europe, y favorisèrent le commerce extérieur. A la fin du règne de Louis XIV, les importations avaient été en France de 71 millions, et les exportations de 105 millions de francs. Elles s'élevèrent dans les derniers temps de la période, les premières à 370, les secondes à 425 millions. Les exportations se répartissaient comme il suit :

	1714	1785
Produits du sol français........	36 millions.	93 millions.
Id. de l'industrie française.	45 »	123 »
Id. des colonies d'Amérique	16 »	165 »
Id. Id. d'Asie.....	2 »	4 »
Articles étrangers réexportés.....	6 »	40 » (1).

On ne doit pas du reste attacher à ces chiffres une trop grande valeur ; car, dans le même laps de temps, le commerce de la plupart des contrées de l'Europe paraît s'être accru dans une proportion plus forte encore, et la France elle-même, autrement gouvernée et administrée, aurait obtenu des résultats beaucoup plus considérables. Depuis l'administration de Colbert, dont le vif éclat avait sitôt pâli, ses vigoureux efforts pour réformer sa constitution politique et sociale, avaient d'ailleurs relégué la politique commerciale sur le second plan.

VI

La France ayant perdu avec Colbert son bon génie, ses finances retombèrent dans le chaos d'où il les avait fait sortir. Elle continua encore, sans doute, de jeter quelque éclat au dehors ; mais à l'intérieur sa ruine devint chaque jour plus imminente. Les finances, administrées sans ordre et sans principes, furent livrées en proie à des spéculateurs avides, car le funeste système de l'adjudication des im-

---

(1) Le commerce d'exportation par mer, à part les 300,000 tonneaux attribués aux transports des colonies, employait 580,000 tonneaux, dont 152,000 seulement étaient couverts par le pavillon français.

pôts avait été repris. Les fermiers se rendaient indispensables par leurs exactions mêmes et faisaient la loi au gouvernement. Une confusion générale, l'usure, l'altération réitérée des monnaies, des réductions d'intérêt arbitraires, des aliénations de domaines et d'impôts, des engagements qu'on était hors d'état de remplir, des créations répétées de rentes, de contributions, de priviléges et d'exceptions, cent fléaux plus funestes les uns que les autres, furent les déplorables fruits des administrations improbes et inhabiles qui se succédèrent. Ajoutons au dehors des guerres malheureuses et des traités de paix désavantageux, qui privèrent la France d'une partie de ses colonies, et qui l'obligèrent, en matière de commerce, à des concessions telles que l'abolition du tarif protecteur de 1667 et celle du droit de tonnage. Un profond ébranlement du crédit public était inévitable. Le nombre des faillites augmentait tous les jours, l'argent disparaissait, le commerce languissait, la consommation diminuait, la culture du sol était négligée, les ouvriers émigraient; le peuple manquait de nourriture et de vêtements, la noblesse faisait la guerre à ses frais et hypothéquait ses propriétés; les bourgeois et les paysans, écrasés sous le poids des impôts (1), étaient menacés de la plus affreuse détresse; les effets royaux étaient dépréciés; on perdait moitié sur les obligations des villes et plus sur d'autres papiers moins favorisés. Quand Louis XIV, sur la fin de sa carrière, éprouva le pressant besoin d'une somme de 8 millions de francs, il fut obligé de souscrire une obligation de 32 millions, c'est-à-dire de payer 400 pour 100 d'intérêts. Les revenus publics étaient toujours consommés trois ans d'avance.

Tel était le désordre des finances, quand, en 1715, le duc d'Orléans prit les rênes du gouvernement, comme tuteur de Louis XV enfant. On lui représenta que le meilleur parti à

(1) Le comte de Boulainvilliers rapporte, dans un mémoire adressé au régent en 1716, que, pour 250 millions qui entraient dans le trésor, la nation en payait 750; même à supposer de l'exagération dans ce chiffre, il donne l'idée du système de rapine qu'on appelait l'administration des finances.

prendre était de convoquer les États-Généraux du royaume. Quelques mesures qu'aurait pu prendre la nation, pour sortir de la crise où les prodigalités du règne précédent l'avaient jetée, la responsabilité n'en eût pas pesé sur le régent. Malheureusement, ce conseil, aussi sage que juste, ne fut point écouté. Après avoir rejeté une autre proposition, celle d'une banqueroute, le duc ordonna de soumettre à un examen sévère tous les engagements de l'État, et institua à cet effet un bureau de révision, sous la direction des frères Pâris, les premiers banquiers de l'époque. Cette opération, dite du *visa*, réduisit les effets au porteur de 600 millions à 250, mais la dette nationale n'en resta pas moins au chiffre de 2 milliards 62 millions.

L'énormité de cette charge suggéra, en 1716, l'idée de créer, à l'exemple de Colbert, une chambre de justice, chargée de vérifier les titres des créanciers, et de poursuivre tous ceux qui avaient causé la misère publique, ou qui en avaient profité, en particulier les fournisseurs et les fermiers généraux. Mais, privée des lumières et de l'honnêteté d'un Colbert, l'enquête ne put qu'échouer, et n'eut d'autre résultat que de faire paraître l'incapacité et l'improbité des ministres, de révéler de sales affaires, dans lesquelles des personnes du plus haut rang se trouvaient compromises, de discréditer le pouvoir et d'ouvrir la porte aux intrigues, aux dénonciations et au plus scandaleux arbitraire; car, la Chambre ardente avait reçu l'instruction de faire entrer à tout prix de l'argent dans un trésor vide, et elle frappa en conséquence les innocents comme les coupables.

La méfiance générale et les réductions que tous les particuliers opérèrent dans leurs dépenses, de peur de passer pour riches, exercèrent l'influence la plus fâcheuse sur le commerce et provoquèrent de la part des chefs de la corporation des marchands de Paris des représentations réitérées. Le peuple aussi, qui d'abord avait vu avec joie infliger des châtiments à ses sangsues, finit par sentir l'iniquité de toute cette affaire. Il reconnut que le gouvernement était encore plus coupable de la misère publique que les financiers, qui, sans la criminelle connivence du premier, n'auraient jamais osé commettre tant d'exactions. Les parlements virent dans la Chambre ardente un empiétement sur leurs droits, et s'opposèrent à l'exécution de ses décrets. La chambre elle-même était profondément corrompue : des 25 millions de taxes qu'elle imposa, le trésor ne reçut pas le tiers ; ses membres en détournèrent la plus grande partie.

La chambre de justice fut dissoute à la fin de 1716. Mais la situation n'était guère moins désespérée, et l'on était disposé à accepter tout secours, de quelque part qu'il vînt, pour sortir de ce labyrinthe.

Ce fut à ce moment que l'Écossais Law arriva à Paris. Fils d'un orfèvre d'Édimbourg, il s'était distingué, jeune encore, par une intelligence vive et pénétrante, par la promptitude et la hardiesse du jugement, et par une aptitude toute particulière pour les mathématiques. Son compatriote Patterson, le fondateur de la Banque d'Angleterre et de la compagnie de l'isthme de Darien, paraît avoir exercé sur lui beaucoup d'influence ; du moins voyons-nous Law, dans son pays, produire déjà des plans de finance, qui n'y furent point goûtés, insuccès qui le décida à chercher fortune à l'étranger. Il était grand calculateur et doué en même temps, chose extraordinaire, d'une vive et ardente imagination. Ces qualités plurent au duc d'Orléans et le fascinèrent d'autant plus que l'Écossais déclarait hautement posséder un moyen infaillible de rétablir les finances, de remplir le trésor public, de procurer du crédit au pays, et de le rendre par là puissant et riche. Cette assurance, unie à des facultés intellectuelles du premier ordre, séduisit d'autant plus l'esprit aventureux du régent que la nécessité l'obligeait de saisir la main qui lui apportait le salut.

Law obtint en 1716 la permission d'établir à Paris une banque privée au capital de 6 millions de francs, divisé en 1,200 actions de 5,000 francs chacune, dont un quart devait être versé en espèces, et le reste en effets publics qu'on acceptait pour leur valeur nominale. D'après ses premiers statuts, la banque ne pouvait faire opération de commerce, de manière à ne porter préjudice à aucun intérêt. L'escompte des lettres de change sous une commission de 5 sous par 5,000 francs, l'ouverture au commerce de comptes courants, et l'émission d'un nombre limité de billets, telles furent au commencement ses uniques attributions. Le rapide succès d'un établissement si réservé, si prudent dans ses opérations, réduisit au silence les adversaires de son fondateur, et dépassa peut-être même l'attente de ce dernier. Les plus heureux effets ne tardèrent pas à se produire dans un vaste rayon. L'argent, longtemps caché par la méfiance générale, reparut tout à coup dans la circulation et ranima les affaires. Le commerce, l'industrie et l'agriculture prirent un nouvel essor ; on cessa de se restreindre ; les négociants, trouvant désormais à escompter à 5 pour 100, se remirent à travailler et à spéculer. Les capitalistes étant obligés de subir le taux d'intérêt dont se contentait la banque, l'usure diminua. On obtint facilement sur des valeurs solides des prêts qui ne contribuèrent pas peu à mobiliser la fortune immobilière et à hâter la victoire du tiers état sur l'aristocratie terrienne. Le rétablissement du crédit public et du crédit privé rendit la vie au commerce extérieur, et la France, à la surprise générale, eut le change à son avantage. On avait fait beaucoup, mais on n'en resta pas là. Une ordonnance de 1717 prescrivit l'acceptation des billets de banque par toutes les caisses publiques en payement des impôts, et en étendit ainsi la circulation sur la France entière. Depuis ce moment les transports dispendieux d'argent qui s'effectuaient auparavant, non sans danger, des provinces à la capitale, cessèrent, et le recouvrement des impôts s'opéra plus promptement et plus simplement. On plaça dans la solidité de la banque la confiance la plus absolue. Law se vit glorifié comme le sauveur de la France, et il crut alors le moment venu de mettre au jour le vaste plan dont on ne connaissait encore que les préliminaires.

La banque de Law, comme institution privée, n'avait été rien de plus qu'une banque d'escompte et de circulation. Elle fut appelée alors à un rôle plus élevé. On voulut que, par elle, l'État se libérât de ses dettes, en les rachetant à bon marché, et acquît puissance et richesse, en allégeant le fardeau des contribuables, et en encourageant l'industrie. A cet effet, il s'agissait de fonder une vaste société embrassant toute la France, absorbant peu à peu tous ses capitaux, disposant de la fortune mobilière et immobilière de tous les Français. Pour la constituer, il fallait non-seulement donner au crédit le plus d'extension possible, mais le soustraire aux caprices des particuliers, en le remettant à la disposition du gouvernement. Il parut aussi nécessaire d'augmenter la quantité de la monnaie en circulation, pour rendre la France riche et florissante. La banque devait y pourvoir; réglant toute la circulation monétaire du pays, elle substituait aux monnaies d'or et d'argent d'une valeur mobile un papier-monnaie qui ne serait pas affecté par les fluctuations des cours sur les marchés étrangers. Le papier-monnaie pouvant être multiplié à volonté, toute demande en serait immédiatement satisfaite, ce qui amènerait, sans aucune contrainte, la réduction du taux de l'intérêt et la suppression de l'usure. En outre toutes les grandes entreprises industrielles et commerciales seraient dirigées, dans l'intérêt général, par le gouvernement lui-même, qui offrirait ainsi aux capitaux des placements non moins avantageux pour les prêteurs que féconds pour le pays. L'assimilation de l'économie privée et de l'économie publique, ou, pour employer une autre expression, une sorte d'organisation du travail était l'idée dirigeante qui inspirait cet homme célèbre; et c'est avec raison, par conséquent, que l'ensemble de son administration a été désigné sous le nom du *Système*.

Le talisman de Law, c'était le mot de crédit. Il cherchait à attirer, autant que possible, dans les coffres de sa banque tout le numéraire de la France, et à le remplacer par du papier. A cet effet, fut établie en 1717 la Compagnie d'Occident ou du Mississipi. Cette compagnie hérita du privilége que Crozat, ainsi qu'on l'a vu plus haut, avait obtenu, en 1712, sur le bassin du Mississipi, ou sur la Louisiane, mais auquel il avait bientôt renoncé. Tous les approvisionnements, tous

les navires et tous les forts existant dans la Louisiane lui furent
cédés sous la condition d'introduire annuellement dans la colonie au moins 6,000 noirs et 3,000 blancs, pendant les
vingt-cinq ans que durerait son privilége. Son capital fut fixé
à 100 millions, en actions de 500 francs, dont la totalité devait être fournie en obligations de l'État.

L'entreprise ne fut d'abord que médiocrement goûtée. On
y voyait une opération financière du gouvernement plutôt
qu'un moyen de développer le commerce extérieur. Aussi les
actions ne furent-elles prises généralement que par les créanciers de l'État, qui versèrent pour leur valeur nominale des
effets tombés beaucoup au-dessous du pair, et par la banque,
qui y engagea tout son capital de 6 millions. En même temps
se déclara l'opposition de tous ceux qui haïssaient dans Law
un rival dangereux, ou auxquels il déplaisait comme étranger, comme roturier et comme protestant; on y comptait les
anciens ministres des finances, les banquiers de Paris, les parlements et le clergé. De ce parti étaient notamment les frères
Pâris dont il a été question plus haut; ils organisèrent une contre-
opération qu'on appela l'*anti-système*, pour contre-carrer le
projet de Law, en faisant de la ferme générale des impôts, qui
leur avait été abandonnée pour 48 millions 1/2, une entreprise
par actions, laquelle, reposant sur une base plus solide, trouva
d'autant plus de faveur, qu'elle était appuyée de divers côtés
comme une démonstration contre les plans de l'Écossais.

Mais ces plans étaient trop puissamment combinés pour en
être atteints. La souscription aux actions de la compagnie
avait retiré de la circulation pour 100 millions d'effets publics; la refonte des monnaies en 1718 procura une somme
presque égale, et l'opposition du Parlement fut réduite au silence par un lit de justice. Cependant tous ces expédients ne
suffirent pas pour faire face au déficit toujours croissant, occasionné par les dépenses de la guerre de la Succession d'Espagne
et par les prodigalités insensées de la cour. Pour sortir d'une
telle situation, le régent se jeta sans réserve dans les bras de
Law, et renonçant à tout scrupule, lui donna pleins pouvoirs.

Le premier pas décisif de Law fut la transformation, par une ordonnance du 4 décembre 1718, de sa banque privée en une banque royale. Le roi remboursa les 6 millions, capital de la première banque, non pas toutefois en numéraire, mais en actions de la Compagnie d'Occident. Ils devaient rester déposés en garantie dans la caisse de la banque. Sur cette garantie de 6 millions, on émit pour 110 millions de billets, et une déclaration royale du 22 avril 1719 posa en principe que la circulation du papier offrait au pays plus d'avantage que celle des espèces, et que l'on voulait, par conséquent, remplacer ces métaux précieux par des billets. L'émission de ces billets, sans restriction et sans contrôle, était réservée au chef de l'État.

Après la banque vint le tour de la compagnie, dont les actions étaient fort dépréciées. Pour les relever, on lui accorda les plus rares faveurs. On lui fournit le moyen de payer les intérêts de son capital, en lui adjugeant la ferme des tabacs pour neuf ans, au prix de 4 millions, et afin de donner à ses opérations commerciales un attrait irrésistible, plusieurs édits royaux y fondirent les diverses compagnies privilégiées pour le commerce avec l'Afrique, les Indes orientales et la Chine; après quoi elle prit le nom de Compagnie des Indes. Elle fut en même temps autorisée à émettre pour 25 millions d'actions nouvelles.

La spéculation commença alors à s'animer, et Law était homme à la tenir en haleine. Dès le mois de juillet 1719, les actions des deux émissions étaient à 1,000 francs, et la rapidité de leur négociation réagit sur les billets de banque, qui, d'un transport si facile et d'un usage si commode dans les paiements, furent bientôt préférés aux espèces. Pour satisfaire à tous les besoins, on autorisa une nouvelle émission de 50 millions de francs en billets, ce qui en porta le montant total à 160 millions, non compris 25 millions affectés à la circulation de la Louisiane.

Si la compagnie se servait de l'État, l'État se servait également de la compagnie. Le régent lui conféra, pour une somme de 50 millions, le droit de battre monnaie pendant neuf ans, avec défense d'augmenter, mais avec permission de diminuer la valeur des espèces. Law fit aussitôt usage de cette faculté pour déjouer les intrigues de ses ennemis, qui, pour épuiser la caisse de la banque, y venaient échanger des masses de billets. A l'annonce d'une dépréciation des espèces, la peur les fit de nouveau refluer vers la banque. Afin de se procurer les 50 millions, prix de son privilége, la compagnie résolut une troisième émission. Nominalement, on n'émit que 25 millions, mais, au cours de 1,000 francs, on en réalisa 50.

Le hardi Écossais se trouva alors en mesure de porter un grand coup à ses adversaires et de renverser l'anti-système des frères Pâris. Un ordre souverain du 20 août 1719 retira à ceux-ci la ferme générale, qui fut adjugée pour neuf ans à la Compagnie des Indes, au prix annuel de 52 millions. D'un autre côté, on imposa à la compagnie l'obligation d'user de son crédit pour le soulagement de l'État, et de prêter au roi 1,200 millions de francs, à 3 pour 100 d'intérêt. Cette somme devait servir à racheter la dette flottante et la dette inscrite et à rembourser le prix d'achat de tous les offices inutiles. Pour se la procurer, on eut d'abord le projet d'émettre des obligations, portant 3 pour 100 d'intérêt, mais on préféra une quatrième émission, en trois séries, de 300 mille actions de 500 francs. Pour qu'une telle masse de papier ne subît pas une dépréciation, une hausse extraordinaire des actions était indispensable. L'agiotage seul pouvait opérer ce miracle : on lui lâcha toutes brides.

A défaut d'une bourse permanente, ce fut la rue Quincampoix, située dans un des quartiers les plus animés de Paris, qui lui servit de théâtre. Déjà, sous Louis XIV, les obligations émises par un gouvernement constamment besoigneux, avaient, par suite des fluctuations de cours qu'occasionnait l'embarras des finances, formé un objet de spéculation. A ce moment, une masse de nouveau papier plein de séductions affluant sur le marché, la spéculation prit soudain une ex-

tension inouïe. On fut tenté surtout par la faculté d'acheter
des actions avec des effets publics dépréciés. Ces actions haussèrent avec une extrême rapidité. Encore au-dessous du pair
en 1718, elles étaient montées à 750 francs en juillet 1719;
elles se vendirent jusqu'à 6 et 8 mille francs dans le mois de
septembre. Le 13 du même mois fut émise la première série
des 300 mille actions nouvellement créées jusqu'à concurrence
de 50 millions, au cours de 5 mille francs par action d'une valeur nominale de 500. La deuxième série le fut le 28 septembre,
la troisième le 2 octobre, toutes deux pour une somme égale
et sous les mêmes conditions. L'affluence des souscripteurs offrait l'image d'un véritable assaut donné à l'hôtel de la banque. Des personnes y furent écrasées, et l'intervention de la
force armée devint nécessaire pour maintenir un peu d'ordre.
Tout le monde voulait spéculer, les ouvriers et les domestiques tout comme les patrons et les maîtres, la noblesse, l'armée, le clergé tout comme la bourgeoisie industrielle et marchande. La soif de l'or posséda toutes les classes ; on accourait
en foule des provinces et même de l'étranger. On vendit tout
ce qui pouvait se vendre afin d'acheter des actions. Le délire
gagna tout le royaume ; on cessa de réfléchir ; une place dans
la *rue*, car toutes les autres rues de Paris avaient comme cessé
d'exister, était recherchée comme un échelon menant au
royaume des cieux.

Les créanciers de l'Etat ayant été remboursés en actions, il
ne resta plus sur la place d'autre papier de crédit. On se flatta
de réaliser un double gain, d'abord par l'acceptation des effets
publics au pair, puis par les priviléges dont la compagnie
avait été comblée, et auxquels s'était ajoutée en dernier lieu
la gabelle. Dans l'empressement qu'on mettait à surenchérir
les uns sur les autres, les billets de banque obtinrent de plus
en plus la préférence sur l'argent monnayé, et on arriva même
à payer pour les premiers un agio de 10 p. 100. Law mit
tous ses soins à retirer de la circulation toutes les espèces d'or
et d'argent et à les recueillir dans les caisses de la banque et
de la compagnie.

Le premier souscripteur recevait au cours de 5 mille francs une action d'une valeur nominale de 500. Une minute après, il trouvait un acheteur à 8 mille francs, et au mois de décembre 1719, on en offrit 10 mille, puis de 15 à 20 mille. Pour acquérir de la popularité, la compagnie renonça au droit d'entrée sur le poisson que son contrat d'adjudication l'autorisait à percevoir. Elle provoqua pareillement l'abolition des droits sur l'huile, le suif, les cartes à jouer, en dédommageant le roi, sur ses énormes bénéfices, des quelques millions de déficit qui devaient en résulter. Le peuple, habitué jusque-là à être pressuré, fit éclater toute sa joie de ce soulagement inattendu, et, comme, par la hausse continue des actions, chacun avait réalisé de grands bénéfices même avec de faibles ressources, le contentement fut général. Le triomphe de Law était complet ; après avoir abjuré la religion protestante, il fut nommé contrôleur général des finances au commencement de 1720.

Déjà cependant il s'alarmait de l'excès même des résultats qu'il avait obtenus, et il cherchait inutilement les moyens de calmer les esprits excités. Toute l'économie du pays était dérangée ; des coups de fortune avaient bouleversé toutes les existences et créé des richesses factices ; au lieu de produire, on ne songeait qu'à consommer. Un luxe sans exemple avait provoqué une hausse inouïe de toutes choses. Six cent mille actions avaient été souscrites pour une valeur nominale de 1 milliard 677 millions 500 mille francs ; et l'agiotage les avait portées à une valeur de 9 milliards, avant même que la compagnie n'eût entrepris la moindre opération commerciale. Chaque émission d'actions était accompagnée d'une émission proportionnelle de billets de banque. L'idée fixe de Law était d'étendre le plus possible la circulation du papier et de restreindre celle des espèces. On donna aux billets un cours forcé, et la monnaie de banque obtint sur l'argent un agio de 5 pour 100. Les lettres de change de l'étranger même devaient être acquittées en billets de banque ; on espérait par ce moyen contraindre les étrangers à exporter le montant en marchandises françaises, et rendre ainsi la balance du commerce plus avantageuse à la France.

Les billets se multipliaient à mesure que haussaient les actions ; mais, au lieu de rentrer à la banque, les billets restaient dans le commerce, et dès lors leur destinée se trouva liée à celle des actions ; car, à la première baisse de ces dernières, une certaine quantité de billets ne pouvait manquer de devenir superflue. C'est ce que Law reconnut, et il fit tous ses efforts pour empêcher une hausse extravagante des actions, mais, comme nous l'avons vu, il n'y put réussir. Obligé d'augmenter la masse des billets pour substituer, conformément à son système, le papier-monnaie aux métaux précieux, il émit des coupures de 10 francs, qui avaient pour effet de faire disparaître l'argent du petit commerce. Cependant Law s'était prescrit une limite et voulait se contenter de 1,200 millions de francs de billets. Partant de l'hypothèse que les espèces circulant en France formaient à peu près cette somme, il se flattait d'en attirer, par ses opérations, une quantité suffisante pour être en mesure de satisfaire sans retard à toute demande d'argent comptant. Mais ce calcul échoua devant l'avidité des spéculateurs et surtout devant les prodigalités de la cour et du régent, qui croyait avoir à sa disposition une source de richesse intarissable, et gaspillait chaque jour des millions. Law n'eut pas le courage de résister à la pernicieuse influence de son protecteur ; il se laissa entraîner, non-seulement à continuer d'émettre des actions, mais à porter la masse des billets à une valeur de 2 milliards 696 millions 400 mille francs. Tandis que le régent livrait à la compagnie tous les intérêts matériels du pays, le monopole du commerce extérieur et celui du commerce intérieur, il fallait qu'en retour elle contentât toutes ses exigences, et ses exigences étaient insatiables.

Une si énorme disproportion entre le papier et l'argent n'eût pu être supportée même par une nation libre, en possession du droit de contrôle et de surveillance sur ses affaires ; comment pouvait-elle l'être par une nation privée de toute liberté et de toute garantie légale? On ne tarda pas à sortir de l'ivresse, et le réveil fut terrible. Des symptômes de la réaction se manifestèrent dès le commencement de l'année 1720. Quelques détenteurs d'actions bien avisés commencèrent à douter de la toute-puissance du papier et se hâtèrent de le réaliser, c'est-à-dire de l'échanger contre des espèces et des marchandises. Comme on ne recevait aucune nouvelle des mines d'or du Mississipi, leur exemple trouva de nombreux imitateurs, et la méfiance se propagea. Le gouvernement, s'en étant aperçu, prit des mesures telles que son plus grand ennemi n'aurait pas pu lui en conseiller de plus absurdes. La circulation des espèces fut proscrite et l'on fut forcé d'échanger son argent contre du papier. Un édit enjoignit de ne pas dépenser dans les marchés plus de 6 francs en espèces métalliques, à moins que ce ne fût comme appoint. Peu de temps après il en parut un autre, qui interdit tout payement de plus de 10 francs en argent et de plus de 300 francs en or; il fut défendu enfin de garder chez soi plus de 500 francs en espèces monnayées. Tous les fonds déposés sous la garde des tribunaux, ceux des mineurs et des orphelins, ceux des fondations pieuses furent saisis et convertis en billets. On affecta même d'arrêter des personnes suspectes de cacher leur argent, ce qui effraya beaucoup de gens, qui n'avaient pas partagé le vertige général, et qui portèrent alors leur argent à la banque. On en vint jusqu'à la défense, sous peine de confiscation, de conserver chez soi des vases et des monnaies d'or et d'argent, et de porter des bijoux et des perles. La compagnie fut autorisée à faire opérer des visites domiciliaires. Ajoutons les altérations fréquentes de la valeur nominale des monnaies d'or et d'argent, valeur qui fut tantôt augmentée, tantôt diminuée.

En prenant ces mesures violentes, on alléguait qu'elles étaient inspirées par le bien public, qu'elles avaient pour but de diminuer le prix des subsistances, de maintenir le crédit public, de faciliter la circulation et de développer l'industrie manufacturière, comme si le crédit pouvait exister sans la confiance. On reconnut combien était vaine la promesse de la couronne de ne point s'immiscer dans les affaires de la banque. La manœuvre financière qui débarrassait la cour de ses dettes au moyen d'une baisse artificielle des cours, et qui remboursait en papier des sommes d'argent, éclata au grand jour. L'édit du 22 février 1720 opéra la réunion de la compagnie avec la banque et en fit un établissement royal. Law perdit dès lors son influence et fut obligé, pour garder sa place, de se prêter à des mesures suggérées par des hommes inintelligents et malveillants, et que condamnait sa raison.

Tous ces moyens employés pour forcer la confiance du public, échouèrent naturellement et tournèrent contre leur but. La spéculation joua à la baisse comme auparavant à la hausse; on réalisa, malgré toutes les défenses et tous les obstacles, et les actions tombèrent, entre janvier et avril 1720, de 20 mille francs à 9 mille. En un mot, la méfiance était profonde, et elle éclata soudain de toutes parts. Les actions étaient dépréciées, on s'empressa d'échanger le papier contre de l'argent.

Dans l'espoir de reconstituer un système ébranlé, le régent, contre l'opinion de Law, publia, le 21 mai 1720, une ordonnance qui, sous le prétexte que la valeur des espèces métalliques avait été diminuée, prescrivait d'abaisser également la valeur nominale des billets de la banque et des actions de la Compagnie des Indes, en réduisant les billets de moitié, et les actions de 9 mille à 5 mille francs. Ce fut le coup fatal qui fit évanouir tout ce chimérique édifice. Jusque-là, la dépréciation du papier ne s'était guère produite que par l'élévation du cours des marchandises et des espèces. On s'y était accoutumé, et l'on considérait toujours encore les billets comme des valeurs fixes et immuables; 500 francs en billets étaient toujours 500 francs, bien que leur valeur échangeable ne fût plus la même. Or, l'ordonnance du 21 mai changeait brusquement la valeur nominale des billets, et leur rapport avec les prix des marchandises. La panique s'empara de la nation. Chacun, regardant la moitié de sa fortune comme perdue, se mit en campagne pour sauver le reste; mais ce reste était déjà englouti. La terreur ne connut point de bornes, pas plus que précédemment la fureur aveugle de la spéculation. Toutes les existences furent profondément modifiées : lorsqu'un petit nombre de spéculateurs, ayant réalisé leurs actions en temps utile avec des bénéfices énormes, étaient tout à coup devenus riches, le plus grand nombre se trouva dépouillé de tout son avoir. On eut beaucoup de peine à empêcher une révolte.

Afin de calmer l'irritation publique, le régent ordonna une enquête sévère ; il voulut venir en aide aux familles ruinées, en prescrivant de confisquer à leur profit les bénéfices exorbitants des agioteurs : il aurait dû commencer par s'exécuter lui-même. La mesure fut de peu d'effet; la plupart de ceux qu'elle devait atteindre avaient mis leur argent en sûreté de l'autre côté des frontières, les défenses à cet égard étant faciles à éluder. Le résultat final de l'enquête fut la radiation de 2 milliards de créances sur la banque et sur la compagnie, sans qu'au prix de tant de désastres particuliers la dette publique se trouvât sensiblement diminuée. Quant à Law, il s'enfuit, et mourut à Venise dans l'indigence (1).

VII

Évidemment Law avait la pensée d'organiser en France le crédit public et privé sur des bases nouvelles et grandioses, d'assurer les recettes de l'État en même temps que la prospérité publique ; et son plan, on ne saurait le nier, renfermait des germes destinés à mûrir plus tard. Mais Law ne réfléchit pas que, pour organiser le crédit en France, il eût fallu y refaire la société et les institutions. L'absolutisme et l'arbitraire administratif étaient incompatibles avec ce qu'il y avait de vrai dans son système, et lui-même anéantit son œuvre, quand il consentit à en faire un instrument du régent et de sa politique. Bien que Law fût de bonne foi en se servant de son système pour rembourser la dette de l'État, cette opération devint une source de fraudes. Tous ces milliards étaient des

---

(1) Le système de Law a été très-diversement raconté et apprécié. Nous croyons devoir recommander à ce sujet la lecture d'un intéressant écrit de M. Cochut, sous ce titre : *Law, son système et son époque.*   H. R.

valeurs fictives derrière lesquelles il n'y avait ni production véritable ni capitaux. Toute réforme sociale a besoin d'être précédée d'une réforme politique. Cependant le système de Law occupe une place importante dans la série des événements qui ont préparé la révolution de 1789. Il porta à l'aristocratie terrienne un coup mortel ; la révolution terrible que subit la propriété, sous l'influence de l'agiotage et du jeu de bourse, atteignit en effet surtout la noblesse, qu'elle appauvrit et déconsidéra aux yeux du peuple. Le tiers état reconnut l'élément de sa force dans la puissance de l'argent et de la fortune mobilière, et il pressentit son avénement. Dès ce moment, la lutte se dirigea plus ouvertement et plus fréquemment contre le trône même et la monarchie absolue, pour obtenir dans le champ de la politique la liberté déjà conquise dans le domaine économique.

L'avortement des opérations de banque de Law causa moins de dommage au commerce et à l'industrie qu'on ne l'appréhendait. La spéculation s'était à peu près concentrée sur le papier, et la catastrophe arriva, avant même qu'on n'eût appliqué le développement du crédit à des entreprises industrielles et commerciales. La Compagnie des Indes elle-même était restée à peu près inactive pendant la durée du système ; elle réalisait des bénéfices par la vente de ses actions, bornant au strict nécessaire ses opérations de commerce avec les colonies. La chute du système occasionna certainement de grands malheurs privés, elle réduisit beaucoup de familles à la mendicité ; mais, en définitive, elle fut salutaire, en guérissant le pays des extravagances de l'agiotage, et en lui révélant les véritables sources de la richesse publique. Le travail fut remis en honneur. Au lieu de poursuivre un chimérique Eldorado, on se tint à la réalité, qui offrit de beaux résultats dans l'exploitation des Antilles. Les compagnies fondues dans la Compagnie des Indes s'en détachèrent, et la longue paix dont la France jouit depuis lors fit faire de grands progrès à l'industrie et au commerce, en particulier au commerce avec l'étranger et les colonies.

L'agriculture seule resta en arrière, et, pour l'avoir négligée, la belle France fut plusieurs fois exposée aux horreurs de la famine. L'émancipation de la bourgeoisie ne s'étendit pas au paysan. Colbert, dans sa prédilection pour les villes et pour l'industrie manufacturière, avait peu songé aux campagnes ; quelques-unes de ses mesures, comme la défense de l'exportation des grains, étaient loin de leur avoir été avantageuses. Les principes de Henri IV et de Sully étaient complétement oubliés. Le paysan avait perdu auprès du gouvernement ses avocats et ses protecteurs. La dette publique toujours croissante pesait principalement sur lui, et il continuait de supporter les charges et les corvées féodales. Il était hors d'état de réaliser de sérieuses améliorations agricoles. Les capitaux lui manquaient absolument ; ils s'employaient de préférence dans le commerce et dans les plantations coloniales. Aussi les populations rurales étaient-elles en majorité dans le plus déplorable dénûment. Un petit nombre de cultivateurs étaient propriétaires ; leurs fermes, de peu d'étendue et souvent morcelées, ne comportaient pas une culture rationnelle. Ils n'avaient ni bétail, ni engrais, ni instruments aratoires, ni bons exemples pour les guider ; car ceux qui auraient pu donner ces exemples, les propriétaires de grands domaines, vivaient le plus souvent dans les villes, cherchaient du service à la cour, et se préoccupaient rarement de l'agriculture ; en cela ils différaient totalement des grands seigneurs d'Angleterre. D'autres circonstances arrêtaient le développement de l'agriculture française : par exemple, la faible consommation de la viande ; elle n'était de quelque importance que dans les grandes villes ; dans les petites et dans les campagnes, on était trop pauvre pour se permettre une pareille dépense ; le grand nombre des jours maigres obligeait, d'ailleurs, de consommer beaucoup de poisson. Ainsi s'explique l'infériorité agricole de la France d'alors relativement à l'Angleterre, aux Pays-Bas et même à l'Allemagne. La culture des herbes fourragères était des plus restreintes ; dans la plupart des provinces un tiers des terres arables restait en friche ; de vastes terrains dont le sol était excellent servaient de pâturages, et cependant l'éducation du bétail était arriérée, et les troupeaux de moutons ne fournissaient pas, à beaucoup près, assez de laine pour les fabriques du pays. Les provinces flamandes et allemandes récemment réunies, et celles dont la vigne formait la principale ressource, offraient seules une agriculture intelligente, et à quelques égards très-remarquable.

Cet état de choses frappait trop les regards pour échapper à l'activité intellectuelle qui s'empara de la France au milieu du dix-huitième siècle, et qui y produisit une suite de penseurs. Le faible et misérable gouvernement de Louis XV ne put que laisser faire, il approuva même la doctrine des physiocrates. En opposition avec le système mercantile alors dominant, et qui comptait ses principaux partisans dans la bourgeoisie des villes, cette doctrine, se rattachant à Sully, voyait le bonheur et le salut de la monarchie dans l'encouragement exclusif de l'agriculture, dans l'établissement d'un système agricole attribuant à la royauté une sorte de caractère patriarcal.

Conçue par Quesnay, médecin du roi, elle était trop abstraite pour produire quelque résultat positif ; sa tendance politique était d'ailleurs en désaccord avec l'esprit du siècle. Gournay la modifia et la rendit pratique, en réclamant pour le commerce l'entière liberté de la concurrence, et en proclamant le fameux *laissez faire, laissez passer* comme le mot d'ordre de l'économie politique. Ce mot répondait parfaitement au désir de plus en plus clair de la bourgeoisie de se gouverner elle-même, et l'école des économistes devint ainsi un puissant instrument de révolution.

A cette école appartenait Turgot, qui fut placé par Louis XVI, en 1776, à la tête des finances. Dans l'administration de cette époque, toutes les affaires commerciales relevaient de ce département. Il n'y avait pas de ministère spécial du commerce. Cette branche importante de l'administration publique était centralisée dans un bureau dit de la balance du commerce, bureau de statistique, fondé en 1716 pour l'étude du traité de commerce à conclure avec l'Angleterre. Mais ce bureau dépendait du ministre des finances; le système de fiscalité que tous les chefs de ce département, depuis Colbert, avaient dû suivre pour satisfaire aux prodigalités de la cour, mettait obstacle à l'application des vrais principes économiques. Turgot fut le premier ministre qui osa mettre en vigueur ces principes. Il écarta d'autorité les barrières que le système mercantile avait opposées à la libre concurrence. Il commença par affranchir l'exportation des grains et par en prescrire la libre circulation à l'intérieur. On encouragea par des primes le défrichement des districts incultes et le dessèchement des marais; et l'on abolit les corvées, onéreuses aux paysans. On chercha à perfectionner la race ovine par l'introduction de béliers d'Espagne. A ces mesures libérales se liait l'édit qui supprima les corporations industrielles, affranchit les ouvriers du joug de la maîtrise, et fit ainsi du droit de travailler, jusque-là considéré comme la propriété de la corporation, une propriété inviolable de la personne.

Turgot en cela devançait seulement l'Assemblée constituante qui, douze ans plus tard, renversa d'un mot tous les monopoles de l'ancien régime. Mais, si une assemblée pouvait, dans le premier élan d'une jeune liberté, se permettre de faire ainsi table rase, un ministre isolé était trop faible pour une pareille œuvre, et, en dernière analyse, lui aussi faisait de l'arbitraire. Autour de lui, d'ailleurs, l'inintelligence, le mauvais vouloir, les intrigues de l'envie et de la jalousie empêchèrent des réformes salutaires. La situation des finances devint de plus en plus désespérée. Un homme habile, mais de routine plus que de principes, Necker prit la place de Turgot, et il fallut toute la puissance irrésistible d'une révolution pour assurer au droit et à la raison une victoire durable, dans l'économie comme dans la politique. La France offrait une nationalité non moins puissante, peut-être même plus puissante que l'Angleterre. Mais, jusqu'à la fin de la présente période, elle n'y joignait pas la liberté politique, et elle dut par conséquent laisser la supré-

matie commerciale à l'Angleterre, de même que la Hollande,
qui possédait la liberté politique, mais non la nationalité.

∿∿∿∿∿∿∿∿∿∿∿∿∿∿ ∿∿∿∿∿∿∿∿∿∿∿∿∿∿∿∿∿∿∿∿∿∿∿∿∿∿∿∿∿∿∿∿

VI. — Les Allemands.

I

La Réformation a été, pour la civilisation en général, pour
le développement du genre humain et de ses hautes destinées,
une œuvre grande et féconde ; mais il s'est trouvé que les
Allemands, qui l'ont opérée, sont ceux qui en ont retiré le
moins d'avantages. Ce n'est pas ici le lieu de retracer avec détail
les conséquences de la Réformation sur la constitution politique et territoriale de l'Allemagne ; cependant il est nécessaire
de les rappeler, de les prendre même pour point de départ, si
l'on veut s'expliquer exactement pourquoi cette contrée s'est
attardée dans le négoce et dans l'industrie, pourquoi elle est
restée pour ainsi dire sans colonies et sans relations avec les
pays d'outre-mer, pourquoi elle a été économiquement désor-
ganisée et dépendante de l'étranger ; si l'on veut concilier sa
splendeur et son influence dans la période précédente avec son
obscurité, sa faiblesse et son abaissement dans la présente période.

Qu'il nous soit permis de renvoyer à l'*Aperçu général,* où
nous avons mentionné, parmi les traits caractéristiques du
commerce dans les temps modernes, la formation de puissantes nationalités à la place des individualités, représentées
par les villes et les confédérations de villes, qui avaient dominé précédemment. Le commerce cessa de suivre librement
sa vocation cosmopolite ; il devint l'affaire de telle ou telle
nation, et chaque gouvernement s'appliqua à en réserver
exclusivement, autant que possible, les bénéfices à son pays.
Mais, pour cela, il fallait que la nation constituât une solide et
compacte unité politique, et ce ne fut pas sans des luttes plus

ou moins longues, plus ou moins sérieuses, que l'Espagne, la France, l'Angleterre, la Russie elle-même et les Etats scandinaves, parvinrent à cette complète homogénéité. Si déjà l'Allemagne, en sa qualité d'empire électif, n'était pas dans les conditions les plus heureuses pour cette transformation indispensable, la marche de la Réformation la rendit absolument impossible. Quand il s'agissait de réaliser une fusion politique, qui, à cette époque, n'était pas plus difficile à accomplir en Allemagne que dans le sein de la France, on lutta pour l'indépendance de l'individu. Le genre humain doit de la reconnaissance à Luther ; la nation allemande se fût mieux trouvée de posséder un Richelieu. Si Charles-Quint avait été un prince allemand, s'il avait compris la portée politique de la Réformation, s'il s'était placé à sa tête, s'il avait déclaré la couronne impériale héréditaire et terrassé les grands vassaux, comme cela se fit en Angleterre et en France, l'unité de l'Allemagne, nous le répétons, n'eût pas coûté alors beaucoup d'efforts. L'œuvre de Luther fut trop exclusivement spirituelle ; étrangère à la vie civile, elle se trouva, dans son contact avec la politique, livrée à l'égoïsme des princes, qui abusèrent de la religion pour créer une scission irréparable, et mirent en lambeaux une magnifique nationalité, sans autre motif que le désir de s'ériger en princes souverains. Faibles, d'ailleurs, et au fond sans indépendance, les empereurs se dédommagèrent des limites apportées à leur pouvoir par l'extension de la grande puissance dynastique qui s'était fondée dans l'est, du jour où la couronne était devenue héréditaire dans la maison de Habsbourg. Ils rapprochèrent ainsi leurs provinces d'Allemagne de leurs possessions situées en dehors de cette contrée, et les isolèrent pour jamais de la patrie allemande. Même la grande puissance allemande qui se forma plus tard dans le nord, malgré la pureté de son origine et de ses tendances, ne put pas se défendre de l'esprit d'exclusion et ne fit que mieux accuser une division déplorable. Quant au reste du pays, avec ses maîtres sans nombre, quel triste, quel honteux spectacle n'offre-t-il pas pendant toute la durée de la période ! L'affaiblissement du pouvoir impérial n'avait profité qu'à des intérêts dynastiques ; la liberté de la nation n'y avait pas plus gagné que son unité. L'introduction d'une législation étrangère, du droit romain, avait anéanti les institutions indigènes, des tribunaux indépendants, l'égalité des droits, l'association et le gouvernement du pays par lui-même, institutions qui, portées en Angleterre par les Saxons, subsistèrent dans cette contrée et, en se développant, firent sa puissance et sa grandeur. Cet esprit bourgeois, si énergique, si indépendant et si fier, qui avait distingué l'Allemagne au moyen âge et créé une Hanse, une ligne souabe et une ligne rhénane, disparaît entièrement ou s'épuise dans le vide de formes pédantesques. La plupart des villes libres impériales n'offrent plus d'intérêt que comme antiquités, et, loin de faire des progrès, elles restent stationnaires ou reculent. Tandis qu'ailleurs le tiers état acquiert une importance politique, il est en Allemagne déchu de sa grandeur passée, il est asservi et opprimé. A dater de la Réformation, l'Allemagne devient le théâtre de toutes les grandes guerres continentales, le jouet de ses ambitieux voisins; et, pour comble de malheur et d'ignominie, combien de fois ne voit-on pas des princes allemands, au service de l'ennemi du pays, porter les armes contre leur empereur, contre leurs compatriotes, s'enrichir à l'aide de l'étranger, solliciter sa protection et toucher sa solde ! combien de fois ne voit-on pas les enfants de l'Allemagne servir comme soldats mercenaires et verser leur sang jusque par delà l'Océan pour des intérêts étrangers, souvent même pour des intérêts contraires à ceux de l'Allemagne ! Dans un pareil état de choses, les intérêts matériels ne pouvaient pas prospérer, et l'on ne s'étonnera pas de l'insignifiance de l'économie publique des Allemands dans cette période.

Telles sont les causes générales et premières qui expliquent, au milieu d'une grande activité, l'affaissement et la langueur du commerce allemand; descendons maintenant aux causes particulières et secondes. En première ligne, parmi ces dernières, se place la découverte de l'Amérique et

de la route maritime des Indes. Elle porta d'abord et directement préjudice aux villes du sud-ouest de l'Allemagne, aux
membres de l'ancienne ligue souabe, Augsbourg, Nuremberg,
Ulm et Memmingen, enrichies par le commerce à travers les
Alpes avec l'Italie. Cependant ces villes ne furent pas frappées
tout d'un coup. La première moitié du seizième siècle fut
même encore pour elles une époque de prospérité, dans laquelle elles exploitèrent avec de grands profits le marché cosmopolite des Pays-Bas ; leur décadence ne date que de la chute
d'Anvers.

Quant aux Anséates, ils ne se ressentirent qu'indirectement, par l'élévation de leurs rivaux, des changements opérés dans les routes du commerce. En possession depuis un
temps immémorial de la suprématie maritime dans le Nord,
ils auraient pu, tout aussi bien et mieux que les Hollandais,
entrer avec succès dans la voie nouvelle. Mais la situation politique de l'Allemagne, retracée au commencement du présent
chapitre, et le défaut de puissance et d'unité nationale, en
présence de rivaux qui avaient rapidement surgi et qui acquéraient chaque jour plus de force, les paralysaient. Nous avons
raconté tout au long, en traitant des Allemands dans notre
premier volume, comment la Hanse, désunie et divisée, immobilisée dans des formes que l'esprit n'animait plus, indifférente pour la grande patrie allemande, uniquement préoccupée de ses intérêts de clocher, esclave de la tradition et de la
coutume, ne comprit pas la nouvelle ère, et ne sut pas à propos
changer de rôle et de langage. Nous avons de même signalé, en
son lieu, dans le présent volume, les derniers coups qui atteignirent la ligue en Russie, en Scandinavie et en Angleterre,
et qui mirent fin à sa domination. Il ne nous reste donc que
peu de chose à ajouter.

La Hanse ne fit jamais le moindre effort pour trafiquer directement avec les pays nouvellement découverts de l'autre
côté de l'Océan, ni pour y former des établissements ; elle
n'exprima pas même de désir à ce sujet ; néanmoins, après la
perte de ses comptoirs dans les Pays-Bas, elle chercha quel-

que dédommagement pour son commerce intermédiaire. On put croire quelque temps qu'elle l'obtiendrait de l'Espagne, qui, sous Philippe II, se rapprocha de la ligue, pour faire contre-poids aux Hollandais et aux Anglais, et pour recevoir, par son entremise, les produits du Nord, dont le royaume avait été précédemment approvisionné par les Hollandais. Vers la fin du seizième siècle, en effet, on vit s'accroître les relations de l'Allemagne avec l'Espagne et le Portugal, relations qui, auparavant, avaient emprunté le marché des Pays-Bas. Cependant le résultat espéré ne s'accomplit pas ; le protestantisme de la Hanse y fit obstacle ; la diversité des croyances empêcha toute alliance sérieuse.

La Hanse elle-même ne songeait nullement à se porter pour le représentant à l'étranger d'une nationalité allemande ; mais l'empereur, et surtout les princes, sous la protection et sous l'autorité desquels étaient placées quelques-unes des villes confédérées, étaient encore bien moins disposés à lui laisser prendre cette attitude, ou à l'appuyer. Le peu d'intérêt que les empereurs lui avaient jusque-là témoigné, ne fit au contraire que s'affaiblir après la Réformation, lorsque la plupart de ses membres eurent embrassé le protestantisme. En même temps, les princes de l'Empire s'appliquèrent à étendre leurs droits de souveraineté sur les villes, et applaudirent à une décadence et à une faiblesse qui facilitaient leur propre victoire. Chacun ne vit que sa petite sphère, sans se douter qu'il était le membre d'un grand corps envers lequel il avait des devoirs à remplir. Comme, dans le nord de l'Allemagne, les principautés étaient plus considérables et plus puissantes que dans le midi, un très-petit nombre des villes anséatiques de l'intérieur purent leur échapper. Ainsi se détachèrent, sans grand bruit, l'un après l'autre, chacun des anneaux de la ligue, qui, au commencement du dix-septième siècle, se trouva réduite de fait aux quatre places maritimes de Dantzick, de Lubeck, de Hambourg et de Brême. Brunswick et Cologne ne lui appartenaient plus que de nom, et Dantzick même, après avoir passé sous la souveraineté de la Pologne, perdit une partie de ses franchises fédérales. La dissolution de la ligue fut expressément déclarée en 1669. Son nom seul resta comme un souvenir aux trois villes libres, qui, depuis lors, tout en conservant leur indépendance politique, ont été la représentation naturelle du commerce allemand dans l'univers.

Dès la fin de la période précédente, Hambourg et Brême s'étaient, autant que possible, séparées de la ligue, sur toutes les questions relatives à la suprématie dans la Baltique et les royaumes du Nord, où Lubeck était la principale intéressée. Pour cette dernière ville la concurrence hollandaise dans les pays de la Baltique fut un coup dont elle ne se releva jamais. Hambourg et Brême, au contraire, situées sur la mer du Nord, pouvaient trouver dans l'ouest, où les affaires se multipliaient à l'infini, un ample dédommagement des pertes qu'elles avaient éprouvées dans l'est. Si elles eurent à supporter leur part de la persécution dont la Hanse fut l'objet sous le règne d'Elisabeth, elles surent, d'un autre côté, se procurer en Angleterre même, à elles en particulier, et souvent au préjudice de l'association, des avantages commerciaux de quelque importance. Ce fut alors que se formèrent entre Hambourg et l'Angleterre les relations étroites qui subsistent depuis cette époque. Les *aventuriers marchands* y aidèrent puissamment; après avoir été expulsés de diverses autres places, ils s'établirent en 1611, à demeure, sur les bords de l'Elbe, y formèrent une colonie anglaise, qui obtint le droit de bourgeoisie, et firent de Hambourg le principal entrepôt du commerce d'importation et d'exportation de la Grande-Bretagne avec le continent (1).

(1) Les aventuriers marchands (*adventurers*) étaient venus dès 1574 à Hambourg ; mais une résolution de la diète les en chassa, parce que la reine Elisabeth avait retiré aux Anséates les priviléges dont ils jouissaient à Londres (voir le chapitre des Anglais). Ils se transportèrent alors les uns à Stade, les autres à Emden. Cette dernière ville, accrue par l'immigration de réfugiés des Pays-Bas, commençait à faire un commerce maritime considérable, favorisé par l'excellence de son port. Mais peu de temps après, un ordre impérial bannit les aventuriers marchands de l'Allemagne, et Stade fut punie de sa trahison

Cette ville fut ainsi attirée dans l'orbite commerciale de
l'Angleterre; en qualité de succursale elle recueillit sa part
des bénéfices que cette contrée retirait d'un commerce immense, et se ressentit peu des calamités qui accablèrent l'Allemagne, pendant et après la guerre de Trente ans. Hambourg
servait d'intermédiaire au commerce extérieur, alors fort restreint, du nord et du centre de l'Allemagne; de tout temps
l'Elbe, en lui ouvrant un vaste territoire, lui assura sous ce rapport la préférence sur Brême. L'esprit d'entreprise n'y était
pas encore éveillé au commencement de la présente période; la
plupart des affaires n'étaient que des affaires de commission.
Cependant la spéculation s'anima peu à peu depuis l'établissement des Anglais, depuis l'arrivée de réfugiés d'Anvers ainsi que
des Mennonites, sectaires qui furent expulsés de la Hollande,
enfin depuis la création d'une banque en 1619, institution qui
est la meilleure preuve de l'accroissement des transactions. Les
capitaux se multiplièrent, l'horizon s'agrandit par suite de relations étroites avec l'Angleterre; on acquit plus de connaissances commerciales et plus d'expérience; et ainsi se posèrent
les solides fondements de la grandeur future de Hambourg.

Quand le commerce de l'Inde eut quitté les voies de terre
pour la route maritime, et qu'en Europe le marché de ses
produits eut passé de Venise à Lisbonne, quand les Turcs
eurent étendu leur domination sur les pays du bas Danube,
sur la Grèce, sur l'Égypte, et sur la côte septentrionale d'A-
frique, terrifié la Hongrie par leurs irruptions continuelles,
et anéanti presque entièrement le commerce du Danube,
alors les villes de la haute Allemagne virent se miner sous
elles le terrain sur lequel elles avaient pris part au trafic intermédiaire de l'Europe. Pour éviter les répétitions, nous
renvoyons aux développements du premier volume tant sur
leurs relations avec l'empire grec d'abord, puis avec les répu-

par son exclusion de la ligue anséatique. A ces rigueurs Elisabeth répondit,
comme nous l'avons vu, par la suppression complète des priviléges de la
Hanse; l'ordre impérial tomba en oubli; les Anglais revinrent et ne furent
plus inquiétés.

bliques italiennes, que sur leur activité industrielle. Naturellement, tout ne périt pas d'un seul coup ; une industrie ingénieuse subsista dans les villes libres impériales de la Souabe
et de la Franconie, surtout à Nuremberg, et les grands capitaux amassés par quelques maisons continuèrent longtemps
encore à être employés dans des opérations commerciales, particulièrement dans des affaires de banque et de change, avant
de se diviser et de se placer dans des propriétés foncières. Les
Fugger, les Welser, les Hochstetter, à Augsbourg, et les
Peutinger à Ratisbonne, avaient des succursales à Anvers, à
Lisbonne, à Londres et à Lubeck ; la route de l'est cessant
d'être fréquentée, ils tournèrent leur activité vers les voies
nouvelles, ils s'intéressèrent fréquemment dans les opérations des navires portugais ; grands armateurs et en position,
comme banquiers des empereurs et des rois, d'obtenir des
avantages exceptionnels, ils expédièrent aux colonies des bâtiments à eux. Charles-Quint donna, en 1525, aux Welser
en propriété la province entière du Vénézuela ; c'était une occasion de fonder en Amérique une colonie allemande au
moyen d'une compagnie de commerce. Mais le pays n'éprouvait aucun intérêt pour une telle entreprise, et le gouvernement n'était en état ni de la conduire, ni de la protéger. Après
une courte possession et une tentative malheureuse, les Welser
rendirent le présent au donateur impérial. Les opérations en
marchandises des maisons allemandes au seizième siècle
s'effectuaient principalement à Anvers, où les produits coloniaux leur étaient consignés de Lisbonne. Mais leurs affaires
de banque étaient beaucoup plus importantes, et elles continuèrent même après que la révolution des Pays-Bas les eût
dépossédées des premières au profit des Hollandais. L'essor
d'Amsterdam et du marché de la Hollande porta le dernier
coup à l'ancienne grandeur commerciale de l'Allemagne. Le
Rhin et bientôt après l'Escaut furent fermés aux Allemands ;
un système arbitraire de droits et de péages fut établi, et c'en
fut fait de la richesse et de la prospérité du cœur de l'Europe.
La défection de beaucoup de villes anséatiques de l'intérieur

et la diminution du commerce extérieur de la Hanse portèrent atteinte au commerce intérieur et aux rapports entre le
nord et le midi de l'Allemagne. Ajoutez les guerres incessantes, les querelles et les persécutions religieuses et, indépendamment de tout cela, les barrières de douane, établies sous
toute sorte de dénominations, auxquelles les plus petits princes
de l'empire mettaient du prix comme à un attribut essentiel de
leur souveraineté microscopique (1). Ce furent surtout ces
barrières qui empêchèrent un transit auquel l'Allemagne
était appelée par sa situation géographique. L'interruption du
trafic entre la haute et la basse Allemagne eut de fâcheux effets
pour les anciennes places d'étape de l'intérieur, Erfurt et
Brunswick. Brunswick en particulier souffrit beaucoup dans
ses démêlés avec son seigneur. Erfurt, comme la Thuringe
en général, perdit, par suite de l'introduction de l'indigo et
de la cochenille, son commerce en substances tinctoriales
indigènes, en pastel et en kermès. Francfort-sur-le-Mein et
Leipsick se maintinrent seules, grâce à leurs foires : Francfort
entretenait des relations avec la Hollande, dont la prospérité
allait toujours croissant ; Leipsick était la place la mieux

(1) Indépendamment des péages des fleuves et des droits de douane, on
subissait dans les grandes villes situées sur les principaux fleuves le droit
d'étape et le transbordement, et différentes places de l'intérieur, comme
Botzen, Kempten, Buchhorn, Vienne, Lunebourg, Leipsick, etc., percevaient
ce qu'on appelait le droit de mille ou de route. A ce sujet s'élevaient des
contestations continuelles ; chaque État, à mesure qu'il augmentait sa puissance, cherchait à s'affranchir de la servitude et à s'attribuer le privilége.
En 1597, les villes de la ligue anséatique et de la haute Allemagne eurent
une diète où Francfort se plaignit amèrement de ce que l'électeur de Mayence
entravait la navigation du Mein et y arrêtait les navires marchands. La Saxe,
dans l'intérêt de Leipsick, ferma la navigation de l'Elbe, et répondit aux
réclamations de la Bohême à ce sujet, que, sur le territoire saxon, l'Elbe
appartenait à l'électeur qui pouvait en disposer à son gré. Magdebourg eut
beaucoup de peine à défendre son immunité sur l'Elbe, et son prétendu privilége d'exporter seule les grains, contre les prétentions des autres États riverains ; il en fut de même de Hambourg, qui à ce sujet fut engagée dans un
conflit sérieux avec le Danemarck et subit de rudes représailles ; car le beau
temps de la Hanse était passé. Dans le midi de l'Allemagne, où les petits
princes immédiats étaient encore plus nombreux que dans le nord, la liberté
du commerce était encore plus entravée.

située pour servir d'intermédiaire entre le nord-est et le sud-ouest, et elle fut favorisée par le plus puissant des princes allemands d'alors, l'électeur de Saxe. Les troubles religieux firent perdre à Cologne son commerce extérieur, et à Aix-la-Chapelle son industrie. Les industriels que l'intolérance forçait à s'expatrier, se rendirent pour la plupart en Hollande ; quelques-uns en Westphalie et sur la rive droite du Rhin. De cette époque date l'origine de l'importance industrielle d'Elberfeld.

S'il est vrai que, depuis la Réformation jusqu'après la guerre de Trente ans, l'industrie et le commerce déclinèrent généralement en Allemagne, toutes les parties de ce pays n'étaient pas dans le même cas. Dans quelques localités où le prince possédait une plus grande puissance, où, favorisé par les circonstances, il avait soumis les petits seigneurs, le gouvernement fit preuve d'intelligence et de sollicitude pour les intérêts matériels. Le Brandebourg, voulant animer son commerce intérieur, utilisa comme voies de communication le Havel, la Sprée et les lacs formés par ces rivières, et s'appliqua à soutenir contre de redoutables concurrences, et à faire prospérer la fabrication des draps. On fit encore plus en Saxe, pour l'agriculture rurale et pour l'exploitation des mines aussi bien que pour l'industrie. Mais cette situation meilleure n'était que relative et rien n'en garantissait la durée ; quelques faits isolés n'empêchent pas que l'Allemagne, dans son ensemble, n'ait, jusqu'à la fin de la guerre de Trente ans, décidément rétrogradé.

On remarque surtout la décadence de la fabrication des draps, qui avait pris un grand essor dans les qualités communes et moyennes, et alimenté pour une forte part les exportations de la Hanse. La concurrence des Pays-Bas et de l'Angleterre devint chaque jour plus écrasante, l'industrie des draps dans ces pays travaillant sur une échelle toujours plus vaste, avec des capitaux et des débouchés plus considérables. L'établissement des aventuriers marchands en Allemagne avait exclusivement pour but le placement des draps et les mesures de rigueur employées à leur égard pouvaient très-bien se justifier au point de vue du système protecteur. Toutefois, elles restèrent sans effet, et la proposition, réitérée dans la diète, de taxer les draps anglais et de prohiber l'exportation des laines indigènes, à l'imitation des autres pays, n'aboutit jamais à un vote. Une fois cependant la diète fut sur le point d'interdire l'importation des draps anglais ; mais l'ambassadeur anglais Gilpin sut adroitement conjurer le danger. Avec les fabriques de draps dépérirent les teintureries, où précédemment de grandes quantités de draps étrangers, importés en écru, venaient recevoir la couleur et l'apprêt.

L'industrie linière dédommagea jusqu'à un certain point de ces pertes ; elle devint, dans la présente période, l'industrie la plus florissante et la plus productive de l'Allemagne. Depuis l'établissement des colonies transatlantiques, la demande des toiles, indispensables pour l'européen vivant sous les tropiques, s'était immensément accrue. La Hollande seule ne pouvant plus y satisfaire, tira de l'Allemagne un article qui fut bientôt un des éléments les plus avantageux de son commerce d'exportation, et qu'elle vendait souvent comme son propre produit. Des réfugiés de la Flandre et du Brabant avaient introduit en Westphalie de meilleurs procédés pour cultiver et pour broyer le lin. Ces procédés se propagèrent dans la Saxe, dans la Bohême et dans la Silésie, qui ne tardèrent pas à devenir les foyers principaux de l'industrie linière. Le bas prix de la main-d'œuvre et l'habitude de tisser le lin à la maison et en famille favorisèrent singulièrement cette fabrication, qui prit l'avance sur celle des autres pays.

Au nombre des industries importantes, travaillant pour l'exportation, figure de bonne heure la fabrication d'armes et d'ouvrages en métaux, qui avait son siége dans la partie méridionale de la Westphalie, à Iserlohn, et en Thuringe. Nuremberg était et est restée sans rivale pour ses articles, et il n'y a peut-être pas d'exemple d'une autre localité qui ait conservé, durant des siècles, dans une branche de travail, un

avantage aussi manifeste. D'un autre côté, son commerce déclina, comme celui des villes de Souabe ; non-seulement ses
affaires d'expédition entre le nord et le midi diminuèrent,
mais ses relations, jadis très-actives, avec la France, et en
particulier avec Lyon, lui furent enlevées par Francfort. De
Francfort, la principale route commerciale conduisait direc-
ment à Leipsick. Il y fut organisé, en 1571, pour l'usage des
marchands qui voyageaient, sous le nom de voitures de conduite (*Geleitskutsche*), le premier service de poste avec des
stations et des relais. Dans la fabrication des tissus fins et des
articles de luxe, tels qu'objets d'or et d'argent, bijoux, vases
de bronze moulés et ciselés, sculptures en bois, etc., les villes de
la haute Allemagne, qui y avaient excellé, furent éclipsées par
la France et par la Hollande ; non que ces deux contrées fissent
mieux, mais elles travaillaient pour un plus grand marché,
qu'agrandissait encore la conduite des princes et des nobles
d'Allemagne, qui commençaient déjà à dédaigner les produits de leur pays et à acheter les objets de luxe à l'étranger.
C'était une conséquence de leur dépendance et de leur abaissement politique, de leur manque absolu de patriotisme,
alors que le développement de la nationalité faisait sentir à
l'étranger son influence salutaire jusque sur les plus minces
détails de la vie sociale. Sans la considération et la puissance
que posséda Louis XIV, la France n'aurait pas obtenu l'empire de la mode.

L'Allemagne ne trouva pas dans son agriculture la compensation des pertes qu'elle avait essuyées dans son industrie.
Son agriculture partagea le sort commun. Ce fut aux populations rurales que la Réformation profita le moins (1). Luther,

(1) Ce jugement nous paraît contestable à certains égards. En ce qui touche les conséquences politiques de la Réformation, il y a du vrai dans la
thèse de l'auteur. Mais, d'un autre côté, le protestantisme, en diminuant le
nombre des jeûnes et des fêtes, en propageant les habitudes de travail, de
prévoyance, d'ordre et d'économie, a exercé sur les campagnes une heureuse
influence, précisément en Allemagne et en Suisse ; quiconque a voyagé dans
ces pays a pu constater la supériorité qui, entre communes voisines, y appartient généralement aux villages protestants, sous le rapport du soin des cultures et de l'aisance.   C. V.

en se prononçant de parti pris contre les justes motifs de la guerre des Paysans, contribua à enchaîner plus que jamais le sol, et à affaiblir ainsi la première des forces productives d'une nation. L'histoire ecclésiastique peut exalter et célébrer le réformateur de Wittenberg ; dans une histoire du commerce des Allemands, son œuvre ne saurait être admirée.

Le système féodal, avec quelques modifications dans certaines localités, pesait sur tout le territoire de l'empire germanique, et, dans plusieurs provinces, le servage même exista durant la présente période. La paix de Worms, en 1495, avait mis un terme au petit brigandage, le grand commença alors à se déchaîner. Depuis la Réformation, les guerres civiles de l'Allemagne prirent des proportions considérables en étendue et en durée, et il est hors de doute que la population, au seizième siècle, y diminua au lieu d'augmenter. Les armées permanentes de lansquenets enlevèrent les bras à l'agriculture, et les chroniques mentionnent de fréquentes disettes. Les nobles négligèrent plus encore qu'auparavant l'administration de leurs domaines, dont ils étaient ordinairement absents, excepté à l'époque de la chasse. Autrefois ils habitaient leurs châteaux ; depuis que le droit du plus fort avait été aboli, on les vit affluer à la cour des seigneurs les plus puissants, pour y chercher du service. Leurs biens étaient abandonnés à des régisseurs inhabiles et sans conscience ; ils ne furent affermés qu'à une époque postérieure. Comme les propriétés de la noblesse consistaient pour la plupart en fiefs inaliénables, et que même la vente des terres allodiales à des roturiers était interdite dans la plupart des États, les grands capitalistes, qui s'étaient enrichis par le commerce et l'industrie, et qui n'étaient pas nobles, ne pouvaient pas placer leurs fonds dans le sol. Les Fugger et quelques autres riches négociants n'acquirent des terres qu'après avoir été anoblis. Les terres des paysans étaient le plus souvent des fidéicommis, et tellement grevées qu'elles donnaient à peine de quoi vivre à leurs propriétaires. L'agriculture manquait ainsi de bras, de capitaux, d'intelligence et de la faculté d'acquérir.

Dans un tel état de choses, que signifiait le progrès de quelques industries rurales, comme la fabrication de la bière et la distillation de l'eau-de-vie ? On renonça dans les villes à la première de ces deux industries, surtout parce que l'exportation des bières allemandes, autrefois considérable, commençait à diminuer, les pays étrangers préparant eux-mêmes cette boisson, et la consommation du vin et de l'eau-de-vie prévalant de plus en plus. L'eau-de-vie était connue en Allemagne dès le quinzième siècle, mais on en faisait peu usage. Les lois en restreignaient la consommation et n'en permettaient la vente qu'aux apothicaires. On la préparait dans l'origine avec de la lie de vin ; l'eau-de-vie de grains était regardée comme nuisible. Au dix-septième siècle, elle devint la boisson générale de l'Allemagne du nord ; mais sa mauvaise qualité, comparativement à l'eau-de-vie de France et aux spiritueux des colonies, l'empêcha, à part l'alcool, de figurer dans le commerce extérieur. Au surplus, la production de l'eau-de-vie, comme celle de la bière, était un privilége des terres nobles et ecclésiastiques, et c'était à ces terres que le paysan était obligé de demander son approvisionnement.

Parmi les causes qui amenèrent le déclin de la fabrication des laines, on doit mentionner ici l'état déplorable dans lequel se trouvaient les bergeries. Malgré le droit abusif de pacage, les grands propriétaires donnaient peu de soins à l'éducation de la race ovine ; l'exemple de la noblesse anglaise, qui en avait fait une de ses plus abondantes sources de revenu, fut perdu pour eux, et la guerre de Trente ans détruisit le peu de bergeries qui existaient. C'était dans le nord que l'éducation des bestiaux était le plus prospère. Sur les côtes maritimes de la basse Allemagne, le sol avait conservé quelque liberté, et les paysans voisins de la mer n'étaient pas absolument étrangers au commerce international. Les chevaux du Mecklembourg, les bœufs du Holstein et de la Frise, furent de plus en plus recherchés. C'était aussi cette région qui faisait les plus belles récoltes de blé, et par suite les exportations les plus régulières.

L'intérieur de l'Allemagne avait parfois des années d'abondance ; mais l'éloignement des places maritimes, la difficulté et la cherté des transports ne lui permettaient pas d'exporter beaucoup de ses denrées. Cependant la Suisse reçut de tout temps de la haute Allemagne son principal approvisionnement en grains, élément essentiel du commerce des villes du lac de Constance. La prospérité commerciale de la Hollande vivifia les contrées rhénanes, et la culture du lin fleurit en Westphalie.

L'exploitation des mines aussi, cette industrie si ancienne dans le pays et si lucrative en son temps, rétrograda depuis la découverte de l'Amérique. Les mines épuisées de l'Allemagne ne purent soutenir la concurrence de celles du Mexique. L'extraction devint trop dispendieuse, et les envois du Nouveau Monde diminuèrent la valeur des métaux précieux. Beaucoup d'usines furent en conséquence abandonnées ; d'autres restreignirent leur production, et ce ne fut qu'en Saxe que l'exploitation se maintint sur une grande échelle.

II

La décadence économique de l'empire d'Allemagne atteignit son dernier période à la fin de la guerre de Trente ans. La paix de Westphalie consacra, dans le droit public européen, sa désunion et sa faiblesse politique, ainsi que l'intervention des puissances étrangères dans ses affaires intérieures. La Suisse et la Hollande se séparèrent pour jamais de la famille germanique. L'autorité impériale ne fut plus qu'un fantôme, par suite de concessions énormes faites aux princes de l'empire, notamment de celle du droit de contracter des alliances. Il n'y a plus d'histoire d'Allemagne ; c'est l'histoire particulière de quelques-unes de ses parties et de leurs princes qui commence.

Des contemporains ont tracé de l'Allemagne, vers le milieu du dix-septième siècle, uu tableau qui révèle une situation presque désespérée. A l'exception de quelques fortunées oasis, tout le pays présentait l'aspect désolé d'un champ de bataille ; les champs étaient en friche ; on manquait de fourrages pour le bétail, d'engrais pour le sol , et les fruits d'une pénible culture étaient détruits par le gibier multiplié outre mesure, qu'une législation cruelle protégeait mieux que le travail du laboureur. Les villes et les villages étaient en cendres et en ruines. Les famines et les épidémies avaient décimé la population et répandu partout la misère. La longue durée de l'état de guerre avait abruti les hommes ; la sécurité n'existait nulle part pour les personnes et pour les propriétés ; on avait pris en dégoût les occupations pacifiques ; et l'industrie et le commerce ne travaillaient plus que pour satisfaire aux premières nécessités. Les anciennes relations, si complétement et depuis si longtemps brisées, étaient d'autant plus difficiles à renouer que la plupart des opulentes maisons de commerce avaient essuyé des pertes considérables, et que l'aisance avait disparu des villes.

Il fallait toute une génération pour guérir de pareilles plaies. En attendant, les autres peuples se partagèrent le commerce de l'univers. La Hollande, l'Angleterre et la France constituèrent leur puissance maritime et coloniale ; et même dans les petits royaumes du Nord, plus tard jusqu'en Russie, les gouvernements, suivant l'esprit de leur époque, recherchèrent avec ardeur les moyens de faire prospérer le commerce, la navigation et l'industrie de leurs sujets, de manière à compléter leur pouvoir par la richesse. Les Allemands regardèrent avec indifférence cet élan général, et ils ne s'émurent que quand il était trop tard. La diète de Ratisbonne perdait son temps dans de misérables querelles de préséance, et au surplus son organisation même et son règlement semblaient calculés pour l'empêcher d'aboutir à aucune résolution. Les empereurs étaient trop occupés de leurs intérêts dynastiques pour prendre souci des intérêts généraux de l'Allemagne. Le Levant, où l'Autriche devait chercher son domaine commercial, lui était comme fermé par ses luttes acharnées avec les Turcs ; c'étaient les Anglais, les Hollandais et les Français qui, par la voie de mer, trafiquaient avec cette contrée, et, sur le Danube, les insurrections continuelles des Hongrois avaient ruiné le commerce et la navigation. Les possessions de l'Autriche sur l'Adriatique étaient encore insignifiantes ; Trieste n'était guère qu'un village de pêcheurs, et ce que ces parages avaient conservé de négoce appartenait à Venise ; les autres princes étaient beaucoup trop faibles, beaucoup trop appliqués à l'affermissement de leur puissance, pour s'intéresser à une politique commerciale allemande, lors même qu'ils en auraient eu l'idée et l'intelligence. Quant au peuple, il végétait dans un calme plat. L'oppression féodale pesait toujours également sur les campagnes, et dans les villes un esprit étroit et mesquin avait remplacé la largeur de vues d'autrefois.

Toute libre et énergique activité avait disparu : le pouvoir des princes et les priviléges de la noblesse ne permettaient plus à la bourgeoisie de prendre son essor. On vivait sur des traditions surannées ; dans l'isolement où l'on était, on ne comprenait pas la mission de l'ère nouvelle ; on restait en arrière, faute d'excitation ; le capital était inactif quand il échappait à la destruction, et c'est du dix-septième siècle que datent les ruines pittoresques de tant de villes allemandes. Jamais l'Allemagne ne fut plus pauvre en grands hommes ; lorsqu'un Colbert en France, un Cromwell en Angleterre, un de Witt en Hollande, un Charles XI en Suède, un Pierre le Grand en Russie, à l'aide de l'industrie et du commerce, de la naviga- et des colonies, procuraient à leur pays la richesse et la puissance, les Allemands étaient fort arriérés sous tous ces rapports ; et la balance de leur commerce aurait été encore plus défavorable, si les subsides, avec lesquels la France payait la trahison des princes allemands à l'égard de l'empire et de son chef, n'avaient pas atténué le déficit. On estime à plus de 300 millions de francs les sommes qui passèrent ainsi de France en Allemagne, depuis Richelieu jusqu'à Louis XIV.

Après la France (1), vint le tour de l'Angleterre, pour des sommes encore plus considérables.

Voilà par quelle étrange voie l'Allemagne reçut longtemps sa part des métaux précieux de l'Amérique. Cependant, il restait peu de cet argent dans le pays, la plus grande partie retournait au donateur. Car, il n'y avait pas en Allemagne de si petite cour qui ne s'efforçât de son mieux d'être un petit Versailles. Quel contraste le luxe et le faste de telle ou telle maison ducale n'offraient-ils pas avec le dénûment et la misère des sujets ! Or, les sommes qui défrayaient ce luxe et ce faste, sortaient presque toutes du pays. L'industrie indigène était trop déchue, ou du moins trop méprisée, pour qu'on daignât lui donner du travail et des salaires. On ne goûtait, on n'estimait que ce qui venait de France, d'Italie ou d'Angleterre. L'exemple de la cour était suivi par tous ceux qui vivaient dans son orbite, c'est-à-dire qui possédaient quelque fortune. Si les subsides que fournissait l'Angleterre, au lieu de mettre des soldats en campagne, compromirent moins l'honneur allemand que les subsides français, qui étaient de véritables primes à la corruption et à la trahison, la prospérité nationale en fut peut-être plus fortement atteinte. Car les Anglais en envoyaient souvent plus de la moitié en marchandises, et ils avaient cet avantage de voir la demande de leurs articles s'accroître énormément par suite de l'augmentation des moyens de paiement ; une partie considérable de leur numéraire rentrait donc bientôt dans leurs mains, tandis que les progrès de l'industrie allemande étaient arrêtés dans les branches les plus importantes, dans celles qui travaillent pour la grande consommation.

Voilà comment la préférence, l'engouement pour les produits étrangers et le dédain des produits nationaux prirent naissance en Allemagne, et s'y établirent tellement que notre

(1) Toutefois, on estime que, de 1750 à 1772 encore, la politique française compta aux cours allemandes plus de 137 millions de francs. Sur ce chiffre, 82 millions allèrent à Vienne, 9 en Saxe, 7 dans le Wurtemberg, 7 à Cologne, 11 dans le Palatinat, et 9 en Bavière.

époque s'en ressent encore. Il était impossible de décourager et de paralyser plus systématiquement l'industrie nationale. Abandonnée à elle-même, sans protection, placée dans une situation subalterne sur le marché intérieur, sa ruine était inévitable. Comme la considération et le ressort de l'émulation lui manquaient, les fâcheux effets de son système de corporations se firent de plus en plus sentir, à mesure que l'industrie étrangère s'organisait sur une plus grande échelle et produisait à meilleur marché.

Les ateliers allemands, si florissants au moyen âge, et qui, encore au seizième siècle, avaient gardé leur supériorité, tombèrent en décadence au dix-septième ; ils travaillèrent encore pour les simples besoins de la consommation locale, mais la fabrication des toiles fut presque la seule qui conservât une importance réelle pour le commerce international. Tandis que, sous l'influence du système mercantile, les produits manufacturés de l'Allemagne, notamment ses draps, étaient frappés de droits élevés, de prohibition même par la plupart des tarifs, ses toiles en étaient partout exceptées ; leur exportation aux colonies jouissait de grands avantages. Pour la plupart des autres articles fabriqués, l'Allemagne devint tributaire de l'étranger. La Prusse seule, depuis la fin du dix-septième siècle, y adopta une sorte de politique commerciale. Les gouvernements de tant de petits États manquaient, pour agir comme elle, de bonne volonté, ou du moins d'intelligence. Les douanes, que chaque souverain établissait selon son bon plaisir, avaient un but financier plutôt qu'économique. Elles servaient à interrompre et à entraver partout le commerce intérieur, mais elles étaient loin de protéger le fabricant sur le marché du pays contre la concurrence étrangère. L'augmentation des armées permanentes, par exemple, aurait dû profiter aux fabriques de drap indigènes ; mais, au lieu d'y recourir, on adressait la plupart des commandes à la Hollande et à l'Angleterre.

Les Allemands, à qui leur pays n'offrait pas assez de travail, ni une rétribution suffisante, commencèrent dès lors à

émigrer et à aller chercher fortune à l'étranger. L'Angleterre, Londres notamment, après la révolution de 1788, attira,
par ses relations politiques, beaucoup de riches Allemands,
la plupart de la basse Saxe et du Hanovre. Des paysans et des
artisans des contrées rhénanes se rendaient en Hollande, d'où
ils retournaient dans leurs foyers avec des économies souvent
considérables. Le nouveau monde aussi reçut de bonne heure
des émigrants d'Allemagne, non pas toutefois à titre de maîtres et de dominateurs, mais comme sujets de quelque puissance étrangère, trop souvent déplorables victimes de coupables spéculations, par exemple en Louisiane, en Floride et
dans la Guyane.

Ce fut par un juste retour que la France, qui, par les subsides corrupteurs de Louis XIV et par la politique commerciale exclusive de Colbert, avait porté atteinte aux intérêts
politiques comme aux intérêts matériels de l'Allemagne, l'in-
demnisa, du moins sous ce dernier rapport, par la révocation de l'édit de Nantes en 1685. Nous avons vu, au chapitre
des Français, combien fut considérable le nombre de ceux que
cet acte d'intolérance obligea de renoncer pour jamais à leur
patrie ; nous avons vu, ce qui était la circonstance aggravante,
qu'ils appartenaient en majorité à la classe industrielle, et
qu'ils portèrent ainsi à l'étranger leur activité, leurs talents,
leur capital intellectuel, à défaut de leur argent. Ils se dirigèrent naturellement vers les contrées protestantes, l'Angleterre, la Hollande, la Suisse, l'Allemagne. Dans le nord de
l'Allemagne régnait alors l'électeur Frédéric-Guillaume de
Brandebourg, qui, indépendamment de ses titres comme
fondateur de la monarchie prussienne qu'il arrondit aux dépens des Suédois par lui repoussés, s'est déjà offert à nous
dans la présente histoire, comme un monarque entreprenant,
bien différent des autres princes allemands, ses contemporains.
A la section VII de l'*Aperçu général*, concernant la traite des
noirs, nous avons mentionné l'expédition que le grand électeur envoya, en 1681, à la Côte-d'Or, les forts qu'on y éleva,
et la compagnie africaine qui se forma pour y faire le com-

merce. Cette entreprise, malgré son insuccès, atteste déjà un certain développement de la marine prussienne, et en même temps l'intelligente sollicitude de l'électeur pour les intérêts matériels, intérêts auxquels les autres Etats allemands étaient restés plus ou moins étrangers.

Les réfugiés français, partout très-bien accueillis par leurs coreligionnaires, ne le furent nulle part mieux qu'en Prusse, où le gouvernement lui-même les appela et pourvut à leur existence. Ils y apportèrent, outre de nouvelles industries, un nouveau mode de travail. Ils travaillaient, non plus isolément, mais d'après le principe de la division du travail, qui commençait alors à se produire. A la tête de chaque fabrique était un entrepreneur qui, sans mettre la main à l'œuvre, la dirigeait avec ses propres capitaux ou avec ceux que l'Etat lui avait prêtés. Le premier coup fut ainsi porté aux préjugés et aux abus du régime des corporations.

L'établissement de grandes et libres industries était le seul moyen de faire faire à l'Allemagne quelques progrès ; sans cela, elle eût encore plus rétrogradé. Il eût été à désirer, sans doute, que les réfugiés français eussent fabriqué les tissus nécessaires aux masses, de même que les articles de luxe. On doit reconnaître également qu'ils étaient obligés de tirer en grande partie de l'étranger leurs matières premières, ce qui renchérissait leurs produits. La France, qui produisait elle-même beaucoup de soie, pouvait vendre ses étoffes à meilleur marché que l'Allemagne, à qui manquait cette matière. Des relations actives et directes avec l'Espagne facilitaient de même à la France et à l'Angleterre l'achat de la laine de cette contrée ; et, comme ces deux pays recevaient de première main l'indigo et les bois de teinture, ils gardèrent longtemps l'avance sur l'Allemagne, dans la fabrication des draps fins. On peut en dire autant du coton. Ajoutons que le prix élevé des transports, le mauvais état des routes et la multiplicité des douanes intérieures renchérissaient notablement tous les articles importés par mer. Berlin, sous ce rapport, était la ville qui souffrait le moins, ; elle n'était pas trop éloignée de

Hambourg, et de bonne heure elle avait tiré parti de son système fluvial. En dernière analyse, toutefois, l'immigration des protestants français eut des résultats décidément avantageux pour le développement industriel de l'Allemagne, et du nord de cette contrée en particulier.

Les Allemands avaient, dans leur marché intérieur, un trop vaste champ à exploiter, pour songer beaucoup à exporter les produits de leurs manufactures. L'Angleterre, la France, la Suède, le Danemarck même, et toutes les colonies étaient fermés à ces produits ; et d'un autre côté, dans la péninsule ibérique, en Russie et dans le Levant, ils rencontraient des concurrents qui leur étaient de beaucoup supérieurs, dans les Anglais, les Hollandais et les Français. Aussi les fabriques allemandes, à part l'industrie linière, ne travaillaient-elles guère que pour la consommation intérieure ; et les produits du sol s'exportaient seuls à l'étranger.

L'Espagne était le seul pays à qui l'Allemagne fournît plus de marchandises qu'elle n'en recevait ; avec les autres pays de l'ouest, c'était tout le contraire. La toile formait son principal envoi en Espagne ; vers le milieu du dix-huitième siècle, on en estimait la valeur annuelle à 4 ou 5 millions de florins. Bien qu'il s'en expédiât aussi en Portugal, l'influence anglaise y était trop prépondérante pour que le commerce d'aucune autre nation pût y acquérir quelque importance. Avec la Hollande, il n'y avait de trafic avantageux que pour la contrée rhénane, dont les produits principaux, tels que vins, fruits, céréales et bois, trouvaient un débouché à Amsterdam et à Rotterdam. La Westphalie fournissait de la toile. La Hollande offrait en retour des denrées coloniales, notamment des tabacs et des épices, avec des produits fabriqués. Comme nous en avons déjà fait la remarque, la balance n'était peut-être pas au désavantage de l'Allemagne, par la raison que les Hollandais effectuaient pour leur compte la majeure partie des importations allemandes, qu'ils y possédaient beaucoup de forêts et de vignobles, et qu'ils se chargeaient eux-mêmes des transports.

L'Allemagne, durant la présente période, n'eut qu'un com-

merce passif avec la France, qui tirait, il est vrai, du gros bétail
de la Franconie et de la Souabe, des chevaux et des grains du
littoral allemand, mais fournissait, en retour, des produits fabriqués d'une bien plus grande valeur. En 1720, on évaluait l'exportation de l'Allemagne en France à 9 millions de francs, et
celle de la France en Allemagne à 14, non compris les échanges
avec les villes anséatiques, qui étaient, vers la même époque,
d'environ 3 millions 300 mille francs contre 7 millions. Vers
la fin de la période, peu avant la Révolution, l'exportation de
l'Allemagne pour la France s'était élevée à 64 millions, et
celle de la France pour l'Allemagne, à 95. La différence était
plus marquée en ce qui touche les villes anséatiques. La
France leur envoyait pour 80 millions de marchandises, et
n'en recevait que pour 32. Une grande partie des importations de Hambourg avait probablement pour destination les
royaumes du Nord; cependant il en restait toujours une certaine portion pour le marché allemand. Parmi les objets qui
les composaient, le sucre et le café figuraient en première
ligne; puis venaient les articles de mode et de luxe, car les
produits des réfugiés, en ce genre, étaient peu considérables
et n'avaient que des débouchés restreints.

Le commerce avec l'Angleterre ne contribua pas davantage
à l'abondance du numéraire en Allemagne. Les relevés de la
douane anglaise, depuis 1697, permettent de constater à quel
point les exportations pour l'Allemagne y dépassaient les importations de cette contrée. Les échanges directs avec les
royaumes du Nord, abstraction faite du commerce intermédiaire des villes anséatiques, procuraient peu de profit. La
Suède, qui manquait d'espèces, protégeait son industrie et
achetait à l'Angleterre, à la France et à la Hollande les articles étrangers dont elle avait besoin. Le Danemarck avait un
tarif moins rigoureux, mais les Anglais s'y étaient trop bien
établis pour être supplantés par les Allemands. Il en était de
même de la Russie, et l'Allemagne ne pouvait pas se passer
des produits russes. Les relations avec l'Italie et le Levant
étaient insignifiantes; l'Allemagne tirait plus de produits de

ces contrées qu'elle n'y en envoyait elle-même, et elle devait
par conséquent solder la différence avec de l'argent. Cet argent, qui servait à régler ses comptes avec la plupart des pays,
d'où venait-il, si ce n'est des subventions et des subsides avec
lesquels l'étranger achetait ses gouvernements?

III

Si nous envisageons chacun des États de l'empire germanique, les cercles de Souabe et de Franconie, avec le morcellement infini de leurs territoires, partagés entre la souveraineté des villes et celle des princes, nous apparaissent comme
profondément atteints par la décadence du commerce italien.
Éloignés des nouveaux courants du commerce universel, divi-
sés en parcelles impuissantes plus qu'aucune autre contrée de
l'Allemagne, privés de centre, et paralysés, souvent de lieue
en lieue, par des barrières de douane, ces cercles étaient ceux
où tout s'était le plus rapetissé. Augsbourg et Nuremberg
n'étaient plus que l'ombre d'elles-mêmes. La première de
ces villes se maintenait encore comme place de change; cependant Francfort lui enlevait chaque jour quelque chose de
ses relations avec l'Italie. Certaines industries, particulièrement celles des orfévres, des fondeurs en bronze et des sculp-
teurs en bois, y conservaient leur ancienne réputation, mais
leur goût avait vieilli; la France les avait dépassées; de plus,
leurs articles étaient trop chers pour avoir un débouché
étendu. La fabrication de la toile continua en Souabe; mais,
sauf quelques envois au delà des Alpes, elle ne travaillait plus
que pour la consommation intérieure. De même pour les tissus de coton; car de bonne heure il s'était fabriqué des fu-
taines dans les villes impériales de la haute Allemagne.
La guerre de Trente Ans porta un coup terrible à Nuremberg. Son commerce cessa presque entièrement et son industrie rencontra des concurrences. D'autres localités s'emparèrent de diverses branches qui lui étaient particulières, et
l'Angleterre et la France produisaient en fabrique, tandis que

l'ancien système subsistait à Nuremberg. Toutefois, pour les petits ouvrages en métaux, en bois et en corne, elle n'eut jamais de rivale et elle a régné sur tous les marchés jusqu'à nos jours. Quand, à partir du milieu du dix-huitième siècle, la consommation du café prit un immense accroissement, la vieille cité impériale approvisionna la moitié de l'Europe de moulins à café. Vers la même époque, son commerce se ranima, et elle commença à tirer directement des denrées coloniales de la Hollande. Des réfugiés français, établis à Schwabach et à Baireuth, y avaient introduit la fabrication des lainages fins et des tapis. Ils avaient fondé aussi une manufacture de porcelaine. Les produits agricoles de la Franconie, tels que les bois, les céréales et les vins, s'entreposaient à Wurzbourg, qui trafiquait directement avec la Hollande, et recevait des denrées coloniales en retour. L'extrémité sud-ouest de l'Allemagne, avec ses richesses naturelles en vin, en tabac, en chanvre, en céréales et en bétail, avait pour débouchés naturels la France et la Suisse, ses voisines ; cependant ces produits, ainsi que les bois et les matériaux de construction, étaient surtout expédiés vers la Hollande par le Rhin. La Forêt Noire était, depuis un temps immémorial, en possession des industries qui lui sont propres. Francfort resta le grand entrepôt de l'Allemagne méridionale. Ses foires devinrent de plus en plus importantes ; outre les deux moitiés de l'Allemagne, elles reliaient le Nord à la Suisse (1) et à la France. Nulle

(1) L'activité industrielle des villes suisses se déploya de bonne heure. L'horlogerie est très-ancienne à Genève. A Bâle, la fabrication des tissus, notamment des tissus de soie, existait très-probablement dès le seizième siècle. Saint-Gall tissait de la toile, et, vers la fin du dix-septième, l'industrie du coton, appelée à devenir la plus importante de la Suisse, accomplit des progrès sensibles. Plusieurs industries de la Suisse, en particulier celle des rubans, à Bâle, retirèrent de grands avantages de l'immigration des réfugiés français, qui augmentèrent dans le pays le capital intellectuel comme le capital pécuniaire. Les guerres de l'Angleterre avec la France aux Indes orientales, de 1756 à 1763, en occasionnant une diminution dans l'importation des tissus de coton en Europe, ouvrirent le marché européen aux cotonnades de Saint-Gall et de Zurich. Elles trouvèrent un grand débouché en Italie et en Espagne; des expéditions considérables étaient dirigées sur Gênes, d'où de fortes quantités de ces tissus étaient réexportées pour Barce-

part on ne trouvait une plus grande quantité de marchandises françaises; les Anglais aussi y firent des envois de plus en plus considérables. Indépendamment de la commission et de son commerce propre, la place de Francfort possédait un commerce d'expédition des plus actifs.

La partie sud-est de l'Allemagne était trop éloignée des grandes places de l'ouest, et tout au plus les districts appartenant au bassin de l'Elbe, comme la Bohême, pouvaient-ils y ressentir leur utile influence. Le Danube, grande artère de son commerce avec l'extérieur, était une voie fermée ; les Turcs, maîtres de son embouchure, en avaient barré tout le cours inférieur, et, durant des siècles, ils ne tolérèrent sur la mer Noire d'autre pavillon que le Croissant. Le commerce intérieur sur le Danube n'était pas dans un moins triste état. Le peu de soin qu'on prenait du lit de ce fleuve, l'insuffisance de sa navigation, des droits de douane ainsi que des droits d'étape onéreux, et les troubles continuels de la Hongrie, ne lui étaient pas favorables. Les villes riveraines les plus prospères étaient celles de Ratisbonne et de Passau, en Bavière; elles communiquaient par terre avec la Franconie et la Souabe.

Quant aux États héréditaires de l'Autriche, la politique de leur gouvernement les isola promptement du reste de l'Allemagne, surtout depuis l'époque de la Réformation, qui avait d'abord envahi la haute Autriche, le Salzbourg, la Styrie et la Carinthie, mais qui fut ensuite étouffée ou, pour mieux dire, extirpée avec une rigueur inexorable. De même qu'en France, des milliers d'habitants, persécutés pour leur foi, s'expatrièrent, et demandèrent à l'étranger un asile, qui leur fut offert, à eux aussi, par la Prusse. Ce fut sans doute à cette époque qu'on commença à faire usage de cette expression : *Les trésors enfouis de l'Autriche.* Magnifiquement dotée par la nature, avec le meilleur climat et le meilleur sol, quel rôle n'aurait-elle pas pu jouer, sous un gouvernement éclairé, to-

lone, Carthagène et d'autres ports de la Péninsule. La France aussi, nonobstant les restrictions de son tarif, recevait beaucoup de cotonnades suisses.

lérant et sage, ne fût-ce que dans le commerce des produits
ruraux de l'Allemagne ! La guerre n'avait qu'effleuré ses
provinces, et quelles ressources intérieures ne possédait-elle
pas pour réparer promptement ses pertes ! Mais la dure oppression qui pesait sur le cultivateur et qui ressemblait beaucoup au servage, les immenses propriétés du clergé et de la
haute noblesse, propriétés négligées par leurs maîtres, la résistance systématique à toute réforme, l'isolement vis-à-vis de
l'étranger, la compression de tout esprit d'indépendance et de
liberté ; (car vit-on jamais en Autriche une bourgeoisie semblable à celle d'Augsbourg ou de Nuremberg?) tout cela contribua, avec diverses autres causes, à abaisser économiquement et à faire végéter l'Autriche. Il suffit de comparer l'é-
ducation du bétail de la Suisse à celle du Tyrol, l'agriculture
de la haute Bavière avec celle du pays au delà de l'Inn. On
produisait en quantité suffisante pour le marché intérieur,
mais combien la vente à l'extérieur était restreinte ! Que n'aurait-on pas eu à faire pour un seul article, la laine, afin de
relever une fabrication déchue par suite du manque et du
renchérissement de sa matière première ! Les produits de la
Hongrie, grevés des droits élevés de la douane intermédiaire,
ne dépassaient guère la limite de Vienne, qui retirait les plus
grands profits du voisinage de ce pays fécond. Le défaut d'un
tarif uniforme n'était pas le moindre obstacle au développement d'une monarchie aussi étendue et composée de tant
d'éléments. Or, rien n'était mieux fait pour arrêter ce développement que le système mercantile, qui, introduit d'autorité
par Charles VI, fut continué et renforcé par sa fille Marie-
Thérèse, et poussé par Joseph II jusqu'à l'extrême, pour ne
pas dire jusqu'à la caricature. Nul doute que l'isolement
économique ne se liât étroitement à l'isolement politique ; car,
on ne pouvait songer à faire de l'Autriche un pays industriel,
rival de l'Angleterre et de la France ; mais, du moment où
le monopole de la fabrication indigène suffisait aux besoins
de la consommation intérieure, la séquestration, déjà effectuée
avec succès, dans le domaine de la religion et des idées, était

également accompli sur le terrain des intérêts matériels (1).

Ainsi, une industrie autrichienne s'éleva, sous la protection de droits élevés et de prohibitions. On établit d'abord des manufactures de laine, de soie et de coton, puis on aborda les objets de luxe ; une manufacture de porcelaine, par exemple, fut fondée aux frais de l'État. Le monopole soutint ces industries ; quant à la qualité des produits, à ce qu'ils coûteraient au consommateur, au préjudice que pouvait éprouver la richesse publique, on ne s'en préoccupait nullement. On doit reconnaître que quelques branches de l'industrie autrichienne fleurirent, et même exportèrent ; mais c'étaient celles qui existaient antérieurement et par elles-mêmes ; on citait la verrerie et la toile de Bohême, les draps de Moravie, les ouvrages en acier et en fer de la Styrie et de la Carinthie, les instruments de musique de Vienne. Placées dans de bonnes conditions naturelles et pratiquées depuis des siècles, ces industries n'avaient pas besoin de protection, et le nouveau régime restreignit, loin d'élargir, leurs débouchés au dehors. Ajoutons que l'expulsion des protestants priva les usines de la Styrie de leurs meilleurs ouvriers. Les autres fabriques, artificiellement créées et entretenues, produisirent mal et chèrement, et au lieu de se rapprocher, même de loin, de l'industrie anglaise ou française, l'industrie autrichienne ne put dispenser le pays d'importer des quantités considérables d'articles étrangers, ni surtout conjurer une contrebande qui s'organisa sur une vaste échelle, à côté des prohibitions. Comme le tarif devait aussi procurer des recettes au trésor, on frappa de droits élevés même des matières brutes nécessaires à l'industrie. Nous ne voulons pas prononcer contre le système mercantile une condamnation absolue ; ce n'est pas dans notre mission d'historien ; mais il est incontestable que sur l'Autriche, en particulier, il a exercé une fâcheuse influence,

---

(1) Nous ne saurions admettre pour notre part que telle ait été la pensée de Joseph II, prince absolu dans ses volontés, il est vrai, mais réformateur par excellence, et nullement ami de la séquestration. Il nous semble que l'auteur aurait dû ici distinguer.   C. V.

bien que l'état arriéré de ce pays ait eu d'ailleurs d'autres causes que les vices de ce système (1).

Dans le domaine des intérêts matériels comme dans celui des intérêts moraux, l'empereur Joseph II crut pouvoir accomplir brusquement et violemment toutes ses réformes. Il prit incontestablement beaucoup de sages mesures, par exemple, en faisant venir de l'étranger des ouvriers habiles, quelle que fût leur religion, en mettant des obstacles à l'exportation de la laine, en venant en aide à l'industrie de la soie par la plantation de mûriers, et par l'encouragement de l'éducation du ver à soie, qui trouvaient les conditions les plus favorables dans les provinces méridionales de l'empire. Ses encouragements à la fabrication des draps peuvent encore se justifier, bien que l'exploitation pour le compte du gouvernement impérial de la grande manufacture de laine à Lintz soit économiquement injustifiable. Mais c'est de lui surtout que datent la longue série de prohibitions et les règlements vexatoires qui ont déshonoré le système des douanes de l'Autriche jusqu'à ces derniers temps.

Charles VI avait un goût passionné pour le commerce maritime et pour la navigation ; les Pays-Bas espagnols lui étant échus à la paix de Rastadt, il songea à faire renaître leur grandeur passée. Il sera question plus loin de la compagnie d'Ostende et des efforts de l'empereur pour acquérir des possessions coloniales et un commerce direct avec les pays d'outre-mer. Son plan ayant rencontré des obstacles insurmontables, il tourna ses regards vers l'Adriatique. Sur cette mer, il n'était pas possible d'accomplir, tout d'un coup, de grandes choses ; mais on jeta les fondements de l'avenir. Trieste reçut en 1725 son privilége de port franc. L'importa-

(1) Ce jugement ne doit être accepté qu'avec de grandes restrictions ; quelles qu'aient été les erreurs du système protecteur en Autriche, quelle qu'ait été l'impuissance de l'administration pour l'y faire respecter, les succès inattendus de l'industrie autrichienne, à l'Exposition universelle de 1855, montrent assez que, dans ce pays comme ailleurs, ce système a puissamment aidé à l'éducation industrielle, comme à l'élévation de la classe moyenne.

H. R.

tion des denrées coloniales avait été, de tout temps, des plus restreintes en Autriche ; l'Autriche recevait moins de sucre et de café que la plupart des autres pays de l'Europe. La consommation de ces denrées se bornait à un petit nombre de villes et aux provinces septentrionales situées près de l'Elbe. On les tirait des ports de la mer du Nord, et les droits de douane étaient élevés. Joseph, depuis la guerre de l'Indépendance surtout, essaya d'établir des relations directes avec l'Amérique, et remit sur le tapis le projet d'une compagnie des Indes orientales. Il s'agissait même de découvrir des contrées nouvelles et d'en faire des colonies autrichiennes. Dans ces projets improvisés et aventureux, on se borna généralement à des essais. Les entreprises qui réussirent le mieux furent les voyages entrepris d'Ostende aux Indes occidentales, voyages qui, du reste, appartiennent à l'histoire des Pays-Bas. (*Voir le chapitre des Hollandais.*) Les expéditions transatlantiques parties de Livourne réalisèrent, au contraire, des pertes considérables ; aussi, malgré les invitations adressées de haut lieu, les particuliers ne voulurent-ils pas en courir les risques. Les factoreries autrichiennes fondées sur la côte orientale d'Afrique et dans l'Inde disparurent bientôt sans laisser de traces.

Les projets de l'empereur pour ranimer le commerce du Danube, étaient beaucoup plus éclairés. Par la paix de Roustchouk en 1774, la Russie s'était établie sur les bords de la mer Noire et avait obtenu le droit de libre navigation dans ses eaux ; la puissance ottomane, déjà sur le déclin, n'inspirait plus d'épouvante. Les circonstances étaient des plus favorables pour rendre au Danube sa destination commerciale, qu'il avait depuis si longtemps perdue. Joseph fit parcourir et explorer le fleuve par des ingénieurs de Vienne à son embouchure, et différentes dispositions avaient été prises pour organiser une navigation autrichienne, tant avec Constantinople qu'avec les villes qui avaient nouvellement surgi, lorsque l'empereur mourut en 1790; les alarmes causées en Europe par les progrès de la révolution française, firent, d'ailleurs, perdre de vue cette affaire.

Pour le développement matériel de l'Autriche dans la présente période, il nous reste à mentionner l'établissement de routes et de canaux, l'encouragement de la culture des pommes de terre et l'introduction de moutons à laine fine d'Espagne par Marie-Thérèse et son fils. Cependant le système d'absolutisme temporel et de domination ecclésiastique, établi dans cet empire depuis Ferdinand II, prévalait sur les meilleures inspirations de quelques-uns de ses princes. Les réformes de Joseph II jetèrent un éclat trop vif pour les yeux d'un peuple accoutumé aux ténèbres, et la rétractation de ce monarque, sur son lit de mort, fit revivre l'ancien système momentanément ébranlé.

La Bavière était également trop continentale pour participer au mouvement commercial que provoque le voisinage de la mer. Ses habitants, comme ceux de l'Autriche, ne consommaient que très-peu de denrées coloniales ; ils restaient fidèles à leur ancienne boisson nationale, la bière. Dans aucune autre partie de l'Allemagne, sa fabrication n'avait lieu sur une aussi grande échelle ; elle formait l'industrie de beaucoup la plus considérable du pays. Toutes les autres étaient languissantes. Ainsi les manufactures de laine, autrefois florissantes à Munich et à Ingolstadt, avaient tellement décliné, qu'elles ne fournissaient même plus les draps pour l'habillement des troupes. La Bavière se ressentait, il est vrai, des ravages de la guerre ; de vastes espaces y restaient incultes ; sa population avait diminué, et ses champs si fertiles en grains n'en avaient qu'une faible quantité à céder à l'étranger, principalement au Tyrol. Vers la fin de la période, sa situation s'améliora, mais le pays était encore fort arriéré.

Dans aucune partie de l'Allemagne, depuis la Réformation jusqu'à la guerre de Trente Ans, l'agriculture et l'industrie n'avaient prospéré et fait de progrès autant qu'en Saxe. Les électeurs, qui étaient les premiers entre les princes protestants, exerçaient une grande influence, et surent la conserver par une administration équitable et éclairée. Exposés au contrôle de l'opinion publique, ils montraient pour les intérêts de

leur pays plus de sollicitude que les autres princes. Leur politique flottante entre la Suède et l'Autriche diminua, il est
vrai, leur considération, mais préserva la Saxe des grandes
dévastations de la guerre. L'industrie fut puissamment stimulée par le développement des relations avec les pays d'outre-mer et avec l'est de l'Europe. Ce fut à l'Europe orientale
surtout que les foires de Leipsick durent leur importance
toujours croissante. Elles devinrent le grand dépôt des marchandises étrangères et indigènes, tant pour la consommation
de l'Allemagne que pour la réexportation en Russie, en Pologne, en Turquie et dans le Levant. Parmi ses produits
propres, la Saxe exportait principalement des métaux de
l'Erzgebirge, des draps, de la toile, de la bonneterie, de la
dentelle, du papier, soit par terre, de Leipsick, soit par
l'Elbe. La Lusace était alors le foyer de l'industrie saxonne.
Les toiles s'expédiaient dans les pays transatlantiques; les
draps trouvaient un débouché très-avantageux dans le nord-
ouest de l'Allemagne, ainsi que dans l'est de l'Europe;
ils étaient en majeure partie fabriqués avec la laine de
Saxe, déjà réputée la meilleure de l'Allemagne, même
avant d'être améliorée encore par l'introduction des mérinos d'Espagne, qui eut lieu en 1763. L'année 1706 est
signalée par une invention industrielle, l'art de fabriquer la
porcelaine; l'Europe l'avait jusque-là reçue de la Chine. La
Saxe, où vivait l'inventeur (1), établit à Meissen la première

(1) Boettiger est l'inventeur de la porcelaine allemande. Dans le *Journal
des Débats*, M. É.-J. Delécluze a, d'après un ouvrage de M. Stanislas Julien,
résumé ainsi l'historique de cette industrie : « De tous les renseignements
sur l'origine et l'histoire de la fabrication de la porcelaine en Chine, au Japon, en Saxe et en France, il résulte que ce genre d'industrie a commencé à
être pratiqué dans l'empire du Milieu sous la dynastie des Han, vers le règne
d'Auguste à Rome; que, vers 621 de notre ère, un ouvrier devenu célèbre en
Chine par son habileté y répandit l'usage et le goût de la porcelaine, et provoqua l'établissement de plusieurs manufactures à Tchan-nan, où plus tard,
en 1004, on établit la manufacture impériale qui y est encore; que ce n'est
qu'en 1211 après Jésus-Christ, que la fabrication de la porcelaine a pris un
grand développement et a atteint sa perfection au Japon; que les Portugais,
en relation de commerce avec ce pays, n'introduisirent ce genre d'industrie

fabrique de ce produit. Auguste, dit le Fort, ayant obtenu la couronne de Pologne en se faisant catholique, le luxe et la prodigalité de la cour procurèrent à la capitale un moment d'éclat et de prospérité ; mais, en définitive, ce fut un événement malheureux pour la Saxe ; il l'endetta, l'engagea dans une fausse politique, et la priva pour toujours de son influence comme première puissance de l'Allemagne protestante, rôle dont hérita la Prusse. La guerre de Sept Ans fit beaucoup de mal à la Saxe, qui, plus que le reste de l'Allemagne, fut en proie à ses ravages. Cependant le pays s'était entièrement remis vers la fin de la période ; les foires de Leipsick étaient plus florissantes que jamais ; l'industrie s'était enrichie d'une nouvelle branche, la fabrication du coton à Chemnitz, et l'exploitation des mines était plus productive. Avec l'essor de la littérature et des sciences en Allemagne, la librairie avait acquis une plus grande importance commerciale ; Leipsick en devint le centre.

Parmi les pays de montagnes, qui offraient des forces hydrauliques en abondance, la Thuringe surtout était recherchée comme siége d'établissements industriels. Il s'y fonda des verreries, des manufactures de porcelaine, des forges et des fabriques d'ouvrages en bois, en fer et en acier. Le tissage du lin y était une industrie domestique généralement répandue ; mais ses produits n'étaient pas toujours exportés. Erfurt avait presque entièrement perdu son ancienne importance comme entrepôt, ainsi que sa culture du pastel et d'autres plantes tinctoriales. Cependant les environs de cette ville continuèrent d'être bien cultivés et produisirent diverses plantes recherchées, de l'anis, du cumin et de la camomille. La Westphalie et le pays de Berg étaient, depuis un temps immémorial, les centres de l'industrie métallurgique en Allemagne ; Solingen et Iserlohn étaient renommés au loin pour leurs armes et pour leurs articles de toute espèce en métaux.

---

en Europe, qu'en 1518 ; que la première porcelaine *dure*, faite à l'instar de la Chine, n'a été fabriquée en Saxe qu'en 1706, et enfin en France, en 1770. »

H. R.

Elberfeld et Barmen conservèrent et accrurent même leur importance industrielle ; leurs toiles de lin bariolées étaient constamment demandées en Amérique. Les articles rhénans et westphaliens s'exportaient vers l'est ; leur entrepôt principal était Brunswick, que ses foires dédommagèrent de sa splendeur éclipsée. L'industrieuse activité d'Aix-la-Chapelle et de ses environs, paralysée par les persécutions religieuses, avait lentement repris, depuis la fin du dix-septième siècle ; on se procurait, par la Hollande, de la laine d'Espagne, et on essayait d'imiter les draps fins de France. Ce district fabriquait en outre des ouvrages en métaux, notamment en cuivre et en laiton, et les mines de Stolberg étaient déjà connues et exploitées. Dans la Hesse, le principal article de commerce, c'étaient les Hessois, que leurs princes vendaient pour servir à l'étranger.

Dans le Mecklembourg, la Poméranie, le Holstein, l'Oldenbourg, le Hanovre et la Frise, l'agriculture occupait tous les habitants, excepté ceux du littoral, qui étaient adonnés au commerce et à la navigation. Ces contrées aussi avaient eu plus ou moins à souffrir de la guerre, et elles manquaient de bras. Dans les provinces de la Baltique, le paysan était soumis à la plus lourde oppression féodale ; sa condition était le servage pur et simple ; la noblesse seule pouvait posséder des biens-fonds. Les philanthropiques efforts d'un roi tel que Frédéric VI et d'un ministre tel que Bernstorf affranchirent le Holstein de ces entraves, et ils ne tardèrent pas à se voir récompensés par la prospérité du pays. Dans les bonnes années, toutes les provinces qui viennent d'être nommées envoyaient l'excédant de leurs récoltes et de leur bétail dans les ports voisins, pour être exportés dans le nord et dans l'ouest de l'Europe. Elles recevaient en échange des articles fabriqués et des denrées coloniales, dont la consommation fut, par suite, de tout temps plus forte dans le nord que dans le midi de l'Allemagne. Gardons-nous bien toutefois d'attribuer au commerce des provinces de la Baltique et de la mer du Nord, à cette époque, le développement et la régularité qu'il présente aujourd'hui que leurs grains et leurs bestiaux, leurs laines et leur beurre forment un élément permanent et précieux de l'exportation allemande. Cet essor ne commença que lors de la guerre d'Amérique; la demande de produits agricoles qu'elle occasionna en Angleterre imprima une impulsion vigoureuse à leur agriculture. La Prusse, le Mecklembourg, le Hanovre, la Westphalie et d'autres provinces encore trouvèrent, grâce aux progrès des constructions navales dans les ports allemands, et en même temps à des envois plus considérables de bois en Angleterre, provoqués par l'interruption des rapports de la métropole avec ses colonies révoltées, un débouché avantageux des produits de leurs forêts de chênes. Il en fut de même pour les grains, qu'on expédia alors directement de Hambourg et de Brême jusqu'en Espagne. L'interruption du commerce avec l'Amérique du Nord avait tellement haussé le prix du tabac, que la culture de cette plante en Allemagne devint de plus en plus profitable; mais les détails à ce sujet appartiennent à la période suivante.

L'électorat de Brandebourg s'était distingué de tout temps par le soin éclairé et assidu des intérêts matériels. Déjà les premiers Hohenzollern étaient supérieurs à leurs contemporains par le goût et par l'intelligence des arts de la paix. L'ordre et l'économie sont des vertus anciennes dans leur maison, et on sait comment elle protégea les villes contre les brigandages et les prétentions de la noblesse des Marches. Une partie de ces villes relevait de la Hanse. Séparées de la ligue en décadence, elles passèrent sous la domination absolue du seigneur de la contrée. Les villes anséatiques de l'intérieur étaient plutôt industrieuses que commerçantes; leurs deux principales industries étaient la fabrication de gros draps et la brasserie. Les villes du Brandebourg excellaient dans l'une et dans l'autre, mais surtout dans la première. Les électeurs s'appliquèrent constamment à les protéger dans leur travail, et ils réussirent au moins à les préserver de la ruine, qui, sous un autre gouvernement, eût été leur destinée. Les drapiers des Marches, dans les villes de Cologne-Berlin (1), de Brandebourg, de Rathenow, de Treuenbrietzen, de Spandau, etc., continuèrent de travailler avec quelque profit, au moins pour la consommation intérieure.

La réunion du Brandebourg avec la Prusse, en 1618, augmenta notablement la puissance des Hohenzollern; mais d'un autre côté la guerre de Trente Ans, qui éclata dans la même année, l'affaiblit beaucoup. Cette guerre dévasta leur territoire et détruisit de fond en comble une prospérité conservée au prix de tant d'efforts. Le Brandebourg eut d'autant plus de peine à se remettre que la paix même ne lui rendit pas le repos, la guerre s'étant bientôt rallumée avec la Suède. Sa population, déjà faible, ayant été décimée par les guerres, les bras y manquaient. L'agriculture et l'éducation des troupeaux languirent, et les bergeries en particulier, auparavant assez importantes, furent anéanties. Beaucoup de drapiers avaient émigré en Saxe, où ils avaient trouvé bon accueil et assistance; ceux qui étaient restés dans les Marches se ruinèrent et ne purent plus se relever; en attendant, les draps anglais avaient pris possession de leur marché. La situation des brasseurs n'était pas moins pénible.

Ce n'est pas le moindre mérite du grand électeur, dans son long et glorieux règne, de 1640 à 1688, de ne pas avoir dédaigné les modestes couronnes civiques, tout en remportant des victoires sur les Suédois. Ses projets, en matière de commerce et de navigation, étaient prématurés et trop vastes pour son époque; mais ils n'attestaient pas moins l'étendue et l'élévation d'esprit d'un monarque qui, au moment où l'Allemagne était profondément abaissée, songea aux moyens de la relever et de lui rendre une place plus honorable sur la grande scène du monde. Une administration sage et économe répara peu à peu les forces épuisées du pays et le mit en état de rétablir ses anciennes industries.

(1) Il s'agit de la ville de ce nom qui forme aujourd'hui un quartier de Berlin, et non de Cologne sur le Rhin.   H. R.

Dans l'intérêt de la fabrication des draps, l'exportation de la laine fut sévèrement interdite, et, ce qui ne s'était pas vu encore, la défense fut même étendue aux biens de la noblesse et du clergé. Cependant tous ces efforts n'eussent eu probablement que des résultats médiocres et lents, sans l'heureuse circonstance de l'immigration des réfugiés français. Cet événement exerça sur l'industrie, ou pour mieux dire sur toute l'économie publique de la Prusse, une influence décisive, et commença pour elle une ère nouvelle.

Il a déjà été mentionné d'une manière générale ; mais comme il eut une importance particulière pour la Prusse, où s'établit la grande majorité des réfugiés, industriels pour la plupart, il convient d'ajouter ici quelques détails. L'Angleterre vint en aide aux réfugiés par une souscription nationale, mais le gouvernement, sous le catholique Jacques II, s'y montra hostile à leur égard. En Prusse, au contraire, le gouvernement lui-même, non-seulement les secourut, mais leur offrit des avantages, qui les déterminèrent à reprendre dans leur nouvelle patrie l'exercice de leur industrie ou de leur art. Ils étaient libres de s'établir dans les localités qui leur conviendraient ; leurs effets entrèrent en franchise ; des maisons et des terrains leur furent cédés à titre gratuit; l'exemption de tout impôt leur fut accordée pour une suite d'années ; on leur prêta de l'argent à un intérêt minime. Ainsi surgit tout d'un coup une industrie prussienne ; le pays s'enrichit de plusieurs fabrications nouvelles, et, comme on l'a déjà fait remarquer plus haut, il vit s'introduire un nouveau mode de travail, le travail en fabrique. Berlin devint le siége principal de la colonie française. Elle débuta par la fabrication de tissus fins et légers de laine; puis vint celle des étoffes de soie et demi-soie, des chapeaux, des gants, des ouvrages fins en métaux, des verreries et particulièrement des glaces, articles que jusque-là on avait généralement tirés de France. Le roi Frédéric Guillaume I, fit établir à Berlin, dans le *Lagerhaus* (1),

_____

(1) Ce mot veut dire habituellement *magasin* ou *entrepôt*.

une grande manufacture de draps, destinée à travailler exclusivement pour les troupes et à émanciper, pour cet article, la Prusse de l'Angleterre. A peine les réfugiés étaient-ils établis et avaient-ils mis la main à l'ouvrage, que différentes lois élevèrent les droits sur les produits similaires de l'étranger ; l'importation des lainages fut même prohibée au commencement du dix-huitième siècle. L'immigration eut d'heureux résultats pour l'agriculture aussi bien que pour l'industrie manufacturière. Des espaces de plusieurs milles d'étendue, jusque-là incultes, furent occupés par des protestants d'Autriche et du Palatinat. La Prusse orientale fut ainsi en partie défrichée, et les émigrés du Palatinat naturalisèrent dans la Marche la culture du tabac. La richesse métallique du pays s'accrut également, un assez grand nombre de réfugiés français ayant emporté avec eux des capitaux.

Déjà le grand électeur s'était appliqué à améliorer les communications intérieures ; ses successeurs firent encore plus que lui sous ce rapport. Le grand électeur, par l'établissement du fossé de Frédéric-Guillaume en 1668, prépara la jonction de l'Oder à l'Elbe ; le roi Frédéric-Guillaume Ier chercha à rendre le commerce plus actif sur le premier de ces fleuves en restreignant le droit d'étape de Francfort et de Stettin. Dans l'intérêt de l'industrie linière, on institua des inspections sans le contrôle desquelles aucune vente ne pouvait s'effectuer, et on perfectionna le blanchiment à Bielefeld. Créfeld vit s'élever, vers la même époque, ses premières fabriques de soieries et de velours, fondées également par les victimes des persécutions religieuses. Cet essor de l'industrie était si général, que Frédéric II, en montant sur le trône en 1740, n'eut plus qu'à systématiser des éléments épars.

Par l'universalité de son génie, ce prince a droit à une place d'honneur dans notre histoire. L'activité industrielle et l'esprit d'entreprise qui, depuis lors, ont distingué son royaume, furent son ouvrage tout autant que la gloire militaire et l'ordre administratif. Aucune branche de travail ne lui

II. 37

resta étrangère et n'échappa à son attention. Sa sollicitude se
porta tout d'abord sur l'agriculture, à laquelle il procura des
bras, en encourageant par des faveurs particulières l'établissement de colons du Wurtemberg et du Palatinat. On calcule l'accroissement de population que les différentes provinces éprouvèrent ainsi sous son règne, à 42,609 familles,
qui peuplèrent 539 villages. La plus remarquable de ces colonies fut celle des bords de l'Oder, pour le desséchement de
terrains marécageux, jusque-là tout à fait incultes. Ces terrains furent rendus fertiles par la construction d'un canal de
Kustrin à Wriezen, et deux mille familles trouvèrent dans
cette ancienne solitude une demeure et d'abondantes ressources. Une métamorphose semblable fut opérée sur les
bords du même fleuve, de Schwedt à Stettin. Le pays de
Magdebourg reçut de robustes laboureurs du Voigtland. Des
avances considérables, faites aux propriétaires à un taux d'intérêt modique, leur procurèrent de grandes facilités pour
l'exploitation de leurs terres. Malgré d'énormes dépenses
de guerre, le roi trouva le moyen d'exempter de l'impôt,
pour un certain nombre d'années, la Silésie, la Poméranie
et la Nouvelle-Marche, afin de les mettre en état de se relever
et de remplir ensuite d'autant mieux leurs obligations envers
le pays. On établit sur de bonnes bases des institutions de
crédit foncier, dont l'influence salutaire ne se fit pas longtemps attendre, et qui contribuèrent puissamment à cicatri-
ser les plaies faites par la guerre, à répandre le bien-être et à
augmenter les facultés contributives de la nation. Il parut
beaucoup d'autres édits agraires, ayant pour objet, par exemple, de restreindre le pacage dans les prairies, de supprimer
les communaux, de faire occuper de nouveau les fermes
abandonnées, etc. L'éducation du bétail, et plus encore celle
du cheval, furent encouragées dans la Frise orientale, et des
soins vigilants donnés partout aux bergeries. La laine, toutefois, gagna plus en quantité qu'en qualité, et l'on dut tirer
les qualités fines de la Saxe et de l'Espagne. Les efforts pour
acclimater en Prusse la production de la soie, étaient trop

artificiels pour réussir. En revanche, la culture du lin prit de l'extension et s'améliora. Il ne faut pas, du reste, perdre de vue, dans l'appréciation de ces mesures en faveur de l'agriculture prussienne, qu'en bien des localités l'action en fut diminuée, paralysée même, par de grandes guerres et par leurs suites inévitables. Les colons étrangers ne dédommageaient qu'imparfaitement des pertes éprouvées sur les champs de bataille et dans les hôpitaux. Les récoltes, même dans les meilleures années, ne suffisaient pas à la consommation du pays, et l'exportation des grains était une exception. Il était réservé à un successeur du grand Frédéric d'employer le moyen le plus sûr d'accroître la production agricole du royaume, en abolissant le servage et en affranchissant le sol.

Plus active encore fut la sollicitude, pour ne pas dire la prédilection du roi pour l'industrie manufacturière. Les fabriques de lainages manquaient de fileurs habiles ; Frédéric en fit venir à ses frais de l'étranger. Dans tout son royaume, mais surtout dans la Marche et en Silésie, s'élevèrent des établissements industriels : des fabriques de velours et d'étoffes de soie riches à Berlin, d'étoffes légères à Potsdam, de cotonnades dites lustrines à Brandebourg, de cuirs de Russie à Francfort-sur-l'Oder, de draps à Sorau, à Glogau, à Cottbus et dans beaucoup d'autres villes. L'industrie linière, déjà florissante, fit des progrès constants en Silésie (1) et en Westphalie, au point que ses produits prirent le premier rang dans le commerce. Les usines de la haute Silésie, qui acquirent plus tard tant d'importance, furent créées alors, et l'on commença à y extraire la houille, le minerai de fer et la calamine.

Quelque influence qu'ait exercée à beaucoup d'égards sur Frédéric II la nouvelle philosophie française, sa politique commerciale ne s'en ressentit nullement. L'école alors régnante des physiocrates, avec son *laisser-passer*, n'avait pas

(1) La Silésie exportait en 1776 pour près de six millions de thalers de produits manufacturés, dont les trois quarts consistaient en toiles et le reste en draps. Les toiles se plaçaient sur presque tous les marchés du globe, les draps avaient pour débouchés la Pologne, la Russie et les pays du bas Danube.

d'adversaire plus décidé que lui ; il professait sans réserve le système mercantile et les principes d'administration de Colbert. Ce que ses prédécesseurs avaient fait dans des cas particuliers, il le fit sur une grande échelle et par mesure générale. Il lança la Prusse dans les voies du système protecteur, et, par l'adoption de la régie française, par l'établissement de divers monopoles en 1766, il imprima en outre à sa législation un caractère de fiscalité. Il pouvait être nécessaire de protéger des fabriques jeunes encore ; mais on ne comprit pas que le morcellement territorial de la monarchie prussienne était loin de comporter un système douanier comme celui de la France, pays bien arrondi. L'exécution en avorta complétement. On l'avait confiée à une administration française dans laquelle tout était étranger, le personnel des employés, les principes, la langue et les noms. Cette administration se faisait remarquer par sa dureté ; son organisation était compliquée, et, par suite, oppressive au plus haut degré ; son objet essentiel était l'accroissement des recettes ; elle provoqua d'abord des plaintes, puis une corruption funeste et une contrebande plus profitable aux voisins qu'aux nationaux. Ce fut encore une faute d'entraver l'exportation des produits bruts dans un pays comme la Prusse, qui, à part la toile, n'exportait pour ainsi dire aucun produit fabriqué. La toile, d'ailleurs, n'avait besoin d'aucune aide pour se vendre tant au dedans qu'au dehors. Dans la plupart des cas, en Prusse, les nouveaux établissements manquèrent de ce stimulant de la concurrence intérieure, sans lequel on s'ingénie rarement à bien faire. C'était particulièrement le cas pour les industries qui devaient leur fortune moins à la vocation naturelle du pays qu'aux faveurs du gouvernement, par exemple pour celles de la soie, du sucre et du tabac. Parmi les monopoles, le plus onéreux était celui du tabac ; le roi se l'était réservé, mais il ne l'exerçait pas directement, il l'abandonnait à des fermiers-généraux, qui, tout en lui comptant des sommes considérables, amassaient d'immenses fortunes aux dépens des consommateurs. Si cependant le système douanier de la Prusse ne porta pas aux intérêts matériels le même préjudice que celui de l'Autriche ; si, malgré ce système, on vit l'industrie prospérer, la production s'accroître, le pays s'enrichir et s'élever, on doit songer que la faute unique du grand monarque fut rachetée par une multitude de mesures sages et fécondes, que la nation s'éclairait, et qu'enfin, sous les successeurs de Frédéric, le système fut notablement adouci (1).

Pour animer le commerce intérieur, Frédéric II continua les travaux de canalisation commencés par son prédécesseur. En Westphalie la Ruhr fut rendue navigable, et un débouché ouvert ainsi à la saline d'Unna. Le canal de Plauen établit la jonction la plus directe entre l'Elbe, le Havel et la Sprée ; le canal de Finow unit le Havel et l'Oder ; celui de Bromberg, l'Oder et la Vistule. Ces voies navigables donnèrent bientôt une grande impulsion au commerce des Marches et des provinces voisines avec le bassin de l'Elbe, la Silésie et la Pologne, et elles contribuèrent beaucoup à l'essor que prit Berlin comme place de commerce. On fonda en 1764 la banque de cette ville au capital de 8 millions de thalers, en 1772 la société pour le commerce maritime (*Seehandlung*) et une chambre d'assurances.

A peine Frédéric avait-il pris possession de la Frise orientale, que son coup d'œil pénétrant comprit l'importance de cette acquisition qui reculait la frontière de son royaume jusqu'à la mer du Nord. Le chef-lieu, Emden, passait pour un excellent port et possédait de longue date une certaine animation. Les Anglais, obligés de quitter Anvers, avaient fait d'Emden le centre de leurs opérations avec l'Allemagne, et les Hollandais jaloux avaient souvent cherché à s'en emparer, d'autant plus que les habitants d'Emden leur faisaient concurrence dans la pêche du hareng. La première mesure que prit Frédéric consista à protéger cette pêche par des primes, et à entraver dans ses États l'importation du poisson hollandais. La seconde avait une portée beaucoup plus vaste ; il ne

---

(1) Cette prospérité prouve que le système, pour être appliqué avec trop de rigueur, n'était pas, au fond, si vicieux.   H. R.

s'agissait de rien moins que d'établir des relations suivies avec les Indes orientales et la Chine. Dans ce but se constitua en 1750 une compagnie asiatique, à laquelle le roi accorda les conditions les plus avantageuses : ses importations jouissaient d'une entière franchise et elle n'avait à payer que 3 p. 100 sur ses ventes. Des capitalistes anglais et hollandais, bravant les sévères défenses de leurs gouvernements, contribuèrent, par leurs souscriptions, à la formation d'un capital, en actions, d'un million de thalers. Six navires furent expédiés en Chine. Mais une mauvaise administration, des circonstances défavorables et les préoccupations guerrières amenèrent en peu d'années la ruine de l'entreprise. Elle disparut sans laisser d'autre trace qu'un long procès.

C'est ici le lieu de traiter d'une autre entreprise qui avait été tentée, trente ans auparavant, par l'empereur Charles VI, dans un but semblable, avec des ressources plus considérables, et sous de meilleurs auspices. Ce prince eût-il été moins actif et moins entreprenant, l'état de langueur et d'abaissement où se trouvaient réduits les Pays-Bas espagnols, que la paix de Rastadt lui donna en 1714, ne pouvait manquer de blesser son orgueil de souverain. Ces provinces, autrefois les plus riches de l'Europe, les plus florissantes par le commerce et par l'industrie, avaient été frappées d'impuissance et de stérilité par le régime espagnol. Après avoir été le grand marché du monde, elles possédaient à peine un insignifiant commerce intérieur. Tous les éléments de leur ancienne grandeur avaient passé à leurs voisins, et ceux-ci, non contents de ruiner leur présent, avaient essayé de leur ôter l'avenir en fermant l'Escaut. Depuis plus d'un demi-siècle aucun bâtiment de mer n'avait remonté ce fleuve jusqu'à Anvers, et un pays dont la mer était le domaine naturel s'en voyait dépouillé par la politique la plus arbitraire. L'Espagne elle-même, grande puissance maritime et coloniale, s'en était d'autant moins inquiétée qu'elle châtiait constamment dans les Pays-Bas des sujets rebelles, et les traitait en pays conquis. Le point de vue de l'Autriche était tout différent; elle avait intérêt à tirer parti des ressources naturelles d'une nouvelle possession, qui lui offrait la perspective de prendre rang parmi les puissances maritimes. Car l'insignifiant littoral qu'elle possédait au fond de l'Adriatique, dans les territoires de Trieste et de Fiume, ne suffisait pas pour lui donner ce rôle. On ne pensait alors qu'aux colonies et au commerce colonial.

Les avantages de ce nouvel état de choses étaient trop évidents pour ne pas tenter bientôt la spéculation. Il se trouva, soit dans les Pays-Bas mêmes, soit en Angleterre et en Hollande, des personnes pourvues de capitaux suffisants pour constituer une compagnie des Indes orientales privilégiée par l'Autriche. L'Escaut étant fermé en vertu des traités, Ostende devait être le centre de ses opérations. On s'adressa à la cour de Vienne pour obtenir une charte, et elle témoigna les meilleures dispositions. Afin de ne rien précipiter et d'éviter l'éclat, on se borna d'abord à délivrer de simples passeports, avec lesquels deux navires de la compagnie partirent, en 1717, d'Ostende pour l'Inde à leurs risques et périls. Le succès dépassa toutes les espérances ; de nouvelles expéditions eurent lieu, et en 1722 le cabinet de Vienne octroya à la compagnie d'Ostende une charte en bonne forme, qui lui conférait les priviléges les plus étendus pour trafiquer avec les deux Indes et avec toutes les côtes d'Afrique. Le capital était de 6 millions de florins, répartis en mille actions. La compagnie, alors, ne se cacha plus, et, par son apparition inattendue, surprit l'Angleterre, la Hollande et les autres puissances coloniales. Elle fonda aussitôt deux établissements : l'un sur la côte de Coromandel, à Coblom, près de Madras ; l'autre sur les bords du Gange, à Bankibazar ; elle projetait même de se ménager une station de relâche à Madagascar. Servie par des agents instruits et courageux, elle réussit à surmonter tous les obstacles, à déjouer les nombreuses intrigues de ses envieux et de ses ennemis, et à se garantir des piéges qui lui étaient tendus. Les riches cargaisons qu'elle rapportait, les bénéfices que lui procurait la vente, inspirèrent la confiance, levèrent les scrupules et portèrent le cours de ses actions à 15 p. 100 au-dessus du pair.

La société était ainsi en grande voie de prospérité, quand la politique vint traverser et faire avorter ses plans. L'Espagne avait, dès l'origine, interdit à ses provinces des Pays-Bas tout commerce avec les colonies, et la paix de Westphalie avait expressément confirmé cette interdiction. La Hollande et l'Angleterre invoquèrent cette stipulation comme encore subsistante, en soutenant que l'Autriche ne possédait les Pays-Bas qu'à la charge des obligations auxquelles ils avaient été soumis sous la domination espagnole. Bien que les deux gouvernements alliés eussent pu, sans beaucoup d'efforts, détruire Ostende et son commerce colonial, ils aimèrent mieux atteindre le même but par une voie pacifique. Ils tenaient à ménager une puissance qu'ils avaient contribué à élever et dont ils pouvaient, tôt ou tard, avoir de nouveau besoin contre la maison de Bourbon. Fermement résolus à écarter la concurrence autrichienne dans le commerce colonial, ils adressèrent d'abord les représentations dont on vient de parler, avec le concours de la France, dont l'intérêt était le même. L'empereur n'était nullement disposé à céder ; les rapides succès de la compagnie flattaient son ambition, qui aspirait à quelque chose de plus que le rôle de puissance continentale. Sur ces entrefaites, l'Espagne s'étant inopinément réconciliée avec l'Autriche, et ayant, dans un traité de commerce, reconnu la compagnie, l'émoi fut général en Europe, et tout annonçait une guerre imminente, avec un système d'alliances tout nouveau. Les puissances maritimes, avec la participation de la Prusse, conclurent, en 1725, à Herrenhausen, une ligue défensive. En présence de ces préparatifs si menaçants, la cour de Vienne ne jugea pas à propos de pousser les choses à l'extrême, d'autant moins que la retraite de l'Espagne la laissait dans l'isolement. Elle prit donc, en 1727, le parti d'écarter la pierre d'achoppement en sacrifiant à la jalousie de l'étranger la compagnie des Indes orientales, et avec elle de brillantes espérances d'avenir maritime et colonial pour l'Allemagne. La maison de Habsbourg fut indemnisée des pertes de la nation par la garantie de la Pragmatique sanction que lui accordèrent les grandes puissances. On essaya de ressusciter la compagnie des Indes orientales sur d'autres points, à Trieste, à Fiume, à Livourne et à Hambourg (1), mais on échoua contre des obstacles de toute espèce. Une partie des actionnaires se tourna vers la Suède, où une entreprise semblable eut un meilleur sort et une plus longue durée.

Ces tentatives, avec celle de la compagnie africaine fondée en 1683 par l'électeur Frédéric-Guillaume de Brandebourg, sont les seules que firent les gouvernements d'Allemagne pour acquérir des possessions coloniales et prendre une part directe au commerce d'outre-mer.

IV

Il a déjà été question plus haut des résultats de l'établissement, à Hambourg, des réfugiés industrieux et aisés des Pays-Bas, ainsi que des aventuriers marchands d'Angleterre. Au commencement du dix-huitième siècle, on vit surgir dans la ville anséatique de nouvelles industries, telles que la bijouterie, la fabrication des velours, l'impression du coton, et le raffinage du sucre. Les constructions navales se développèrent en même temps que le commerce extérieur. Le commerce se faisait principalement avec l'Angleterre, d'où l'on recevait des articles fabriqués de toute espèce, surtout des ouvrages en acier et des lainages, ainsi que des denrées coloniales, en échange de métaux, de bois et de toile. L'exportation de ce dernier article, du reste déjà ancienne, atteignit son apogée à la fin du dix-septième siècle, lorsque les tisserands de la Silésie eurent réussi à imiter avec une rare exactitude les toiles de Normandie et de Bretagne. Il était avidement recherché en Angleterre, en Espagne, en Portu-

---

(1) La compagnie avait, pendant les cinq années de son existence, expédié quinze gros navires, dont sept avaient été jusqu'en Chine.

gal, et dans toutes les colonies. Vers la même époque un commerce animé s'établit entre Hambourg et la France, qui, ayant donné quelque liberté à ses colonies, avait considérablement accru leur puissance productive et leurs débouchés. Les navires hambourgeois commencèrent à visiter en grand nombre Bordeaux et d'autres ports de France ; outre le vin de Bordeaux, qui se consommait de plus en plus dans l'Allemagne du nord, de préférence aux vins du Rhin, ils y chargeaient du sucre, du café, de l'indigo et d'autres denrées coloniales, des produits fabriqués, surtout des articles de luxe et de mode, quelquefois aussi du sel. Quant à leurs importations en France, elles se bornaient à des métaux bruts et ouvrés, et à quelques articles du Nord ; la plupart des navires s'y rendaient sur lest. De Hambourg les articles exportés de France se répandaient dans le nord-est de l'Europe et dans l'intérieur de l'Allemagne, où la demande en augmentait chaque année. Hambourg étendait son commerce et son industrie aux dépens de la Hollande, à laquelle il faisait concurrence en Espagne, en Portugal, en France et dans le nord-est, terrain fort disputé. Libre du fardeau des dettes et des impôts sous lesquels gémissait le commerce hollandais, la ville anséatique finit par vendre et par naviguer à meilleur marché. Le bas prix des sucres provoqua la création de nombreuses raffineries sur les bords de l'Elbe. Le tarif des douanes de Prusse jeta, du reste, quelque perturbation dans cette industrie et dans quelques autres, en excluant leurs produits d'un marché où ils avaient joui auparavant d'un monopole absolu. Le pavillon anséate eut aussi plus d'une fois à souffrir du manque de protection, car la puissance politique n'était pas revenue avec la prospérité commerciale. Sa neutralité fut souvent violée par les plus forts. Cependant la guerre procurait aussi des avantages ; beaucoup de prises, par exemple, faites par les Anglais sur les Français, étaient dirigées sur Hambourg et mises en vente dans cette ville. La guerre de Sept ans enrichit son commerce. C'était Hambourg qui faisait la majeure partie des fournitures pour les armées belligérantes, dans le nord de l'Allemagne. Les subsides anglais, enfin, prenaient la voie de cette place ; les Juifs, pour la plupart réfugiés du Portugal, qui étaient chargés de l'opération, réalisèrent de beaux bénéfices par leurs courtages et leurs commissions de banque.

Brême participait, mais dans de bien moindres proportions, à la plupart des opérations de sa sœur. Ses affaires avec l'Angleterre, cependant, n'étaient pas sans importance. En 1696, Brême y envoya pour 1 million de thalers de toiles seulement. Elle exportait en outre des bois, de la potasse, des animaux de boucherie, de l'anis et d'autres plantes commerciales. Les deux villes anséatiques étaient favorisées dans leurs relations avec l'Angleterre par une dérogation à l'acte de navigation ; elles avaient le droit d'y importer sous leur pavillon non-seulement les produits de leur propre territoire, mais ceux du reste de l'Allemagne. Brême n'avait qu'un petit nombre d'établissements industriels, des brasseries et quelques raffineries de sucre. Le commerce avec les pays allemands riverains du Wéser supérieur était entravé par la multitude des péages et par l'imparfaite navigation de ce fleuve. Mais, en revanche, Brême entretenait avec la Prusse des relations plus actives que Hambourg (1). Dans les années de mauvaise récolte, elle approvisionnait en grains de cette contrée toute la basse Saxe et toute la Westphalie. Aux pays du nord, elle portait quelques produits de l'industrie allemande, des vins de France et des denrées coloniales.

La troisième des villes anséatiques, Lubeck, jadis la reine orgueilleuse de la ligue, ne sut pas, comme les deux autres, se relever en tirant parti des avantages que présentait l'époque nouvelle. Sa situation sur une mer fermée par le Sund et la prépondérance des Anglais dans les ports russes, étaient deux obstacles qu'elle ne pouvait écarter. Sa principale opération consistait à importer des produits du Nord pour la consommation de l'Allemagne intérieure et à expédier en Russie des

---

(1) On compta, au passage du Sund, en 1762, 99 navires de Brême et 20 de Hambourg, et en 1772 jusqu'à 170 brémois pour 32 hambourgeois.

objets manufacturés d'Allemagne et de France. Cependant, même sur ce terrain, elle rencontrait de puissantes rivalités et dut se contenter d'une part modeste. A l'ouest du Sund, elle transportait partout des grains, commerce qui augmenta, du reste, dans tous les ports de la Baltique vers la fin du dix-huitième siècle. Lubeck étant le port naturel du Lauenbourg et de la partie occidentale du Mecklembourg, l'ancienne réputation de sa marine se soutenait.

Le grand commerce international, toutefois, le commerce transatlantique ne s'ouvrit pour les ports allemands qu'à la suite de la guerre d'Amérique, lorsque leurs navires furent admis dans les Antilles françaises et espagnoles, et que les États-Unis constituèrent une puissance indépendante. Le pacte de la neutralité armée fut aussi pour eux, alors, une garantie de sécurité. Jusque là les navires allemands n'avaient pas franchi les eaux d'Europe ; le système colonial les avait exclus des autres parties du monde. Or, ce système ayant reçu un rude coup, et ayant entraîné la ruine commerciale de la Hollande, les Allemands ne bornèrent plus leurs prétentions au rôle de voituriers des mers, prétentions justifiées par le bas prix de leur fret et par l'habileté de leur marine marchande ; ils importèrent des denrées coloniales directement des pays d'outre-mer et exportèrent directement dans ces pays des produits allemands. Ils sortirent ainsi de leur petite sphère d'agents, d'intermédiaires et de commissionnaires, pour prendre une part directe et vaste aux échanges internationaux ; cessant de communiquer de seconde main avec le nouveau monde, ils allèrent eux-mêmes sur les lieux de production, traitèrent avec les producteurs et conquirent à leur patrie, dans le commerce de l'univers, une place qui lui avait été jusque-là refusée. Ici se termine le rôle subalterne, abaissé, désavantageux, qui fut assigné aux Allemands dans la présente période de l'histoire du commerce ; la période contemporaine leur en réserve un plus élevé.

VII. — Les Russes et les Polonais.

LES RUSSES.

I

Le premier volume de l'*Histoire du commerce* a déjà donné, en passant, quelques notions assez vagues sur les peuples slaves. Il était impossible d'en parler en termes plus précis. Les traditions relatives à l'empire des Vénèdes, sur la Baltique, et à Vineta, sa capitale, ressemblent beaucoup à des fables; et les relations commerciales des Khazars et des Bulgares avec les Arabes, ainsi que celles des Avares avec les Byzantins, bien que mieux constatées, sont très-imparfaitement connues; elles n'offrent, dans tous les cas, qu'un intérêt secondaire, et n'eurent qu'une faible durée. Les tribus slaves, qui avaient fourni le principal contingent à la grande migration barbare (1), ne se constituèrent en société régulière que longtemps après les nations germaniques et romanes, que leur choc avait ébranlées. Cela s'explique en partie par leur organisation patriarcale, par la puissance traditionnelle des familles, obstacle à toute centralisation monarchique. De là les luttes sans fin dans lesquelles ils s'entre-déchirèrent, et leur fractionnement politique. L'éloignement du territoire qu'ils occupaient les sépara profondément du reste de l'Europe, et les priva longtemps de toute participation aux affaires des peuples qui eurent un rôle historique. A peine, sur les frontières par lesquelles ils touchaient aux autres nations, trouvons-nous quelques germes épars de civilisation et de commerce, dont le caractère

---

(1) Ils n'y ont eu cependant qu'un rôle passif, culbutés tantôt par les peuples germaniques, tantôt par les nomades de l'Asie, dont le mouvement d'invasion commence aux Huns et finit aux Mongols. Les Slaves, et l'auteur le reconnaît lui-même un peu plus bas, paraissent avoir formé de tout temps un élément très-sédentaire dans les contrées où ils dominent. C. V.

national arrête le développement. Le Slave, pour lequel la famille est tout, n'a guère le goût des voyages ; voué à la vie sédentaire, l'agriculture et l'éducation des troupeaux forment ses occupations préférées ; de lointaines entreprises commerciales ne sauraient lui convenir. Les Arabes et les Byzantins, comme jadis les anciens Grecs, vont le trouver, et c'est alors seulement qu'il livre ses produits en échange de ceux qu'on lui offre pour satisfaire à ses besoins restreints.

Le premier Etat slave eut une origine germanique. Sous le nom de Varègues ou Varangiens, des Normands, conduits par Ruric, abordèrent en 862, au lieu même où s'élève aujourd'hui le trône des czars, et soumirent promptement, dans leur marche victorieuse de la Néva jusqu'à la Duna, les tribus slaves, dont la plus puissante et la plus civilisée dominait à Novogorod et dans les environs. Suivant le cours du Dniéper, ils poussèrent jusqu'à la mer Noire, où ils retrouvèrent l'élément qui avait fait leur grandeur. Une flotte fut promptement équipée, et ce fut avec une terreur inexprimable que Constantinople vit entrer dans le Bosphore et paraître devant ses murs ces étrangers redoutés qui, vers la même époque, menaçaient dans la Méditerranée ses possessions d'Italie et de Grèce. Un miracle sauva la ville ; mais, à la suite de cette expédition, les Varègues prirent possession du bassin du Dniéper, dont la fertilité et le climat tempéré leur souriaient plus que les provinces du nord, et ils transférèrent en 882, dans la ville ancienne de Kief, le centre de l'Etat slave qui se forma alors sous le nom de Russie. Les descendants de Ruric gouvernèrent en qualité de grands-princes cette vaste région convertie au christianisme depuis le onzième siècle, et presque aussi étendue que la Russie d'Europe de nos jours, moins la Pologne, jusqu'à ce qu'en 1224 les Mongols la subjuguèrent et la tinrent asservie pendant plus de deux siècles. En 1480, Ivan III Vassiliévitch secoua le joug et affranchit le pays en y établissant le pouvoir despotique. C'est depuis lors seulement que la Russie commence à prendre place dans le système des Etats européens.

A l'opinion générale, précédemment reproduite, qui attribue aux peuples slaves moins de goût et d'aptitude pour le commerce et pour l'industrie que pour l'agriculture et pour l'éducation des troupeaux, on pourrait opposer l'exemple des Russes. Novogorod, dans la Russie du nord, et Kief, dans celle du midi, furent, dès les temps les plus reculés, des entrepôts considérables du commerce intérieur comme du commerce extérieur. Nous avons rencontré des marchands russes à Constantinople de même qu'à Vineta et à Wisby. Arabes et Byzantins, Allemands et Italiens trafiquaient directement avec les pays du Dniéper et du Volga, et les Anséates nous ont révélé l'importance de Novogorod. Toutefois, Novogorod était alors plus allemande que russe; le monopole de la Hanse ne témoigne-t-il pas du peu de génie commercial des habitants? Ce génie était plus développé et plus actif dans le midi. A Kief les marchés portent l'empreinte russe ; on y voit le Russe entreprendre des voyages commerciaux, soit vers les colonies italiennes de Crimée, soit vers Constantinople, où la religion le conduit sans doute aussi. Ce commerce entre la Russie méridionale et les rivages du Pont-Euxin cessa presque entièrement après la chute de l'empire grec, et ne s'est rétabli que de nos jours. On peut admettre que, parmi les Slaves, les Russes sont les plus aptes au commerce ; mais c'est, bien entendu, du commerce intérieur et du commerce de détail qu'il s'agit. Le commerce extérieur, le commerce en grand, a toujours été et est encore aujourd'hui, chez eux, principalement entre les mains des étrangers, quelque considérable que soit le nombre de ceux qui se sont fixés dans cet empire.

Ivan Vassiliévitch ne crut avoir accompli sa mission de restaurateur de l'empire que lorsque, après avoir affranchi son pays du joug politique des Mongols, il l'aurait aussi affranchi du joug commercial de la Hanse. De là en 1494 la destruction de Novogorod, l'expulsion des Anséates, la suppression de leur factorerie et la saisie de leurs biens. Evidemment le czar était allé trop loin, et il s'était ainsi causé à lui-même un sensible préjudice. La Russie, sortant d'une longue servitude, suffisait à peine à son commerce intérieur ; elle avait encore moins de ressources pour le commerce extérieur ; s'il était utile de détruire le monopole des Anséates et d'ouvrir l'accès de la Russie à tous les peuples, il était impolitique de détruire la prospérité d'une ville russe telle que Novogorod. Le commerce allemand se transporta alors dans les ports de Riga et de Réval, et les transports maritimes passèrent de plus en plus des Anséates aux Hollandais et aux Anglais.

Le nord-est du continent européen, isolé comme il l'est, avait le plus grand intérêt à posséder à ses extrémités deux voies maritimes ouvertes, pour se mettre en communication avec l'Occident. Aussi, depuis les temps les plus reculés, la Baltique et la mer Noire ont-elles déterminé la situation de la Russie vis-à-vis du reste de l'Europe, et ses princes ont-ils constamment lutté pour les posséder l'une et l'autre. Dans la présente période, le centre de gravité de l'empire inclinait surtout vers le nord, et toutes ses relations avec l'Europe empruntaient la voie de la Baltique ; mais ces relations étaient difficiles. La Russie ne touchait encore à la mer que par un petit nombre de points, et deux Etats également opposés à l'accroissement de sa puissance, la Pologne et la Suède, s'appliquaient à la tenir éloignée des côtes et à mettre pour ainsi dire sous la clef et sous les verrous son commerce et sa navigation. Mais le génie qui pénètre les secrets de la nature, et qui venait de découvrir le nouveau monde, ce génie entreprenant trouva pour le commerce maritime une nouvelle route vers l'empire russe, et affranchit ainsi le czar de la contrainte à laquelle le soumettaient les puissances hostiles qui possédaient le littoral de la Baltique,

Une société, formée à Londres en 1553 dans le but de chercher un passage vers l'Inde par le nord-est, avait équipé pour cette expédition trois navires commandés par Willoughby et Chancellor. Deux de ces navires furent pris par les glaces sur les côtes de la Laponie russe, et Willoughby y trouva la mort. Mais Chancellor fut plus heureux. Il entra dans la mer Blanche et atteignit, le 24 août de la même année, l'embouchure de la Dvina. Les habitants étonnés s'empressèrent de donner avis de cet événement à la cour de Moscou, et, sur l'invitation pressante qui lui fut adressée, Chancellor y parut bientôt en personne. Il y fut accueilli avec les plus grands égards, et quand, après un séjour de plusieurs mois, il quitta la capitale de la Russie, le czar lui remit, pour Edouard VI, une lettre qui promettait à tous les Anglais une entière liberté de commerce dans ses États. Aussitôt après le retour de Chancellor, une société pour le commerce de la Russie se constitua en Angleterre, avec l'intention d'établir des relations régulières par la voie nouvellement ouverte et de recueillir les avantages qu'on avait lieu d'en attendre. Chancellor, muni par la reine Marie de pouvoirs étendus, repartit en 1555 pour la Dvina, accompagné d'une troupe de marchands chargés d'y organiser le négoce. Le czar, confirmant alors expressément le privilége déjà octroyé, accorda aux Anglais l'exemption de tous droits, la permission de former des établissements et d'exercer des industries et d'autres droits précieux.

Ces faveurs donnèrent un rapide essor au commerce de la mer Blanche, et bientôt les Hollandais, les Danois et les Norwégiens y prirent part (1). Il s'ensuivit une sensible dimi-

---

(1) Les Anglais espérèrent, il est vrai, les en empêcher, en réclamant le monopole. Mais à Moscou, où l'on se souvenait de la Hanse, on n'accueillit pas ces prétentions ; on déclara nettement que, l'Océan étant une grande voie ouverte par Dieu à tous les peuples, et qui ne pouvait pas être close, le czar ne consentirait jamais à y conférer aux Anglais un privilége exclusif. Les frontières de terre et de mer de la Russie, ajoutait-on, étaient ouvertes au commerce de toutes les nations, et l'immunité dont jouissaient les Anglais était la plus grande faveur que le gouvernement pût leur accorder. Une demande d'Élisabeth, pour que le commerce russe ne fût permis qu'aux marchands de Londres, fut également repoussée. « Tous les étrangers, » écrivait en 1585 Fédor Ier à la reine d'Angleterre, « sont égaux à nos yeux ; mais « vous, qui n'écoutez que vos avides marchands de Londres, vous ne voulez « pas que vos autres sujets soient traités comme eux. Vous dites que nos « marchands n'ont jamais été dans votre pays ; cela est vrai, par la raison « qu'ils font chez eux un commerce très-avantageux; ils continueront donc « à l'avenir de ne pas aller en Angleterre. Nous serons charmés de voir les « marchands de Londres en Russie, à la condition que vous ne réclamiez pas « pour eux de priviléges exclusifs, incompatibles avec les lois de notre em-

nution dans le commerce de la Baltique ; il garda néanmoins certains produits comme le lin, les étoupes, le suif, la cire, etc., dont une situation trop septentrionale ne permettait pas l'exportation par la mer Blanche. Avant la construction d'Archangel, en 1584, le dépôt principal des Anglais était à Kholmogory. De là ils approvisionnaient d'autres dépôts à Vologda, à Novogorod et à Moscou, notamment en draps et en denrées coloniales. Ce ne fut pas seulement à la haine du cabinet russe contre la Hanse et les Livoniens, mais aussi à la grande habileté avec laquelle ils tirèrent parti des avantages qui leur étaient accordés, et étendirent, avec l'agrément de l'autocrate lui-même, leurs opérations au delà des extrémités de son empire, que les Anglais furent redevables du rapide essor de leur commerce en Russie. Peu d'années après leur première apparition dans la Dvina, la compagnie de Moscou essayait déjà d'établir des relations directes avec la Perse. Elle chargea de l'exécution de ce vaste plan le capitaine Jenkinson, commandant de la dernière flottille arrivée d'Angleterre. Celui-ci, après s'être assuré de la protection et de l'assistance du czar, partit par eau de Moscou, pour Astrakhan, au printemps de 1558, accompagné de deux serviteurs de la compagnie et d'un interprète tartare, et emportant avec lui un assez riche assortiment de marchandises. Cette expédition prématurée n'atteignit pas son but, mais la relation d'un voyage qui s'étendit par la mer Caspienne jusqu'à Boukhara est des plus instructives et des plus intéressantes ; elle offre des données sur le commerce des Grecs et des Arabes dans

« pire. » Quelques années plus tard, en 1588, l'Angleterre renouvela ses prétentions au privilège et reçut cette réponse : « Il est étrange que la reine ait « réitéré une demande aussi inconsidérée que peu amicale. Nous l'avons déja « dit, et nous le répétons, nous ne saurions, par complaisance pour l'Angle- « terre, fermer nos ports et renoncer à la liberté commerciale, dont nous « nous sommes fait une loi. » En conséquence, tous les étrangers furent admis à trafiquer en Russie, mais les Anglais seuls y furent exempts de droits de douane, du reste minimes. Afin de nuire à la Suède, la Russie, tant qu'elle fut en possession de Narva, restitua aux Anséates une partie de leurs priviléges ; mais la perte de Narva les en priva bientôt, et Lubeck seule parvint, en 1603, à obtenir quelques avantages à Archangel.

ces contrées, et confirme l'existence des anciennes routes de terre conduisant du nord vers l'Inde.

Un rapport de l'Anglais Fletcher, que la reine Élisabeth envoya en 1588 à la cour de Fédor Ier, contient, entre autres détails sur la civilisation de la Russie, beaucoup de renseignements sur son commerce. Les articles exportés étaient encore généralement les mêmes que dans la période anséatique. Parmi les pelleteries, on recherchait surtout le renard noir, la zibeline, le lynx, la martre, l'hermine, le petit gris, le castor, le chien marin, le loup et l'ours blanc. On en évaluait les envois annuels de 400 à 500 mille roubles d'argent. Il s'embarquait annuellement à peu près 40 mille livres de cire. Le commerce de cet article, qui s'élevait au quadruple du temps des Anséates, avait sensiblement décliné ; celui du suif, qui était dans le même cas, ne tarda pas, toutefois, à se relever. Diverses provinces, notamment la Podolie et l'Ukraine, envoyaient des peaux brutes. Les cuirs de Russie se fabriquaient surtout à Moscou et à Jaroslaf. Le maroquin venait de Perse. La fabrication de la grosse toile et de la toile à voiles avait pour principal théâtre la province de Vologda. L'exportation de ces toiles, de même que celle des cordages, du goudron et de la poix, avait augmenté par suite de l'activité des constructions navales dans les pays d'Occident. Les bords du poissonneux Volga, et ceux de la mer Caspienne, fournissaient du caviar. On retirait de l'huile du chien marin. Les habitants du pays, se réunissant par troupes de quatre-vingts à cent barques, allaient, pendant l'hiver, dans la baie de Saint-Nicolas, près du cap dit du Museau-de-Renard, à la chasse de cet animal. Les dents de morse trouvaient des amateurs chez les Persans et chez les Boukhares, qui en fabriquaient des poignées de sabre, des boutons et d'autres menus objets. En fait de minéraux et de métaux, la relation mentionne le mica ou verre de Moscovie, le salpêtre, le soufre et le fer.

La descendance masculine de Ruric s'éteignit en 1598. Des conspirations et des luttes intestines, un interrègne, des pré-

tendants, des guerres extérieures qui s'ensuivirent, plongè-
rent la Russie dans un état d'anarchie et de désolation qui
consuma ses ressources et détruisit sa prospérité matérielle,
dont le développement avait déjà été assez pénible. Lorsque,
à la fin, l'empire conserva son unité politique, et qu'une nouvelle dynastie, celle des Romanof, prit possession du trône
en 1613, la situation de la Russie était désespérée. Complétement épuisée à l'intérieur, elle avait été obligée de céder à
la Pologne et à la Suède des parties considérables de son territoire, notamment les provinces de la Baltique, au grand
préjudice de son commerce et de sa navigation, et sa frontière se trouva ainsi éloignée de la mer. Cependant le premier
monarque de la nouvelle dynastie fit beaucoup pour améliorer l'état du pays et pour développer de nouveau ses ressources. Dans les années 1626 et 1634 on fit venir, d'Angleterre et d'Allemagne, des mineurs ; des Pays-Bas, des cor-
royeurs pour la préparation des peaux d'élan, des verriers et
des ouvriers de professions diverses. En 1638, le czar Michel
renouvela, en faveur du Hambourgeois Marselius, le privilége de l'entière immunité commerciale que le père de
ce négociant avait obtenue en récompense des services que,
durant trente années, il avait rendus au gouvernement russe
dans l'accomplissement de différentes missions, surtout en
engageant pour lui des étrangers et en se chargeant de ses
opérations de banque. Peu de temps après, le même Marselius, associé à un négociant hollandais, obtint la permission
d'opérer, en franchise de tout droit, l'extraction, la fonte et
l'élaboration du fer, dans toute l'étendue de l'empire. Désirant avant tout initier ses sujets à l'art métallurgique, le
gouvernement stipula qu'on n'emploierait dans l'exploitation
que le nombre d'étrangers indispensable. Des traités de commerce furent également conclus, sous le règne de Michel, en
1621 avec l'Angleterre, sur la base des conventions antérieures, en 1629 avec la France, et en 1631 avec la Hollande,
qui prenait une part toujours croissante au commerce de la
Russie.

Cependant, jusque vers la fin du dix-septième siècle, l'industrie et le commerce de la Russie languirent sous un régime oppressif, dont les principes et les formes tout asiatiques isolaient encore cette contrée de l'Europe. Dans un empire où même les classes qui possédaient le sol ne pouvaient disposer librement de leur propriété, à plus forte raison devait-il être difficile aux classes pour lesquelles l'absence d'entraves est le premier besoin, d'acquérir une situation indépendante et appropriée aux professions qu'elles exerçaient. La volonté du czar leur traçait leur sphère d'activité. En sa qualité de propriétaire unique du sol, il était aussi le seul marchand et supprimait ainsi la concurrence, qui est le principe vital de l'industrie. Le czar exerçait un droit de préemption sur toutes les marchandises tant indigènes qu'étrangères. Aucun marchand étranger ne pouvait vendre à d'autres qu'au czar, quand il avait déclaré l'intention d'acheter ses marchandises. Le czar envoyait des agents dans les provinces pour y acheter à des prix minimes et arbitraires les produits les plus remarquables, qu'il revendait ensuite avec un bénéfice considérable aux marchands indigènes ou étrangers. Ils ne pouvaient refuser même les marchandises avariées ; car les intérêts du monarque passaient avant ceux du sujet. Indépendamment des monopoles permanents de l'eau-de-vie, de l'hydromel, de la bière forte et des grains, le czar monopolisa aussi de temps en temps les produits qu'il recevait à titre de tribut ou de contribution, tels que pelleteries, cire, chevaux tartares, toile, etc. ; nul, en pareil cas, ne pouvait vendre de ces produits avant que l'approvisionnement impérial ne se fût débité à de hauts prix. Tous ces priviléges dérivaient du pouvoir absolu de l'autocrate sur la vie et sur les biens de ses sujets. Le commerce ne pouvait pas se soustraire à cette loi fondamentale, loi profondément entrée dans les habitudes ; et comme il lui était impossible de s'enrichir honnêtement, on se crut bientôt obligé d'être malhonnête. Les Russes étaient connus pour leurs fraudes et pour leurs ruses commerciales, et ils n'avaient pas leurs pareils sous ce rapport. Pour ne pas être trompé en affaires avec les Russes, dit un historien déjà ancien, il faut exiger sur-le-champ la marchandise achetée ou le prix convenu (1).

Moscou était l'entrepôt du commerce intérieur de la Russie, en même temps que le centre des importations du midi par terre. Les Grecs y apportaient les objets de luxe de l'Orient : des pierres précieuses, de la vaisselle d'or et d'argent, des camelots turcs, des étoffes de soie, de la sellerie et des harnachements, des couvertures, des armes de prix, des essences, de la parfumerie, etc. Ils offraient leurs marchandises au czar comme un présent ; celui-ci les faisait ensuite estimer et donnait en échange de la zibeline et d'autres fourrures précieuses. Les Grecs ne pouvaient vendre aux particuliers que ce qui était refusé par le czar.

Les personnes chargées des opérations commerciales et industrielles de la couronne, ainsi que de la perception des impôts, étaient appelées les *hôtes*, et choisies dans la classe des *cent hôtes*, choisie elle-même parmi les marchands et bourgeois de Moscou et des autres villes. Les hôtes levaient les droits de douane et d'accise, étaient préposés aux magasins des douanes et aux dépôts d'eau-de-vie, et en général à toutes les affaires commerciales qui intéressaient le czar; les *cent hôtes* les assistaient. En dehors de leur service public, il leur était permis de se livrer au commerce et à l'industrie pour leur propre compte ; ordinairement, du reste, ils étaient serfs.

II

Telle était la situation du commerce, de l'industrie, et en

----

(1) Quand les juifs, bannis de Russie par Ivan IV, demandèrent à Pierre le Grand, lors de son séjour à Amsterdam, de rentrer dans son empire en lui offrant une somme de 100 mille florins, le czar répondit au bourgmestre qui lui recommandait cette requête : « Dites aux Juifs que je les remercie « de leur offre, mais que leur sort, en Russie, serait misérable; car, bien « qu'ils aient la réputation de savoir tromper tout le monde en affaires, je « craindrais qu'ils ne trouvassent leurs maîtres dans mes Russes. »

général des intérêts matériels de l'empire déjà le plus vaste de l'Europe, quand en 1689 le czar Pierre prit les rênes du gouvernement. Ce prince a peut-être encore mieux mérité le surnom de *Grand* dans ces questions de commerce que dans la politique et dans la guerre. Sous ces deux derniers rapports, il ne manque pas de rivaux : il faut plus de génie pour fonder un État policé que pour être un conquérant victorieux et un politique habile. Jamais le pouvoir absolu d'un seul homme n'a été mieux justifié par son exercice ; un despotisme éclairé pouvait seul arracher la nation russe à la barbarie dans laquelle elle était plongée, et la rapprocher de la civilisation européenne.

De quoi servait à la Russie la vaste étendue de son territoire sans la possession de ses côtes ? Les relations avec l'extérieur par la mer Blanche étaient des plus imparfaites ; car, pendant huit mois de l'année, la glace y interrompait toute navigation. Parvenir du moins jusqu'à la Baltique, telle fut l'idée bien arrêtée du jeune empereur à son avénement ; et la guerre qui s'alluma à ce sujet avec la Suède décida en même temps de la suprématie commerciale dans le Nord.

Mais il lui manquait la chose la plus essentielle : une marine. Déjà, il est vrai, le czar Alexis, le prédécesseur de Pierre, avait résolu de créer des chantiers et d'organiser la navigation sur le Volga et sur la mer Caspienne à l'aide des Hollandais, qui, depuis le milieu du dix-septième siècle, avaient de plus en plus attiré à eux le commerce extérieur de la Russie, au préjudice de l'Angleterre. Mais le gouvernement n'avait ni l'intelligence ni la force de volonté nécessaires pour l'exécution de ce projet. Le hasard voulut que Pierre se rencontrât avec le seul constructeur hollandais qui fût resté en Russie : ils s'entendirent bientôt. Par l'entremise de négociants hollandais établis à Moscou, on fit venir de Sardam de bons charpentiers ; des chantiers furent installés d'abord sur les fleuves et les lacs, puis à Archangel, et, dès l'année 1693, le czar, qui avait mis partout la main à l'œuvre, eut la satisfaction de voir lancer le premier navire de commerce russe construit selon les règles de l'art. Ce fut en souvenir de ses relations utiles et instructives avec les négociants et les marins hollandais qu'il adopta pour le pavillon russe les couleurs du pavillon hollandais, en ne faisant que les transposer (1).

Mais l'enseignement qu'il trouvait dans son pays ne suffisait pas à l'ardente soif de savoir et à l'infatigable activité du jeune prince ; il voulait voir de ses propres yeux, travailler de ses propres mains, penser et chercher par lui-même. Par ces motifs, il résolut, le premier des czars russes, d'entreprendre un voyage à l'étranger. Ce qu'il voulait visiter surtout, c'était la Hollande et l'Angleterre, les deux États les plus avancés dans la pratique du commerce, de l'industrie et de la navigation. Tout le monde sait comment l'autocrate de toutes les Russies travailla comme charpentier dans les chantiers de Sardam ; comment il apprit divers autres métiers, et comment, d'un coup d'œil pénétrant, il observa et étudia tout ce qui lui parut utile et intéressant. Il retourna dans son empire vers la fin de 1698, en compagnie de maîtres distingués qu'il avait recrutés avec de grands sacrifices, afin d'introduire avec eux les réformes les plus étendues. Une volonté de fer, qui ne souffrait aucune résistance et qui trouvait une obéissance passive, n'aida pas peu à son succès. Les vieux usages cédèrent devant elle ; le Russe fut obligé de couper sa barbe et de s'habiller à la française.

Occupant sur le littoral de la Baltique une longue lisière, depuis les frontières de la Finlande jusqu'au delà de Riga, la Suède paralysait de ce côté la Russie. Le désir de forcer cette barrière fut le motif déterminant de la déclaration de guerre que Pierre fit à Charles XII, en 1700. Le sort des armes ne lui fut pas d'abord favorable ; mais il resta grand par sa constance et par sa persévérance, et il atteignit son but. L'endroit où le territoire russe se rapprochait le plus de la mer était l'espace compris entre le lac Ladoga et l'embouchure de la Néva. Le czar profita de l'absence du roi de Suède pour

(1) Le pavillon russe est rouge, bleu et blanc ; le hollandais rouge, blanc et bleu.

s'en emparer, et cette conquête s'effectua avec succès en 1703, à l'aide d'une flottille construite sur les chantiers de Schlusselbourg et d'Olonetz. Les Suédois furent obligés de se retirer ; leur forteresse de Nyenschanz fut détruite, et, sur une des îles de la Néva, on jeta les fondements de la nouvelle capitale de l'empire, Saint-Pétersbourg. Cette création rappelle celle d'Alexandrie ; elle exerça sur la civilisation de la Russie une influence décisive : d'une nation asiatique elle fit une nation européenne.

Située comme un avant-poste à l'extrémité occidentale de l'empire, sur un sol pour ainsi dire étranger, la nouvelle capitale était destinée à recevoir la civilisation de l'Occident. Le succès a justifié cet acte d'autorité extraordinaire, qui, dans un pays civilisé, eût été impossible. Saint-Pétersbourg devint en peu de temps, non-seulement la splendide résidence des empereurs, mais encore la première ville de commerce de l'empire. Le premier édifice construit sur son emplacement fut un bastion ; le second, une douane ; des marchands s'y établirent à côté des soldats, et, vers le mois de novembre de l'année 1703, un navire hollandais aborda le premier à Saint-Pétersbourg. Le czar le conduisit lui-même dans le port ; et quel ne fut pas l'étonnement du capitaine, quand, à la table du gouverneur, il reconnut son pilote dans le monarque ! Pierre lui permit de vendre en franchise de droits sa cargaison de vin et de sel, et fit de grandes libéralités à l'équipage. Le second navire, arrivé l'année suivante, était un navire anglais : il obtint les mêmes faveurs.

En 1709, la journée de Pultava décida des destinées du Nord. La création nouvelle de Pierre se trouva consolidée, la grandeur factice de la Suède s'écroula. La Russie occupa alors le littoral de la Baltique, depuis l'embouchure de la Duna jusqu'à Wiborg, et y étendit de plus en plus sa domination, au sud comme au nord. Afin de concentrer le commerce à Saint-Pétersbourg, il fallut sacrifier Archangel. Tous les marchands des provinces environnantes reçurent l'injonction formelle de transporter toutes leurs marchandises dans la nouvelle capitale. L'exportation de deux des articles principaux du commerce russe, le chanvre et le cuir de Russie, ne fut permise qu'à Saint-Pétersbourg. La riche ville de Vologda elle-même, qui, par sa situation sur un affluent de la Dvina, semblait avoir son port naturel à Archangel, fut obligée de se soumettre à cet ordre. Les plus notables négociants d'Archangel furent invités en même temps à transférer leurs maisons à Saint-Pétersbourg. Les deux tiers de tous les produits russes devaient être dirigés sur cette capitale, et un tiers seulement sur Archangel. La noblesse et le clergé furent tenus de s'y faire bâtir des palais; des milliers d'ouvriers et d'individus de toutes classes y furent transportés, et, comme par enchantement, du sein d'une triste solitude, où il n'existait auparavant que de misérables cabanes de pêcheurs, on vit surgir une brillante capitale. Dans les commencements ces innovations violentes donnèrent lieu à des difficultés, mais peu à peu on s'accoutuma à la nouvelle route commerciale, d'autant mieux que, pour la plupart des provinces de l'intérieur, Saint-Pétersbourg était plus rapproché qu'Archangel, et que, pour les étrangers, la Baltique offrait une navigation plus facile que le cap Nord. Aussi vit-on, dès 1714, entrer 14 navires dans le port de Saint-Pétersbourg, et 180 en 1724. Les affaires commerciales furent confiées à une administration spéciale, le collége du commerce, et la sagacité de Pierre comprit promptement le parti à tirer des grandes voies fluviales du pays, pour y faciliter les arrivages de l'extérieur. Il ne s'agissait que de les rattacher entre elles; le czar commença cette œuvre, en chargeant un ingénieur anglais de creuser un canal du lac Ladoga au Volga, et de joindre ainsi la Baltique et la mer Caspienne. Les communications par terre aussi furent améliorées et de nouvelles routes furent construites; on mesura officiellement les distances, on régla les poids et les mesures, on organisa les postes; enfin des consuls furent envoyés dans les principales places de commerce de l'Europe, le premier à Amsterdam.

La puissance productive de l'empire s'accrut dans une

forte proportion et en tous sens, sous le règne de ce grand monarque. L'agriculture fournit à l'exportation une quantité de produits bruts double pour le moins. Jusque-là on n'avait cultivé les grains que pour la consommation du pays; ils figurèrent alors parmi ses exportations. La surveillance et l'encouragement de l'agriculture furent confiés à une administration spéciale, et nombre de districts en friche furent concédés à des colons étrangers. On favorisa particulièrement la culture du lin et du chanvre, tant comme plantes textiles, que comme plantes oléagineuses. Dans les provinces trop reculées pour exporter les produits de leur sol, la distillation de l'eau-de-vie fut permise, mais seulement pour la consommation domestique et pour la vente à la couronne, qui conserva le monopole de cet article. Cependant, Pierre renonça à la plupart des autres monopoles que les czars avaient exercés jusque-là au moyen de leur droit de préemption. La liberté de vendre en Russie ne date que de cette époque.

Afin d'assurer la matière première aux fabriques de draps du pays, on s'occupa avec soin de l'éducation de la race ovine dans l'Ukraine, et on y appliqua la méthode que de jeunes Russes avaient apprise à l'étranger. La marine et les constructions navales furent l'objet constant de la prédilection du czar. Lors de son avénement, la Russie possédait à peine un misérable bâtiment caboteur; à sa mort, la flotte russe était la plus puissante du Nord. De bonne heure, en conséquence, il se préoccupa de la conservation et d'un habile aménagement des forêts. Des fonctionnaires furent chargés de marquer les bois propres à la marine, et aucun propriétaire ne put plus faire de coupe, sans leur permission. On commença à retirer de là terre des richesses métalliques jusque-là inutilement enfouies. Des mineurs saxons explorèrent les montagnes de la Sibérie, dont les fleuves offrirent des sables aurifères. L'exploitation des riches mines de l'Oural n'eut lieu qu'à une époque postérieure; mais l'extraction du cuivre et du fer prit dès-lors un remarquable développement. On attira les bras vers les mines par des primes et par divers autres avantages. Les maîtres

mineurs furent exemptés de tout impôt, et on céda des paysans
de la couronne aux entrepreneurs qui n'avaient pas le droit de
posséder des serfs.

A l'exception de quelques fabrications fort anciennes dans
le pays, comme celles du cuir, de la toile à voiles, des cordages, etc., l'industrie fut apportée en Russie par l'émigration
étrangère, et surtout par l'émigration allemande. Un ukase
de 1702 lui conféra les droits et les priviléges les plus étendus.
Les artisans étrangers se répandirent dans toutes les villes
importantes, et ils y trouvèrent assez d'apprentis pour qu'on
les organisât bientôt en corporations. On obligea généralement
les enfants illégitimes à se faire ouvriers, et les serfs connaissant
un métier purent obtenir l'émancipation en payant 50 roubles à leur seigneur. Dans les provinces éloignées de l'Asie,
qui étaient loin d'offrir de l'attrait à l'émigration volontaire,
on envoya des prisonniers de guerre suédois. C'est à eux que
Tobolsk est redevable de sa prospérité. Non content de propager les arts et métiers, Pierre voulut essayer de l'industrie
manufacturière; il voulut introduire en Russie ce qu'il avait
vu dans ce genre en Hollande, en Angleterre et, plus tard, en
France. Ici son zèle protecteur l'entraîna trop loin; car, pour
protéger une plante de serre chaude, il fallut recourir aux
principes les plus exagérés du système mercantile, qui ne reçut, néanmoins, que plus tard son application pleine et entière.
On institua un collége spécial, le collége des manufactures, et
on répandit l'argent à pleines mains. Les fabricants étrangers
obtinrent des avances considérables, furent exemptés des droits
de douane et des autres impôts, et purent retourner dans leur
pays avec la totalité de la fortune qu'ils avaient acquise. Ils furent, eux et leurs ouvriers, affranchis du service militaire, et
jouirent du monopole pour la vente de leurs produits. Ainsi
se fondèrent des raffineries de sucre, des fabriques de poudre,
de vitriol, de papier, de toile à voiles, de soieries, d'armes
blanches et d'armes à feu, qui, on le comprend, ne purent se
soutenir qu'à l'aide de prohibitions, ou des mesures les plus
restrictives contre la concurrence étrangère. Cependant cer-

tains articles manufacturés furent laissés à l'importation, qui s'accrut à mesure que les mœurs de la Russie s'européanisaient sous l'influence de la cour.

Pour développer la marine marchande, on établit des droits différentiels. Tout navire où les étrangers ne formaient pas plus du quart de l'équipage était réputé national, et jouissait d'une remise d'un tiers des droits de navigation, plus d'une remise de 25 pour 100 des droits de douane sur son chargement. Le Russe qui employait un navire étranger n'obtenait qu'une réduction de 5 pour 100. Cependant ces dispositions ne furent pas toujours rigoureusement observées. La marine marchande n'avançant pas du même pas que la marine militaire, le commerce maritime ne put se passer de la coopération des marines étrangères. Il est digne de remarque que, tandis que chez presque toutes les nations maritimes, la marine marchande a précédé la marine militaire, c'est le contraire qui a eu lieu en Russie.

Pierre rendit une série d'ukases pour réglementer le commerce. Le vieux système des hôtes et des cent hôtes fut entièrement abandonné ; le droit de faire le commerce fut étendu à tous les habitants des villes, ainsi qu'aux nobles dont le czar, en différentes occasions, condamna hautement les préjugés contre le négoce et l'industrie, et auxquels il recommanda avec force ces utiles professions. Des jeunes gens furent envoyés à l'étranger, afin de s'initier au commerce en grand dans des comptoirs hollandais et italiens. Tandis que le commerce intérieur et le commerce de détail étaient exclusivement réservés aux Russes, le commerce extérieur se trouvait presque entièrement entre les mains des étrangers, des Anglais et des Hollandais surtout. Comme ceux-ci accordaient en vendant de longs crédits et faisaient en achetant des avances, les Russes préféraient ce mode d'opérer qui était pour eux exempt de risques, et ils renoncèrent volontiers en conséquence aux bénéfices plus considérables, mais moins sûrs, du commerce propre. Des lois sévères et une justice prompte procurèrent au commerce extérieur une solidité inconnue dans le commerce intérieur, qui conserva à beaucoup d'égards le caractère que Pierre lui-même lui avait attribué à Amsterdam. Le premier tarif des douanes complet et systématique, en Russie, date également du règne de Pierre. Il fut publié en 1724. Les importations comme les exportations y étaient soumises à un taux général de 5 pour 100 de la valeur. Quelques articles, le chanvre par exemple, supportaient un droit de sortie disproportionné. Un rapport officiel de Le Fort estimait en 1727, peu après la mort de Pierre, le commerce extérieur de la Russie à 4 millions de roubles, soit 2 millions 400 mille pour l'exportation et 1 million 600 mille pour l'importation ; ce qui laissait en faveur de la Russie une balance de 800 mille roubles à solder en argent comptant.

Les créations grandioses de Pierre étaient fondées sur des calculs rigoureux. Elles émanaient d'un esprit réfléchi qui possédait au plus haut degré le don de discerner le vrai d'avec le faux. Le temps a témoigné de la vitalité de son œuvre, et, bien que ses premiers successeurs ne se soient pas trouvés à la hauteur de la mission qu'il leur avait léguée, ils ne purent néanmoins s'écarter de ses traditions. L'achèvement des travaux de canalisation, à l'intérieur, sous Pierre II et sous Anne, notamment la jonction du Volga et de la Néva, assurèrent si bien à Saint-Pétersbourg le premier rang comme port de commerce, qu'une protection artificielle ne lui fut plus nécessaire, et que les priviléges qui lui avaient été conférés au détriment d'autres places lui furent retirés. Toutefois Archangel ne recouvra pas son ancienne prospérité. Parmi les villes de la Baltique, Riga fut celle qui se soutint le mieux ; comme elle trafiquait surtout avec la Pologne et avec des provinces dépourvues de communications par eau avec Saint-Pétersbourg, elle avait peu souffert de la fondation de cette capitale ; mais Narva et Réval s'éclipsèrent. Quel que fût, en général, dans les ports russes de la Baltique, l'accroissement du commerce et de la navigation, représentée par 1833 navires en 1763, la part active des Russes eux-mêmes continua d'y être fort restreinte. Diverses tentatives d'expéditions directes de produits russes, sous pavillon russe, en Espagne et en France, échouèrent.

Pierre avait, dans les dernières années de son règne, supprimé la plupart des monopoles de la couronne. Après lui, l'impératrice Élisabeth en rétablit plusieurs, et, ce qu'il y eut de plus fâcheux, les afferma à vil prix à ses favoris. La même princesse promulgua deux nouveaux tarifs de douane, distincts selon les frontières ; celui qui s'appliquait à la frontière de Pologne était plus élevé que l'autre, ce qui ne manqua pas d'y provoquer la plus active contrebande. On commit une autre faute en affermant la perception des droits de douane à des négociants. Il fut pris cependant, on doit le reconnaître, quelques mesures utiles, comme la suppression des douanes intérieures, en 1753, et l'affranchissement du commerce des grains, en 1762. A la même époque se rapporte l'établissement des deux premières banques de Russie, la banque impériale de prêt pour la noblesse et la banque de prêt pour le commerce de Saint-Pétersbourg. Cette dernière, avec des attributions très-restreintes, fut érigée en banque pour le commerce de tout l'empire.

L'esprit de vie rentra dans l'administration après l'avénement de la grande Catherine, en 1762. Catherine II fit pour la Russie au sud, sur la mer Noire, ce que Pierre avait fait à l'ouest, sur la mer Baltique. Elle ne fut pas moins heureuse dans le gouvernement intérieur de son empire que dans sa politique extérieure, et une grande partie de ses lois intéresse la présente histoire. La condition civile des commerçants fut, pour la première fois, réglée par l'ordonnance sur les villes. Cet acte important, qui donna à la classe moyenne en Russie une existence légale, partagea tous les commerçants en trois guildes, payant à l'État 1 pour 100 du capital par eux déclaré sous la foi du serment. On appartenait à la première, à la seconde ou à la troisième guilde, suivant qu'on possédait 10 mille, 5 mille ou seulement mille roubles de capital (1). Les membres de la

_____

(1) Cette organisation subsiste toujours, sauf que le capital requis pour chaque guilde est beaucoup plus considérable.

première ont le droit de se livrer à toute espèce de commerce extérieur et intérieur, ainsi que de posséder des fabriques, des usines et des navires. Ils peuvent se servir de voitures à deux chevaux, et sont exempts des peines corporelles. La deuxième jouit des mêmes avantages, si ce n'est que le commerce extérieur lui est interdit, et qu'elle ne peut atteler qu'un seul cheval. Le commerce de détail, la navigation fluviale et l'exercice des métiers, telle est la sphère dans laquelle est confinée la troisième. A côté de ces trois guildes, il existe encore une quatrième classe, comprenant les bourgeois notables de toute condition et de toute profession qui possèdent plus de 50 mille roubles de fortune. Ils jouissent de tous les droits de la première guilde, ils se servent de voitures à quatre chevaux, et leurs fils aînés peuvent demander la noblesse. Les nobles sont exclus des guildes et ne trafiquent que des produits de leurs domaines ou de leurs fabriques. Aux paysans la loi ne permet que le trafic de leurs denrées, qu'ils apportent dans les villes les jours ouvrables ; cependant beaucoup d'entre eux font le commerce en détail et en gros, sous le nom d'un tiers. Il existe de riches marchands qui dépendent d'un seigneur en qualité de serfs. Sous le règne de Catherine II, des honneurs et des distinctions furent conférés au commerce, et on lui demanda de temps en temps son avis. Cette émancipation de toute une classe est un des principaux titres de cette impératrice.

Ses nombreuses mesures furent pour la plupart inspirées par l'esprit moderne. Elle institua une nouvelle autorité centrale pour le commerce et pour l'industrie, publia une ordonnance sur les lettres de change et sur les faillites, multiplia les communications par terre et par eau, construisit des ports et des chantiers, améliora l'organisation des postes, et, en promulguant plusieurs nouveaux tarifs de douane, entra plus avant que ses prédécesseurs dans les voies du système mercantile. Elle prescrivit elle-même, dans les termes suivants, à la commission du commerce, l'adoption de ce système : « Il faut prévenir la contrebande, faciliter l'importation des

« articles étrangers dont nous avons besoin, taxer fortement
« ou même prohiber ceux dont nous pouvons nous passer ;
« d'un autre côté, l'exportation des produits russes, surtout
« celle des objets manufacturés, doit être encouragée par
« tous les moyens, et celle des produits indispensables, inter-
« dite ou grevée de droits élevés. » Une ordonnance plus
sage fut celle qui annula tous les contrats d'adjudication des
douanes et réserva la perception des droits à la couronne.

Les tarifs élevés étaient la conséquence nécessaire de la
maxime, que la Russie devait à tout prix devenir un État manufacturier. L'impératrice alla beaucoup plus loin que Pierre
dans cette voie : par les offres les plus brillantes, elle attira
aussi des artistes et des industriels étrangers ; son ambition
était surtout de naturaliser de nouvelles industries exploitées
sur une grande échelle ; non contente d'accorder aux entrepreneurs des subventions considérables, elle se laissa entraîner
à établir et à faire gérer des manufactures pour le compte
même de l'État. Presque toutes, au bout de peu de temps,
se fermèrent avec de grandes pertes. Quant aux établissements
dirigés par des particuliers, le monopole du marché intérieur
assura leur existence, mais leurs produits restèrent chers et
défectueux. La fabrication des laines eut beaucoup de peine à
prendre son essor, malgré la sollicitude toute particulière
dont elle était l'objet ; elle ne faisait point venir de laines du
dehors, et celles du pays étaient de mauvaise qualité. La
fabrication des soieries réussit un peu mieux à Moscou, qui
tirait de la Perse, à bas prix, la matière première. Les
industries les plus prospères furent celles qui, comme la préparation des cuirs et la fabrication de la toile, trouvaient une
matière excellente dans le pays même, et y avaient droit de
bourgeoisie depuis un temps immémorial ; elles n'avaient pas
d'ailleurs besoin de protection. L'ordonnance précitée sur les
villes contribua puissamment à l'éducation de la classe des
artisans, en établissant des corporations et en substituant à la
confusion antérieure une division plus nette du travail.

L'agriculture russe fut naturellement stimulée par la demande croissante que l'étranger faisait de ses produits; cependant, elle resta généralement fort en arrière de celle de l'Europe occidentale ; les classes supérieures n'y prenaient presque aucun intérêt ; le cultivateur était presque partout un serf abruti, étranger à toute notion d'économie rurale ; même dans les provinces allemandes du littoral de la Baltique, où l'agriculture avait fait le plus de progrès, elle laissait encore beaucoup à désirer. Si des grains purent être exportés, ce fut parce que le pays même n'offrait pas un large débouché, le nombre des consommateurs étant faible relativement à celui des producteurs. Outre Saint-Pétersbourg et Moscou, il n'y avait qu'un petit nombre de villes populeuses dans un empire d'une immense superficie.

Le système monétaire de la Russie était fort défectueux, par suite des altérations qu'il avait éprouvées; il circulait notamment des masses énormes de monnaies de cuivre, tout à fait incommodes pour les paiements. Afin de remédier à cet état de choses, Catherine remplaça la banque de prêt de Saint-Pétersbourg par deux banques de circulation à Saint-Pétersbourg et à Moscou, astreintes à conserver en caisse du numéraire en cuivre pour une valeur égale à celle des billets ou des assignations qu'elles avaient émis. En 1768, les deux établissements furent réunis en un seul, la banque des assignations de l'empire, et la somme des billets, élevée à 100 millions de roubles. Une banque impériale de prêt fut créée en même temps pour soulager le commerce, pour aider la noblesse à se libérer de ses dettes et pour empêcher l'usure. Le taux de l'intérêt fut réduit de 6 à 5 p. 100. Cependant, ni ces mesures, ni d'autres semblables, ne purent rétablir sur de bonnes bases le système financier et monétaire de la Russie ; les espèces d'or et d'argent disparurent de plus en plus de la circulation ; le cuivre et le papier, fortement dépréciés, les remplacèrent, et le change continua d'être défavorable à la Russie.

L'encouragement de la navigation et du commerce propres de l'empire fut aussi une des premières préoccupations de Catherine. Elle subventionna libéralement, en 1763, une expédition tentée dans la Méditerranée par quatre négociants de Toula. Cette entreprise échoua comme toutes les précédentes, et la czarine reconnut qu'il ne suffisait pas de créer une compagnie de commerce maritime, et qu'il fallait préalablement posséder des navires, des marins et des lois de navigation. Elle dirigea dès lors son attention sur ces objets, et les résultats de ses longues méditations à cet égard parurent en 1781 dans un plan élaboré avec son conseil. Il fut prescrit d'établir des chantiers dans toutes les villes dont l'occupation principale était le commerce maritime ; une surtaxe de douane devait en couvrir les frais. Un chantier modèle fut construit à Saint-Pétersbourg, où l'on ouvrit également une école de navigation. Une compagnie d'assurances maritimes se forma à Riga ; mais elle fut bientôt obligée de se dissoudre. Les droits différentiels en faveur des bâtiments nationaux furent renouvelés et augmentés ; mais le succès ne répondit pas à tant d'efforts.

De 1773 à 1777, le nombre des bâtiments russes entrant annuellement dans les ports de l'empire ne fut que de 227 en moyenne. Or, dans ce nombre, il se trouvait à peine 15 navires de plus de 200 tonneaux, faisant les voyages d'Amsterdam et de Bordeaux. Le reste se composait de petits caboteurs, d'alléges et même de navires étrangers, qui avaient acquis le droit d'arborer le pavillon russe, en prenant des matelots russes à leur bord. Cet abus décida l'empereur Paul à retirer au pavillon national tous ses priviléges.

Ainsi, le commerce extérieur demeura, comme par le passé, en la possession des étrangers, parmi lesquels les Anglais étaient la nation prédominante. Les successeurs de Pierre avaient hérité de sa prédilection pour les Hollandais ; mais elle ne suffisait pas pour lutter contre la prépondérance que l'Angleterre acquit au dix-huitième siècle dans le commerce de l'univers. La Hollande, dont le commerce intermédiaire s'en allait chaque jour, était loin de demander, pour sa consommation, d'aussi grandes quantités de produits russes que l'Angleterre, où, depuis l'acte de navigation et les grandes

guerres maritimes, les constructions navales avaient pris
un prodigieux développement. Ce fut donc l'intérêt qui détermina le cabinet russe à conclure les traités de 1734 et
de 1771, qui accordèrent aux Anglais le traitement de la
nation la plus favorisée, et des réductions de droits spéciales
sur divers produits de leurs manufactures. L'Angleterre avait
en son pouvoir près de la moitié du commerce russe, et c'était
avec elle que la Russie réalisait le plus de bénéfices. Les importations anglaises en Russie s'élevèrent à 77 mille liv. st. en
1702, à 116, 500 en 1752, et à 162 mille en 1780. Les
exportations russes en Angleterre atteignirent, dans les
mêmes années, les chiffres de 124 mille, 460 mille et 1 million 150 mille liv. st. La balance était donc en faveur de la
Russie dans le rapport de 7 à 1. Tandis que les Allemands et
même les Hollandais, qui s'établissaient comme négociants
en Russie, y commençaient modestement et avec de faibles
ressources, les premières maisons de Londres avaient fondé à
Saint-Pétersbourg et à Moscou des succursales qui dominaient
le marché par leurs puissants capitaux. Les principaux produits russes étaient dans leurs mains ; quelques-uns même,
comme le fer, la toile à voiles, le fil de lin, ne pouvaient être
exportés que par elles. Elles en approvisionnaient l'Europe
méridionale, qui se trouve par conséquent comprise dans le
total de l'exportation et rend la balance moins défavorable
pour l'Angleterre. Du reste, les progrès d'une industrie maritime qui ne pouvait se passer des matières brutes de la
Russie, étaient pour la Grande-Bretagne une ample compensation. Les Anglais n'avaient rien négligé pour se faire aimer.
Ce furent eux qui y introduisirent l'usage des longs crédits et
des avances, tandis que, du temps des Anséates, le commerce
avec les Russes ne se faisait qu'au comptant (1).

(1) L'exemple du consul Wolf témoigne de l'entente et du patriotisme des
négociants britanniques. Cet agent, lors de son arrivée à Saint-Pétersbourg,
dans les dernières années du règne de l'impératrice Elisabeth, trouva la
Prusse en possession des fournitures de drap pour l'armée. Il résolut aussitôt de procurer à son pays ce commerce avantageux. Il n'y avait pas d'autre

Après les Anglais venaient les Hollandais, dont le trafic avec la Russie a été mentionné plus haut. Il restait encore quelque chose de ce trafic en décadence : par une ancienne habitude, le cours du change dans toutes les places de l'empire était encore principalement réglé d'après Amsterdam.

Le commerce direct avec la France avait pris quelque essor sous Catherine : le Havre et Nantes envoyaient des denrées coloniales, ainsi que des objets de mode et de luxe ; Bordeaux et Marseille, des vins et des fruits du midi. Le montant de ces importations en Russie dépassait celui des exportations de produits russes par navires français. Après l'Angleterre et la Hollande, c'étaient les places maritimes allemandes de Lubeck, de Hambourg, de Dantzick, de Rostock et de Brême, dont les bâtiments fréquentaient le plus les ports russes ; elles faisaient surtout un commerce de transport. La Prusse, la Suède et le Danemarck venaient en dernier lieu. Le commerce de terre avec la Suède, la Pologne, la Hongrie et les pays du Danube était moins considérable que le commerce maritime ; il s'accrut pourtant quand les marchands russes eurent obtenu la permission de visiter les pays étrangers pour affaires de commerce, et y furent même encouragés. Les Russes eurent donc un rôle actif dans le commerce de terre ; ils exportaient eux-mêmes leurs produits dans les pays précités et y achetaient des retours. Ainsi, ce n'est pas l'esprit du commerce, c'est l'aptitude pour la marine qui manquait aux Russes, comme à la plupart des peuples slaves, ce qui explique l'état arriéré de leur navigation.

La guerre de l'indépendance américaine faillit amener une rupture dans les relations si intimes de l'Angleterre avec la Russie. Le système de la neutralité armée a exercé tant d'influence sur le commerce international à cette époque, que quelques explications sur son origine ne seront pas ici dépla-

moyen pour y réussir que de fournir le drap anglais à meilleur marché. Wolf n'hésita pas à sacrifier 200 mille roubles pour atteindre son but. Une fois l'importation anglaise assurée, on éleva les prix, et on se dédommagea promptement des pertes qu'on avait éprouvées.

cées ; elles le seront d'autant moins que c'est la Russie qui en a pris l'initiative.

Déjà les Anséates avaient proclamé le principe que le pavillon couvre la marchandise ; ils l'avaient même à l'occasion soutenu par la force. Quand, après la découverte de l'Amérique, le commerce maritime acquit plus d'extension, ce principe fut tacitement admis par tous les États policés, reconnu même par quelques-uns, notamment par l'Angleterre, dans des traités de commerce, et généralement observé en temps de guerre. Mais à partir du milieu du dix-huitième siècle, les Anglais, vainqueurs de la France et de l'Espagne, croyant pouvoir s'arroger sur les mers la suprématie absolue, commencèrent à suivre un système opposé, et même à le pratiquer avec une extrême violence. Lorsque la défection de leurs colonies de l'Amérique du Nord eut allumé une guerre générale, ils exigèrent des navires neutres la justification sous serment que les marchandises chargées à leur bord n'étaient point la propriété de l'ennemi. Le vrai but de ces entraves au commerce des neutres était d'empêcher la France et l'Espagne de s'approvisionner dans le Nord des matériaux indispensables pour leurs armements maritimes. Catherine, dont les États retiraient un si grand avantage des guerres maritimes du reste de l'Europe, notifia, en 1780, aux puissances belligérantes une déclaration qui établissait, en cinq articles, les droits du pavillon neutre. Le plus important portait que le pavillon neutre devait couvrir toutes les marchandises appartenant aux sujets des puissances belligérantes, excepté la contrebande de guerre, c'est-à-dire les armes et munitions. Tous les États s'étant empressés de promettre leur adhésion à des dispositions si conformes à l'intérêt général, l'Angleterre jugea à propos de céder devant l'orage. Elle se garda bien toutefois d'exprimer un assentiment formel. L'impératrice déclara expressément que le but de la neutralité armée était la protection du commerce, et rendit à ce sujet une ordonnance, que le collége du commerce fut chargé de porter à la connaissance du public. Elle poursuivit cette ligne de conduite avec une remarquable énergie, et c'est à elle que les neutres furent principalement redevables de l'essor que la navigation prit sur toutes les mers, pendant la guerre d'Amérique.

La Russie se rapprocha des autres puissances à mesure qu'elle s'éloignait de l'Angleterre, et telle fut, sans contredit, la conséquence la plus importante de la neutralité armée pour le commerce russe. Tandis que des traités de commerce se concluaient sur la base du traitement réciproque de la nation la plus favorisée, avec la plupart des États qui avaient adhéré à la neutralité, le traité avec l'Angleterre, expiré en 1786, ne fut point renouvelé. Des collisions en Chine, au sujet du commerce des pelleteries, avaient contribué encore à tendre la situation, quand la révolution française vint tout à coup imprimer une autre direction au système politique et commercial de la Russie. Catherine trouva dans la marche et dans les effets de cette grande commotion, des motifs sérieux d'oublier le passé, de renouveler les traités de commerce avec l'Angleterre, dans des termes peut-être encore plus favorables à cette puissance, de s'unir, en un mot, plus étroitement que jamais avec le gouvernement britannique.

III

La Russie ne resta pas étrangère aux voyages de découverte, et les expéditions de Behring dans les mers polaires, expéditions qui constatèrent la solution de continuité entre l'Asie et l'Amérique, furent un des titres de Pierre le Grand. La pointe méridionale du Kamtchatka fut peuplée de colons russes, et une navigation directe et régulière avec Okhotsk établie en 1716; les solitudes inconnues de la Sibérie furent exploitées, et la domination de la Russie étendue jusqu'au Nouveau Monde (1).

En Asie, le commerce de terre chercha à reprendre les

---

(1) On peut à ce sujet voir dans les *Nouvelles Annales des Voyages* (livr. de décembre 1855) un article sur *le trafic du nord de la Sibérie Orientale*. Il contient des détails assez curieux que j'ai recueillis dans les *Archives russes* d'Erman.   C. V.

routes qui conduisaient vers la Chine et l'Inde, sur les traces qu'avait laissées l'antiquité et surtout la domination des Arabes. En avançant des frontières de la Sibérie vers le sud-est, les Russes se rencontrèrent tout à coup avec les Chinois dans les steppes de la Tartarie. Les Chinois, qui, après de violentes commotions intérieures, s'étaient, en 1644, soumis à la dynastie mantchoue, avaient modifié leur politique traditionnelle de clôture hermétique vis-à-vis de l'étranger. Ils se montrèrent disposés, en 1689, à traiter avec leurs nouveaux voisins, non-seulement de la ligne frontière, qui fut tracée à la rivière de Karbatchi, à 150 milles allemands de la grande muraille, mais de l'établissement de relations commerciales. Les Arabes, comme on l'a vu au tome premier, n'avaient obtenu la permission de visiter le pays qu'isolément, et seulement jusqu'à Singafou. Les Russes furent autorisés à envoyer annuellement une grande caravane jusqu'à Pékin. Mais bientôt des violations de la frontière occasionnèrent des démêlés qui interrompirent le commerce.

Une ambassade solennelle, que Catherine Ire envoya à Pékin en 1726, rétablit les relations. Le traité qui fut conclu restreignit le commerce des particuliers à la ville frontière de Kiakhta, où les marchands chinois et les marchands russes devaient se réunir pour effectuer leurs échanges, mais reconnut au gouvernement russe le droit d'envoyer directement tous les trois ans une caravane à Pékin. Le commerce des particuliers ne tarda pas à prospérer ; mais il n'en fut pas de même des caravanes de la couronne. Entravées par la politique ombrageuse des Chinois, elles ne réalisèrent que des pertes. On ne leur laissait aucune liberté, et on les obligeait de prendre de mauvaises marchandises à des prix élevés. Leurs voyages devinrent en conséquence de plus en plus rares, et la majeure partie du commerce de la Chine passa aux mains des particuliers. Cependant le gouvernement en retirait encore quelques bénéfices, en se réservant l'exportation des pelleteries et l'importation de la rhubarbe. En 1762, Catherine II affranchit entièrement le commerce, et renonça aux monopoles ainsi qu'aux caravanes. Par suite de la chasse faite aux loutres de mer dans les îles nouvellement découvertes de la mer orientale, entre le Kamtchatka et la côte nord-ouest de l'Amérique, les envois de pelleteries en Chine avaient pris un développement considérable et attiré l'attention des Anglais, à qui les voyages de Cook, de 1777 à 1780, avaient fait connaître plus exactement l'importance du commerce des fourrures avec le Céleste Empire, et les bénéfices qu'il procurait. Les ports de l'Indo-Chine reçurent de nombreuses cargaisons de pelleteries d'Amérique, expédiées les unes par l'Angleterre, les autres directement du territoire de l'Orégon, que possédait la compagnie de la baie d'Hudson. Les Anglais ne tardèrent pas à être suivis par les Américains, et même par les Espagnols, qui envoyèrent des peaux de loutres de mer de la Californie aux Philippines. Canton rivalisa tout à coup avec Kiakhta, et la Russie se vit d'autant plus menacée dans son commerce jusque-là ignoré avec la Chine, que, dans la concurrence entre le commerce de terre et le commerce maritime, c'est ordinairement ce dernier qui l'emporte. Mais les détails à ce sujet appartiennent à la période contemporaine. Pour la Russie, du reste, dans la présente période, les relations avec la Chine avaient une importance toute particulière ; elle était le seul État européen qui pût y échanger des marchandises, les autres étaient obligés d'y porter de l'argent. Les pelleteries russes étaient l'objet d'une demande constante de la part de la Chine, qui offrait en retour des quantités considérables de produits de son sol, surtout du thé et de la rhubarbe, articles dont la valeur augmente dans le transport par terre, où leur qualité ne se détériore pas comme dans le transport maritime.

Au milieu de créations inspirées par l'esprit européen, la mission que la Russie avait à remplir du côté de l'Asie, par le commerce plus encore que par la guerre, n'avait pas échappé au génie de Pierre le Grand. La mer Caspienne, abandonnée depuis des siècles, attira d'abord ses regards. Nous avons vu plus haut comment les Anglais, après la découverte de la mer

Blanche, avaient conçu le projet de pénétrer par le Volga
dans la mer Caspienne, et de rivaliser ainsi pour le commerce de la Perse avec les Portugais, astreints au détour de
la route maritime ; de rivaliser avec d'autant plus de chances de succès que les provinces du nord de la Perse sont
infiniment plus fertiles que celles du midi. Mais le commerce
anglais n'était pas encore assez robuste pour surmonter les
difficultés d'une pareille entreprise. La France avait également songé pendant quelque temps à tirer par la même voie
des soies de la Perse. De ces précédents, le czar conclut que
c'était surtout à son peuple à établir des relations directes
avec la Perse et de là avec l'Inde.

Il voulait ramener le commerce de l'Inde dans son ancienne
route de la Boukharie et de Khiva, puis le diriger vers la
Russie, par la mer Caspienne. Plusieurs expéditions eurent
pour objet, les unes de retrouver l'ancien lit de l'Amou-Daria
(Oxus), en côtoyant la mer Caspienne à l'est, et de pénétrer
plus avant par ce fleuve, les autres d'atteindre, de la Sibérie
méridionale, la Boukharie en remontant l'Irtisch. On était
attiré par l'appât des sables aurifères, charriés, disait-on, par
les fleuves qui descendent de l'Altaï et du Mouztag. Mais
ces expéditions échouèrent, seulement, il est vrai, quant à leur
but commercial ; car, à d'autres égards, elles furent très-
utiles et très-importantes pour l'empire des czars. Par elles,
la Russie obtint la possession incontestée des monts de Koly-
van, si riches en minerais, dont les trésors ultérieurement
découverts réalisèrent la fable grecque des griffons qui gar-
dent de l'or, et offrirent un large équivalent des sables aurifères inutilement espérés.

Ce qui fit échouer ces tentatives, ce fut principalement le
naturel pillard et indomptable des Kirghizes et des Basch-
kirs qui habitent les pays intermédiaires. On réussit mieux
sous l'impératrice Anne, dans le plan de fixer dans des entrepôts permanents le commerce sur les frontières russes. La
soumission de la petite horde des Kirghizes y vint en aide. En
1734 on ordonna de bâtir la ville d'Orembourg ; bientôt des

échanges fort actifs s'y établirent et animèrent aussi d'autres villes limitrophes de la steppe des Kirghizes. Au commencement les caravanes de Taschkent et de Kaschgar n'étaient conduites que par des marchands asiatiques ; vers la fin de la période les marchands russes y prirent part et finirent par avancer jusqu'à Balk, où l'on rencontrait les caravanes de l'Inde.

Pierre le Grand n'ayant pu rétablir le commerce de l'Inde par la Boukharie, ne fit que redoubler d'efforts pour s'emparer du commerce de la Perse. Ce commerce était alors presque exclusivement entre les mains de marchands arméniens, qui possédaient des comptoirs à Astrakhan. Ces hommes industrieux transportaient les articles persans, et en particulier la soie, non-seulement en Russie, mais par Archangel jusqu'en Hollande, où ils prenaient en retour des draps et d'autres objets faciles à placer en Perse. Le czar était très-bien disposé pour les Arméniens, qui apportaient beaucoup d'argent dans le pays et payaient en droits de douane des sommes considérables ; il leur accorda même, en 1711, le monopole du commerce de la soie. Cependant, se ravisant bientôt, il désira assurer à ses Russes, qui, d'Astrakhan, avaient déjà formé quelques relations avec Téhéran et Ispahan, un traitement plus favorable dans ce négoce lucratif. Il commença par faire explorer et mesurer la mer Caspienne, puis il envoya des consuls dans les principales villes de la Perse, pour y suivre et surveiller les affaires commerciales. Se fondant sur les traditions de l'antiquité et de l'époque des Arabes, il se proposait évidemment d'établir, à l'embouchure du Kour, un entrepôt du commerce de l'Orient. Astrakhan appartenait à la Russie depuis 1554 ; mais le pays entre la mer Caspienne et la mer Noire, la grande route du marchand comme du soldat, obéissait à la Perse. Quand, sous la dynastie énervée des Sofis, cette contrée tomba dans la plus complète anarchie et fut attaquée par les Afghans, Pierre jugea le moment favorable pour intervenir dans la lutte. L'atteinte portée aux droits de sujets russes par les Lesghiens lui en fournit l'occasion ; dans le cours de l'année 1722 il conquit les provinces caspiennes de Ghilan, de Daghestan, de Chirvan et d'Astérabad, et l'année suivante il en obtint du schah la cession expresse. On s'occupa alors avec activité de fonder à l'embouchure du Kour une ville destinée à servir d'étape aux échanges entre la mer Caspienne et le Pont-Euxin, en communication avec Tiflis. Pierre se flattait en même temps de l'espoir d'attirer dans la nouvelle ville le commerce de la soie de Perse, article dont la seule province de Ghilan, indépendamment d'autres richesses naturelles, expédiait alors tous les ans 5 mille balles d'une valeur de 3 millions 200 mille roubles en Turquie, et de faire de cette ville le point de départ et d'arrivée des caravanes de l'Asie centrale. Il fonda une compagnie pour le commerce avec la Perse ; des Russes et des Arméniens à la fois y furent admis, ces derniers pour servir de maîtres aux Russes ; mais il défendit aux Arméniens d'expédier directement, comme ils l'avaient fait jusque-là, des marchandises persanes à d'autres pays d'Europe ; elles devaient passer dorénavant par les mains d'intermédiaires russes. Du reste les provinces caspiennes fournissaient elles-mêmes divers articles d'un débit avantageux : du froment, du riz, du vin, des fruits du midi, de la laine, du coton, des chevaux, du sel, du naphte, etc.

Malheureusement la mort enleva trop tôt le czar à ce théâtre si riche d'avenir commercial, et ses successeurs ne surent pas poursuivre, ou ne poursuivirent qu'à demi ses grands projets. On renonça à l'établissement d'une ville sur le Kour, et une société arménienne obtint le privilége du commerce avec la Perse, au préjudice des marchands russes, ce qui obligea la compagnie fondée par Pierre à se dissoudre. De plus, l'impératrice Anne restitua les provinces caspiennes à la Perse, de sorte que la Russie perdit toutes ses acquisitions territoriales. Néanmoins la pensée commerciale de Pierre lui survécut ; ce furent les Anglais qui s'en emparèrent ; dans un traité conclu en 1738, ils se firent accorder le transit en franchise à travers la Russie. Le capitaine Elton dirigea la première expédition. Des articles de fabrication anglaise furent embarqués à Astrakhan et portés sur le marché d'Astérabad, à l'extrémité méridionale de la mer Caspienne. Mais, dans le cours brillant de ses opérations, Elton passa au service de Nadir Schah, le victorieux dominateur de la Perse, qui se proposait de construire avec son aide une flotte sur cette mer. Dès que cette nouvelle parvint à Saint-Pétersbourg, on s'empressa de retirer aux Anglais leur privilége, et le commerce de la Perse revint aux Arméniens.

Il n'est peut-être pas sur la terre de peuple mieux doué pour le négoce. Sa grande aptitude à cet égard, que tout l'Orient attestait, ne fut connue de l'Europe que vers la fin du dix-septième siècle. Les Arméniens obtinrent du crédit en Hollande et en Italie, l'emportèrent sur toutes les nations dans les provinces de la Perse qui touchent à la mer Caspienne, et firent un commerce actif par Kertch et Djoulfa jusque dans l'intérieur de la Russie, ainsi qu'avec la Turquie et avec l'Inde. Leur prospérité dura jusqu'à l'époque des guerres civiles de Perse, dont les désastres les atteignirent. Cependant ils se maintinrent, et l'extension que prirent, à cette même époque, leurs relations avec la Russie, fut pour eux une bonne fortune. Un peuple aussi actif, aussi familier avec les usages de l'Orient, possesseur de grands capitaux, vivant avec une extrême économie, pratiquant le commerce depuis un temps immémorial, dans ses moindres opérations comme dans ses spéculations les plus vastes, un peuple ainsi fait ne pouvait pas être aisément dépossédé par les Russes. Pierre le Grand avait essayé d'affaiblir une si redoutable concurrence, mais sans succès notable. On y réussit encore moins sous les règnes d'Élisabeth et de Pierre III. En 1762, le commerce avec la Perse fut rendu entièrement libre par ce dernier prince; les Arméniens ne furent que mieux les maîtres. Ils fondèrent une colonie considérable à Astrakhan, et ils eurent entre leurs mains les principaux fils des relations que, depuis lors, la Russie a, lentement, mais sûrement nouées avec les empires mahométans de l'Asie, en se rapprochant de plus en plus de l'empire anglais de l'Inde.

Toutefois l'expansion politique et commerciale de la Russie du côté de la Perse, appartient à la période contemporaine. A la fin de la présente période, le Térek servait de limite entre les deux empires, et le trafic avec la Perse, retombée dans l'anarchie après la mort de Nadir Schah, avait plutôt diminué qu'augmenté. D'autre part, Catherine II remportait d'éclatants succès sur la mer Noire, et jetait ainsi les bases d'une puissance commerciale que Pierre avait aussi désirée et poursuivie, mais qu'il n'avait pu atteindre comme dans le nord.

La malheureuse paix du Pruth, en 1711, avait renversé tous les plans de domination de Pierre le Grand sur la mer Noire, et, quand l'impératrice Anne voulut prendre une revanche, le traité de Belgrade en 1739 ne fut pas plus avantageux. Il fut interdit à la Russie par la Porte d'avoir une flotte ou même quelques bâtiments de guerre, tant sur la mer d'Azof que sur la mer Noire. Le commerce entre les sujets des deux puissances était déclaré libre, mais il ne pouvait s'effectuer sur la mer Noire que sous pavillon turc. Dans ces conditions, il se renferma dans les limites du plus strict nécessaire. Il se faisait quelque trafic par terre avec la Crimée, où les khans tartares favorisèrent même les Russes. On y portait des pelleteries, de la toile, des cordages, de la laine et du chanvre. Peut-être de la Crimée s'expédiait-il aussi parfois quelques marchandises à Constantinople. Cependant les besoins et les intérêts de la Russie la poussaient avec trop de force vers le littoral du midi, pour que le cabinet de Saint-Pétersbourg perdît jamais de vue un pareil but. Afin d'animer un peu le commerce, il fallut avant tout le retirer des mains des Cosaques, qui jusque-là en avaient eu la possession. On crut pouvoir y parvenir par l'établissement d'une compagnie de commerce en 1756. Mais, cette compagnie, à peine au début, fut dissoute en 1762. Le principal obstacle était la volonté bien arrêtée des Turcs de ne pas souffrir de navires russes sur la mer Noire. La France, qui occupait un rang très-inférieur dans la navigation de la Baltique, chercha à obtenir une meilleure part dans celle de la mer Noire, et appuya de tous ses efforts la compagnie russe, dans l'espoir d'acheter d'elle directement les produits de la Russie et même ceux de la Perse. Mais, quelque peine que se donnât le cabinet de Versailles, la Porte demeura inébranlable et refusa d'ouvrir le passage des Dardanelles.

Catherine II, enfin, parvint à réaliser les plans de Pierre, non tout d'un coup, mais lentement et par degrés, ce qui ne leur assurait que mieux l'avenir. Il fallut pour cela plusieurs guerres sanglantes. La première, qui se termina en 1774 par la paix de Koutchouk-Kaïnardjé, eut des résultats décisifs pour le commerce et pour la navigation de la Russie. Toutes les eaux et toutes les provinces de la Turquie leur furent ouvertes. La Russie obtint le droit de passage par les Dardanelles, et, par l'acquisition d'Azof, de Kertch, de Taganrog et de quelques autres ports, étendit son territoire jusqu'à la côte. Alors les produits des provinces méridionales, jusque-là entièrement dépourvus de débouché, ou du moins obligés à un long détour, pour gagner la Baltique, eurent un écoulement extérieur, et il fut possible au midi de l'Europe de s'en approvisionner par la voie la plus courte et sans l'entremise des États marchands du nord-ouest. Cependant de grands obstacles restaient encore, et ils ne purent être écartés que peu à peu : c'était le lit impraticable des grands fleuves, du Don et du Dniéper, les brigandages des Cosaques et des Tartares errants sur leurs bords, et le mauvais état des ports cédés, dont un seul, Taganrog, pouvait être jusqu'à un certain point employé pour la grande navigation. Sur la mer Noire, il n'y avait qu'un seul port, hors d'état de servir, celui de Kinburn, à l'embouchure du Dniéper, dans le voisinage duquel la ville de Kherson fut bâtie en 1778. La question de savoir par qui se ferait le nouveau commerce était une autre difficulté. Quand Pierre s'était vu en possession des côtes de la Baltique, il n'avait eu qu'à en ouvrir les ports aux nations maritimes pour y attirer le commerce. La mer Noire, au contraire, était fermée à tous les pavillons, le turc et le russe exceptés. Il ne pouvait être question de livrer le commerce russe aux mains des Turcs, ou plutôt de leurs

facteurs, les Grecs, les Arméniens et les Ragusains ; il ne
restait donc pas d'autre parti à prendre que de l'exploiter soi-
même. Mais deux conditions essentielles manquaient encore
à la Russie dans cette partie de l'empire, une marine marchande expérimentée et des négociants instruits, avec des capitaux. Au moyen des bois des forêts vierges qui couvrent les
bords du Don et du Dniéper, les constructions navales prirent promptement de l'activité ; mais on ne pouvait espérer de
voir le commerce s'étendre au delà de la mer Noire. Cependant Catherine désirait l'établissement de relations directes
avec les pays de la Méditerranée, afin que les produits russes
y arrivassent sans détour. Dans ce but, en 1776, elle fonda
à Constantinople une maison de commerce soutenue par le
gouvernement et soumise à son influence. Cette entreprise
attira l'attention de toutes les places, et l'un de ses chefs, qui
se rendit au Bosphore par l'Angleterre, la France et l'Italie,
reçut de nombreuses commandes de produits russes ; on trouvait plus d'avantage à les faire venir par la nouvelle route que
par la Baltique. D'autre part, un nouveau marché s'ouvrait
dans la mer Noire pour les articles des fabriques anglaises et
françaises, et les anciens projets de trafic avec la Perse furent
agités de nouveau. Mais une mauvaise administration et les
tracasseries continuelles de la Porte amenèrent bientôt la
chute de la maison. Elle eut du moins le mérite d'avoir frayé
la voie et montré, même par ses spéculations avortées, de
quelle extension le commerce de la mer Noire était susceptible. A côté de la compagnie, quelques particuliers avaient
tenté, pour leur propre compte, des expéditions directes de
produits russes vers l'Occident. De Kherson, cinq navires,
chargés de chanvre et de tabac, mirent à la voile, en 1781,
pour des ports français. Mais, en somme, les opérations commerciales de la Russie, dans les dix premières années qui suivirent la paix de Koutchouk-Kaïnardjé, se bornèrent au cabotage entre les ports de la mer d'Azof et ceux de la mer
Noire. Elles étaient surtout conduites par des Grecs, naviguant
sous pavillon russe.

Un pareil état de choses ne pouvait pas être de longue durée. Il fallait que la czarine fît un pas de plus, ou qu'elle renonçât à ses vues sur l'Orient. Préférant le premier parti, elle saisit une occasion favorable de soumettre la presqu'île de Crimée, restée jusque-là indépendante sous la domination du khan tartare, et de l'incorporer à son empire, en 1783, sous le nom de Tauride. Cette incorporation était de la plus haute importance, sous le rapport commercial. La Crimée avait été, il est vrai, désolée par de longues guerres, mais elle avait conservé toute cette fécondité naturelle que l'antiquité avait connue et mise à profit. Les riches moissons y repoussèrent, et depuis lors le commerce des grains en Europe prit un rapide développement. La Russie acquit les éléments d'une puissance maritime par des ports nombreux sur la mer Noire, entre autres Eupatorie, Théodosie et Sébastopol. Il faut y ajouter Nicolaïef, qui, situé au confluent du Bog et de l'Ingoul, offrait tous les avantages d'un port. Inquiète de l'alliance de Catherine avec Joseph II, la Porte espéra conjurer l'orage par des concessions. Elle reconnut donc l'occupation de la Crimée par la Russie, et proposa un traité de commerce extrêmement avantageux, qui accordait aux Russes des réductions de droits et des facilités de toute espèce, avec le traitement de la nation la plus favorisée.

Après la conquête de la Crimée, et en présence des brillantes perspectives qu'elle assurait au commerce russe sur la mer Noire, le cabinet de Saint-Pétersbourg changea tout à coup de système, et abolit le monopole de ses sujets. Par un manifeste impérial, en 1784, les ports russes de la mer Noire et de la mer d'Azof furent ouverts au libre commerce avec toutes les nations. On se réserva, du reste, de conclure dans l'occasion des traités de commerce avec les différents États. Ce fut ce qui arriva de 1784 à 1789, à propos de la question du pavillon neutre. On traita avec plusieurs États d'Italie, la Pologne, l'Autriche et la France, qui obtinrent certains avantages à charge de réciprocité. Le choix de ces États était judicieux. Ainsi était écartée l'entremise des Anglais et des Hollandais, et les relations directes, conformes à la nature des choses, étaient facilitées entre la Russie et le midi de l'Europe. Indépendamment des avantages qu'en attendait la France, dont le commerce était déjà très-considérable dans le Levant, on espérait que ces traités auraient pour effet d'animer la voie du Danube, et de provoquer des relations avec l'Autriche et l'Allemagne. En reprenant les anciennes traditions de l'époque italienne et byzantine, on aurait rétabli un commerce national violemment interrompu par l'invasion des Turcs. Mais la Porte y mettait un obstacle insurmontable, en continuant de fermer le passage de la Méditerranée dans la mer Noire. Il n'était permis qu'aux Ragusains de le franchir sous pavillon turc ; la même faculté fut alors aussi accordée aux Autrichiens, et il leur fut permis en outre de transborder leurs marchandises à l'embouchure des fleuves qui se jettent dans la mer Noire. Cette dernière faveur aurait pu être très-féconde pour le commerce du Danube. La Russie méridionale avait reçu jusque-là les marchandises allemandes, hollandaises, anglaises et françaises, soit par Saint-Pétersbourg, soit au moyen du roulage par Dantzick, Leipsick et Breslau. Quelque grand que fût le détour, ces marchandises, en raison de leur faible volume et de leur valeur considérable, pouvaient mieux supporter les frais de ce mode de transport que les produits communs et encombrants de la Russie. La voie fluviale était donc pour ces derniers plus facile et plus commode, et elle leur promettait un plus grand débouché. Mais les entraves et les difficultés de la navigation sur le Danube, l'insuffisance des embarcations, le défaut de magasins, la nouveauté des opérations et l'inexpérience des Russes et des Autrichiens, empêchèrent la réalisation des espérances qu'on avait conçues. Le transit des produits de la Pologne, en aval du Dniéper, fut paralysé par la jalousie des Turcs, qui avaient établi un entrepôt de grains à Belgrade. Les grains de la Pologne ne trouvaient pas d'ailleurs, dans les ports de la Méditerranée, la même faveur que ceux de la Moldavie et de la Valachie. Ainsi, malgré l'ouverture des ports à toutes les nations, les Russes et les Grecs furent presque les seuls à faire le commerce de la mer Noire. Cependant les capitaux étrangers s'y employaient chaque jour davantage, et des navires étrangers empruntaient parfois le pavillon russe. A la fin du siècle, les ports russes étaient chaque année, en moyenne, visités par 470 navires, dont 16 naviguant sous pavillon russe, 276 sous pavillon turc et 30 sous pavillon autrichien.

La paix de Jassy, qui termina en 1792 une nouvelle guerre avec la Porte, n'opéra pas de changements essentiels dans le commerce. Elle eut cependant pour effet d'étendre la domination russe sur la totalité du littoral compris entre le Dniester et le Kouban. Plus importante fut l'acquisition des provinces qui échurent à la Russie, sur le Dniester, dans le partage de la Pologne. L'occupation d'Otchakof assura la navigation sur le Dniéper; mais, la rade de cette ville étant détestable, on chercha un port meilleur entre les deux bassins du Dniester et du Dniéper. De là la fondation d'Odessa, en 1792.

Ces derniers événements appartiennent chronologiquement à la période contemporaine; on les a néanmoins mentionnés ici, comme le complément de la base sur laquelle, dans des dimensions déjà prodigieuses, s'élève ce colossal édifice de la puissance russe, qui, s'il s'achève sur le même plan, ne peut manquer de produire une profonde révolution dans le commerce de l'Ancien Monde (1).

LES POLONAIS.

Le rôle de la Pologne dans l'histoire du commerce est entièrement passif. Aucune autre nation en Europe n'a montré

(1) L'issue de la guerre d'Orient permet d'espérer que cet édifice orgueilleux ne s'achèvera pas.　　　　　　　　　　　H. R.

J'ai reproduit avec plus de développements, et continué jusqu'à nos jours cet aperçu historique, dans une série d'articles sur *le Commerce Extérieur de la Russie avant et depuis Pierre le Grand*, publié dans le Journal des Economistes (livraisons de novembre et décembre 1854, juin et août 1855.)
C. V.

si peu d'aptitude et de vocation pour le négoce et pour l'industrie. Même aux temps de sa puissance et de sa grandeur, lorsqu'elle touchait au sud à la mer Noire et au nord à la Baltique,
lorsqu'elle réunissait ainsi les conditions les plus favorables
pour le commerce international, la Pologne ne sut tirer aucun
parti de ces avantages. Elle n'eut jamais de navigation; elle
ne sut même pas exploiter, dans l'intérêt de sa domination, le
commerce maritime de la Hanse, que la conquête de la
Prusse occidentale, en 1466, et celle de la Livonie, en 1583,
avaient mis en son pouvoir, ou du moins se faire sur la Baltique une position égale à celle des autres États riverains. Que
ne seraient pas devenus en d'autres mains les ports de Riga et
de Dantzick, comme entrepôts d'une contrée telle que celle qui
s'étendait derrière eux! Avec son admirable système de cours
d'eau et la variété de ses richesses naturelles, la Pologne fut,
au temps de sa splendeur, un des pays les plus heureusement
situés pour le développement d'un commerce actif. Mais une
déplorable constitution, l'amour des conquêtes, l'humeur bel-
liqueuse, le peu de goût pour les arts de la paix et pour le travail, réduisirent les Polonais à un rôle très-subalterne comme
peuple commerçant.

Ce fut le christianisme qui apporta aux Polonais, en 965,
les premiers éléments de la civilisation. Ils s'accoutumèrent
à la vie sédentaire, à la culture de leur sol, et entrèrent peu à
peu en contact avec leurs voisins plus avancés, les habitants
de la Bohême; la Silésie était à cette époque une province polonaise. Mais cela ne suffit pas pour naturaliser chez eux le commerce et les métiers. Il fallut l'immigration des juifs expulsés
d'Allemagne vers la fin du douzième siècle. Les juifs obtinrent des rois de Pologne divers priviléges, et bien que plus
tard ils aient essuyé des persécutions, le peu de commerce propre et surtout de commerce intermédiaire que fit la Pologne,
est resté jusqu'à nos jours entre leurs mains. Ce fut sous le
règne de Casimir III, surnommé le Grand, qui monta sur le
trône en 1333, que les intérêts matériels de la Pologne furent
l'objet des soins les plus intelligents. Elle lui fut redevable de

son organisation politique ; il voulut appliquer la nation aux arts utiles et au négoce, afin de produire l'aisance et de la répandre dans le pays. A cet effet, il attira beaucoup de colons de la Bohême et de l'Allemagne, et les établit à grands frais dans différentes villes nouvellement fondées. Il céda, il est vrai, la Silésie à la Bohême ; mais le commerce s'en trouva bien. Breslau devint l'entrepôt des produits de la Pologne, bestiaux, bois, cire, plomb et sel, à destination de l'Allemagne, en même temps que celui des produits allemands et levantins allant en Pologne. L'industrie silésienne trouvait en Pologne une clientèle très-considérable pour ses toiles, ses draps et ses ouvrages en fer ; elle en approvisionnait aussi, par l'entremise de Cracovie, les contrées danubiennes du sud-est. Le centre du commerce de la Pologne même était Cracovie, la ville la plus peuplée et la plus riche du pays, animée par une cour brillante et par le luxe de la noblesse. Sa situation entre le nord et le sud était très-favorable au négoce, qui pouvait y embrasser à la fois les pays du Danube et de la mer Noire et ceux de la Vistule et de la Baltique. Le commerce avec la Moldavie et la Valachie passait par Lemberg, qui jouissait du droit d'étape pour le transit. A l'époque où florissait Caffa, des envois considérables de marchandises de l'Inde prenaient cette voie. La Pologne possédait alors les bouches du Dniester et le port de Hadjibey, non loin de l'emplacement actuel d'Odessa. De ce port, qui a derrière lui l'Ukraine et la Podolie, des navires chargés de grains se rendaient de temps en temps dans les ports byzantins et italiens de la mer Noire et du Levant. Si un point de cette importance, qui aurait pu devenir un autre Dantzick, fut négligé et laissé sans défense contre les Turcs et les Tartares, c'est une preuve éclatante de l'ignorance et de l'indifférence du gouvernement polonais en matière de commerce. Un autre trait caractéristique, c'est que la Pologne, au moment même où elle possédait des côtes étendues, n'eut jamais l'idée de se créer une marine. Ce fut avec la même insouciance qu'on abandonna aux Turcs, sans coup férir, la Moldavie et la Valachie, et qu'on cessa ainsi de communiquer librement avec le bas Danube. Après que Constantinople fut tombée au pouvoir des Turcs, la Pologne n'envoya plus dans cette contrée que de la cire, du miel, du beurre, du sel, des fourrures et des couvertures de laine grossière, en retour desquels elle prenait des vins, des chevaux, des selles, du tabac, de l'huile et des étoffes de soie et de coton.

C'est avec la Hongrie que, dès les temps les plus anciens, la Pologne avait entretenu les relations les plus actives. Les importations de cette fertile contrée excédaient de beaucoup ses exportations. Elles consistaient en vins, fruits secs, laine, chanvre, noix de galle, salpêtre, potasse, peaux grandes et petites, métaux, cuivre surtout, bois de construction, eau-de-vie de prunes dite slibowitz, etc. L'article principal que la Pologne fournissait en échange, était le sel des mines de Wiéliczka. La route commerciale se dirigeait, par les villes des montagnes du comté de Zips, sur Cracovie, entrepôt de tous les produits hongrois. De là ces produits pénétraient par Breslau en Allemagne, ou descendaient la Vistule jusqu'à Dantzick, où on les embarquait pour une destination ultérieure. La Pologne et la Russie trafiquaient ensemble dès l'époque où les grands princes résidaient encore à Kief. L'invasion des Mongols et la ruine de Kief interrompirent ces relations, qui auraient été paralysées d'ailleurs par le monopole absolu que la Hanse exerça bientôt dans le nord, au moyen de sa factorerie de Novogorod. Elles se rétablirent cependant, après que le czar Ivan III eut brisé le joug de la Hanse, et ouvert au commerce des autres nations son empire régénéré. Les Polonais, ou, pour parler plus exactement, les juifs de Pologne, faisaient le commerce par terre. Moscou était leur marché. Ils s'y rendaient en personne et comme par caravanes, de même qu'aux foires de Leipsick, pour y acheter des articles manufacturés. Pour le reste, ils attendaient que les étrangers vinssent chez eux, et laissaient habituellement exporter par ceux-ci les produits de leur territoire. C'était le cas, notamment, pour le plus considérable de tous dans

le commerce international, le blé. Les expéditions de blé par
la mer Noire étaient insignifiantes et cessèrent presque entièrement sous la domination des Turcs ; il ne s'en faisait d'envois
réguliers et sur une grande échelle que par Dantzick, et un
peu aussi par Riga.

Dans l'histoire de la Hanse, il a déjà été question de
Dantzick comme de la place la plus importante de la Baltique après Lubeck, et du froment de la Pologne comme
de l'un de ses principaux articles d'exportation. Après la paix
de Thorn, qui, en 1466, attribua à la Pologne une grande
partie des domaines de l'ordre Teutonique, Dantzick reconnut aussi sa suzeraineté, mais en conservant sa constitution de ville libre et en restant dans la ligue anséatique.
Le changement de domination fut à beaucoup d'égards avantageux à Dantzick, qui eut ainsi l'exploitation d'un État
puissant et vaste, pendant que les autres villes anséatiques
voyaient s'épuiser leurs ressources. La Hanse ayant eu le dessous dans son démêlé avec l'Angleterre, sous Élisabeth, et
ayant perdu ses anciens priviléges, Dantzick sut tirer parti d'une
situation toute nouvelle ; cette place obtint, en 1631, un droit
d'entrepôt exclusif pour toutes les importations anglaises dans
le royaume de Pologne, et s'assura ainsi le commerce avec
l'Angleterre de préférence à toutes les autres villes de la Baltique. L'acte de navigation disposa en sa faveur que les produits polonais embarqués dans son port seraient considérés
comme lui étant propres. Dantzick avait des relations également importantes, peut-être plus importantes encore, avec
les Hollandais, dont la navigation eut longtemps le premier
rang dans les eaux de la Baltique. Ils y allaient chercher, soit
pour leur propre consommation, soit pour la réexportation
dans l'Europe occidentale, les blés de la Pologne, qui, après
avoir descendu la Vistule, étaient recueillis dans les greniers
de Dantzick. A mesure que les contrées de l'Occident se peu-
plaient et s'enrichissaient par l'industrie, elles éprouvèrent
davantage le besoin d'acheter une denrée qu'elles ne produisaient pas en quantité suffisante ou qu'elles produisaient trop

chèrement. Ce ne fut qu'à la fin de la présente période, après que la Russie eut fait la conquête de la Crimée et obtenu la libre navigation sur la mer Noire, que le littoral de cette mer put redevenir, comme jadis, un des greniers de l'Europe. Jusque-là, les expéditions de la Baltique étaient presque les seules à alimenter le commerce maritime, et le froment de la Pologne se consommait en Espagne comme en Suède. Au commencement du dix-huitième siècle, il s'en exportait en moyenne de 40 à 80 mille lasts. Après le blé, les bois formaient l'article principal de l'exportation polonaise par la voie de Dantzick. L'importation comprenait des denrées coloniales, des vins, des fruits du midi, des articles manufacturés de toute espèce et du sel marin qui, chose remarquable, faisait concurrence au sel gemme de la Galicie.

La Pologne était purement agricole; à part les simples métiers et quelques fabriques de drap, elle n'avait pas à proprement parler d'industrie. Aussi le gouvernement n'y eut-il point l'idée d'établir en faveur de l'industrie des droits protecteurs ou prohibitifs, ni d'adopter le système mercantile en vigueur dans tous les autres pays. Il laissait sortir en franchise les matières brutes du pays, comme la laine, le lin et le chanvre, et croyait au moyen de lois somptuaires compenser l'inconvénient d'une balance du commerce défavorable. On a en conséquence souvent tiré de l'exemple de la Pologne un argument contre la liberté commerciale. Un plus ample examen de cette question rentre dans le domaine d'une histoire de l'économie politique. Bornons-nous à faire observer que la liberté du commerce en Pologne n'était point une liberté générale, mais constituait un privilége : ainsi la noblesse jouissait de l'immunité pour les blés qu'elle envoyait à Dantzick, comme pour les articles qu'elle recevait en retour, tandis que le marchand était assujetti à des droits, tant aux douanes publiques qu'aux douanes des particuliers, pour les blés qu'il expédiait vers l'embouchure de la Vistule, comme pour le café et le sucre qu'il en faisait venir. Comment le commerce et l'industrie pouvaient-ils fleurir dans un pays où le gentilhomme se procurait chaque chose à plus bas prix que le marchand, tout en considérant le négoce comme au-dessous de sa dignité ! La noblesse, qui jouissait à la diète d'une puissance absolue, avait peu à peu anéanti ce qui restait de la bourgeoisie d'une époque antérieure, et le paysan languissait dans l'oppression du servage et dans la pauvreté. A quoi eût servi de produire là où la faculté de consommer n'existait pas? La véritable liberté du commerce suppose l'égalité des droits, et cette égalité manquait entièrement à la Pologne. Son exemple n'est donc pas assez concluant, ou plutôt il ne l'est pas du tout (1).

Le commerce intermédiaire, longtemps profitable, que la Pologne faisait par terre avec la Russie en marchandises d'Allemagne, de Hongrie et d'autres pays, cessa quand le génie de Pierre le Grand eut fondé des ports sur la Baltique et appliqué un système commercial, qui, conjointemeut avec la politique, ne pouvait manquer de ruiner finalement un royaume en proie à une complète anarchie. Le partage de la Pologne fit éprouver au commerce et à la navigation de Dantzick des pertes, dont la nouvelle domination sous laquelle elle passa ne put l'indemniser; cependant, au point de vue du bien-être matériel, ce partage ne peut guère être considéré comme un malheur. Mais n'anticipons pas sur la période contemporaine.

(1) Il n'est pas moins vrai que l'absence d'une industrie manufacturière et des classes intermédiaires qu'elle fait naître a été une des grandes causes des malheurs de la Pologne, et que, si, à l'aide du système protecteur, cette industrie et ces classes avaient pu y surgir comme dans d'autres pays, la Pologne aurait eu une destinée différente et probablement plus heureuse.

H. R.

VIII. — Les Danois et les Suédois.

I

Le commerce scandinave, plus encore que le commerce russe, a débuté dans l'histoire par l'entremise de l'étranger. La ligue anséatique l'avait accaparé, et son monopole avait été si complétement reconnu par les princes qu'à peine les indigènes avaient-ils conservé le commerce de détail à l'intérieur. Elle leur permettait la culture du sol, la pêche et jusqu'à un certain point l'exploitation des mines, pour alimenter l'exportation ; mais elle paralysait chez eux l'industrie et la navigation, pour s'assurer l'importation et pour écarter toute concurrence. Aussi la Scandinavie, baignée de tous côtés par la mer et pourvue des plus riches matériaux pour la construction navale, avait-elle à peine, au commencement de la présente période, d'autres navires que des barques de pêche, et son cabotage même était-il entre les mains des étrangers.

Le déclin de la Hanse affranchit la péninsule du Nord du joug commercial qu'elle avait si longtemps subi. Cet affranchissement ne s'y opéra pas aussi brusquement, ni aussi violemment qu'en Russie et en Angleterre ; on resta sous l'empire de l'habitude et même de la nécessité. Longtemps les pays scandinaves furent hors d'état d'avoir un commerce et une navigation propres. Les espérances de grandeur fondées sur l'Union de Calmar ne s'étaient pas réalisées. Des luttes continuelles, causées par la jalousie et par l'antipathie, mirent obstacle à l'unité des trois royaumes et à la fusion de leurs intérêts ; les Anséates s'appliquèrent à entretenir et à fomenter une discorde avantageuse à leur monopole. Christian II, qui fut le dernier roi de l'Union depuis 1520, reconnut le principe du mal et résolut de le détruire par la force. Sévère jusqu'à la cruauté dans l'administration de ses États, visant à rendre son pouvoir absolu, afin d'assurer l'indépendance du Nord, il porta aux priviléges et aux immunités des Anséates de rudes coups, qui atteignirent notamment leur comptoir de Bergen. Pour tenir en échec la noblesse, il chercha à relever les villes et la bourgeoisie ; ce qui n'était possible que par le rétablissement de leur commerce et par l'expulsion des étrangers. Copenhague était destinée à devenir le grand entrepôt du Nord. Mais, quelque bien conçu que fût ce plan, le monarque manquait des moyens moraux et matériels nécessaires pour l'exécution ; il fut obligé de céder à la révolte qui éclata contre lui, et l'Union scandinave se brisa. Gustave Wasa fit, en 1523, de la Suède un royaume indépendant, et le Danemarck, en 1536, s'unit de nouveau avec la Norwège (1).

Par ce fait le Danemarck acquit d'abord la prépondérance. Après avoir de tout temps, même dans des circonstances défavorables, opiniâtrément résisté au joug des Anséates, après avoir lutté contre eux les armes à la main, il était d'autant mieux en état, dans des conditions meilleures, de s'émanciper entièrement. Aussi la Hanse ne reçut-elle aucune récompense du secours que, dans des vues intéressées, elle avait prêté au nouveau roi de Danemarck, Frédéric Ier. Elle changea de rôle et elle essaya de la force quand, après la mort de Frédéric, en 1533, le Danemarck fut en proie à de vives dissensions pour le choix de son successeur. Lubeck, encore à la tête de la ligue, et gouvernée par un bourgmestre ambitieux, entreprenant et actif, Wullenweber, comprit toute la portée des projets d'indépendance que poursuivaient les royaumes du Nord. Wullenweber forma une résolution hardie et bien digne de l'ancienne énergie de sa ville natale, celle d'écarter d'un seul coup un péril imminent et de soumettre le Nord plus que jamais à l'influence et à la tutelle de la ligue. Il profita d'un interrègne anarchique et appuya même avec une flotte le parti qui lui était favorable. Mais cette entreprise était trop

---

(1) On a suivi dans cette traduction l'orthographe allemande du nom de ce royaume. Observons toutefois que la lettre w n'existe pas dans la langue du pays, et que, par conséquent, on écrirait peut-être mieux *Norvège*, comme les auteurs français du dernier siècle.   C. V.

grande pour une ligue dont l'horizon s'était restreint, et où s'était affaibli l'esprit fédéral. Wullenweber périt sur l'échafaud, victime d'une réaction patricienne. La municipalité réactionnaire rechercha la paix à tout prix, et Christian III, qui dans l'intervalle, en 1534, était monté sur le trône danois, se prévalut de ce qui venait de se passer pour écraser la Hanse. Les restrictions que Christian II avait mises à son commerce à Bergen, furent maintenues. Son comptoir dépérit. Les habitants commencèrent à s'essayer au négoce, et du reste l'arrivée de navires anglais et hollandais, qu'on ne pouvait plus écarter, mit fin à son monopole. Cette concurrence fut pour les royaumes du Nord une alliance sûre, une arme efficace contre les Anséates; ils l'accueillirent avec empressement, ne fût-ce que pour se venger d'un ennemi depuis longtemps odieux, et sans se demander s'ils ne lui substituaient pas une autre puissance également dangereuse et nuisible à leurs intérêts.

Nous avons vu comment les villes anséatiques de la Baltique, en voulant se réserver le monopole du commerce russe et scandinave, avaient provoqué la défection des villes néerlandaises, et comment ces dernières avaient continué avec un succès toujours croissant leurs opérations dans ces parages. Elles trouvèrent dans les monarques du Nord un concours empressé. Christian Ier avait accordé des priviléges à différentes villes des Pays-Bas; Christian II les étendit. Il paraît même que, vers la fin du règne de ce prince, les Hollandais furent, sous le paiement d'une somme annuelle, affranchis des droits du Sund, qui avaient été élevés pour les Anséates. Les Anséates se crurent ainsi tellement atteints dans leurs intérêts qu'ils demandèrent l'exclusion des Hollandais de la Baltique, en invoquant les immunités de la Hanse. Mais il n'était plus temps de parler ce langage impérieux. On répondit à Copenhague qu'on ne savait plus ce que c'était que ces immunités. Les Hollandais fréquentèrent davantage les ports danois, et en 1544 un traité de commerce fut conclu à Spire entre Christian III et Charles-Quint, comme souverain des

Pays-Bas. Christian III guerroya même contre Hambourg, qui prétendait sur l'Elbe à un droit dit de restriction, d'après lequel toutes les villes du Holstein situées au-dessous de ce port auraient été astreintes à y entreposer toutes les marchandises qu'elles expédiaient en amont du fleuve, et en particulier leurs blés, à les y porter au marché et à les vendre à un prix déterminé. Cette longue lutte se termina au désavantage des Anséates, qui furent obligés de renoncer à leur droit et de payer une amende considérable. La ligue, autrefois toute-puissante, ne vivait plus que sur son passé; en présence de l'époque nouvelle, elle était, sinon sans idées, du moins sans vigueur, car l'idée du bourgmestre de Lubeck, Wullenweber, qui proposa en 1534 de déclarer la guerre au Danemarck avec toutes les ressources disponibles, de renverser la nouvelle dynastie, d'occuper le pays et de s'assurer ainsi dans le Nord de la suprématie commerciale, était grande et judicieuse; mais la vie s'était retirée d'une confédération sénile et impuissante. La Hanse dut se féliciter de ce que le traité d'Odensée, conclu en 1560 pour terminer ses démêlés avec le Danemarck, lui laissa plus qu'elle n'eût été capable de conserver. Comme il arrive souvent, son nom imposait même au milieu de sa décadence, et pour peu qu'elle eût eu encore quelque vitalité, elle aurait pu, au moyen de ce traité, s'assurer sinon le monopole, du moins la prééminence dans le commerce du Nord. Mais son temps était passé et sa chute inévitable.

Ce que les Anséates perdirent, les Hollandais le gagnèrent, car le Danemarck n'était pas encore mûr pour le commerce, et il avait trop peu de navires pour pouvoir se passer de la marine hollandaise, qui effectuait alors les transports maritimes de presque toute l'Europe. Cependant il ne supporta plus de monopole semblable à celui des Anséates, et les ports danois et norwégiens restèrent ouverts à toutes les nations. La constitution féodale du pays était un grand obstacle à son développement économique. La noblesse restreignait le pouvoir monarchique en même temps qu'elle opprimait, en leur

refusant toute part aux affaires publiques, les bourgeois et surtout les paysans. La condition de ces derniers en Danemarck
était le servage dans toute sa rigueur ; en Norwége ils étaient
parvenus à s'en garantir. Un pareil système était préjudiciable
à l'agriculture, la ressource principale du royaume. Après
l'établissement du gouvernement absolu en Danemarck par la
fameuse loi royale, une ordonnance rendue en 1702 par Frédéric IV affranchit les serfs, « afin d'inspirer aux paysans le
goût du travail, de l'application et de l'industrie, ainsi que
le courage et le dévouement pour la patrie. » Or, cette sage
ordonnance n'eut point d'effet et fut, l'année suivante, an-
nulée par une autre sur la milice du pays. Les corvées et
l'indivision des biens subsistèrent, et ce ne fut qu'à la fin de
la présente période, sous Christian VII, que les paysans du
Danemarck et des duchés de Schleswig et de Holstein obtinrent, à titre permanent, la liberté individuelle avec la faculté
de posséder et d'acquérir.

La richesse agricole de ces provinces, qui est aujourd'hui
si remarquable et fournit son contingent au commerce international, ne date ainsi que d'une époque récente ; si toutefois
des exportations de blé eurent lieu antérieurement, ce ne fut
que par intervalles, comme au temps de la Hanse, et elles
s'expliquent par la faiblesse numérique de la population et
par le manque de villes considérables. Le Schleswig et le
Holstein, et tout au plus le Jutland, fournissaient seuls des
grains en abondance. Les îles danoises et la Norwège n'en
produisaient pas assez pour leur consommation et étaient ap-
provisionnées par les provinces fertiles. L'éducation des animaux domestiques était généralement plus prospère que l'agriculture. Les chevaux et les bêtes à cornes formèrent de bonne
heure un article d'exportation recherché. Les armées allemandes remontaient habituellement leur cavalerie dans le Danemarck, et les bœufs maigres de la contrée allaient en grand
nombre s'engraisser dans les Pays-Bas. Le Danemarck avait
fait une grande perte lorsque le hareng, dont la pêche sur les
côtes de la Scanie était auparavant la plus abondante, avait

émigré vers l'ouest. Cette circonstance put consoler de la cession faite en 1658 de cette province à la Suède.

Les produits que le sol de la Norwège livrait au commerce, étaient incomparablement plus variés et plus riches. La chasse aux castors et aux élans était toujours lucrative à cause des pelleteries, et vers le milieu du dix-septième siècle il se prenait beaucoup de faucons pour le compte de princes étrangers. Le beurre de la Norwège était partout recherché, et ses pêcheries devinrent plus importantes que jamais, depuis que le hareng avait passé dans la mer du Nord. De superbes forêts de pins et de sapins alimentaient les constructions navales toujours croissantes en Angleterre et en Hollande. Des racines du pin on tirait du goudron. On explora les mines sur une plus grande échelle ; Christian III fit venir des mineurs allemands et publia sur la matière, en 1540, un premier règlement, qui fut amélioré par ses successeurs. Le fer était rare, mais l'argent se trouva en assez grande abondance près de Kongsberg, en 1623, et le cuivre près de Roeraas et de Lilladal, en 1644. L'extraction du fer prit quelque essor. Il existait vingt-quatre usines, plus des mines de cobalt, des carrières de marbre et des salines.

On voit que la Norwège avait plus d'importance pour l'exportation que le Danemarck ; aussi les Anséates attachaient-ils un très-grand prix à leur comptoir de Bergen ; et il en fut de même des Hollandais, qui leur succédèrent. S'il est un pays destiné par la nature à la construction navale et au commerce maritime, c'est assurément la Norwège, et l'on conçoit la domination de ses anciens habitants dans les mers du Nord. Lorsque le joug de la Hanse eut été brisé et que le peuple recommença à s'appartenir, cette vocation naturelle ne pouvait manquer de reparaître peu à peu.

Le gouvernement danois reconnut à la fin qu'un État insulaire comme le Danemarck avait besoin d'une marine pour conquérir son indépendance commerciale, comme pour maintenir son indépendance politique. Christian V promulgua en 1671 une charte accordant une réduction des droits de douane et d'autres faveurs aux navires danois et norwégiens, qui apporteraient directement du sel et du vin des ports d'Espagne et de France. On ne tarda pas à étendre cette disposition à d'autres pays et à d'autres marchandises. Ces navires étaient appelés navires de défense, parce qu'ils étaient armés et à la disposition du gouvernement en cas de guerre. La marine marchande du Danemarck commença alors à se mettre en campagne, d'autant plus que les quarante-huit années du règne de Christian IV avaient été fécondes pour les intérêts matériels. Déjà sous ce prince, en 1636, des navires marchands avaient entrepris des voyages lointains avec les encouragements de l'État ; déjà une compagnie avait été fondée pour le commerce du Nord et des Indes, une expédition en Guinée préparée, la Hanse dépouillée de son dernier privilége, la ville de Hambourg obligée d'abandonner ses prétentions au droit de restriction par l'envoi dans l'Elbe de deux navires de guerre, et une douane danoise établie à Gluckstadt. Le même monarque s'appliqua à relever la classe des artisans et à lui donner une organisation conforme à son intérêt et à l'intérêt général. Les ordonnances rendues à ce sujet sont remarquables en ce qu'elles abolirent le système des corporations, et « plusieurs abus que l'immigration d'un grand nombre d'ouvriers allemands avait introduits dans l'industrie. » Les guerres malheureuses de Christian IV avec la Suède diminuèrent sensiblement, il est vrai, l'efficacité de ses mesures, et firent éprouver des pertes au pays ; mais ces guerres avaient un motif parfaitement légitime, celui de ne pas laisser la Suède grandir outre mesure et régner paisiblement dans la Baltique.

Lorsque l'étoile de la Suède pâlit, celle du Danemarck brilla à son tour. Il est vrai que du jour où la Russie avait pris sa place dans le monde, on ne pouvait plus songer à la prééminence dans le Nord ; cependant la mort de Charles XII, en 1718, ouvrit l'âge d'or du Danemarck. Cette époque de prospérité matérielle dura jusqu'à la fin de la présente période. Le commerce, la navigation et l'industrie grandirent, et le pavillon du Danebrog flotta sur toutes les mers. Frédéric IV chercha particulièrement à faire fleurir la capitale, en y concentrant, en 1726, le commerce du sel, de l'eau-de-vie, du vin et du tabac. Sous ses successeurs, Copenhague continua de s'agrandir et de s'embellir aux dépens du reste du royaume; ce fut, au surplus, en Danemarck que le système de monopole, particulier à l'époque, fut le plus énergiquement accusé. En même temps les doctrines de l'école mercantile y furent adoptées dans toute leur étendue. On voulut que le Danemarck devînt tout d'un coup un État manufacturier, et, pour rétablir une balance du commerce jusque-là défavorable, produisît tout lui-même autant que possible. On oublia sa vocation agricole, et, au lieu d'un Sully, deux Colberts, Moltke et Bernstorf, parurent à la tête du gouvernement. On attira à grands frais des industriels étrangers, entre autres des réfugiés protestants de France. La surveillance des nouvelles entreprises fut confiée, en 1735, à un collége général d'économie politique et de commerce, avec une dotation de 30 mille rixdales pour subventionner les différentes industries. A cette dotation s'ajoutèrent d'autres secours extraordinaires, des priviléges et des monopoles pour les établissements indigènes, la prohibition rigoureuse ou la taxation élevée des marchandises étrangères. Afin d'assurer aux fabricants une base d'opérations, on établit un magasin général à la bourse. Ils avaient la faculté d'y envoyer toutes les marchandises qu'ils ne pouvaient autrement écouler, et ils en recevaient le paiement immédiat. Le magasin revendait ou avançait ensuite ces marchandises aux détaillants, de sorte que détaillants et fabricants y avaient un crédit constamment ouvert. Afin d'exclure la mauvaise marchandise, on n'admettait rien dans le magasin sans une visite préalable. Une ordonnance de 1753 prohiba l'importation de toutes les étoffes de soie, de laine et de coton étrangères, en exceptant celles que les navires de la Compagnie asiatique rapportaient de la Chine et des Indes orientales. Les fonctionnaires publics furent astreints sous des peines à ne se vêtir que d'étoffes indigènes. On voulut également rendre la Norwège industrielle, et l'on y fonda à cet effet la Compagnie *noire*. Cette compagnie, ayant, dans ses entreprises, tenu compte de la situation et des besoins véritables du pays, produisit d'heureux résultats; car les verreries et les tuileries, les scieries, les usines pour la distillation du goudron et pour la préparation de la potasse, les huileries, les raffineries de sucre, les corderies et les manufactures de toile à voiles étaient des établissements qui, sans une protection exagérée et sans priviléges exclusifs, pouvaient subsister en Norwège, et y contribuer à la prospérité publique. La Norwège y trouva même un dédommagement des pertes qu'elle éprouvait sur plusieurs exportations séculaires, par exemple sur celles des bois et du poisson, pour lesquels la concurrence de l'Amérique du Nord devenait de plus en plus sérieuse. Le Danemarck, au contraire, ressentit promptement les fâcheux effets de la violence avec laquelle on y avait procédé. Diverses manufactures, particulièrement les manufactures d'objets de luxe, tombèrent misérablement, après avoir coûté de fortes sommes à l'État : on fut obligé de recourir à l'étranger pour la plupart des articles, et la fabrication des lainages de qualité moyenne subsista à peu près seule. Cependant deux industries, qui trouvèrent des débouchés même au dehors, celle des gants de peau et celle des dentelles de fil, se naturalisèrent et grandirent à Copenhague. Ajoutons que les bas de laine grossière de l'Islande se portaient dans tout le Nord. La Norwège soldait au moyen de ses envois la majeure partie du commerce passif que faisait le Danemarck, car les droits protecteurs et les prohibitions n'avaient que très-imparfaitement atteint le but d'établir l'équilibre entre l'exportation et l'importation, lorsqu'il eût suffi pour cela d'accroître la production agricole.

Durant la courte administration de Struensée, l'éminent parvenu, en 1771 et 1772, on réforma les abus du système mercantile. Ainsi les subventions de l'État furent retirées à toutes les fabriques incapables de vivre par elles-mêmes ; le commerce des grains fut rendu libre, au moins avec la Norwège ; les fêtes inutiles furent abolies, et en général des principes plus libéraux présidèrent à la direction des intérêts matériels comme à la politique. On laissa faire davantage, au lieu de prétendre à réglementer les transactions particulières. La plupart des compagnies privilégiées, soit pour le commerce colonial, soit pour le commerce d'Europe, furent supprimées.

Afin de vivifier le commerce intérieur et de consolider le crédit, Christian VI avait approuvé une banque de prêt et d'escompte; son successeur autorisa cet établissement à émettre des billets. Tant que la banque resta dans de justes limites, elle rendit beaucoup de services. Mais en 1763, sous l'influence abusive du gouvernement, elle augmenta démesurément la masse de son papier. Il s'ensuivit une dépréciation inévitable; le cours du change tourna contre le Danemarck, et tout le système financier et monétaire tomba dans une confusion à laquelle la défense d'exporter de l'or et de l'argent était le moins efficace des remèdes.

La navigation et le commerce maritime firent de grands progrès à partir du dix-huitième siècle. Des primes encouragèrent les constructions navales, et des droits différentiels favorisèrent les trajets directs sous pavillon national. Ce pavillon se montra souvent, non-seulement dans les colonies, mais aussi dans le sud-est de l'Europe, dans la Méditerranée, où le vin, le sel et les fruits du midi offraient des chargements avantageux. Les Norwégiens l'emportaient sur les Hollandais pour le bon marché du fret. La marine danoise atteignit son apogée pendant la guerre d'Amérique (1), notamment aux Indes occidentales, où de Saint-Thomas elle avait accaparé presque tout le commerce colonial.

L'histoire commerciale du Danemarck serait incomplète, si elle ne mentionnait le péage du Sund (2), ce honteux tribut

---

(1) Elle compta jusqu'à 3282 navires jaugeant 105 mille tonneaux. De cette époque date aussi le développement de la flotte militaire.

(2) Je crois devoir rappeler que l'auteur de l'*Histoire du Commerce*, M. Scherer, a, en 1845, publié un ouvrage sur la question des droits du Sund, ouvrage rédigé d'après des documents officiels et le meilleur qui ait paru sur la matière.   H. R.

maritime diplomatiquement reconnu jusqu'à nos jours, lorsque le Grand Turc lui-même a été obligé d'ouvrir les Dardanelles, et que l'accès des mers et de leurs côtes est libre partout ailleurs. L'origine de ce péage et les commencements de sa perception se perdent dans la nuit des temps. Il fut perçu sans doute du jour où l'on fut à même de l'imposer. Son titre historique est le droit du plus fort. Car, même à supposer que les droits du Sund n'aient été primitivement qu'une rançon exigée par des corsaires normands de chaque navire qui passait, ou, suivant d'autres auteurs, un droit d'escorte payé par des bâtiments sans défense qu'un convoi militaire protégeait contre les attaques des Normands, les motifs en avaient cessé d'exister dès que ces pirates avaient disparu, que des sociétés régulières s'étaient constituées dans ces parages, et qu'à la fin du douzième siècle le Danemarck apparut dans l'histoire européenne comme la tête du monde scandinave. Cependant le Danemarck maintint le fait existant, l'érigea peu à peu en principe de droit public, et en fit un droit régalien, une source de revenu public.

Les premières informations authentiques sur la perception des droits du Sund exercée par le Danemarck datent du quatorzième siècle. Il en résulte que ces droits avaient déjà donné lieu à de nombreux conflits avec les pays et les villes dont ils gênaient la navigation et le commerce. La Hanse en était le principal adversaire ; alors toute-puissante sur les mers, elle n'était nullement disposée à se soumettre de bonne grâce à de pareilles entraves. Quand les représentations pacifiques restaient sans effet, elle recourait aux armes sans beaucoup d'hésitation ; aussi, dans la période de sa splendeur, ne paya-t-elle qu'un très-faible droit, et même jouit-elle par moments d'une entière immunité. En 1560 encore, les villes venèdes de la ligue obtinrent, dans le traité d'Odensée, la confirmation de leurs franchises et de leurs priviléges séculaires. Quelques années auparavant, en 1544, les Pays-Bas avaient conclu à Spire, avec le Danemarck, un traité de commerce contenant quelques stipulations relatives à un traite-

ment équitable au passage du Sund et des deux Belts, sans
néanmoins fixer un tarif précis. On laissait subsister le *statu
quo*, en se réservant certains priviléges. Mais l'accroissement
des recettes, conséquence des progrès de la navigation, et
l'espoir de trouver dans le péage du Sund un de ses revenus
les plus abondants, un moyen de combler le déficit dans la
balance de son commerce, poussèrent bientôt le gouvernement
danois à établir des impositions arbitraires, des exactions,
des aggravations, avec si peu de ménagement et si peu de
respect pour les traités, que les deux puissances maritimes
prépondérantes de la Baltique et de la mer du Nord, la Suède
et la Hollande, s'unirent pour défendre, au besoin, les armes
à la main, leurs intérêts commerciaux, et pour repousser les
prétentions immodérées du Danemarck. La paix de Broemsebro, en 1645, donna aux Suédois l'exemption complète des
droits du Sund ; mais les Hollandais, par le traité de Chris-
tianople conclu la même année, obtinrent seulement que le
droit fût dorénavant perçu d'après un tarif fixe, dont les taux
avaient été acceptés par eux. Ce tarif, avec quelques additions,
fut renouvelé en 1701 par le traité de Copenhague, et servit
de base pour toutes les conventions postérieures entre les autres pays et le Danemarck, au sujet de la navigation et des
droits du Sund.

Ainsi, ce sont les Hollandais qu'il faut accuser d'avoir fait
entrer les droits du Sund dans le droit public européen. En
donnant leur consentement à la mesure arbitraire qui avait
entravé et imposé la navigation maritime, ils ont autorisé les
Danois à conclure tacitement que leur prétendu droit naturel
de souveraineté sur le Sund avait été confirmé et garanti par
un acte solennel. La diminution occasionnée dans le produit du
péage par l'immunité accordée à la Suède, avait été très-vive-
ment ressentie. Aussi, quand les rêves ambitieux de Charles XII
eurent ruiné la prépondérance de la Suède, le Danemarck, qui
avait pris part avec succès à la grande guerre contre le héros
du Nord, restitua-t-il volontiers toutes ses conquêtes, quelque
considérables qu'elles fussent, au prix de la renonciation par la

Suède, dans le traité de paix de Frédéricsbourg, à son immunité des droits du Sund. Depuis lors, il est peu question de
ces droits dans le cours du dix-huitième siècle. Le nord scandinave, épuisé par de trop grands efforts, se repose ; de grands
événements attirent l'attention sur d'autres contrées, et le
commerce de la Baltique ne fait que de lents progrès. Le Danemarck profita de ce calme, pour tirer des traités et des tarifs
le parti le plus avantageux possible, les interprétant dans un
sens étroit ou large selon les besoins, et introduisant peu à peu
dans la perception tous ces abus et toutes ces entraves, qui,
récemment, ont occupé l'opinion publique et provoqué de
longues négociations, mais qui, malheureusement, ont été
encore à peine entamés.

II

De même que la Norwège et le Danemarck, la Suède subit
le joug commercial de la Hanse ; elle s'en affranchit vers la
même époque et à peu près de la même manière. Elle s'insur-
gea contre la violente politique unioniste de Christian II, et
recouvra son indépendance sous Gustave Wasa, en 1523. La
Hanse avait mis beaucoup de zèle à appuyer le prétendant ;
c'était de Lubeck qu'il était parti pour son entreprise hardie,
avec des secours en troupes, en argent et en munitions. Elle
se fit naturellement payer assez cher cet appui, et elle obtint
des avantages commerciaux et des priviléges extraordinaires.
Par un traité que Gustave fut obligé de signer en 1524, les
Anséates jouissaient de l'exemption des droits de douane et
autres impôts ; nul marchand étranger ne pouvait s'établir
sur un point quelconque de la Suède ; les Suédois ne devaient
trafiquer qu'avec les villes anséatiques et s'abstenir de toute
navigation vers l'ouest, par le Sund ; les villes anséatiques,
enfin, pouvaient avoir des entrepôts et des étapes dans toutes
les villes de Suède, et l'on s'engageait à ne tolérer dans le pays
aucune opposition à leurs intérêts.

Un détestable esprit de monopole, tel qu'il avait régné dans les siècles précédents, où la ligue était à l'apogée de sa puissance, avait dicté ces stipulations. On avait jugé l'occasion favorable pour replacer le Nord sous le joug auquel il était sur le point d'échapper. Mais les temps étaient changés, et ces calculs ne pouvaient plus réussir. Gustave Wasa n'était pas une ombre de roi comme ses prédécesseurs, qui n'avaient porté la couronne que par le bon plaisir de la ligue, et qui avaient sacrifié à cette dernière les intérêts matériels de leur peuple. Il s'était servi du secours intéressé qui lui était offert, pour affranchir son pays du Danemarck, mais il n'avait pas conquis l'indépendance pour recevoir la loi d'un tiers. Loin de là, l'émancipation politique eût été incomplète sans l'émancipation commerciale. Si, pour un moment, la nécessité avait réduit Gustave à accepter un traité onéreux, une réaction devait résulter nécessairement de la teneur exorbitante des stipulations. C'est ce qui ne tarda pas à arriver. Wullenweber, duquel il a été question plus haut, voulait arrêter le libre développement de la Suède aussi bien que du Danemarck. Un homme tel que Gustave Wasa faisait obstacle à ses desseins ; on ne pouvait espérer qu'il s'abaisserait à devenir le vassal des marchands de la Trave. Mais son trône de nouvelle date n'était pas encore affermi ; l'audacieux démagogue lubeckois songea à le renverser et à le remplacer par un prince plus docile. Pour avoir un prétexte de rupture, Lubeck somma la Suède de s'unir à elle pour déclarer la guerre aux Hollandais. Gustave, saisissant cette occasion, répondit par un refus assez dur. Les Lubeckois réclamèrent le remboursement de leurs avances, et, ne l'obtenant pas, ils saisirent toutes les propriétés suédoises qui se trouvaient dans leur ville. A Stockholm on prit des mesures de représailles et on abolit tous les priviléges assurés à la Hanse par le traité de 1524.

On en vint alors à des hostilités ouvertes. Le Danemarck et la Suède, également menacés dans leurs intérêts, se prêtèrent une assistance mutuelle et furent presque partout victorieux. La mort de Wullenweber facilita un dénoûment pacifique. La Hanse renonça dès lors à tout projet d'ambition. Gustave déclara nul et non avenu le traité de commerce de 1524, et soumit les Lubeckois au même traitement que les autres peuples. Cependant, en 1536, jaloux du Danemarck, il leur accorda quelques faveurs importantes. Mais les Lubeckois, qui s'accoutumaient difficilement à n'être que tolérés là où ils avaient été les maîtres, ne tardèrent pas à élever de nouveau des prétentions, et tinrent un langage si insolent que Gustave leur retira leurs derniers priviléges et interdit pour longtemps tout commerce avec leur ville.

Dans son animosité contre la Hanse, il voulut lui ôter tout espoir de jamais recouvrer en Suède des avantages commerciaux considérables. Il proposa à l'Angleterre, en 1551, un traité de commerce qui aboutit promptement, et qui porta en même temps un rude coup au comptoir des Anséates à Londres. Un traité semblable avait été antérieurement conclu avec la France; un troisième avec les Pays-Bas, également dirigé contre la ligue, le fut peu après. Des navires anglais et hollandais parurent désormais en grand nombre dans les ports suédois et y effectuèrent directement les opérations dont la Hanse avait été auparavant l'intermédiaire. Le monopole de cette ligue était détruit pour toujours; elle disparut avec la fin du seizième siècle des marchés scandinaves; quelques-unes de ses villes maritimes trafiquèrent encore, mais en leur nom particulier, sans priviléges, ou plutôt avec un traitement défavorable.

Gustave Wasa se distingua des princes de son temps, non-seulement par la vigueur de son caractère, mais par la conviction que la puissance, l'influence et la prospérité de son royaume dépendaient en grande partie du commerce et de la navigation. Il est signalé à bon droit comme le créateur, en Suède, d'une économie nationale qui, en effet, n'existait pas avant lui. Il comprit que la situation et la richesse naturelle de la Suède l'appelaient à un grand commerce. De tous côtés baignée par la mer, parsemée de lacs navigables et riche en ports excellents, cette contrée peut facilement exporter les produits de ses provinces les plus reculées, et importer ceux des pays les plus lointains. Mais Gustave avait tout à créer. La Hanse avait à peine laissé aux Suédois quelques barques de pêche. Il fallut faire venir de l'étranger des charpentiers de navires ; quant aux matériaux de construction, le pays les fournissait. Le roi, pour donner l'exemple, affréta, en 1545, à ses frais, deux navires suédois pour Amsterdam et Lisbonne. Il fit publier un relevé des marchandises qui pouvaient être, avec le plus d'avantage, offertes en échange des vins et du sel de la France, du drap, de l'étain et du plomb de l'Angleterre, des soieries, de la toile, des épices et du sucre des Pays-Bas, des épées, des armures, des ouvrages en cuivre jaune et de la quincaillerie de l'Allemagne. Quelques négociants entrèrent lentement, après lui, dans cette voie. L'esprit d'entreprise avait été étouffé pendant des siècles ; comment aurait-il pu surgir tout d'un coup ?

A la mort de Gustave, en 1560, Stockholm possédait déjà 28 grands bâtiments de commerce, naviguant au delà du Sund, avec une flotte de guerre sur un pied respectable. On exportait alors principalement du fer, en particulier le fer dit d'Osmond, des mâts, des planches, du bois de chauffage, du beurre, de l'huile de poisson, du suif, des chevaux, du poisson et des peaux. Gustave chercha à développer l'agriculture en procurant aux paysans une instruction meilleure et de bons instruments aratoires ; mais il s'intéressa plus particulièrement à l'exploitation des mines ; il fit venir d'Allemagne des mineurs expérimentés, auxquels il fit établir des usines. L'exportation du fer brut fut restreinte, et celle du fer en barres encouragée par des primes. Les mines d'argent furent aussi assez productives. Le cuivre n'acquit de l'importance que plus tard. La Suède manquait de villes, ses habitants, étrangers à l'industrie manufacturière, préférant le séjour de la campagne et des îles. Pour en augmenter le nombre, le roi ordonna que le commerce ne pourrait être pratiqué que dans les villes, et qu'à défaut de commerce, les habitants s'y livreraient à un métier. Dans le même but, il engagea des industriels de toutes professions et mit chez eux en apprentissage des jeunes gens du pays. Une industrie était-elle supérieurement exercée dans une province, il s'efforçait de la propager dans tout le reste du royaume. Il veilla surtout avec sévérité au maintien de la bonne renommée du fer et de l'acier suédois.

Il ne fut pas toutefois à l'abri des erreurs économiques de son époque, telles que les prohibitions de sortie, la fixation de prix de vente et d'autres mesures qui portaient atteinte à la liberté du commerce. Il fonda plusieurs villes, entre autres Helsingfors, avec l'intention d'en faire le centre du commerce russe à la place de Riga et de·Réval. Il y avait de la naïveté dans la demande qu'il fit à la reine Élisabeth, d'interdire à ses sujets la nouvelle route de Russie par la mer Blanche et de leur enjoindre de fréquenter les côtes de Suède. Il lui fut répondu qu'en Angleterre le gouvernement n'avait pas le droit d'empiéter à ce point sur la liberté des citoyens, mais qu'on était disposé d'ailleurs à continuer avec la Suède d'intimes relations commerciales.

Il convient encore de mentionner l'établissement de voies de communication par terre et par eau, œuvre dans laquelle Gustave devança son époque. Le canal de Waeddoe, qui n'a été achevé que de nos jours, fut commencé par ses ordres. Il désigna dans l'intérieur du royaume des marchés, où les commerçants étrangers seraient admis. Malheureusement, après la mort de ce prince si actif, le développement de la Suède fut interrompu par les dissensions de ses fils et par l'indignité de leur gouvernement. Ce ne fut que sous Charles IX, qui décida en faveur de la Suède la querelle de succession avec la Pologne, qu'un peu d'ordre et de tranquillité rentra dans le pays et qu'on s'occupa de nouveau des intérêts matériels. Les villes furent agrandies ; Stockholm, en particulier, reçut d'importants priviléges, pour être en mesure de succéder à Wisby, alors déchue, comme entrepôt principal du commerce dans le nord de la Baltique. La navigation cependant avait rétrogradé, les Hollandais ayant chaque jour gagné du terrain et s'étant emparés du commerce extérieur de la Suède. Charles IX porta principalement sa sollicitude sur les mines, dont la production devint de plus en plus avantageuse, par suite de l'accroissement des demandes de l'Europe occidentale. Le fer fut exporté en barres et non plus en masses brutes ; on établit des fabriques d'armes blanches, d'armes à feu, de clous et d'outils de diverses espèces ; des usines de laiton et des fonderies de boulets et de canons se fondèrent ; la production du cuivre prit de l'essor.

Le règne de Gustave-Adolphe, qui fait époque à tous égards dans l'histoire de la Suède, marque en particulier dans celle de son commerce et de son industrie. La mission de ce héros s'étendit bien au delà des limites étroites de sa patrie, et le fit intervenir dans les grandes affaires politiques et religieuses de l'Europe ; nous n'avons à nous occuper ici que de son administration intérieure.

Les mines étaient et sont encore la ressource la plus féconde de la Suède. La foi dans son inépuisable richesse métallique se répandit au loin, et attira dans le pays des étrangers avec leurs capitaux. Gustave-Adolphe dépassa ses prédécesseurs en sollicitude pour l'industrie minière. Il fit venir des mineurs d'Allemagne et des pays wallons, créa de nouveaux établissements, institua un collège spécial pour les mines, enfin publia de nouvelles ordonnances et de nouveaux statuts pour les districts miniers, qu'il visita dans les intervalles de ses campagnes. Ce fut surtout le cuivre dont l'exploitation augmenta ; on apprit à le purifier et à l'affiner. L'élaboration du fer et de l'acier pour la fabrication des armes blanches et des armes à feu s'était répandue dans tout le royaume comme une sorte d'industrie domestique. C'étaient des paysans qui s'en occupaient. Ils recevaient du gouvernement leur salaire en argent et en nature, ainsi que les matières premières, et ils étaient soumis à une organisation qui plaçait au-dessus d'eux des facteurs. Cette industrie militaire approvisionnait en grande partie les armées suédoises qui combattaient à l'étranger, et aucun pays ne surpassait la Suède pour la qualité de ses mousquets, de ses cuirasses et de ses piques. Les guerres provoquèrent l'établissement d'une autre industrie, celle des draps.

Afin d'habiller l'armée, on fonda des manufactures à Upsal, à Joenkœping, à Calmar et dans d'autres localités, en même temps que des bergeries à Joenkœping. La couronne entretint de grands troupeaux sur ses domaines, et favorisa l'importation des moutons d'Allemagne, ceux de Suède laissant beaucoup à désirer sous le rapport de la laine. Les Hollandais enseignèrent à mieux élever le bétail. L'agriculture suffit, dans les années ordinaires, aux besoins du pays, et les provinces méridionales firent même de temps en temps des exportations.

L'accroissement du produit des mines réagit sur le commerce, auquel elles fournissaient ses principaux articles d'exportation. Dix-sept villes, les unes fondées, les autres dotées de priviléges durant la période de guerre, témoignent de la sollicitude dont les industries urbaines furent alors l'objet. Au nombre de ces villes était Gothembourg, détruite pendant la guerre avec le Danemarck et rebâtie alors ; avec l'aide d'immigrants de l'Allemagne et des Pays-Bas et à la faveur de franchises de port, elle ne tarda pas à devenir l'entrepôt du commerce de la Suède sur la mer du Nord. On s'occupa aussi d'améliorer les communications intérieures, et le sage chancelier Oxenstiern donna son approbation à un plan extrêmement utile, pour relier les lacs navigables d'un côté avec la Baltique, de l'autre avec la mer du Nord. Mais l'enthousiasme guerrier et l'ambition qui s'étaient emparés de la Suède, se prêtaient peu à l'exécution de travaux qui réclamaient les loisirs de la paix.

Tandis que Gustave-Adolphe agrandissait outre mesure le rôle de la Suède dans le système politique de l'Europe, les ressources matérielles de ce pays n'augmentaient pas dans la même proportion. L'acquisition même de nouvelles provinces ne donna pas de quoi subvenir aux dépenses publiques, et après la mort de Gustave-Adolphe, ce fut surtout avec les subsides de la France qu'on fit face aux sacrifices de la guerre de Trente Ans. Les guerres continuelles enlevèrent à la Suède, déjà faiblement peuplée, beaucoup de bras vigoureux, et, ce qui était le plus fâcheux, ôtèrent à la nation le goût des occupations paisibles. La gloire éblouit ce peuple du Nord facile à enflammer. Les mesures de Gustave-Adolphe en faveur du commerce et de l'industrie profitèrent au gouvernement plus qu'au pays lui-même. Il faut se rendre un compte exact de ces mesures. Elles avaient évidemment pour but d'assurer au gouvernement le monopole du commerce, en son propre nom, ou au nom de diverses sociétés. En Suède aussi, les rois s'attribuaient un droit d'achat préalable sur beaucoup de produits indigènes et exotiques, et, comme une grande partie des impôts rentrait en nature, le gouvernement était obligé de faire du commerce, ce qui avait lieu par l'entremise d'un *marchand de la couronne*. Depuis 1614, en particulier, il eut le droit exclusif d'acheter le cuivre. C'était déjà un mauvais système ; mais ce fut bien pis encore quand on abandonna le commerce du cuivre à une compagnie, et que peu de temps après, on procéda de même pour celui du fer. Il se forma même en 1629 une compagnie de navigation pour la défense du pays et pour l'encouragement du négoce. Nulle part peut-être la manie des compagnies privilégiées ne fut poussée plus loin que dans les pays scandinaves. En Suède le gouvernement espérait, par ce moyen, se procurer avec facilité de l'argent, car il se faisait payer ces priviléges assez cher, sans se préoccuper du préjudice que ce système de prohibition, au profit d'un petit nombre, portait à l'intérêt général. Plusieurs compagnies, il est vrai, furent promptement dissoutes ; mais le mal était fait, et les sacrifices en hommes et en argent que la guerre réclamait incessamment des diverses industries, n'étaient pas propres à le réparer. C'est pourquoi toutes les victoires remportées par la Suède en Pologne, dans le Danemarck et en Allemagne, ne furent que de brillants phénomènes, sans résultats durables et sans fécondité.

Les traités de paix de Broemsebro en 1645, d'Osnabruck en 1648, d'Oliva et de Copenhague en 1660, avaient consacré la suprématie suédoise dans le Nord ; et peu s'en fallut que le plan de Charles-Gustave, qui voulait réunir toute cette région sous un seul sceptre, ne se réalisât ; presque toutes les côtes de la Baltique étaient en son pouvoir ; le Sund était libre et ouvrait un vaste champ au commerce de ses sujets, en Europe et dans les pays d'outre-mer. En 1660 eut lieu dans la personne de Charles XI, l'avénement d'un prince ami de la paix, qui joignait à l'intelligence de la situation la volonté d'en tirer parti. Il s'appliqua surtout à faire de la Suède une puissance commerçante en y encourageant la navigation. A cet effet, il promulgua une espèce d'acte de navigation, qui favorisait le pavillon national par des droits différentiels considérables. Le cabotage et la pêche furent réservés à la marine suédoise ; or, la pêche du hareng commençait alors à prendre à Gothembourg, un magnifique développement. Les Hollandais qui, depuis la mort de Gustave Wasa, avaient accaparé le commerce de la Baltique, ressentaient les premiers les effets de ces mesures. Ils durent s'estimer heureux, désormais, d'être encore admis à partager avec les Suédois. Vers la fin du dix-septième siècle, ces derniers avaient pris le dessus et, franchissant le Sund, commençaient à naviguer jusqu'en Portugal et dans la Méditerranée. Charles XI ne mérita pas moins bien des autres intérêts matériels du pays ; en prince économe, il mit de l'ordre dans les finances, il excita sans relâche les progrès de l'industrie minière, il abolit la plupart des monopoles de la couronne, affranchit le commerce intérieur et fonda, en 1668, une banque de prêt, pour venir en aide au négoce et à l'industrie.

Les brillantes espérances de la Suède furent pour jamais éteintes par les extravagances de Charles XII. Une histoire du commerce ne peut avoir un mot d'éloge pour les exploits de ce héros aventureux. Quelle différence avec son ennemi acharné, Pierre le Grand ! Chez celui-ci tout est sage calcul et incessante activité créatrice ; chez celui-là on ne voit que jeux de hasard et destruction sauvage. Charles XII ne fut qu'un soldat ; la guerre seule eut du prix à ses yeux ; encore ne sut-il que conquérir, sans jamais apprendre à gouverner. La Suède était à peine reposée sous le règne pacifique de Charles XI ; elle s'était mise à déployer ses puissantes ressources, lorsque Charles XII l'entraîna dans les voies de son ambition insatiable, dont les rêves aboutirent à une catastrophe. A sa mort, elle avait essuyé défaites sur défaites, perdu sa flotte, cédé toutes ses provinces allemandes de la Baltique, moins la Poméranie, et renoncé à la franchise du Sund. Non-seulement la Russie, enrichie de ses dépouilles, acquit la prépondérance dans le Nord; mais le Danemarck lui-même, auparavant dédaigné, gagna du terrain. La seule ordonnance de Charles XII en matière de commerce fut assez malheureuse. Une compagnie à laquelle il avait abandonné, pour une somme considérable, le privilége de la vente du goudron et de la toile goudronnée, éleva démesurément, pour s'indemniser, le prix de ces articles, et les étrangers qui en avaient tiré jusque-là de la Suède des quantités considérables, s'adressèrent désormais à la Russie, dont la concurrence se produisit en même temps sur d'autres marchandises. L'Angleterre demanda les mêmes articles à ses colonies de l'Amérique du Nord.

Complétement épuisée et écrasée sous le poids d'une dette énorme, la Suède ne put recouvrer son ancienne puissance, et ne se releva que lentement. Une aristocratie égoïste, factieuse et vendue à l'étranger, y empêchait les rois de gouverner dans l'intérêt général. On peut se faire une idée de l'état où se trouvait le commerce maritime, par ce fait que, de toute la marine marchande, il ne restait que trois navires à la mort de Charles, en 1718. Afin de le ranimer, la diète, en 1724, renouvela la législation de Charles XI pour la protection de la navigation nationale, en faisant, à l'exemple de l'Angleterre, un véritable acte de navigation, qui n'admettait les navires étrangers dans les ports suédois que chargés des produits de leur pays. Il en résulta qu'au bout de vingt années la marine suédoise ne compta pas moins de trois cents voiles; mais d'un autre côté, une grande partie des navires étrangers, des navires anglais surtout, allaient depuis lors chercher les produits du Nord dans les ports russes, où il n'existait pas de restrictions d'entrée. Un intérêt égal à résister aux empiétements de la Russie avait déjà, sous Charles XII, rapproché la Suède et la Turquie. La persistance de cet intérêt et des bons rapports qui en furent la conséquence, amena, entre autres effets, la conclusion de deux traités de commerce en 1737 et 1739. La Porte, de plus, donna sa garantie aux conventions de la Suède avec les États Barbaresques. Il s'ensuivit que les Suédois firent dans le Levant un commerce de quelque importance, lequel était aussi aux mains d'une compagnie.

La Suède elle-même avait vu sa production se ralentir; ses récoltes étaient insuffisantes. Il fallut que l'importation russe, assurée par un article de traité, vînt couvrir le déficit. Les métaux précieux émigrèrent; ils furent remplacés par du papier et par de la monnaie de cuivre. Les défenses portées contre le luxe et les droits protecteurs exorbitants en faveur de la fabrication indigène, restèrent inefficaces. On manquait de matières premières, d'ouvriers habiles, de capitaux, et la contrebande savait éluder toutes les prohibitions. L'industrie des mines fut celle qui se soutint le mieux; encore eut-elle à souffrir de la concurrence des autres pays, dont les progrès étaient plus rapides.

En 1772 le règne de Gustave III ramena des jours plus heureux. Ce prince affranchit la royauté de la tutelle de l'aristocratie, et se mit par là en état de servir les intérêts généraux, sans se préoccuper des intérêts privés. Il prit beaucoup de mesures dignes d'éloge, mais ne fonda rien de durable. Les lauriers de Gustave-Adolphe et de Charles XII empêchèrent de dormir ce prince chevaleresque; s'exagérant ses ressources, il chercha à retrouver, les armes à la main, une grandeur perdue, au lieu de travailler au bonheur de son peuple dans les conditions de son époque. Il échoua. Après la mort violente de Gustave, la Suède retomba plus bas que jamais, et il fallut une grande révolution et un changement de dynastie pour lui préparer dans la période contemporaine des destinées meilleures.

III

L'ambition commune à tous les États, dans la période, de posséder des colonies et un commerce colonial, fut partagée par les royaumes scandinaves. En Danemarck comme en Suède, de grands princes, nous l'avons vu, secondés par les événements, portèrent leur pays à un degré de puissance relativement exagéré ; tout en poursuivant la gloire des armes, ils ne négligèrent pas de se distinguer par leur sollicitude pour les intérêts matériels, et ils réparèrent sous ce rapport les oublis de leurs prédécesseurs. C'est ainsi que les deux États trouvent place dans l'histoire coloniale de la période, que nous rencontrons leurs pavillons dans tous les ports d'outre-mer, et les voyons s'établir en Asie, en Amérique, et sur les côtes du continent africain.

En Danemarck ce fut sous le règne de Christian IV que l'on commença à trafiquer avec les Indes orientales. Le hasard favorisa les desseins de ce prince. Un facteur hollandais nommé Boschower, chargé par la compagnie des Indes orientales de conclure un traité de commerce avec le roi de Ceylan, avait su gagner les bonnes grâces de ce monarque ; il était entré à son service, avait été comblé d'honneurs et de dignités et créé prince de Mingone. En 1616, envoyé en Europe pour entamer, au nom de son nouveau maître, des négociations avec son ancienne patrie, Boschower se vit traité avec très-peu d'égards à Amsterdam. Irrité de cet accueil, il quitta la Hollande et se rendit à Copenhague, pour y proposer au roi Christian IV d'entrer en relations avec Ceylan. Ses propositions furent acceptées. Il partit en 1619 avec six navires, dont trois appartenaient au gouvernement, et les trois autres à la compagnie danoise qui avait été privilégiée en 1612. Sa mort, qui eut lieu durant le voyage, trompa les espérances qu'on avait fondées sur cette entreprise. Les Danois furent mal reçus à Ceylan, et se réfugièrent sur la côte de Coromandel, dans le Tanjore. Séduits par une situation avantageuse pour le commerce et par la fertilité du pays d'alentour, ils résolurent d'y former un établissement. Ils en obtinrent sans difficulté la permission des princes indigènes, et il leur fut concédé, sous le paiement annuel de 16,500 francs, un petit territoire, sur lequel ils fondèrent Tranquebar, avec la forteresse de Dansborg, qui domine la ville et le port.

La compagnie métropolitaine fut très-satisfaite de ce résultat, et tout concourait à assurer un avenir prospère à la colonie. Les Portugais, opprimés par l'Espagne, ne faisaient que de faibles efforts pour conserver leurs possessions; les Espagnols envoyaient rarement un navire au delà du détroit de Malacca; les Hollandais avaient bien assez à faire pour se rendre maîtres du commerce des épices, et les Anglais se ressentaient de leurs troubles intérieurs jusque dans les pays les plus éloignés. Ces puissances virent sans doute avec regret surgir un nouveau rival; néanmoins on le toléra provisoirement, et le commerce danois dans ces parages, malgré le capital modeste de la compagnie, prit ainsi en peu de temps un certain développement, surtout le commerce intermédiaire dans l'Inde même. Mais cette prospérité fut de courte durée. D'abord la guerre de Trente ans absorba les forces de la métropole; puis les Hollandais, après s'être emparés des possessions portugaises acquirent une telle prépondérance, que, non contents d'expulser les Danois des marchés les plus importants, ils menacèrent l'indépendance de leurs petits établissements, en excitant contre eux le prince de Tanjore. Sans le secours des Anglais, c'en eût été fait, en 1689, de la colonie danoise.

La compagnie s'était déjà dissoute, et avait cédé ses possessions à l'État, pour le rembourser des sommes qu'elle en avait reçues. Une nouvelle compagnie se constitua en 1670, mais avec des ressources insuffisantes, de sorte que ses affaires allèrent encore plus mal, si c'est possible, que celles de sa devancière. Après avoir tenté quelques voyages, on abandonna Tranquebar à lui-même. A l'aide du revenu de son

petit territoire et du fret de deux navires chargés pour le
compte de ses négociants, il subsista misérablement; à peine
si l'on y expédiait tous les trois ans un navire pour l'Europe. De meilleures perspectives s'ouvrirent sous les règnes
de Frédéric IV et de Christian VI, qui saisirent avec empressement toutes les occasions de rétablir la prospérité de leur
peuple. L'ancienne compagnie fut supprimée; et l'on en constitua, en 1732, une nouvelle avec de grands priviléges. Les
pouvoirs de la direction étaient à peu près illimités, et le gouvernement ne réclamait qu'un droit d'un pour cent sur tous
les articles exportés de l'Inde et de la Chine, et de deux et
demi dans le cas de leur mise en consommation dans la métropole. Pour abréger le voyage, on voulut transférer le siége
de la compagnie de Copenhague à Altona, sans doute avec
l'espoir d'obtenir la participation de Hambourg. L'Angleterre et la Hollande, alarmées de la renaissance de la compagnie des Indes orientales, protestèrent et employèrent tous
les moyens pour faire avorter l'entreprise. Le Danemarck, fort
de son bon droit, repoussa avec fermeté toutes les représentations; cependant le siége de la société fut reporté à Copenhague.

Le commerce de l'Inde, sous une direction éclairée et prudente, prit alors un nouvel essor. Tranquebar en demeura
le centre; mais on forma, en outre, des établissements sur le
Gange et dans les îles Nicobar. Les relations avec la Chine se
développèrent notablement. Deux gros navires y étaient envoyés chaque année. Une grande partie du thé qu'ils rapportaient pénétrait en Angleterre, et le déficit fut sensible,
quand l'île de Man, qui avait servi de dépôt de contrebande,
eut passé sous l'administration anglaise. On estimait en
moyenne les ventes annuelles de la Société à environ un
million et demi de rixdales. Par suite du bon marché de
la construction et de l'équipement des navires, le fret
était moins cher en Danemarck que dans les autres pays.
Parmi les produits indigènes, le fer de Norwège était le
principal et presque l'unique article exporté dans l'Inde.

Quant aux retours, ils consistaient dans les marchandises de l'Inde en général, et en particulier dans ses produits manufacturés. Ils trouvèrent leurs débouchés dans la métropole d'abord, puis dans le nord de l'Allemagne. Pour la fourniture du salpêtre, un traité avantageux avait été passé avec le gouvernement. On ne saurait sans doute comparer, même de loin, la compagnie danoise à la compagnie hollandaise ou anglaise des Indes orientales ; mais, dans sa sphère modeste, elle n'a pas moins mérité des éloges. Quoique ses recettes n'excédassent que fort peu ses dépenses, elle procura au Danemarck, par le moyen du commerce et de la navigation, non-seulement des avantages matériels, mais de la considération dans le monde. Le gouvernement avait puissamment secondé son œuvre dans l'intérêt de la prospérité publique. A l'expiration de la première période de quarante ans, il renouvela sa charte, sous la condition qu'elle cesserait d'exercer le monopole, et que tous les Danois pourraient prendre part au commerce de l'Inde, en payant une redevance ; cette redevance fut même abolie quand, en 1777, le gouvernement eut acheté les possessions de la compagnie et pris tous les employés de cette dernière à son service. L'époque la plus brillante du commerce danois aux Indes orientales fut celle de la guerre de l'Indépendance américaine, vers la fin de la présente période ; protégé par la neutralité du pavillon, il gagna ce que les Hollandais perdirent. Il s'ensuivit que ses importations en Europe augmentèrent dans une proportion extraordinaire, mais temporairement, il est vrai.

Le Danemarck avait porté aussi ses regards sur l'Occident. La découverte du nouveau monde avait dû réveiller, au moins chez les Norwégiens, le souvenir de leurs ancêtres qui, six siècles auparavant, avaient intrépidement affronté la haute mer, dans la direction du nord-ouest, visité l'Islande, les îles Féroër, le Groënland et, sans nul doute aussi, les côtes du Labrador, de Terre-Neuve, du Canada même, et fait ainsi les premiers la découverte de l'Amérique, sans le savoir. Mais ces expéditions n'avaient pas eu de suite. On avait conservé, il est vrai, quelques relations commerciales avec le Groënland, dont les habitants avaient de bonne heure embrassé le christianisme et possédaient des évêques ; et il paraît que le comptoir anséate de Bergen en faisait venir quelques marchandises. Mais, vers le milieu du quatorzième siècle, il n'est plus fait mention de ce trafic, et quand le Danemarck, en 1536, prit possession de la Norwège, on visita toujours les îles Féroër et l'Islande, mais le Groënland était tombé dans un entier oubli. Ce fut aux voyages des Hollandais et des Anglais à la recherche d'un passage maritime par le nord-ouest, entreprise à laquelle les Danois s'associèrent en 1605 avec quelques navires, qu'on fut redevable plus tard de la nouvelle découverte et d'une connaissance exacte des côtes du Groënland.

Toutefois le Danemarck n'eut pas, avant le commencement du dix-huitième siècle, l'idée de trafiquer avec cette contrée, dont l'accès lui était si facile des îles qu'il possède dans les parages du Nord. Il fonda dans la partie méridionale du Groënland des établissements, tels que ceux du Nouveau Herrnhut en 1733 et de Holsteinbourg en 1759, qui se livrèrent principalement à la pêche de la baleine et à la chasse du phoque. Le commerce était le monopole d'une société de Bergen, subventionnée par l'État. Il exista de même, à partir de 1620, plusieurs compagnies pour le commerce avec l'Islande et les îles Féroër. Une mauvaise administration et la concurrence des autres pays, particulièrement de l'Angleterre et de ses colonies de l'Amérique du Nord, leur firent essuyer des pertes, et le gouvernement prit le parti de retirer les priviléges et de rendre le commerce libre. Le Groënland seul continua d'être exploité pour le compte de la couronne.

Les colonies danoises des Indes occidentales offrent plus d'intérêt. Le roi Christian V avait envoyé, en 1671, une expédition à l'île Saint-Thomas, la plus septentrionale des petites Antilles, et l'avait fait occuper en son nom. Cette île paraissait déserte et sans maître. Des aventuriers anglais, cependant, s'y étaient, on le reconnut, établis auparavant;

quoiqu'ils en fussent partis depuis longtemps, l'Angleterre en revendiqua la propriété. Elle renonça bientôt, du reste, à ses prétentions, et le Danemarck resta tranquille possesseur. La production d'une île si petite, où la canne à sucre, d'ailleurs, avait parfaitement réussi, ne pouvait être que fort minime ; mais le commerce intermédiaire et surtout le commerce interlope, favorisés par sa situation géographique et par un excellent port, y acquirent de l'importance. Saint-Thomas devint, en temps de guerre, le refuge des navires en détresse. Sur ce terrain neutre, le commerce n'éprouvait aucune interruption ; Saint-Thomas, comme Curaçao, était un grand dépôt de marchandises de contrebande à destination des colonies espagnoles, ou qui en provenaient. Du reste, la métropole retirait peu de profit de ce mouvement commercial, car c'étaient principalement des navires étrangers qui l'entretenaient et qui en recueillaient les bénéfices. Saint-Thomas était une espèce de port franc. En 1719, les Danois occupèrent une île voisine, celle de Saint-Jean, et en 1733, leurs possessions dans les Antilles se complétèrent par l'île de Sainte-Croix, qu'ils achetèrent de la France pour une somme de 738,000 francs. Sainte-Croix, plus grande et plus fertile que les autres, fut aussi la plus productive. Approvisionnée d'esclaves par le comptoir danois de la Guinée (1), elle produisait du sucre, non-seulement pour la consommation de la métropole, mais même pour celle du nord de l'Allemagne. Pendant la guerre d'Amérique, le commerce danois s'accrut aux Indes occidentales plus encore peut-être qu'aux Indes orientales, et principalement aux dépens des Hollandais. Les affaires avec les Antilles furent dès l'origine entre les mains de diverses compagnies, qui se succédèrent et qui abusèrent tellement de leur monopole, que le gouvernement l'abolit en 1754, en payant une indemnité d'un demi-million de rixdales, et affranchit le commerce à un petit nombre de restrictions près : il le renferma, par exemple, dans les places de Copenhague et d'Altona.

(1) Voir. l'*Aperçu général*, sect. VII, page 86.

En Suède, Gustave-Adolphe donna, en 1611, la première impulsion aux essais de colonisation, en créant une compagnie des mers du Sud, destinée à nouer des relations avec toutes les parties du monde, et à y former des établissements partout où elle le pourrait. Mais, ayant une tout autre mission à remplir en Europe, le grand monarque oublia bientôt les projets conçus dans les années de paix, par lesquelles avait commencé son règne. La compagnie réussit à s'établir tant dans la Guinée en 1645, que dans l'Amérique du Nord en 1634, mais pour peu de temps. Elle perdit en 1657 le cap Corse sur la côte occidentale d'Afrique, et les établissements sur le Delaware, qui portaient le nom de Nouvelle Suède, lui furent enlevés par les Hollandais en 1655.

Si les essais de colonisation échouèrent dans la présente période, il en fut tout autrement des entreprises de la compagnie pour le commerce des Indes orientales qui, formée des débris de la compagnie d'Ostende, commença ses opérations en 1731, sous la direction d'un négociant considérable de Stockholm, Henri Koning. Cette compagnie obtint une charte très-avantageuse, mais on lui interdit expressément de s'immiscer dans les affaires des autres nations, et d'attirer ainsi au gouvernement des querelles et des embarras. Car elle forme à cette époque une exception digne de remarque, en faisant le commerce colonial sans colonies. Les Hollandais, néanmoins, ne purent contenir leur jalousie et leur mauvais vouloir, et il fallut des représentations très-sérieuses de la part du cabinet de Stockholm pour écarter les obstacles que la nouvelle entreprise rencontrait à Batavia. On cessa de l'inquiéter et elle prit bientôt un vaste développement. Le siége de la compagnie était à Gothembourg ; son capital, souscrit en majeure partie par des étrangers, dépassait 2 millions de rixdales, autant que le mystère dont son administration s'entourait, permet de le connaître. Elle trafiquait surtout avec la Chine ; à Canton, elle possédait une factorerie et jouissait du même traitement que les autres Européens. Bien qu'elle eût à payer à l'État des impôts considérables, ses dividendes s'élevèrent en moyenne à 30 p. 100. Ses importations trouvaient leur principal écoulement à l'étranger. La Suède elle-même n'en prenait que la moindre partie, sa faible population et sa pauvreté restreignant la consommation des produits coloniaux. Les envois consistaient en produits du pays, notamment en fer, puis en argent. La Suède était amplement dédommagée de la sortie de ce dernier métal par son commerce actif avec l'Angleterre et la Hollande.

A la fin de la période, la Suède acquit une colonie dans les Antilles ; le gouvernement français lui céda, en 1784, contre la remise d'anciennes dettes et la concession de grands avantages commerciaux à Gothembourg, la petite île de Saint-Barthélemy. Cette île, médiocrement susceptible de culture, était plus propre à devenir un entrepôt considérable ; de son chef-lieu Gustavia, favorablement situé, on fit un port franc. Les Américains du Nord, alors exclus des colonies anglaises, le fréquentèrent, et bientôt la nouvelle ville, par l'animation de son commerce, put rivaliser avec Saint-Thomas et Saint-Eustache. Comme le profit était presque tout entier pour les étrangers, le gouvernement métropolitain résolut, en 1786, d'établir une compagnie des Indes occidentales ; mais cette compagnie ne fit pas de grandes opérations, et elle liquida à l'expiration de son privilége. Elle n'entrava pas, du reste, le commerce étranger, et, favorisé par les circonstances, le port franc prospéra de plus en plus.

FIN DU TOME DEUXIÈME.

TABLE ANALYTIQUE DES MATIÈRES

CONTENUES DANS LE TOME DEUXIÈME.

SECONDE PARTIE.

TEMPS POSTÉRIEURS A LA DÉCOUVERTE DE L'AMÉRIQUE.

PREMIÈRE PÉRIODE.

COMMERCE DES TEMPS MODERNES DEPUIS LA DÉCOUVERTE DE L'AMÉRIQUE EN 1492 JUSQU'A LA PAIX DE VERSAILLES EN 1783.

Aperçu général.

PRINCIPAUX PEUPLES COMMERÇANTS.

I. — Les Portugais.

II. — Les Espagnols.

III. — Les Hollandais.

V. — Les Français.

VI. — Les Allemands.

VII. — Les Russes et les Polonais.

LES RUSSES.

VII. — Les Russes et les Polonais.

LES RUSSES.

FIN DE LA TABLE DU TOME DEUXIÈME.

Corbeil, typ. et stér. de Crété.

www.ingramcontent.com/pod-product-compliance
Lightning Source LLC
Chambersburg PA
CBHW031444210326
41599CB00016B/2104